지은이 **배진아** 공주대 영상학과 교수

이화여자대학교 신문방송학과(현 커뮤니케이션·미디어학부)에서 학사 및 석사 학위를 취득한 후, 언론학 박사학위를 받았다. 방송위원회(현 방송통신위원회) 연구조사부에서 방송 정책에 관한 연구 및 조사 업무를 수행했으며, 문화방송 편성국에서 시청자 조사·분석, 공영방송 정책에 관한 자문, 대외 협력 업무 등을 담당했다. 현재 공주대학교 영상학과에서 커뮤니케이션 이론, 미디어 콘텐츠와 미디어 정책을 연구하고 교육하면서, 동시에 한국언론학회 회장직을 수행 중이다. 여론집중도조사위원회, 방송미래발전위원회, 미디어다양성위원회, 국민통합위원회 등의 활동을 통해 미디어 정책의 학술적 토대를 제공하는 데 기여했다. 공적 책무성, 공정성, 다양성 등 미디어의 주요 가치를 실증적으로 연구해왔으며, 급변하는 미디어 환경 속에서 변함없이 유지되어야 할 미디어의 책임과 역할에 관심을 두고 연구를 이어가고 있다.

KB190076

이 저서는 2021년 대한민국 교육부와 한국연구재단의 지원을 받아 수행된 연구임(NRF-2021 S1A5B8096358).

This work was supported by the Ministry of Education of the Republic of Korea and the National Research Foundation of Korea(NRF-2021S1A5B8096358).

뉴스 생산자

저널리즘 연구 1 & 2

1 & 2

윤석민·배진아 지음

뉴스의 생산자

사회평론

저널리즘 연구 2
뉴스 생산자

2025년 2월 14일 초판 1쇄 인쇄
2025년 2월 27일 초판 1쇄 펴냄

지은이 윤석민·배진아
단행본사업본부장 강상훈
편집위원 최연희
편집 엄귀영·윤다혜·이희원·조자양
경영지원본부 나연희·주광근·오민정·정민희·김수아·김승현
마케팅본부 윤영채·정하연·안은지·박찬수·강수림
디자인 이파얼
인쇄 영신사

펴낸이 윤철호
펴낸곳 (주)사회평론
등록번호 10-876호(1993년 10월 6일)
전화 02-326-1182(마케팅)
주소 서울시 마포구 월드컵북로6길 56 사평빌딩
이메일 editor@sapyoung.com

ISBN 979-11-6273-339-4 04070
ISBN 979-11-6273-340-0 (세트)

언론을 지키는 모든 이들에게

차례

하루하루 집 앞에 배달된 신문을 확인하는 게 마음 졸이는 일이 되었다. 이른 새벽, 잠에서 덜 깬 상태로 현관문을 열면서, 언제부턴가 막연한 불안감이 들곤 한다. "혹시 신문이 안 왔으면 어쩌지." "아, 오늘도 신문이 왔네."

　이 머리말을 쓰면서 2023년 여름 극장가를 강타한 영화 〈오펜하이머〉를 떠올렸다. 로스앨러모스 사막 한복판에서 이루어진 핵폭발 실험 장면이며, 맨해튼 프로젝트에 참여한 기라성 같은 과학자들의 면면은 지금도 기억에 선명하다. 하지만 영화가 전해준 가장 강렬하고도 두려운 메시지는 순식간에 도시 하나를 재로 만들고 무수한 이들의 목숨을 앗아가는 가공할 무기의 개발과 실전 투입이 대통령 및 그를 에워싼 극소수 참모진의 판단에 전적으로 의존했다는 사실이다. 물론 전시상황이었고, 전쟁의 승패를 좌우하는 극도의 보안 사안이었다. 하지만 이들 권력 집단이 충분히 이성적이지도, 신중하지도 못했다면?

정도의 차이는 있지만, 지금도 이중, 삼중으로 보안된 군사 기지나 연구실에서 우리의 운명을 좌우하는 수많은 맨해튼 프로젝트가 국가 안보 혹은 기업 비밀이란 명분으로 진행되고 있을 것이다. 그 개연성만으로도 몸이 떨려온다. 민주주의는 의사결정 과정이 더디고 갈등을 초래하더라도, 이 같은 비밀 통치 내지 철인哲人 통치 대신, 우리가 우리 삶의 문제들을 충분히 숙지하고 그에 대한 결정권을 행사하는 것이 옳다고 믿는 정치 시스템이다. 이런 의미에서 민주주의는 여전히 진행되고 있는 미완의 프로젝트다.

그 프로젝트의 최전선에 언론이 존재한다. 우리를 둘러싼 환경, 특히 장막에 싸인 정치권력을 집요하게 감시하고 비판함으로써 언론은 민주주의를 진전시켰다. 뉴욕타임스와 워싱턴포스트의 미 국방부 베트남전 극비문서(펜타곤 페이퍼) 보도며, 워터게이트 보도가 그 사례다. 굳이 멀리서 예를 찾을 것 없이 2016년 박근혜·최순실 국정농단 보도가 그러했다. 언론이 항상 잘한 것은 아니었다. 광주민주화운동 보도며, 세월호 보도가 그러했다. 하지만 이제 우리는 언론이 진전되는 만큼 민주주의가 진전된다는 사실을 알고 있다.

그렇기에 최근 언론이 겪고 있는 상황을 생각하면 안타까움에 가슴이 눌려온다. 종래 언론을 대표해온 종이 신문은 이제 종말이 임박한 것 같은 상황이다. 더 심각한 문제는 뉴스 자체가 불신을 넘어 회피의 대상이 되고 있다는 점이다. 젊은 세대의 경우 굳이 언론이 왜 있어야 하는지 알지 못한다. 사회적 소통과 민주주의의 기틀로 평가받아온 이 소중한 사회적 가치재에 무슨 일이 생긴 것인가.

이 시대에 언론은 여전히 필요한가? 그렇다면 그 이유는 무엇인가? 언론이 겪고 있는 위기의 본질은 무엇이며 그것은 어떻게 극복되어야 하는가? 정치권력, 시민사회, 국가 행정권력 등 외생적 힘이 아닌 언론 스스로의 내생적 힘으로 이 위기를 극복할 가능성이 존재하는가? 너와 나, 우리, 이 사회는, 그리고 연구자와 같은 미디어 학자들은 언론을 지키기 위해 무엇을 해야 하는가?

이 두 권의 책은 이 같은 질문들에 답하기 위한 언론 현장 연구의 결과물이다. 이 작업은 연구자(윤석민)가 2020년에 발간한 연구서 『미디어 거버넌스』에서 시작됐다. 거기서 연구자는 한국 사회의 언론이 겪고 있는 위기의 성격을 분석하고 그 대안을 검토했다. 이를 통해 연구자는 언론 위기의 핵심은 제도의 문제가 아닌 언론의 토대를 이루는 규범의 위기라는 결론에 도달했다. 그리고 그 연장선상에서 언론 위기 극복은 정치 시스템, 시민사회, 행정적 국가의 제도 개혁이 아닌 언론이 주도하는 규범 복원에서 시작되어야 하며, 사회, 특히 전문성과 정치적 중립성을 지닌 대학 및 학계가 이들의 노력을 적극 지원해야 한다는, 이른바 "실천적 규범주의practicable normativism"를 제안한 바 있다.

하지만 책을 발간한 직후부터 새로운 고민이 시작되었다. 이러한 주장은 타당한가? 언론 스스로가 언론 위기 극복의 실천적 주체가 되어야 한다는 주장에 대해 반론을 제기하기는 어렵다. 무너져 내린 언론의 규범성을 복원해야 한다는 주장도 마찬가지다. 하지만 언론 현장은 그 가능성을 지니고 있는가? 디지털 전환을 넘어 인공지능이 폭주하듯 발전하고, 누구나 포털, 소셜 미디어 네트워크, 그리고 챗GPT를 사용해 원하는 정보를 간단한 질문 몇 마디로 쉽게 얻고 공유하는 시대에, 언론은 수명을 다하고 자연스러운 도태의 과정에 진입했다고 보는 게 옳지 않은가.

이 질문들은 모두 한 가지 방향을 가리켰다. 답을 얻기 위해 연구자는 위기의 언론 현장에 들어가야 한다. 본문에서 구체적으로 소개하겠지만 20세기 후반에 수행된 고전적인 언론 현장 연구들이 존재한다. 하지만 강산이 대여섯 번은 바뀐 현시점에서, 인터넷도 유튜브도 챗GPT도 없던 시절에 수행된 이 연구들은 말 그대로 오랜 골동품과도 같다. 최근 이루어지고 있는 언론 현장에 대한 연구는 실질적인 현장 기반 연구라기보다는 언론인들을 대상으로 한 인터뷰나 설문조사, 기사 내용 분석 등 현장 추정 연구의 한계를 드러낸다.

현시점의 언론 현장은 어떤 상태인가? 그곳에 희망이 있을까? 마침 2021년 2학기가 연구 학기였다. 사실상 연구자가 현장 연구를 할 수 있는 마지막 기회였다. 더 이상 망설일 이유도 여유도 없었다.

하지만 현장에 들어가겠다는 생각을 굳힌 후 구체적인 질문이 꼬리에 꼬리를 물었다. 언론사는 어디로 해야 하나? 신문사로 가야 하나 방송사로 가야 하나? 또한 언론 현장이라 함은 복잡한 언론사 조직 내에서 구체적으로 어디를 말하는가? 시간이 지나면서 서서히 생각이 정리되었다. "언론을 대표하는 주요 일간지의 뉴스 생산 과정에 답이 있을 것이다."

연구 계획서를 작성해 조선일보 및 D일보, H신문 등 한국 사회를 대표하는 신문사 세 곳을 접촉했다. 결과적으로 현장 연구 요청을 받아 준 곳은 조선일보뿐이었다. H신문은 다방면으로 애를 썼지만 최종적으로 돌아온 것은 부정적인 대답이었다. 이 연구가 조선일보만을 대상으로 이루어진 것은 이러한 연유다.

구체적인 연구 계획을 세우면서, 혼자서 현장 연구를 수행하기 어렵다는 사실을 깨달았다. 뉴스 생산 과정은 일선 기자들이 수행하는 취재 활동, 발제 및 기사 작성 작업, 편집국에서 각 부서 및 전체 편집국 단위로 이루어지는 게이트키핑, 데스킹, 지면 구성 작업, 전체 지면 판이 짜인 이후 본격화되는 지면 편집 작업, 이와 관련된 편집국 내의 각종 회의, 편집국으로부터 분리된 논설위원실에서 이루어지는 일들, 경영진과의 상호작용 등을 망라한다. 이러한 활동을 어떻게 모두 관찰할 것인가? 게다가 최근 뉴스 생산자들의 상호작용이 오프라인만큼이나 온라인으로 이루어진다는 것은 잘 알려진 사실이다. 단순히 편집국이나 논설위원실 한 구석에 자리를 잡고 앉아 시간을 보낸다고 필요한 정보를 얻을 수 있는 게 아니다. 당장 심층 인터뷰만 놓고 보더라도 촌각을 다투며 바쁘게 일하는 현장의 언론인들과 시간을 맞추고, 질문 문항을 작성하고, 인터뷰를 수행하며 기록하는 작업(녹취를 허용하는 경우는 그나마 낫지만) 하나하나가 쉽지 않은 일이다. 무엇보다 이 모든 작업에서 개별 연구자의 편향을 어떻게 최소화할 것인가?

긴밀하게 협의하면서 현장 연구를 함께 수행하고 동시에 편향을 견제하는 상대역 역할도 아우를 공동연구자가 필요했다. 하지만 언론 현장 연구를 같이 하자는 제안에 주변의 학계 인사들이 어떤 반응을 보일지는 자명했다. 시간과 노력은 많이 드는 반면, 그에 따른 보상이 사실상 없는 언론 현장 연구에 누가 관심을 가질 것인가? 하향세를 보이는 언론사 현장 연구를 통해 얻은 연구 성과가 과연 어떤 가치를 지닐지도 불투명한 상황이었다.

고민 끝에 오래전 필자가 박사학위 논문 심사에 참여했고 이제는 한국의 언론학계를 이끄는 주역이 된 배진아 교수에게 연락해서 연구 목적을 설명하고 참여가 가능할지 조심스레 물었다. 배 교수는 연구자의 설명을 듣고 관찰 대상, 인터뷰 범위, 수집이 필요한 데이터, 현장에서 보내야 하는 시간 등 몇 가지 구체적인 질문을 한 이후, 다음과 같은 답변을 주었다. "다른 일도 많고, 솔직히 고생할 게 뻔히 보이지만, 의미 있는 연구이고 저에게도 큰 공부가 될 것으로 기대합니다. 함께하겠습니다." 지금도 반갑고 고마웠던 당시 심정을 잊을 수 없다. 이후 모든 작업은 팀으로 수행되었다. 약 2개월에 걸쳐 배 교수와 횟수를 헤아릴 수 없는 통화, 온-오프라인 미팅, 이메일 연락을 주고받으며 현장 연구 계획을 구체적으로 다듬었다.

원래 계획한 현장 연구 개시일은 2021년 9월 1일이었지만 다시금 강세를 띤 코로나 팬데믹 탓에 실제 현장 연구는 10월 1일에 시작되어 2022년 2월 18일까지 이어졌다. 이 기간에 연구팀은 일주일에 평균 3일 정도를 아침부터 밤까지 현장에서 보내면서 뉴스 생산 과정을 관찰하고, 인터뷰를 수행하며, 연구와 관련된 데이터를 수집했다. 현장에 가지 않는 날에는 외부 인사 인터뷰를 수행하거나 수집한 자료를 정리했다. 2021년 12월 26일(일)부터 31일(금), 그리고 2022년 1월 24일(월)부터 26일(수), 2월 14일(월)부터 18일(금)까지는 사회부, 정치부, 논설위원실 밀착 관찰을 수행하기 위해 아침부터 밤늦게까지 매일 현장에 머물렀다. 연구자들은 연구 기간 중 신문사 구석구석, 심지어 구내식당까지 직원들과 마찬가지로 자유롭게 드나들 수 있는 출입증을 받았고, 편집국 내 공유 좌석, 회의실, 로커 등을 자유롭게 활용했다.

아침 일찍 신문사 맞은편의 카페에서 공동연구자인 배 교수와 그날 할 일을 점검한 후, 부서 및 편집국 단위로 이루어지는 다양한 활동을 관찰하고, 현장 사람들과 대화를 나누며, 데이터를 수집해 정리하다 보면 하루가 저물곤 했다. 연구자들은 처음에 어쩔 수 없이 눈에 띄는 외부자였지만 점차 누구도 의식하지 않는 조직의 일부가 되었다. 힘들지만 보람된 기간이었다. 진정한 언론 연구는 대학의 연구실이 아닌 현장에서 이루어져야 함을 절감한 시간이기도 하다. 하지만 기회가 다시 주어진다고 이 같은 현장 연구에 또 나설지는 솔직히 의문이다.

현장 연구를 마치고 대학으로 돌아온 후, 관찰하고 수집한 자료를 정리하고 분석하는 작업 역시 고난의 연속이었다. 전체 지면 판갈이 데이터를 분석하기 위한 내용 분석 틀 작성에 3개월, 이를 기반으로 코딩 작업을 수행하는 데 6개월, 이런 식이었다. A4용지로 2천여 쪽에 달하는 심층 인터뷰 녹취록은 풀어서 정리하는 데만 6개월, 그 내용을 처음부터 끝까지 통독하는 데만 한 달 가까운 시간이 걸렸다. 조금도 과장 없이, 지금까지 연구자가 수행한 모든 연구 작업들을 다 합친 것만큼 힘겨운 작업이었다. 현장 연구를 마치고 3년이 지나서야 그 결과물을 『저널리즘 연구』(전2권)로 발간하게 된 것은 이러한 사정이다.

『저널리즘 연구』는 두 권의 책으로 구성된다. 1권 『뉴스의 생산』은 일선 기자들의 취재 및 발제에서 시작되어 전체 지면 편집 작업으로 종료되는 뉴스 생산 과정을 현장 관찰, 인터뷰, 동행 관찰, 밀착 관찰, 판별 지면 데이터 내용 분석 등의 방법을 동원해 다각적으로 다루었다. 책의 출발점에서 가치 있는 언론의 본질이 무엇인지 검토한 후, 아침부터 밤 늦게까지 쉼 없이 이어지는 현장 취재 및 기사 작성, 게이트키핑, 데스킹 및 지면 편집 작업이 이러한 본질에 얼마나 충실한지 살폈다. 2권 『뉴스 생산자』는 이러한 뉴스 생산 작업을 수행하는 주체인 언론인들과의 심층 인터뷰 내용을 담고 있다. 이들이 수행하는 작업의 디테일, 그리고 이들이 생각하는 언론의 역할, 보람과 한계, 언론이 당면한 위기 상황 등에 관한 생생한 목소리를 전하고자 했다.

이 자리를 빌려 한 가지 점을 분명하게 언급하고 넘어가고자 한다. 조선일보를 대상으로 한 이 연구가 지금과 같은 사회 및 학계의 풍토에서 어떤 의혹과 시비에 휘말릴지 쉽게 짐작할 수 있다. 조선일보가 하고 싶은 말을 대신 해주는 어용 연구란 비판이 그것이다.

> 조직에 대한 접근권을 선택적으로 허락하는 행위 자체에도 어떤 동기가 작용할 수도 있으며, 이는 연구 결과에도 영향을 미칠 수 있다. 즉 접근권 부여는 암묵적인 반대급부를 전제로 하는 '거래trade'일 수도 있고 일방적 인 '증여gift'의 성격을 띨 수도 있다. 여기서 거래란 연구 결과가 조직이나 생산자에게 도움이나 적어도 흥미를 유발할 것이라는 기대가 작용하거나, 연구자와 조직 구성원 사이에 형성된 사회자본 차원에서 힘입은 거래가 될 수도 있다.
>
> — 임영호, 2020, p.57

임영호 교수가 지적한 가능성을 완전히 부인하지 않는다. 조선일보 현장 연구가 성사되는 데는 연구자와 조선일보의 오랜 친분이 분명 영향을 미쳤을 것이다. 하지만 실제 연구를 수행함에 있어서, 연구자들은 강박적일 만큼 연구의 독립성을 지키기 위해 노력했다. 연구를 수행하기 위해 조선일보로부터 뉴스 생산 현장 접근 및 자료 접근 차원의 승인을 받는 것은 불가피했지만, 연구자들은 그 외의 어떤 지원도 받지 않았다. 연구자들은 보텀업bottom-up 방식으로 현장의 사람들에게 접근해 말문을 트고, 차를 마시거나 식사를 하는 식으로 라포르rapport를 쌓았다. 그 비용은 당연히 연구자들이 지불했다. 피관찰자들이 호의를 베푸는 경우도 있었지만, 상식선을 벗어난 경우는 없었다.

더 문제가 되는 것은 연구 수행 차원의 개입일 것이다. 연구 과정에서 이러한 우려를 낳을 만한 조선일보 측의 주문이나 간섭은 일절 없었다. 조선일보는 연구자들이 구체적으로 무엇을 하는지 몰랐다는 게 더 정확한 표현이다. 일선 기자 동행 관찰, 사회부 및 정치부 밀착 관찰, 각종 회의 참여, 인터뷰와 대화, 지면 구성 공유 파일 접속, 판별 지면 데이터 분석 등 모든 세부적인 연구 작업은 연구자들이 현장에서 필요하다고 판단해 실행에 옮긴 일이다. 이 같은 세부 작업을 진행하며 조선일보 측에 양해를 구할 일이 꽤 있었다. 하지만 그 역방향의 요청은 없었다. 분석을 진행하고 책을 집필하는 과정도 마찬가지였다. 연구자들이 자료 보완 차원에서 조선일보 측에 연락을 취한 적은 있었지만, 반대의 경우는 없었다.

책을 쓰는 과정에서 방대한 자료를 축약해 정리하는 것이 불가피했다. 하지만 연구자들은 예민한 대목의 경우 원자료에 대한 해석을 최소화한 채 가능한 한 원형 그대로 전달하는 것을 원칙으로 삼았다. 축약하고 해석하는 순간 원자료가 갖는 생생함과 섬세함이 제대로 전달되지 못하고, 편향이 개입할 수 있기 때문이다. 수집한 자료나 인터뷰들 중에서 필요한 부분을 선택하는 과정이 불가피했지만, 조선일보의 문제점을 드러내는 자료 내지 비판적 언술은 오히려 의식적으로 살리려 노력했다.

책의 집필이 마무리된 단계에서 연구 결과에 대한 조선일보 측의 확인 절차를 거쳤다. 이는 참여관찰과 심층 인터뷰에 기반한 현장 연구가 반드시 거쳐야 하는 방법론적 단계이자 연구 윤리상의 요건이기도 하다. 그 과정에서 연구자들은 만에 하나 조선일보 측에서 불편한 기색을 내비치며 이런저런 내용을 삭제, 수정해달라고 요청하지 않을까, 그 경우 어떻게 대처해야 할까, 내심 긴장했다. 하지만 소소한 사실관계의 오류를 바로잡고 민감한 개인 정보를 익명 처리하는 것 외에 책의 내용

15

머리말

에 대한 주문과 참견은 없었다. 그렇기에 연구자들은 연구를 시작하는 단계부터 책을 내놓은 현시점까지 전문 연구자의 기본 책무인 독립성과 신실성integrity을 지켰다고 믿는다.

이 연구가 하나의 언론사, 그것도 조선일보 한 곳을 대상으로 이루어진 것은 이유가 무엇이건 분명히 지적하고 넘어가야 할 한계다. 연구자들이 관찰한 내용은 조선일보와 분리되지 않으며, 이 책의 제목은 엄밀히 말해 '조선일보 저널리즘 연구'다. 하지만 연구자들은 뉴스 생산 과정을 관찰하는 과정에서, 그리고 수집된 데이터를 분석하고 그 결과를 책으로 정리하는 과정에서, 조선일보에 한정된 내용을 가능한 한 줄이고 언론과 언론인 집단 전체에 일반화될 수 있는 사실을 부각하려고 노력했다. 연구자들이 뉴스 생산 과정에 대해 서술한 내용들, 이를테면 일선 기자들과 데스크의 집요한 사실 확인 노력, 유기적인 분업과 협업, 끊임없는 소통, 몸을 갈아 넣는 헌신 등은 조선일보뿐 아니라 동아일보, 중앙일보, 한겨레신문, 경향신문 등에도 적용되는 "전 언론 차원의 사실들"이라고 믿는다. 연구진이 고심 끝에 이 책의 제목을 '조선일보 연구'가 아니라 **저널리즘 연구**'라고 한 이유가 거기 있다. 이 제목이 적절한지에 대한 판단은 오롯이 독자들의 몫이다. 조선일보 한 곳을 관찰하는 것만으로도 연구자들은 힘에 부쳤다. 연구자들이 관찰한 내용은 현장의 일각에 불과하다. 그나마 두 권의 책은 관찰한 내용의 일부만을 담아냈을 뿐이다. 조선일보 외에도 언론사들은 또 얼마나 많은가. 향후, 보다 다양한 언론사를 대상으로 한 현장 연구가 활성화되어 이 연구의 부족함이 메워질 수 있기를 기대한다.

이 연구는 2021년 서울대 언론정보연구소가 대한민국 교육부와 한국연구재단의 지원을 받아 수행 중인 연구 과제 "자유롭고 책임 있는

AI 미디어Free and Responsible AI Media"의 일환으로 이루어졌다. 이 예산 지원이 없었다면 이 연구는 애초에 시작될 수 없었을 것이다. 현장에서 지내는 기간 동안, 그리고 대학으로 돌아와 연구 결과를 분석하고 정리하는 과정에 많은 분들이 도움을 주었다. 우선 연구자들을 편하게 맞아준 조선일보 구성원들, 특히 당시 편집국장이던 현 TV조선 주용중 대표께 이 자리를 빌려 깊은 감사의 마음을 전하고 싶다. 연구자가 현장 연구의 필요성을 절감하고 가장 먼저 접촉했던 것도 그였고, 연구에 필요한 각종 요청을 수용해준 것도 그였다. 특히 편집국 구성원들만 접속할 수 있는 판별 지면 자료에 연구자들의 접근을 허용해준 것은 연구의 분기점이 되었다고 할 정도다.

바쁜 시간을 쪼개서 인터뷰에 응해주고 그 내용을 원형에 가깝게 발간하는 걸 용인해준 전·현직 언론인들이 없었다면 이 책, 특히 2권 『뉴스 생산자』는 제대로 내용을 갖출 수 없었을 것이다. 저널리즘 전문 연구자인 세명대 정은령 교수(전 SNU 팩트체크센터장)와 서강대 서수민 교수는 책의 구석구석에 녹아든 저널리즘 영역의 주요 참고문헌을 소개해주었다. 그 외에 데이터 코딩 작업을 도와준 서울대·이화여대·한국외대 언론학 전공 대학원생들, 일선 기자 동행 관찰을 수행한 서울대 언론정보학과와 정치외교학부의 학생들, 참고문헌 대출과 교정 작업을 도와준 신지환 조교, 뉴스 생산 공간을 그래픽으로 생생히 되살려준 연세대 건축학과 박수연 양, 연구자들이 연구에 전념할 수 있도록 연구비를 꼼꼼하게 관리해준 이은정 씨 등 도움을 받은 이들이 많다. 이 모든 분께 감사의 마음을 전한다. 마지막으로 어수선한 초고가 멋지게 두 권의 책으로 탈바꿈된 건 거의 전적으로 출판사의 역량이다. 사회평론 윤철호 사장님과 편집부에 진심으로 감사드린다. 이 모든 도움에도 이

책에는 많은 부족함이 존재한다. 이는 모두 연구자의 미력함 탓임을 밝힌다.

연구자는 미디어 정책 연구에서 시작해 미디어 규범 연구를 거쳐 언론(저널리즘) 연구에 이르렀다. 가까운 학계 동료 교수로부터 정책 연구를 하던 사람이 뜬금없이 무슨 언론 연구인가 하는 말도 들었다. 하지만 돌아보면 이 과정은 자연스러운 것이었다. 신문, 방송, 온라인 미디어, 유튜브 개인 미디어, 그리고 인공지능이 생성하는 뉴스 등 끝을 모르게 확장되는 미디어 시스템의 중핵core에 해당하는 것이 언론이다. 나아가 연구자에게 언론에 관한 연구는 사회적 소통을 활성화하고, 민주주의 및 문화 발전에 기여하는 미디어 시스템을 만들어내고자 하는 정책 연구의 궁극적 도달 지점이었다.

책을 쓰는 내내 언론이 이처럼 어려운 상황에 처할 때까지 연구자가 한 일이 없다는 점을 자책했다. 동료 연구자들의 문헌을 살피는 과정에서, "저널리즘 연구는 언론학이라는 나무의 뿌리이고, 저널리즘 연구자는 그 뿌리를 보살피는 사람"(박재영 외, 2016, 서문)이라는 말을 발견하고서 너무도 공감했다. 늦게나마 언론학의 뿌리를 보살피는 연구자의 일원이 될 수 있었음에 감사한다. 이 두 권의 책이 지금도 현장에서 몸을 갈아 넣고 있을 언론인들에게 작게나마 희망과 격려의 메시지가 될 수 있다면 더 바랄 게 없을 것이다.

* * *

이 책의 최종 교정이 진행되는 단계에서 윤석열 대통령의 계엄령 선포와 무장 군인들의 국회 난입, 국회에 의한 긴박한 계엄령 해제, 그리고 대통령에 대한 탄핵 의결이 이루어졌다. 막장 같은 정치적 사태가 이어지는 가운데 진보와 보수 진영 양측의 유튜브 채널들이 끓어오르며 근거 없는 소문과 주장들을 아무런 여과장치 없이 뱉어냈다. 대통령이 극우 유튜브 채널들을 끼고 살아서 그처럼 무모한 일을 자행했다는 얘기도 돌았다.

정치가 무너지고 각종 음모론이 사회를 뒤덮는 사태를 겪으며, 우리에게 언론이 희망이라는 사실을 다시 절감했다.

2025년 2월

(연구팀을 대표해) 윤석민

"뉴스의 문제는 전문직주의이지 전문직주의의 부재가 아니다."

— M. Schudson, *The Sociology of News*

언론인은 어떤 존재인가

— 규범주의의 한계를 넘어

최근 언론인들이 처한 상황

뉴스를 보는 것은 뉴스 안에 담긴 정보 획득을 넘어, 해당 언론사가 세상을 바라보는 관점을 소비하는 것이다. 그 관점을 만들어내는 것은 사람들이다. 언론인들이다.

언론인들은 뉴스 생산과 관련된 폭넓은 활동에 종사하는 사람들이다. 그 영어 단어에 해당하는 '저널리스트journalist'라는 용어는 초기에는 "발생한 일들을 정해진 시간 내에 체계적으로 기록하고 공개하는 사람들(someone who systematically kept a record of certain happenings within a specified time frame and who tended to make that record public)"(Zelizer, 2004, p.21)이라는 의미로 사용되었다고 한다. 이제 이들의 활동 범위에는 정보원 만나기, 광범위한 자료조사 또는 연구 활동, 사진/그래픽/동영상 등 언어 이외의 다양한 코드를 결합한 기사 작성, 사안에 대한 해설과 의견 개진, 일선 기자들이 제시한 뉴스거리에 대한 게이트키핑, 데스킹 (기사 다듬기), 최종적인 지면 에디팅 등 뉴스 생산과 관련된 다양한 활동이 포함된다. 이들이 생산하는 기사는 전통적인 스트레이트 기사를 넘어 심층 기획 기사, 장기 연재 기사, 익명 사설 및 기명 칼럼, 그리고 기사의 연장선으로서의 개인 블로그, 페이스북 계정, 유튜브 채널 운영, 서적 발간 등을 포함한다. 언론인들의 정치 영역 진출은 예전 같지는 않지만 꾸준히 이어지고 있다. 그 외에도 이들은 TV 시사 프로그램의 패널로 활동하거나, 자신의 전문 영역과 관련된 정부위원회에 참여하기도 하고 (주로 퇴직 후의 활동이지만) 공공 및 민간 영역에서 대변인으로 활동하거나 대학에서 저널리즘 관련 강의를 담당하기도 한다. 언론사 경영에 참여하는 일 역시 언론인의 일반화된 활동 영역이 되고 있다. 이처럼 범위가 확대되었지만 큰 틀에서 '기록'하고 '공개'하는 활동을 수행하거나, 그와 밀접히 관련된 활동을 수행한다는 점에서 언론인의 역할은 별반 달라진 게 없다.

언론인은 사회적 차원에서 전 사회를 대상으로 뉴스와 관점을 전해 여론 형성에 영향을 미치는 사회적 커뮤니케이터communicator이지만, 경제적 차원에서 엄정한 위계 및 규칙을 기반으로 분업화된 뉴스 생산에 종사하는 노동자이기도 하다. 언론인의 정체성은 점차 전자가 위축되고 후자가 강화되는 경향을 보이고 있다. 언론인들은 최근 들어 흔히 몸을 갈아 넣는다고 표현되는 힘겹고 반복적이며 미래가 불투명한 기자직을 수행하며 삶을 영위하는 저숙련 뉴스 노동자precariat[1]로 내몰리는 상황이다.

뉴스를 생산하는 일이 이윤 추구 차원에서 불안정한 사업이 되고 있음은 잘 알려진 사실이다. 매체가 폭발적으로 늘어나는 것에 비례해 사람들의 눈길을 끄는 화젯거리를 뉴스라는 이름으로 기록하고 공개하는 언론 활동의 가치와 영향력은 그만큼 낮아졌다. 뉴스로 통칭되는 콘텐츠는 더 이상 특별한 가치를 인정받지 못하고 신뢰받지 못하며 심지어 회피되기까지 한다. 그에 비례해 언론인들에 대한 직업적 대우도 나빠지고 있다.

언론이 담당한 가장 중요한 역할인 권력 감시에 대해서도 의문이 제기된다. 권력을 감시하고 비판하는 선봉에 선 언론인들은 진보와 보수를 망라한 정치권력으로부터 숙명처럼 공격을 받아왔다. 권력으로부터 공격을 받는다는 사실 자체가 언론의 정당성 혹은 가치를 입증하는 것이었고 사회가 이를 응원했다. 하지만 이제는 정치적으로 양극화된 언론이 도리어 정치 양극화를 부추기고 사회 통합을 저해하는 등 민주주의의 걸림돌이 되고 있다는 비판을 받고 있다. 정치권력에 의한 언론 개혁이 언론 연구자들에 의해 공공연히 옹호되기도 한다. 언론인들은 기레기('기자'와 '쓰레기'의 합성어)라는 멸칭으로 불리고, 이를 제보하는 인터넷 사이트들도 등장했다.[2]

이러한 상황에서 언론인은 여전히 필요한 존재인가? 이러한 직종이 사라지는 것이 자연스러운 시대적 추세라면 우리는 언론과 언론인의 미래에 대해 공연한 걱정을 하고 있는지도 모른다. 실제로 이러한 관점은 최근 들어 빠르게 확산되고 있다.

이 모든 위기 상황, 난관, 부정적 인식을 해결해야 하는 과제가 다시금 언론인들에게 주어져 있다. 언론인들은 장시간 노동에 비해 적은 보상을 받고, 정보 유통의 전권을 쥔 플랫폼 기업의 비즈니스 모델에 쥐어짜이는 동시에, 언론의 신뢰를 무너뜨리기 위해 언론인을 괴롭히는 개인이나 단체, 그리고 한때 언론이 게이트키핑으로 통제했으나 이제는 그러한 통제력을 상실한 권력기관으로부터의 압박을 견뎌야 한다(Lin & Lewis, 2022, p.1632; 정은령, 2025에서 재인용).

언론인은 자신들의 토대가 무너지고 있는 현시점에 어떤 생각을 하고 어떤 대응을 하고 있는가? 역사적으로 그래왔듯 환경의 변화에 맞서 새로운 저널리즘의 가능성을 열어가고 있는가? 아니면 그저 무력하게 하루하루 악화되는 상황을 지켜보며 소멸하고 있는가? 이 연구가 현장에서 알아보고자 한 것이다.

언론인에 대한 종래의 논의들

언론인들은 사회 직능 집단 중 가장 많은 연구가 이루어진 집단 중 하나다. 언론인 집단 및 그들이 수행하는 활동은 커뮤니케이션과 미디어 전공, 그리고 그 특화된 전공 영역으로서의 저널리즘 스쿨은 물론이고, 글쓰기, 역사학, 사회학, 도시연구, 정치학, 경제학, 경영학에서도 연구 및 교육 대상이 되어왔다(『저널리즘 핸드북』,[3] 2015, p.104).

언론인 출신의 언론 연구자인 젤리저Barbie Zelizer는 저널리즘(언론 및 언론인)에 대한 종래의 연구들을 다섯 가지 주제 영역으로 크게 구분한다(Zelizer, 2004, pp.32~43).[4]

❶ 전문직으로서의 저널리즘: 전문직으로서 언론의 속성, 즉 규범적 가치, 숙련도, 자율성, 성향, 자격증, 능력 검증 시험, 윤리 강령, 훈련과 교육 프로그램 등에 관한 연구
❷ 제도로서의 저널리즘: 문화연구, 정치경제학, 이데올로기 연구자들을 중심으로 이루어진 연구로서, 여론을 형성하며 정보나 상징적 자원의 배

분을 통제하는 권력화된 제도로서의 언론 탐구

❸ 텍스트로서의 저널리즘: 언론 기사 내용에 대한 내용 분석, 프레이밍 (framing) 분석, 담론 분석(discourse analysis), 기호학 분석 등

❹ 사람으로서의 저널리즘

❺ 집단적 행위로서의 저널리즘: 게이트키핑, 데스킹, 에디팅, 팩트 체킹 등 뉴스룸에서 집단적으로 이루어지는 뉴스 생산 활동 연구

이러한 구분에 따르면 언론인에 대한 연구는 규범, 교육 방식, 제도, 텍스트, 사람들, 집단적 행위 등으로 나누어져 있는 저널리즘 연구 영역 중 하나로 자리 잡고 있다. 젤리저는 이 같은 연구 영역의 세분화가 저 널리즘이 무엇인지 밝히는 데 저해 요인이 되고 있다고 비판한다. 이처 럼 분절적으로 진행되어온 저널리즘 연구는 연구들의 중첩을 초래했고, 저널리즘 전체가 아닌 부분의 작동을 연구하는 데 그치도록 했다(『저널 리즘 핸드북』, 2015, pp.104~105)는 것이다.

저널리즘 연구는 스스로를 적으로 삼아 싸우고 있으며, 저널리즘 교육자 들은 저널리즘 학자와 분리되고, 인문학적인 저널리즘 학자들은 사회과학 적 훈련을 받은 학자들과 분리되어 있다. 다수의 독립된 학문적 노력은 학 문적 탐구에 필수적인 공유된 지식을 갖지 못한 채 다양한 학문 분과 속에 서 진행되고 있다. 이 과정에서 언론인들은 오랜 기간 그들의 작업 환경을 현미경적으로 점검하려는 시도에 저항해왔다.

—『저널리즘 핸드북』, 2015, p.105

슈메이커와 리스(Shoemaker & Reese, 1996, p.64)는 그들의 잘 알려

진 '언론의 동심원 위계 구조 모형'에서 이러한 연구 영역들 간의 관계를 미시적 차원에서 거시적 차원으로 확대되는 위계 구조로 체계화했다. 그 동심원의 중심에 개별 언론인이 있다. 그들을 뉴스룸 및 개별 언론사 조직이 둘러싸고 있고 그 바깥에 경쟁 언론사들, 광고주 및 미디어 압력단체 등을 망라하는 저널리즘 시스템이 존재하며, 이들 모두를 둘러싸는 외곽의 가장 큰 원에 사회 시스템이 위치한다. 이 같은 위계 모형은 뉴스 생산자로서의 언론인이 저널리즘 시스템의 구조 및 그에 대한 연구의 원점이라는 것을 보여준다. 같은 맥락으로 앞에서 소개한 젤리저의 저널리즘 연구 영역 구분에서, 전문직으로서의 저널리즘, 텍스트로서의 저널리즘, 그리고 집단적 행위로서의 저널리즘 연구는 언론인들이 지향하는 규범적 가치, 그들이 만들어내는 생산물(뉴스 텍스트), 그리고 언론인들이 집단적으로 수행하는 뉴스 생산 활동에 관한 연구에 해당한다. 따라서 '제도로서의 저널리즘' 연구를 제외한다면 언론에 대한 연구는 개인적·집단적 차원의 언론인 연구라고 해도 무방하다. 제도로서의 저널리즘에 대한 연구(1권 『뉴스의 생산』 3장 참조) 역시 통상적으로 언론인 집단에 대한 분석을 핵심 내용으로 포함한다. 정리하면 언론에 대한 연구의 중심에 언론인과 그들이 수행하는 역할에 대한 연구가 위치한다.

따라서 언론인 집단에 대한 연구는 언론에 대한 연구와 사실상 구분되지 않으며, 20세기 초·중반 이후 대중화된 언론 매체에 대한 연구가 본격화되면서 함께 발전해왔다. 언론인 집단을 대상으로 다수의 대규모 설문조사가 이루어져 언론인이 누구이며, 어디에서 교육을 받고, 어떠한 종류의 경험을 했는지에 대한 포괄적인 지식을 제공했다. 동시에 연구자들은 영향력 있는 유력 언론인들의 활동을 연대기적으로 기

개별 언론인

뉴스룸

개별 언론사

저널리즘 시스템

사회 시스템

[그림 1] 언론의 동심원 위계 구조 모형

록하는 데도 관심을 기울였다.[5]

   이러한 작업을 통해 언론인들이 개별적·집단적으로 수행하는 역할과 사회적 정체성에 관해 많은 것이 밝혀졌다. 특히 언론인 집단에 대한 학술적 연구를 주도한 것은 저널리즘을 포함해 초기 미디어 연구를 이끌었던 영미 사회학자들이다. 이들은 저널리즘 영역에서 현재까지도 자주 인용되고 교육되는 언론의 사회적 기능 및 효과에 관한 이론을 정립하고, 언론인들의 정체성, 그리고 뉴스 생산 과정에서의 언론인 집단의 관행 및 실천에 관한 현장 기반의 고전적 연구들을 수행했다.[6]

   언론인들에 대한 관심은 학계로만 국한되지 않았다. 대중은 거대한 정치권력 및 경제권력의 음모와 비리를 맨몸으로 파헤치는 정의롭고 용기 있는 언론인들의 영웅적 이미지에 매료되었다. 언론인은 대중의 관심거리를 찾아 전하는 매개자를 넘어 스스로가 대중의 주목을 끄는 관심 대상이 되었다.[7] 1970년대 초반, 뉴욕타임스 및 워싱턴포스트의 펜타곤 페이퍼 보도(1971), 워싱턴포스트의 워터게이트 보도 (1972~1974), 베트남전 종군기자들의 현장 보도는 위대한 언론 및 언론인 시대의 장을 열었다. "미국의 역사에서 언론인들에게 이처럼 두드러지고 영웅적인 역할이 맡겨진 적은 없었다"(Schudson, 1998). 언론인들은 대통령이나 의회 이상으로, 그리고 대법원 및 군과 같은 수준으로 신뢰와 존경을 받았다(Gronke & Cook, 2007). 언론인은 젊은 세대가 가장 선망하는 커리어 중 하나가 되었고, 이는 저널리즘 교육 수요의 증가로 이어졌다. 미국에서 저널리즘 학위를 추구하는 학생들의 수는 1967년부터 1972년 사이에 두 배로 늘어났고, 베이비붐 세대가 유입되면서 1970년대 내내 지속적으로 증가했다. 특히 인기를 끌었던 것은 탐사보도였다. 신문사들에 의한 탐사보도, 탐사보도 잡지, TV 탐사보도 프로그램들이 속속 등장하고 탐사보도와 이를 주도한 언론인들에 관한 서석 출산이 러시를 이루었다. 하지만 이러한 양상은 과열되면서 역풍을 맞게 된다. 대중은 추문을 파고드는 과정에서 종종 법의 한계를 넘어서고 신뢰할 수 없는 익명 출처에 의존하는 탐사보도에 대해 의심을 품기 시작했다(Marshall, 2011, p.110). 1970년대 이후 언론과 언론인에 대한 신뢰가 약화되고 직업으로서의 언론인에 대한 인기도 서서히 감소하기 시작한다. 언론인 집단에 대한 현장 기반의 참여관찰 연구 역시 이 시기를 정점으로 하향세에 접어들게 된다(1권 『뉴스의 생산』 3장 참조).

20세기 후반 이후 뉴스 미디어가 양적으로 증가하면서, 특히 2000년대 이후 본격화된 디지털 전환에 따라 언론인들은 가공할 도전에 직면하게 되었다. 실시간으로 사실과 의견을 공유하는 소셜미디어, 정치인 및 사회적 유력 인사들을 풍자하는 TV 코미디 프로그램, 시사 문제를 다루는 블로그, 유튜브 정치 채널, 넷플릭스의 시사 다큐 등 사회 현안을 기록하고 공개하는 다양하고 보다 강력한 방식이 속속 등장하면서, 사회 구성원들이 얻는 전체적인 공적 정보에서 언론이 차지하는 비중은 축소되었고 그에 비례해 언론인의 위상은 약화되었다. 이는 뉴스 품질의 하락, 언론에 대한 신뢰 및 이용률 감소, 언론 산업의 사양화, 언론인 집단에 대한 사회적 인식 악화, 영향력 및 처우 약화라는 악순환으로 이어졌다(1권 『뉴스의 생산』 1·2장 참조). 2000년대 이후 언론인 양성을 목적으로 한 전문적 교육 프로그램(저널리즘 스쿨)의 인기 역시 급속한 하락세를 보이게 된다(Folkerts, T. et al., 2013, pp.42~43).[8]

현시점에서 언론과 언론인 집단의 위상은 언론이 황금기를 누리던 20세기 후반은 물론이고 2000년대 이후의 어떤 시기와 비교하더라도 낮은 것으로 평가된다. 하지만 이에 대한 반론도 존재한다. 한국 사회를 예로 들면, 종이 신문 독자 수는 2000년대 초반에 비해 10분의 1 수준으로 추락했지만(한국언론진흥재단, 2021), 온라인 뉴스 이용 집단을 더했을 때 신문의 영향력은 2000년대 초에 바닥을 찍고 다시 증가하고 있다는 조사 결과도 있다(여론집중도조사위원회, 2022). 또한 열독률의 하락과 무관하게 종이 신문의 매출액은 안정적으로 유지되고 있다(이소은, 2024, p.235).[9]

언론 연구자 크라이스(D. Kreiss, 2019)는 미국 사회 내 언론인 집단의 위상이 전체 사회 차원에서 여전히 상위 계층에 속하는 것으로 평가한다. 그는 언론인 집단의 사회경제적 지위를 분석한 연구들을 토대로 현시대 미국 사회의 언론인 집단이 드러내는 사회적 정체성을 아래와 같이 정리한다.

- 뉴스 미디어의 경제적 성과가 급속히 기울었음에도 언론인의 사회

적 지위는 언론 분야가 '전문화 프로젝트'를 추구하면서 강화되어왔다 (Waisbord, 2013).

- 언론인들은 중상층에 속하는 사람들이다. 일반인들의 경우 약 30%가 대학을 나온 반면, 워싱턴포스트와 뉴욕타임스 소속 언론인 중 80%가 대학 학위를 갖고 있고, 절반 정도가 엘리트 대학, 그리고 20%가 아이비리그 출신이다(Wai & Perian, 2018).

- 지역 뉴스의 공동화와 함께 언론인들은 도시 및 도시 인접 지역에 모여 있고(Usher, 2015), 농촌 지역의 비교집단에 비해 더 큰 경제적 보상을 받고 있다(Florida, 2017).

- 언론인들은 문화적 엘리트주의와 불균형한 자원 배분으로 인해 분노의 대상이 되고 있다(Cramer, 2016). 엘리트 미디어는 대도시에 모여 있고, 문화 및 정치 엘리트들과 가깝게 얽혀 있다(Wahl-Jorgensen, 2014).

- 뉴스 산업의 침체에도 불구하고, 경제적으로 활력 있고 국제화된 대도시에서 언론 직종을 추구하는 대학 졸업생들은 침체된 공업 도시(러스트 벨트)의 거주자에 비해 성공적으로 세계 경제의 위기 상황을 순항해온 집단에 속한다(Gest, 2016).

요약하면 언론인 집단은 일반 대중에 비해 교육 수준이 높고 뉴스 산업이 겪고 있는 위기에도 불구하고 같은 또래의 농촌 및 공업 지역 비교집단에 비해 경제적으로 안정된 상위 계층 엘리트이다(Kreiss, 2019, p.28). 이들은 활기차고 문화적으로 국제화된 도시에 살고 있으며, 정치 권력과도 가깝다. 이는 정치적 우익에 속하는 정치 집단(백인 노동자 계급, 신앙심이 깊은 사람들, 총기 보유자, 애국적 미국인) 및 극우 편향의 미디어(예를 들어 폭스뉴스)에 의한 공격의 빌미가 되어왔다.[10] 뉴욕타임스 발행인인 설즈버거A. G. Sulzberger는 2023년 5월, *CJR(Columbia Journalism Review)*에 기고한 글("Journalism's Essential Value")에서, 이처럼 언론인들이 공격받는 상황과 관련해 현시대 언론인이 지녀야 할 자세를 다음과 같이 적었다(Sulzberger, 2023).

무엇보다도 언론인들은 제가 말씀드렸듯이, 제발 그것이 사실이 아니기를 바랄 때에도 사실이 이끄는 방향을 따라야 하고, 설령 동의하지 않을지라도 사람과 관점을 공정하게 대변하는 것이 핵심 목표임을 기억해야 합니다. 이에 대한 타협은 저널리즘에 대한 대중의 흔들리는 신뢰를 더욱 약화시키고, 사회에 봉사하는 언론인의 능력을 약화시킬 것입니다. (중략)

둘째, 언론인들은 우리가 공중에게 제공하는 가장 가치 있는 서비스인 보도에 다시 전념해야 합니다. (중략) 기자들은 낯선 곳으로 가고, 낯선 사람들을 만나고, 낯선 관점이나 경험 및 아이디어로 우리 자신의 가정에 도전하기 위해 더 열심히 노력해야 합니다.

셋째, 언론인들은 대중의 비판이 어떻게 보도를 조작할 수 있는지 보다 잘 인식해야 합니다. 오늘날의 초연결 환경에서 우리의 업무에 대한 반응은 그 어느 때보다 즉각적이고 강렬합니다. 투명성이 높아지고 실수에 대한 책임이 커지는 것은 환영할 만한 변화입니다. 그러나 이제 우리 작업에 대한 반응은 종종 언론인의 정당성이나 도덕성에 의문을 제기하는 공격 형태로 옵니다. 이 같은 비판자들은 기록을 바로잡으려는 것이 아닙니다. 그들은 언론인들을 속이고, 수치심을 주고, 겁을 주어 더 유리한 보도를 이끌어내기를 원합니다. (중략)

마지막으로, 언론인들은 언론에 대한 불신이 만연한 불편한 현실에 대해 보다 적극적으로 고민해야 합니다. 미국 전직 대통령을 포함하여 자신들이 존경하고 신뢰하는 사람들로부터 언론이 그들을 싫어하고 이 나라를 싫어한다는 말을 거듭 들어온 국민들을 설득하는 데는 수십 년은 아니더라도 몇 년이 걸릴 것입니다. 그러나 뉴스 조직은 저널리즘에 대한 불신이 확대되는 것을 되돌릴 힘이 없는 양 행동해서는 안 됩니다. 그들은 자신의 명성을 지키기 위해 싸워야 하고, 저널리즘적 결정을 어떻게 내렸는지 더 잘 설명하기 위해 노력해야 합니다.

국내 언론학계의 언론·언론인 관련 연구에 대해서는 1권 『뉴스의 생산』 2장과 3장에서 서술한 바 있다. 학계는 언론이 겪고 있는 위기에 적극 개입했다. 하지만 그 논의의 주류는 현실의 언론을 지키고 발전시키기 위한 방안을 모색하기보다는, 언론에 대한 권력 개입을 정당화하는 논리로 귀결될 수밖에 없는 이상주의적인 언론 개혁에 주력하는 것이었다. 학계는 언론의 존립 기반이 무너지고 있는 현시점까지도 언론에 대한 비판에 집중하는 행태를 보이고 있다.

정작 학계는 아이러니하게도 언론이 겪고 있는 위기에 일조한 자신의 문제는 외면해왔다. 언론에 대한 연구 및 언론·미디어 전문 인력 양성을 담당하는 신문방송학 또는 언론정보학 전공이 언론 현장과 동떨어지고, 언론이 위기를 겪으면서 이러한 문제가 더욱 심화되고 있음은 잘 알려진 사실이다. 언론·미디어 전공은 외형적으로만 언론과 미디어를 내세웠을 뿐, 실질적인 연구 및 교육 내용은 언론을 발전시키고 양질의 언론 인력을 양성하는 것과 배치되는 혼선을 빚었다. 언론학 전공은 언론을 이끄는 학문이 아닌 결과를 평가하는 학문, 민주주의와 정의를 실천하는 학문이 아닌 도구화된 메시지를 만들고 그 효과를 검증하는 학문, 헌신의 열정이 가득 찬 학문이 아닌 무미건조한 지식이나 기교를 전수하는 학문으로 귀결되었다. 이는 언론학 전공의 목표 실종, 전공에 대한 실망,[11] 대학과 현장의 괴리라는 악순환으로 이어졌다(윤석민, 2020, pp.379~383).

하지만 학계 일각에서는 연구와 교육 차원에서 언론이 겪고 있는 위기 상황에 맞서 가치 있는 언론과 언론인들을 지켜가려는 노력도 이어지고 있다. 여기에는 다수의 사례들이 존재한다.[12] 이를 일일이 소개하는 것은 이 책의 범위를 넘어서는바, 여기서는 두 가지 사례를 소개하는 것으로 논의를 마무리하고자 한다.

첫 번째 사례로 고려대 언론학부의 박재영 교수와 그의 지도 학생들이 수행하는 한국의 저널리즘에 대한 연구 작업을 들 수 있다. 이들은 단행본으로 출간된 『저널리즘의 지형: 한국의 기자와 뉴스』에서 한국에서 간행된 주요 언론학 학술지의 저널리즘 논문들에 대한 메타 분석을 수행했다. 특히 그 책의 2장인 「뉴스를 만드는 사람들」(장바울·심해련·박재영, 2016, pp.77~126)에서 연구자들은 국내에서 이루어진 언론인에 대한 종래의 연구를 다음과 같이 네 분야로 나누어 소개한다.

- 기자의 성별, 학력, 연고와 같은 인구사회학적 배경과 함께 이념 성향 등의 요소가 뉴스 콘텐츠에 어떤 영향을 주는지에 대한 연구
- 저널리즘 원칙과 덕목(취재 보도 원칙, 정파성과 공정성, 언론에 대한 위협 요인 등)에 대한 기자의 인식 연구
- 한국 언론 100여 년의 역사에서 보이는 기자의 역할 변화(이를테면 계몽주의자, 비판적 지사, 샐러리맨화)에 대한 연구
- 기자 시험 준비와 공채, 입사 후 수습 과정, 부서 이동, 기자 교육, 전문성, 전문기자 실험, 승진과 직장 이동, 탈진과 만족도 저하에 관한 연구

그들의 연구에 따르면 이 시대(2013년 현재)의 보편적인 기자는 4년 제 대학 인문계열을 전공하고 결혼하여 아이 한 명을 가진 37세 남자(남 성 71.8%, 여성 28.2%)로서 연봉 4,540만 원의 자칭 중산층이다. 이들은 하루에 10시간 이상 일하며 6시간 잠을 자고, 일주일에 기사 31.3건을 작성하며, 취재원을 만나거나 부서 회식으로 일주일에 한두 번 술자리 를 갖는다. 그들 중 30% 정도는 흡연자이고, 평균적으로 하루에 한 갑 을 피운다(박재영 등, 2016, pp.80~81).[13]

또 다른 사례로, 이화여대 이재경 교수가 이끄는 예비 언론인(기자, PD) 교육과정,[14] 그리고 그 강사진이 주축이 된 '좋은 저널리즘 연구회' 의 연구 활동을 들 수 있다. 이들은 2018년부터 이 연구회의 이름으로 한국의 언론과 언론인 집단에 관한 주목할 만한 연구 성과들을 발표하 고 있다. 이들이 최근 발간한 『한국의 기자』(2024)는 한국의 기자 교육, 한국 방송 기자의 상황, 기자 수습교육, 기자 윤리, 기자의 역할 인식과 취재 관행, 한국 언론인의 사회경제적 속성, 기자의 노동과 보상, 한국의 여성 기자 집단 등을 다루고 있다.

국가적 차원에서 한국언론진흥재단의 언론 산업, 언론인 집단, 언 론 수용자 조사 사업들이 한국 사회 언론 및 언론인 집단에 관한 연구의 소중한 기초 자료를 제공한다. 동 기관은 1989년부터 2년 주기로[15] 신 문(인터넷 신문 포함), 방송, 뉴스통신사에 근무하는 한국 사회 언론인 집 단에 대한 조사를 수행하고 있다. 조사 내용에는 우리나라 언론인의 인 구통계학적 특성, 임금, 노동시간, 평균적으로 쓰는 기사의 양, 언론인으 로서의 역할 인식, 가치관, 취재 및 보도 활동, 재교육, 직업 만족도, 정치 적 성향, 라이프스타일 등이 망라되어 한국 사회 언론인 집단의 특성을 한눈에 살필 수 있게 해준다.[16]

이 연구가 시도한 언론인 탐구: 시행착오

연구자들이 현장 연구를 수행하며 설정한 핵심 탐구 대상 역시 언론인이었다. 언론이 추앙받던 시기에 언론인 집단이 주목의 대상이었던 것과 마찬가지로, 언론이 위기에 처한 현 상황에서 우리가 일차적으로 살펴야 할 대상은 언론인일 것이다. 현장의 사람들 얘기를 빼고 어떻게 현장 얘기를 할 수 있겠는가.

구체적으로 연구자들은 뉴스 생산 과정을 관찰하기 위해 일선 기자, 데스크,[17] 편집국장의 인식 및 역할, 그리고 이들 간의 상호작용을 편집국 단위의 관찰, 부서 단위의 밀착 관찰, 일선 기자 동행 관찰, 온라인에서 진행되는 지면 구성 논의, 언론인 대상 심층 인터뷰를 통해 촘촘히 살피고자 했다.

이 작업에서 연구자들의 출발점은 '규범'이었다. 윤석민(2020)이 수행한 한국 사회 미디어 시스템에 대한 분석을 토대로 언론이 겪고 있는 위기의 근원이 언론인들에게 열정과 책임의식을 부여하는 내면화된 습성·태도·가치 체계의 붕괴, 이른바 규범적 아비투스habitus의 붕괴라고 진단했다. 같은 맥락에서 언론의 위기를 극복하는 길은 무너져 내린 언론인들의 규범적 아비투스를 복원하는 것이라고 판단했다(pp.867~868).[18]

> 미디어 종사자들에게 있어 규범이 무너져 있다는 것은 이들이 단순히 미디어 윤리 원칙 또는 법규를 준수하지 않는 상태임을 의미하지 않는다. 이는 미디어 종사자들이 자신이 수행하는 역할의 근본적 의의나 목표를 상실하였음을 의미한다. 공영방송 종사자들의 입장에서 무엇이 공영방송 본

연의 역할인지 모르는 상태, 남북관계를 담당한 기자가 관련 보도를 하면서 자신이 취재하는 문제를 어떤 맥락에서 접근해야 하는지 모르는 상태, 최저임금·탈원전·입시정책·부동산정책 등 갈등을 빚는 국가정책 현안을 다루는 기자들이 어떤 방식으로 기사를 취재·보도해야 공정한 보도가 되는지 인식하지 못하는 상태, 심지어 무엇이 취재·보도할 가치를 지닌 뉴스인지 제대로 분간하지 못하는 상태가 그것이다. 오늘날 우리가 목격하는 한국 사회 미디어들의 위기는 여기서 시작된다.

하지만 이러한 인식은 현장 연구를 실행에 옮기면서 시행착오를 초래했다. 문제는 규범적 아비투스를 복원한다는 목표였다. 연구자들은 이 목표가 자칫 현실과 동떨어진 이상적 언론인 집단의 상태를 설정하고, 이를 잣대로 언론인들의 현 상태를 평가하고, 심지어 외생적으로 언론인들을 변화시킬 수 있다고 가정하는 형식화된 규범주의의 오류에 빠질 수 있음을 간과했다.

이러한 혼선에 따라 빚어진 시행착오를 더 구체적으로 서술해보고자 한다. 연구자들은 현장의 언론인들이 뉴스를 생산하면서 어떠한 규범적 가치나 태도를 내면화하고 있고, 이러한 가치가 언론인들의 일상적 업무 수행을 통해 어떻게 실천되고 있는지를 현미경을 들여다보듯 촘촘하게 점검하고자 했다. 이를 위해 연구자들은 조감도 차원의 전체 편집국 관찰과 동시에, 일선 기자 동행 관찰 및 사회부·정치부 밀착 관찰을 실행에 옮겼다(1권 『뉴스의 생산』 3장 참조). 특히 연구자들이 언론인 탐구 차원에서 수행한 가장 중요한 연구 활동은 40여 명이 넘는 언론인 및 언론 관계자들을 심층 인터뷰한 것이다.[19]

연구자들은 심층 인터뷰를 내실 있게 진행하기 위해 인터뷰 대상자에게 설문지를 미리 보내고 답변을 받아 그 내용을 보완하는 방식으로 인터뷰를 진행했다. 관련 연구들을 참조하고 수차례의 검토와 논의를 거쳐 사전 조사 설문지를 작성했다(부록 2. 심층 인터뷰 질문지 참조). 조사 내용에는 취재 윤리, 보도 윤리, 직업 윤리 차원의 가치와 규범(정치적 독립 인식, 사회적 책임, 차별과 편견의 금지, 약자 보호, 명예 훼손, 사실성, 품위와 절제 등)에 대한 인식, 좋은 기사는 무엇인가에 대한 견해, 기자로서 보람을 느낄 때와 회의를 느낄 때, 기사에 대한 동료집단의 평가 및 독자의 피드백 수용 정도, 타 언론사 기자들과의 경쟁, 개인의 가치관과 언론사의 방향성 간 충돌 문제, 언론사 조직의 운영에 대한 태도, 사주와 경영진에 대한 평가, 미디어 환경 변화에 대한 인식, 조직문화, 보상 체계, 기사의 품질에 대한 평가, 언론의 미래에 대한 생각 등을 묻는 문항이 포함되었다. 이를 통해 응답자의 언론에 대한 규범적 아비투스를 세밀하게 파악하고자 했다.

하지만 이러한 계획은 예상대로 진행되지 않았다. 우선, 사전 설문지는 제대로 된 답변을 이끌어내지 못했다. 사전 설문지를 보낸 다수의 인터뷰 대상자들로부터 답신이 오지 않거나 빈칸이 수두룩한 채로 몇 군데 모호하게 의견을 표시한 응답 결과가 돌아왔다. 조사 항목이 공감을 자아내지 못했다는 뜻이었다. 인터뷰도 겉돌았다. 인터뷰 대상자들은 자신에 대한 인터뷰에 앞서 의심스런 표정으로 연구자들이 왜 현장에 와 있으며, 연구 목적이 무엇인지, 그 결과물을 가지고 뭘 하려는 건지 등을 물었다(그들은 묻는 일에 전문가들이다). 그에 대해 연구자들은 자못 진지한 태도로 다음과 같은 답변을 주곤 했다.

언론의 위기 상황은 더는 방치될 수 없다. 이를 위해선 언론의 역량이 강화되어야 한다. 언론인들의 소명의식과 규범성을 복원하고, 정치권력과 시장권력에 맞서 진실을 캘 수 있는 디지털 전문 인력으로 이들을 재탄생시켜야 한다. 그러지 못할 때 언론은 권력 감시와 비판 능력을 상실하게 될 것이다.

언론 위기에 대한 답은 언론 현장에 있다고 본다. 언론인들이 언론 본연의 규범을 내면화하고 실천하는 것이 그 답이라고 본다. 현재 규범성이 무너져 있는 상태다. 굉장히 바쁘게 돌아가는 현장 상황에서 과연 이를 회복할 가능성이 있는지, 이게 단지 희망 사항일 뿐인지 확인해보려 현장에 왔다.

한국 언론이 지금 겪고 있는 어려움, 양질의 저널리즘이 점점 그 근거를 상실하고 있는 문제를 바로잡지 않으면 한국 사회의 미래가 없다고 생각한나. 우리 학계에서 이런 연구를 누구도 하고 있지 않다. 그래서 직접 그 답을 찾아볼 목적으로 현장에 왔다. 진짜 사명감을 갖고 한번 해보려 한다.

"아, 네…." 자못 비장한 연구자들의 설명에 대한 언론인들의 반응은 대체로 미지근했다. 연구자들의 연구 목적은 인터뷰 대상자들의 공감을 불러일으키지 못했고, 그렇게 시작된 인터뷰는 답답하게 진행되었다. 연구 초반, 연구자들이 애를 썼음에도 울림도, 진정성도 느껴지지 않는 답변들이 이어졌다.

문제는 연구자들이 규범을 현실에 앞세우는 접근 방식을 취했다는 점이다. 양질의 언론을 실천함에 있어서 규범의 가치와 중요성은 부정할 수 없다. 그러나 언론 규범을 역사적·정치적 맥락을 초월한 절대 가치로 가정하고, 언론을 이러한 규범에 기반한 제도로 간주하는 인식은 자칫 현실에서의 언론의 실천과 그 결과물로서의 규범 간의 관계를 도치시키는 물신화fetishism의 오류에 빠지게 된다.

앞서 1권 『뉴스의 생산』 1장에서 강조했듯이, 언론의 본질은 완결성 높은 정치적 숙의, 학술 토론 내지 철학적·종교적 소통과 목표를 달리하는 소란스럽고, 자유분방하며, 세속적인 소통 활동이다. 이러한 활동의 주체인 언론인들이 지닌 정체성의 본질은 일반 대중의 눈높이에서 세상 돌아가는 일을 관심 있게 지켜보고 기록해서 알리는 것이다. "기자라는 존재는 '사±'나 '님'이 아니라 젊으나 늙으나, 높으나 낮으나 세상 돌아가는 일에 호기심이 많고, 궁금한 걸 참지 못하며, 주변 사람들과 어울려 먹고 마시며 떠드는 걸 좋아하는 '자者'들이다."(심층 인터뷰 42) 언론인들이 엘리트의 일원으로 편입되면서 그들의 인식이 일반 대중과 괴리되는 것은 이 맥락에서 바람직하지 않은 일로 간주된다(Kreiss, 2019; Sulzberger, 2023).[20]

이 같은 집단을 현실과 동떨어진 이상적 규범의 잣대로 재단하려는 시도는 한계를 지닐 수밖에 없다. 규범적 가치에 대한 인식을 묻는 연구자들의 설문 문항들에 대해 언론인들이 보인 '할 말 없음'의 반응이 그것이었다. 이는 정도의 차이는 있지만 국내외를 막론하고 언론과 언론인을 대상으로 이루어지는 연구들에서 흔히 발견되는 문제다. 그 전형은 언론이 추구해야 하는 가치, 바람직한 언론, 좋은 언론인에 대한 기준을 저널리즘에 대한 전범적 문헌들canonical texts 내지 모범적인 언론 사례를 중심으로 설정한 후, 이를 기반으로 현장에서 뛰고 있는 언론인들의 의식과 실천 정도를 평가하는 접근 방식이다. 이는 언론 연구자들로 하여금 현실의 언론 상황과 괴리된 학계의 기준에 따라 언론과 언론인들을 평가하고 비판하게 이끈다. 더 큰 문제는 현장에서 상황 변화에 적응해 생동하는 새로운 감각의 취재와 보도, 관행으로부터의 일탈 시도를 처음부터 부정적인 시선으로 보게 만든다는 것이다. 종래의 언론인 대상 연구들이 현장에 대한 이해를 높이기보다는 몰이해와 부정적 편견을 강화한 주원인을 여기서 찾을 수 있다. 현장의 언론인들은 자신들에 대한 부정적 평가가 고조될수록 그에 대한 반작용으로서, 스스로에 대한 보호막을 친 채 그들의 작업 환경을 점검하려는 학계의 시도에 저항하며 고립되는 길을 택했다. 결국 형식화된 규범주의는 학계와 현장의 간극을 넓히는 악순환의 원인으로 작용했다.

저널리즘 현장 출신의 '신선한 전문가'로 대학원에 입학했을 때, 솔직히 나는 어떤 평행우주에 들어온 듯한 느낌을 받았다. 대학원생으로서 내가 읽었던 어떠한 학술적 논문이나 저서도 내가 떠났던 현장의 세계를 제대로 반영하지 못하고 있었다. 학술적 관점은 편파적이고, 때로 타협할 수 없을 정도로 권위적이었다. 또한 학자 자신이 기술하는 대상인 실질적인 저널리즘 현장을 정확하게 포착해내기보다는 학자 자신의 학문적 환경을 훨씬 더 많이 반영하고 있었다. 그 속에는 내가 저널리스트로서 활동하던 당시 겪었던 말할 수 없는 경험들, 즉 작지만 확실한 승리, 끊임없는 긴장, 전혀 예측할 수 없는 순간에 휘몰아치는 지루함, 설명할 수 없는 충성심, 동료의식이 빚어낸 편협함, 그리고 해결할 수 없는 딜레마 등은 없었다. 이러한 불편함은 나만의 느낌이 아니었다. 내가 아는 다른 저널리스트들도 학자들이 자신의 입장에서 저널리즘 세계를 미세하게 조명하는 편협함이나 비현실성에 대해 불편해하고 있었다.

— Zelizer, 2004, p.10

학자들은 특정한 형태의 하드뉴스를 다른 대안들보다 높게 평가하는 방법으로 뉴스를 정의해왔다. 학문적 연구의 이 같은 편견은 언론의 실상과 공식적인 자기상 사이의 간격을 벌려놓았다.

— Zelizer, 2004, p.105

언론인들은 언론학자와 교육자들이 자신들의 일과는 전혀 무관한 사람들이라고 말한다. 언론학자들은 또 언론인과 언론 교육자들이 충분히 이론적이지 못하다고 비판한다. 언론 교육자들은 언론인들이 모래 속에 머리를 처박고 있고, 언론학자들은 구름 속에 머리를 두고 있다고 불평한다.

—『저널리즘 핸드북』, 2015, 3장

기자는 사실을 규범적으로 전달해야 하는 합리적 직업인인 동시에 정보를 불완전하게 해석하고 전달하는 감정적 인간이기도 하다. 기자에 대한 이런 양가적 평가는 우월의 문제가 아니라 현실의 문제이다.

— 이완수, 2022, p.112

뉴스의 문제는 전문직주의이지 전문직주의의 부재가 아니다.

— Schudson, 2011, p.69

종래 언론인에 대한 학계의 연구는 한목소리로 언론인의 전문직주의와 규범성이 형식화되고 있다고 개탄한다. 하지만 이들이 비판하는 언론 규범의 형식화 문제만큼이나, 이러한 학계의 연구들은 언론의 상태를 경직된 규범의 틀에 맞추어 재단하고 평가하는 한계를 드러낸다. 연구자들이 겪은 시행착오 역시 같은 문제였다. 언론의 현실과 동떨어진 규범적 가치들을 언론의 본령이라고 인식하고, 언론 위기 극복의 길은 무너져 내린 언론인들의 규범적 아비투스를 복원하는 과제라고 예단했다. 현장의 언론인들에게 그에 대한 당위적 질문을 던짐으로써 현실의 문제에 대한 해결책을 찾을 수 있으리라 과신했다. 모두 잘못된 가정이었다.

규범주의의 한계를 넘어

연구자들은 시행착오를 거듭하면서 설문지 문항을 수정하는 것이 해결책이 아님을 깨달았다. 결국 인터뷰에 앞서 원론적인 규범적 가치들에 대한 인식을 설문지를 통해 파악하겠다는 계획 자체를 변경했다.

더 나아가 연구자들은 언론인들과의 인터뷰를 수행하면서 이러한 규범적 가치들에 대한 질문들, 즉 바람직한 답변이 무엇인지 정해져 있는 질문들을 최소화하고, 자연스레 대화를 나누는 식으로 인터뷰 방향을 수정했다. 연구자들이 사전에 설정한 기준에 따라 재단하지 않고 있는 그대로를 보고 들으려 했고, 평가하지 않고 이해하고자 했다. 그러자 인터뷰는 활기를 띠기 시작했다. 그때 현장의 언론인들에게서 진솔한 답변, 생동감 넘치는 날것의 생각, 목소리, 이야기들이 자연스럽고 편안하게 흘러나오기 시작했다. 그때 언론인들은 연구자들이 생각하는 언론의 문제가 아닌 자신들이 생각하는 언론의 문제를 얘기하기 시작했다. 이를 통해 편집국 내의 다양한 구성원들이 각자의 상황에서 실천하는 저널리즘의 양태가 드러나기 시작했다. 그들이 느끼는 보람, 성취, 기대, 좌절, 정의감, 분노, 관행적 행태와 변화의 시도들, 그리고 새롭게 형성되는 규범의 양태들이 보이기 시작했다.

저는 요즘에 후배들을 보면서 저 친구 중에 몇 명이 남아서 앞으로 팩트를 계속 찾아갈 거냐, 그런 생각을 정말 많이 합니다. 특히 언론 환경이 너무나 많이 달라지고 취재 환경이 정말 어렵기 때문에 용광로 사이로 널빤지 하나를 다리 삼아서 건너가는 느낌? 저는 그런 느낌이 들어요. 삐끗하는 순간 그 기자는 거의 매장이 되고 그러는 거라서. 이 다리를 건너갈 수 있을 것인가, 몇 명이 건너갈 것인가, 몇 명이 빠질 것인가.

— 심층 인터뷰 11

저는 온라인에서 사람들이 뉴스를 클릭하고 소비하는 행위는 절반은 오락이라고 생각하거든요. 내가 오늘 이 시간에 뉴스를 볼 것이냐 아니면 게임을 할 것이냐. 뉴스의 경쟁자는, 다른 신문이 아니고 게임이거나 음악이라고 생각해요. 그래서 무엇보다 재미있어야 돼요. 사람들이 우리를 클릭해서 기대하는 건 사실이고 팩트이기 때문에. 그러면 재미있는 팩트라는 거? 저는 기사 쓸 때도 선배가 괴롭히기는 하지만, 정말 재미없는 기사는 안 썼다고 생각합니다. 그런 건 어디 학술적으로나 하든지 하라고.

— 심층 인터뷰 31

중소기업중앙회 여직원이 계약직이었는데 일곱 번 쪼개기 계약을 당한 다음에 성추행을 당하다가 열받았고 자살을 했어요. 자살한 건 보도로 이미 나왔었는데 1년 정도 지났을 때 당시 징계를 받았던 사람들이 다 돌아온 거예요. 그래서 제가 왜 이렇게 빨리 돌아왔지 싶어서 징계 내역을 살펴봤더니, 지방으로 좌천시켰는데 그 지방이라는 게 수원이었던 거예요. 중소기업중앙회, 여의도에 있거든요. 그건 좌천이 아니잖아요. 그래서 제가 그것 때문에 빡쳐서 기사를 썼는데, 당시 재직하던 언론사에서 삭제했어요.

(중략) 그러니까 이건 못 참겠다고 사표를 냈죠. 정의, 이런 건 아니었어요.
이건 예의의 문제였어요.

— 심층 인터뷰 34

인터뷰 방식의 변화는 인터뷰 결과의 분석에도 영향을 미쳤다. 애
초의 계획은 통상적인 인터뷰 기반 연구의 관행에 따라, 연구자 주도로
인터뷰 내용을 구성하는 것이었다. 연구자들이 현장의 언론인들에게서
확인하고자 했던 사항(이를테면 취재·보도 행위와 관련된 언론의 규범적 가
치 항목들)을 중심으로 적절한 인터뷰 내용을 다시 정리하는 방식이 그
것이다.

이러한 계획은 전격적으로 수정되었다. 수정이 불가피했다는 게 더
정확한 표현이다. 연구자들이 규격화된 사전 질문지를 토대로 한 인터
뷰를 포기하고 자유로운 형식의 대화를 선택한 순간 인터뷰는 자유롭
게 흘렀다. 대화를 나눈 언론인 한 명 한 명이 고유한 언론 실천의 단위
이자 세계였다. 이들과의 인터뷰 결과를 조각내서 연구자의 틀에 따라
재구성한다는 것은 가능하지도 타당하지도 않았다.[21] 결국 연구자들은
개별 언론인들과의 인터뷰를 그대로 보여주는 것으로 방향을 틀었다.
이를 통해 현장의 언론인들이 경험하는 것과 그들이 느끼는 성찰, 소명,
성취감, 긴장, 불안, 희망, 그리고 현실과의 타협 등을 어떤 규범적 틀로
도 걸러내지 않은 채 있는 그대로 드러내고자 했다.

그 결과물이 뒤에 이어지는 13건의 인터뷰들이다. 50여 건에 달하
는 방대한 원 인터뷰들 중 책에 포함한 인터뷰를 추린 기준은 인터뷰 대
상자의 중요도(사장, 주필, 국장 같은 주요 응답자)만큼이나 인터뷰의 생생
함이었다. 최종 선택된 인터뷰 중에는 애초에 인터뷰를 할지 말지 끝까

지 망설였던 경우도 있다. 인터뷰 전문이 공개되는 것을 불편해하는 이들의 경우 본인들의 의사를 존중해서 제외했다.[22] 인터뷰는 비속어 등 부적절한 표현을 다듬는 것 외에 원래 내용을 최대한 그대로 살리는 방향으로 정리했고, 인터뷰 대상자들의 확인을 거쳐 수록하였다.

1부. 사회적 환경과 정치권력의 감시

01. 사회부 기동취재팀장,   박순찬

인터뷰이   박순찬(남성, 인터뷰 당시 40세, 입사 14년 차)[1]

인터뷰 일시/장소   2021년 11월 4일 오전 11:00~오후 1:00(1차), 11월 19일 오전 11:00~오후 1:00(2차) / 조선일보사 3층 회의실

사회부 기동취재팀장(이하 '기동팀장'), 이른바 시경(서울특별시경찰청) 캡은 누구나 인정하는 바쁘고 힘든 자리다. 야전사령관처럼 각종 사건·사고를 훑는 일선 경찰 출입 기자들을 통솔하는 자리다. 사건·사고에 정해진 시점이 없듯 기동팀장은 하루 24시간, 일주일 7일을 격무에 시달린다. 신참 기자들을 교육하고 관리하는 역할도 담당한다. 체력은 기본이고 통솔력과 판단력도 필수다. 편집국 구성원 중 편집국장을 제외하고는 유일하게 차량이 제공된다.

맏형 같은 체구에 눈웃음이 선한 입사 14년 차 박순찬 팀장은 기동팀장의 무거운 짐을 묵묵히 지고 가는 사람이었다. 그 와중에 연구자들을 알뜰살뜰 챙기는 역할까지 맡았다. 그런 그가 며칠 보이지 않다가 나타나서 궁금해했더니, 휴가를 내서 대학원 논문(카이스트 과학 저널리즘

석사과정)을 마무리하고 심사까지 마쳤다고 했다.

그의 짐이 과중한 것을 알기에 그와의 인터뷰는 반가우면서도 미안했다. 그는 연구자들이 미리 보낸 질문지를 꼼꼼히 살펴서 채워 보냈다. 그의 신념과 책임감이 설문 응답에서 그대로 묻어났다. 눈에 띄는 응답은 저널리즘의 규범적 가치 항목 중 '취재원 명시'와 '익명 보도 금지'에 대해 유보적 태도를 취한 것이었다. 취재 현장의 현실과 동떨어진다는 이유에서였다. '신문 지면이 어떻게 달라져야 한다고 보는가'라는 항목에 그는 "좀 더 독자 중심적으로, 사안을 열심히 좇다가도 독자가 잘 따라오고 있는지 돌아보면서 친절하게"라고 적었다. 예상치 못한 표현들이 연구자들의 가슴을 뭉클하게 했다. 이상이 아닌 현실의 언론인이 할 수 있는 답변이었다.

두 차례에 걸친 심층 인터뷰는 코로나가 한창인 비상시기에 그가 왜 젊은 기자들의 대장 역을 맡고 있는지 보여주었다. 인터뷰 중에 메신저로 연신 일선 기자들과 연락을 주고받으면서도 싫은 내색 없이 각 인터뷰당 두 시간씩을 꾹꾹 채웠다. 후배 기자들 훈련 때 무엇을 가장 중시하는지 묻자 두려움을 깨고, 현장과 사람을 찾고, 거짓말하지 않는 것이라고 답했다. 데스크가 되면 가정생활을 포기해야 하는 구시대적 시스템 탓에 인재들이 승진을 원치 않고, 젊은 기자들이 일찍 빠져나간다는 얘기도 털어놓았다. 신속한 보도와 정확한 보도 중 무엇을 중시하는지 묻자 주저 없이 후자라고 말했다. 답변은 간명했지만 사려 깊고 견고했다. 더도 덜도 아닌 자신의 모습이었다.

그는 규범의 틀로 현장의 언론을 재단하려 한 선생뻘 연구자들에게 언론과 언론인의 본령이 무엇인지 다시 일깨워주었다. 언론의 위기는 그에게도 피할 수 없는 현실이었다. 그 역시 현재 언론이 처해 있는 상황을 걱정하며 답답해하고 있었다. 하지만 그 같은 사람이 늘어나면 언론의 미래는 밝을 것이라는 생각을 했다.

언론이 지향하는 가치

바쁘신 중에 시간 내주셔서 고맙습니다. 바로 시작하죠. 언론이 지향해야 하는 가장 중요한 가치는 뭘까요?

박순찬 첫째는 철저한 팩트 확인입니다. 둘째는 그 연장선에서 팩트와 관련한 어떤 누락이나 왜곡도 있으면 안 된다는 겁니다.

조금 더 부연해주세요.

박순찬 요즘 언론을 자처하는 곳들이 너무 많아졌고 기자 역할을 하는 일반인들도 많아졌어요. 정보는 넘쳐나는데, 그럴수록 저희가 해야 하는 건 팩트를 더 철저히 체크하고 누락, 왜곡, 허위 같은 게 없도록 하는 거라고 생각해요. 그게 없으면 기성 언론과 그들의 차이가 없어지는 것 같아요. 그래서 그 가치는 끝까지 잘 지켜야 한다고 생각합니다.

조선일보가 건강한 경향성을 넘어서 편향성이 있다는 비판이 있습니다. 그 비판의 근거는 개개 사실의 문제라기보다는 수많은 팩트 중에서 무엇을 선택하느냐의 문제라고 보는데요. 팩트의 선택과 관련해서는 어떤 원칙을 가지고 있나요?

박순찬 여러 팩트 중에서 기사에 10개를 쓴다면 그걸 6 대 4로 채울지 7 대 3으로 채울지 선택을 하죠. 그리고 무엇을 앞세우는지 그 순서에 따라 논조가 달라질 수 있어요. 5 대 5라는 기계적 중립성을 취하면 이도 저도 아닌 얘기가 되는 경우가 많아요. 그래서 저희가 옳다고 생각하는 방향에 힘을 줘서 그게 6이 되든 7이 되든 쓰되, 10 대 0이나 9 대 1로 채우진 말자, 그 정도의 균형은 지키자는 생각이 있고요. 기계적인 5 대 5도 옳은 방향이라고 보지는 않습니다.

일선 기자들의 발제

사회부가 채워야 하는 건 어떤 면이죠?

박순찬　사회부는 종합면²과 사회면에 기사를 냅니다. 종합면은 그날의 중요한 기사들로 채우는데, 정치 뉴스가 나가는 경우가 많긴 해요. 사회면은 보통 2~3개 면입니다. 그걸 사회정책부와 저희가 나눠서 맡는데, 사회정책부가 주로 한 면을 맡고 저희는 하나 내지 두 면을 맡습니다.

지면을 채울 수 있는 온갖 팩트들이 있을 텐데 어떤 식으로 발제 내용들이 기삿거리로 간추려지나요?

박순찬　발제는 현장 기자들이 각자의 라인에서 올립니다. 기동팀은 오전 9시 반까지 받고요. 그걸 제가 정리해서 10시까지 기동팀 전체 보고를 올리고 사회부의 다른 팀들도 팀장이 10시까지 올리면 부장이 취합본을 들고 10시 20분쯤에 국장이 주재하는 회의에 들어가 스탠딩 회의를 합니다. 부장은 아침 보고에 들어가서 오늘의 주요 기사는 이거고, 종합면과 사회면에는 이걸 쓰고, 인터넷에는 이러이러한 걸 쓸 수 있다고 간략하게 얘기합니다.

일선 기자들의 발제가 대개 몇 꼭지 정도 올라오나요?

박순찬 개인마다 다른데 보통 하나의 라인에서 기획을 하나 정도씩 올립니다. 사회면 톱이 될 만한 기획성 큰 기사를 하나쯤 아이디어로 올리고, 보도자료나 연합에 나오는 사건·사고 같은 공유 건들은 평균적으로 서너 건씩 있고, 여기에 새로운 걸 한두 건 추가하는 식입니다.

모든 기자들이 그렇게 하나요?
박순찬 그렇습니다.

그러면 지면상 소화할 수 있는 것보다 몇 배는 될 텐데요, 그중에서 선택은 누가 하나요?
박순찬 선택은 1차로 제가 합니다. 10시에 팀 보고를 올릴 때 일부는 킬하자 해서 아예 빼는 것도 있고, 좀 설익은 것은 이런 부분을 더 취재해보라며 돌려보내는 것들도 있습니다.

팀원은 몇 명인가요?
박순찬 저 빼고 12명입니다.

상당히 많은데 다들 들어온 지 얼마 안 되는 초년 기자들인가요?
박순찬 한 절반은 입사한 지 아직 1년이 안 된 기자들이고요. 작년 12월에 입사했죠. 기동팀은 약간 부트 캠프 같은 역할이라서. 나머지 4~5명은 2~3년쯤 됐고, 바이스라고 하는 기자만 저보다 1년 후배입니다.

바이스도 똑같이 올리는 거고요?
박순찬 네, 똑같이 보고를 올립니다. 부팀장 역할을 하는 바이스는 그래도 짬이 꽤 되는 기자여서, 말단 기자들이 8시 반까지 올린 보고를 바이스가 한 시간 동안 먼저 보면서 기자들하고 계속 소통을 해요. 저도 마찬가지로 다 읽어보고요.

캡이 보기 전에….

박순찬 바이스가 한 번 정리를 쫙 하고 팀 보고를 올리면, 제가 또 30분 동안 보면서 바이스와 기자들하고 얘기하고 그래서 다시 최종본을 만들어서 올립니다.

그러면 최일선 기자들은 발제를 꽤 일찍부터 준비해야겠군요?

박순찬 그렇습니다. 발제를 올리기 최소 한 시간 전부터 준비해야죠.

어디서 어떻게 준비하나요?

박순찬 그건 제약 없이 스스로 알아서 하도록 합니다. 보통은 경찰서 기자실에서 하는 경우가 많은데, 전날 취재가 많아 힘들면 집에서 할 수도 있고요. 경찰 출입이니까 경찰서에 꼭 나가 있어야 한다기보다, 본인이 어디서든 주도적으로 일하면 된다고 봐서 특별히 장소에 제약을 두진 않습니다.

입사한 지 1년 안 된 기자가 몇 명쯤 되죠?

박순찬 작년에 9명 들어왔는데, 6명이 남고 3명은 다른 부서로 갔습니다.

기동팀이라는 곳이 신입 기자 훈련소 역할을 하는 곳인 듯한데요.

박순찬 맞습니다. 다른 부서로 간 3명도 여기서 6개월 하고 옮겨갔어요.

신입은 일단 기동취재팀으로 전부 다 배치합니다. 기동팀장의 주요 업무 중 하나가 신입들을 훈련해서 기자로 만드는 거죠.

시경 캡

기동팀장 혹은 시경 캡의 역할이 매우 중요한 것 같군요.

박순찬 시경 캡은 어느 언론사든 중요한 역할을 하죠. 재미있는 게 차량과 기사를 내줘요. 조선일보 편집국에서 차량과 기사 나오는 게 편집국장이랑 시경 캡 둘입니다. 약간 특수한 직책이죠.

왜 차량을 내주는 거죠?

박순찬 이건 예전부터 내려오는 전통이기도 합니다. 기동취재팀이니까 현장을 다닐 일이 많고, 과거에는 캡이나 야간 당직자가 저녁에 차를 타고 강남부터 서울 시내 경찰서를 쭉 한 바퀴 돌았어요. 지금은 그런 게 사라졌죠.

그간 지켜보니까 주로 회사에서 전화로 업무 지시하고 보내온 거 읽고, 밖으로 나갈 일이 없어 보이던데, 차량은 어떤 식으로 쓰는 거죠?

박순찬 일단 출퇴근을 시켜주고요.

출퇴근은 몇 시에 하나요?

박순찬 집이 어디냐에 따라서 시간이 다를 텐데, 저는 7시 반에 집에서 타고, 퇴근은 회사에서 한 11시 반 정도에 합니다. 집에서는 거의 잠만 자고 나오죠. 주 6일.

낮에는 차 쓸 일이 별로 없을 것 같은데요.

박순찬 저는 별로 없어요. 그래서 기자들이 지방에 가거나 뻗치기[3]를 하거나 취재에 필요할 때 쓰라고 합니다.

시경 캡이 사내에 머무는 특별한 이유라도 있나요? 시경에 있지 않고.

박순찬 조선일보는 다른 회사와 캡 운용이 약간 다른데, 타사의 경우 시경 캡은 말 그대로 진짜 시경에 나가거든요. 회사에 사건 데스크가 별도로 있고요. 조선일보만 유일하게 시경 캡이 회사에서 사건 데스크 역할을 맡고 대신 바이스캡이 시경에 나가요. 그래서 타사 캡들하고 조선일보 바이스캡이 같이 취재를 해요. 그 하나 밑에 있는 속칭 바바이스라고 불리는 친구가 경찰청에 나가고요.[4] 다른 언론사는 보통 시경 캡이 시경에 나가고 그 밑의 바이스가 경찰청에 나갑니다. 시경을 제일 중요하게 보고 그다음에 경찰청, 그다음엔 강남 뭐 이런 식으로 쭉 순위가 있어요. 그런데 조선일보만 바이스가 시경에 나가고 그 밑에 있는 후배가 본청에 나가는 식이에요. 그래서 타사에서 좀 싫어하기도 했는데, 이젠 인정해주는 편입니다.

타사에서 왜 싫어하나요. 급이 맞지 않아서?

박순찬 '캡도 아닌 어디 바이스가' 이런 거죠. 그런데 저희는 다른 데보다 연차가 좀 높은 편이에요. 이번 바이스도 타사 캡이랑 동기거나 선배이기도 해서 별문제는 없습니다.

조선일보 온 지 몇 년 되셨죠?

박순찬 2008년에 입사해 14년 차쯤 되겠네요.

시경 캡은 연차가 어느 정도 되면 맡게 되는 건가요?

박순찬 보통은 차장급들이 많이 했는데, 최근엔 그 이하로 연차가 많이 내려왔어요.

차장 직위

차장이면 한 20년?

박순찬 입사해 만 15년이 되면 차장입니다. 15년을 일하면 보통 차장 대우라는 직함을 달아줍니다.

그 사이에는 다른 직위가 없나요?

박순찬 네. 일선 기자로 시작해서 15년이 되면 차장 대우가 됩니다. 그 사이에는 아무것도 없어요. 기자는 직위가 그렇게 중요하지 않으니까요. 보통은 차장을 달면서 각부의 데스크나 부장을 하게 돼요.

차장은 직위라고 할 수 있고 부장은 직책으로 보면 되나요?

박순찬 그렇죠. 예를 들어 경제부장이라 하고 괄호 쳐서 차장. 직위상 차장이 승진하면 부장 대우, 그다음에 부장이 되는데요, 그래서 직위상 차장인 부장이 있고 직위상 부장 대우인 부장이 있고. 여러 케이스가 섞여 있습니다.

직책으로서의 부장, 예를 들어 정치부장은 몇 년 차 정도인가요?

박순찬 언론사들 중에서 조선일보가 부장을 제일 늦게 다는 편입니다. 지금 정치부가 그래도 빠른 편인데, 한 25년 안팎이죠.

직위가 오를 경우 가장 큰 차이는 무엇입니까? 이를테면 15년 지나서 차장 대우를 달면.

박순찬 차장 대우가 되면 각 부서에서 팀장 역할을 하는 경우가 있어요. 사실 연차와 상관없이 연차 낮아도 잘하는 사람이 있잖아요. 그래서 실력에 따라서 팀장을 맡는 경우도 있긴 한데, 보통 차장 대우는 팀장을 맡는다고 보시면 됩니다.

올라온 발제 내용의 검토

12명의 기자들이 보내온 발제를 살펴보려면 시간이 제법 걸리겠군요.

박순찬 그렇습니다. 사회부 보고가 각 팀에서 올라와 부장한테 가는 건데 원고지 50매 분량이에요. 사회부 안에 법조팀, 기동팀, 전국팀 이렇게 셋이 주축인데 여기서 이미 한 번 걸러져 올라온 보고들을 다 합치면 원고지 50매 정도가 되는 거죠.

캡이나 팀장이 1차로 걸러서 올리는 데도 분량이 꽤 많네요?

박순찬 네. 원래의 보고를 압축해서 줄인 게 50매. 이거 외에 상세 보고라고 하나 더 있습니다. 그건 기자들이 올린 보고 원문을 다 합친 건데 100매가 넘죠.

그걸 어떤 식으로 취합해서 올리나요?

박순찬 종합면에 쓸 거를 먼저 앞으로 빼요. 예를 들어 최근 이슈인 대장동 관련 내용은 다 종합면으로 빼놓고, 피플면⁵에 사람 얘기로 쓸 만한 건 또 따로 빼고요. 그다음에 사회면용. 그중에서 톱이 될 만한 걸 위로 올리고 그다음에 박스[6]가 될 만한 것들. 동타[7]라고 하는 예정에 없던 새롭게 발생한 기사들, 스트레이트 이런 것들은 뒤로 빼고요.

이메일 같은 걸로 받나요, 아니면 다른 시스템이 있나요?

박순찬 워드 기반의 엑스쿱Xcoop이라는 회사 자체 시스템을 씁니다. 거기 기사 열람 메뉴에 들어가보면 부서별로 게시판들이 쭉 있어요. 거기서 다른 부 발제도 볼 수 있고요.

다른 부서 사람들도 보나요?

박순찬 사회부 건 많이 봐요. 누구나 궁금해하는 내용들, 기사에 안 나오는 내용이나 사건의 맥락, 뒷얘기 같은 것들을 볼 수 있죠. 예를 들어 연예인 관련 사건이라면 연예인 이름도 나올 수 있고요. 사회1 게시판은 기동팀이 쓰고 사회2는 법조팀이 쓰고 전국팀은 전국 뉴스를 씁니다. 기동팀 것을 사회1로 들어가서 보시면, 여기부터는 기자 단위로 보고가 있어요. 아침 보고. 동부, 중부, 강남, 마포. 이런 식으로 일선 기자들이 쭉 올리는 거예요.

각자 맡고 있는 일종의 나와바리(담당 영역) 단위의 보고군요?

박순찬 네. 보고 내용이 5매, 6매, 13매 다 다르죠. 그날 기사 아이디어가 있는 기자들은 길게 올려요. (휴대폰 화면을 보여주며) 이 보고는 아이디어가 없고 보도자료 동타만 있네요. 보고는 오늘 송고 가능한 기사, 취재 중인 기사로 나눠서 해요. 당장 쓰긴 어렵지만 이런 걸 취재하고 있다고 공유하는 거죠. 이 밖에 라인별 동향이나 정보 보고, 타사 보도, 집회 및 시위 같은 것들을 정리해서 올립니다.

다른 언론사는 어떤가요?

박순찬 통일된 양식이 있는 건 아닌데요, 그래도 얼추 비슷할 겁니다.

발제를 다 훑고 내용을 정리하려면 시간이 꽤 걸릴 것 같은데요?

박순찬 다 훑어야죠. 저는 아침 7시 반에 집에서 나와서 회사에 8시 반에 도착하거든요. 물론 바이스도 한 번 보고 기자들과 상의하고 그러지만, 8시 반쯤이면 개인 보고들이 다 올라와 있기 때문에 저도 쭉 다 봅니다.

출근 차에서 그걸 보면서 이동하나요?

박순찬 차에서는 타사 뉴스 모니터링을 1시간쯤 하고요, 회사에 도착하면 기자들이 올린 보고를 봅니다.

시간이 그렇게 충분치 않을 수도 있겠군요?

박순찬 그렇죠. 1시간 정도니까요. 오늘 써야 할 거 같으면 이걸 최종 보고 올리기 전까지 1시간 동안 더 보강해보자, 이 부분을 더 부각하자, 이건 오늘 안 될 것 같으니까 더 취재해서 내일 쓰자, 이건 빼자. 이런 얘기들을 하죠.

일선 기자들과 소통을 하면서 부장 보고용 발제를 만드는 건가요?

박순찬 맞습니다. 다만 중요도에 따라 순서를 바꾸고 살을 더 붙이는 정도입니다. 부장한테는 요약 보고를 하기 때문에.

아침마다 정신이 없겠군요. 그래서 부장한테 올리는 시간대는….

박순찬 9시 50분에서 10시 사이입니다.

오전 편집국 회의

부장은 원 발제 내용을 안 보나요?

박순찬 부장도 출근하면서 차에서 다 보세요. 회사 시스템에 다 올라와 있으니까요. 그걸 보면서 궁금한 것들만 각 팀장들한테 물어봐요. 그리고 10시 15분쯤 디지털 담당 부국장 주재로 각 부장들이 스탠딩 회의를 합니다. 지면과 무관하게 오늘 디지털에서 화제가 될 만한 내용들을 공유해요. 디지털은 지면하고는 가치 판단이 다를 수 있거든요.

디지털 회의에선 어떤 얘기를 하나요?

박순찬 각 부서에서 오늘 이러이러한 것들이 있다. 이건 오전에 보낼 수 있다, 오후에 보낼 수 있다 정도 얘기를 하면 디지털 부서에선 그걸 토대로 오늘 하루 계획을 세우고, 먹고살 거리도 챙겨놓는 거죠. 그게 끝나면 편집국장 주재로 지면 회의를 해요. 부장들이 먼저 종합면으로 쓸 것들을 발제해서 1면부터 8면까지 들어갈 만한 내용들을 보고하고, 자기면에 소화할 나머지 것들은 간단하게 얘기하고요.

그 회의에 두 분의 부국장들도 같이 들어가는데요, 그분들의 역할은?

박순찬 편집국장을 보좌해서 종합면 계획을 함께 짜죠. 한 분은 뉴스 총괄, 다른 한 분은 뉴스 편집 같은 역할이 있어요. 종합 1면에는 보통 서너 건의 기사가 들어가는데 이 기사들을 1면에 세우자, 2면은 그날 재미있는 핫한 기사를 쓰는 면인데, 요즈음이라면 요소수가 문제니까 그걸 쓰자든지. 6면은 정치면을 하자, 7면은 부동산 전셋값을 갖고 쓰자, 이런 가치 판단들을 부국장들이 국장과 함께하는 거죠. 회의를 마치면 일

일보고라는 지면 계획 가안을 구글독스Google Docs에 올려놓고 편집국 전체에 공유합니다.[8]

부 단위 편집회의

그러면 각 부서에서는 일일보고를 받아서 다시 지면 회의를 하나요?

박순찬 네. 각부 부장들은 이걸 보며 종합면 계획을 확인하고, 나머지 발제로 각자 자기 면을 채웁니다. 사회부의 경우 10시 반 조금 지나서 사회부장과 저, 법조, 전국 데스크 이렇게 넷이 모여 30분쯤 회의를 합니다. 종합면 계획이 짜이는 걸 구글독스로 보면서, "이건 사회면 톱에 쓰려고 했는데 종합면에 팔려갔네, 그럼 대신 이걸 톱으로 세우자" 하는 식으로 종합면과 사회면 세부 계획을 짜죠.

사례를 구체적으로 들어보면?

박순찬 국장 회의에서 예를 들어 오늘 요소수가 화제니까 종합 2면을 요소수로 쓰기로 결정하면 요소수 2면은 톱과 박스 하나, 기사 두 개를 채우게 됩니다. 그러면 담당 부서인 산업부가 톱은 뭘로 쓸지, 박스는 뭘로 쓸지 세부안을 짜는 거죠. 대장동 면은 오늘 3~4면을 쓰자고 하면, 담당인 정치부장과 사회부장이 만나서 3면 톱은 뭘로 하고, 박스가 두 개 들어가는데 이건 뭘로 하고, 4면 톱은 누가 쓸지 이런 걸 협의하면서 세부안을 짜는 식입니다.

국장 회의에서 종합면이 결정됐는데 그걸 아래 부서에서 다시 뒤집는 제안을 하기도 하나요?

박순찬 뒤집을 수 있어요. 그런 경우는 비일비재합니다.

언제 하죠?

박순찬 지면을 바꿔야겠으면 부장들이 바로 국장에게 보고하기도 하고 아니면 오후 2시 회의 때 하기도 합니다. 예를 들어 오전에 취재를 해봤는데 종합면에 쓸 만한 거리가 안 된다, 그냥 사회면에 쓰겠다고 하면, 그럼 대장동 면을 하나 줄이고 산업부에서 하나 더 씁시다, 이런 식으로 조정하는 거죠.

완성된 기사 형태로는 언제 들어오는 건가요?

박순찬 오전 11시 조금 넘어서 지면안이 나오거든요. 그걸 기자들에게 통보해주죠. 네가 발제한 것 중에 이건 사회면에 잡혔다. 톱이다, 박스다, 이건 디지털이다. 너는 오늘 잡힌 것 없으니 다른 거 취재해라. 자기 발제가 안 잡히면 그날 기사는 없는 거예요. 완성된 기사는 일차적으로 오후 4시 반까지 다 올려요.

4시 반까지요?

박순찬 네. 첫 지면 마감이 5시 반이에요. 4시 반까지 올리면 데스크가 한 시간 동안 보면서 그 안에 기사 출고를 해야 되는 거죠.

부장하고 팀장은 그때 역할이 어떻게 분담되는 거죠?

박순찬 각 팀장들이 1차 데스크입니다. 그러니까 캡, 전국, 법조 데스크. 기자들이 기사를 올리면 저희가 일차적으로 데스킹을 보고 부장한테 올리죠. 저희가 1차로 손봤다고 표시하고요. 그럼 부장은 최종 검토를 하고 기사를 출고하죠.

기사가 4시 반에 올라오고, 그다음에 5시 반까지 팀장과 부장 선까지 데스킹을 끝내야 하는 건데, 시간이 정말 촉박하게 느껴집니다. 팀장 선에서 부장한테 올리는 건 언제쯤 하나요?

박순찬 5시 반까지 못 올리는 경우도 있고, 5시 반에 임박해서 올리는 경우가 많죠.

그럼 부장 입장에서 검토할 시간이 없을 것 같은데.

박순찬 시간이 너무 촉박해서 부장이 기사를 다 못 볼 상황이 되면 "캡이 그냥 바로 내, 이건 전국 데스크가 바로 내" 하는 경우가 있어요. 실은 기자들도 4시 반 마감이면, 미리 3시나 4시에 기사를 올려주면 좋겠지만 보통 마감 임박해서 기사를 주르륵 올리거든요. 그럼 데스크들도 그만큼 시간에 쫓기는 거죠.

일선 기자들의 오후 2시 보고

대략 정리가 되는군요. 아침에 일선 기자들이 발제를 하면 세 명의 팀장이 1차로 기삿거리가 될 만한 것을 추리는 작업을 한다. 1차 게이트키핑이라 할까요.

박순찬 그렇습니다.

그다음에 그 내용을 부장한테 보고하면 국장 회의를 거쳐 종합면 결정이 내려지고, 동시에 각 부서가 담당할 지면 결정이 내려지고, 그 결정이 일선 기자들에게 통보되고. 그러면 일선 기자들은 추가 취재를 해서 늦어도 4시 반까지 기사를 작성해 보낸다?

박순찬 그 중간에 중요한 과정이 하나 더 있는데요, 2시까지 오후 보고를 받아요. 왜냐하면 오전 발제는 8시 반에서 9시까지 발생하는 상황이고 그 이후에도 뉴스거리가 또 많이 나오거든요. 문화일보 등 석간도 보고, 그사이 발생한 뉴스를 정리해서 2시까지 다시 보고합니다. 일선 기자들은 1시 반까지고. 그러면 제가 모든 팀 보고를 정리해서 2시까지 부장한테 보고하고, 그럼 부장이 국장 회의에 다시 들어가서 최종 지면안을 확정합니다. 아침 버전은 가안이에요.

같은 과정이 아침과 이른 오후, 이렇게 두 번 되풀이되는 거군요. 아침 버전하고 오후 2시 버전하고는 얼마나 차이가 있나요?

박순찬 그때그때 다른데, 절반 이상은 그대로 간다고 보시면 됩니다. 오후에 중요하게 나온 게 있으면 그게 갑자기 앞으로 치고 나오기도 하고, 그러면 다른 기사가 빠지거나 보류되는 식으로 조정이 되는데요. 가안이 그래도 많이 유지되는 편입니다.

그러면 2시에 지면 회의를 다시 해서 변동 사항이 있으면 그걸 일선 기자들에게 다시 알려주나요?

박순찬 그렇죠. 오후 보고까지 반영해서 2시에서 2시 10분쯤까지 국장과 각 부장들이 스탠딩 회의를 합니다. 거기서 종합면을 최종 확정하고, 부장은 2시 반쯤에 데스크들과 오후에 추가된 것 중에서 사회면에 꼭 써야 될 게 있는지 협의해서 "이거 써야 됩니다" 하면 오전 것에서 빼고 새로운 걸 다시 넣는 식으로 최종 조율해서 기자들한테 3시쯤 다시 지면안을 뿌려줘요. 그게 보통 최종 계획인데, 기자들로서는 시간이 촉박할 수 있죠.

정말 촉박할 거 같아요. 기사가 빠지는 경우도 있겠지만 그래도 준비는 다 하고 있어야 될 것 같네요.

박순찬 그렇죠. 오전 11시에 가안이 통보되면 기자들은 그때부터 쓴다고 생각하고 추가 취재도 하고요. 만약에 오후에 빠지더라도 오늘은 킵해 놓고 내일 쓰자 할 수도 있으니까요. 킬되는 경우도 있고요.

킬되는 기사들은 어떤 건가요?

박순찬 보통 큰 의미 없는 스트레이트 같은 거죠. 기자들끼리 동타라고 하는 당일 발생 기사들이 대표적입니다. 지면에는 자리가 없으니 이건 그냥 온라인에만 쓰자고 하는 식이죠.

그런 경우는 얼마나 됩니까?

박순찬 그런 경우도 비일비재해요.

일선 기자들은 그렇게 2시에서 3시 사이에 통보를 받으면 그때부터 본격적으로 최종 기사를 작성하는 건가요?

박순찬 네. 4시 반까지 올려요.

3시쯤 통보를 받고 4시 반까지 최종 기사를 올리려면 일선 기자들로서도 정말 정신없는 시간이겠네요. 하지만 데스크는 조금 쉴 수 있는 시간 아닌가요?

박순찬 맞습니다. 그 한 시간쯤을 쉴 수 있어요. 지면안을 뿌리는 오후 3시부터 기사가 올라오기 시작하는 4시까지 한 시간 정도.

그래서 인터뷰를 3시에 하자는 데스크 분들이 많군요?
박순찬 네. 그 시간에 유일하게 짬을 낼 수 있으니까요.

4시 반 데스킹

그런 다음 4시 반에 기사를 받고는 본격적으로 데스킹 작업이 시작되는데, 주로 어떤 사안들을 보나요?
박순찬 기사의 흐름이나 꼭 들어가야 될 요소가 다 담겼는지, 팩트 체크가 더 필요한 내용이 있는지를 주로 봅니다. 그리고 사회부는 경력이 1년 미만인 기자들이 많기 때문에 회사의 매뉴얼이나 표기법에 익숙지 않은 경우도 있고, 기사 전체 구조상 중요한 걸 뒤로 빼놓고 얘기 안 되는 걸 앞으로 빼놓았다든지 그런 것들을 주로 고치죠.

기사를 뒤집어엎는 경우도 있나요?
박순찬 별로 고칠 게 없는 경우도 있지만 모조리 뒤집어야 하는 경우도 꽤 있죠.

한두 명도 아니고, 정말 바쁘고 힘들겠군요. 기사 하나당 투입할 수 있는 시간이 많지 않아서.
박순찬 늘 쫓기죠. 그래서 일단 중요한 거 위주로 보죠. 오후 4시 반 임박해서 기사 4~5개가 줄줄이 올라오는데, 우선 가장 중요한 톱기사부터 붙잡고 봅니다. 숙련된 기자들이 많은 정치부나 산업부 이런 데는 상대적으로 기사를 잘 써요. 그래서 데스크들도 쭉 보고 큰 수정 없이 출고할 수 있는데, 사회부는 완전히 다시 써야 하는 경우도 많거든요.

말만 들어도 숨이 막히는 것 같습니다.

박순찬 팩트도 다시 한번 확인해보라고 시켜야 되고요.

그 과정에서 스트레스도 많이 받겠네요.

박순찬 4시 반이 되면 화장실도 못 가고 전화도 못 받죠. (웃음)

사회부 기사들이 전체 지면의 톱으로 가는 등 중요한 이슈가 많은데, 숙련된 기자들이 아니라 주로 초년 기자들로 부서가 구성돼 있는 이유가 뭡니까?

박순찬 법조팀은 상대적으로 숙련된 기자들이 가 있어요. 전국팀은 지방 취재본부에 주재하는 지방 기자들이 주축이고, 거기에 서울시청을 담당하는 시청팀이 합쳐 있는 형태죠. 지방 쪽은 한 지역을 오래 담당한 고참 기자들이 많고, 기동팀은 신입 기자들 훈련소 역할을 하다보니 젊은 기자들이 상대적으로 많죠. 그래서 경험은 적지만 발로 뛰는 기자가 많고 트렌드에도 밝은 편이에요.

장단점이 있군요.

박순찬 장단점이 얽혀 있죠. 법조팀은 또 전문적으로 검찰청, 법원 이런 곳을 취재해야 되니까 잔뼈 굵은 기자도 있고, 발군의 기자들이 가는 경우도 많고요.

사회부 기동팀의 하루

오전

- 8시 30분까지: 일선 기자 발제(Xcoop 시스템으로 공유)
- 9시 30분까지: 바이스가 일선 기자들과 소통하며 1차로 정리(송고 가능/취재 중/라인 동향 및 정보 보고/라인 관련 타사 보도/집회 및 시위 등)
- 9시 50분~10시까지: 기동팀장 취사선택 정리(종합면/피플면/사회면. 그중 톱이 될 만한 것, 박스 될 만한 것, 동타, 스트레이트)
- 9시 50분~10시 15분: 부장 검토
- 10시 15분: 디지털 회의. 인터넷에서 쓸 만한 기사 보고
- 10시 20분: 오전 편집국 회의. 부서별로 종합면/부 단위 면에서 쓸 내용 보고. 부서별로 부국장이 종합면(1~8면) 가안 만들어 일일보고(Google Docs)에 공유
- 10시 30분: 부서 단위 지면 회의
- 11시: 일선 기자들에게 지면안 통보

오후

- 1시 30분까지: 일선 기자 오후 보고. 새로운 뉴스거리, 문화일보 등 석간 확인. 기동팀장이 정리해서 2시 전까지 부장에게 보고
- 2시 편집국 회의: 지면 재조정
- 2시 30분: 부 단위 지면 편집회의
- 3시: 현장 재통보
- 3시~4시: 일선 기자 기사 작성, 데스크 휴식
- 4시~4시 30분: 1차 기사 마감, 데스킹 시작
- 5시 30분: 데스킹 마감, 가판 완성
- 5시 30분: 51판 편집회의
- 6시~6시 30분: 서울신문, 한경, 매경 등 배달된 가판 확인
- 6시 30분~8시: 저녁식사
- 8시~9시: 편집회의 지적 사항 보완, 데스킹
- 9시~9시 30분: 52판 편집회의
- 9시 30분~11시: 편집회의 지적 사항 보완, 데스킹
- 11시: 기동팀장 퇴근

※ 일선 기자들은 아침 발제 외에도 단톡방을 만들어놓고 각자의 라인에서 생기는 사건들을 계속 올림. 기동팀장은 실시간으로 그걸 보면서 '이건 온라인 기사로 써라, 이건 지면에 쓰자, 이건 킬이다' 등의 판단 전달

인터뷰를 했던 한 부국장 말씀이 한국 사회를 정말 들었다 놨다 흔드는 큰 기사들은 대개 사회부에서 나온다 그러던데요.

박순찬 혈기 넘치고 에너지도 넘치고 최근 트렌드에도 당연히 밝고. 반면에 경험이 부족하고 세상 보는 눈도 상대적으로 좁고, 이런 갭을 시경 캡이나 데스크들이 채워줘야죠.

사회부의 역할

그게 사회부가 가장 바빠 보이는 이유군요. 편집국에서도 가장 정신없어 보이는 곳이 사회부라는 느낌이 들었는데.

박순찬 그렇죠. 사회부 갔다 오면 군대 갔다 온다고 생각하고. (웃음) 신입 기자들은 여기서 1년이나 1년 반 훈련받고 다른 데로 뿔뿔이 흩어져요. 그러다가 경력이 쌓여 바이스나 캡으로 다시 돌아오는 경우가 있고요. 바이스는 경력이 최소 5~6년 이상 되는 친구들을 앉혀요. 저도 수습 때 사회부를 1년 정도 하고 한참 후에 돌아온 거예요. 12년 만에.

그럼 그동안 산업부 쪽에서 주로 일했나요?

박순찬 네. 그 안에서도 저는 주로 IT 쪽을 맡았습니다.

산업부에서 기획 기사도 많이 쓰고 역할이 컸던 걸로 아는데, 이렇게 사회부에 차출된 이유가 뭐죠?

박순찬 사회부 경험이 많다고 캡으로 기용하는 건 아닌 듯하고요. 제 생각엔, 젊은 기자들과 어울리면서 잘 가르칠 수 있는지 그런 걸 보는 것 같아요. 캡이 될 때 국장한테 비슷한 주문을 받기도 했습니다.

언제부터 맡았나요?

박순찬 작년 12월부터요. 11개월, 12개월 돼가네요.

기간은 보통 어느 정도 하나요?

박순찬 1년에서 1년 2~3개월 정도 하는데 작년에 전임자는 유독 1년 6개월로 좀 길게 했어요. 그건 좀 특수한 경우고, 보통 1년 남짓 합니다.

시경 캡이라는 자리가 힘들지만, 또 다들 선망하는 자리 아닌가요?

박순찬 그 자리가 특수하고 또 격무라고 해도 개인적으로 영광이고, 회사에서 인정해준다는 느낌? 캡이라고 차도 붙여주고 다른 데스크들한테도 대우받는 게 있고. 그런데, 이런 게 다른 회사들에서는 조금씩 사라지고 있다고 들었어요. 일단 캡을 하려는 사람도 줄어들고. 아무래도 워라밸을 중시하는 요즘 스타일과는 안 맞잖아요.

격무를 줄일 수 있는 방법이 없을까요?

박순찬 조선일보의 데스크가 되면 대개 저와 비슷한 생활을 합니다. 아침에 출근해서 밤에 11시까지는 아니어도 최소 10시까지는…. 9시 회의 하는 거 보고 퇴근하는 경우가 많아요. 부장은 거의 다 11시까지 남고. 일선 기자들이 이런 생활을 다 지켜보고 있죠. 이 회사에서 잘하면 데스크가 될 수 있는데, 데스크가 되면 매일 밤 10시까지 남고. 자기 계발 시간 없고 가족들과 함께할 시간도 없다, 난 별로 승진하고 싶지 않다, 그런 생각을 하는 기자들도 꽤 있는 것 같아요. 회사 시스템이 젊은 기자들에게 끼치는 영향이 크죠. 최근에 기자들의 이직 러시가 기자협회보에도 소개되었던데요, "나는 선배처럼, 부장처럼 되고 싶지 않다"는

젊은 기자들이 많은 거예요. (모두 숙연)

부장들은 11시에 퇴근하고, 팀장도 별 차이 없는 것 같고. 일선 기자들한테는 자리 배정도 안 하고. 데스크가 진짜 데스크던데요? (웃음)

박순찬 네. 일선 기자들에겐 자리 배정을 안 하죠. 다 자유석이에요. 각 부 부장과, 보통 수석 데스크라고 얘기하는데, 차장 중에서 고참 차장. 대개 그렇게 자리를 배정합니다. 사회부는 부장과 각 팀장들이 다 나와 있고. 정치부도 비슷하고, 산업부도 각 팀장들이 다 나와 있고요.

5시 반 편집회의

그렇게 해서 5시 반에 가판을 만들고 나서 바로 전체 편집회의를 하는 거죠?

박순찬 그렇습니다. 5시 반에 가판이 나오면 대형 화면에 출력해놓고 같이 보면서 회의를 합니다.

지면을 한 장씩 넘겨가며 의견을 나누는 과정을 보니까 제목이 바뀌기도 하고, 일부 기사에 대해선 왜 이걸 이렇게 키웠냐는 얘기도 나오고.

박순찬 네. 이건 톱이 아닌 것 같은데 하는 얘기들이 그때도 나오죠.

그러면 어떤 일이 이어지나요?

박순찬 부장들이 거기서 방어를 하기도 하고, 받아들여서 그럼 수정하겠습니다, 빼겠습니다 하기도 하고. 돌아가서 다시 부서 회의를 하죠. 그리고 이때는 다른 신문 가판이 나오거든요. 한경, 매경, 서울신문을 비롯

해서 주요 일간지들 중 종이 신문 가판을 아직 만드는 곳들이 있잖아요. 그게 6시 조금 넘으면 회사로 배달돼요. 그걸 쭉 보면서 회의 때 나왔던 피드백들을 반영해서 새로 끼워 넣을 기사가 있는지, 조정할 게 있는지 살핀 다음 다시 일선 기자들에게 지시하고 6시 반부터는 저녁 먹으러 가죠. 8시쯤까지는 다 들어와서 지적 사항이나 새로 추가할 거를 보완하죠. 9시에 51판을 마감하고 인쇄를 하거든요. 가판 다음에 51판,[9] 52판,[10] 53판, 54판[11]이라는 게 있어요.

왜 51판이 되나요?

박순찬   회사마다 다른데 동아일보는 40판, 45판, 50판이에요. 그게 저희 판에 정확히 대응되는지는 모르겠어요. 거기는 최종이 50판인 것 같고 저희는 보통 최종이 53판이에요. 아주 특별한 경우에 54판을 만들기도 하고.[12]

왜 51부터 시작하죠? 1부터 시작하지 않고.

박순찬   그건 솔직히 저도 잘 모르겠네요. 저도 관행적으로 51판 이렇게만 알고 있어서.[13] 54판은 이례적인 경우인데요, 어제 김만배가 밤 12시 반에 구속되었어요. 그래서 이례적으로 54판을 만들었죠.

집에 배달된 신문하고 다른데요?

박순찬   54판은 거의 배달을 못해요. 그러니까 시내 가판대에만 깔리는 거죠. 52판까지는 기본적으로 모든 지면을 다 바꾼다고 봐요. 53판부터는 판단을 합니다. 꼭 53판을 찍어야 하는지.

지방판은 51판인 거죠?

박순찬 지방은 보통 9시에 마감하는 51판을 받는다고 생각해야 해요. 배달 구조 때문에. 그래서 밤늦게 끝나는 야구나 누군가의 구속 여부 소식을 지방에서는 신문으로 접할 수가 없죠.

지금까지 얘기를 종합하면 신문은 일선 기자부터 편집국장까지 여러 단계의 게이트키핑 의사결정, 일선 기자들의 현장 취재 및 기사 작성, 데스킹 과정 그리고 지면 편집 과정을 거쳐서 제작되는데, 그 과정에서 가장 큰 영향력을 행사하는 이는?

박순찬 편집국장입니다.

그런데 국장은 큰 기사들의 배치를 살피는 것 같고, 각 부서 단위의 면을 상세하게 살피는 건 각 부장…. 그런데 기사 하나하나를 때로는 못 살피고, 그 기사 하나하나에 대해서는 팀장이 살피고.

박순찬 네. 데스크들도 책임이 있지만, 기사에 대한 책임은 일단 바이라인(기사 아래의 기자 이름 표시)이 나가는 기자라고 봐야죠. 저도 기사를 수정하면 기자들한테 다시 수정본을 보내줍니다. 본인 이름으로 나가는 거니까 다시 한번 확인하라는 취지죠. 그래서 개별 기사는 바이라인이 나가는 기자와 데스크도 책임이 있고요. 그 면의 최종 책임자는 부장이죠. 아까 "일단 팀장이 기사를 내라"고 한 것은 가판이어서 그렇지, 51판이 나오기 전에 부장이 다시 다 봅니다. 9시까지는 시간이 있으니까 부장이 다시 기사를 다 보면서 지시를 하거나 고치거나 그러죠.

발제에 대한 뉴스 가치 판단

아침에 일선 기자들이 올린 발제를 보고 이게 톱이 돼야 하고 이건 킬이고 등등의 판단을 캡이 하는데. 어떤 기준에 따라 그런 판단을 하나요?

박순찬 사회적으로 의미가 있는지를 먼저 따져보고, 새로운 건지, 타사들이 이미 다 썼거나 온라인에 나오거나 그런 게 아니고 우리만의 새로운 시각이나 팩트가 담겨 있는지를 봅니다.

발제는 내용의 요약본인 셈인데, 그걸로 충분히 판단이 되나요.

박순찬 야마(주제)를 잘 잡아서 올려야죠. 기자들이 발제를 할 때.

그럼 기자들이 발제할 때 캡이나 팀장에게 선택을 받기 위해 신경을 많이 쓰겠군요?

박순찬 그렇습니다. 기사를 쓴다는 게 계속 설득하는 작업이잖아요. 기자들이 내 기사를 써야 한다고 설득하는 작업이에요. 저도 항상 얘기해요. 내가 1차 관문인데 나를 설득 못 시키면 기사는 쓰기 어렵다. 1차 독자인 나부터 설득할 수 있어야 한다. 팀장을 설득하고 부장을 설득하고 그다음은 독자를 설득하는 그런 과정이죠.

각 팀장을 설득하는 과정이 1차 관문인데, 그에 대해서 일선 기자들이 합리적이라고 여기고 잘 따르는 편인가요? 이의 제기는 없나요?

박순찬 전에는 캡이 킬이라고 하면 끝이었는데 최근에는 그런 분위기가 조금씩 바뀌고 있어요. 제가 와서 처음에 느낀 충격은 킬이라고 했을 때 후배 기자들이 "왜 킬인지 설명해달라"고 하는 순간이었어요. 저희 때는 전혀 없던 문화거든요. 조금 놀랐어요. 그리고 기자들에게 설명을 잘 해줘야겠구나, 하는 생각을 했죠. 그게 좋은 방향이고 좋은 변화니까요. 그래서 기자들이 쓰고 싶다고 하면 "내가 보기에 이런 건 문제인데 네가 정말 쓰고 싶으면 이런 걸 보강하고 새로 주제를 잡아서 다시 올려봐라. 시각을 좀 달리해서 다시 올려봐라"고 하죠. 또 그걸 가지고 부장하고도 상의한다든지 하는 과정들이 생겼죠. 그러니까 부장이나 캡이 쓰지 말라고 일방적으로 지시하는 게 아니라, 요즘은 서로 소통을 하는 편이에요.

처음에 킬했다가도 다시 나오는 기사도 있나요?
박순찬 있죠. 많진 않지만 열에 하나둘?

주로 어떤 경우에 킬을 하시나요?
박순찬 예를 들면 전에 한 기자가 아이디어 회의 때 설거지론[14] 관련 발제를 했어요. 실은 가치 판단의 문제인데요. 저는 "일부에서 입에 올리는 정말 작위적이거나 자조적인 얘기일 수도 있는데, 이걸 조선일보가 사회면에서 확대 재생산을 해야 하나? 나는 아니라고 본다"고 의견을 냈어요. 발제한 기자는 "재밌어서 올렸고, 사람들이 얘기는 많이 한다"고 했죠. 커뮤니티 같은 데서도 떠돈다고. 하지만, 이건 사회면 기사로 쓰는 게 별 의미가 없을 것 같다며 킬했고 본인도 수긍한 적이 있어요. 그런 식의 게이트키핑을 하는 거죠.

그럼 쭉 해오던 것 말고 기자가 처음 던지는 발제에서 주로 논쟁이 붙겠네요?

박순찬 네. 그 목적으로 일주일에 한 번 아이디어 회의를 합니다.

아이디어 회의라는 게 있군요?

박순찬 그렇습니다. 저희 기동팀은 일주일에 한 번 하는데, 팀마다 제각각이에요. 팀장이 하고 싶으면 하고, 안 할 수도 있고. 저희는 코로나 때문에 지금은 화상회의 프로그램을 이용해 비대면으로 하고 있어요.

누가 참여해서 어떻게 진행하나요?

박순찬 기동팀의 12명 구성원이 다 들어와서 기획 기사도 발제하고 저도 하고 싶은 얘기를 하고요. 요즘 이슈가 이러저러한데 현장을 가보든지 파생되는 걸 찾는 게 좋겠다든지. 한 명이 아이디어를 던지면 동료들이 "나도 그거 아는데. 주변에 이런 사람이 있어요" 하는 식으로 살도 붙이고. 그런 식으로 계속 굴려가면서 기삿거리를 다듬는 거죠.

팀 회식

그렇군요. 그러면 언제 서로 직접 얼굴을 보나요?

박순찬 코로나 때문에 한동안 회식 한 번 못했습니다.

다 같이 마지막으로 모인 게 언제인가요?

박순찬 다 같이 모인 게, 6개월 지나서 수습 뗄 때 '탈수습'이라고 사내에 한 번 모였죠.

그때 다 같이 처음으로 얼굴 보고 또 흩어지고.

박순찬 기자들이 입사하면 2주간은 회사에서 단체 교육을 받거든요. 수습 초기에는 회사로 다 불러서 교육도 시키고 그랬는데 코로나가 심해진 다음부터는 회식은 못했어요. 그래서 서너 명씩 모아서 밥을 여러 번 사주는 걸로 대체했습니다. 기동팀은 회사에 내근자가 한 명씩 있거든요. 그래서 저는 일선 기자들을 돌아가면서 보지만 팀이 단체로 보는 경우는 없었어요.

코로나 이전에는 어땠어요?

박순찬 전에는 당연히 회사로 다 들어와서 열몇 명이 회의하고, 끝나면 우르르 삼겹살집 가서 밥 먹고 술 마시고 노래방도 가고 그렇게 으쌰으쌰 하는 편이었죠. 기동팀은 고생을 많이 하기 때문에 그렇게 풀면서 친목을 다지는 것도 중요하다고 생각합니다.

다음 날이면 또 신문을 내야 하는데. 아침 일찍 발제도 해야 하고.

박순찬 그러니까 평소에 관심 있는 걸 계속 취재해둬야죠. 기사 없는 날에 취재해놓고, 사전에 연락도 해놓고 한 걸 가지고 아침에 올려야죠.

일선 기자들 입장에서는 코로나 탓에 그런 회식이 없어져서 오히려 해방됐다고 할 수 있겠네요?

박순찬 좋은 점도 있고, 안 좋은 점도 있고, 두 측면이 다 있어요. 캡은 사실 매일같이 술을 마시거든요. 밤 11시에 끝나면 부장하고 데스크들하고 호프집 가서 새벽까지 술 마시고 그런 게 일상이었는데 지금은 코로나 때문에 그런 걸 하지 않아서. 잠 한 시간 더 잘 수 있는 걸 다행이라고 생각하기도 하죠.

이직

젊은 충들 중에는 퇴직이나 이직을 고려하기도 하는 것 같습니다. 14년 차라면 한 세대는 지켜본 셈인데요. 어떤 조직이든 위로 올라갈수록 숨 좀 돌리는 건데 여기는 오히려 강도가 점점 더 세지고. 그래서 이직을 하려는 경향이 강해지는 것 같은데.

박순찬 네. 이직 욕구는 더 커지는 것 같아요.

처음에 몇 명 들어왔나요?

박순찬 저희 기수는 15명인데, 이래저래 지금은 절반쯤 남아 있습니다.

절반이 떠났으면 이직률이 아주 높은 거네요. 어디로 갔나요?

박순찬 로스쿨로 간 친구도 있고, 방송사 아나운서로 간 친구도 있고.

조선일보 있다가 아나운서로?

박순찬 그 친구는 아나운서 준비를 했는데 이쪽이 되니까 일단 들어왔다가 원래 가려고 했던 데로 찾아간 거죠. 언론계는 취업이 어려우니까 어디든 붙으면 일단 다니는 경우가 많거든요. MBC 스포츠 기자로 간 친구도 있어요.

그래도 주로 언론계 쪽으로 가나보죠.

박순찬 로스쿨로 가기도 해요. 힘들어서 휴직하다가 아예 그만둔 친구도 있고. 병가를 냈다가 그만둔 경우도 있죠.

79

요즘은 어떤가요?

박순찬 요즘 들어오는 기자들은 과거에 비해서 기자직에 대한 로열티랄까 사명감 같은 게 별로 크지 않은 것 같아요. 그냥 직장의 하나인 거죠. 수습 때 나가는 친구들도 많고요.

수습 때 나간 이들은 어떤 경우인가요?

박순찬 다들 보면 유명 대학 나오고 학점도 훌륭하고 곱게 자란 친구들이거든요. 그런데 수습 과정이 거칠어요. 매일같이 경찰서 당직실에 들어가서 모르는 경찰한테 쿠사리 먹어가며 팩트 하나만 알려주세요, 해야 하고. 요즘은 전화 포비아도 많은데, 밤 12시에 누구한테 전화해서 뭘 확인해야 하는 경우도 있고요. 그런 데서 부담을 크게 느낄 거라고 생각해요. 새벽 4~5시에 일어나서 택시 타고 경찰서 마와리[15] 돌고 하면서 자괴감 느끼고, '내가 이런 일을 계속할 수 있을까' 이런 생각을 많이 하는 거 같아요.

그렇게 마와리를 돌고 그러는 건 과거부터 이어져온 신문 제작 방식인데, 여전히 필요하다고 생각하시나요?

박순찬 올해 교육에선 그런 걸 거의 다 없앴습니다. 신입 기자 교육에 대해선 캡이 사회부장과 상의해서 결정할 수 있거든요. 올해는 특수한 상황이었던 게, 코로나와 주 52시간제 이 두 가지가 겹쳤어요. 그래서 과거에 하리꼬미[16]라고 경찰서 기자실에서 먹고 자고 했던 걸 주 52시간제 때문에 할 수 없게 됐어요. 과거엔 수습기자들이 2진 기자실에서 자고 새벽 4시쯤 일어나서 아침 8시 반 보고할 때까지 경찰서 마와리를 다 돌고 사건을 취합해서 올리는 게 전통이었는데, 이걸 하면 52시간이 초과되거든요. 저희 때는 새벽에 경찰서도 돌고 병원 장례식장도 돌고 그런 게 일상이었는데, 이젠 구조적으로 어려워진 거죠. 또 경찰들도 코로나를 핑계로 취재를 거부하기 시작했어요. 경찰서 입구에 게이트를 설치하고 약속을 잡지 않으면 못 들어온다고 기자들을 막은 거죠. 요즘 지구대는 아무나 문 열고 들어갈 수가 없어요. 벨을 눌러서 용무를 확인받아야만 들어가게 바뀌었어요. 과거에 수습기자들이 상주했던 2진 기자실도 다 폐쇄했어요. 그래서 방식을 좀 바꿔야겠다 싶어서 과감하게 아침 경찰서 마와리를 없애고 대신 모든 일간지의 기사를 다 보고 발제를 충실하게 하라고 했어요. 기사를 많이 쓰면서 연습하는 식으로 바꿔야겠다고 생각한 거죠.

그런데 진짜 오리지널한, 어느 언론에도 올라 있지 않은 사건·사고 기록은 경찰서가 갖고 있잖아요. 그걸 포기한 셈이네요?

박순찬 중요한 스트레이트는 놓치면 안 되겠지만, 색연필이나 휴지통 같은 재미 중심의 사건·사고를 하나 캐자고 5~6시간 경찰서를 도는 건 가성비가 낮다고 생각했어요. 52시간제 때문에 시간 제한도 더 커졌고요. 그래서 현실적으로 그걸 일정 부분 포기하는 대신 의미 있는 기획에 더 시간을 쏟자고 한 거죠. 또 요즘 스트레이트 단독 기사는 5분만 지나면 타사가 온라인에 금방 따라 써서 오리지널의 유효기간이 짧은 편이거든요. 하지만 이건 저희 판단의 문제고 다른 언론사, 특히 방송사들은 스트레이트를 더 중시하기 때문에 거기는 여전히 마와리를 많이 돌려요. 신문사들은 좀 차이가 있지만 동아일보는 그런 스트레이트를 중시하는 것 같아요. 사회면에 사건·사고 기사도 많이 다뤄요. 저희는 소소한 스트레이트를 다 쓰기보다는 굵직한 기획, 여러 가지 케이스를 모아서 그것의 사회적 의미를 정리해서 쓰는 기사가 많은 편이에요.

(1차 인터뷰 끝)

취재원 명시와 익명 보도 금지 원칙이 지켜지기 어려운 이유

다시 시간 내주셔서 감사합니다. 요 며칠 안 보이시던데요.

박순찬 휴가를 내서 대학원 논문을 마무리하고 심사도 받았습니다.

어디의 무슨 과정인지?

박순찬 카이스트의 과학 저널리즘 석사과정입니다.

그 바쁜 와중에 석사학위도 하시고 대단하군요. 축하합니다.

박순찬 감사합니다.

그럼 지난번에 이어서 인터뷰를 다시 시작하겠습니다. 저번에 보내드린 질문지에서, 저널리즘의 가치들 중 취재원 명시와 익명 보도 금지에 대해서는 유보적인 입장이셨는데요.

박순찬 아 네. 좀 튀는 답변이라서 고심을 했는데요, 그래도 설명하고 싶은 게 있어서 그렇게 썼습니다.

그게 뭔지 설명을 부탁합니다.

박순찬 캡 입장에서 기자들한테 가장 먼저 강조하는 게 무조건 실명 취재원을 확보하라는 거예요. 사회면 기사를 쓸 때 적합한 케이스를 따서 앞에 붙이고 이야기를 풀어나가는 식으로 많이 하는데, 최근 들어 취재원들이 별로 민감하지 않은 얘기인데도 실명 노출을 꺼리는 분위기가 상당히 강해졌습니다. 얘기를 다 해줄 순 있지만 이름은 안 된다, 김 모 씨로만 내달라 하는 경우도 꽤 있어요. 과거엔 이름 석 자, 한자까지 다 따서 보도했지만 요새는 프라이버시에 대한 민감성이 더 강해졌다고 할까요. 물론 취재 스킬의 문제일 수도 있다고 생각해서 기자들한테 그럼에도 불구하고 실명 받아와라, 설득을 해봐라, 하고 계속 다그치긴 하는데 결국 못하는 경우가 많더라고요. 그러다보니 다른 언론사들의 경우 가짜로 스토리를 짜내거나 혹은 취재원이 아닌 본인이나 주변 기자의 얘기를 넣는 경우도 있었죠.

저희 분야에서도 전문가 인터뷰 딸 때 이름은 밝히지 않고 그냥 언론학 교수 이렇게 인터뷰 싣는 경우가 많은데요. 그것까지 금지하면 실질적으로 취재와 기사 작성이 거의 불가능한 수준이라는 거군요.

박순찬 그렇습니다. 그래서 기준을 약간 낮췄어요. 최대한 노력은 하되, 기자가 거짓말을 써온 게 아니고 실제로 인터뷰를 땄는데 취재원이 이름 밝히기를 꺼린다면 어쩔 수 없이 익명으로 쓰자고요.

윤리 규범에 대한 교육은 어떻게 이루어지고 있나요?

박순찬 2017년 말에 윤리 규범을 새로 만들면서 전사적으로 오프라인 교육이 있었습니다. 이후 김영란법[17] 같은 것에 대한 교육이 주기적으로 있는데, 현장에 나가 있는 기자들이 많다보니 주로 온라인으로 합니다. 오프라인은 거의 참여하기가 어렵고요.

일선 기자들 입장에서는 바쁜 상황에서 이런 교육을 받는다는 것 자체가 물리적으로 힘들지 않나요?

박순찬 쉽지 않죠. 윤리 규범 중에서 일부는 우리가 좀처럼 접하지 않는 것들도 있고, 일부는 일상적으로 접하는 것들도 있거든요. 후자에 해당하는 것들 중심으로 추려서 따로, 또 반복적으로 교육하는 게 필요하다는 생각이 듭니다.

수습교육 때 윤리교육이 이루어지나요?

박순찬 그게 좀 혼란스럽습니다. 지금 편집국 내부에는 서로 다른 윤리적 기준이 혼재하는 상태거든요. 위에서는 어느 사무실에 몰래 들어가서 문서를 훔쳐보고 특종을 썼던 선배들의 스토리가 전설처럼 이어지고, 아래서는 어떻게 저런 침입이나 절도를 할 수 있냐는 분위기가 강하고요. 최근에도 관공서 사무실에 몰래 들어가서 문서를 보다가 징계를 받은 기자가 있었습니다.[18]

그런 가치관이 갈리는 연령대가 대략 어떻게 되나요?

박순찬 제가 14년 차로 중간 정도인데, 차장 아래와 차장급 이상의 분위기가 다른 것 같습니다.

두 집단이 구분되는 무슨 특별한 이유 같은 게 있을까요?

박순찬 저 같은 10~15년 차와 최근 들어온 한 5년 차 정도도 전혀 다른 세대인 거 같아요. 저도 신입 기자들을 다 이해하지 못해요. 사고방식이 다른 것 같아요. 세대 차이가 전반적으로 큰 것 같습니다.

박 팀장 윗세대들은 윤리 위반, 심지어 법 위반을 감수하더라도 집요한 취재가 중요하다는 입장이라면 젊은 세대는 어떤가요?

박순찬 그런 걸 받아들이지 못하고 남에게 폐를 끼치는 것도 무척 어려워하죠. 저희 때는 팩트를 확인하려면 밤 12시에도 열 번이고 스무 번이고 서른 번이고 받을 때까지 전화하는 경우가 많았거든요. 요즘은 그런 걸 이해하지 못하는 거죠.

박 팀장 세대가 일종의 허리 세대라고 얘기할 수 있나요?

박순찬 아직 허리까진 안 된 거 같아요. 편집국이 15년 차 이상 차장 대우가 많은 구조거든요. 그 아래 기자들은 저희 때 15명, 제 밑으로도 매년 10명 안팎으로 꾸준히 들어오고 있는데 그만큼 퇴사자도 많아요.

갈등 사안에 대한 보도

여론이 극단적으로 갈리는 갈등 사안도 너무 많잖아요. 그런 사안을 어떻게 취재하느냐라는 질문에 "양측 입장을 균형 있게 청취하되 바람직한 방향이 무엇인지 가급적 대안을 담아서"라는 답을 주셨습니다. 이게 어찌 보면 양비론 혹은 양시론 아닌가 싶기도 한데.

박순찬 아닙니다. 오히려 입장을 뚜렷이 정하자는 뜻입니다. 양비론으로 쓰면 사실 답 없는 얘기이고 무의미한 얘기죠.

여기서 말하는 대안이라는 게 무엇이죠?

박순찬 일단 양측 입장을 균형 있게 다 들어라. 다 듣고 스스로 판단해서 써야지 기계적으로 5 대 5로 안배해서 쓰는 건 안 된다.

신속한 보도와 정확한 보도 중에서 정확한 보도에 중점을 둔다고 하셨는데, 이게 개인의 입장인지 아니면 조선일보 전체의 입장인지 궁금합니다.

박순찬 저 개인의 입장입니다. 하지만 조선일보의 입장 역시 신속에서 점점 정확 쪽으로 바뀌어가는 추세라고 봅니다.

윗세대에서는 신속, 흔히 말하는 특종을 중시하지 않나요?

박순찬 온라인 초기에는 무조건 빨리 쓰고 서둘러 알리는 걸 매우 중시했거든요. 그런데 점점 그런 속보의 가치가 떨어지는 것 같아요. 온라인상에서 연합뉴스가 이걸 1보로 썼으면 그걸 그대로 베껴서 2~3분 만에 다른 매체들이 똑같이 우르르 받아쓰는 게 무슨 의미가 있는지 잘 모르겠습니다.

조선일보도 그런 식으로 하지 않나요? 조선일보가 어뷰징[19]을 부추긴다는 얘기도 있는데.

박순찬 글쎄요. 그렇게 보는 시각도 있겠지요. 저는 그렇지 않다고 봅니다. 일례로 최근 노태우 전 대통령 별세 속보가 떴거든요. 그래서 우리도 빨리 속보를 내야 하는 상황인데 계속 홀드하고 있었어요. 사실관계를 정확히 확인하고 내야 된다는 입장에서.

그 판단은 누가 하신 거죠?

박순찬 편집국 가운데 있는 통합 데스크에서 합니다. 온라인 데스크와 편집국장도 정확히 확인해보라고 취재 부서에 지시했고요. 사회부에서 확인됐다고 하니까 온라인 데스크에서 그제야 출고 엔터키를 눌렀죠.

그 실질적 확인은 어떻게 이루어졌나요?

박순찬 제가 서울대병원 출입하는 기자에게 확인해보도록 시켰습니다.

알권리, 국익, 그다음에 사회적 이익, 개인의 기본권 같은 기본적 가치들이 충돌하는 상황에서 사회적 이익을 우선시한다는 답을 주셨는데, 구체적으로 사회적 이익은 어떤 거죠?

박순찬 좀 막연하기는 한데 사회에 도움이 되는 일을 하자는 겁니다.

이를테면 명예 훼손이나 사생활 침해처럼, 보도 행위가 실정법 위반까지 갈 수 있는 상황에서 사회적 이익이 굉장히 크다고 판단될 때 어떤 입장을 취하시나요?

박순찬 나중에 소송을 당하고 법정 다툼을 가더라도 공익에 도움이 된다면 쓰는 쪽으로 가죠. 물론 사전에 데스크나 부장하고 상의를 하고요.

그 판단을 윗분들도 공유하나요?

박순찬 그렇죠. 부장과도 공유하고 그러면 국장한테도 보고가 돼서 국장도 같이 상의를 할 거고요. 그런 경우 당사자의 반론을 최대한 받아준다든지 하는 식으로 보완을 지시하겠죠.

바이스 캡의 역할 대행을 통해 알게 된 사실들

지난 며칠 자리를 비우시는 동안 캡 자리에서 일했던 분은 누군가요?

박순찬 바이스 캡입니다.

그분이 바이스? 진짜 바쁘시더군요. 그래서 알게 된 게, 박 팀장께서 참소리 없이 일을 하는구나. 똑같은 역할인데 온 편집국에 다 들릴 정도로 계속 취재 지시 내리고. 그래서 같은 일을 박 팀장은 어쩌면 그렇게 편안하게 했지, 그런 생각을 했습니다.

박순찬 감사합니다. (웃음)

그 바이스는 평소에는 어디 있다가 편집국에 들어온 거죠?

박순찬 평소에는 시경에 나가 있습니다. 타사 캡들하고 같이.

그러면 시경 자리는 누가 채우죠? 그냥 비워놓는 건가요?

박순찬 경찰청 본청을 취재하는 기자가 있거든요. 그다음 순위예요. 그 친구가 일상적인 건 같이 챙겼을 거고요. 바이스가 주요 취재원들을 알고 있으니까 필요한 취재가 있으면 본인이 직접 했을 겁니다.

그분이 목소리가 커서 무슨 얘기를 나누는지 저희도 다 들었어요. 상대가 한 말을 꼭 반복해서 확인하더라고요. "그래 복도에서 누가 누굴 찔렀단 말이지? 그건 끔찍하긴 한데 뉴스거리는 아닌 거 아냐?" 이런 식의 의견을 계속 전달하더군요. 그래서 알게 됐는데, 일선 기자들이 아침에 발제하는 거 외에도 시시각각 상황 보고를 하고 그걸 캡이 듣고 계속 판단을 하는 거죠? 거의 실시간 판단인 것 같던데.

박순찬 네. 카카오 단톡방을 만들어놓고 자기 라인에서 생기는 사건을 계속 올리거든요. 실시간으로. 그걸 계속 보면서 이건 바로 온라인 기사로 써라, 이건 지면에 쓰자, 이건 킬이다, 지금 안 써도 되겠다, 그런 판단을 계속 내려줘야 합니다.

끊임없이 발생하는 사건·사고에 대한 기사 채택 여부 판단을 부장 선까지 안 가고 캡이 계속 내리는 거군요. 아침에만 그렇게 지내는 건지, 하루 종일 그렇게 지내는 건지.

박순찬 하루 종일 그렇게 지냅니다.

하루 종일 그런 판단을. 다른 일을 하면서요?

박순찬 바빠서 못 보면 지연될 때도 있죠. 특히 지면 기사 데스킹을 집중적으로 봐야 하는 시간대에는.

캡이 그 판단을 내려주지 않으면 일선 기자는 일단 홀드하고 있고요?

박순찬 그렇습니다. 그래서 이제는 기자들한테 홀드하지 말고 스스로 써야겠다고 판단되면 일단 쓰기 시작하라고 합니다. 저 때문에 너무 지연되거나 그런 경우가 있어서요.

팀장이 한꺼번에 너무 많은 일을 멀티프로세싱 하는 상황이라 그런 경우가 불가피할 것 같군요.

박순찬 회사의 전반적인 문제입니다. 최근 들어 온라인 뉴스를 강조하면서 생긴 일인데, 조선일보의 지면 업무가 정말 빡빡하거든요. 그 일을 하면서 온라인 일을 병행하는 구조라서 데스크한테 과중한 부담이 걸립니다.

업무 과중에 따른 부작용, 이를테면 오보 같은 일이 생길 수도 있을 텐데요.

박순찬 네. 실제로 그런 일이 가끔 발생합니다. 최근 발생했던 조국 부녀 일러스트 사건[20]도 그런 과정에서 생긴 일이죠. 시스템을 아크Arc로 바꾸면서 기자 개개인이 스스로 기사를 출고하고, 자기가 데스크 허락 없이 기사를 고치는 게 시스템상으로 가능해졌거든요. 그런 상황에서 데스크 업무가 과중해지니까 온라인 기사는 문제없으면 네가 내, 네가 봐서 좋은 사진이나 일러스트 같은 걸 끼워 넣어, 이런 식으로 하다보니 발생한 사고입니다.

디지털 편집팀에 데스킹을 맡은 분이 따로 있지 않나요?
박순찬 그쪽은 출고나 데스크의 권한은 없고, 저희가 보낸 기사를 편집하고 제목을 바꿀 수 있는 권한은 있어요. 기사를 써달라는 요청도 많았는데 기자들 업무가 많아지면서 온라인 속보를 전담하는 조선NS[21]가 출범하게 된 거죠.

퇴사자들

지난번에도 얘기 나누었는데 퇴사자가 꽤 늘었죠. 너무 많다고까지 말할 정도인가요?
박순찬 제가 팀장을 맡고 있는 동안에도 제 밑에서 두 명이 나갔어요.

주로 어느 연차들이?
박순찬 들어온 지 몇 년 안 된 친구들이었어요. 여러 가지 이유가 있겠지만 기자 일에 무슨 비전이 보이는 것도 아니고, 매일 반복되는 고된 일정에 워라밸이 지켜지는 것도 아니고.

너무도 자명한 이유군요.

박순찬　그렇죠. 그래서 판단을 빨리 내리더라고요. '내가 이 일을 평생 계속할 수 있을까' 생각해보고.

그럼 기자직을 아예 떠나버리는 건가요, 정치 성향 같은 문제로 조선일보를 떠나는 게 아니라?

박순찬　네. 아예 다른 분야로 가는 경우가 많아요. 제 팀원들과 상담을 해보면 워라밸 얘기가 많이 나와요. "내가 부모가 됐을 때 아이들에게 좋은 아빠가 될 수 없겠다" 같은, 부모의 역할에 대한 얘기들을 합니다. 자기 계발 얘기도 많이 하더라고요. 여기 있으면 자기 계발을 너무 못하는 것 같다며.

후배들이 그런 얘기를 하면 동의하시나요?

박순찬　꽤 동의하죠.

일전에 어느 퇴직 기자를 인터뷰하면서 정말 언론에 필요한 사람들이 떠나는 현실이 안타까웠습니다. 박 팀장께서는 떠나는 사람들을 어떻게 보시나요? 뭐랄까, 근성이 부족하고 저널리즘에 대한 책임감도 부족하고, 혹시 그런 건 아닌지.

박순찬　여러 경우가 섞여 있어요. 차장급 이상이 나갈 때는 일반 기업으로 가는 경우가 많은데, 기업들이 레퍼런스 체크를 정말 꼼꼼하게 해서 괜찮은 선배들을 데려가는 사례가 많죠. 아래 기수 중에는 일을 잘했던 친구라서 진짜 안타까운 경우도 있고, 차라리 일찍 다른 길을 찾는 게 본인에게 더 좋겠다 싶은 경우도 있어요.

다른 길을 찾는 게 낫다? 언론인으로서의 능력이 모자란다는 얘기인데, 그것 때문에 떠나기도 하는 건가요? 내부 평가를 알고 있기 때문에?

박순찬 가끔 일하는 게 참 재미없겠다고 생각되는 친구들이 있어요. 본인의 성향과 잘 안 맞아 보이는. 자기는 열심히 한다고 하는데 아이템 올리는 것마다 계속 킬되고, 그러다보면 당장 할 일이 없으니 누구 기사 쓰는 거 도와주라는 말만 듣게 되고. 저희가 그냥 놀리지는 않거든요. 그런 일들이 반복되면 지치고 흥미를 잃게 되는 거죠.

혹시 그중에는 조선일보하고 정치 성향 같은 게 안 맞아서 다른 신문사로 옮기는 경우도 있나요?

박순찬 최근에는 거의 못 본 것 같아요.

선에는 있었고요?

박순찬 제 입사 초기에 조선일보와 동시에 붙었을 때 연합으로 간 친구가 있었는데 성향 때문이라고 보기는 어렵고, 중간에 저희 신문사에서 한겨레로 한 명이 갔다고 들었는데 누군지는 모르겠어요.

그 이유만으로 떠나는 예는 거의 없다는 말씀이죠?

박순찬 네. 여러 가지 이유가 복합적으로 작용할 거예요. 다른 기업에 비해 상대적으로 보수가 높은 것도 아니고, 비전도 좀처럼 안 보이고, 일에서 의미를 찾지 못하고 워라밸도 지키지 못하고 그러면 이런저런 생각이 드는 거죠. 그래도 좋은 기사 썼다고 칭찬도 받고, 내 기사로 사회도 바뀌고 정책도 바뀌고, 감동적인 기사를 써서 댓글이 수천 개씩 달리고 하는 걸 경험하면 기자 일의 매력을 느낄 텐데. 저희는 좋은 기사를 쓰

朝鮮日報　　　　　　　　　　　2021년 10월 9일 토요일 A12면 사회

"하늘나라 아내가 바람·빗물로 내게 용기내라 말해요"

한글 공부, 아내와의 약속 지킨 69세 김종원씨의 詩

"글 모르는 날 대신해/ 모든 일 앞장서 주며/ 남편 기 살려준다고/ 싫은 소리 한 마디 안 하던/ 천사 같은 내 짚사람."

한글날을 하루 앞둔 8일 오전 서울 영등포구청 별관의 성인 문해교육 기관 '늘푸름학교'에서 만난 김종원(69)씨는 사별한 아내 이야기를 하며 눈물을 주르륵 흘렸다. 이 시(詩)와 세상을 떠난 아내를 위해 지난 5월 김씨가 쓴 것이다. 최근 이 학교에서 한글을 깨친 이분이다. "글을 몰라 평생 짚사람을 힘들게 했어요. 이게 글씨를 배웠더면 용기 있게 병원에도 일찍 데려갔을 텐데… 갔을 땐 이미 암이 다른 부위로 전이가 된 뒤였어요."

그는 두 살 때 아버지를 여의고 충남 금산의 큰아버지 집에 맡겨졌다고 한다. 학

8일 서울 영등포구청 늘푸름학교에서 김종원(69)씨가 사별한 아내를 그리며 쓴 시를 소개하고 있다.

교에는 보내주지 않고 농사일만 시켜 열 살 때 집을 나왔고, 대전에서 장사를 하고 자동차 정비소에 취직했다. 글을 몰라 부품을 주문할 때면 부하 직원의 도움을 받아야 했지만, 그래도 평생을 손재주 좋은 정비공으로 살았다. 45년을 함께해온 아내가 김씨의 '눈[目]'과 같았다. 그런 아내가 널리 감상선암에 걸렸고 10년을 투병하다 결국 2018년 세상을 떠났다.

"내가 글을 모르니 평생 집안일이며 아이들 학교며 짚사람이 다 했어요. 그래도 글씨 모른다고 한 번도 뭐라고 한 적이 없었어요. 그런 사람이 세상을 떠나니, 혼자 간판을 읽지 못해 어디도 못 가고 간판에 쓴 세상에 놓인 것 같더라고요. 우울증세가 찾아와 다니던 자동차 정비소도 그만뒀다. 아내의 남겨준데

가는 것 외에 집 밖에도 잘 나가지 않았다고 한다.

그가 한글을 배우기로 마음먹은 것은 아내가 세상을 떠난 이듬해인 2019년이었다. 아들과 함께 구청에 업무를 보러 갔다가 '글을 무료로 가르쳐 주는 곳이 있다'는 얘길 들었다. "짚사람 살아 있을 때 '나 퇴직하면 어디 학원이라도 다니면서 같이 글공부하자'고 약속했던 게 생각났어요. 그 약속을 지금이라도 지켜야겠다고 마음먹었어요."

영등포구청이 운영하는 늘푸름학교에 입학했고, 현재 초등학교 6학년에 해당하는 3단계 과정을 다니고 있다. "아내를 잊지 않겠다"며 생전 아내가 쓰던 스마트폰을 바지 주머니에 넣고 다닌다고 김씨에게 학교 선생님이 '시를 한번 써보라'고 권유했다. 뒤늦게 배운 한글로 '하늘나라 짚사람에게'란 시를 썼다.

"하늘나라 짚사람이 매일 바람 되고 빗물 되어 나에게 용기 내라 말합니다"라는 내용이다. 하늘에 아내가 그룹 내려다보며 방긋이 웃는 그림도 그렸다. 그는 "짚사람 얼굴이 또렷이 그리고 싶어서 한 달 넘게 30번 이상 고쳐가며 그렸다"고 했다.

김씨는 이 시회로 지난달 교육부가 주최한 '전국 성인문해교육 시화전'에서 최우수상을 받았다. 그는 아내의 남편답으로 달려야 "나 글공부하는데 상도 받았다"고 자랑했다.

늘푸름학교의 초등·중등 교육 과정 6개 반에는 현재 김씨를 비롯해 118명의 '어르신 학생'이 있다. 2019년까지는 수업당 30명씩 180명이 거의 꽉 찼지만 코로나 때문에 수강자가 대폭 줄었다고 한다. 서울시에는 이 같은 성인 문해교육 기관이 70곳 있다.

○○○ 기자

[기사 1] 2021년 10월 9일 사회면, 사장으로부터 격려 문자를 받은 기사

면 사장께서 아침에 슬랙으로 메시지를 보내요. 기사 잘 봤다고.

혹시 그런 메시지를 받아보신 적 있나요?

박순찬　네.

어떤 기사였는지 기억나세요?

박순찬　최근 저희 팀 기사로 한두 건 정도 기억이 나는데요. 아내와 사별하고 생전의 약속을 지키기 위해 2년간 한글을 배워 그 사연을 써서 한글날 교육부 행사에서 최우수상을 받은 할아버지의 스토리였습니다. 사장께서 그걸 잘 봤다고 메시지를 보냈어요. 그전에는 연평해전 전사자의 딸이 아버지의 뒤를 이어 군인의 길을 걷겠다고 한 스토리를 담은 기사였는데, 그것도 좋은 기사 잘 봤다고 하셨고.

좋은 기사는 마음을 움직이는 기사라고 답하셨는데요. 사회 구조를 바

1부. 사회적 환경과 정치권력의 감시

꾸는 기사, 거대 권력의 문제를 파헤친 기사도 아니고 그렇게 답하신 이유가 있나요?

박순찬 다 같은 맥락인 것 같아요. 거대 권력을 움직이는 것도 사회를 뒤집는 것도 결국은 사람의 마음을 움직이는 것, 그게 본질인 것 같습니다.

사람의 마음은 실제로 언제 움직이던가요?

박순찬 공분을 일으키는 사안일 때 사람들의 마음이 크게 움직이는 것 같고, 또 매우 감동적인 사람의 이야기에도 많이들 반응하는 것 같습니다.

그런 게 일차적으로 주목하는 뉴스 밸류가 되겠군요?

박순찬 맞습니다.

양질의 기사 vs 대중성이 높은 기사

양질의 기사와 대중성이 높은 기사. 이게 양립 가능하다고 하셨는데, 그 이유도 궁금하고 그게 가능할까 싶기도 하군요.

박순찬 요즘 커뮤니티를 베끼는 기사가 많잖아요. 그게 대중성이 높은 주제니까 그렇다고 보는데요, 그 주제를 가지고도 양질의 기사를 쓸 수 있다고 생각해요. 커뮤니티에는 온갖 글이 엄청나게 올라오거든요. 앉아서 커뮤니티만 베끼는 기자라고 욕하는 사람들도 있겠지만, 저는 기자들이 커뮤니티도 봐야 한다고 생각해요. 그걸 통해서 압축적으로 사회의 흐름을 볼 수 있거든요.

커뮤니티라 하면 구체적으로 어떤?

박순찬 여러 가지가 있죠. SLR클럽[22]도 있고, 보배드림[23]도 있고. 그 안에서 다양한 글들과 시각을 접할 수 있어요. 기자가 좋은 시각, 좋은 문제의식을 가지고 그걸 보면 좋은 아이템을 고를 수 있다고 생각합니다.

극우 성향의 일베[24] 같은 커뮤니티도 체크하시나요?
박순찬 네, 다 봐요. 자주 들어가지는 않지만 이따금 들어가서 체크합니다.

거기서도 참고할 만한 것들이 나오나요?
박순찬 '이쪽 멤버들은 이런 생각을 하는구나'라고 짐작을 할 수 있죠. 당연히 봐야 한다고 생각합니다. 사회부 기자는 사회가 어떻게 돌아가는지 알아야 하니까요.

유튜브 쪽도 체크하시나요?
박순찬 별로요. 아이템을 찾는 용도로는 잘 안 봅니다.

대중성을 높이다보면 선정성에 빠질 우려도 있고, 그런 건 흔히 양질의 저널리즘과 양립할 수 없다고 하는데요.
박순찬 저는 양립 가능하다고 봅니다. 저번에 언급한 설거지론을 예로 들 수 있을 것 같습니다. 설거지론 때문에 커뮤니티가 되게 핫했거든요. 케이스들도 많이 올라오고. 거기서 모티프를 얻는 건 다 동일한데, 그거를 단순히 보배드림 같은 데 글이 올라와 이런저런 댓글이 달렸다는 식으로 온라인에 가볍게 쓰면 대중성이 높은 기사를 그냥 쓰는 거고요. 설거지론이 도대체 이 사회에서 왜 불거졌는지, 거기 깔린 배경은 무엇인지, 그래시 2030 젊은이들, 남성과 여성은 왜 이런 얘기를 만들고 재생산하는지, 그런 구조를 분석하는 기사를 쓸 수도 있겠죠.

그러면 복잡한 사회 현상 분석 기사가 될 텐데, 그 경우에도 사람들이 읽을까요?

박순찬 저는 니즈가 있다고 봅니다. 퐁퐁남[25]이나 취집[26] 등의 비슷한 이슈들과 함께 사회적으로 왜 설거지론 같은 게 나오는지 분석하는 기사는 신문에 쓸 이유가 있다고 생각하거든요.

현장 취재 기피

기사 품질을 높이기 위해서 현장, 다양한 취재원, 이슈의 배경 분석, 이런 식으로 접근한다고 하셨는데, 시간도 많이 들고 품도 많이 들고. 그런 게 좋은 기사를 만드는 조건인 건 알지만 현실적으로 가능하다고 생각하시는지요?

박순찬 기동팀에서는 할 수 있습니다. 저희 팀은 저 포함 13명이거든요. 일단 사람이 많으면 한 명이 그런 일에 올인 해도 다른 인력이 채워줄 수 있으니까요. 그리고 여기는 약간 부트 캠프 같은 곳이라 훈련 목적에서라도 해야 한다고 생각합니다. 저희는 실시간으로 온라인 기사를 쓰는 게 아니라 사건 하루 뒤에 나오는 신문을 만들기 때문에, 사람들이 이슈는 알고 있어도 정작 놓치는 맥락을 분석하고 설명하는 것이 신문의 역할이라고 여기고 많이 강조하는 편입니다. 하지만 사회부를 제외한 다른 부서에서는 아무래도 현장 취재를 많이 못하는 측면이 있죠.

인력이 부족해선가요?

박순찬 그런 점이 있는 것 같고, 연차가 쌓이면 현장을 안 가는 경향이 있죠. 어떤 때는 직접 취재할 수 있는데도 "기동팀이 현장에 좀 가달라"는 요청을 하기도 하죠.

그럼 어떻게 하나요?

박순찬 팀원들을 보내서 현장 취재를 시키지만 불만은 있죠. 정작 사안을 제일 잘 아는 담당 기자는 현장에 안 가고 책상에 앉아서 쓰려 하고 내용을 잘 모르는 막내들이 맨땅에 헤딩하는 경우도 많으니까요.

현장 최일선을 커버하는 데가 기동팀이고 다른 부는 그만큼 시스템이 안 돼 있으니까 불가피한 측면도 있는 거 아닌가요?

박순찬 그런 측면도 있죠. 예를 들어 큰 정부 정책이 나왔을 때 자료가 복잡하면 그 분석 기사를 고참 기자가 써야 하는데 시간이 없을 수도 있고. 여러 이유가 맞물려 있는 것 같아요.

차장급쯤 되면 진짜 귀찮아서 현장에 안 나갈 것 같기도 하고.

박순찬 사람에 따라 다르겠지만 7 대 3 정도로 안 나가는 거 같아요. 차장급이 직접 자기 발로 뛰어서 현장 스케치하고 이렇게 발제하는 경우는 별로 못 봤습니다. 그냥 전화 통화 정도나 보도자료 중심으로 합니다.

그게 어느 정도 심한가요?

박순찬 전반적인 문제예요. 한 팀 안에서도 항상 후배한테 시키고. 같은 팀에 막내가 있을 거잖아요. 네가 현장 가서 스케치하고 전문가 멘트 따놔. 나는 기사 쓸 테니까. 그러면 후배가 작성한 스케치 앞에 붙이고 전문가 멘트 뒤에 붙이고, 이런 식으로 조립해서 만드는 거죠.

학계도 마찬가지입니다. 명색이 언론 미디어를 연구한다면서 현장을 도외시한 채 책상에 앉아 연구를 했으니까요. 그런데 만약에 차장급 중견기자가 현장에서 뛰고자 한다면 비용도 들어갈 거고 시간도 들어갈 텐데 그에 대한 지원이 있나요?

박순찬 취재 지원은 회사에서 전반적으로 잘 해주는 편이에요. 택시비도 대주고, 취재 비용도 청구하면 지원해주고요.

기사 한 건에 몇 명의 취재원 혹은 이해 당사자가 포함되는 게 이상적인지 묻는 질문에 적어도 5명 이상이라고 답하셨는데요.

박순찬 사회부 기사 같은 경우 리드 케이스에 최소한 한두 명이 등장하고 보통 서브 케이스를 붙이는데 거기에도 한두 명이 등장합니다. 중간에 대략적인 내용을 설명해주고 거기서 입장이 갈리면 각각 반론할 수 있는 사람들이 있어야 하고, 마지막에 제언을 해주는 사람이 있어야 한다고 보면 최소한 5명은 있어야 하지 않나. 보통 팀원들 기사를 봐도 그 정도는 등장해요.

취재원이 늘어날수록 더 좋다고 할 수 있나요?

박순찬 그렇죠. 품질이 더 높아지니까요. 적으면 더 시켜요. 얘기를 제대로 안 들은 것 같다고.

그게 제일 힘들겠네요. 그냥 취재만 하는 게 아니라 인터뷰를 싣겠다고 허락을 받아야 되는 거잖아요.

박순찬   네. 그런데 일상적으로 그건 많이 해봐서 익숙해져 있습니다.

온라인 뉴스에 대한 회의

기자로서의 삶에 회의감이 들 때가….

박순찬   매일같이 있죠. 온라인에 금방 휘발될 흥미 위주의 속보 기사를 쓰는 경우도 그중 하나인데, 디지털 부서에서 요청해오는 경우가 있어요. 다른 언론사가 톱에 올렸기 때문에 우리도 써야 된다는 거죠. 조선 NS가 상당수를 처리해주지만 경찰 확인이 필요하거나 기타 직접 취재가 필요한 경우 저희한테 요청해요. 조선NS는 출입처가 따로 없어서 그런 취재가 어려우니까요. 그렇게 써도 한 시간쯤 메인에 오르고 곧 기사가 사라져요. 그런 용도로는 팀원들한테 일을 시키면서도 미안하죠. 다른 건으로 취재할 시간을 뺏는 거니까요.

그게 보통 어느 정도?

박순찬   매일 있습니다.

주로 온라인 속보 쪽에서?

박순찬   네. 시키는 저도 쓰는 본인도 알죠. 이걸 왜 쓰는지. 그리고 금방 휘발될 거라는 것도. 전에는 온라인 속보 기사를 전담하는 724팀이라는 게 있었어요. 저희 국번이 724이기도 하고 7일 24시간 돌아가는 팀이라고 해서 724라고 했어요. 그러다가 구조가 계속 바뀌었는데, 한때는 각 부에서 한 명씩 발령을 내서 해당 부서에서 온라인 뉴스를 전담한 적도 있어요. 그걸 해체하고 각 부서에서 조금씩 감당하는 체제를 유지하다가 안 되겠다 싶어서 조선NS를 만든 거죠.

네. 정리하면 온라인 기사는 조선NS에서 만들어내는 속보 기사하고 여기 편집국에서 만들어내는 기사하고 양쪽 기사가 동시에 올라가는 거군요. 편집국에서 생산한 온라인 기사는 디지털 부국장 책임하에 올리나요?

박순찬 아뇨. 각 부서 데스크가 책임집니다.

그럼 그것들이 모여서 만들어지는 전체 온라인 조선일보, 그에 대한 책임자가 디지털 부국장인가요?

박순찬 그렇습니다. 온라인 정책도 만들고, 온라인 조선닷컴을 전반적으로 책임지는 역할이죠.

편집부와의 관계

편집부 기자들은 취재 부서 기자와는 달리 내근을 하며 기사를 가공하는 역할을 맡잖아요. 편집부 기자들과 일선 취재기자, 양자 간에 좀 묘한….

박순찬 묘한 긴장감이랄까 그런 게 있죠. 편집부에 이른바 곤조 센 선배들도 계시고.

취재 부서 기자들로서는 '너희도 기자냐' 하는 생각도 들 법한데요.

박순찬 편집부에는 고참 선배들이 많아요. 부장 이상급 선배들도 계시고. 외부 취재는 하지 않지만 지면 편집을 책임지는 분들이죠. 레이아웃 짜고 그래픽 배치하고 제목 달고. 특히 제목에 대해선 취재기자들이 가서 소통을 할 때가 많거든요. "제목을 이걸로 좀 바꿔주시면 좋겠습니다." 그러면 전에는 "어따 대고" 하면서 혼날 때도 많았어요. 언론계에 편집부 파워가 센 회사들이 몇 있다고 들었는데 조선일보도 그중 하나고요.

왜 그렇죠? 편집부는 일종의 지원 부서 느낌인데.

박순찬 같은 기사라도 편집을 어떻게 하느냐에 따라 기사의 가치나 가독성이 확 살기도 하고 죽기도 하거든요. 편집기자의 역할이 중요하다는 것은 모두가 인정합니다.

사람을 뽑을 때 다른 트랙으로 뽑나요?

박순찬 지금은 다른 트랙으로 뽑아요. 편집부도 그렇고 사진부도 공채 없이 경력직으로 뽑습니다. 과거엔 조선일보에 입사하면 편집부를 다 거쳐갔다고 하더라고요. 지금 부장급들 중에는 편집부 경험이 있는 분들도 많고요. 저희는 그런 경험이 없지만.

편집부는 인력 부족에 시달리고 있다던데요.

박순찬 네. 인력은 점점 줄어드는데 편집해야 할 지면은 많다보니 한 명이 두 개 면을 편집하는 경우도 많아지고. 지금은 공채 없이 경력직을 가끔 뽑는 구조라서 더 그렇겠죠.

디지털화되면서 점점 역할이 줄어드는 거 아닌가요?

박순찬 제 생각에는 디지털 시대로 갈수록 편집부의 역할이 더 중요해지는 거 같습니다 그게 자동화되는 거 아닌가요?

박순찬 온라인상에서 기사를 어떻게 가공하느냐, 제목을 어떻게 다느냐 가 더 중요해질 것이라고 봅니다.

교열 부서는 따로 있고요?

박순찬 네. 교열은 글지기라는 자회사로 독립이 되어 있어요. 기사를 읽 다가 오타가 보이면 기사 전체에 대한 신뢰가 떨어질 수도 있어서 교열 이라는 절차가 중요합니다. 그래서 편집국에선 오탈자 내지 말자고 엄 청나게 강조하고 있는데, 문제는 교열을 거쳐야 할 기사들이 마감 임박 해서 한꺼번에 쏟아지기 때문에 교열 부서에서도 부하가 걸려 놓치는 경우가 많습니다. 기자들이 미리미리 여유 있게 기사를 보내는 건 아니 라서 꼼꼼하게 볼 시간이 물리적으로 부족하죠. 빨리 교열을 안 내주면 편집부나 취재 부서에서도 교열 쪽에 전화해서 빨리 내달라고 독촉하 고. 그래야 기사를 지면에 앉힐 수 있으니까요. 그러자면 교열을 서둘러 보게 되고, 그러면 또 오탈자가 나오고 하는 악순환이 발생합니다.

시간이 벌써 이렇게. 여기까지 하겠습니다.

박순찬 네. 혹시 더 필요한 얘기가 있으면 언제라도 연락주세요.

감사합니다.

박순찬 저도 감사합니다.

02. 사회부장, 최원규

인터뷰이	최원규(남성, 인터뷰 당시 53세, 입사 28년 차)[1]
인터뷰 일시/장소	2021년 11월 12일 오후 3:00~4:30 / 조선일보사 3층 회의실

신문사 편집국에서 '여기서 모든 것이 시작되었다'라고 할 수 있는 원점을 찾는다면 사회부일 것이다. 우리가 뉴스라고 부르는 크고 작은 사건·사고나 범죄, 전국 방방곡곡에서 들려오는 희한한 소식들, 주목할 만한 사람들에 대한 이야기가 모이는 부서다. 뉴스거리가 제일 많고, 온종일 긴장을 늦출 수 없고, 또 마감 직전에 발생하는 사건·사고 소식으로 경황이 없는 곳이기도 하다.

조선일보 편집국에서 그 부서의 책임자는 건장하지만 핼쑥한 느낌을 주는 사람이었다. 곧은 자세로 자리를 지키며 모니터를 주시하거나 크고 작은 회의에서 묵묵히 남의 얘기를 듣다가 차례가 오면 짤막하게 필요한 말만 하는 사람이었다.

코로나 상황의 편집국에서 그는 거의 줄곧 마스크를 쓰고 있었다.

연구자와 인터뷰를 하며 사진을 찍으려고 잠시 마스크를 벗었을 때 그 안에서 선량한 얼굴이 드러났다. 인상이 좋다는 얘기를 했더니 소년처럼 맑게 웃었다. 그의 답변은 신중했지만 솔직하고 담백했다. 표정, 말투, 그리고 말의 내용에서 과장이 느껴지지 않았다. 충직한 일꾼 스타일이라고 할까. 사회와 권력을 감시하고 시민들이 알아야 할 것들을 전하는 언론의 파수꾼이라면 모름지기 이렇듯 선량하고 충직해야 할 것이다.

언론 규범에 대한 의견을 물으며 인터뷰를 시작했지만 군더더기라는 생각이 들었다. 결국 의미 있는 규범은 형식화된 규범 코드가 아닌, 그에 대한 말이 아닌, 일상으로 체화되고 실천되는 습성 안에 존재하는 것이다. 그가 살아온 과정, 그리고 현재 보여주는 모습은 그런 규범의 상태나 한계를 여실히 보여주었다. 그는 자신의 역할에 충실했지만 지쳐 있었다. 한때 그의 몸 안에서 끓어올랐을 언론인으로서의 소명의식, 사명감, 열정은 소진되고 있었다.

한계 상황에 내몰리고 있는 젊은 기자 집단에 대한 얘기를 듣는 대목에서 연구자들의 가슴이 아파왔다. 그것은 자신에 대한 얘기였다. 한계에 내몰리고 있는 언론의 초상이었다. 언론의 상황이 이토록 어렵고 현장의 언론인들이 이토록 지쳐 있는데, 언론 연구자들은 지금까지 무엇을 한 것인가. 지금의 이 연구는 상황의 엄중함에 상응하는 고민을 담고 있는가. 당장, 이 오후 시간의 인터뷰가 하루 중 유일하게 쉴 수 있는 그의 시간을 빼앗을 만큼 가치 있는 것인가. 사회부장과의 인터뷰는 현장의 반복적 일상 속에 조금씩 지쳐가던 연구진의 모습을 돌아보며 연구를 시작했던 초심을 다시 추스르는 시간이었다.

언론의 본령, 알권리와 특종

바쁜 시간 내주셔서 감사합니다. 연구 목적을 간단히 말씀드리죠. 주요 일간지로 대표되던 우리 언론이 힘든 시기를 지나고 있습니다. 언론에 대한 신뢰가 바닥에 떨어지고, 진영화되어 있다는 비판을 듣고, 언론중재법 개정 운운하며 국가권력에 의한 강압적 언론 개혁이 시도되는 일도 있었습니다. 권력에 의한 변화가 아닌 언론 스스로의 변화를 통해 이 위기를 극복해야 한다고 보고, 그 길이 무엇일지 찾아보려 합니다.

최원규 잘 알겠습니다. 중요한 연구라고 생각합니다.

질문지 답변에 간단한 추가 질문을 드리는 식으로 진행하겠습니다. 언론의 규범을 중요하게 고려하는 편이시고, 그중 가장 중요한 게 국민의 알권리와 특종이라고 답하셨는데 특별한 이유가 있나요?

최원규 그게 언론의 본령이라고 생각하기 때문입니다. 언론사라는 게 실은 알권리를 위해서 존재하는 거고요. 그리고 무엇보다 다른 언론과 차별화되고 아니면 뭔가 문제 있는 것들을 발견해서 알리려면 특종 보도라는 것이 중요합니다. 여러 문제들이 거기서부터 시작되는 거니까요. 그래서 다른 것들도 중요하지만 저는 일단 그 두 가지를 꼽았습니다.

특종 보도를 간단하게 정의한다면?

최원규 특종이라는 건 기본적으로 남들이 안 쓰는 걸 쓰는 것인데, 그렇다고 1~2단짜리 기사 이런 거 가지고 특종이라 할 수는 없지 않겠습니까? 그러니까 중요성이 크고, 그리고 그걸로 인해서 사회적 변화가 생기는 사안 정도가 될 때 저는 특종이라고 봅니다.

조선일보에서 최근에 특종이라고 판단할 만한 기사로는 어떤 게 있었나요?

최원규 사람마다 생각이 다를 수 있을 텐데요. 최근 사례로 대장동 보도를 들 수 있을 것 같습니다. 또 무슨 예가 있을까요? (잠시 침묵) 이건 제법 지난 얘기고 제 자랑 같기도 해서 좀 그런데요, 전에 경제부 있을 때한중 마늘 수입 협상 과정을 보도한 적이 있습니다. 문제는 협상 과정에서 우리 측이 세이프가드(일시적 수입제한 조치)를 연장하지 않기로 부속합의를 해놓고도 발표를 안 했던 거예요.

그런 일이 있었군요.

최원규 부속 합의서에 그 사항을 넣고는 발표를 안 한 거죠. 그러다가 3년 뒤에 농민들이 이 세이프가드를 연장해달라고 신청했거든요, 정부에. 세이프가드 연장을 이미 안 하기로 했는데 농민들은 그걸 모르고 신청한 거죠. 그러자 정부 당국에서는 이걸 어떻게 처리하려고 했냐면 그냥 뭉개려고 했어요. 농민들 요구를 안 들어주는 걸로 뭉개려고 했는데이 부속 합의서가 있다는 걸 그때 저희가 썼습니다. 정부가 극비 합의로해놓고 숨겼다는 걸. 그래서 당시에 고위 공직자 몇몇이 옷을 벗었어요. 경제수석도 옷 벗고 농림부 차관도 옷 벗고 나가고. 그게 벌써 2002년도 얘기네요.

아, 그 보도 기억납니다.

최원규 나중에 제가 관련 부처 고위 공직자한테 들은 얘기인데, 통상협상의 경우에 전에는 이른바 이면 합의라는 게 관례화돼 있었다고 합니다. 협상에서 본안만 드러내고 머리 아픈 사안들은 이면으로 합의하고 그랬는데 그 일 이후로는 그런 과정이 없어졌다고 하더군요. 이런 것이 하나의 보도로 인해서 뭔가 의미 있는 변화를 만들어낸 사례 아닌가 생각합니다.

공감합니다. 이건 여담인데 그때 그 특종을 어떻게 건지셨습니까?

최원규 그건 취재원하고 관계된 문제라서 말씀드리기가 좀…. 사실 그 단초는 말 한마디에서 시작되었습니다. 그러니까 어느 고위 공직자가 머리 아픈 일이 있다고 해서 도대체 무슨 일이냐. 그쪽 부처에 머리 아플 일이 별로 없거든요. 그렇게 하나하나 물어가다보니까 뭔가 일이 있는 것 같았어요. 그때 기재부, 산자부, 농림부 등에서 이걸 어떻게 처리할지 회의를 하면서 관련 내용을 극비에 부쳤던 건데 말이 조금씩 새나오기 시작한 거죠. 그러면서 제 귀에도 들렸고요. 그 한 사람 한 사람을 짚어가면서 취재하기 시작했던 거죠.

말씀하신 사례는 정말 특종이라 할 수 있는데요. 하지만 최근 들어서 특히 온라인 기사들을 보면 이것도 특종인가 싶은 게 단독 타이틀을 달고 나오곤 하는데. 일종의 시간차 특종이라고 할까요. 이런 특종 남발 현상에 대해 어떻게 생각하세요?

최원규 그건 아무래도 클릭 수를 높이기 위한 측면이 있고요. 물론 지금은 워낙 속도 경쟁이 치열하기 때문에 그것도 무시할 수는 없죠. 자기가 알고 있는데 곧 풀pool(공동취재)이 될 것 같다, 그러면 미리 인터넷에 띄워버리죠. 거기에 특종이라는 말을 붙이기는 그렇고 그냥 조금 더 먼저 썼다, 그 정도 의미인 것 같아요.

그렇군요. 저희가 지금까지 관찰한바에 따르면 여러 부서 중에서도 사회부가 제일 뉴스거리가 많고, 편집회의를 통해서 지면 계획을 정리한 다음에도 새로운 뉴스가 튀어나오고, 마감에 쫓기는 긴박한 상황에 들어오는 사건·사고 소식도 많고, 그래서 온종일 긴장을 늦출 수 없는 것 같은데요. 이처럼 유동성이 강한 상황에 어떻게 대응하시나요?

최원규 저는 일단 사안의 중요도에 따라서 판단합니다. 요즘 젊은 기자들은 주 52시간제가 도입되고 해서 밤늦게까지 일하기가 어려울 때도 있거든요. 그래서 요즘은 가급적 일찍, 오전에 개략적인 지면 계획을 잡아둡니다. 후배들이 취재할 시간도 주고 마감 시간 이전에 어느 정도 기사의 완성도를 갖출 수 있도록 하기 위해서. 그런데 중간에 상황이 생기거든요. 어떤 때는 지면을 완전히 흔들어야 되는 경우도 있고요. 부분적으로 배치를 바꿔야 될 때는 일단 담당 데스크하고 회의를 해서 이게 중요한 것 같다고 정리되면 국장한테 보고해서 지면을 조정하고, 사회면에서 핸들링할 수 있는 정도라면 저희 선에서 기사 배치를 조정하는 식으로 그때그때 탄력적으로 대응합니다.

질문지 답변에서는 사실관계 확인에 가장 중점을 두고, 민감한 부분이 확인이 안 될 경우 가급적 다루지 않는다고 하셨는데, 그걸 다른 경쟁 언론사가 다룰 가능성이 있지 않을까요?

최원규 그럴 수 있죠. 그런데 사회부 같은 경우는 특히 사람에 대한 기사들이 많습니다. 좋은 소식보다는 안 좋은 소식을 전해야 될 때가 많고요. 그럴 때 사실이 확인되지 않은 기사를 쓰면 요즘 같으면 거의 100프로

수sue(소송)를 당하기 때문에 저는 쓰지 말라고 얘기합니다. 특히 민감한 사안, 예컨대 누가 돈을 받아서 경찰이나 검찰이 수사를 한다는 기사를 썼는데 그게 사실이 아닐 경우 그 사람한테는 엄청난 명예 훼손이 되는 거고, 또 범죄 사실을 우리가 뒷받침하지 못할 때 그건 상당한 부담이 되는 거거든요. 그런 기사들이 특히 사회부에서 많이 생기기 때문에 저는 최대한 사실관계 확인을 강조하고 그게 자신 없을 때는 가급적 쓰지 말라고 합니다. 저는 예전에 한명숙 총리가 돈 받았다는 기사를 쓴 적이 있거든요. 그걸로 인해서 한 총리가 저한테 10억 원 명예 훼손 소송을 걸어서 대법원까지 갔습니다.

유명한 사건이죠. 그걸 부장님이 쓰셨나요?

최원규 네. 제 이름을 걸고 쓴 기사였습니다. 대법원까지 갔는데 물론 제가 이겼죠. 진술이 나온 게 다 맞았고 사실관계가 맞았기 때문에 저는 당연히 이긴다고 생각했죠. 하지만 그때만 해도 한명숙 총리는 여권의 대모 같은 사람이었고 대선 주자급이었거든요. 그런 사람에 대해서 비판 기사를 함부로 쓸 수는 없잖아요. 자신이 없으면 못 쓰는 거죠.

이제 보니 특종을 꽤 많이 하셨네요.

최원규 별말씀을요. 조심하지 않으면, 자신이 없으면 쓸 수 없는 기사에 대해 말씀을 드리다보니.

앞에서 말씀하신 중국과의 마늘 수입 협상 건도 그렇지만 한명숙 전 총리의 뇌물 수수 사건 기사 같은 경우는 정치판을 흔든 보도였죠?

최원규 그렇습니다. 그때 정말 시끄러웠죠. 저는 당시 일선 기자였는데,

111

1부 사회적 환경과 정치권력의 감시

朝鮮日報　　　　　　　　　　　2009년 12월 4일 금요일 A01면 종합

"한명숙 前총리에 수만弗"

'대한통운 비자금 사건' 前사장 진술… 대가성 여부 수사

대한통운 비자금 조성 사건을 수사 중인 서울중앙지검 특수2부(부장 권오성)는 3일 비자금 조성 혐의로 구속기소된 곽영욱 前 대한통운 사장으로부터 "한명숙 전 국무총리에게 2007년 무렵 수만달러를 건넸다"는 진술을 확보, 대가성 여부를 수사 중인 것으로 확인됐다.

검찰은 곽 전 사장이 2007년 4월 한국전력공사의 자회사인 한국남동발전 사장으로 선임된 점에 주목, 이 돈이 사장 선임을 도와주는 대가로 준 것인지 아니면 불법 정치자금인지 조사 중인 것으로 알려졌다.

40여년간 대한통운에서 근무한 물류 전문가인 곽 전 사장은 2007년 4월 업무연관성이 없는 한국남동발전 사장에 선임됐으며, 노무현 정권 당시 열린우리당 국회의원이었던 한 전 총리는 2006년 4월부터 2007년 3월까지 국무총리를 지냈다. 검찰은 이에 따라 곽 전 사장의 계좌를 추적, 곽 전 사장이 돈을 건넸다고 진술한 시점에 실제로 돈이 인출됐는지 조사 중이다. 본지는 한 전 총리의 반론을 받기 위해 여러차례 연락을 시도했으나 연결되지 않았다.

앞서 검찰은 2006년 말 곽 전 사장에게 대한석탄공사 사장이 될 수 있게 로비해주겠다는 명목으로 거액을 받은 혐의로 아주경제신문 대표이사 곽영길씨를 지난 2일 체포해 조사했다. 곽 전 사장은 당시 석탄공사 사장이 되지 못했고, 다음해 한국남동발전 사장이 됐다.

검찰은 곽 전 사장이 이들 외에도 지난 정부 때 여권 실세이면서 J, K씨에게 로비했다는 의혹에 대해서도 수사 중인 것으로 알려졌다.

검찰은 지난 9월부터 대한통운 비자금 조성에 대한 수사에 착수했으며, 곽 전 사장을 2001년부터 2005년까지 대한통운 법정관리인으로 있으면서 영업활동비 명목으로 83억원을 상납받아 비자금을 조성한 혐의로 구속기소한 뒤 정·관계 로비 부분을 수사해 왔다. 최원규 기자 wkchoi@chosun.com

○○○ 기자 nukus@chosun.com

[기사 2] 2009년 12월 4일 1면 한명숙 전 총리 뇌물 수수 수사 관련 특종 보도

그 기사를 처음 썼을 때가 MB 정권 들어서고 얼마 안 지나서였습니다. 제가 연수를 다녀온 직후였던 것 같아요.

정확히 몇 년도에 입사하셨죠?

최원규 1995년이에요.

그러면 입사 후 13년이나 14년 차 때인데.

최원규 네. 현장에서 일선 기자로 가장 열심히 뛸 때였죠.

한명숙 전 총리의 뇌물 수수를 취재하고 보도하는 것에 대해 신문사에서 부담을 느낄 수 있는 상황 아니었나요?

최원규 부담을 느낄 수밖에 없었겠죠. 그때 편집국장이 지금의 홍준호 발행인이신데, 의외로 담담하셨던 것 같아요. "이게 확인이 된 거냐, 쓸

뉴스 생산자

수 있겠냐?" 그래서 저는 그동안에 이런 사건들을 취재해온 경험에 비춰봤을 때 이건 맞다, 이 정도 확인이 됐으면 충분하다고 했고, 국장이 써도 좋다고 해서 기사를 다 실명으로 썼어요. 그때 51판은 안 썼고, 52 판 그러니까 지금 서울 시내판부터 기사가 나가기 시작했거든요. 기사 자체도 밤에 보냈고요. 최종 확인 시점이 저녁 8~9시쯤이었고, 그때 기사를 쓰기 시작해서 52판에 썼던 걸로….

긴박했군요.

최원규 그랬죠.

그때 혹시 경영진에서는 걱정 안 했나요?

최원규 기사가 나간 직후부터 지금의 여당 사람들이 엄청나게 반발하고 회사 근처에 와서 시위도 하고 그랬죠. 잘은 모르지만 경영진에서는 크게 걱정 안 했던 것 같아요. 취재하고 기사를 쓴 저한테 기사에 대한 확신이 있었고 실제로 그 뒤에 바로 수사가 이루어졌고. 다른 언론사들도 이 기사를 받아쓰기 시작했거든요. 왜냐하면 내용 자체가 다 맞는 걸로 확인이 되는 상황이었기 때문에.

개인적으로 떨린다거나, 이런 기사를 쓰면 혹시 후과는 없을까 그런 걱정은 안 하셨나요?

최원규 신경 쓰이죠. 안 쓰인다고 하면 거짓말일 테고요. 어떤 파장이 일지 우려도 되고. 그쪽에서 반발할 건 뻔한데. 하지만 사실관계에서 자신이 있었기 때문에 크게 걱정은 안 했습니다. 그래서 결국 재판이 3심까지 갔지만, 그리고 민사로 손해배상을 걸었지만 재판에서 인정이 안 된 게 사실관계가 틀리지 않았기 때문이죠.

특종 vs 신중론

잘 알겠습니다. 이 사회를 흔든 주요 기사들이 정치부에서 나오는 줄 알았더니 사회부에서 주로 시작되는 것 같네요?

최원규 물론 정치부에서도 많이 나옵니다. 정치부하고 사회부가 아무래도 스트레이트 기사를 많이 다루니까요.

이런 기사에 대해서는 신중을 기할 수밖에 없고, 특히 파장이 클 경우에는 이견도 있을 것 같은데요?

최원규 네. 있을 수 있죠. 있습니다.

사회적 영향력이 큰 특종 기사일수록 신중론과 과감하게 기사를 내자는 입장이 충돌할 것 같습니다.

최원규 그렇습니다. 이 정도면 써도 되는 거 아니냐고 얘기하는 사람도 있고, 그래도 좀 더 조심해야 된다고 하는 입장도 있고, 두 입장이 팽팽할 때가 있죠.

그때 현장 기자들은 주로 써야 된다는 입장인가요?

최원규 꼭 그렇지는 않습니다. 반대일 수도 있고요. 데스크가 이 정도면 써도 될 것 같은데 해도 기자가 이거 아직 확인이 안 됐다고 할 수도 있지요. 다만 그런 경우가 그리 많지는 않죠.

그러면 저희 짐작대로 기자들은 주로 기사는 내야 한다고 하고 데스크가 신중을 기하는 쪽으로.

최원규 대개는 그렇죠. 맞습니다.

사안에 따라 다르겠지만 아무래도 데스크의 판단이 더 중요하겠죠?

최원규 그렇다고 봐야 할 것 같습니다. 아무래도요. 그런데 기자가 강력하게 얘기를 하면 그건 어쩔 수 없습니다. 그런 일도 있을 수 있죠.

그런 입장 차가 생겼을 때는 모여서 토론하고 설득하는 절차가 필요할 텐데요. 편집국 일정이 워낙 빡빡해서 그럴 시간이 있을까 싶네요.

최원규 편집국에는 여러 단계가 있어서 이를테면 사회부는 부장 아래에 법조팀이 있고 경찰팀이 있고 전국팀이 있고 그래서 각 팀을 맡은 데스크들끼리 많은 얘기를 합니다. 각 데스크들은 일선 기자랑 많은 얘기를 하고요. 물론 일선 기자들 입장에서는 그래도 대화가 부족하다고 느끼는 사람도 있을 겁니다.

부장님께서는 일선 기자들보다는 주로 팀장들하고 얘기를 하시나요?

최원규 대체로 그렇습니다만 일선 기자들하고 직접 통화할 때도 많지요. 제가 직접 뭘 물어봐야 되겠거나 아니면 확인하고 싶을 때 전화를 많이 하는 편입니다.

사회부 데스크 24시

사회부 안에 내근 데스크가 전국, 법조, 기동 이렇게 셋인가요?

최원규 네, 맞습니다.

서로 앉은 자리에서 말씀을 나누기도 하지만 모여서 회의하는 모습도 자주 봤거든요. 오전에도 모여서 회의하고, 오후 스탠딩 회의 한 다음에 또 모여서 논의하고. 저녁 6시경 가판 회의 끝나고 또 모여서 말씀 나누고. 회의에서는 주로 무슨 말씀을 나누나요?

최원규 주로 지면 구성에 대해 논의합니다. 오후 스탠딩 회의는 전체적인 종합면에 대한 회의인 거고요. 부별로 발제를 하면 거기서 어떤 걸 우선순위로 종합면을 채울지 논의하고, 그게 정해지면 각부 단위 지면에 대해서 어떻게 구성할지 부장 중심으로 지면 회의를 합니다.

그럼 스탠딩 회의 때는 주로 종합면 얘기를 나누시는군요.

최원규 맞습니다. 그 회의가 끝나면 교수님이 보신 저 동그란 탁자에 부원들끼리 앉아서 오늘 사회부 기자들이 발제한 기사들 중 종합면에 나갈 게 이런저런 것이 있으니까 그걸 어떻게 준비해야 되고, 그 기사들을 빼고 사회면을 뭘로 채울지 이런 것들을 얘기합니다.

부 단위 회의도 수시로 하시는 것 같던데요.

최원규 일단 아침에 사회부 기사 계획을 올리기 전인 11시경에 한 번, 그다음 오후 2시 스탠딩 회의 직후에 한 번, 그다음 5시 반 가판 회의 끝나고 한 번, 이렇게 세 번은 반드시 하고 그 외에도 필요에 따라서 수시로 합니다.

스탠딩 회의 때 보니까 말씀을 제법 많이 하시던데요.

뉴스 생산자

최원규 제가요? 저는 많이 안 하는 편이라고 생각했는데. (웃음) 종합면 구성이 아무래도 정치부나 사회부 중심으로 돌아가서 그런 게 아닌가 싶네요. 현안이 있을 때는 얘기를 안 할 수가 없습니다. 국장께서도 이런 저런 사안의 비중을 어떻게 판단해야 될지를 놓고 각 부장들의 얘기를 듣거든요. 제가 데스크들의 얘기를 듣고 사안의 중요성을 판단하듯이.

아침에 국장과 부장들이 하는 지면 회의는 못 본 거 같은데요.

최원규 네. 전에는 아침 회의가 있었는데 지금 국장이 오면서 없앴습니다. 전에는 아침 10시 회의에 부장들이 다 모여서 오늘 우리 부에서 뭐가 있고 저쪽 부에서는 뭐가 있고 식으로 회의를 했거든요. 그런데 너무 길어져서 10시 40~50분은 돼야 끝나고, 그러고 나서 각부로 돌아가 또 부 단위 지면 회의를 하다보면 거의 11시 반은 돼야 끝나고. 그다음에는 일선 기자들한테 지면 구성안을 뿌리고 기사를 준비할 시간을 줘야 하는데 그게 너무 늦어지니까요. 그래서 아침 회의를 없애는 대신 각부에서 온라인으로 기사 계획을 보고하면 편집 책임을 맡은 두 부국장께서 취합을 합니다. 거기서 대략적인 아웃라인을 정하고 부장들한테 오늘 이거 중요한 건데 어느 정도 쓸 수 있냐고 묻고. 이런 과정을 거치고 나서 종합면 계획이 온라인상으로 어느 정도 정해지면 부별 회의를 합니다. 그런 식으로 아침 회의 시간을 줄이고 일선 기자들에게 지면 계획을 알리는 시간을 앞당겼죠. 일선 기자들이 준비할 시간을 더 주기 위해서.

오프라인 아침 회의 대신 온라인상에서 논의가 이루어지는 거네요.

최원규 네. 대신 요즘은 인터넷 편집회의를 합니다. 10시에서 10시 10분쯤에 모여 인터넷에 쓸 만한 재밌는 기사들이 있는지. 전에는 없었는데 새로 생긴 거죠.

오전 10시쯤 허브에 모여서 잠시 하는 스탠딩 회의가 그거군요.

최원규 맞습니다. 길게는 안 하고 아주 간단하게.

부 단위 회의든 편집국 단위 회의든 견해차를 보이는 경우도 있나요?

최원규 그럼요. 사안에 대한 판단이 다를 수 있으니 그렇지 않겠습니까? 예컨대 검찰에서 어떤 액션을 취했는데 이걸 어떻게 봐야 하나, 정치권에서 이를테면 이재명 후보가 어떤 얘기를 했는데 이걸 어떻게 봐야 하나에 대해서 얼마든지 시각차가 존재할 수 있거든요. 이건 좋은 의미로 해석해야 된다거나 그건 아닌 것 같다는 식의 해석상의 차이가 생길 수 있죠. 회의는 그걸 서로 조율해가는 과정입니다.

서로 다른 의견이 맞서는 경우는 그리 많지 않다고 들었는데요.

최원규 많지는 않습니다. 왜냐하면 대체로 현안을 보는 관점에 큰 차이가 없고, 사실관계가 드러나는 경우도 많고 해서요. 그래도 동일한 사안에 대한 판단이 갈리는 경우가 없다고 할 수는 없습니다.

품질 vs 대중성

알겠습니다. 사전 설문지에 품질 좋은 기사와 대중성 높은 기사가 양립할 수 있다고 답변을 주셨는데요. 이 둘은 완전히 구분된다는 관점도 있을 수 있는데 왜 이런 답을 주셨는지 궁금합니다.

최원규 저는 사람들이 관심 가질 만한 내용이면 기사 품질도 좋으면서

朝鮮日報　　　　　　　　　　　2021년 11월 11일 목요일 A10면 사회

"무운을 빈다"… 이게 뭔 소리? 검색창이 난리 났다

(武運: 전쟁에서의 운수)

국어사전 명사 80%가 한자어… 한자 의무교육 중단 20년이 부른 풍경

지난 2일 포털 네이버에 '무운'의 검색량이 갑자기 치솟기 시작했다. '무운'과 '무운 뜻'이란 말을 사람들이 쳐 넣은 것이다. 이 검색 소동은 전날 이준석 국민의힘 대표가 대선 출마를 선언한 안철수 국민의당 대표에게 "무운을 빈다"고 말한 것을, 한 방송사 기자가 뉴스에서 '운이 없기를 빈다'고 잘못 해석한 데서 비롯돼 쏟아진 것이다.

그 기자는 '무운(武運·전쟁에서 이기고 지는 운수)'을 '무운(無運)'으로 이해한 것으로 보인다. 동시에 무운의 뜻을 몰랐던 이들도 남몰래 스마트폰으로 해당 단어를 검색해낸 것이다. 네이버와 검색량 통계를 집계하는 업체 키워드사운드에 따르면, 2일 '무운' 검색량은 1만2660건, '무운 뜻'으로는 1만5000건에 달했다. 회사 측은 "3년 같은 시기 이 말들의 검색량이 80여 건임을 감안하면 검색량이 200배 가까이 뛴 것"이라고 했다.

지난달 경기도 국정감사에서 국민의힘 송석준 의원이 '양구역을 갈아엎인 뎀'을 책상에 올려놓고, 대장동 개발 특혜 의혹이 '양두구육(羊頭狗肉)'의 속성을 닮았다고 비판했다. 그러자 이날 네이버의 양두구육이란 머리를 걸어 놓고 개고기를 판다는 뜻으로, 겉과 속

이 다름을 이르는 말) 검색량은 평소의 30배 이상인 8000여 건 수준으로 치솟았다. 지난달 1년여 전 더불어민주당 대표가 경선 결과에 '승복한다'고 말할 때도, 승복 검색량이 10배 넘게 늘었다. 3년 1개월 7월 도쿄올림픽에서 여자 양궁 대표팀이 '9연패(連覇)'를 했다는 기사 댓글에는 '왜 우승했는데 연습이 아

> **한 정치인이 '무운' 언급하자 인터넷 검색창 1만5000건 폭주**
> '양궁 또 우승했는데 왜 9연패?'
> '갹출'이란 말 모르는 대학생 'N빵'이라고 하니 알아들어

니, 연패(連覇)라 하느냐는 질문도 줄을 잇고 있다.

이는 한자를 모르는 젊은이들이 점차 늘어서 벌어지는 일이다. 국립국어원 조사에 따르면, '신문·TV에서 나오는 말의 의미를 몰라 곤란했다'고 답한 시민은 2015년 5.6%에서 지난해(2020년) 36.3%로 6배 이상 늘었다.

특히 2000년부터 적용된 '제7차 교육과정' 중 한문이 필수 과목에서 빠지면서, 이후 학창 시절을 보낸 현재의 20대

는 한자를 잘 모르는 경우가 많다. 대학생 박모(26)씨는 "친구들과 저녁 먹고 계산을 할 때 친구가 '돈을 갹출하자'고 하자 순간 정적이 흘렀다"며 "다른 친구가 'N빵' 하자고 말하고 나서야 다들 그게 무슨 말인지 이해했다"고 말했다.

경기도 부천에 사는 직장인 홍모(28)씨는 "회사 상조회 게시판에 누군가 부고(訃告)를 '옛 고(古)'로 잘못 썼는데, 아무도 알아채지 못하고 그 뒤부터 한동안 부고(訃告)로 잘못 따라 쓰더라"며 "나도 틀렸나 했다가 뭔가 이상한 것 같아서 검색해보고 고쳐 썼다"고 했다. 송기창 숙명여대 교육학과 교수는 "요즘 박사과정 학생들도 한자를 읽을 줄 몰라 고전을 해석하는 데 애를 먹는다"며 "학생들에게 시간을 쪼개서라도 한자를 공부하라고 주문한다"고 했다.

표준국어대사전에 등록된 명사의 80%는 한자어다. 하지만 신조어나 줄임말, 영어 표현을 좋아하는 흐름 때문에 한자어가 밀려나고 있다고 전문가들은 말한다. 박남기 광주교대 교육학과 교수는 "먹을 식(食) 자 하나만 알아도 식당부터 식사, 식기 등의 의미를 알아두지 않고 이해할 수 있게 된다"며 "정규 교육과정에서 1800자 정도의 기초 한자만 가르쳐 놓으면 어휘와 문해력을 크게 높일 수 있다"고 말했다. ○○○기자

[기사 3] 2021년 11월 11일 "무운을 빈다" 해프닝을 다룬 사회면 기사

대중성도 갖출 수 있다고 봅니다. 예컨대 최근 사회부에서 썼던 기사 중에 이준석 국민의힘 대표가 대선 출마를 선언한 안철수 국민의당 대표에게 "무운을 빈다"고 말한 걸 가지고 '무운'이 무슨 뜻인지에 대한 검색어가 증가했다는 기사²도 왜 이런 문제가 생기는지를 한자 의무교육 중단과 연결해 한 발 더 들어가서 본 거죠. 품질도 괜찮고 대중성도 있는 기사였습니다.

그런 사례가 있었군요. 하지만 대개의 중요한 기사들은, 이를테면 아까 특종 사례로 말씀하셨던 한중 무역 협상의 숨겨진 이면 합의 같은 기사는 대중성을 지니기 어렵고, 일반 독자들의 관심은 연예인들의 신변잡기 같은 것들에 쏠리잖아요. 지면을 구성할 때 이런 대중성과 품질 사이

에서 갈등을 겪는 일은 없나요?

최원규 있습니다. 그건 현실적으로 피할 수 없어요. 인터넷에서 사람들이 실제로 많이 클릭한 기사를 보면 알 수 있죠. 속된 말로 야한 기사 쓰면 클릭 수가 확 올라갑니다. 그건 어쩔 수가 없어요.

오늘 아침 신문사에 오면서도 휴대폰으로 포털 뉴스 페이지를 찾아봤더니 대중성 강한 기사들이 전면에 배치되어 있더군요. 이런 현실에 대해서는 어떻게 생각하십니까?

최원규 그런 거 보면 솔직히 허탈할 때도 있습니다. 후배들이 정말 공들여서 쓴 기사가 뒤로 밀리고 누가 벗었다더라 이런 거 한 줄 가지고 사람들이 몰려 클릭 수가 확 올라가고. 하지만 그런 일은 감내해야 하지 않을까 싶습니다. 너무 원론적인 말씀이지만 그런 기사를 누를 수 있을 만큼 좋은 기사를 쓰는 길밖에 없겠지요. 하지만 대중성과 품질이 양립할 수 없는 거냐고 물으면 저는 꼭 그런 건 아니라고 답할 수밖에 없습니다.

품질이 좋다는 게 무엇일까요? 사회적 중요성이 크고, 정치권력 혹은 경제권력의 문제를 감시하는 기능에 부합하고, 또 어떤 현안을 심층적으로 파고들어서 지금까지 알려지지 않았던 사실을 밝히는 기사, 이런 게 아닐까 싶은데요. 일각에서는 이 같은 기사에 대한 독자 시장이 점점 사라지고 있다고 우려하는데, 어떠세요?

최원규 그런 우려에 공감합니다. 이 사회에 제대로 된 언론 보도에 대한 충분한 독자 시장이 존재하는가에 대해 의문이 들 때가 있습니다. 실제로 신문 만드는 일을 하면서 피부로 느끼고 있죠. 특히 인터넷이나 모바

일이 활성화되면서 이런 현상이 심화된 것 같고. 그러다보니 언론사들이 이런 시장 상황을 좇아가느라 어뷰징도 하고 클릭 수 높이기 경쟁도 하고 하는데요. 그래도 점차 이런 문제를 극복해갈 수 있지 않을까, 지금은 과도기에 있지 않나 생각합니다.

방금 말씀하신 대로 화제성 높은 기사를 써서 클릭 수를 올리는 시도들에 대해서는 어떻게 평가하시나요? 그런 기사들로 어쨌든 많은 사람들이 들어오게 하는 게 중요한 건지, 아니면 그런 게 잘 안 되더라도 좋은 기사를 추구해야 하는 건지….

최원규 저도 늘 고민하는 부분인데요. 저희는 지면 신문을 만들지만 동시에 인터넷 기사도 같이 쓰거든요. 그래서 실은 클릭 수를 높이기 위한 노력도 안 할 수 없죠. 그러니까 후배들이 올린 발제를 보면서 지면에 쓰지는 못하지만 인터넷에 쓰면 사람들이 많이 볼 만한 기사들이 있으면 그런 것들을 쓰게 합니다. 앞으로는 더더욱 온라인이 중요해질 거고, 언론사들끼리도 치열한 선두 경쟁을 벌이고 있기 때문에 언론사 입장에서는 일단 독자를 많이 끌어모으는 것도 필요합니다. 방금 전에 말씀하신 이른바 고퀄리티 기사도 필요하고, 동시에 사람들이 들어와서 "이런 것도 있었네" 할 만한 기사들도 필요하고요. 다른 신문사들은 어떤지 모르겠지만 저희는 이 두 가지 중 한 가지만 가지고는 안 된다고 보기 때문에, 실제로 두 가지를 병행하고 있는 상황입니다. 두 가지가 다 되어야 재미도 있고 의미도 있는 신문이 될 거고요.

중요한 문제를 말씀해주신 것 같습니다. 부장님께서는 일선 기자들의 발제 중에서 어떤 기준으로 기삿감을 고르시죠? 혹시 너무 전통적인 저

널리즘의 가치 차원에서 중요한 것만 선택하시는 건 아닌가요? (웃음)

최원규 아닙니다. 그런 건 아니고, 물론 일차적으로 그런 걸 위주로 합니다만. (웃음) 예컨대 선을 넘지 않는 범위 내에서. 저희가 썼을 때 "조선일보가 무슨 이런 난삽한 기사를 쓰나"라는 소리 안 듣는 선에서 뭔가 사람들의 눈길을 끌 만한 것. 특히 단순한 사건 기사라서 지면에 실을 정도는 안 되지만 사람들의 관심을 끌 만한 것.

지면에까지 실을 정도라는 게 중요한 판단 기준 같은데요. 좀 더 구체적으로 그 기준이 무엇인지 알 수 있을까요? 어느 선이 되면 지면용 기사로 진행하고 어떤 경우에는 인터넷으로 돌리는지.

최원규 그 선이라는 게 사실 딱 부러지지는 않습니다. 예컨대 대체로 단순한 사건 기사, 사회적으로 별다른 의미가 있거나 새롭거나 하지 않은 사건 기사, 예를 늘어 어제 같은 경우 롤스로이스 굴리고 다녔다는 고리대금업자 아이템이 있었는데, 그런 일은 늘 벌어지는 일이라서 저는 지면에 안 실었습니다. 대신 인터넷에는 쓰게 하죠. 사회면 한 면에 기사가 한 여섯 개 정도 들어가는데요, 어떤 때는 세 개, 어떤 때는 한 개 기사로 한 면을 다 채울 때도 있죠. 거기에 있는 다른 걸 빼면서까지 이 기사를 넣어야 하느냐가 기준이 되는 거죠. 지면에 쓰지는 않더라도 일반인들 입장에서 정보가 되는 것도 있을 수 있고. 그럴 때는 지면에서 과감하게 빼고 인터넷에 넣는 거죠.

지면에 실린 기사는 일단 인터넷에 다 실리나요?

최원규 네. 다음 날 아침에 다 나갑니다.

지면에 실리면 인터넷에 실리고 지면에 없는 것도 인터넷에는 실리고. 인터넷 쪽이 기사가 더 많은 거군요.

최원규 그렇습니다.

이거는 제가 개인적으로 궁금해서. 이번에 이재명 후보의 부인인 김혜경 씨 낙상 사고[3]가 화젯거리가 됐잖아요. 그 건과 관련해서 이 후보가 부인에게 폭력을 행사한 건 아닌가라는 소문이 돌았는데. 그 뉴스를 접하셨을 때 어떤 판단을 하셨는지. 조선일보에서도 자그마하게 다루었던데요.

최원규 정치부에서 다뤘을 겁니다. 저희는 다루지 않았습니다.

왜 안 다루셨나요?

최원규 왜냐하면 근거가 너무 희박해서요. 실제로 그런 소문이 돌았는데 이 후보 측에서 완강하게 부인했고. 여러 정황상 가능성이 낮아 보여서 저는 다루지 않았고 정치부도 조그맣게 다루지 않았나 싶습니다.

조용한 편집국

혹시 다른 부의 지면 구성에 대해서도 서로 의견을 개진하시나요?

최원규 자주 있지는 않은데요. 하지만 종합면을 조율하는 회의가 있을 때 간혹 이 기사는 더 키워야 될 것 같다, 이러이러한 측면에서 너무 작게 취급된 것 같다, 아니면 의미가 좀 덜 부각된 것 같다 등등의 얘기를 할 때가 있습니다. 이를테면 상당히 의미 있는 어떤 사안에 대해 정치부 쪽에서 의미를 부각하지 못하고 쓰는 경우가 있을 수 있거든요. 그러면 지적을 합니다. 예컨대 산업적인 측면에서 봤을 때 이건 상당히 중요한 건데 너무 정치적인 의미로만 해석해서 낮게 평가했다, 이 측면을 키워야 될 것 같다, 그런 얘기를 할 때가 있습니다.

종합면 말고 타 부서의 지면에 대해서도 의견을 제시하시나요.

최원규 네. 드물지만 얘기할 때가 있죠. 아무래도 그쪽 부장하고 담당 데스크들이 가장 잘 알기 때문에 자주 있지는 않은데, 예컨대 제가 잘 아는 분야나 사안의 경우는 짧게 거들 수 있죠.

그런 얘기하는 걸 타 부서 입장에서 싫어하지 않나요?

최원규 사람마다 다를 텐데, 저희는 그 정도까지는 아닌 것 같습니다.

반대로 속칭 내 나와바리인 사회면에 대해서 다른 부의 부장이 지적을 한다면 어떠세요.

최원규 언짢을 수 있죠. 기분 나쁘게 얘기하는 친구들도 있을 수 있고. 그런데 대체로 우리 회사 사람들은 점잖아서 그런 일이 별로 없습니다.

제가 왜 이런 질문을 길게 드리는가 하면, 현장에 와봤더니 편집국 돌아가는 게 생각했던 것보다 조용하고 좀처럼 역동성 같은 게 느껴지지 않거든요. 회의에서 격론이 오가거나 하지도 않고, 특정 현안에 대한 치열한 논쟁도 눈에 띄지 않고. 1990년대 중반부터 기자 생활을 하셨으면 부장님은 생애의 가장 중요한 시절을 신문사에서 보내신 건데, 전에도 늘 지금 같았나요?

최원규 아무래도 국장이나 각 부장들의 스타일도 많이 작용하겠죠. 예전에 일부 국장 중에는 목소리 높여서 소리치는 분도 있었죠.

혹시 어떤 분이 그러셨는지 여쭤봐도 될까요?

최원규 누구라고 밝히긴 그렇고. 하여튼 예전에 편집국이 지금 같은 구조가 아닐 때 국장 중에 면을 막 흔드는 분들도 있었어요. 예컨대 마감이 임박해서 종합면을 흔들면 시끄럽고 난리가 나죠. 그러면 교수님이 생각하시는 그런 장면이 나옵니다. 예컨대 언젠가 국장이 52판 시내판 종합 3면 기사를 한 40분 남겨놓고 바꿔버린 경우가 있었죠. 완성해놓고 보니 마음에 안 들었던 거죠. 종합면이 신문의 얼굴 같은 건데. 강판 시간이 30~40분 남았을까요. 다른 면에 있는 기사를 종합 3면에 올리면서 그 자리에 후속 기사들을 채워야 하는 상황이었죠. 그러면 여기저기서 소리치고 이거 왜 빨리 안 보내냐, 난리 나고 그런 상황이 생깁니다. 산업부 때였던 것 같은데 한 30분 만에 뚝딱 기사를 썼던 걸로 기억해요. 그때는 정말 피가 마르죠.

수차례 회의를 해서 종합면을 구성했는데도 그런 일이 생기나요?

최원규 네. 일단 구성을 했는데, 국장이 보기에 마지막 순간까지 영 마뜩잖았던 거죠. 그러다가 막판에 바꿔버리면 그때는 정말 시끄러워지는 거죠. 물론 그런 일이 흔치는 않습니다. 그런 일이 아니더라도 여기저기서 시끄럽게 소리치는 부장들이 있었는데, 그러면 시끄럽고 와자지껄한 장면들이 연출되죠. 요즘은 그런 일이 별로 없는 것 같아요. 회의에서 미리 조율해서 어느 정도 결정하고, 특별한 돌발 상황이 아니면 지면을 크게 흔들지 않거든요.

젊은 기자들과의 세대차

사회부라는 데가 경찰서, 법원, 검찰 등을 커버하면서 각종 사건·사고나 사회 트렌드 같은 걸 제일 먼저 포착해서 기사화하는 곳일 텐데요. 물론 문화부 같은 쪽에서도 트렌드를 커버하지만.

최원규 네. 저희 경찰 기자들이 주로 그 일을 담당합니다.

그런 만큼 사회 변화에 민감해야 할 텐데, 젊은 기자들의 발제에서 세대차 같은 걸 느끼시는 경우는 없으세요?

최원규 물론 있습니다. 예컨대 얼마 전에 방송에서 이상한 용어들을 많이 쓴다는 걸 저희가 박스 기사로 다루었는데요. 저는 거기 나오는 용어들을 하나도 모르겠더라고요. 젊은 친구들이 이런 용어를 쓰고 또 독자들노 이런 용어에 익숙하겠구나 싶어서 기사를 쓰라고 했어요. 젊은 기자들이 자기네 눈높이에서 쓴 그런 기사들을 저는 되도록 많이 실으려고 하는 편입니다. 사회면에 배꼽 기사라는 게 있거든요. 지면 가운데쯤에 원고지 4~5장짜리로 넣는 박스. 재미있는 트렌드를 소개하고 삽화도 넣고 해서 아주 가독성이 높습니다. 세태가 반영된 에피소드를 짧은 기사로 알려주는 것입니다.

트렌드 말고도 어떤 포인트나 규범을 더 중시하는가라는 차원에서 젊은 기자들과 세대차를 느끼시는 경우는 없나요?

최원규 있을 수 있죠. 젊은 친구들이 올린 걸 제가 보고 이건 이렇게 쓰는 게 맞겠다며 군더더기 같은 얘기들을 컷하고, 아니면 데스크들하고 상의해서 일선 기자는 이게 중요하다고 보는 것 같지만 내가 보기에는 이

부분이 훨씬 중요한 것 같다는 식으로 구체적으로 지시를 하죠. 일선 기자들은 대개 그 지시에 수긍해서 별다른 갈등은 없습니다. 하지만 때로 생각의 차이가 있을 수 있죠. 요즘 젊은 기자들하고 얘기를 해보면 생각의 차이는 분명히 있습니다.

젊은 기자들이 조선일보가 중시하는 뉴스 가치나 논조에 맞서는 경우는 없나요?

최원규 그건 별로 없는 것 같습니다. 오히려 그 부분에서는 기자들이 자기 검열을 하는 것 같아 우려스럽죠. 의도적으로 회사의 논조에 맞춘다기보다는 경험적으로. 예컨대 저희가 민노총에 대해 문제 제기를 하는 기사들을 많이 쓰지 않습니까? 민노총이 지금 이 사회에서 권력집단 같은 게 되어버렸기 때문에 우리가 비판해야 된다고 생각해서 많이 쓰거든요. 그러다보니 젊은 기자들이 그쪽 기사들을 많이 발제하는 거죠. 역으로 스스로 자기 검열을 해서 기삿감을 빼기도 하는 것 같고. 저는 가급적이면 그러지 말라고 합니다. 그러면 지나치게 편향된 얘기들만 나갈 수 있기 때문에.

젊은 기자들의 자기 검열은 경험적으로 생긴 거 아닐까요?

최원규 그럴 수 있습니다.

혹시 그 비슷한 일을 일선 기자 시절에 느끼신 적은 없나요?

최원규 저도 있었을 것 같은데요. 일선 기자들은 어떤 기사들이 많이 나가는지를 보게 되거든요. 어떤 기사들이 중요도가 높다고 평가받고 전면에 많이 배치되고 그러면 아무래도 그런 쪽 뉴스들을 더 취재하게 되거든요. 그게 반드시 좋은 것 같지 않아서 저는 후배들한테 자기 스스로 테두리를 치지 말고 가감 없이 발제하라고 얘기하는 편입니다.

그럼에도 불구하고 젊은 기자들이 자기 검열을 한다고 느끼시나요?

최원규 발제를 보면 그런 경향이 있지 않나 우려할 때가 있습니다. 어느 한 측면으로 쏠린 발제를 하는데 다른 측면도 보라고 늘 얘기하죠.

그런데 젊은 기자들 입장에서는 부장님께서 말씀은 그렇게 하지만 결국 선택되는 걸 보면 그게 아니구나 하고 느낄 수도.

최원규 그럴 수 있죠. 저는 그렇지 않다고 생각하지만 그 친구들은 그렇게 느낄 수 있겠죠. 그래도 저 역시 한쪽으로 편향되지 않도록 노력하고 있습니다.

집요한 공격자로서의 조선일보

좀 민감한 질문일 수 있는데요, 조선일보가 지닌 특정 경향성이나 논조도 논란이지만, 조선일보가 자사의 이익에 반하는 특정 정치 집단이나 단체, 개인을 집요하게 공격해서 사회적 죽이기를 꾀한다는 지적이 있습니다. 혹시 그런 지적을 접해보신 적 있나요?

최원규 없지는 않았어요. 정파적인 시각에서 그런 측면도 있지만 저는 보다 중요한 건 가치의 문제가 아니었나 싶습니다. 우리 신문이 지향하는 중요한 가치가 있는데 거기에 정면으로 반하는 문제나 사안 같은 것들이 생겼을 때 그건 지적을 안 할 수 없는 거죠. 예컨대 언론 자유를 중시한다면서 정부가 언론 자유를 옥죄는 법안을 만든다든지 하는 경우는 그대로 넘어갈 수 없잖아요. 그런 건 강하게 문제를 제기해야 하는 거죠. 그러다보면 자기들 밥그릇을 위해서 그런다고 비판하는 사람도 있을 수 있겠지만 그건 우리가 포기할 수 없는 가치니까 비판을 안 할 수는 없는 거죠. 그런데 특정 단체나 개인에 대해서 저희가 그렇게 하지는 않았을 것 같은데.

이를테면 정의기억연대[4]나 윤미향 의원[5] 같은 경우 비판 기사가 어떤 이슈보다 많이 나왔는데요. 어떤 단체든 사람이든 흠결이 있기 마련인데, 그걸 조선일보가 지나치게 중요한 의제로 키우는 거 아니냐, 죽이려 하는 거 아니냐 하는 의혹이 있거든요.

최원규 있을 수 있습니다. 그런데 저는 그분들이 자초한 일이 아닌가 싶습니다. 늘 자기들이 선이라고 포장을 해왔는데 그 이면에서 벌어진 일들이라는 게 사실 심각했거든요. 그 사안을 우리가 과하게 보도한 측면이 있을 수 있겠지만 저는 그 사안에 관한 한 충분히 문제의식을 갖고 비판했어야 하는 사안이라고 봅니다. 그게 독자 입장에서 좀 과했다, 너무 많았다라고 생각할 수도 있겠지만. 글쎄요. 물론 비판당하는 쪽에서는 그렇게 말할 수도 있겠지만 보도가 나간 뒤로도 당사자들은 계속해서 사실을 부인했거든요. 그런 상황에서 우리는 끝까지 그걸 파헤칠 수밖에 없는 거고.

알겠습니다. 그럼 똑같은 문제가 현 보수 야당이나 보수 진영에서 발생했을 때 조선일보가 과연 같은 비중으로 문제를 다룰 것인가라는 질문을 받는다면 어떻게 답하시겠습니까?

최원규 참 어려운 질문인데요. 저희는 기계적 균형을 맞추려고 무척 노력하는 편입니다. 보수 진영 쪽에 똑같이 비교할 만한 사안이 있었는지 모르겠는데, 만일 그런 문제가 있었다면 저는 같은 비중으로 보도해야 한다고 생각합니다. 그런 걸 저희가 의도적으로 조금 적게 보도한다거나 편드는 식으로 보도한다면 딴 데서 좌시할까요? 이른바 진보 언론 단체라고 하는 데서 그걸 가만히 보고 있을까요? 당장 의식 있는 신문 독자들이 어떻게 생각하겠습니까. 저는 진영을 떠나 동등한 보도를 해야 한다고 생각합니다.

정치적으로 예민한 사안을 보도할 때는 그 파장에 대한 판단도 간단치 않을 것 같은데요. 순전히 언론인으로서의 개인적 양식에 따라 그런 판단을 하시는지, 아니면 그 외의 외부 요인에 의해서 영향을 받는지 궁금합니다. 물론 경우에 따라서는 부서 내의 데스크들과 상의해서 결정하실 수도 있겠지만요.

최원규 제가 국제부장을 한 1년 반 하다가 사회부장 맡은 게 8~9개월 정도 되는데 그 기간 동안 외부의 영향을 받은 적은 없습니다. 사회면은 저희가 정합니다. 물론 종합면에서 써야 되는 기사인데 국장이 사회면으로 가는 게 좋겠다고 해서 받는 경우는 있습니다. 하지만 그런 경우를 포함해서 누가 어떤 강력한 민원이나 압력을 가해서 기사를 넣거나 빼거나 하는 경우는 제가 온 이후는 없었습니다.

잘 알겠습니다. 혹시 경영진을 통해서 그런 식의 영향을 받는 일은?

최원규 전에는 어땠는지 몰라도 적어도 제가 와서는 일절 없었습니다. 물론 경영진도 회사의 일부이고 회사에 상당한 책임을 갖고 있는 분들이기 때문에 지면에 대한 의사를 전달할 수는 있겠죠. 그분들도 어떻게 보면 신문을 책임지는 입장이기 때문에 이런 게 중요한 기사 아닌가라는 얘기 정도는 할 수 있을 것 같은데 제가 와서는 그런 일도 없었습니다.

기간을 역산하면 사회부를 맡으신 게 올해 3월이나 4월쯤 되나요?

최원규 제가 4월부터 했습니다.

그전에 사회부장은 누구셨나요?

최원규 지금 부국장인 J선배입니다.

그렇게 새로 보직이 바뀌면 인수인계는 어떻게 이루어지나요? J부국장께서 따로 해주신 말씀은 없었나요?

최원규 인수인계 없었는데요. 아무 얘기도 안 해주고 그냥 갔습니다.

네? 그냥 자리바꿈하는 식으로 바로 일을 시작하셨나요?

최원규 네. 다음 날 바로. 제가 그전에 법조 데스크 등을 돌았던 터라 사회부 사정을 잘 알고 있으리라 짐작하고 그랬을 수도 있죠. 정말 아무런 인수인계 없이 그냥 갔습니다. 또 편집국에 늘 같이 있어서 궁금한 거 있으면 물어보면 되니까요.

온라인으로 이루어지는 일들

그만큼 부서 간 칸막이가 낮다는 얘기도 되네요. 결국 부서는 속칭 나와바리 구분일 뿐 전체 편집국 단위의 어느 부서에 있건 하는 일은 동일하다는 뜻으로 읽힙니다. 다른 주제로 넘어가기 전에 한 가지만 더, 혹시 부원들을 혼내시는 경우도 있나요?

최원규 있죠. 있긴 한데 가급적 감정을 상하지 않게 하려고 노력합니다. 물론 듣는 사람 입장에서는 어떻게 얘기해도 감정이 상할 수 있겠지만 늘 그런 생각을 하면서 얘기하거든요. 어차피 다들 힘들게 일하는데 기분 좋게 일하다 갈 수 있게 하려고 노력하는 편이죠. 그런데 사람 일이라는 게 늘 좋을 수만은 없지 않습니까. 저도 감정의 기복이 생길 때가 있고요.

큰소리를 내기도 하나요?

최원규 자주는 없었던 것 같아요.

저희는 한 번도 못 본 것 같습니다. 편집국에서 이렇게 오래 있다보면 한 번쯤은 그런 장면이 연출될 것도 같은데.

최원규 예전에 뭐 말싸움으로 싸우고 이런 경우도 있었는데 요즘은 거의 없는 것 같아요. 그런데 교수님이 그걸 보고 싶으셨구나. 제가 막 연출을 할까요? (웃음)

조용히들 아무 얘기 없이 자기 일에 집중하는 분위기인데, 분업이 잘되어서 그런가요?

최원규 실은 다 수시로 얘기를 하고 있거든요. 교수님도 보고 계시지만 제가 뭔가를 얘기하면 데스크가 기자들하고 수시로 통화를 하고. 그리고 이걸 한번 보여드릴까요? 그렇게 덜 시끄러운 이유 중 하나로 이런 것도 있을 겁니다. 이렇게 텔레그램 방이 있어요. 이건 법조팀 방이고, 이건 데스크 방이고. 저는 원래 이런 걸 잘 안 하는데 저도 들어오라고 하도 그래서 들어갔는데 여기에 이렇게 계속 메시지를 올립니다. 오늘 무슨무슨 일이 있었고, 그러면 데스크가 이거 좀 더 알아봐라, 저거 알아봐라, 지금 인터넷에 뭐 올렸다, 이거 제목 이렇게 바꾸자, 지금 어디서 이런 일이 있는데 좀 알아봐야 될 것 같다, 그런 식으로 계속 메시지를 올립니다.

잠시도 쉬지 않고 온라인으로 소통하는군요.

최원규 네. 밤늦게까지 계속 이걸 합니다. 이따금 놓치면 빨리 들어와서 보라고 후배들이 전화할 때도 있죠. 예전처럼 전화 붙잡고 얘기하는 거라면 아마 시끄러웠을 겁니다. 요즘에는 후배들이 이런 게 익숙한 모양이에요. 교수님이 생각하시는 그런 시끄럽고 와자지껄한 모습들이 덜한 게 그 때문일 겁니다.

사회부 기자들이 얼추 30명 정도 되나요?

최원규 네. 전국팀 빼고 30명쯤 됩니다.

그 많은 일선 기자들이 메시지를 계속 올리고, 거기에 세 명의 데스크들이 답변하고….

최원규 그러니까 기동팀 기자들은 기동팀대로 하고 전국팀은 또 전국팀 데스크가 계속 보고 있고. 이렇게 여러 방에서 계속.

정말 정신이 없겠네요. 제가 생각했던 일이 온라인으로 벌어지고 있군요. 잠시도 쉴 틈 없이 소통하는 식으로.

최원규 그렇습니다. 잠시도 중단 없이 계속 얘기를 합니다. 일선 기자들이 뭐가 있다고 올리면 데스크가 그걸 보고 이거 알아봐 저거 알아봐 하면서 계속 지시하고.

그걸 계속 팔로잉하는 것도 보통 일이 아닐 거 같은데요.

최원규 네. 저는 잠시도 쉬지 않고 계속 메시지 도착 신호 나오는 게 싫어서 소리를 꺼버렸습니다. (웃음) 전화 한 통 하면 되는데. 그런데 이 친구들은 이게 훨씬 편한 모양이에요. 저는 별로 좋아하지 않습니다만 어쩔 수 없이 억지로 맞춰가는 겁니다.

과중한 업무

일이 너무 힘드신 거 아닌가요? 편집국 회의에, 종합면도 만들어야 하고, 부 단위 지면도 만들어야 하고, 올라온 기사들도 검토해야 하고, 온라인 논의도 계속 팔로잉해야 하고.

최원규 솔직히 좀 힘들 때가 있습니다.

주 52시간은 전혀 적용 안 되는 거죠? 제가 볼 때는 그 두 배 가까이 근무하시는 것 같은데.

최원규 노코멘트 하겠습니다.

주말까지 주 6일, 밤에 몇 시까지 일하시는 거죠?

최원규 토요일은 하루 쉬죠. 밤 11시까지입니다. 정리하고 나가는 시간이 대략 11시 20분 정도입니다.

그리고 아침에는 9시 조금 지나 나오시고?

최원규 편집국에 도착하는 시간이 9시 30~40분입니다.

집에서는 말 그대로 잠만 자고 나오시는 거네요. 와서는 눈에 보이는 일 말고도 온라인으로 계속 업무 연락을 주고받고. 그 노동강도를 뭐라 해야 할지…. 그런 노력에 상응하는 보상을 받고 계시는지, 그런 차원에서 회의감이 들지는 않나요?

최원규 전혀 안 든다고 하면 거짓말일 겁니다. 배운 게 이 일이니까 그냥 하는 거죠. 그런데 체력적으로 힘들 때도 있습니다.

후배들은 어떻습니까? 기자 생활이 과거에 비해서 더 치열한 경쟁에 직면해 있지만 영향력은 과거만 못한 게 사실이지 않습니까?

최원규 그렇죠. 매체들이 워낙 많이 생겨서.

요즘 젊은 기자들의 경우 워라밸을 중시하는 세대잖아요. 이처럼 고된 업무를 수반하는 언론 시스템이 유지될 수 있을까요?

최원규 많은 변화가 생길 것 같습니다. 저희들 세대는 처음 입사해서 한창 바쁘게 현장 뛰어다니고 그럴 때는 밤 11시, 12시에 들어가는 걸 당연시하고, 우리 일이 그런 건가보다 하면서 살았는데, 요즘 젊은 기자들한테 계속 그렇게 하라고 하면 잘 받아들이지 못할 것 같아요. 물론 그걸 감내하는 친구들도 있지만요. 또 전에는 젊은 기자들이 정치부나 사회부 같은 부서를 가고 싶어 했던 반면에 요즘에는 문화부 이런 데를 선호하는 친구들도 많거든요. 워라밸도 중시하고, 그런 트렌드가 확실히 있기 때문에 그런 친구들을 교육하고 의견도 취합하고 적절히 일하게 해주고, 쉴 수 있을 때 쉬게 해주고, 이런 식으로 관리해나가는 수밖에 없을 것 같습니다. 이런 트렌드는 계속 강화되지 않을까 싶습니다. 그나저나 이제 돌아가서 데스킹을 보고 출고를 해줘야 합니다.

벌써 예정된 시간이 다 됐군요. 다음에 조금 더 보충하는 걸로.

최원규 또 해요? (웃음)

말씀 듣다보니까 궁금한 게 계속 떠올라서…. 오늘 말씀 나누다보니 정말 많은 게 달라지고 있구나 하는 생각이 듭니다. 부장님 같은 경우 이미 젊은 세대의 가치관 같은 것까지 다독다독하고 계시고.

최원규 그렇습니다. 어디 가도 그렇겠지만 신문사도 신구 갈등이 심한 것 같아요. 물론 예전에 선배들이 저희들 볼 때도 아마 그랬겠지만. 저희 기 후배들을 보면 조금 더 해도 될 것 같은데, 이 시간에 이 친구가 집에 있으면 안 되는데 이런 생각이 들 때가 있습니다.

그때 그런 지적을 하시나요?

최원규 노골적으로는 할 수 없습니다. 그걸 당신 왜 지금 집에 있어, 이렇게 얘기하기가 어렵거든요. 상당히 조심스럽게 해야죠. 자기는 근무시간을 지킨다고 생각하는 친구들도 있으니까요.

저희 마음이 더 급해서 여기서 멈추겠습니다. 감사합니다.

최원규 감사합니다.

03.   정치부 데스크,   최경운

인터뷰이   최경운(남성, 인터뷰 당시 46세, 입사 19년 차)[1]

인터뷰 일시/장소   2022년 2월 10일 오전 11:00~오후 1:00 / 조선일보사 3층 회의실

그는 조선일보 정치부의 데스크다. 자신감 넘치고 적극적이고 스마트한 사람이다. 그런 사람이 경험, 원숙함, 활력 차원에서 삶의 정점이자 언론인으로서의 절정기에 이르렀다. 얼마 전까지 현장에서 보수 정당을 담당하며 특종을 터뜨려온 민완 기자였다. 그는 현장을 떠난 데스크로서의 역할을 잘 알고 있지만 그 경계에 머무르지 않고 그 역할의 최대치를 실천에 옮겼다.

편집국과 취재 현장을 연결하는 네트워크의 중심에서 그는 잠시도 쉬지 않고 일선에서 올라오는 보고를 받고, 그 정황을 읽고, 후속 취재를 지시했다. 정치부, 사회부, 그리고 연구자가 자리 잡은 공간 사이를 왔다 갔다 하며 통화에 몰입했다. 그 동선에 위치한 사람들은 숨을 죽인 채, 낮게 으르렁대는 그의 목소리를 들어야 했다. "그래서 야마가 뭔데?"

"그 따구로 기사가 되겠어?" "바로 확인하고 다시 보고해." 그렇게 전화 상대의 혼쭐을 빼고는 잠시 숨을 고르더니 다시 이곳저곳 전화를 돌렸다. 못 미덥고 답답해서 자신이 직접 취재에 나선 것 같았다. 나른한 오후 잠시 꾸벅꾸벅 조는가 싶더니 무섭게 데스킹에 집중했다. 누구도, 어떤 이유로도 방해해서는 안 되는 시간이었다. 그러다 불쑥 일어나 담배 한 대. 겨울철 얇은 패딩 잠바 차림으로 편집국과 신문사 뒤편 주차장 한쪽의 흡연 공간을 분주하게 오갔다.

그렇게 편집국을 휘젓고 다니는 그와 마주칠 때면 연구자는 그에게 무슨 일로 그리 분주하냐며 그날의 정치 동향을 물었고, 그는 질문을 예상하기라도 한 듯 척척 답을 주었다. 점심을 겸한 세 시간 가까운 인터뷰에서 정치부 지면은 어떻게 만들어지는지, 조선일보 정치 기사가 편향되었다는 비판에 대해 어떻게 생각하는지, 그리고 언론이 겪고 있는 위기 그리고 언론의 미래를 어떻게 내다보는지 등을 물었다. 그는 어떤 질문에도 막힘이 없는 달변가였다.

신문, 방송, 온라인을 아우르며, 내부에서 통용되는 전문용어들― 판떼기(말진 기자들이 만들어 올리는 주요 정치인들의 일정 테이블), 배꼽(지면 중앙에 있는 기사), 동타(쓸 게 없을 때 오늘의 주요 뉴스메이커가 어떤 동선, 어떤 메시지를 내는지 지켜보고 판단하자는 데스킹 메모), 독고다이(평소에 가지고 있다가 기삿거리가 없을 때 사용하는 기사 아이템), 건더기(기사가 될 만한 핵심 내용)―을 섞어가며 폭포수처럼 달변을 쏟아냈다. 조선일보 정치부 데스크는 그런 존재였다.

현장 기자들의 아침 발제

바쁘신데 시간 내주셔서 감사합니다.

최경운 뭘요. 바쁠 거 하나도 없습니다.

아침에 일선 기자들이 기삿거리를 올리면 데스크들이 그걸 보고 선택하는 게이트키핑 과정이 이루어지는데, 정치부의 경우 어떤 식으로 진행되나요?

최경운 관찰도 하셨겠지만 간단히 설명드리면, 우선 보고가 올라오면 제 분야에 대해서는 제가 이미 파악하고 있기 때문에 후배들하고는 정말 이해가 안 가는 내용 아니면 직접 통화를 하지 않고 대개는 현장 보고를 기반으로 게이트키핑 과정에 들어갑니다. 다른 부서도 마찬가지일 텐데, 정치부 야당팀의 경우를 보면 제일 말진 기자가 먼저 '판떼기'라고 저희끼리 쓰는 용어인데 일종의 테이블을 만들죠. 예를 들면 국민의힘 윤석열 후보의 오늘 시간대별 일정, 그다음에 당대표 일정, 원내대표 일정, 그야말로 정보로서의 의미만 있는 그런 내용들을 정리하죠.

그다음에 주로 통신, 요즘 워낙 인터넷 매체가 많지 않습니까? 정치인들이 자신의 메시지를 발신하는 수단이 전에는 레거시 미디어였다면 지금은 아침에 주요 라디오 방송에 플레이어급 정치인들을 출연시켜서 그날의 메시지를 던지게 하고, 그럼 거기서 뱉는 말들이 이슈를 끌고 가는 주요 메시지가 되니까 아침에 기자들이 그걸 갈무리합니다. 저희뿐 아니라 다른 언론사들도 다 합니다. 그러면 온라인팀에서는 그중에서 얘기가 되는 걸 바로바로 기사로 만들죠. 대부분의 온라인 기사를 보면 오늘 라디오에서 뭐라고 말했다, 이런 식이죠. 예전 같으면 특히 방송사 기자들은 오전 6시부터 주요 관계자들한테 전화를 돌립니다. 아침 보고 용으로 오늘 메시지나 하루 먹거리를 찾아야 되니까. 신문 조간 기자들은 전날 밤에 늦게까지 제작을 하기 때문에 아침은 조금 느슨하거든요. 그러나 말진들은 아침부터 분주합니다. 저희가 말진 할 때는 한 8시쯤 에는 나와서 원내대표, 대변인, 당대표 이런 사람들한테 전화 돌려서 오늘 현안에 대해서 물어보기도 하고 해서 보고를 만드는데 요즘은 아무래도 그게 쉽지 않을 겁니다. 매체도 너무 많고. 저희는 한 번이지만 받는 쪽에서는 워낙 전화가 많이 오니까 전화 자체를 못 받게 되죠. 그러니까 라디오로 그냥 인터뷰를 해서 퍼뜨리고 페이스북에 올리고 이렇게 유통 시스템이 바뀌었죠. 그러면 우리 후배 기자들은 아침에 그런 데 흩어져 있는 주요 메시지들을 수합해서 정리하는 거죠. 그런데 그런 것들은 대부분 온라인에서 소모되는 거고, 다음 날 지면에 싣기에는 아무 의미 없는 구문이 돼버리죠. 그래서 그런 것들을 모아서 일종의 부수적 정보 비슷하게 테이블을 만듭니다.

교수님께서 더 잘 아시겠지만, 신문 지면을 보시면 통상 메인 기사 하나에 가운데에 있는 배꼽 기사, 그다음 맨 밑에 조그만 거 미니, 그다음으로 사이드에 이렇게 막대기로 하나 세우는 거 해서 통상 4건의 기사를 넣습니다. 꼭 이렇게 정해진 건 아니고 광고가 어떻게 배치되느냐에 따라서 조금씩 다르지만요. 그런데 기사를 4건 넣다보면 너무 잘게 들어가는 기사들이 많아지니까 저희 부장 같은 경우에는 3건으로 쓰고 싶어 하는 스타일입니다. 그건 부장마다 다른데, 통상 기본 매뉴얼은 4건 정도가 들어가고, 사진을 하나 넣고, 이렇게 해야 지면이 쫀쫀하게 나온다고 하거든요. 예를 들어서 야당팀의 경우 현장에 지금 7명이 있는데, 맨 막내 기자가 테이블을 만들어놓으면 그다음 기자가 오늘 이런 걸 써야겠다고 그 위에 발제 아이템을 추가하고, 또 다른 기자가 다시 추가하는 식으로 취합을 해서 보고가 됩니다. 인터넷 같으면 일선 기자가 쓰겠다는 걸 올리면 이건 그대로 써라, 이건 기사가 함량 미달인 거 같다, 킬, 이렇게 바로 판단합니다. 하지만 지면 같은 경우 기사 아이템이 있다고 해서 그걸 다 실을 수도 없고, 더구나 메인 기사는 그에 걸맞은 기사 밸류가 있어야 하고, 저희가 말하는 야마라든지 이슈가 되느냐를 종합적으로 고려해야 되니까 후배들이 올리는 보고 자체가 그대로 지면화되는 경우는 그리 흔치 않습니다. 현장은 현장대로 시간에 쫓기고, 편집국 안에 있는 제 입장에서도 마음이 조급하고. 그래서 저는 현장에 있는 선임 기자한테 후배들이 판떼기 만들고 있을 때 당신은 오늘 메인 기사를 뭘 써야 될지 항상 고민하라고 그럽니다.

그런데 메인 기사라는 게 저희가 아침부터 취재를 해서 이것저것 알아보지만 결과적으로는 내일 아침에 나가는 거니까 이게 내일 아침에 나갔을 때 구문이 아니고 적시성이나 유효성이 있는 아이템을 잡아야 되거든요. 그래서 로 데이터Raw Data로 올라오는 보고가 애초에 체계가 안 잡혀 있으면 안에서는 답답하죠. 그러면 경우의 수는 두 가지입니다. 하나는 아예 현장에서 메인 아이템을 얼기설기 직조해서 보내주면 그 후배가 정말 고마운 거고, 그게 안 돼 있으면 파편 정보라도 다양하게 있어서 안에서 메인을 뭘 써야 되나 선배들이 고민할 수 있는 정보라도 제공이 되면 그나마 차선이고. 그런데 이도 저도 아닌 경우에는 "오늘 진짜 쓸 게 없네" 이렇게 되는 거죠. 혹시 오늘 지면안을 보셨는지 모르겠는데, 오전에는 우리 엑스쿠프Xcoop 시스템에 그냥 '윤석열 동타' 이렇게 적어놓는 경우도 있습니다. 이건 야마가 없다는 겁니다. 그러니까 그 시점에서는요. 동타라는 게 그야말로 움직이는 걸 우리가 때린다는 뜻인데, 정말 쓸 게 없을 때 일단 오늘 이 양반이 어떤 동선, 어떤 메시지를 내는지 지켜보고 판단하자, 이런 거죠. 사실 아침 지면안이 완벽할 수가 없는 게, 요즘은 정치판 상황이 시시각각 변해서 그렇기도 하고, 또 전날 다 써먹었는데 출근하자마자 오늘 아침 장에 새로운 게 뭐가 있겠습니까. 저희 데스크들도 현장 시절에 다 겪었던 일입니다.

그래서 안에 있는 차장급들이나 부장은 항상 내일 이 4개 면을 뭘로 메워야 하나 골치가 아픕니다. 그런데 사실 메인만 있으면 배꼽이랑 미니 채우는 건 일도 아니거든요. 그러니까 보다 정확히는 메인 걱정을 하는 거죠. 부장은 여당 데스크, 야당 데스크 저, 외교안보 데스크한테 메인이 없으면 기획이라도 만들어내라고 쪼죠. 저희도 답답하죠. 그런데 기삿거리가 정말 없을 때도 있습니다. 가령 명절 연휴가 길고 정치권에서 아무런 움직임이 없다든지 그러면 평소에 갖고 있던 소위 독고다이(단독)를 하나 꺼내서 쓴다든지 하는데, 그마저 없는 경우도 많습니다. 그러니까 스트레스를 받는 거죠. 아까 게이트키핑 과정을 물어보셨는데, 일선의 후배들은 이런 게이트키핑 과정을 생각하면서 보고를 하는 게 아닙니다. 그저 '이건 내가 취재한 뉴스다' 그러면 일단 경매 시장에 올리는 거죠.

그러면 예컨대 오늘 흐름이 윤석열, 안철수 단일화인데 그와 관련한 아이템 보고가 현장에서는 전혀 없는 경우도 있습니다. 그럼 저희는 어제 윤석열 후보가 단일화 가능성이 열려 있다고 했으면 오늘은 어떤 움직임이 있는지에 대한 후속 보도가 나가야 될 거 아니냐, 그런데 어째서 관련 발제가 아무것도 없냐, 이런 식으로 후배들한테 취재를 해보라고 합니다. 사실 이런 취재는 잘 안 되잖아요. 협상이라는 게 물밑에서 내밀하게 이루어지는 거니까. 후배들은 취재가 잘 안 되니까 보고를 안

한 거고. 그러면 저희 데스크들은 취재가 안 된다면 아무것도 안 쓸 거냐, 갑자기 정치면 톱으로 마치 단일화 협상에 불이 붙는 것처럼 써놓고서 하루 만에 기사가 뚝 끊어지면 어떡하냐 그러죠. 보도를 계속 이어가야 되니까 가령 오늘은 민주당이 그 반작용으로 뭘 한다 이런 걸 아이템으로 잡아서 쓰자, 그다음에는 예컨대 단일화한다더니 마찰 저항이 또 생긴다, 뭐 이런 식으로 한 사나흘 끌고 갈 아이템들을 고민해야 하는 거고. 그래서 저희는 현장에 이런 주문을 하죠. 안철수 쪽 만나서 정말 민주당 쪽에서 어떤 제안이나 물밑 움직임이 있는지 꼼꼼히 확인해봐라.

게이트키핑을 넘어 정치판에 대한 분석

어쩜 이렇게 말씀을 술술 잘하세요? 중간에 끊을 수가 없네요. 말씀 들어보니 정치 기사 생산의 어려움이 생생하게 느껴집니다. 무에서 유를 창조한다고 할까, 정치부 게이트키핑은 주어진 것 중에서 골라내는 것보다 기획하거나 직조하는 역할에 더 가까운 것 같은데요.

최경운 네. 다만 현장에서 올라오는 보고가 형편없는 거 아니냐고 오해하실 수도 있는데 그건 아니고요. 후배들의 보고는 아주 방대하게 올라옵니다. 그리고 통상적으로 그 틀 안에서 고르죠. 그런데 후배들은 그런 보고를 대체로 잘게 쪼개는 경향이 있습니다. 예를 들면 윤석열이 한 말, 권영세[2]가 한 말, 안철수가 한 말을 다 잘게 제목을 뽑아서 보고합니다. 인터넷은 그 하나하나를 개별 기사로 내거든요. 하지만 지면에서는 그걸 다 개별 기사로 실을 수가 없지 않습니까. 그렇게 개별 기사로 싣는 건 의미도 없고. 그러니까 저희는 그런 보고들이 올라오면 그 데이터를 가지고 엮는 거죠. 그게 저희가 안에서 하는 역할인 거죠. 후배들 보고에 아무런 내용이 없는 경우는 진짜 드물고, 통상적으로 현장에서, 전문용어로 건더기를 올려주면.

전문용어가 많이 나오네요. (웃음)

최경운 그러니까 가끔 후배들을 타박할 때면 건더기가 있어야 뭘 만들거 아니냐, 국물밖에 없다, 이런 식으로 농담을 하는데, 저희는 안에서 그걸 가지고 짜야 되는 거고. 그래서 후배들한테도 주문을 합니다. 부장이 제일 그러는 편이죠. 적극적으로 당신들이 오늘 메인은 이런 거라는 판단을 해라. 왜냐하면 현장에서 흐름을 제일 잘 아니까. 다만 현장은 숲속이니까 오히려 한 발 떨어져 있는 데스크들이 이런 흐름으로 가보자 할 수도 있지만 가장 정확한 구체적인 흐름은 현장에서 아니까 미세한 단타식 보도에 얽매이지 말고 오늘을 관통하는 야당의 가장 큰 화두는 뭐다, 여당의 오늘 가장 큰 이슈는 뭐다, 이걸 현장에서 판단하라고 주문을 합니다. 그런데 현장 기자들은 사실 바쁘죠. 이것저것 알아봐야 되고 사람도 만나야 되고. 그 친구들이 하기 싫어서라기보다 시간이 없다보니까 저희가 그걸 해줘야 하는 거죠.

지금 말씀드린 건 일상적인 지면 만드는 케이스고. 파장이 있는 뉴스거리들이 알아서 터지기도 합니다. 이를테면 어제 윤석열 후보가 중앙일보 인터뷰에서 적폐청산 수사를 언급했잖아요. 저희가 보기에 이건 문재인 대통령이 가만히 있지 않을 거다. 실제로 오늘 아침에 바로 사과 요구하고 나왔지 않습니까? 분노한다면서. 그러면 저희 머릿속에서는 오늘 1면하고 종합면 1개 면거리는 나온 겁니다.

그럼 오늘자 메인 뉴스 결정이 얼추 끝난 셈인가요?

최경운 그렇죠. 그러니까 당연히 저희는 청와대가 입장을 밝힐 거라고 예측했고요. '문 대통령, 윤 향해 사과하라'라는 그 속보가 나오는 걸 보고 이번엔 윤이 오후에 뭔가 입장을 낼 겁니다. 현장 기자들이 물어볼 테니까. 그러면 윤은 예컨대 적반하장, 이런 식으로 나올 거라고 저희는 예상하고요. 그러면 메인 종합면의 한 면에 상부에는 '선거 한복판으로 뛰어든 문', 그다음에 아까 말씀드린 배꼽 기사로 예컨대 '윤, 의도한 도발이었나, 아니면 자충수였나' 이런 식으로 윤 후보의 관점에서 또 기사를 하나 쓰게 될 거고, 그다음에 '혜경궁³과 친문 이탈로 코너에 몰렸던 이재명 후보는 유리해지나?' 이런 식의 민주당 기사도 쓰고. 왜냐하면 민주당은 또 결집하게 될 테니까요. 이런 일들이 아침 보고 이후에 벌어지는 거죠. 아침 보고 때 사실 이런 게 올라와야 됩니다. 실제로 문 발언이 없었더라도 경험칙상 대통령이 절대 침묵하고 갈 수가 없다. 왜냐하면 대통령을 겨냥해서 적폐라고 규정했고 자기가 집권하면 그 수사를 하겠다고 공개적으로 한 발언이기 때문에 당연히 청와대에서 반응이 나오게 돼 있거든요. 물론 대통령이 직접 반응을 할지, 수석이나 비서실장 차원에서 반응할지는 지켜봐야겠지만. 그러면 가안으로 오늘 청와대 반응 나오면 별도 스트레이트 쓰고 '문재인 윤석열 정면충돌', 이런 식으로 구상은 해둘 수 있죠. 그리고 실제로 액션이 벌어지면 그렇게 면을 짜고. 이런 게 어떻게 보면 게이트키핑이라면 게이트키핑인데.

게이트키핑이라기보다는 정치 구단의 정치판 분석이네요.

최경운 꼭 그런 건 아니고요, 관찰자 입장에서 저희 부장이 그런 걸 계속 고민하고 저희도 부장을 보좌하는 입장에서 같이 고민하는 거죠. 부장은 전체적으로 볼 거고 저는 야당 데스크 입장에서 문이 저러고 나오

1부 사회적 환경과 정치권력의 감시

면 오늘 윤석열은 어떻게 반응할까, 이게 윤한테 플러스가 될까 마이너스가 될까, 윤은 왜 이런 발언을 했을까, 그런 걸 짚어보는 거죠. 그런데 막상 취재를 해보면 의도 없이 하는 발언인 경우도 많습니다. 아무 생각 없이. 그냥 기자가 물으니까. 그렇지만 정치인의 발언은 시기와 장소에 따라 의미가 달라지기 때문에 이 국면에서 발언이 나오면 저희가 그럴싸하게 해설을 해줘야 하는 겁니다.

예를 들어서 윤 측에서 포지티브하게 봤을 때는 선거가 27~28일 남았는데 초·중반은 아니라서 다시 한번 지지층을 결집하는 효과를 낼 수 있다. 그다음에 단일화 국면에서 안철수의 룸을 최소화하는 효과가 있다. 그리고 박근혜 전 대통령이 곧 퇴원하는데 그 부분도 뭔가 염두에 두고 포석을 놓은 걸 수도 있다. 이런 식으로 네다섯 가지 해석을 토대로 지면안을 가상으로 만들어놓고는 후배들한테 이런저런 발언들이 나올 테니까 취재를 해봐라. 권영세 본부장 접촉해보고 이준석한테 이 부분에 대해서 어떻게 생각하는지 물어봐라. 그러면 그 네다섯 가지 카테고리 안에서 답변이 나오거든요.

예상이 어느 정도나 적중하죠?

최경운 적중의 문제라기보다는 기조? 정치 해설 기사는 언론사마다 기조가 다 다릅니다. 저도 초년병 기자 때 선배들이 현장에 가서 취재를 해라, 스케치 기사를 써라, 그러면 제일 어려운 게 얘기를 들어보면 각양각색이거든요. 코멘트를 따도 그걸 그대로 쓰면 아무 기사가 안 되죠. 제목이 없고 주제가 없으니까. 그러니까 항상 선배들이 야마를 잡아라 그러죠.

예를 들어서 제가 방사성 폐기물 처분시설 유치 지역으로 지정된

곳에서 벌어진 주민 시위 현장을 취재하러 갔다면 방폐장 갈등의 극단적 상황을 보여주는 케이스를 중심으로 질문하고 코멘트를 듣고 그걸로 기사 가닥을 잡듯이, 정치인들에 대해서 어떤 신문은 아마도 윤석열의 검찰 지상주의, 그다음에 검찰 수사와 정치 보복을 고리로 지지층을 결집해 대선에서 승리하려는 전략에 초점을 맞춘 기사를 쓰려고 할 거예요. 그 신문의 데스크가 무슨 의도가 있어서가 아니라 사고의 로직 자체가 그렇게 작동을 할 겁니다. 저 같은 경우는 윤석열 실수했네, 이런 느낌도 은근히 가지면서 그러나 문 대통령이 이렇게 나오면 그건 또 아니지, 그럼 당신은 지난 5년간 통합의 정치를 했는가, 당신 또한 내로남불이다, 이런 생각을 하게 될 거고. 그런 것들을 후배들한테 가이드를 주면 후배들도 그런 걸 중심으로 취재할 텐데, 그게 과연 게이트키핑이냐 하면 조금 다른 문제일 수 있죠.

데스크와 현장 기자의 상호작용

말씀하신 작업은 내러티브 구성이랄까요? 프레임 구성 내지 스토리텔링이지 게이트키핑이라는 말을 쓰면 안 될 것 같은데요?

최경운 네. 그런데 이 내러티브 구성은 일방적이라기보다는 자연스레 합의되는 겁니다. 예를 들면 제일 말단 기자부터 차장들고 부장까지 전체적으로는 한 묶음으로 대선 캠페인 과정을 취재하는 거고, 그 안에 여당팀 야당팀 청와대팀 외교안보팀이 있으면 이렇게 생각하고 움직이고 발제하라 이게 아니라 서로 자연스레 공조하는 방향이 생기거든요. 지면은 아까 말씀대로 메인 기사가 있고 이렇게 만들어야 된다는 일종의 작업 방식이 있다 보니까 저희가 강요한다기보다는 후배들도 그런 식으로 로직이 작동할 겁니다. 신문사 생활을 하다 보면 이건 메인 기사 되겠다, 이건 배꼽으로도 쓰기 어렵고 인터넷용으로 내는 게 좋겠다, 그런 걸 현장에서도 다 생각하거든요. 하지만 가끔 생각이 다른 경우도 있습니다.

예를 들면 A라는 후배 기자로부터 "윤석열 후보가 혼자 있는 방에서 콧구멍을 후볐다, 대통령 후보로서 참 점잖지 못하다, 오늘 제가 이 문제를 가지고 윤석열 후보를 비판하고 싶다. 이거 굉장히 문제 아닌가"라는 보고가 올라온다고 가정해보겠습니다. 반장인 저는 그걸 가지고, 정치 지면에 많으면 4개, 적으면 3개의 기사가 들어가는데, 과연 이게 그중 하나로 픽할 타당성이 있는 기사인가 판단을 하겠죠. 아니라는 판단이 서면 후배한테 설명을 하죠. "야, 다음에 그런 일이 또 있으면 네가 개인적으로 그분한테 코 후빌 때는 문을 닫고 후비라고 지적을 하고 이선 네 마음속 블로ㅡ1에 써라. 이게 우리 조선일보, 그것도 정치면에 정면으로 제목을 달고 쓸 만한 기사는 아니지 않냐. 이건 기사 안 돼. 킬이야." 그런데 그 친구 입장에서는 그게 문제의식을 갖고 팩트를 수집해서 발제한 것일 수도 있지 않습니까? 그래서 제가 백 프로 확신이 안 든다 싶으면 부장한테 이거 한번 써보는 게 어떻겠냐고 물어보죠. 그러면 부장이 이건 아닌 것 같다고 할 수도 있고, 심지어 부장도 판단이 안 서면 국장한테 보고하고 의견을 물을 수도 있고요. 게이트키핑이 사실 이러한 과정인 거죠.

칼럼의 경우도 그런 게이트키핑이 있습니다. 기자들이 현장에서 취재를 하다보면 문제의식을 갖게 되잖아요. 그러면 자기들 스스로 칼럼을 쓰겠다고 보고를 합니다. 평기자들 같은 경우 오피니언면에 '기자의 시각'이라고 있고, 그다음에 차장급 기자가 되면 사설면 메인 칼럼 있지 않습니까? 동서남북, 태평로, 터치 코리아, 이런 식으로 조금씩 성격을 달리해서 내부 기자들이 쓰는 칼럼이 있거든요. 그 경우 쓰려는 글이 함량 미달이어서 "이건 쓰지 마" 하는 경우는 있지만 문제의식이 우리랑 안 맞는다고 게이트키핑 하는 경우는 없습니다. 오피니언부에 오피니언 부장이 계시고 거기서 보고 문제 제기가 타당하다, 또는 문제의식이 참신하다, 또는 아주 미세한 것까지는 아니더라도 큰 틀에서 우리 회사의 방향성과 맞는다든지 이런 걸 판단하는 과정은 있겠지만. 제 입장에서는, 쓰려는 글이 우리가 정색하고 문제 제기하기에 너무 잘다 싶은 경우 후배한테 조언을 하는 경우가 있죠. 정 네가 이런 주제로 쓰고 싶으면 더 보편타당한 케이스를 취재해보라고. 너의 개인적 경험을 가지고 이렇게 누구를 조지고 이런 거 말고. 하지만 그게 윤석열을 곤란하게 하는 글이라서 쓰지 말라고 하는 경우는 없습니다. 그게 신문사 내부 직원들과 외부에 계신 분들의 시각의 차이일 수 있는데, 저희가 뭘 쓰면 정말 의도 없이 보도를 했음에도 불구하고 독자나 정치권에서는 뭔가 의도가 있다고 보는 경우가 있습니다. 하지만 기본적으로 팩트가 확실하고 언론이 문제를 지적할 논리적 타당성이 있는데도 불구하고, 방향성을 이유로 이걸 쓸 수 없다고 한 경우를 적어도 저는 입사 후 지금까지 경험해본 기억이 없습니다.

데스크 입장에서 정치적인 이유로 후배들을 막지는 않는다는 거죠?

최경운 네. 이건 함량 미달이다, 이런 논의는 있을 수 있죠. 하지만 정말 중요한 팩트를 현장 기자가 취재해왔는데 그걸 저희가 무지막지한 방식으로 쓰지 말라고 하는 건 제가 기자 생활을 하면서 겪은 바 없습니다. 밑에서 불거지는 그날그날의 움직임 같은 거는 현장 반장이 제일 많이 알고 그다음이 부장이고 그다음이 국장이고 이 순서로 올라가는 거니까 어떤 정치적 이유, 또는 회사의 방침 같은 것들이 하달되어서 관련 기사는 무조건 킬해라, 이런 경우는 쉽지 않으리라 봅니다.

언론사의 성향과 기자의 성향

어제 윤석열 후보의 적폐청산 발언과 관련해서 아까 말씀하신 대로 조선일보와 한겨레의 데스크가 기사를 짚어가는 방식에는 분명히 차이가 있지 않습니까? 언론사 간 프레임 차이가 분명히 존재한다고 봐야 할 것 같은데요….

최경운 의도적이든 그렇지 않든, 저는 개인적으로 언론사 간에 차이가 있을 수밖에 없다고 생각합니다. 왜냐하면 제가 지금 조선일보에 19년째 다니고 있는데, 저 같은 경우 이 회사를 처음 선택했을 때부터 기존의 신문을 보고 이 회사 신문 기자를 해야겠다고 해서 들어온 거거든요. 요즘은 물론 여러 언론사에 원서를 넣고 합격한 곳에 가는 경우도 많지만 저희 때만 해도 그런 문화는 아니었습니다.

처음부터 조선일보의 성향을 고려해 지원했다는 말씀인가요?

최경운 그렇습니다. 그때 저는 이 직장이 제 성향과 맞는 것 같아서 지원했고 또 그렇게 한 19년을 보냈고. 그리고 언론사의 성향은 인정되어야 한다고 봅니다. '우리 사주'라든지, 기자들이 편집국장 선출하고 사장이 되고 하는 신문이 어떻게 보면 편집권이 독립된 바람직한 언론이다, 저도 일정 부분 동의하는 부분이 있습니다. 하지만 저는 언론의 자유가 표현의 자유임과 동시에 발행의 자유 측면이 있다고 봅니다. 그래서 언론

제660호　　　　조　선　노　보　　　　2003년 1월 1일 금요일 [2]

중고교때 '인생은 코미디'란 말처럼 살아

사회부 최경운

안녕하세요. 사회부원 42기 최경문입니다.

저는 1975년 경상북도 예천(醴泉)에서 태어났습니다. 제 기억에는 없지만, 초등학교 교사이신 아버지께서 20여호도 안되는 벽지 시골학교에 근무하실 때 태어났다고 합니다. 그래서 그 시절을 아는 친척들에게 "촌놈이 출세했다"는 말을 지금도 듣고 있습니다.

제가 제도권 교육에 접어들 무렵의 6살이 되던 해, 당시 인근에서는 안동(安東)이라도 같던 안동(安東)으로 이사를 갔습니다. 반상의 구분이 명확한 안동인지라 고려조 문헌공도 최충과 조선조의 집현전 대제학 최한리 선생의 후손이라고 위로했지만, '권·김·장'씨의 세도 앞에서 기타 잡성으로 분류되는 설움을 겪으며 어린시절을 보냈습니다.

당시만 해도 문명의 혜택이 고르지 못했던지라 가끔씩 시내 장터에서 열리는 코미리가 나오는 서커스와 이원표의 프로레슬링, 공설운동장에서 열리는 변병주의 프로축구를 보려고 찾아다니던 기억이 아직도 생생합니다. 워낙 운동을 좋아하던 부잣집 아이들만이 가입할 수 있다는 'MBC 청룡'과 '삼성 라이온즈' 어린이 회원에 가입하려고 단식도 불사, 소기의 목적을 달성했던 저는 이미 그때 '협상전략'과 '과업 비용'에 대해서도 배웠습니다.

초등학교를 졸업하기 3일 전, 서울로 전학온 저는 아는 친구 하나 없이 동대문중학교에 입학했습니다. 학교 근처 세운상가와 황학동 도깨비시장을 누비며 재미있게 생활했던 그때 실대도시로 친구들을 많이 못해졌는데, 그 제주 하나로 당시 민주화의 바람을 타고 학원에 붙어대던 작신배 학생회장도 해봤습니다.

중학교 졸업후 자나운, 배일밑 동 전설적 코미디언을 배출한 성동고등학교에 진학때 '인생은 한편의 코미디'라는 잠언을 몸소 새겼습니다. 전교조 선생님들이 많이 해직됐던 우리 학교는 고교 3년내 내 자율학습과 보충수업이 없었고, 토요일이면 11시에 마쳤는데, 덕분에 저는 깊이 지독은 별로 경험하지 못했고 선생님들이 주장했던 '전인교육'의 수혜를 톡톡히 입은 셈입니다.

그리고 서울대에 진학해 정치학을 전공했습니다. 솔직히 정치학에 관심보다는 성적치 관심 때문에 진학을 했습니다. 어릴 때 '정치인들 이름 외우기' 를 취미로 살은 적이 있었는데, 이 기억에 의존해 진학한 저는 4년 동안 '정치학은 젊은이가 하기엔 힘든 학문' 이라는 아리스토텔레스의 충고만을 확인한 채 학교 야구부에서 '구질' 연마에 힘썼습니다. 학교 축구부와의 야구시합에서 저 한때 은퇴도 고려했지만, 저의 목직하고도 치오르는 듯한 직구는 상대를 압도했고 아도도 자부하고 있습니다. 그래서 한때 별명도 선동렬이었습니다.(얼굴도 자세히 보면 많이 닮았죠...)

대학을 졸업하고 공군사관후보생으로 입대해 전투조정사 소대장으로 대구 K-2 비행장을 지키다 지난1월30일 명예로운 전역을 했습니다. 그리고 지금은 조선일보에 입사해 취가나를 떼나던 진로에 대해 특별히 고민했는 게 됐습니다. 학교 정치학과 가서 애 버렸다' 며 '쳐 놈이 인간되는 걸 언제보냐' 하시던 부모님을 다소나마 안심시켜 드렸습니다.

투수로 직접 등판했던 여러 가지를 배울 수 있는데, 직구만 가지고는 5회 이상을 버틸 수 없다는 점과 마운드에는 클뿐메라듯한 스피드가 나오지 않는다는 겁니다. 하지만 저에겐 블랜에서의 9회까지 직구만을 던지며 살고 싶은 소망이 있으니다. 개인적으로 '통통' 보다는 '자유' 에, '지엔스러움' 보다는 '합리적인 것' 에 대한 관심이 많습니다.

[기사 4] 조선노보 제660호(2003년 8월 8일) 2면에 실린 최경운 신입 기자 자기소개 글

사와 논조가 맞지 않으면 절이 싫으면 중이 떠나듯, 강자의 논리처럼 들리긴 하지만, 나가서 내가 하고 싶은 말을 하는 매체를 만들면 되는 거죠. 물론 매체의 영향력이나 기득권의 차이는 있겠지만요. 편집의 자유, 기자의 자유가 언론 자유의 전부인 것처럼 주장하는 것은 타당하지 않다고 생각합니다. 물론 생각이 다 똑같지는 않죠.

저희 블라인드(익명 게시판 앱)에 보면 조선일보에 대한 내부 기자들의 불만도 많이 올라옵니다. 진보 성향 매체 기자들 중에도 자기 신문의 논조에 동의하지 않는 이들이 있을 겁니다. 하지만 통상적으로 기자는 신문사의 논조랑 자기 생각이랑 비슷하다고 생각할 겁니다. 저희도 마찬가지입니다. 생각이나 견해가 다른 사람도 물론 일부 있겠지만. 회사 앞에 와서 시위하는 분들은 그렇게 주장하거든요. "조선일보에서 월급받는다고 그 따위로 살지 마." 그런데 저희가 무슨 기계도 아니고 그리

고 그렇게 부지런하지도 않습니다. 매일 상부에서 지침을 줄 정도로.

후배 기자들의 항의

후배들로부터 회사의 논조에 대한 항의를 접하신 적이 있나요?

최경운 있습니다. 음, 이런 식이죠. 카톡이 와요, 후배들한테서. "선배, 제가 오늘 아침에 발제한 이거는 지면용으로는 왜 부족한가요?" 이렇게. 그러면 전화를 하죠. "이게 얘기가 되냐, 코딱지 후볐다고 1위 대선 주자를 지면에서 비판하겠다, 이거 지나치지 않냐? 정론으로 지적할 만한 케이스를 더 찾아봐." 그러면 그 친구들은 알아듣죠. 지면에 싣기 뭣하면 이거는 온라인으로 일단 쓰자 해서 온라인으로 쓰는 경우도 있고. 요즘 후배 기자들은 저 때랑은 다릅니다. 자기 생각을 분명하게 밝힙니다. 저는 그길 나쁘게 보지 않아요. 물론 그 친구들도 조선일보 기자로서 어필하기 전에 최소한의 자기 필터링은 있을 거라고 봅니다. 이 정도 가지고 선배한테 기사 안 되냐고 해도 될지 스스로 짐작을 하겠죠. 그런데 아직 퀘스천이 있어서 선배들한테 이거 왜 기사 안 되냐, 그랬을 때 옛날 무지막지한 선배처럼 "야, 헛소리 하지 마, 다른 거 취재해!" 이런 방식으로 하면 요즘 후배들한테는 안 통합니다.

개인적으로 무지막지한 선배한테 당하신 적이 있나요?

최경운 네. 물론 다 그런 건 아니고요. 제가 하던 법조는 주로 해설보다는 팩트 중심으로 싸우는 데라서. 정치부에서도 가령 무슨 보고를 하면 옛날 선배들은 기사가 왜 킬 되는지에 대해서 자상하게 설명해주는 게 아니라 인상 팍 쓰면서 폭언을 내뱉는 경우가 많았죠. 제가 처음에 정치부

갔을 때 후배에게는 비중이 약한 기사를 맡길 거 아니겠습니까? 필력이나 구력이 딸리니까. 3매짜리 기사를 주로 써야 되는데. 그때만 해도 법조에 있다가 정치부에 오니까 작법에서 제일 고민되는 게 별도의 리드를 하나 달고 써야 되는 건지 그걸 모르겠더라고요.

예를 들면 이런 거죠. 정말 분량이 적으면 최대한 경제적으로 써야 하니까 그냥 바로 국민의힘 윤석열 대통령 후보가 뭐라고 했다, 이렇게 가는 경우가 많은데 그때만 해도 아직 그런 걸 잘 모르니까요. 국민의힘에서 이런 주장이 나오고 있다, 이 리드 하나 달고 그다음에 써야 되는 건지 이런 것도 훈련이 덜 돼서 고민인데, 제 기사가 당연히 선배들 눈에는 마음에 안 들었겠죠. 요즘 같으면 한숨 푹푹 쉬면서 담배 한 대 피우고 나서 고칩니다. 저희 때는 선배들이 그냥 막말로 까라면 깠죠. 기사가 킬 됐을 때 왜 안 됩니까, 그러면 그걸 말해줘야 아냐? 너는 왜 킬 됐는지 해석할 IQ도 안 되냐, 그러면서 또 욕먹었어요. 요즘은 그런 경우는 거의 없고.

그런데 아마 선생님들도 보셨을 텐데, 야간 편집회의 때도 보면 국장이 제목 바꿔라, 이건 아닌 것 같다. 그다음에 기사 밸류 가지고도 톱을 내리고 차라리 이걸 올려라, 이거 5면하고 4면하고 바꿔야 될 것 같다 등등, 다들 가만히 있는 가운데 국장이 일방적으로 편집을 좌우하는 인상을 받지 않으셨을까 싶은데요. 그건 아니고 다들 교감이 있는 상태에서 효율적으로 논의가 이루어지는 거라고 보시면 됩니다. 저희도 부 단위 지면을 짤 때 보면, 부장이 이건 3면 메인은 어렵고 박스로 내려, 이건 좀 더 키우고 이건 줄여 식으로 결정을 내리는 걸 볼 수 있는데요. 실은 부장의 생각이 사전에 저희하고 공유가 돼 있기 때문에 그냥 넘어가는 거지 부장이 일방적으로 자기 생각을 관철시키는 시스템이라서 그런 건 아닙니다.

생각의 공유

일방적 지시가 아닌 생각의 공유 혹은 합의군요.

최경운 그렇죠. 생각의 공유에 가깝습니다. 일반 기업이나 관공서의 회의를 보면 회의 발제자가 어떤 내용을 먼저 언급하고 그에 대해서 청자가, 또는 보고를 받는 분이 논평을 하고 디스커션을 해서 결정하는 게 회의의 일반적인 모습인데 저희는 이미 보셨겠지만 아이템에 대해서 상세 설명을 서로 안 하잖아요. 그거는 아침 보고 테이블에 통상 원고지 한 70~80매 분량의 보고가 취합이 돼 있고, 그것 말고 카카오톡과 라인 단체방에서 실시간 보고가 계속 올라옵니다. 그것만 보고 있는 게 아니라 연합통신, 뉴시스, 나튼 온라인 매체늘 기사를 체크하죠. 그 뉴스에 대해 각자가 다 숙지가 돼 있다는 거죠. 그러니까 회의장에서 사실관계에 대한 얘기는 거의 없고, 다만 이런 건 있습니다. 복잡한 사항. 그다음에 우리가 독자적으로 발굴한 사항. 그런 건 부장한테 설명을 해야요. 하지만 보통은 지면 회의를 하기 전에 아이템에 대한 이해는 하고 있는 걸 기본 전제로 하니까. 우리는 아무 생각이 없고 부장이 시키는 대로 한다, 자칫 외부인의 눈에는 그렇게 보일 수도 있는데 그건 아니고, 아침에 현장에서 올라온 보고를 접하고 차장들이 만든 틀 안에서 부장이 면과 기사 배치를 조금 움직이는 거죠. 생판 저희의 생각이 공유가 안 된 상태에서 부장이 3면 메인은 이걸 써, 4면 메인은 이거야, 그러는 건 아니죠.

아까 예를 들면, 3면 메인은 문·윤 정면충돌. 구적폐·신적폐 대결로 가는 대결, 이런 식으로 부장과 차장, 그다음에 현장 기자들 사이에 공감대가 있는 거죠. 아침에 저희가 만들어놓은 틀 안에서 부장이 국장 단 회의를 하고 와서 오늘 우리한테 배정된 면은 몇몇 면이다 얘기하면, 신문은 일종의 한 권의 책이지 않습니까. 인터넷하고 다른 게 한 장 한 장 넘겼을 때 흐름이 연결돼야 하기 때문에, 그 틀 안에서 저희는 부장이 이건 메인으로 쓰자 그러면 오케이 하는 겁니다. 거꾸로 제 수준에서 내일은 이걸 한번 메인으로 써봐야겠다 해서 부장이 동의를 하면 그게 메인이 되는 겁니다. 가장 좋은 건 메인이 될 만한 스트레이트 뉴스가 있는 거죠. 그러면 우리 입장에선 별로 고민할 필요가 없죠. 스트레이트 쓰고 해설 쓰면 되니까. 그런데 그런 게 없을 때는 고민스럽죠. 신문은 어쨌든 읽을거리를 만들어야 하니까요.

층층시하 정치부?

사회부는 사회부장과 그 아래의 데스크들 선에서 이루어지는 결정이 많은 것 같은데, 정치부는 국장이 사실상 부장이라고 해도 될 만큼 깊게 관여하는구나 그런 느낌이 듭니다. 국장이랑 정치부장은 거의 상시로 상의를 하고. 거기에 김대중 고문[4]이나 강천석 고문[5] 같은 원로분들도 정치부에 영향을 미치는 것 같고. 정치부에 시어머니가 많은 것 같은데, 어떻게 생각하세요?

최경운 김대중 고문, 강찬석 고문 두 분 공히 정치부 출신이고 편집국장 하셨고 주필 하시고 고문으로 계시는 거고. 그다음에 양상훈 주필하고 홍준호 발행인[6]도 정치부장, 편집국장 하셨고. 그런데 하루 평균 지면으로 나가는 정치 기사가 한 10건이라 하면, 본인의 의견을 개진하는 경우는 거의 한 건도 없을 겁니다. 정말 큰 사안이 생겼을 때 고문님이나 아니면 주필이나 이런 분들이 부장한테 전화해서 이게 정확한 내막이 뭐냐고 물으시는데, 그건 본인의 호기심이나 궁금증에서 그러시는 거고. 보도 방향을 이렇게 해야 된다 저렇게 해야 된다고 지시하시는 경우는 없다고 보시면 됩니다. 고문님도 이제는 편집국장이 에디팅 하는 칼럼의 투고자 신분이신 거고. 대선배로서 큰 방향에서 우리 신문은 이렇게 가야 한다는 말씀은 당연히 하실 수 있고 존중하지만 실제로 그분들이 편집에 일상적으로 영향을 미친다고 보지는 않습니다.

여권 출입 출신 vs 야권 출입 출신

정치부는 출입처에 따라 입장이 갈린다던데요.

최경운 저는 지금 야당 반장이니까 주로 야당 사람들과 커뮤니케이션을 하죠. 그런데 저도 불과 1년 전만 해도 여당 반장을 했는데, 여야가 바뀌어버렸지 않습니까? 저는 보수 정치권을 주로 취재했는데 탄핵 이후 논설실 갔다가 내려와서는 현 여권 담당 반장을 한 1년을 했죠. 그러다가 작년 4·7 보궐 선거 끝나고 다시 지금의 국민의힘 쪽을 취재하게 됐으니까, 정치부 첫 시작은 열린우리당에서 했습니다. 현 여권이죠. 그런데 전체 기간을 놓고 보면 사실 보수 정치권 취재를 더 오래 한 편이죠. 그런데 거꾸로 진보 진영을 더 오래 취재한 기자들도 우리 회사에 있습니다. 예를 들면 저희 부장 같은 경우 민주당 쪽을 오래 취재한 분이고. 그러면 기자를 떠나서 그냥 개인 대 개인으로 보면 사고의 차이는 일부 있을 수 있습니다. 이해와 용인의 폭이 달라지는 겁니다.

이를테면 국민의힘 쪽의 어떤 정치인이 어떤 행태를 보이거나 메시지를 냈을 때 제 경우에는 그러려니 하는 문제에 대해서 정치부장은 비판적으로 볼 수 있는 거예요. 거꾸로 민주당 정치인의 메시지나 행동에 대해서 저는 저게 말이 됩니까 하는데 우리 부장은 용인의 폭이 넓은 경우도 있고. 그건 제 생각에 익숙함의 차이인 거죠. 저는 그런 폭이 위로 올라갈수록 넓어진다고 봅니다. 국장이나 부장이 되면 어느 한 부류만 만나는 게 아니거든요. 저야 야당 반장이니까 주로 야당 쪽 사람들을 만나지만 부장이 되고 국장이 되면 여권, 야권 사람들을 두루 포멀하게 만날 기회가 많아지고. 심지어 저도 여당 반장 할 때 이재명 지사 쪽 핵심 측근하고 저녁을 한 적도 있고 그렇거든요. 그 자리에서는 그분들이 이재명 후보에 대한 일종의 홍보를 하는 거죠. 알고 보면 이재명 후보가 이런 점이 있다, 이재명의 기본소득정책은 사실 이런 거다, 예산 문제는 당신들이 비판하지만 우리가 갖고 있는 보완책은 이런 게 있다, 그런 대화를 하는 거죠.

균형을 잡기 위한 노력

편집 과정에서 균형을 잡기 위해 노력한다는 인상을 받았습니다.

최경운 네. 대표적으로 지금의 국장이 그렇습니다. 저희 부장이 국장 방에 자주 들어가서 지면 회의를 하는 거는 전체 37면 중 36면을 결국 국장이 다 만드는 것이기 때문이죠. 야간 회의 때 보면 1면부터 사설 면까지 쭉 보잖아요. 사설만 제외하고 나머지는 다 국장 관할이거든요. 국장이 칼럼까지 혹시라도 사회적으로 문제가 되지 않을까 다 검토하는데, 특히 선거철에 정치 기사는 굉장히 민감하지 않겠습니까. 그게 국장이 부장하고 주로 하는 일이죠. 저희는 농담으로 빨간 펜이라고 하지만, 엄밀하게 보면 그게 정상적인 논의 과정인 거죠. 그러니까 부장은 힘들겠죠. 매일 가서 국장하고 상의해야 하고 그다음에 저희하고 같이 협의해서 지면 조정을 해야 하니까. 예전에도 특히 대통령 선거 때는 국장이 촉각을 곤두세우곤 했습니다. 심지어 기사 크기를 자로 잰 적도 있었죠. 그러니까 이명박, 박근혜 경선할 때는 가령 이명박 기사가 박근혜 기사보다 몇십 자 더 많다 그러면 캠프에서 바로 다음 날 항의가 들어옵니다. 차장들이 편집회의 할 때 자를 들고 이렇게 어림잡아서 대보죠. 그런데 기사는 비슷해도 사진 크기가 더 크다 작다, 아니면 한 사람은 사과하는 듯한 포즈고 다른 사람은 당당한 포즈고. 그러면 저희 기사가 정치적으로 큰 오해를 부를 수도 있으니까.

그런 국장의 역할에 대해서는 어떻게 보시나요?

최경운 현장 기자들은 그런 균형추 역할이 답답할 때도 있습니다. 저희 선배들이 쓰던 용어로 소위 쌍팔년도식 기사라는 게 있는데요. 그게 뭐냐 하면 그냥 밑도 끝도 없이 도끼로 내리찍는 기사 있잖아요, 너 죽어라 그러면서. 그런데 가령 제가 가진 콘셉트나 아이템으로 누군가를 호되게 비판하고 싶은데 그게 차장, 부장, 국장으로 가면서 "야, 이거는 너무 일방적이다, 너무 감정이 묻어 있다" 하면서 차장이 깎아내고, 부장의 기준치가 더 높으면 더 깎아내고, 국장이 더 엄격한 균형추 입장에서 이 기사는 사적 보복이나 감정이 담긴 기사로 비칠 수 있다 해서 또 쳐내는 식이니까.

과도한 쏠림을 바로잡는 과정이라고 봐도 무방할 것 같군요.

최경운 그렇습니다. 밖에서는 우리가 어느 한쪽으로 몰아간다 그러는데 저희는 기사가 논리적 완결성을 갖추도록 하면서 저쪽에 공격의 빌미를 주지 않으려 합니다. 예컨대 팩트가 뒷받침이 안 되는데 그냥 주의, 주장만으로 세게 조진 허접한 기사의 경우 상대가 뭐라고 항의해도 저희는 할 말이 없죠. 차장이 낸 걸 부장이 보다가 "이거 논리적으로 비약아냐?" 그러면서 부장이 깎아내기도 하고, 어떤 경우 부장이 너무 과하게 간다 싶으면 저희도 얘기합니다. "부장, 이건 조금 톤 다운하는 게 맞는 것 같은데요"라고. 그게 저희 선에서만 끝나는 게 아니라 국장도 민감한 기사는 신경 써서 읽고. 심지어 발행인, 사장님도 퇴근하시기 전까지 PDF로 기사를 읽습니다.

사장의 피드백

그런 피드백은 오히려 환영할 일이겠네요?

사장께서 직접 코멘트를 해주는 경우도 있나요?

최경운 그게 흔치는 않지만 전에 논설실에 있을 때 제 칼럼 순서였는데 사장 비서한테서 전화가 왔더라고요. 사장님이 잠깐 오라고 하신다 해서 무슨 일이지 하고 갔더니 사장님은 글의 내용 그런 게 아니라 제목을 더 리듬감 있게 바꿔보는 게 어때 하시더라고요. 답은 안 주시죠. 그런 식의 피드백은 하십니다. 굉장히 관심이 높으신 거죠.

그런 피드백은 오히려 환영할 일이겠네요?

최경운 사장님만큼 신문 열심히 읽는 분도 없을 겁니다. 세세한 것까지 다 읽으세요. 전에 방우영 회장님 때는 시내판이 나오면 댁이 있는 사직동으로 신문 배달을 해요. 캡이 항상 제일 늦게 퇴근하니까 보통 11시 반~12시에 나서면 캡을 태운 차가 사직동에 들러서 신문을 갖다놓고 캡을 데려다주거든요. 그분이 아침에 받아도 되는 걸 굳이 밤에 받는 이

161

1부. 사회적 환경과 정치권력의 감시

유가, 그걸 보고 주무세요. 밖에서는 우리 사주 일가에 대해 비판적인 이야기도 많고, 그리고 직장 생활을 하다보면 오너한테 비감한 느낌을 받을 수도 있지 않습니까? 하지만 적어도 제가 여기 직원의 관점에서 입사해서 한 번도 그런 경험을 안 하게 하신 양반들이에요.

오후 데스킹

데스크분들은 오후 시간을 보통 어떻게 보내시나요? 기사는 4시쯤 들어오죠? 그다음부터는 엄청 바쁘실 것 같은데….

최경운 그렇죠. 신문 가판, 그러니까 진짜 종이로 찍어내는 가판이 없어진 지는 꽤 되고 저희는 내부 대장만 만들지 않습니까. 그 PDF를 놓고 회의하는 시간이 5시 반. 정치부는 조금 부족하더라도 무조건 5시 반에 기사를 털고 다시 시내판을 하자는 원칙입니다. 제가 야당 팀장 입장에서 최소한 3~4건은 그날그날 출고해야 되는데, 저도 잘 드는 칼이 있을 거 아닙니까. 일을 맡기면 마음이 편한 기자들이 있어요. 예를 들어 출고본을 100이라고 했을 때 한 90을 보내주는 친구들이 있습니다. 정말 오늘은 시간 제대로 맞춰야 되고 까다로운 기사다 하면, 거의 손대는 거 없이 큰 흐름만 데스크들이 보고 균형감만 맞춰서 출고하는 기사가 돼야 해서 그 기자한테 맡기죠. 그런데 한 사람만 자꾸 비중 있는 기사를 쓰는 것도 바람직하진 않죠. 그래도 정치부가 상대적으로 자원이 좋은데, 간혹 기사를 다 고쳐야 되는 경우도 있거든요. 아예 새로 써야 되는 거죠. 그런 기사가 올라오면 정말 시간에 쫓기는 겁니다.

그런 경우가 자주 있나요?

최경운 그러니까 그런 경우가 없도록 저희 딴에는 배정할 때 신경을 쓰고 가이드를 하죠. 이 기사의 야마는 이거다. 이런 논리적 전개나 이런 요소들은 빼지 마라. 저희가 10장짜리 기사면 원고지 10장을 다 불러줄 수는 없는 거지만 이런 흐름으로 쓰라고 저희가 가이드 같은 걸 넣어놓습니다. 그런데 실은 그렇게까지 디테일하게 생각 안 하고 큰 뼈대만 잡아놓는 경우도 많고 나머지는 기자들이 현장에서 취재한 것에 자기 생각을 더해 만들어야 되는데 주니어 기자들일수록 안에서 가이드 해놓은 게 정답이라고 생각하는 경향이 있어요. 그런 경우 후배들한테 다시 전화를 해서 시시콜콜 지시하기도 하죠. 하지만 숙련된 기자들은 그 안에서 변주를 하고 내부에서 지시하지 않은 내용도 자기들이 추가하기도 해서 기사를 완성합니다.

그래서 보통은 4시 50분 넘어야 기사가 들어옵니다. 현장 기자 입장에서 기사를 써보면 5매짜리도 닷컴 기사는 쉽게 써서 내지만 지면 기사는 그렇지가 않아요. 지면 기사는 분량 제한이 있고 그 안에 모든 핵심을 담아야 하니까요. 기사가 오면 일단 메인부터 해결을 보고 나머지 순서로 출고를 하는데, 후배 기자가 가이드를 잘못 이해하고 기사를 쓴 경우에는 정말 대공사를 해야 돼요. 아예 원고를 엔터키 쳐서 쭉 밑으로 내려놓고 리드부터 다시 쓰는 거죠.

데스킹의 본질

논문 지도할 때랑 많이 오버랩되는군요.

최경운 전에는 후배들이 선배가 고쳐놓은 걸 다시 필사도 하고 따라 하기를 했습니다. 베껴쓰기를 하는 거죠. 저희 글은 무슨 창의성 있는 소설이 아니고 공산품 같은 성격이 있어서 당연히 숙련도하고 연결이 되니까 그렇게 연습했던 거죠. 그러다가 엑스쿠프 시스템이 도입되었는데, 거기에 원래 원고와 데스킹을 함께 보는 창이 있습니다. 내가 보낸 건 왼쪽에 뜨고 이게 어떻게 바뀌었는지 빨강, 초록으로 추가한 걸 볼 수 있는 창이 있어요. 그러면 내가 쓰기 모호해서 되게 고민했던 대목을 선배들은 이런 작법으로 빠져나가는구나, 나는 만연체로 미주알고주알 다 설명해야 하는 줄 알았는데 이런 부분을 선배들은 이렇게 요약하고 넘어가는구나 하고 알 수 있죠. 그런 관용적 표현들이 있거든요.

주니어 후배가 보낸 기사는 분량이 초과된 경우가 많습니다. 5매로 정해서 쓰라고 했는데 한 9매 보냅니다. 1매 정도 초과하는 건 데스크에게 데스킹의 묘미를 즐기라고 추가해서 주는 거라고 이해하겠는데 5매 기사에 9매를 보내면 이거 뭐하라는 거야, 이렇게 되죠. 그럼 중요하지 않은 부분을 잘라냅니다. 신문 기사는 원석을 갖다놓고 계속 깎아내는 마이너스 글쓰기 같은 거죠. 그게 또 훈련이지 않습니까. 내가 반드시 남겨야 되는 게 무엇인지 배우는 과정이니까.

그런데 요즘 인터넷 기사는 데스킹 과정이 없는 경우도 꽤 있습니다. 쓰고 싶은 거 그냥 쫙 쓰는 거죠. 분량 제한이 없으니까. 대신에 제한된 분량으로 써라 그러면 어려워하죠. 그래서 데스킹이 들어가는 거고. 특히 정치 기사는 제목과 연관되게 기사가 흘러가야 되지 않습니까. 제목, 큰 제목, 소제목이 어떻게 간다고까지 생각하고 쓰는 친구는 아까 말씀드린 90 이상을 보내주는 친구들이고, 아직 숙련도가 떨어지는 친구들은 안에서 편집이 어떻게 진행될 거라는 생각이 안 된 상태에서 기사를 보내고. 그러면 데스크가 많이 개입해야 되는 상황이 되는 거죠.

예를 들면 오늘 4면 기사가 3건이라면 저희는 후배들한테 편집 흐름을 보고 기사를 써라, 메인 기사가 이게 들어가면 거기에는 이런 요소가 반드시 들어갈 테니까, 인터넷은 중복돼도 상관없지만 지면 기사는 중복된 내용이 위의 기사에도 있고 밑의 기사에도 있으면 안 되니까 밑에서 이 부분을 빼라, 어차피 위에서 설명이 된다, 그런 흐름을 알고 쓰라고 후배들한테 얘기하지만 연차가 낮은 친구들은 아직 그런 게 잘 가늠이 안 되는 거죠. 그러면 안에서 교정을 해줘야 됩니다.

데스킹 과정에서 기사가 엉뚱하게 바뀌거나 뉘앙스가 바뀐다는 지적도 있는데요. 외부에서 자주 지적하는 게 조선일보가 특정 집단을 시쳇말로 조진다든가 악마화한다든가 하는 일에 가장 능하다고 하는데, 그게 데스킹 과정의 문제라고 보시지는 않는지요.

최경운 글쎄요. 조선일보에 비판적인 측에서는 그렇게 주장을 하겠죠.

퇴직 기자 중에도 그런 불만을 얘기하는 경우가 있었습니다.

최경운 그래요? 제가 있는 동안에 그럴 만한 이슈가 있는 기사가 있었는지는 잘 떠오르지 않는데요. 제가 이해하기로는 취사선택을 통해서 자기들이 주장하고 싶은 바, 또는 공격하고 싶은 바를 교묘하게 몰고 간다, 저희를 공격하는 쪽에서 하는 이런 비판들은 익히 알고 있습니다. 그런데 기사라는 게, 석 장짜리든 열 장짜리든 한 주제에 대해 일관성이 있어야 하니까, 저희는 리드부터 시작해서 마지막 문장까지 독자가 읽었을 때 별도의 참고자료나 추가 정보 없이도 그 주제에 대해서는 이해할 수 있는 글을 만들어내야 한다는 게 일종의 제품 제작의 불문율 같은 방침인데요. 물론 균형감의 관점에서 비판하는 경우라면 저희 신문이 논쟁적인 이슈에 대해 분명한 하나의 입장을 취하는 경우도 많았으니까 그럴 수도 있겠죠.

저희가 오늘 쓰려는 기사를 예로 들면, 오늘 문과 윤의 충돌에 대해 문은 뭐라고 말했다, 이에 대해 윤은 뭐라고 말했다, 이렇게 쓰는 기사도 있습니다. 정말 드라이하게. 1면 스트레이트가 주로 그렇게 가겠죠. 그러면 그걸 보는 사람에 따라서 너무 기계적인 균형이다, 기사가 너무 밋밋하다, 도대체 너네 생각은 뭐냐, 그런 걸 요구하는 독자들도 있을 수 있죠. 그래서 안에 들어가 메인 해설 기사에서 문은 왜 이럴까에 대해 쓰면서 끝에 가서 문이 나쁘다 이렇게 기사를 몰고 가면 그걸 읽은 독자는 '아, 문이 나쁜 사람이네'라고 받아들이고, 민주당 쪽에서는 '거 봐라, 역시 조선일보식으로 결론을 내리네' 하겠죠. 그런데 통상적으로 선거 관련 기사의 경우 명백한 비판 요소가 있는 게 아니면 이런 거는 일단 상호 정치 공방으로 갈 거예요. 부장이 오후 회의 때 최종적으로 지면을 잡겠지만 오전에 벌어진 상황, 그다음에 저희가 추가 취재한 내용, 댓글이나 온라인 커뮤니티의 흐름을 보고, 지금 여론이 팽팽하구나, 문 대통령의 내로남불이나 적반하장에 대한 비판 여론이 더 크구나, 윤석열의 검찰 우월주의에 대한 시민들의 불만이 더 크구나, 이런 것도 살피겠죠. 그런데 이런 이슈 같은 경우 양 정치 세력이 정면충돌하는 경우인 데다, 선거 국면에서는 균형을 맞추려는 게 저희의 일반적인 생각이고 편집회의에서 국장도 그런 지침을 내시지 않을까 합니다.

이런 이슈의 경우 일선 기자가 현장에서 급하게 기사를 쓰면서 자칫 한쪽으로 치우치게 쓸 가능성이 클 것 같은데요. 그러면 데스킹이 균형을 잡아주는 방향으로 작동한다고 봐도 될까요?

최경운 일반적으로 그런 경우가 많죠. 일반적인 제품 제작 과정으로 보면 보통 99퍼센트 정도는 제품의 완성도 때문에 데스킹을 보는 경우가 대부분입니다. 그런데 민감한 기사가 있을 수 있겠죠. 자칫 오해를 사거나 정치적 반발을 부를 수 있는 기사 같은 경우, 하이브라우highbrow 하게 쓰라고 그러죠.

'하이브라우'가 뭔가요?

최경운 저희끼리 쓰는 용어로 뭔가 고차원적으로 써라. 답이 없다는 얘기죠. 민감한 기사라는 게 작은 표현 하나, 그리고 어떤 팩트를 어떤 방식으로 엮느냐에 따라서 정치적 오해나 불필요한 공격을 받을 수 있기 때문에 데스킹은 그런 걸 피해 가려 하는 거죠. 논조를 바꾸기보다는 나름대로 조심하려고 애를 쓰는 거고요. 하지만 그러다보니 오해도 생기고, 특히 젊은 기자들 중에서는 이를 논조 때문인 것으로 받아들이는 친구들도 있을 수 있습니다. 아까 교수님이 말씀하신 퇴직자 얘기는 정확히 어떤 기사를 두고 그랬는지 모르겠지만 그게 아닌가 싶네요. 저희는 소송이 들어올 수 있다는 것도 항상 염두에 둬야 하고.

안티조선

안티조선 운동[7]을 직접 겪으셨죠? 지금도 일부 미디어 비평지나 시민단체에서 공격이 계속되고 있고. 조선일보 측에서는 우리 할 일을 열심히 하자는 식으로 거기에 대응하지 않고. 이런 상황이 지속되다보니까 조선일보를 본 적이 없는 사람들이 조선일보에 대해 강한 반감을 품고 더 나아가 그런 반감이 신문 전체에 대한 불신으로 이어지고 있다는 생각이 드는데요.

최경운   제가 입사했을 때가 노무현 정부가 막 출범했을 당시입니다. 그때 안티조선 운동이 제일 강했습니다. 조선일보 출입 금지 있지 않습니까. 민노총, 전교조도 그렇고 안티조선 운동에 전념하는 세력도 많았고, 안티조선 운동을 하는 사이트까지 있었으니까요. 공격하는 핵심 논리가 친일, 그다음에 군사정권 때 정권과 결탁했다는 등 몇 가지가 있습니다. 그때 저희 사내에 그런 논쟁이 있었어요. 이거 대응해야 되는 거 아니냐. 저는 그때 완전 초년병이어서 그런 의사결정이 어떻게 이루어지는지 곁가지로도 듣기 어려운 입장이었지만 그때 경영진이나 편집국 내에서 이게 정치적인 공격이기 때문에 우리가 대응한다고 무슨 생산적인 토론이 이루어지는 게 아니라 완전히 말려드는 거다, 그런 기조가 있었던 것 같아요.

기지 입장에서 안티조선 운동이 미친 영향은 무엇이라고 보시나요.

최경운   저희는 초년병 때를 그렇게 보냈는데, 그게 오래되면 취재에 트라우마가 생깁니다. 게다가 제가 검찰 출입을 마치고 열린우리당 이런 데를 가니까 취재 행위 자체가 즐겁고 호기심을 자극하는 게 아니라 어떤 미션을 맡으면 일단 부담부터 팍 생기는 거예요. 내가 저걸 어떻게 뚫지? 저 사람들이 우리하고 접촉도 안 하는데 어떤 식으로 접근해야 하나, 이런 고민이 들러붙는 거죠. 요즘 젊은 기자들 입장에서 보면 조선일보에 대한 반감이나 거부감을 해소하면서 취재하는 건 물리적으로 열심히 취재하는 거에 플러스 알파의 요인이니까 스트레스가 있을 수 있습니다. 저도 노무현 정부 때 그랬고요. 그런데 다른 한편으로 조선일보 기자들이 하나로 뭉치는 요인이 됐죠. 정치권력이 우리를 여론 시장에서 뽑아내려고 하는 일종의 조직적인 공격이었으니까. 그래서 초년병 시절 한 5년 고생하면서도 그걸 별로 고생이라고 생각 안 했습니다. 이슈가 아주 많을 때였지 않습니까. 제가 입사한 후로 한 번도 그런 위기경영이 아닌 적이 없었던 것 같습니다.

지속적인 위기 경영이라는 말이 와닿는데요.

최경운 그러니까 이게 긴장도가 매우 높은 직장인 거죠.

회사 입장에서는 대응하기가 마땅치 않았을 것 같아요.

최경운 네. 설령 조선일보가 대화에 임한다, 어떤 공론장에 나선다고 해서 과연 우리의 주장을 공정하게 열린 마음으로 들어줄 거냐는 거죠. 이미 우리를 둘러싼 프레임 자체가 너무나 정치화되어 있어서요.

안티조선도 그전처럼 격렬하지는 않지만 비난의 레거시는 이어지고 있는 느낌입니다. 왜 비난하는지도 모르면서.

최경운 교수님이 짚어주신 대로 지금 양상은 그때하고 또 다른 것 같아요. 지금은 타게팅도 분명하지 않고, 제 초년병 시절에는 정말 적이 분명했어요. 아예 안티조선이라고 해서 저희를 대놓고 친일, 친유신, 친전두환 정권, 안보상업주의의 수괴, 이렇게 쭉 엮어가지고 공격해 들어왔고 저희는 그렇지 않다고 맞섰고요. 제가 그때 쓴 글이 있어요.[8] 김동삼 장군[9]이라고 만주의 호랑이로 불리는 1급 독립운동가죠. 그분의 며느님도 만주에서 시아버지 따라 같이 독립운동을 했거든요. 그분이 돌아가셨어요. 회사에서 유족을 취재하라고 그러더라고요. 김동삼 장군의 손자 분을. 그 양반하고 취재를 하면서 이런저런 얘기를 하다가 알게 된게, 김동삼 장군이 서대문형무소에서 옥사하자 아현동 거리에다 시신을 독립운동사의 거목 일송(一松) 김동삼(金東三) 선생의 큰 며느리인 애국지사 이해동(李海東) 여사가 98세를 일기로 지난 8월 별세했을 때, 여사의 부음 기사가 실린 신문은 조선일보(8월 23일자)뿐이었습니다. 그것은 일송 선생 유족과 조선일보와의 3대(代)에 걸친 인연 때문이었습니다. 당시 일송 선생의 손자이자 이해동 여사의 둘째 아들인 김중생(金中生·70) 씨로부터 별세 소식을 전하는 전화를 받았던 기자는 지난 15일 서울시 강서구의 김씨 집을 찾았습니다. 66년 전으로 거슬러 올라가는 그 인연의 실타래를 되감아보기 위해서였습니다. 김씨는 1937년 서대문형무소에서 옥사한 할아버지 일송 선생의 장례와 관련된 그동안 알려지지 않았던 일화를 소개했습니다. (중략) 그 내용은 일송 선생이 옥사한 뒤 그분의 시신을 만해(萬海) 한용운(韓龍雲) 선생이 수습했고, 당시 조선일보 사장이었던 계초(啓礎) 방응모(方應謨) 선생이 장례에 필요한 자금을 내놓아 5일장을 치를 수 있게 한 것은 물론 사후 처리까지 도와주었다는 것입니다. 당시 일송의 유족들은 모두 북만주 지방에 있어서 시신을 수습할 수 없었고 독립운동에 이용될 것을 우려한 일제의 조선총독부가 시신을 내주지 않으려 했다고 합니다. 만해가 대여섯 번이나 찾아가 "아무리 독립운동 거물이라도 숨이 떨어졌는데 저대로 내버려둘 것인가"라며 호통치고 설득해 시신을 자신의 거처인 심우장으로 모셨고, 이 소식을 들은 방응모 선생이 장례 비용을 내놓았다는 것이 김씨의 증언입니다. (중략) 당시는 중일전쟁을 목전에 두고 일제가 총력전 체제에 돌입하는 한편, 황국신민의 서사를 강요하는 등 민족말살정책을 강화한 때였습니다. 언론에 대해서도 사실상 일제가 신문을 편집했을 정도로 통제와 탄압이 극심했던 시절이었습니다. 이런 시기에 거물 독립운동가의 장례를 돕고 조문을 했다는 것은 결코 용이한 일이 아니었을 것입니다. 김씨는 이 이야기를 만해의 비서였던 김관호(金觀鎬·당시 만해기념사업회회장·작고) 선생으로부터 직접 들었다고 했습니다. 김씨가 어머니 이해동 여사와 함께 지난 1987년 1월 77년 만에 조국에 돌아왔을 때 김관호 선생이 집으로 찾아와 이 같은 이야기를 전했다는 것입니다. (중략) 김씨는 최근 논란이 되고 있는 일제하 언론의 친일 문제에 대해서 자신의 소신을 밝히며 긴 이야기의 끝을 맺었습니다. 김씨는 "친일 친일 하는데, 1937년만 해도 총독부의 탄압이 본격화될 때인데 방 선생이 친일을 작심했다면 왜 그런 큰돈을 김동삼 선생 장례식에 내놓고 뒤를 봐줬겠는가"라며 "장례가 끝나고 일본 경찰이 찾아와 조문객 명단을 샅샅이 조사해 갔는데, 그걸 감수하면서까지 도와주신 분을 친일파로 볼 수 있겠는가"라고 말했습니다. 그는 "당시 실린 일부 기사들을 가지고 지금에 와서 일방적으로 매도하는 것에 동의할 수 없다"며 "독립운동가의 손자인 나도 40년대 만주에서 소학교 다닐 때 아침마다 동쪽을 바라보고 동경의 궁성을 향해 절을 올렸다"며 "내가 친일파라서 그랬겠나. 죽지 않고 살아남은 사람 입장에서 일제를 거치며 흠을 남기지 않은 사람은 드문 법"이라고 덧붙였습니다.

— 조선일보(chosun.com), 2003년 10월 22일

내놓고 일경들이 잠복했다는 겁니다. 누가 시신을 가져가나 보려고. 유명한 일화인데, 아무도 안 가져가니까 만해 한용운 선생이 수레에 실어 가지고 장례를 치러요. 그 손자 분이 무슨 수기집을 가져와서 보여주는데 그게 만해 선생의 비서가 쓴 일종의 일기였어요. 결국 만해가 장례를 치렀는데 장례 비용을 계초 방응모가 댔다는 겁니다. 그리고 만해 선생께서 조선에 그 많던 애국지사는 다 어디 갔는가 하면서 탄식했다는 기록이 있다고 들었습니다.

흥미로운 일화군요.

최경운　네. 일경들이 잠복 감시를 하니까 장례식에 아무도 안 왔던 거죠. 그러니까 만해하고 몇 분이서 5일장으로 장례를 치렀는데, 그 돈을 조선일보를 경영하던 계초 방응모가 댔고요. 그분은 솔직하게 그렇게 얘기하시더라고요. 당시 고등경찰들이 조선의 독립운동 연계 세력을 일망타진하려고 그럴 때 아무도 안 나타나고 누구도 돈 한 푼 안 댔는데, 그래도 당신네 회사 오너가 장례 비용을 대지 않았냐. 당신들도 그림자가 있을 거다. 왜 없겠냐. 자기도 천하의 1등 독립운동가 손자인데 만주에서 초등학교 다닐 때 매일 아침마다 도쿄를 향해서 절을 하고 덴노헤이카 반자이(천황폐하 만세)를 했다. 당신들이 비판받을 거 있으면 비판받아야 하지만, 그 시절을 우리가 살아보지도 않고 재단할 수는 없다. 그러면서 그분이 손자뻘 되는 저보고 "힘내서 기자 생활 하쇼", 이러시더라고요.

신문 산업의 미래

신문 산업의 미래를 어떻게 전망하시나요?

최경운 제가 신문사에 들어온 2000년대 초에도 신문 산업의 쇠퇴라는 흐름은 이미 있었는데, 지금은 그때보다 훨씬 더 심해졌죠. 양상이 다른 만큼 원인이 뭔지를 연구해서 대응해야 되는데 경영기획실이나 우리 수뇌부들이 그런 고민을 하고 계시겠죠. 그런데 그게 발현되는 방식이 온라인 강화거든요. 저도 온라인 파트를 한 1년 반 하면서 양질의 기사를 써보려 한 적이 있어요. 분량의 제한이 없으니까 더 충실하게 해보자. 그걸 끌고 가려고 집에 가서 밤 12시에도 계속 노트북 열어놓고 후배들이 올리는 기사 데스크 보고 그랬어요. 온라인 기사지만 저희는 그때 데스킹을 세게 봤거든요.

종이 신문은 독자가 과거에 비해서 많이 줄었죠? 특히 정치 영역에서 영향력은 어떤가요?

최경운 독자가 확연히 줄었죠. 피부에 와닿는 게 오탈자 정정 요청인데요. 전에는 뭘 고쳐달라, 수정해달라가 전부 종이 활자를 고쳐달라는 거였는데 어느 날부터는 제가 피부로 느낄 정도로 종이 신문에 바로잡아달라는 요구가 줄어들더라고요. 사내의 어떤 간부 분은 전에 이런 말씀을 하시더라고요. 차라리 한 40만 부 진성 독자들로 부수가 빨리 줄어들었으면 좋겠다고. 무슨 말씀인지 들어보니까, "신문을 찍으려면 10만 부에 백몇 억씩 비용이 들어간다. 종이하고 잉크 값만. 예를 들어 부수를 30만 부 줄이면 300억이 남는다. 신문사 매출 구조에서 300억은 어마어마한 돈이다. 그 돈을 차라리 양질의 기사를 생산하는 데 쓰는 거다. 그리고 40만 부 수준이면 충분히 양질의 정론지로 갈 수 있다. 그래서 그 진성 독자들이 신문을 제값을 내고서 구독하게 하자"는 거였습니다.

뉴스 생산자

설득력 있는 주장이군요. 그 경우 신문의 성격도 달라져야겠죠?

최경운 신문이 정론지로 가려면 퀄리티를 바꿔야죠. 회사의 수익은 방송하고 온라인 쪽에서 내고 신문은 신문이라는 올드 미디어 형식을 좋아하는 사람들한테 일종의 프리미엄 브랜드로 한 40만 부 선에서 유지하면서 우리가 쓰고 싶은 사회적 가치를 지닌 기사, 양질의 신문을 읽고 싶어 하는 독자를 위한 기사를 깊이 있게 가져가자는 말씀을 하셨는데, 당시 그 말씀에 깊이 공감해서 지금도 기억이 납니다.

공감이 가는 말씀입니다. 그나저나 약속한 시간이 한 시간 가까이 지났네요. 오늘 말씀 감사합니다.

최경운 감사합니다.

04. 정치부장, 정우상

인터뷰이	정우상(남성, 인터뷰 당시 49세, 입사 24년 차)[1]
인터뷰 일시/장소	2021년 11월 8일 오전 11:00~오후 12:30 / 조선일보사 인근 음식점

언론사에서 편집국장이 편집국 전체를 통솔하는 군주라면 부장은 영역별로 나뉜 각 취재 부서를 관장하는 봉건영주다. 정치부장은 그중에서도 가장 주목받는 부서인 정치부를 이끄는 존재다. 정치 갈등으로 날이 새는 나라에서 정치부장은 각종 선거, 대통령으로 대표되는 정치적 유력자, 그들의 배우자, 국회와 정당 등지에서 벌어지는 정치적 사태들을 감시하고 그에 대한 공정하고 균형 잡힌 정보와 해석을 제공하기 위해 노력한다. 이 역할에는 특별한 균형 감각과 책임감이 요구된다. 정치권력과의 독립적 거리를 유지하면서 그들에 대한 내밀한 정보를 확보하는 일, 그리고 정치적 유력자들과 두루 관계를 유지하면서 권력의 남용과 비리를 감시하고 비판하는 일. 이 상충하는 과제의 일차적 책임자인 정치부장은 언론사와 정치 시스템 간의 섬세한 네트워킹 및 균형자의

1부. 사회적 환경과 정치권력의 감시

역할을 수행한다. 동시에 그는 정치부의 일선 기자들과 편집부 간의 원활한 협력을 도모하고, 정치 기사의 공정성과 윤리성을 책임지며, 독자의 의견이 기사에 반영될 수 있도록 노력한다.

조선일보에서 이 역할을 맡은 정치부장 정우상은 현장 연구를 시작하며 가장 궁금했던 사람이다. 그는 한결같이 자기 일에 집중하며 신중하게 처신하는 사람이었다. 호리호리한 몸매에 짙고 깊은 눈빛이 인상적인 그는 긴 시간 편집국에서 함께 시간을 보내면서도 인터뷰 시간을 잡기가 만만찮았다. 인터뷰를 잡고 미리 보낸 질문지의 답변도 오지 않았다. 업무에 전념하고 있다는 뜻이었다.

그는 보수 언론사에서 진보정당을 출입해온 이질적인, 어떤 면에서는 모순된 존재였다. 그는 정치 현장에서는 보수지에 적대적인 정치권 인사들을 대상으로 자신이 속한 신문사의 입장을 옹호하고, 신문사 조직 내에서는 자신이 담당한 진보 진영의 복잡한 속사정을 설명하면서 양자 간의 약한 줄이 끊어지지 않게 섬세한 실타래를 돌리는 역할을 맡았다.

그와의 인터뷰는 길지 않았지만 깊었다. 군더더기 없이 직설적인 말, 말에 조응하는 표정, 질문의 너머까지 살핀 대답에서 명민함이 느껴졌다. "엘리트구나." 그가 대학원 학생이었다면 모든 교수들의 주목을 받는 기대주였을 것이다. 현장 기자 시절 그의 기사를 찾아 읽었다는 연구자의 말에 활짝 웃는 모습이 보기 좋았다. 인터뷰를 마친 그는 다시 자신의 자리로 돌아가, 정치부가 위치한 편집국의 특별한 공간을 과하지도 부족하지도 않은 자신의 존재감으로 채웠다.

정치부장 자리

정치부장 자리는 편집국의 노른자 아닌가요?

정우상 전체적인 뉴스의 양이라든가 사람들이 관심을 갖는 정도를 고려하면 그렇게 볼 수 있습니다. 특히 선거 같은 특별한 시기에 종이 신문이 됐건 인터넷이 됐건 정치부가 뉴스를 가장 많이 생산하는 부서이긴 하죠. 전에는 어땠는지 몰라도 지금의 정치부장은 업무량과 책임량에서 가장 큰 부담을 지는 자리가 아닌가 싶어요. 그리고 한편으로는 독자들이나 인터넷 댓글 이런 거 보면 조선일보가 정치면만 없으면 참 좋은 신문인데, 라는 지적도 가장 많이 듣는, 그러면서도 가장 많이 보는 그런 지면이어서 상당히 부담스러운 자리인 것 같습니다.

정치면이 정식으로 있고, 종합면도 주로 정치부에 배정되지 않습니까?

정우상 네. 그래서 신문 기준으로 따지면 3면, 4면, 5면, 6면이 별일 없으면 정치부가 써야 되는 면입니다.

종합면과 정치면의 구분이 모호하다는 생각도 듭니다.

정우상 정치라는 게 국내 정치도 있지만 외교 안보 사안이나 국방 이런 것도 저희가 중요하게 다뤄야 해서 사실상 종합면의 상당 부분을 정치부가 담당하는 셈이죠. 물론 예외적인 경우도 있지만요.

최근 들어 정치부가 담당하는 지면이 오히려 확장되는 것 같은데요.

정우상 그렇습니다. 예를 들어 오늘 같은 경우에 재난지원금을 두고 이재명 후보는 전 국민 재난지원금이다, 윤석열 후보는 자영업자 중심의 피해 보상제다, 이런 거는 정책 기사이자 경제 기사이면서 동시에 정치 기사이기도 하거든요. 이제는 그런 경계들이 허물어진 상태이고 실제로 타 부서랑 협업을 많이 해야 되는 게 정치부죠.

유동적이긴 하지만 평균적으로 담당해야 하는 지면이 일단 4개 면은 기본으로 들어간다, 이렇게 봐도 될까요?

정우상 그렇습니다. 적을 때는 2개 면, 경우에 따라서는 5개 면을 맡기도 하고요.

지금은 선거 때니까 더.

정우상 그렇죠. 점점 더 비중이 늘어나겠죠. 그리고 선거가 정점으로 가면 모든 부서가 다 선거 관련 기사를 다루게 됩니다. 선거라는 것이 실은 정치인들의 움직임만 있는 게 아니고 정책이나 사회나 경제가 다 맞물리는 거라서 선거 쪽으로 다 갈 수밖에 없어요.

커리어 패스

정치부장이 되기 전에 어디 어디를 거치셨죠?

정우상 2003년부터 정치부에서 근무했고요, 그전에는 사회부.

입사는 언제 하셨죠?

정우상 1997년도였습니다. 사회부, 경제부를 거쳐서 2003년부터는 정치부에 쭉 있었고 중간에 논설위원실 근무를 좀 했지요. 회사에서 혜택을 입었다고 할지, 아니면 타 부서 경험을 못했다고 할 수도 있고요. 한 20

년 됐을까요, 계속 정치부만….

예외적인 경우인가요?

정우상　정치부는 다른 부서에 비하면 취재원과 관계를 맺는 데 시간이 걸립니다. 바로 투입된 얼굴 모르는 기자한테는 정치인들이 얘기를 잘 안 해주거든요. 어느 정도 신뢰가 쌓여야 얘기를 좀 해주고 또 깊은 얘기도 취재할 수 있기 때문에 정치부는 초년병 기자라도 적응 기간이 필요하죠. 물론 다른 부서에서 들으면 동의 안 하겠지만.

그래서인지 정치부 구성원들은 대개 경력이 제법 되는 분들 같습니다.

정우상　그런 편이죠. 그런데 사실 데스크 선으로 올라가게 되면 그 부서에서 적어도 5년에서 10년 정도의 경력은 갖고 있어야 해서…. 하지만 대체로 타 부서에 비해서 정치부는 근무 기간이 긴 편이죠. 그래서 왜 한 사람만 계속 여기 두느냐, 순환 근무를 시켜라 하는 요구도 많죠. 신문사 같은 경우는 한곳에 오랫동안 취재하는 경우가 많은데 방송 쪽에서는 계속 돌리더라고요. 거기는 좋은 부서니까 같이 나눠 먹자, 그런 인식들이 있는 것 같고. 방송들은 한 3년쯤 근무하면 바꾸는 것 같은데 저희는 쉽지 않죠. 저희도 요즘은 인사에 대한 니즈들이 있어서 특히 주니어 기자들의 경우 다양한 경험을 쌓게 하려고 순환 보직을 시키기도 하는데 아무래도 장단점이 있습니다.

초년 때는 순환 보직으로 여러 부서를 경험하다가 어느 특정 부서에 안착하고, 데스크가 되고. 이게 일반적인 언론사 인사 관행인가요?

정우상　그렇습니다. 한 5년 정도까지는 자기가 어느 부서에 적합한지 알아보고. 그런데 다른 회사도 그렇겠지만 본인들이 지망한다고 다 되는 건 아니죠. 인사 수요라는 게 있고 그래서 몇 군데를 거친 다음에 5년 차 이후부터는 회사도 그렇고 기자 개인도 그렇고 특정 분야의 전문성을 쌓을 수 있게 하는 것이 가장 이상적인 인사일 텐데 그 또한 개인 뜻대로만 되는 것도 아니고요. 회사 차원에서도 시스템적으로 잘 굴러가지는 않는 것 같더라고요. 일본의 경우 정치부 기자는 다른 부서에서 10년 이상 경험을 쌓아야 배치를 해주는 것 같고. 우리는 미국이랑 일본 중간 정도인 것 같아요.

정치부 내에서는 어떤 경력을 쌓으셨습니까? 출입처 차원에서.

정우상 저는 주로 청와대를 출입하다가 국회, 국회 중에서도 주로 민주당을 출입했습니다. 지금 집권당이죠.

현 정부 및 여당 인사들과 가깝겠군요.

정우상 다른 매체 같은 경우에도 그쪽이랑 가까우면 좋은데 지금은 특히 정치가 양극화돼서…. 저는 국민의힘 쪽보다는 민주당 출입을 훨씬 많이 했고 그래서 그쪽 분들이랑 어떻게 보면 신뢰관계, 나쁘게 얘기하면 애증관계가 있죠. 저는 노무현 정부 때도 청와대 출입을 한 2년쯤 했고 문재인 정부 때도 한 3년 반, 부장을 맡기 직전까지 거기 출입을 했죠. 참, 외교부도 한 2년 정도 했습니다.

외교부라면 행정부처 출입도 하신 거군요.

정우상 행정부처지만 우리 편제상으로는 외교, 국방도 정치부가 해야 하고 특히 정당을 출입하고 청와대를 출입하려면 외교, 국방 쪽 백그라운드 없이는 정치의 상당 부분을 제대로 이해하기가 어렵죠. 외교부, 청와대, 국회(주로 민주당), 그러면 정치부 내에서는 다 출입한 겁니다. 국방부 빼놓고는. 그리고 논설위원실에도 한 2년 있었습니다.

논설위원실은 약간 의외의 배치인 것 같은데요.

정우상 2010년부터 2012년까지 논설위원실에 있었는데, 10년쯤 전이군요. 예전에는 논설위원 그러면 머리 희끗희끗한 분들, 부장 마치고 편집국장 마친 분들이 가서 맡는 거였는데, 요즘은 한 15년 차, 10년 차에 있는 분들도 거기 가서 경험을 쌓고 다시 현장 출입으로 가는 식의 인사 패턴으로 바뀌었습니다. 저희가 먼저 시작했을 텐데, 다른 신문사들도 요즘은 차장급에서 논설위원을 맡는 경우가 많은 것 같더라고요. 저도 차장 때였습니다.

정치권과의 신뢰관계

정치권과의 신뢰관계를 언급하셨는데, 구체적으로 어떤 의미인가요?

정우상 그러니까 예컨대 미국의 경우 의회에서 바이든을 담당했던 기자들이 백악관 출입을 하거든요. 트럼프를 담당했던 기자들이 백악관을 출입하고. 단순히 친소관계 같은 게 아니라 취재원과 언론이 어떻게 보면 팀워크를 이루는 걸로 봐야겠죠. 심지어 CNN 출입 기자도 트럼프 담당이 있을 거 아닙니까. 그러면 트럼프한테 CNN 기자는 너무 미운 상대지만 그래도 이 사람을 통해서 몇 가지 이야기를 하면 제대로 전해질 수 있을 거라는, 그러니까 신뢰관계라는 것이 무슨 유착 그런 게 아니고 한쪽에서 무슨 얘기를 했을 때 그게 어떤 말이라는 걸 이해할 수 있는, 서로 호흡을 맞춰본 사이라고 할까요. 예를 들어 이재명 후보 담당 기자다 그러면 이재명 후보가 집권을 할 경우 특별한 일이 없으면 그 사람을 보내는 게, 유착관계 그런 게 아니고 오랫동안 서로 호흡을 맞춰온 팀이기 때문에 그렇게 가는 것이 관례죠. 저 같은 경우는 문재인 대통령을 야당 대표 때부터 쭉 담당해왔기 때문에 자연스럽게 청와대 출입을 했죠. 또 그때까지 보던 사람들이 대부분 청와대에 들어갔거든요. 그러면 그분들과의 관계, 취재, 소통 이런 게 생판 모르는 분들보다는 훨씬 낫겠죠. 그런데 맨날 비판적인 기사만 써대니까 그분들이 저를 좋아하거나 그러진 않을 거예요.

이번 선거가 끝나면 편집국 내에서도 정부의 구성에 상응하는 변화가 또 있겠네요?
정우상 편집 방향은 별개 문제지만 인력 운용 차원에서는 그렇겠지요.

인력 운용 차원에서 드린 말씀입니다.
정우상 그렇죠. 그건 불가피한, 자연스러운 수순이죠. 아까 말씀드린 대로 각 후보들을 오랫동안 취재해온 기자들이 청와대로 배치되는 경우가 대부분일 거고. 그건 뭐 저희만 그러는 것도 아니겠죠.

다른 신문사들도 그렇게 하나요?
정우상 그렇겠죠. 이거는 여담인데요, 2002년에 이인제 후보는 주로 고참 기자들이 담당하고 노무현 후보는 초반에 당선 가능성이 낮아서 주로 주니어 기자들이 담당했는데, 노무현 후보가 역전을 하고 청와대까지 가면서 그때 정치부 기자들 물갈이가 많이 됐어요. 그게 어떻게 보면 정치부 기자들의 묘미이기도 하고요. 과거 3김 때는 너무 유착이 돼서 얘는 누구 기자다, 얘는 누구 기자다 이런 게 심했는데, 지금은 그런 것들이 전혀 없다고 단언할 수 있습니다. 물론 친소관계야 있을 수 있겠지만, 권력 이동에 따라서 맡는 분야들이 달라지는 거죠.

노무현 정부 때도 청와대 출입하셨다고 그랬는데 부장님께서도 그런 케이스로?

정우상 아, 저는 2003년도에 왔기 때문에 정치부 초짜 생활을 청와대에서, 반장 밑에서 서브로 했어요. 그때 취재하면서 노무현 정부 분들을 처음 만났습니다.

예외적인 경우군요.

정우상 그렇죠. 정치부에 오자마자 청와대로 출입하면 원래는 안 되는 건데 집권 초기에는 사람이 많이 필요합니다. 초창기 인수위 때는 5명 정도나 필요하고요. 그러면서 좀 안정이 되면 한두 명 체제로 가는데, 저는 다섯일 때 맨 밑에 들어가서 둘일 때 2진 기자로 출입하다가 총선 끝나고 국회로 갔죠.

출입처 이동

청와대에 있다가 국회로 옮기는 건 대개 어떤 경우입니까?

정우상 그건 간단하죠. 뉴스가 어디서 많이 나오느냐의 차이거든요. 그러니까 집권 초기에는 대통령이 한마디 하면 그게 다 뉴스가 되기 때문에 청와대에 인력을 집중 배치하죠. 그러다 총선 끝나고 국회 쪽으로 다시 권력의 축이 이동하면 국회 쪽 출입을 많이 시키고. 철저하게 뉴스의 생산량, 뉴스의 가치에 따라서 인력 배치를 하는 겁니다. 오늘 같은 경우도 윤석열 후보의 코로나 피해 지원금 발언이 화제가 됐는데요. 이런 게 윤석열이라는 사람이 경선 후보였을 때는 사실상 뉴스 가치가 없는 얘기였는데 이제 그분이 제1야당 대선 후보가 되면서 말의 무게가 달라지거든요. 또 대통령이 된다면 그 말 한마디 한마디가 다 뉴스가 되기 때문에 그때는 뉴스량이 폭증합니다. 그래서 그쪽으로 취재 인력도 많이 보강해야 되고요.

그럼 국민의힘 쪽으로 취재 인력이 붙는 건가요 아니면 윤석열 후보 개인한테 붙는 건가요?

정우상 둘 다입니다. 선거 때는 모든 게 다 후보 중심으로 운영되기 때문에 예를 들어 국민의힘 담당 기자가 6~7명일 경우 처음에는 윤석열 후보 담당 2명, 홍준표 후보 담당 2명, 유승민, 원희룡 후보 각각 1명 이렇게 배치했다면 지금부터는 다 윤석열 후보 담당이 되는 거죠.

그런 의사결정은 부장님께서 하시는 거죠?

정우상 그렇습니다. 팀 혹은 부서 내의 인사라서 인력 배치나 그런 건 제가 하죠.

전반적으로 정치, 사회, 경제 같은 부 단위 기사의 비중이 변할 수도 있는 시점에는 그 인사를 누가 담당하나요?

정우상 그건 편집국장의 몫입니다. 그러니까 사실 제가 하는 인사라는 건 흔히 서명이 들어가는 그런 인사가 아니고 인력을 배치하는 거죠. 어떻게 보면 이건 인사라기보다는 그 부서 내의 인력 배치 문제고, 종합적으로 부서를 배치한다든가 데스크나 이런 건 편집국장의 고유 권한입니다.

잘 알겠습니다. 정치부장 맡으신 지는 어느 정도 되셨습니까?

정우상 조금 있으면 1년이 되는 거 같습니다.

일선 기자로서 바이라인이 붙는 기사 생산은 더 이상 안 하시는 거죠?

정우상 그렇죠. 차장 때 마지막으로 청와대 출입을 하면서 쓴 뒤로는 안 하고 있습니다.

정치부장·24시

정치부장의 하루 24시간을 대략 스케치해주신다면?

정우상 저는 한 6시 반쯤 일어납니다. 운동 좀 하려고요. 저도 살아야 되니까. 운동하고 아침 뉴스들을 보죠. 전에는 신문을 봐야 했지만 요즘은 그냥 인터넷으로 쭉 보면서 우리 신문에 난 거 다른 신문에 난 거, 또 우리가 진 거 이긴 거, 이런 것들을 쭉 봅니다.

거기서 졌다 이겼다의 판단은 어떤 거죠?

정우상 지금이야 특종 개념이 별로 없지만, 예전에 인쇄 매체 중심이었을 때는 어느 신문에 아무개 후보가 뭐 했다는 게 났는데 우리가 못 썼다 싶으면 경쟁 매체로서는 하루 동안 이걸 못 싣고 있는 거거든요. 이런 일들이 누적되면 매체 간 경쟁력에서 차이가 나게 되서 그런 걸 체크하는 게 오랜 관행입니다. 그런데 요즘은 그게 모호해져서 가령 A신문에 났는데 B신문에는 안 났다 그러면 다음 날 아침부터 소위 베끼기 경쟁을 하죠. 외국이라면 상상도 못할 일이지만, 일단 베껴서 인터넷에 띄우면 우리가 공들여서 쓴 기사인데 인터넷에서는 B신문이 베낀 기사가 클릭 수가 훨씬 많이 나오는 경우들이 있어서 정보의 독점성이 전에 비해 크게 떨어졌죠.

하지만 업계 선수들끼리는 그런 일들이 누적되면 쟤네들은 소위 물먹고 있구나 하는 걸 아는 거죠. 오늘도 윤석열 후보 인터뷰 같은 경우는 저희만 냈기 때문에 못 실은 다른 신문사들은 좀 짜증이 날 겁니다. 언론사도 일종의 비즈니스라서 가급적 자기들만 독점적으로 하는 걸 선호하죠. 예를 들어 대장동 사건 같은 경우도 요즘이야 모든 매체들이 다 쓰지만 초반에 한 3~4일 정도는 저희만 썼을 겁니다. 그때 이재명 후보가 "조선일보 기자늘 고등교육 받은 거 맞나"라는 그런 막말까지 했는데 사실 저희도 사건의 전체적인 그림을 알고 접근하는 게 아니거든요. 그래서 이걸 쓰는 게 맞나 싶기도 하고 계속 써야 되나 그러기도 하고. 그런데 그걸 버티는 게 중요하죠. 그래도 한 3~4일 동안은 대장동 뉴스를 보고 싶으면 저희 신문만 찾아야 되고. 그럴 때가 기자들은 기분이 좋고 힘들고 긴장되는 시기입니다.

대장동 기사를 처음 접했을 때 독자로서 전율을 느꼈습니다.

정우상 그래서 그런 것들을 아침에 보고요. 대개 오전 9시에 회사 도착해서 우리 기자들이 무슨 기사를 쓰겠다고 발제한 것들을 보고 지면 계획을 짜고 10시 10분쯤에 오늘 인터넷은 뭘로 할까 회의를 하죠. 11시쯤 오늘 지면 계획을 잡아놓고는 점심을 먹고 오후 2시쯤 되면 또 일선에

朝鮮日報

2021년 9월 13일 월요일 A01면 종합

이재명표 대장동 개발 참여社, 3년간 배당금만 577억

(화천대유)

야권 "이익 공공환수 취지 퇴색"
이재명측 "적법한 절차, 특혜없어"

이재명 경기지사가 성남시장 재직 시절 "택지 개발 공공환수하겠다"며 추진한 경기 성남 분당구 대장동 개발 사업 이익금 상당부분이 특정 개인이 지분을 100% 소유한 회사에 돌아가면서 정치권에 공공 환수 취지가 퇴색된 것이 아니냐는 논란이 일고 있다. 대장동 개발을 위해 성남시 산하 성남도시개발공사가 2015년 설립한 특수목적법인 '성남

의뜰'에 참여한 민간 시행 업체인 '화천대유자산관리'(화천대유)가 최근 3년 사이 해마다 100억~200억원씩 배당을 받은 것으로 나타났다. 화천대유는 성남의뜰이 민간 사업자를 공모한 시기에 설립된 신생 업체다. 얼마 전까지 언론사 간부로 재직한 A씨가 지분 100%를 소유하고 있다.

대장동 개발 사업은 성남시 분당구 대장동 일대 92만467㎡(약 27만8000평) 에 주택 5903가구를 개발하는 사업으로, 올해 상반기부터 입주가 시작됐다. 이 지사가 2014년 성남시장 재선에 성공하면서

성남도시개발공사와 민간 사업자가 특수목적법인(성남의뜰)을 공동 설립해 개발하는 방식으로 본격 추진됐다. 이 지사는 2017년 이 같은 사업 방식에 대해 "개발이익금의 사회 환원이라는 지역 개발 역사의 새로운 지평을 열어가겠다"고 했었다. 그런데 특수목적법인에 보통주 지분 14%를 갖고 참여한 화천대유는 2019년부터 올해까지 3년 동안 577억원을 배당받았다. 이 회사 출자금은 5000만원이고, 금융권으로부터 수천억원대 차입금을 빌려 회사 운영 자금으로 썼다.

○○○·○○○ 기자 **A5면에 계속**

[기사 5] 2021년 9월 13일 1면 대장동 관련 특종 기사

朝鮮日報

2021년 9월 13일 월요일 A05면 정치

이재명 인터뷰한 언론인, 7개월뒤 대장동 개발 '화천대유' 설립

배당금만 577억 A1면에서 계속

[기사 6] 2021년 9월 13일 5면 대장동 관련 이어달리기 기사

서 오후 보고들을 합니다. 그걸 가지고 편집국 스탠딩 회의를 2시 반에서 3시쯤 해서 지면 계획을 다시 잡고 5시 반쯤에 가판 회의라는 걸 하고 저녁 먹으러 가기 전에 타사 신문 훑으며 또 뭐 빠진 거 없나, 좋게 애

187

1부. 사회적 환경과 정치권력의 감시

기하면 우리가 참고할 게 있나, 나쁘게 얘기하면 베껴야 될 게 있나 보고 저녁을 먹고 8시 반에서 9시쯤 귀사해서…. 아마 이 일정까지는 타사 부장들이랑 저희랑 별 차이가 없을 거예요. 그런데 저희는 사풍이 그런지 전반적으로 타이트해서 그런지 부장들이 대부분 저녁에 귀사를 해서. 안 그래도 되는데…. (웃음) 예전에는 정치부 기자들이 부장 포함해서 밤에 취재원들 만나서 술 마시고 그랬는데, 술이 좋아서 그런 게 아니라 사실 그 사람들 속내는 그런 자리에서 많이 드러나거든요. 그런데 요즘은 저 포함해서 모든 데스크들이 무조건 9시까지는 들어와서 11시에서 11시 반까지 최종 마감을 하고 귀가합니다.

밤 11시면 윤전기가 이미 돌아가고 있는 시간 아닌가요?

정우상 네. 하지만 새벽 1시 정도까지는 윤전기를 세울 수가 있어요. 대표적인 게 9·11 때인데, 아마 우리나라 시간으로 밤 10시쯤이었을 겁니다. 그걸 시내에 뿌리기 위해서 새벽 1시까지 안 돌리고 있었을 거예요. 지금도 만약에 중요한 뉴스가 있으면 새벽 2시까지는 세울 수가 있거든요. 하지만 통상 11시 반에는 저도 일단 퇴근하고, 혹시 몰라서 야근자들이 12시 반 정도까지 있는 게 일상 패턴입니다.

흔히 부장이 데스크인 줄 알았는데 그건 아니고, 일선 기자들이 보낸 기사를 받아서 고치고 편집하는 역할을 하는 분들이 데스크더군요.

정우상 그렇습니다. 공간적으로 회사에 있는 이들이 데스크입니다.

대개 4층 분들이 데스크 역할을 하는 건가요?

정우상 그렇다고 봐야죠. 특히 팬데믹 이후로는 기자들이 모이지 못해서,

현장 기자들은 주로 현장에 있다고 보면 되고요. 여기 오전부터 나와서 이렇게 책상에 앉아 있는 사람들은 주로 차장급, 부장급입니다. 정치, 경제, 사회부 이런 데는 그렇고, 3층에 있는 문화부나 스포츠부 같은 경우는 내근직들이 많기 때문에 거기는 데스크나 평기자나 상관없이 주로 안에 있는 거고요.

지면 기사와 인터넷 기사

오전 9시쯤에 일선 기자들의 발제를 1진 기자가 취합, 정리해서 데스크에게 올리고, 각 데스크는 그 내용을 재검토해서 부장에게 올린다고 들었습니다. 부장님께서는 주로 차장급 데스크들이 정리한 내용을 살피시는 건가요?

정우상 아닙니다. 저도 말단 기자들이 올리는 것까지 다 같이 봅니다. 그러니까 데스크들이 있지만 결국 결정은 부장이 하는 식이죠. 뭘로 가야 될지 물어도 보고 상의도 하지만 결국 이걸 어떻게 얼마만큼 쓰고 어느 방향으로 써야 될지는 부장들과 국장이 결정하죠. 이게 신문 기준으로는 그렇고요. 요즘 같은 경우는 인터넷 뉴스들도 계속 돌려야 되기 때문에 기사는 재밌는데 신문에 쓰기에는 좀 아닌 것 같다 그러면 인터넷으로 먼저 쓰라고 하죠. 종이 신문과 인터넷 뉴스로 이중화가 된 거죠. 그러니까 전에는 퍼블리싱이 되기 전까지 여러 게이트키핑 과정을 거치고 논의를 하고 걸러서 진짜 1단짜리 기사 하나 내는 것도 심사숙고했죠. 그래서 실수 같은 것들도 적고 그랬는데 인터넷 뉴스 같은 경우는 급한 것들은 별문제 없으면 현장에서 보내오는 걸 바로 냅니다. 그러다 보니까 저희도 민망할 정도로 퀄리티가 떨어지는 기사들도 많이 나오고. 이런 것들이 수익이랑 연관이 되는지 모르겠지만 그 때문에 패턴이 많이 무너졌습니다.

인터넷 기사 결정도 부장님께서?

정우상 주로 저랑 데스크들이 하죠. 그런데 원칙적으로는 현장 기자가 보낸 게 곧바로 나가서는 안 되는 건데, 말씀드린 대로 인터넷으로는 급하면 그냥 내자 하는 경우도 있어요.

인터넷 쪽을 담당하는 부국장 등이 따로 계시는데도요?

정우상 데스킹은 저희가 책임지고 합니다. 거기서는 배치만 하는 거죠.

그래서 온라인 기사에서 주로 사고가 나는 모양이군요.

정우상 네. 사고 유형이 다양하더라고요. 최근의 조국 부녀 일러스트 건은 출고 부서 사고고요. 하여간 원인들도 가지가지인데, 저희는 아무리 인터넷이라고 해도 기본적인 기사의 요건은 갖추도록 하죠. 소위 클릭 장사하려고 기사를 낼 수는 없는 거잖아요. 다만 예전보다는 데스킹 기능이 많이 저하되긴 했어요. 왜냐하면 인터넷 기사의 양이 워낙 많고 그걸 일일이 다 체크할 수도 없는 노릇이라. 지금도 어떤 사이트 보면 정말 말도 안 되는 기사들, 저희 사이트 포함해서 말도 안 되는 기사들이 너무 많아요. 사실 조마조마합니다.

그렇군요. 지금의 시스템에서는 방금 말씀하신 대로 제대로 데스킹이 된 지면 기사들과 데스킹이 소홀한 인터넷 기사가 구분되겠네요.

정우상 네. 그런데 후배 기자들이 인터넷용으로 쓰겠다는 기사들 중 '이

거 지면에 써야겠다' 싶은 것들도 가끔 있어요. 그래서 그렇게 역기능만 있는 것 같지는 않습니다. 일선 기자들이 보기에는 상당히 좋은 기사인데 데스크들 관점에서는 그렇지 않고. 그 역의 경우도 있고. 그런 인식의 차이들이 있을 수도 있거든요. 신문 같은 경우는 게이트키핑 기능 때문에 좋게 얘기하면 정제된 뉴스들 중심으로 나가는 거고 일정한 편집 방향에 맞춘 기사들이 나가게 되는데, 인터넷이 활발해지면서부터는 보텀업 방식의 기사들이 많이 유통되고 있고 그 장단점은 선생님들이 익히 아시는 바일 테고요.

일선 기자들이 발제를 할 때 지면용 기사와 온라인용 기사를 구분해서 하나요?

정우상 일단은 그렇게 하긴 하는데 시스템적으로 그렇게 구분이 되지는 않죠. 괜찮은 기사라서 디지털부터 먼저 내자고 판단하면 그렇게 하는 경우도 있고요. 그건 저나 데스크들이 그때그때 판단을 합니다.

기자들은 그런 판단을 잘 따르는 편인가요? 혹시 기자는 지면용으로 기획을 했는데 그게 온라인으로 갔을 때 그 기자가 불만을 표하거나 하는 경우는 없는지.

정우상 잘 모르겠습니다. 일선 기자들 이야기를 들어봐야겠지만, 지면에 쓰고 싶다고 하는 경우에도 기사 품질이 안 되는데 이걸 어떻게 지면에 쓰겠냐고 할 수도 있을 거고. 그건 서로 대화하고 조정해가야 하는 문제고. 저는 쓰고 싶은 것들은 가급적 인터넷에 쓰라고 하는 편이에요. 불만이 없지는 않을 겁니다.

데스크

데스크는 모두 몇 분입니까?

정우상 지금 정치부는 내근을 들어오는 데스크가 저 포함해서 3~4명입니다. 여당 담당, 야당 담당, 외교 안보 데스크.

데스크들끼리 의견이 갈리는 때도 있을 듯한데요.

정우상 그건 회의를 해서 서로 조정해야죠.

그런 경우가 종종 있나요?

정우상 예전에는 DJ 담당하는 기자, YS 담당하는 기자가 서로 싸우고 난리도 아니었다고 하던데 요즘은 그런 게 별로 없는 것 같아요. 대체적인 편집 방향을 공유하는 조직 내에서 오랫동안 같이 일해와서 의견차로 논란을 벌이기보다는 서로 조언을 해주는 거죠. 제가 생각 못하는 것들은 데스크들한테 듣고 데스크들도 그렇게 하고요. 그래도 책임지는 건 부장이고 국장이죠. 데스크들 입장에서는 본인이 리스크를 지고 뭔가 중요한 결정을 하고 싶겠지만 정작 부담스러운 건 꺼리게 되는 게 인지상정이고 그러면 결국 최종 결정은 부장이 하기 때문에 부장이 하자고 하면 대부분 동조해주죠. 안 그러면 자기들도 피곤하고.

부장님께서는 차장 시절에도 일선 취재를 하셨죠.

정우상 저는 특이한 케이스죠. 문재인 정부가 출범하고 저는 사실 데스크를 해야 하는데 저희 회사랑 문재인 정부의 관계가 좀 특수해요. 보통은 저보다 연차가 낮은 기자들이 청와대가 됐건 현장을 커버하고 제가 데스크로 들어왔어야 되는데 저는 데스크 해야 될 시기에 현장에 갔죠. 요즘은 예를 들어 저희 국방 담당하는 유용원 기자[2] 같은 경우는 편집 국장이랑 동기지만 현장에서 뛰고 있고. 부장 맡기 직전에 있는 사람들이 데스크를 하고 그 아래 사람들이 현장에 가는 게 일반적인데, 요즘은 데스크급이라도 현장에 나가 있는 예가 많고 또 그걸 선호하는 경우도 있죠. 사실 안에 들어와 있으면 힘들거든요.

밖에 나가는 게 더 힘든 거 아닌가요?

정우상 장단점이 있는데, 기자들은 현장에 나가 있을 때가 제일 힘들지만 좋기도 하죠. 그러다가 데스크급으로 올라오면 아무래도 현장을 떠나게 되는 것이기 때문에 뉴스에 대한 감도 떨어지고 또 뉴스 현장에서 직접 뛰지를 못하니까 현장에 대한 갈증 같은 것도 있어요.

논설위원실이랑 편집국은 인사가 왔다 갔다 하던데 데스크에서 다시 현장으로, 다시 데스크로, 이런 경우도 있나요?

정우상 있습니다. 특별히 구분은 없어요. 과거처럼 몇 년 차 되면 뭐 하고 몇 년 차 되면 뭐 하고, 이런 관행은 많이 없어진 것 같습니다.

부장님께서 마지막으로 현장에 계실 때 타 언론사 기자들에 비해 얼마나 연배가 높은 편이셨나요?

정우상 3년 전 문재인 대통령 취재할 때 기준으로 따지면 제가 다른 언론사 청와대 반장들에 비해서 5년 정도 연배가 높지 않았나 싶어요. 저보다 위인 분들도 한두 분 계셨는데 그건 워낙 예외적인 케이스였죠.

기사의 공정성

당시 좋은 기사를 많이 내셨던 기억이 나는데 정부로서는 되게 아팠겠죠. 오랫동안 정부, 여당 출입을 했다 또는 야당 출입을 했다 그러면 특별한 관계 같은 게 형성되고 친출입처 성향 같은 게 생겨나지 않을까 싶은데요.

정우상 문 대통령이나 현 집권 세력에 대해서는 저희 신문 독자라든가 저희 내부에서 매우 비판적이죠. 저 같은 경우는 이분들이 못 보거나 안 보려 하는 부분을 많이 보려고 애썼습니다. 제 담당 분야이기 때문에. 물론 비판을 안 하겠다는 게 아니고 또 그쪽이랑은 유착하려 해도 할 수 없는 관계이기도 하고. 예를 들어 남북관계도 그렇고 경제정책도 그렇고 이분들 입장에서 보면 그렇게 볼 수도 있겠구나, 하고 이해하려고 했있고 기사 곳곳에 그런 점들을 반영했던 것 같습니다. 반대로 그쪽이랑 유착된 분들은 황당한 기사도 많이 쓰죠. 소위 관급 기사라고 하잖아요. 보도자료 그냥 거의 베끼고. 과거 땡전 뉴스 같은. 그런데 제 입장에서는 그런 뉴스를 쓸 수는 없고 기본적으로 비판적인 기사를 써야 하지만, 그래도 그분들을 이해하려고 많이 노력했고 양쪽의 간극을 좁히려고 애썼던 것 같아요.

지금 말씀하신 내용은 바람직한 언론의 자세나 공정성 개념하고 일맥상통하는데요.

정우상 그렇게 노력을 했습니다. 그래서 당시에 데스크가 요구하는 기사의 방향과 제가 생각하는 기사의 방향이 달라서 좋게 얘기하면 토론도 많이 하고 나쁘게 얘기하면 다투기도 하고 그랬죠.

당시 데스크들하고 겪은 갈등 중 혹시 기억나시는 게 있나요?

정우상 워낙 많아서. 예를 들어 큰 틀에서 잘못한 거면 과감하게 비판하면 되지만 사소한 실수 같은 것들을 크게 쓰자고 하면 저는 그건 아닌 것 같다, 이건 우리가 크게 보고 가자고 했죠. 의견차가 있는 경우에는 서로 의견을 내며 조정할 건 조정하고. 그래도 안 되는 건 최종적으로 부장 생각이 그러시다면 그렇게 쓸 수밖에 없겠다, 하고 서로 타협했던 것 같습니다. 특히 비판적인 기사를 쓸 경우에는 더 그랬죠. 요즘 같으면 여당 출입이 됐건 야당 출입이 됐건 생각이 안 맞으면 일선 기자들이 저한테 어필하는 경우도 많습니다. 하여튼 서로 좁혀가야죠. 일방적으로 지시할 수는 없어요.

부장님이 생각하시는 방향과 일치하지 않는 일선 기자들의 기사가 올라왔을 때 과거 경험이 역지사지로 떠오르실 것 같은데요.

정우상 그렇습니다. 저는 그래도 현장 기자들이 데스크한테 도전들을 많이 좀 해줬으면 좋겠어요. 그런데 잘 안 해요. 제가 잘해서 그러는지 안 하더라고요. (웃음) 물론 피곤하고 힘들죠. 시간도 없고 바빠 죽겠는데 "부장, 이건 아닌 거 같아요" 하면 짜증도 나는데 그래도 그런 것들을 많이 해야 됩니다. 많이 해서 한쪽으로 휘는 걸 막아야 됩니다.

일선 기자들의 변화

요즘 기자들 보기에 어떠세요? 부장님께서 현장에 계실 때에 비해서 일선 기자들이 더 보수화되었다거나 신문의 논조 같은 걸 기계적으로 쫓아간다, 그렇게 보시지는 않나요?

정우상 보수화된 건지는 모르겠고, 제가 모르는 제너레이션 갭은 있는 것 같습니다. 예를 들어 이번에 홍준표 후보에 대한 2030세대의 지지라는 것을 저는 잘 이해하지 못하겠거든요. 머릿속으로 이해는 할 수 있겠는데 가슴으로는 잘 안 되더라고요. 그건 보수화와는 또 다른 문제인 것 같아요. 요즘 제가 고민하는 게 뭐냐면, 신문사에서 결정하는 쪽은 주로 50대 남성들인데 뉴스 소비자들은 세대를 가리지 않잖아요. 그리고 특히 2030들도 신문이라는 매체를 잘 접하진 않지만 뉴스는 계속 소비하고 있고. 그런데 정치적으로 이 세대는 보수화의 심화가 아니라 로직이 완전히 달라진 것 같다는 생각이 들어요.

부장님이 현장에 있을 때는 편집국 데스크들이 지닌 경향성에 맞섰고.
정우상 나름 애를 많이 썼습니다. 저는 평기자 때 조선일보가 너무 한쪽으로 기울면 안 된다는 얘기를 많이 했고 그것 때문에 선배들과 싸우기도 하고 그랬어요.

지금은 그 관계가 역전된 것 같군요. 부장님께서는 너무 한쪽으로 기울어서는 안 된다는 생각을 갖고 있는데 일선 기자들은 역으로.
정우상 그렇다기보다는, 저도 데스크에 오니까 신문을 제 마음대로 만들 수 있는 게 아니고 국장과 다른 부장들의 생각도 있어서. 하지만 원론적인 차원에서 현장 기자들이 이런저런 껄끄러운 의견을 많이 내줘야 되는데 피곤해서 그런지 아니면 제 생각에 동의해서 그런지 별로 도전하는 목소리들이 없는 것 같습니다.

혹시 소통 채널의 문제는 아닐까요? 전에는 서로 얼굴을 맞대고 얘기할

노무현 중독에서 벗어나야 한다

저는 조선일보 정치부 기자입니다. 그러나 10월 5일자 조선일보에 대해선 비판을 하지 않을 수 없습니다. "그럼 넌 뭐 했냐"고 물으신다면 저는 유구무언입니다. 그래도 주둥이는 살아 있어 이런 글을 씁니다.

1면 톱기사인 '미군 없이 한국군 단독 방어 땐 남침 16일 만에 서울 함락'은 개연성(probability)은 있지만 가능성(possibility)은 매우 낮은 레포트를 기반으로 작성된 것입니다. 그럴 수는 있지만 그럴 가능성은 매우 낮다는 말입니다. 물론 최근 여론처럼 "미군이 없어도 우리나라 문제없어" 식의 단순 논리도 문제 있지만, "미군 없으면 우리는 죽어"라는 식의 극단적 가정 또한 여러 허점을 갖고 있습니다. 그런 가능성 낮은 레포트를 오늘의 가장 중요한 기사로 다룬 것은 여러 가지 문제를 내포하고 있습니다. 기사화했다는 것이 문제가 아니라 그 기사가 오늘의 가장 중요한 문제냐는 판단의 문제입니다.

둘째, 금성출판사의 국사 교과서 문제입니다. 금성출판사의 교과서는 브루스 커밍스의 표현을 빌리면 분명히 '수정주의 사관'에 기초한 것입니다. 그러나 본지가 보도한 것처럼 '민중사관'에 철저히 기초한 것도 아닙니다. 정확히 말하면 민중사관 흉내를 낸 것입니다. 최근 국사 교과서는 과거처럼 국가에서 일괄적으로 만들어 배포하는 것이 아니라, 여러 교과서 중에 학교에서 선택하는 검정제입니다. 역사에 대한 관점은 다양할 수 있고, 금성출판사 교과서처럼 다소 '삐딱한' 교과서도 유통될 수 있습니다. (중략) 두 기사 모두 기사 가치(value)는 있지만, 우리나라에서 가장 많이 팔린다는 조선일보에서 정색을 하며 다뤄야 될 사안은 아니라고 봅니다. (중략)

열린우리당은 당장 "참여정부의 기반을 무너뜨리려는 공세"라며 상당한 '오버'를 했습니다. 이 교과서는 노무현 대통령 재임 시에 검정을 통과한 것이 아니라, 김대중 전 대통령 때 만들어진 것입니다. 더군다나 그 교과서의 필자들은 '검정'이라는 검열 때문에 솔직한 자신들의 사상도 담아내지 못한 '절름발이' 교과서를 만들었습니다. 사정이 그러함에도 열린우리당 교육위 의원들은 그 교과서를 한번도 제대로 검토한 적도 없으면서 신문보도만 보고 분기탱천하는 어리석은 행동으로, 조선일보의 '오버'를 정당화시켜줬습니다. 텍스트(text)를 보지 않고, 컨텍스트(context)를 비판하는 최근 풍토는 대한민국의 미래를 아주 우울하게 만들고 있습니다.

조선일보는 노무현 대통령에 중독됐고, 열린우리당은 조선일보에 중독됐습니다. 사랑은 중독되어도 좋지만, 증오는 중독되면 불행해집니다. 모두가 불행해집니다.

기회가 많았는데, 이제는 메신저 같은 걸로 용건 위주로만 얘기해서.

정우상 커뮤니케이션 방식의 문제도 어느 정도 있는 것 같은데, 제가 지금 전반적으로 느끼는 건 일선 기자들이 말 그대로 일에 파묻혀 있어서 '괜히 부장이랑 싸워봤자 피곤하기만 하고 내가 의견을 낸다고 뭐가 바뀌겠나' 하는 체념 같은 것도 있는 것 같습니다. 저 역시 후배 기자들이랑 더 소통하려면 피곤하거든요, 솔직히. 아무래도 더 좋은 방향을 찾기에는 여력이 없는 것 같아요. 과거에는 같이 술도 많이 마시고 그랬는데. 그때는 일이 지금처럼 많지 않았거든요.

업무량이 많아졌나요?

정우상 그렇습니다.

회식도 못하는 상황인가요?

정우상 네. 특히 코로나 때문에 더더욱. 1년 넘게 전체 팀회식을 한 번도 못했네요. 그래도 최근에는 좀 풀려서 여당팀이랑 같이 밥 먹고 야당팀이랑도 밥 먹고.

회식 자리에서는 그동안의 묵은 문제들을 놓고 자연스럽게 소통이나 토론도 하고 그러시나요?

정우상 글쎄요, 잘 모르겠습니다. 데스크의 성향에 따라 좀 다를 것 같은데요. 저는 과거에도 데스크들이 밥 먹으러 가서 또 일 얘기만 하면 솔직히 가기 싫더라고요. 그게 말이 좋아 소통이지 그냥 지시거든요. 그래서 저는 그런 기회가 생기면 그냥 놀자는 주의로, 가급적 일 얘기는 안하려고 애씁니다.

부장이나 데스크들과 일선 기자들이 견해 차이를 서로 소통하고 보완해나가는 것이 좋은 신문을 만드는 핵심일 텐데, 다들 일에 지쳐 있다 보니 근성을 발휘해서 끝까지 논쟁하기보다는 적당한 선에서 타협하는 것 같네요. 그 해법은 무엇일까요?

정우상 그런 측면이 있습니다. 저희가 매일매일 이런 기사를 쓰고 싶다고 발제하는 것 자체가 어떻게 보면 소통의 과정이죠. 이런 기사를 쓰라고 부장이 지시하는 게 아니라 일선 기자들이 오늘은 이런 걸 쓰는 게 맞겠다고 발제하는 내용들이 어떻게 보면 신문을 만드는 근간이거든요. 왜냐하면 안에서 생각할 수 있는 것들은 한계가 있고 현장에 근거하지 않은 기사들은 의미가 없기 때문에.

대면 커뮤니케이션 차원의 문제가 분명히 있고, 아예 윗선의 입맛에 맞는 것만 써주자 그냥 이렇게 생각하는 경우도 있는 것 같습니다. 저도 그랬던 측면이 있고요. 역으로 보면 제가 일선에 있을 당시 고민해서 쓰고 싶은 파격적인 기사들을 데스크들이 잘 받아주고 격려해주고 했을 때 느꼈던 성취감, 그런 게 중요한 것 같아요. 루틴하게 굴러가는 업무 속에 이런 문제를 해소할 수 있는 가능성이 있겠지요. 파격적으로 지면을 만들 수 있게 열어주는 거죠. 저는 선배들이 그렇게 많이 허용을 해줬던 것 같아요.

워낙 잘하시니까. (웃음)

정우상 그랬다기보다는 남들이 안 쓰는 걸 쓰고 싶었거든요. 정치 기사들이 너무 천편일률적이었으니까요. 저 역시 파격적인 기사를 쓰는 친구들을 발굴하고 격려해주려고 합니다.

좋은 기사란?

정치부장으로서 어떤 경우에 일선 기자들을 격려하고 칭찬하시는지.

정우상 저희도 업무적으로 평가를 해야 하니까요. 좋은 기사를 많이 쓰면 격려를 많이 해줍니다.

좋은 기사란 어떤 겁니까?

정우상 제일 중요한 게 새로운 팩트를 발굴해서 특종을 하는 경우, 아니면 정말 관점이 새롭거나. 사람들이 같은 팩트를 갖고도 다른 관점에서 이렇게 볼 수도 있는 거구나, 할 수 있는. 크게 보면 팩트와 관점, 이 두 가지가 좋은 기사를 평가하는 기준인 거 같습니다. 그래서 아까도 말씀 드렸지만 대장동 같은 경우는 상당히 시간도 들이고 고생도 많이 했고 기사를 진새해가는 과정도 힘들었고 그래서 격려도 많이 하고…. 특히 협박 같은 거 받을 때는 "야 쫄지 마, 이거 어차피 너랑 나랑 같이 책임져야지 너만 책임지는 거 아니니까 쫄지 마"라고 독려도 하고요. 특종을 하거나 좋은 관점의 기사, 칼럼을 쓰거나 그럴 때는 많이 격려해주려고 애씁니다.

혼내시는 경우는요.

정우상 가령 어느 한쪽에 바이어스가 있어서 어떤 기사를 가지고 누구 편을 들려고 할 경우, 그럴 때 저는 지적합니다. 이건 안 된다, 특히 정치적으로 민감한 사안인데 좀 속이 보이는 기사를 쓸 때, 그게 다 보이니까 안 된다. 그리고 두 번째는 기사를 제대로 못 쓰면 화가 많이 나죠.

기사를 못 쓴다는 건 어떤 건가요?

정우상 그게 기본적인 요건이 필요하지 않습니까. 누구나 알아보기 쉽게 써야 하는데, 기자들 중에 취재는 열심히 잘하는데 기사를 못 쓰는 경우도 있고 취재는 열심히 안 하는데 상대적으로 기사를 잘 쓰는 경우도 있고, 물론 그 두 가지가 결합되면 좋죠. 그러면 게으른 기자에 대해서도 독려를 하지만, 잘 취재해놓고 기사를 못 쓰면 이제 저희들 머리에서 쥐가 나는 거죠. 그때부터는 화가 많이 나요. 요즘은 예전처럼 전화기 집어던지고 하는 것은 생각도 못하고요. 특히 언어폭력 같은 경우는 더 그렇고. 요즘은 혼자 이렇게 가슴을 치면서…. (웃음)

데스킹이 그런 기사를 수정하는 작업이죠?

정우상 차장급들이 하는 역할의 주요 부분입니다. 거칠게 들어온 기사들을 정제하는 역할. 일선 기자들은 데스크들이 기사를 다 뜯어고친다고 얘기하지만, 데스크들 입장에서는 품질이 안 되는 기사를 고쳐준다고 생각하죠.

그 과정에서 갈등은 없나요?

정우상 전에는 많았던 것 같은데 요즘은 기사들을 많이 안 고치는 것 같아요. 사전에 대충 이러한 기조로 기사를 쓴다고 서로 공유하기 때문에 기사를 보낸 다음에 그거 갖고 싸우거나 크게 시끄럽거나 하진 않은 것 같아요.

편집의 정치적 균형

편집과 관련해서 궁금한 게, 어제 여기서 윤석열 후보 인터뷰 진행하셨다고 했잖아요. 작게 다룬 건 아니지만 그렇다고 눈에 확 띄게 크게 다룬 것도 아니라는 인상을 받았습니다.

정우상　정치 기사의 경우, 선거 때는 철저하게 반대편의 입장에서 생각해보거든요. 예를 들어 저희 독자 중에 윤석열 후보 쪽을 좋아하는 사람들이 많더라도 만약에 윤석열 후보는 두 면을 펼쳐 쓰고 이재명 후보는 한 면만 쓰면 문제가 생깁니다. 한국 신문에서는 특히 그렇습니다. 독자들이 문제를 제기한다기보다 정치권에서 트집거리가 되고 논쟁거리가 되면 안 되거든요. 그러니까 저희가 다음에 이재명 후보를 인터뷰할 때도 오늘 쓴 분량과 똑같이 쓸 겁니다. 앞으로도 기사 양이나 그런 것들은 양쪽 똑같이. 그게 아주 재미없고 독자들 입장에서 보면 불만일 수도 있겠지만.

예전부터 쭉 그래왔나요?

정우상　그렇습니다. 그래서 특히 선거 시기에는 우리 신문이 어떤 특정 정파적 성향이 있더라도 균형을 맞추는 게 가장 중요합니다.

그런 식의 편집 원칙이 명문화되어 있나요?

정우상　매뉴얼로 되어 있거나 그렇지는 않고요. 저희 사시社是가 불편부당이잖아요. 그러니까 언론이 견지해야 하는 가치, 거기에 따라서 하려고 노력하는 거죠. 그게 정량 평가가 안 되는 거라서. 예를 들면 국민의힘 경선의 경우에 계속 윤석열 후보 먼저 쓰고 홍준표를 그다음에 쓰면 어느 순간 윤석열 후보가 진짜 앞서는 것 같은 어떤 고정 효과가 사람들한테 생기잖아요. 그래서 하루는 홍준표 후보를 먼저 쓰고 제목도 그렇고 계속 바꿨거든요.

순서도 신경을 쓰시는군요.

정우상 네. 어떤 때는 기호 순으로 쓸 때도 있고, 지지율 순으로 쓸 때도 있고. 미세하게 보시는 분들은 알겠지만 저희 입장에서는 어느 한쪽에서 문제 제기를 해올 수 있기 때문에 균형을 맞추려고 애를 많이 쓰는데 당사자들은 선거 끝나고 나면 그렇게 생각 안 하시더라고요.

어제 윤석열 후보 인터뷰 진행했으니까 이제 이재명 후보도 해야죠?

정우상 해야죠. 저희가 제안했고 이제 그쪽에서 날짜를 정할 겁니다. 원래는 여당 후보를 먼저 하는 게 맞는데 시간상 이쪽이 먼저 돼서.

여기로 올까요?

정우상 오게 해야죠. 그건 제가 설득해서라도 그렇게 해야죠. 이재명 후보가 저희한테 마음이 상해 있겠지만 그건 그거고 이건 이거죠. 언론 선호도는 있겠지만. 트럼프는 뉴욕타임스랑 인터뷰를 안 했잖아요. 그러면 안 된다고 봅니다.

혹시 그 두 분만 하지 않고 심상정 후보 같은 분도.

정우상 해야죠. 당연한 거죠, 그건.

그래도 여당이나 제1야당 후보하고 똑같이 대할 수는 없겠죠?

정우상 2~3개 면으로 쓰기는 힘들겠죠. 대선 주자급이면 그래도 한 면 정도는 다 할애합니다.

허경영 씨 같은 사람이 자기도 다뤄달라고 하면요? (웃음)

정우상 그분은 좀 아닌 것 같습니다. 왜냐하면 그건 정치를 너무 희화화하는 것 같고…. 그분은 정치 비즈니스를 하시는 분이라서 그분이 개인적으로 인기가 있고 없고의 문제가 아니라 그분 때문에 피해를 보는 사람들이 있잖아요. 그런 걸로 정치 과정을 통해서 축재를 하고. 제 개인적인 생각인데, 그건 단순히 재미있다 하는 차원을 넘어 범죄라는 느낌이 있어서 흥미로 다룰 사안은 아니라고 봅니다.

편집국장과 정치부장

그런데 만약 다른 분이 정치부장이 되셨을 때 이런 판단이 공유될까요?

정우상 상식 차원의 공유들은 기본적으로 된다고 생각합니다. 그런 것들은 부장이 전부 결정하는 게 아니고 국장과 다른 부장들이 또 있기 때문에 체크 앤드 밸런스가 되지 않을까요. 지금도 제 마음대로 할 수 있는 게 별로 없어요. 국장이랑 다 상의를 하죠.

저희가 볼 때는 2시 회의도 있고 5시 반 회의도 있고 오전 회의도 있고. 하지만 그래도 거의 90퍼센트의 디테일한 결정은 부장 선에서 이루어지는 것 같은데요.

정우상 다른 부장들을 만나보시면 알겠지만 신문은 결국 국장이 만드는 겁니다.

부장이 아니라 국장인가요?

정우상 네. 사설은 논설위원들이 쓰지만 책임은 결국 주필이 지는 것과 마찬가지입니다. 신문은 부장들이 만들고 기자들이 만들지만 결국 최종적인 큰 결정은 국장이 하는 거라서. 이게 소위 레거시 미디어의 장점이자 단점인 것 같아요.

최종 편집에 관한 결정 권한은 편집국장에게 있지만 국장께서 모든 걸 과연 세세히 알고 판단할까, 그런 생각도 드는데요.

정우상 그런데 국장들은 그렇게 하시더라고요. 저걸 다 볼까 싶은데 다 보시더라고요.

놀랍네요.

정우상 왜냐하면 신문에서 1면 톱기사로 사고 나는 경우는 별로 없거든요. 어찌 보면 아주 사소한 면에서 사고가 나고. 그런 경우에는 국장이 책임을 져야 하기 때문에 제가 국장이어도 물론 큰 틀에서도 보지만 디테일한 것도 안 볼 수가 없을 것 같아요.

그러려면 정말 이 기사들을 다 읽어야 한다는 얘기잖아요.

정우상 그건 기본일 것 같습니다.

그런데 국장이 해야 하는 또 다른 일들이 많은데 그게 물리적으로 가능할까요? 지면도 많은데.

정우상 그건 국장께 여쭤보세요. 하여간 제 느낌에는 다 챙기시는 것 같더라고요.

편집국 차원에서 경험이 공유되는 부분도 많고 사고가 공유되는 부분도 있지만 사람마다 차이가 나잖아요. 현 편집국장이 나가고 다른 편집국장이 왔을 때, 이를테면 부장님께서 국장이 된다면 신문이 국장 중심 체제라서 다시 확 달라질 것 같은데….

정우상 국장의 성향이 반영되죠. 우리 신문뿐 아니라 다른 신문들도 국장이 누구냐에 따라서 지면 성격이 바뀌곤 합니다. 큰 틀에서 그 매체가 가지는 방향성 자체가 바뀌지는 않지만, 예를 들어 주요 면에 경제 기사가 많이 나온다, 정치 기사가 많이 나온다 하는 차이일 수도 있고, 이 국장은 주로 이런 기사들을 전면에 내세운다는 것일 수도 있고. 그때그때 차이가 많이 나는 것 같습니다.

정치, 경제, 문화 이런 차이도 생길 수 있지만 이를테면 A라는 국장은 중도적인 성치 성향을 갖고 있고 B라는 국장은 강한 보수 성향을 지니고 있다면 신문이 좀 더 보수 쪽으로 기울었다가 중도 쪽으로 기울었다 하는 변화도 가능할까요?

정우상 어느 정도 반영이 될 겁니다. 그렇더라도 아까 말씀드린 것처럼 신문이 또 시스템으로 굴러가는 거라서 어느 한쪽으로 확 쏠릴 수는 없겠죠. 그런데 국장의 색깔이 반영되는 건 분명한 것 같아요.

그런데 편집국장이 우리한테는 본인 역할이 10퍼센트 정도밖에 안 된다고 하셨어요. 대개는 부장들이 결정한다면서.

정우상 부장들 얘기는 또 다를 겁니다. 특히 정치면 같은 경우는 국장이랑 긴밀히 상의해야 됩니다. 왜냐하면 정치 기사가 종합면으로 많이 가고 저희 얼굴이고 또 선거 시기이기 때문에 국장이랑 제가 하루에도 상당 부분을 머리를 맞대고 상의합니다.

네. 관찰하면서 보니까 다들 모이는 스탠딩 회의나 5시 반 회의 말고도 두 분이 별도로 말씀을 많이 나누시더군요.

정우상 정치부장이랑 편집국장은 계속 얼굴을 맞대고 있어야 합니다. 위치상으로 붙어 있는 것도 그 때문입니다. 포멀한 회의는 그냥 가서 앉아 있는 거고요. 이건 예전부터 그래 왔던 것 같습니다. 그나저나 이제 들어가야 할 시간이군요.

알겠습니다. 오늘 바쁘신데 시간 내주셔서 감사합니다.

정우상 감사합니다.

05. 전 기자, 김수혜

인터뷰이   김수혜(여성, 인터뷰 당시 48세, 1997~2019년 조선일보 재직)[1]

인터뷰 일시/장소   2021년 11월 15일 오전 11:30~오후 1:30 / 분당 서현역 인근 스터디카페

이제 한국 사회에서 한창 활동할 나이에 언론을 떠난 전직 기자는 더 이상 예외적인 존재가 아니다. 신문이, 저널리즘이 어려움을 겪으면서 많은 이들이 현장을 떠났다. 그중에는 "아니 그 사람도…"라는 이가 존재한다. 전직 기자 김수혜가 그러했다.

　오래전 그녀가 현직에 있을 당시 어떤 기자상을 수상하던 자리에서 그녀를 만난 적이 있다. 겸손하면서도 눈부신 자신감과 성취감으로 가득했던 모습이었다. 그리고 얼마나 지났을까. 이제 그녀는 그 모든 것을 뒤로한 전직 기자가 되었다. 그 모습이 기억에 선한데, 너무도 기자다웠는데, 왜 떠났는지 궁금했다. 인터뷰가 제대로 될까. 괜히 만나자고 했나. 하지만 만나기로 한 장소로 가면서 들었던 이런 생각은 기우였다. 전직 기자 김수혜는 정이 많은 사람이었다. 수더분하고 솔직하며 사람 만

나는 걸 좋아하는 다정다감한 성격임을 한눈에 알 수 있었다. 왜 그녀가 조선일보에서 여성으로는 최초로 시경 캡이 되었는지 이내 이해가 됐다. 하지만 에너지가 가득한 그녀의 말과 표정 너머에서 왠지 슬픔이 느껴졌다. 현직 시절, 취재원에게 어려운 질문을 하는 걸 힘들어했던 사람. 그래서 질문이 길었던 기자. 조직에 앞서 자신에게서 문제를 찾는 사람. 그녀는 조직을 떠났지만 여전히 자신이 속했던 언론계와 거기서 일하는 사람들에 대해 존경과 애정을 품고 있었다. 조직을 떠난 이유를 스스로의 한계 속에서 찾고, 아쉬움을 토로했다. 그럼에도 그 상황이 온다면 같은 선택을 할 것이라고 말했다.

언론의 위기와 언론인으로서의 힘겨운 삶, 이직 등 대화의 주제는 무거웠지만 정작 이야기는 유쾌했다. 인터뷰가 끝나고 헤어질 즈음, 그녀는 튜브형 잼을 선물로 내밀어 연구자들을 감동시켰다. 전직 기자 김수혜는 가능하다면 다시 현장에 있게 하고픈 사람, 그리고 다시 만나고 싶은 사람…. 매력 있는 사람이었다.

연구에 대한 소개/언론사 입사 준비

이 자리에 나오기 쉽지 않으셨을 텐데요, 시간 내주셔서 감사합니다. 이직하신 후로 어떻게 지내시나요?

김수혜 정말 반갑습니다. 멀리까지 오시게 해서 송구하고 감사합니다. 이직하기 전까지는 '태어나서 취직하고 기사 썼다', 이거밖에 없는 밋밋한 인생이었는데 지난 1년 반 사이에 이직하고 재혼하고 일을 그만뒀어요. 지금은 아이가 아파서 일을 쉬는 중입니다. 아이가 나은 다음에 일을 해야겠다, 그런 핑계로 그냥 뭉개고 있어요.

아이가 많이 아픈가요?

김수혜 큰 병은 아니지만 곁에 있어야 할 것 같더라고요. 하여튼 그런저런 핑계로 난생처음 아이랑 낮잠 자는 생활을 하고 있어요. 남편이 맨날 저보고 팔자 늘어졌다고 놀려요.

조선일보 분들이 한목소리로 김 기자께서 이직하신 걸 두고 안타까운 손실이었다고 하더군요.

김수혜 감사합니다. 손실까지야. (웃음) 지금 인터뷰는 어떤 맥락에서 하시는 건가요?

이 연구에 대해 간략히 설명드리면, 우리 언론 특히 종이 신문에 대한 신뢰가 많이 떨어지면서 현재의 형태로 존립이 가능할지 일각에서 의문을 제기하고 있습니다. 건강한 사회적 소통이 이루어지고 민주주의가 지속되려면 종이 신문의 역할이 너무나 중요한데. 언론 개혁 운운하며 정치권력이 언론을 공격하고, 최근의 언론중재법 관련 움직임도 그렇고.

김수혜 칼럼[2] 쓰신 거 진짜 공감하면서 읽었어요.

감사합니다. 언론 내부에서 개혁을 이뤄낼 가능성이 없을까, 과연 그 가능성을 지금의 언론 조직이 갖고 있나, 밖에서 지원해서라도 내부에서 도모할 변화의 가능성이 있을까, 그런 것들을 찾아보려 하죠. 제가 작년에 그쪽 연구를 했는데, 그 결과 언론이 언론다운, 제대로 된 저널리즘을 추구하는 게 답이라고 제시했어요. 그런데 연구자랍시고 책상머리에 앉아서 가능성도 없는 얘기를 한 건 아닌가 하는 자책이 들고 그래서 연구년을 맞아 현장에 가봐야겠다 싶어 몇 군데 문을 두드렸는데 조선일보만 열어주더군요. 그래서 조선일보를 중심으로 참여관찰도 하고 인터뷰도 하고 있습니다. 2월 말까지 연구를 진행하고 그 결과를 책으로 내려 합니다.

김수혜 잘 알겠습니다. 충분히 설명해주신 것 같아요.

그럼 바로 진행하죠. 질문지에 답변해주신 거 잘 봤고 거기에 부연해서 질문드릴게요. 우선 기자직을 지원한 동기에 대해서는 잘 읽었습니다.[3] 그런데 조선일보가 첫 번째로 합격한 신문이고 그래서 바로 들어오신 건가요?

김수혜 대학 4학년 때부터 스터디하면서 여기저기 시험을 쭉 봤는데 동아일보 떨어지고, 그다음에 씨네21 떨어졌을 때는 정말 대성통곡을 하고 그러다가…. (웃음) 준비한 지 1년에서 1년 반 정도 되면 2차 시험에서 시원자들끼리 서로 얼굴을 알아보거든요. 그중에 어떤 사람은 동아일보 가고 어떤 사람은 조선일보 가고 이런 식인데. 저도 그렇게 재수 1년 해서.

그래서 조선일보 하나 합격하신 건가요?

김수혜 네. 정말 큰일 날 뻔했죠. (웃음)

그러니까 조선일보를 택하신 게 무슨 다른 이유가 있어서 그런 게 아니라 언론사 시험, 언론고시라고 했죠, 그 시험을 준비하고 시험을 보러 다니다가 조선일보에 합격해서….

김수혜 제 또래 기자들이 대부분 비슷했을 거예요. 저희 윗세대 중에서는 "나는 한겨레 아니면 안 가" 그런 사람이 있었다고 들었는데 제가 스터디하는 동안에는 그런 사람을 거의 못 봤어요.

아까 씨네21을 언급하셨는데, 정말 가고 싶은 언론사가 없었나요?

김수혜 씨네21은 그때 핫했어요. 어렸을 때 아버지가 이 세상에 좋은 직업이 두 개 있는데 하나가 기자라고 하셨어요. 집안 시조가 간관諫官인데, 요즘으로 치면 기자라는 말씀도 종종 하셨고요. 그래서 어릴 때부터 기자직에 대한 선망이 있었죠. 저희 친정아버지는 1960년대 운동권, 왼쪽이셨는데, 조선일보 붙으니까 엄청 좋아하셨던 기억이 나요.

어떤 자리에선가 아버님께서 자랑하셨던 기억이 납니다. (웃음) 대놓고 자식 자랑 하신 건 아니고 가까운 학계 사람들이랑 있는 자리에서 얘기가 무르익었을 때 한두 번 얘기하셨던 적이 있어요.

김수혜 엄청 좋아하셨어요. 그러면서 오래된 데, 큰 데, 사람이 그런 데가야 많이 배운다고 말씀하셨던 것 같아요.

당시 기자 시험 준비를 어떤 식으로 하셨나요?

김수혜 그때가 1996~1997년인데요. 보통 알음알음으로 네댓 명이 모여서 신문을 하나씩 나눠서 읽고 요약하고 그중 좋은 기사 얘기하고 각자 써온 걸 돌려가며 읽고 평을 했어요. 그리고 언론사들마다 시험 과목이 있으니까, 조선일보 같으면 한자 시험, 다른 데는 상식 시험, 그렇게 준비했던 것 같아요.

아까 나온 얘기인데, 아버님이 기자 말고 또 뭐가 좋은 직업이라고 하시던가요?

김수혜 아, 또 하나는 선생님인데 당신은 기자를 가르치는 선생님이니까 최고의 직업이라고 하셨어요. (웃음) 저는 분명히 기억하는데 요새 와서는 "내가 언제 너한테 기자가 되라고 그랬냐"고, 오히려 "네가 기자가 될까봐 신경이 쓰였는데 아니나 다를까 기자 시험 보더라" 이렇게 말씀하시더라고요.

이직 사유

조선일보에 20년 넘게 근무하셨잖아요. 1997년부터 2019년까지. 그러다가 떠난 건 굉장히 힘든 결정이었을 것 같은데요.

김수혜 그때가 도쿄 특파원 다녀와서입니다. 설명하기가 좀 어려운데, '나는 여기까지다' 이런 생각을 많이 했던 것 같아요. 예를 들어 배우라면 평생 해서 국민 엄마가 되는 배우가 있고, 젊어서 좀 살나가다가 사라지는 배우가 있고, 처음엔 안 유명했는데 중년에 아침 드라마에서 김치 싸대기 신scene으로 유명해지는 배우가 있고. 각자의 운과 역량이라는 게 있는데 '나라는 사람은 여기까지인 것 같다'는 생각이 들었죠. 그게 좀 컸던 것 같고, 또 하나는 조직도 조금씩 보이더라고요.

조직이 보였다 함은?

김수혜 '내가 여기 계속 있으면 어떤 일을 하게 될까' 이런 생각도 들고, '새로운 일을 하려면 진짜 지금 한번 해봐야겠다, 내가 어디 가서 뭘 배우려면 지금이 실무부터 배울 수 있는 마지막 나이일지 몰라' 이런 생각도 들고요.

생각하신 새로운 일이라는 게 무엇이었죠?

김수혜   기자 출신이 할 수 있는 일, 현장에 바로 투입될 수 있는 일은 홍보라고 생각했어요. 그래서 플랫폼 기업에 가서 1년 남짓 일했습니다.

이직 시점에는 편집국 어느 부서에 계셨나요?

김수혜   사회정책부입니다. 도쿄 특파원 다녀와서 1년 정도 있었죠.

신문사에서 20년이면 부장급이 됐을 즈음인가요?

김수혜   조선일보는 조금 더뎌요. 지금 정치부장이 일찍 된 편인데 저랑 동기거든요. 떠난 게 벌써 3년 전인데 그때는 차장이었어요.

아까 '나는 여기까지다' 하는 생각이 들었다고 했는데, 더 구체적으로 말씀해주실 수 있나요?

김수혜   이루고 싶은 건 늘 많지만 그걸 다 이룰 수 있는 건 아니라는 판단이었던 것 같아요. 기획취재가 한참 재미있었어요. 도쿄 특파원 가기 전 몇 년 동안 기획취재에 집중하다가 도쿄 특파원 다녀왔고. 그다음에 또 기획취재를 했는데 자꾸 전에 했던 걸 반복해서 하게 되더라고요. 사고방식, 문제의식, 취재기법, 모든 면에서요. 그걸 몇 번 반복하다가 '나는 여기서 돌파구를 찾을 수 있는 기자는 못 되는 거 같다, 정말 의미 있는 일을 할 수 있는 훌륭한 기자는 못 된다' 그런 생각이 들었죠. 그리고 세상 변해가는 걸 보면서 과연 과거처럼 미디어가 기획 기사로 어젠다를 세팅했던 게 지금도 이 사회가 요구하는 기능이 맞나 하는 생각도 있었고요.

세상이 요구하는 걸 조선일보 안에서 시도해볼 수 있지 않았을까요?

김수혜 그럴 수도 있었겠죠. (웃음) 다만 저는 그만한 사람이 못 된다는 생각을 했어요. 왜냐하면 가령 요즘 유튜브가 뜬다 아니면 종이 신문의 위상이 어떻다 같은 문제에 대해서 저는 대단히 전통적인 답을 갖고 있는 사람이거든요. 저는 그에 대한 해답을 찾아낼 재목이 못 되었어요. 남아 있었다면 열심히 해서 남들처럼 차장도 하고 부장도 했겠지만, 제가 과연 신문이 맞닥뜨린 핵심적인 문제를 돌파할 만한 사람인가? 아니었을 거예요. 그런 한계가 조금씩 눈에 보이기 시작하더라고요. 제 자신의 한계가.

무슨 말씀인지 이해됩니다.

김수혜 제가 너무 훌륭한 말씀만 드리는 것 같네요. 그때 아이가 마침 미국에 있었는데 돈도 무지하게 들었어요. 돈 벌어야겠다 싶었죠. (웃음)

변화하는 미디어 환경 속에서, 조선일보 내에서 자신이 새롭게 할 수 있는 일들에 대한 한계를 느꼈고, 동시에 아이 학비 문제 등 경제적인 문제도 있었고. 어느 쪽이 더 중요하셨나요?

김수혜 복합적이었다고 생각해요. 좀 감상적인 답변인데 조선일보 그만두면서 선배한테 그랬어요. "21년 10개월에 걸쳐 무지무지하게 힘든 연애를 한 것 같다"고요. 조선일보 다니는 동안, 심지어 중간에 휴직하던 기간에도 그 조직이 쉬웠던 적이 한 번도 없었죠. 연애로 치면, 너무나 잘생기고 잘나고 훌륭하고 매력적인 어떤 남자한테 한순간도 쉬지 않고 구애를 한 것 같았어요. 저한테는 그 남자가 유일무이한 러브 오브 마이 라이프인데, 그 남자한테는 한순간도 제가 러브 오브 히스 라이프인 것 같지 않았죠. 어제 뭘 잘했어도 오늘 아무 소용이 없더라고요. 오늘 취재 경쟁이 벌어져서 미친 듯이 남이 못하는 뭔가를 해내도, 그건 그날 승부로 끝나요. 다음 날이면 나 말고 아무도 그걸 기억 못해요. 또 다시 제로베이스에서 취재 경쟁이 벌어지죠. 나보다 취재 잘하는 사람, 나보다 글 잘 쓰는 사람, 나보다 말 잘하는 사람, 나보다 통찰력 있는 사람이 수도 없이 많고요. 그게 미디어의 숙명인 줄 몰랐냐고 하면 할 말이 없는데, 너무나 잘하고 싶었기 때문에 오히려 제 한계를 느끼고 알게 되니까 떠나야겠다 싶었어요. 이 연애가 너무 좋기는 하고, 어딜 가도 이런 남자가 다시없을 거 같기는 한데, 계속 연애하면 내가 조만간 병원에 다니게 될 것 같다, 그런 기분. 나는 여기까지다, 그런 느낌이 들었어요.

미련은 없으셨나요?

김수혜 그게 약간 시원섭섭하다고 할까요. (감정을 추스르느라 잠시 중단) 막 울었어요. 사장님에게 사표 내러 가서 막 울었어요. 주책이지. 그런데 이상하게도, 다시 그 시점으로 돌아가도 같은 결정을 내릴 것 같아요.

여성 기동팀장

조선일보 경력 중 인상적인 게 기동팀장, 이른바 시경 캡을 하셨던데. 여성 기자가 그전에 시경 캡을 한 적이 있었나요?

김수혜 아뇨. 최보식[4] 선배가 사회부장 할 때 '네가 해라' 그러셨어요. 제가 정말 존경하는 분이라, 그분이 나를 픽했다, 이건 자랑스러운 기억입니다. 이전까지는 제 또래 여기자들을 아예 안 뽑거나 한 명 뽑고, 혹시 두 명 뽑으면 다음 해에는 건너뛰고 안 뽑고 그랬어요. 몇 년 뒤부터 여기자를 여러 명씩 뽑기 시작했고요. 제가 딱 그 중간인 것 같아요. 제 또래 때는 신문사 입사해서 사회부에서 사쓰마와리[5]를 하지 않으면 어디에도 갈 수가 없었어요. 사회부에서 잘해야 경제부에도 뽑혀가고 정치부에도 뽑혀가는데 여기자들은 일단 사회부에서 환영받지 못하는 존재였죠. 사회부 사쓰마와리에 A라는 여기자가 한 명 들어오면 기존의 B라는 여기자를 빼요. 왜냐하면 여기자는 전력에 도움이 안 되는 마이너스 1인분인데, 마이너스 2인분을 떠안을 수는 없다, 이런 거죠. 실제로 제가 입사해서 국제부에 있다가 사회부로 가니까 기존의 다른 여기자를 빼더라고요. 이제는 옛날 얘기죠. 제 또래부터는 여기자들이 조금씩 늘어나고 그래서 제 또래들이 대부분 각 사에서 첫 여성 캡, 이런 걸 했어요. 맨 먼저 시경 캡을 하신 분은 저보다 몇 년 위인 동아일보 허문명 선배시고요.

얼마나 하신 건가요?

김수혜 1년 했습니다. 2009년 한 해 동안.

시경 캡이 일선 경찰서 출입 기자들의 컨트롤 타워 역할이잖아요. 거의 24시간 잠시도 쉬지 않고 일에 전념하는 것 같은데. 지금 박순찬 캡(1장 참조) 일하는 거 보니까.

김수혜 박순찬 씨가 제가 캡할 때 수습기자였어요.

그랬군요. 그 시기는 어떠셨는지 궁금한데요.

김수혜 경찰 기자가 10명에서 20명? 많을 때는 25명 정도인데, 최보식 부장이 농담으로 "너네 다 합쳐서 2인분도 안 된다. 밥 먹는 입만 25개지" 그러셨거든요. 사회부는 사실 일하기 쉬운 곳이에요. 왜냐하면 하는 일이 아주 명쾌하거든요. 그리고 내면의 평화가 있다고 할까. 정치적인 이슈로 고민해야 되고 그렇다기보다, 뭐랄까요, 거칠지만 직선으로 쭉 쭉 가면 되는 일들이라. 그래서 사회부에 남는 사람들도 주로 그런 사람들이고.

저는 그해를 못 잊을 거 같아요. 노무현 대통령과 김대중 대통령께서 돌아가신 해였고, 다른 큰 사건도 되게 많았어요. 사쓰마와리는 팀워크로 움직이고 룰이 명쾌해요. 일이 거칠거나 많은 건 그다지 어려웠던 것 같지 않고. 사실 캡 안 할 때도 출퇴근 시간이랑 음주량은 큰 차이가 없었기 때문에. (웃음)

캡이라서 더 부담스럽지는 않았다는 얘기군요.

김수혜 네. 오히려 좋은 건 남의 기사를 제대로 고쳐보는 경험을 한 거예요. 그러니까 기사를 쓰기만 하다가 남이 써온 걸 제가 일차적으로 데스킹을 해서 사회부 데스크 테이블에 올리는 경험. 그때가 11년 차에서 12년 차였는데, 기사에서 필요한 게 뭐고 과잉된 게 뭐고 부족한 게 뭐고 하는 게 보이기 시작했죠.

캡을 하기 한두 해 전에 휴직하고 뉴욕대에 가서 석사학위를 했거든요. 뉴욕대는 교수들이 다 전·현직 기자들이고 대단히 실무 중심적으로 짜여 있었어요. 거기서 배웠던 여러 가지 기획 기사를 제 팀 차원에서 응용해볼 수도 있었고.

석사를 마치고 돌아와서 캡을 하신 건가요? 시기적으로.

김수혜 네. 2005~2006년에 공부하고 돌아와서 문화부 잠깐 있다가 사

대졸 부모와 고졸 부모, 자녀 수능점수 20점 차이

[기사 7] 2010년 7월 6일 4면 '사다리가 사라진다' 특별기획 기사

회부에 가서. 제가 경찰 기자를 할 때 심층기획을 할 수는 없었어요. 하루하루 떨어지는 미션이 많으니까. 그런데 경찰팀장이 되면 그런 걸 할 수 있죠. 인원을 나눠서 "너는 전화 안 받아도 돼, 경찰기사 물먹어도 돼, 너는 이것만 하고 그동안 경찰서는 다른 사람이 맡아", 이렇게 머리를 쓰고 인력을 운용하는 게 아주 재미있었어요. 그게 저만 재미있었는지 밑에 있던 후배들도 좋았는지는 잘 모르겠지만. (웃음) 아직 욕 많이 하던 시절이라 험한 말도 많이 했어요.

누구한테 그런 거예요?

김수혜　후배 모두에게. 순찬이한테도. (웃음)

후배 기자들에 대한 평가

시경 캡이 수습기자 훈련을 책임지는 자리잖아요. 훈련 책임자이자 선배 기자 입장에서 자연스럽게 후배 기자들에 대한 평가가 형성될 텐데. 힘든 시험을 뚫고 들어와서 누구는 기자로서 능력을 잘 발휘하고 또 누구는 그러지 못하고 그게 어디에서 기인하는 건가요?

김수혜　음. 어려운 질문인데요. 언론 전반에 걸쳐 말씀드리는 건 주제넘는 일이고, 조선일보에서의 경험에 비추어 기자라는 직업 자체가 개인기라고 할까, 아무튼 매체가 키워주는 역량 외에도 각자가 스스로 키우는 테크닉이랑 정신적인 맷집 같은 게 있어야 하는 거 같아요.

수습을 돌리다보면 능력 구분이 되나요?

김수혜　꼭 그렇지만도 않아요. 처음부터 아주 좋은 기자가 되겠다, 누구 눈에나 분명하게 보이는 재목도 있고, 처음엔 그냥 그랬는데 점점 더 잘하게 되는 사람도 있고요. 어떤 거든지 평타 이상을 쭉 하는 사람이 있는가 하면 또 어떤 사람들은 개성이 강해서 하나는 잘하는데 다른 건 꽝인 사람들도 있고. 제가 너무 횡설수설하죠. (웃음)

천만에요. 궁금했던 얘기를 지금 해주고 계세요. 모든 조직이 그렇지만 언론사도 위로 갈수록 자리 경쟁이 치열해지잖아요. 우선 부장, 그다음에 편집국장, 주필은 치열한 경쟁을 뚫고 되는 건데, 그런 사다리 구조의 위에 올라가기 위해선 어떤 자질이나 능력이 필요한 건가요? 오랜 세월에 걸쳐 공유되는 평가에 근거하는 것 같기도 하고. 누가 어떤 자리에 앉았을 때 될 만한 사람이 됐다, 인터뷰한 분들 상당수가 그런 얘기를 했거든요. 하루하루 평가가 쌓여간다고 할까요.

김수혜 그렇죠. 말씀하신 것처럼 기자는 날마다 실명으로 기사를 쓰잖아요. 하루에도 몇 번씩 회의를 하고요. 종합면 회의, 스탠딩 회의, 밤 10시 회의. 그런 생활을 통해 절대로 급조할 수 없는 개개인에 대한 평판이 쌓여요. 조선일보에서 사람을 평가하는 기준은 사실 간단한 것 같아요. 가령 거짓말하는 거, 절대로 노노죠. 그다음으로는 사고를 쳐서 이 조직이 그렇지 않아도 욕을 먹고 있는데 욕을 더 먹게 하는 거. 거짓말하는 사람이다, 사고 치는 사람이다, 이런 평이 쌓이면 그건 복구하기가 굉장히 어렵죠. 그거 말고 다른 건 꽤 자유로운 편이랄까. 그런 면이 저는 편했어요. 해서는 안 되는 게 명확하고 나머지는 비교적 자유로운 거, 그리고 그 기준이 납득이 가는 거.

어떤 의미에서 진짜 능력으로 평가하는 거군요?

김수혜 타사도 마찬가지 아닐까 싶어요. 기업이나 공공기관이나 연구기관 같은 대부분의 조직은 젊은 조직원들이 자기를 드러내기가 쉽지 않은 경우도 많아요. 하지만 기자는 젊은 나이 때부터 자기 이름으로 기사를 쓰니까요. 누가 뭐래도 그건 자기가 책임져야 하는 거고 누가 대신해주지도 않고 반대로 누가 훔쳐가지도 못하죠.

기자 생활에 대한 회의감

알겠습니다. 조선일보 조직의 일원으로서 보람을 느낀 순간도 있었겠지만 기자 생활에 회의감이 든 적은 없었나요?

김수혜 많죠. 기자들이 흔히 '내가 이렇게까지 해야 되나', 이런 한탄을 많이 하잖아요. 그런데 그건 자기 스스로를 되게 높이 봐서 하는 한탄 같아요. '난 이런 고생을 하면 안 되는 훌륭한 인간인데 이렇게 진흙밭을 구르다니', 이런 생각이 깔려 있어요. 사실 기자가 진짜 진흙밭을 구르는 일은 별로 없어요. 왜냐하면 기자는 현장에 가더라도 구경꾼으로 가잖아요. 현장에서 고생하는 사람을 관찰하고 공감하러 가는 거죠. 고생하는 사람은 따로 있고. 그래도 회의감이 드는 순간은 많죠. 저널리즘에 대한 회의. 취재하면서 이게 맞아? 이게 뭐냐? 그런 순간은 너무도 많았어요. 그런데 질문 요지는 다른 데 있는 거죠?

네. 질문드리고 싶었던 건 경직된 조직 안에서 내가 하고 싶은 걸 제대로 펼칠 수 없다든지, 위계질서 안에서 기사를 만들어야 하는 데서 오는 회의감 같은.

김수혜 실은 제가 그걸 답변에 쓰다가 지워버렸는데요. '나는 이렇게 쓰고 싶은데 위에서 못 쓰게 한다', 이런 구도는 의외로 별로 없어요. 그보다 복잡한 상황일 때가 많죠. 예를 들어 밖에서는 조선일보 논조가 보수적이라거나 하는 얘기들을 많이 하죠. 회사 전체를 하나로 묶어서 이렇게 저렇게 해석하는데, 그 안에서 생산되는 수많은 기사들 중에는 논조랑 무관한 기사가 훨씬 많아요.

　　제 기사 중에도 실수한 것들이 있었어요. 동료들 기사 중에도요. 그 중에는 위에서 찍어 눌러서 잘못된 기사보다는 자기 잘못으로 인한 기사가 훨씬 많았어요. 종류는 다양하죠. 어떤 건 전화 한 번만 더 해보지 그걸 틀리고 다니냐, 이건 욕먹어도 싸다 싶은 것도 있고, 혹은 정석대로 다 확인했는데 결과적으로 나쁜 기사, 틀린 기사가 되는 경우도 있고요. 제가 겪은 데스크 대부분은, 그 양반들이 이런 야마(줄거리)로 가자고 했는데 제가 아니라고 하면 대개는 제 의견을 받아줬어요. 제가 말이 되게 얘기하는데도 그걸 안 받아주면 다음 날 '바로잡습니다'를 써야 되는데 어떤 데스크가 말도 안 되는 고집을 부리겠어요. 그러다보니 잘못된 기사가 나갈 때는 데스크가 아니라 내가 문제일 때가 많았어요.

그런 면에서 한 10년 차 지나면서부터 저는 조직 탓하는 게 불편해졌어요. 취재기자가 실명으로 기사 쓰니까, 기자=조직, 그러니까 조선일보라는 어떤 추상적인 실체가 따로 있는 게 아니라 기자 개개인이 조선일보가 아닐까 싶었어요. 아, 내가 조선일보구나. 조직에 대한 회의라는 말이 저는 지금도 좀 불편한 게, 그 말에는 문제를 조직 탓으로 돌리는 사고가 배어 있거든요. 그러고 싶지 않았어요. 그리고 실상이 그렇지 않았고요.

흔히 기자직은 일주일에 6일씩, '갈린다'고 표현할 만큼 격무에 시달리는데 조선일보 재직 당시 무엇이 가장 힘드셨나요?

김수혜 저는 사실 기자를 그만두니까, 남들한테 안 물어봐도 되는 게 무엇보다 좋았어요. 웬 약한 소리인가 싶으실 텐데, 상대방이 답하기 힘들어하는 걸 물어봐야 하는 거, 그게 저는 힘들었어요. 사실 좋은 질문은 대부분 남이 대답하기 싫은 걸 묻는 거잖아요. 제가 인터뷰하는 걸 본 어느 선배가 "너는 왜 이렇게 질문이 늘어지냐" 그랬어요. 일을 그만두고 돌아보니 미안해서 그랬던 것 같아요. 예를 들어 "이혼은 왜 하셨나요?"라고 직설적으로 물어봐야 하는데, 그러기 싫어서 빙빙 돌려서 물어봤고요. 남한테 감정적으로 확 부딪치는 거. 마음먹으면 할 줄 알고 사실 잘해요. 남의 염장 확 뒤집어놓는 거. 그런데 어딜 어떻게 때려야 아픈지 안다고 해서 그렇게 때리는 게 해피하진 않았어요.

말씀드리다보니 생각나는 게, 기자로서 회의를 느낀 건 제가 진영전을 하고 있다고 느낄 때였어요. 도쿄 특파원 시절 한일관계가 복잡해질 때 한국 언론과 일본 언론 모두 빤히 알면서도 안 쓰는 것들이 꽤 있었어요. 다른 국내 이슈들의 경우도 모든 언론이 점점 더 자기 진영에 묶이는 것 같아요. 어떤 이슈가 터지건 얘기할 수 있는 말의 범위가 정해져 있고, 거기서 조금이라도 벗어난 얘기를 하면 난감한 해석들이 따라붙어요. 예를 들어 한겨레가 진보를 비판하면 보수는 '거봐라 한겨레도 욕한다' 하고 진보는 '요새 한겨레 변절했다' 그러죠. 조선일보가 보수를 비판하면 진보는 '조선일보조차 보수를 손절했다' 하고 보수는 '요즘 조선일보 이상해졌다'고 해요. 자기 진영에서 기대하는 말은 점점 더 쉽게 하고, 자기 진영의 기대를 거스르는 말은 점점 더 안 하게 되죠. 피곤한 일이 생기니까.

진영화된 언론의 한계

중요한 점을 지적하신 것 같군요. 조선일보 내부의 구성원들이라면 그걸 잘 알고 있겠죠. 언론이 진영화된 상황에서 할 수 있는 얘기는 어디까지고 어떤 얘기는 할 수 없고. 진영화에 따른 언론 자유의 한계라고 할까.

김수혜 요새 벌어지는 수많은 싸움은 사실 말싸움도 아니에요. 그냥 짤싸움이고 밈 싸움이죠. 정말 백해무익한.

저도 비슷한 진영전 경험을 했습니다. 2019년 초에 제가 조선일보 미디어 연구소 의뢰를 받아서 지상파 방송사 라디오와 TV 시사 프로그램들의 공정성에 대해 연구했거든요. 그때 왜 조선일보에서 연구비 받아 이런 연구를 했느냐부터 시작해서 많은 공격을 받았어요. KBS '저널리즘 토크쇼 J'에서 그 건을 다루면서 저한테 전화해 프로그램에 나오겠냐 그래서 나가겠다고 했더니 오히려 당황해하더군요. 그 프로그램에서 자꾸 캐물으려 하는 게 조선일보와의 유착이었는데, 제정신이라면 그런 연구를 할 리가 없죠. 그래서 비판이나 의혹들에 대해 조목조목 반박하는 입장문을 내려고 했는데 주변에서 다 말렸어요. 이럴 때는 그냥 가라앉기를 기다리는 게 맞다. 그래서 일절 대응하지 않고 한 1년 침묵했더니 사그라들더라고요. 진영의 공격에 의해 침묵을 강요받았다고 할까요. 제 말씀이 너무 길었습니다만 진영 논리에 대한 조선일보이 대응 방식노디르지 않은 것 같네요. 하지만 현장 기자 입장에서 그런 대응은 답답할 것 같은데.

김수혜 저는 도쿄 특파원 시절에 저나 타사 특파원들이 한일관계에 관한 한 기자들이 아니라 한국 응원단 같다고 종종 생각했어요. 이미 판이 그렇게 되어 있어서 어쩔 수 없다고 생각했죠. 한국 기자로서 당연한 것 아니냐고 생각하면서도 마음이 편치만은 않았어요. 그래도 그냥 따라갔죠. 나 말고 다른 기자들도 다 그런데 뭐, 하면서.

그게 어쩌면 저의 한계였던 것 같아요. 국민 감정의 역린을 건드리지 않으면서도 미묘한 대목에서 할 말은 정확하게 할 수 있는 그런 최고의 기자는 못 되었어요. 기자 생활을 하던 마지막 시기나, 기자를 그만둔 지금이나, 진영전에 대한 회의감을 못 느끼는 기자들에 대해서는 혐오감이 들어요.

제가 조선일보를 떠나기 직전의 일인데, 외신기자협회장을 지낸 외국 기자 분이 조선일보에 진보 정부를 비판하는 칼럼을 쓰셨어요.[6] 그러자 지상파 방송 언론비평 프로그램 기자가 그분에게 전화를 걸어 '원문을 보내달라'면서 '혹시 조선일보가 당신의 글을 왜곡한 것 아니냐'고 물었다더라고요. 자신이 그런 식이니까 남들도 그럴 거라고 생각하고 한 일이겠지요.

안타까운 일입니다. 이런 진영전 상태를 타개하기가 쉽지는 않겠지만 방법이 혹시 있을까요? 전에는 언론사들이 보수, 진보 할 것 없이 서로 가깝고 정치권력에 맞서는 연대감이 있었다는데. 이제는 그런 연대가 무너지고 특정 권력과 특정 언론 식으로 묶여서 언론 간의 대리전이 전개되는 양상인 것 같아요. 이 문제를 어떻게 풀 수 있을까요?

김수혜 그 해결책을 알았다면 아마 계속 열심히 일을 하고 있었을지도 모르겠습니다. 남아 계시는 분들이 좋은 답을 찾지 않을까요.

레거시 언론의 위기와 대안

신문을 열심히 만들면 그걸 알아보는 독자들이 유지될까요? 고려대 미디어 학부의 박재영 교수가 자신의 저서에서 그 해법으로 기자님이 주도한 기획 기사를 양질의 기획으로 인용하기도 했던데요. 그런 좋은 기사들이 독자들의 주목을 끌고 있나요?

김수혜 그게 솔직히 점점 어려워지고 있어요. 생활의 형태가 사람들이 어떤 뉴스를 어떻게 소비하는지를 결정하는 건데. 그러니까 과거 아날로그 시대에는 집에 있으면서 아날로그 신문, 즉 배달된 종이 신문을 하루에 한 번 받아보던 식으로 뉴스를 소비했어요. 디지털 시대인 지금은 생활 자체가 디지털화되어서 모든 것이 스마트폰 중심으로 소비되는데, 스마트폰은 특징이 정보가 소비될 때 통째로 소비되는 게 아니라 얇게 슬라이스로 소비되는 것 같아요. 하다못해 예능 같은 것도 요새는 본방이 아니라 쇼츠로 보니까요.

언론을 떠난 지금도 저는 레거시 미디어가 우리 사회의 큰 축이라 생각해요. 이분들이 욕은 욕대로 먹고 고민은 고민대로 하면서 수익은 놓치는 구조라는 게 마음이 무거워요. 제가 신문사 선후배들 너무 좋아하는데 보수, 진보 상관없이 그분들의 공통점이, 뭘 보면 그걸로 돈을 벌려는 욕망이 발달한 게 아니라 거기에 대해 기사를 쓰고 싶다는 욕망이 발달한 분들이라는 점입니다. (웃음)

또 한 가지 특징이, 기자들은 언론 산업의 수익 말고 다른 모든 것에 대한 관심이 어마어마한 분들이에요. 다른 업계는 자기들 이익에 올인을 하는데, 기자들은 삼라만상이 어떻게 돌아가는지 취재하기 바빠서 업계 이익을 도모할 생각을 별로 안 하는 것 같아요.

공감합니다. 순진하다고 할지 헛똑똑이라고 할지. 이번 연구를 하면서 안타까웠던 게, 현장의 언론인들이 다들 위기의식을 지니고 있으면서도 당장 자기 일을 성실하게 하는 것 외에 무슨 대안이 있는지 모르고 있다는 점이었습니다.

김수혜 아직도 신문에는 돈으로 환산하기 어려운 가치가 있는 것 같아요. 정말 어마어마한 가치가. 조선일보 싫어하고 맨날 비판하는 분들도 조선일보에 뭐가 나왔다 그러면 최소한 아주 틀린 건 아니라고 생각하시죠. 정말로 틀렸을 땐 크게 화를 내시고요. 그건 오히려 '틀리지 않을 것'이라는 기대의 방증이에요. 엄청난 신뢰죠. 그런데 그걸 수익으로 연결할 길이 안 보여요. 종이 신문에서 다른 미디어로 부드럽게 이행해갈 방법이 잘 안 보이는 것 같아요. 이런 변화를 그냥 담담하게 받아들이는 게 필요할지도 모르겠어요. 로런스D. H. Lawrence의 시 중에 "나는 들짐승이 스스로를 불쌍히 여기는 걸 본 적이 없다 / 작은 새는 일평생 단 한 번도 스스로를 불쌍히 여긴 적 없이 / 나뭇가지에서 뚝 떨어져 얼어 죽을 것이다"[7] 이런 게 있어요.

세상의 변화에 대해서는 그런 마음이어야 하는지도 모르겠어요. 납활자가 사라진 것처럼, 세로쓰기가 사라진 것처럼, 우리가 뉴스를 소비하는 방식, 그리고 뉴스를 생산해서 유통하는 방식이 또다시 달라지고 있는 것뿐이니까요. 인쇄기가 양피지 밀어냈다고 뭐 그리 큰 비극이겠어요. 양피지 만드는 사람들 말고는. 다만 지금까지는 생산 방식이 변해도 콘텐츠 자체는 똑같았거든요. 납활자로 찍든 디지털 윤전기로 찍든. 그런데 지금은 정보를 조각조각 슬라이스해서 수많은 다른 포맷으로 변주해내야 되잖아요. 뭐라고 해야 될지…. 신문 콘텐츠를 만들던 사람들이 이걸 할 수 있다는 생각이 안 드는 거예요.

이런 변화는 기자님이 현직에 있을 때부터 시작된 거잖아요?

김수혜 그런데 저는 그때는 잘 몰랐어요. 마지막까지 제 일에 코를 박고 신문 만드느라고. (웃음) 로마가 망한 마지막 날에도 국경 수비대는 똑같이 근무했을 거예요. 저 역시 종이 신문 망하면 내 인생도 함께 망하는 거지. 난 종이가 좋아. 그런 인간이었거든요.

그런데 나와서 보니까.

김수혜   그렇게 간단히 말할 수 없는 문제더라고요. (웃음)

그런 문제를 신문사 안에 있는 분들도 알고는 있지만 제대로 직면하지 못하는 게 아닐까요.

김수혜   그렇죠. 그리고 일종의 노스탤지어라고 할까. 신문사 사람들이 불만을 토로하고 죽상을 하고 고민을 해도 은근히 약간의 자아도취도 있어요. 종이 좋아하는 사람들이 거기 모여 있는 거예요. 저도 21년 10개월 동안 제가 쓴 기사를 모두 스크랩해서 모아두었어요. 이사 갈 때 보니까 정말 어마어마하게 나오더라고요. 그거 아무 의미 없다는 걸 머리로는 알지만. 그래도 절대로 못 버리고 곰팡이 안 피게 좀약 넣어서 정성스럽게 보관하고 있죠.

그럼 사람을 바꿔야 하는 건가요?

김수혜   네. 그런데 문제는 새로운 사람들이 우리가 전수하고 싶은 그 가치를 공유할까. 그게 정말….

저널리즘이 종이가 아니라 온라인으로 옮겨가고 콘텐츠 형식도 텍스트 기반에서 영상이나 오디오 형태로 변화하더라도, 지금까지 조선일보를 포함해 주요 일간지들이 해왔던 권력 비판이나 미래상 제시 같은 역할은 계속 필요하고 또 지켜지지 않을까요. 미디어 자체는 변화할 수밖에 없지만. 너무 낙관적인 생각일까요?

김수혜   아뇨. (웃음) 절대로 그렇지 않아요. 사람들이 의외로 시대가 변해도 오래도록 해오던 일은 꾸준히 하고 또 절대 다 안 망하잖아요. 그러니까 코로나인데도 오래된 맛집이나 노포 같은 데는 유지되잖아요. 하필 노포에 비유해서 그렇지만 사실 저도 그런 집 찾게 되거든요. 요즘 누가 이런 데 오겠어 하면서도 찾아가는 거죠. 종이 신문도 마찬가지라고 봅니다. 그것이 생산하고 전달하는 정보가 가치를 지니는 한, 저는 그걸 사람들이 계속 볼 거라고 생각해요. 저 역시 이런 생각이 너무 낙관적인 것인지 묻고 싶은데, 실은 낙관하고 싶고. 다만 그걸 유통하는 방식, 입맛과 필요에 맞게 공급을 하면서 수익을 거두는 방식, 그 길이 뭔지 찾아야 하는 거죠.

사주의 역할

여기 사전 질문지 답변을 보면 경영진을 도덕적 측면에서 좋게 평가하셨지만, 변화에 대한 적응이나 향후 나아갈 길에 대한 비전과 전략, 이런 거에 대해서는 낮은 평가 점수를 주셨거든요. 그래서 그쪽으로 여쭤볼게요. 외부에서 조선일보를 비판하는 것 중 하나가 소위 방씨 일가가 오랫동안 신문 경영을 세습하면서 신문의 논조를 이끄는 역할을 하는 거 아닌가, 편집에 영향력을 행사하는 거 아닌가, 하는 건데요.

김수혜 어떤 얘기인지 잘 압니다. 우리나라 영화 중에 조선일보를 빗댄 장면에서 사장님이 조인트 까는 장면이 나온 적 있었어요. 그런 거 보면서 속으로 '저렇게 안 하거든!' 했어요. 사장님이 기자 조인트 까는 건 한 번도 못 봤어요. 들어본 적도 없어요. 제가 아는 것 중에 제일 세게 혼내신 게 예를 들면 "이건 좀 그렇지 않나요?"라고 말씀하신 정도세요. 조선일보 논조에 사주가 영향을 미친다? 글쎄요. 분명히 철학과 지향은 있지요. 어떤 언론사건 자기 존재 이유가 있는 거니까요. 조선일보의 경우 그걸 요약하면 세 가지 정도, 지금의 대한민국에 대한 긍정, 안보, 시장경제 정도라고 생각합니다. 그 이외의 가치에 대해서는 조선일보가 의외로 유연해요.

20년 재직 기간 동안 방상훈 사장님과 그 선대인 방우영 전 사장님을 겪어보셨죠?

김수혜 방우영 회장님은 제가 입사했을 때 회장님이셨는데 제가 도쿄 특파원 할 때, 돌아가시기 직전에 한 번 다녀가셨죠. 그래서 도쿄에서 개인적으로 며칠 수행했어요. 저희 회사 역사나 한국 언론사에 전설로 남아 있던 분이라, 엄청 떨었는데, 아주 소탈하셨어요.

20년 동안 기사라든가 취재 내용에 대해서 코멘트나 지시 같은 걸 들은 적 없으세요?

김수혜 사상님한테서요? 아뇨. 이거 이렇게 써라 그러신 적은 한 번도 없었어요. 정말 한 번도. 그런 스타일이 아니세요. 도쿄 특파원 할 때, 사장님이 마이니치 신문[8]과의 교류 행사에 참석하러 도쿄에 오셨어요. 아베노믹스로 도쿄 도심이 활기 넘치게 변모했을 때였죠. 저는 도쿄를 짧게 봤지만 사장님은 도쿄를 수십 년 동안 보셨으니까 변화를 감지하신 것 같았어요. 그때가 핼러윈 데이였는데, 도쿄 시내를 보시더니 "야, 상전벽해다, 아베 전이랑 엄청나게 달라졌다", 그러셨어요. 그 말씀을 듣고, 사장님이 서울로 돌아가신 뒤에 취재를 더 해서 아베노믹스로 일본이 달라지고 있다는 기획 기사를 썼죠. 그걸 사장님이 시켜서 쓴 거라고 할 수 있을까요? 그 정도네요.

여기 질문지에 OB 모임 얘기를 적어놓으셨는데요.

아베노믹스 5년… 일본 경기지수, 33년만에 최고점 찍었다

아베는 돈 풀고, 기업들은 구조조정… '90년대 초호황 기록 넘어'

[기사 8] 2018년 2월 9일 14면 김수혜 전 기자가 도쿄 특파원 시절 작성한 기획 기사

김수혜　타사 선배들이 가끔 그래요. 너네는 왜 나와서도 오너 욕을 안 하냐, 좀 무섭다. (웃음) 실제로 저는 회사를 나온 선배들로부터 사장님 욕 하는 걸 들은 적이 없어요. 꾹 참고 말을 안 하는 건 아닌 것 같아요. 조직을 나온 분들도 조선일보에 밉보이고 싶지 않은 마음은 있겠지만 그래도 모두가 친정에 애틋한 마음만 있는 건 아니고 서운하게 나오신 분들도 가끔 있는데 어쨌든 아무도 욕을 안 해요. 저는 그게 사장님이 평생 쌓으신 덕이라고 생각해요.

조선일보 조직문화

조선일보 구성원들은 조직에 순응한다는 느낌이 듭니다. 타사는 사내 갈등이 생기면 평기자들이 성명서도 내고 그러는데 조선일보는 그런 얘기를 들은 적이 없고…. 아무래도 외부의 공격 때문에 내부적으로 잘 뭉치고, 또 행동을 조심하는 게 아닌가 싶기도 한데요.

김수혜　맞는 말씀이세요. 외부의 공격이 스트레스 요인이기는 한데, 한편으로는 자정이 되는 측면도 있어요. 조선일보 기자는 어디 가서 갑질하

면 죽는다, 바로 미디어오늘에 난다, 그런 공포가 있어요.

그런데 조선일보가 왜 욕을 먹는지, 뭐가 잘못된 걸까, 뭘 바꿔야 할까, 내부적으로 이런 고민을 하지는 않나요?

김수혜 늘 해요. 매일매일 해요. 기사에 대해서. 그런데 신문 기자의 일상이라는 게 아주 빡빡하잖아요. 그리고 구체적이에요. 스트레이트 기사건 대형 기획 시리즈건 혼자 만들어내는 건 하나도 없죠. 기본적으로 서너 단계는 거치니까요. 처음에 발제를 해야 되고, 그다음에 취재한 결과를 써야 되고, 데스크도 거치잖아요. 그런 단계를 거칠 때마다 '이렇게 쓰면 너무 그런 거 아냐?' 하는 반응이 나오죠. 그게 어떤지는 아마도 독자가 판단할 몫이겠죠. 다만 갈수록 진영전에 묶이는 측면은 있어요. 논조의 벽이라고 할까. 조선일보뿐만 아니라 갈수록 더 많은 매체들이 그렇게 되고 있죠. 어느 언론사든 넘어서려 하지 않는 입장의 한계가 있고, 그걸 거스르기는 쉽지 않죠.

잘 알겠습니다. 그런데 그런 구조적 한계 말고 기사에서 누군가를 집중 공격하거나 노골적으로 편드는 점은 어떤가요? 조선일보가 비판을 받는 게 이런 점이라고 보는데, 내부에서 그런 편향성에 대해 반발하거나 비판하지는 않나요?

김수혜 해요. 그것도 해요.

어떤 경우에 어떤 식으로 반발이나 비판을 하죠?

김수혜 신문사에서 의사소통이 이루어지는 가장 중요한 방식이 회의거든요. 예를 들면 어떤 기사가 이렇게 쭉 실리잖아요. 그럼 가령 밤 9시

회의에서 지면 띄워놓고 국장, 부장들, 야근 데스크들, 편집자들 이렇게 한 20명이 지켜보잖아요. 선생님도 그 회의 장면 보셨을 텐데, 그때의 분위기가 있어요. 매일매일 그걸 하는 사람들이라 꼭 세세하게 이 기사는 어떻고 저 기사는 어떻고 토를 달지 않아도 그 방의 분위기라는 게 있어요. 한두 마디씩 툭툭 던지는 거, 표정, 끄덕임, 갸웃거림, 이런 게 합쳐져서 최종적으로 이거 앞으로 가고, 이거 밑으로 가고 그렇게 결정되죠. 또 누군가가 한쪽에서 "이렇게 하는 게 낫지 않나? 좀 그렇지 않아?" 이래요. 그럴 때 좌중의 몇 사람이 끄덕이고.

오후 티타임, 화요회의

이제 약속한 시간이 다 돼서 마무리해야 할 것 같은데요. 사장님, 주필, 발행인, 편집국장, 그분들이 매일 티타임 가지는 거 혹시 알고 계세요?
김수혜 그러신다고 들었어요.

직접 들어가서 보신 적은 없나요?
김수혜 네. 저는 쫄따구라서. (웃음)

혹시 매주 화요일 열리는 부장단 회의는 가보셨나요?
김수혜 아뇨. 그 회의는 부장 없다고 차장이 대신 들어가고 그러지 않기 때문에.

그럼 그런 회의가 있다는 것에 대해서는 어떻게 생각하세요?
김수혜 내부에 있을 때는 별로 깊게 생각하지 않았어요. 나와서 보니까 그런 회의가 기능적으로 필요하지 않을까 생각해요. 부장단 회의에 사장님이 참석하지만 이건 이렇게 하고 저건 저렇게 하라고 꼬치꼬치 지시하는 스타일은 아니고 또 조선일보가 그렇게 지시하는 대로 돌아가는 조직도 아니고. 조선일보라는 데가 딱 옛날 부족국가 사이즈예요. 편집국 인원을 다 합쳐서 250여 명 정도잖아요. 던바의 수Dunbar's number[9]에 나오는 얼추 그 숫자예요. 엘리베이터에서 사장님을 마주치게 되면 수습기자들 이름까지 다 아세요. "지난번에 무슨 기사 좋더라" 이런 얘기도 하시고. 사실 전 그게 당연한 줄 알고 지냈고 다른 회사들도 그런 줄 알았는데, 타사 사람들이 "너네 이상하다" 그러더라고요.

혹시 그런 회의가 상명하달식으로 사주가 편집국에 영향을 미치는 채널 역할을 할 수 있지 않을까요? 위에서 지시하면 그게 국장과 부장을 통해서 아래로 전달되는. 그런 식으로 뭔가 내려온다는 느낌 같은 건 받은 적은 없나요?

김수혜 사장님은 굳이 세세한 것까지 코멘트하지 않는 편이지만, 가끔 어떤 기획이나 기사를 칭찬하실 때가 있어요. 그럼 국장들이 회의 다녀와서 "더 크게 낼 걸" 그래요. 직장인 농담이죠. 반대로 가끔 기사가 틀리거나 문제될 때가 있죠. 그런데 그게 회의 석상에서 얘기되었을 정도면 누가 봐도 문제가 있는 것들이거든요. 예를 들면, 되게 부끄러운 일이 하나 있었던 게, 태풍이 닥쳐오는 시점의 방파제 사진이 1면에 큼지막하게 나갔는데 그게 그날 찍은 사진이 아니라 3년 전에 찍어놓은 거였다는 사실이 들통난 적이 있어요.[10] 난리가 났죠. 야단맞은 분이야 개인적으로 안됐다 싶지만, 사실 야단맞아야 하는 일이거든요. 뭐, 그런 식이었어요. 특별히 제 기억에 남을 만큼 그 회의에서 나온 얘기들이 부당하다고 느낀 적은 없었던 것 같아요.

부서별 칸막이, 기계적 관성

정치부, 사회부 또는 사회정책, 문화, 경제 이런 식으로 나뉘어 있는 부서들 사이에 눈에 안 보이는 칸막이 같은 게 있다는 느낌을 받았고 또 답변 중에 그런 지적도 있었는데, 실제로 어떤가요?

김수혜 그건 불가피한 것 같아요. 만약에 신문이 팽창하는 시대라면 조직에 에너지가 넘칠 테고 그러면 '영역 따위가 무슨 상관이야' 하는 마인드가 강하겠죠. 그런데 상황이 그렇지 않으니까 편집국이 점점 부서 단위로 돌아가는 것 같아요. 대체로 데스크들 탓이 크죠. 왜냐하면 데스크들이 내 병력을 괜히 타 부서 빌려줘서 남이 공 세우게 도와주는 게 아니라 내 영토 열심히 지키고 내 거 열심히 해서 내가 올라가야겠다, 점점 그렇게 되니까. 그러면 기자들도 닮아가요. 그런 게 전체 편집국 입장에서는 좋지 않죠.

기자들의 부서별 순환 배치가 벽을 허무는 역할을 하지 않을까요?

김수혜 누가 시집을 간다고 해서 시집과 친정이 왕래를 하는 건 아니라서. (웃음) 예를 들어서 대장동 문제는 얘는 이거, 쟤는 저거 이렇게 함께 알아봐야 손발이 맞고 편하잖아요. 그런데 뭐라 할까. 식당 주인들 입장에서는 자기 사람 하나 빼줘야 된다고 생각하는 거예요.

별도의 태스크포스Task Force 팀을 만드는 건 어떤가요?

김수혜 만들죠. 이상적인 조직이라면 아침에 "이건 같이 알아봅시다" 해서 부서들 사이에서 자발적으로 팀을 짜면 좋겠지요. 회사가 팽창하는 국면에서는 그런 일들이 자연스레 이루어지는데, 지금은 그러지 못하는 거 같아요. 일단 일이 많으니까 다들 자기 사람 빼서 나눠주기가 싫죠. "TF 팀에 누구 보낼까요?" 하는데 반나절이 가요. 그 사람들끼리 모여서 회의하면 하루 가는 거고. 어느 한 부서라도 "우리는 누구 보내야 될지 모르겠는데" 이렇게 뭉그적거리면 또 하루가 가고요. 그리고 팀원들이 그 일로 모여 있는데 원래의 소속 부서 데스크들이 "야 너 거기 일은 대충하고 빨리 와서 원래 하던 일 해!" 이렇게 눈치를 주면 답이 없어요. 이건 제가 기획을 하면서 정말 숱하게 겪어본 상황이에요.

크고 작은 편집회의를 지켜보면서, 구성원들이 기계적으로 일하고 있다는 느낌도 받았는데요. 적극적으로 의견을 내고 더 나은 기사 기획으로 끌고 가는 에너지 같은 게 아쉽다는 느낌이.

김수혜   일단 일이 정말 재빠르게 돌아가고요. 키울 만한 게 있으면 이미 아침 회의에서 그날 판은 다 끝났거든요. 다음 날은 또 다음 날의 호떡을 부쳐야 하고. (웃음) 그리고 사실 신문사라는 데가 사람들이 붙어 있지 않고 낮에 다 나가 있잖아요. 그리고 다들 개별적으로 바쁘고.

고려대 박재영 교수 같은 분은 이를 한국의 신문이 성찰적이지 못하다는 말로 표현한 바 있습니다.

김수혜   성찰할 시간 전혀 없어요. 자기 기사 쓰고 나서 다시 읽어보지 않고 내보내는 경우도 있을 거예요. 그리고 무엇보다 이게 마감이 정해져 있고 시간 경쟁이라서. 기자 한 사람 한 사람이 할 수 있는 일에 한계가 있을 뿐 아니라, 지금 기자들한테 그 이상을 요구하는 게 가능한가 싶네요. 그 사람들한테 돌아가는 보상이라는 게, 과거 전 국민이 세로쓰기 신문을 받아보던 시절의 성취감하고는 큰 차이가 있어서.

가족 사이에도 그렇고 사회에서도 그렇고 세대 간에는 늘 갈등이 있고 긴장관계가 형성되잖아요. 우리는 이렇게 바꿔야 된다는 입장과 우리가 해오던 대로 가겠다, 그 사이의 긴장. 그런 긴장감이 조선일보에는 부족하지 않나 싶은데요.

김수혜 250~300명 정도의 집단이니까요. 서로가 서로를 너무 잘 아는 부족사회죠. 그러니까 조선일보를 한 20년 다니면 제가 부장으로 모시던 분이 국장 되고, 국장으로 모시던 분이 주필 되고요. 반대로 위에서 보면 아래는 이런저런 세월 거치며 다 한 번씩 겪어본 후배들이고요. 그래서 쟤가 전에 무슨 실수했었지, 쟤는 뭘 잘했었지, 이런 거 다 알아요. 그러니까 한 10년 차만 되더라도 무슨 말이 돌면 워딩만 봐도 그 말 누가 했는지 다 안다고 해야 하나.

조직이 작다보니 서로 간의 이해도가 높은 게 강점이자 약점이에요. 그러다보니 말씀하신 대로 변화의 동력이 약하다는 생각이 듭니다. 저도 지금 생각해보면 10년 차쯤에 가장 혈기 왕성하고 고민이 많았던 것 같아요. 그 후부터는 뭐랄까, 지금까지는 데스크 욕을 하면 되는데 그 후부터는 데스크가 바로 나거든요. (웃음) 지금 와서 생각하니 그때가 분기점이었던 것 같아요.

아쉽지만 예정했던 시간이 다 되었네요. 오늘 말씀 감사합니다.

김수혜 감사합니다.

2부. 언론의 파괴 혹은 새로운 언론의 창조

06. 조선NS 대표, 장상진

인터뷰이   장상진(남성, 인터뷰 당시 46세, 입사 19년 차)[1]

인터뷰 일시/장소   2022년 1월 6일 오후 2:30~5:00 / 조선일보사 3층 회의실

그는 출입처 기반으로 돌아가는 편집국에서 출입처가 없는 일종의 별동대 온라인 뉴스팀인 자회사 조선NS를 이끄는 대표다. 지면의 사진으로 봤을 때 그는 짙은 눈매와 눈썹이 인상적인 훤칠한 미남이었다. 하지만 직접 마주친 그의 모습에서 사진 속의 그를 떠올리기는 어려웠다. 편집국에서 그는 말을 붙이기 쉽지 않은 사람 중 하나였다. 바쁜 걸음으로 편집국을 오가거나 모니터 화면에 완전히 몰입해 있었다. 그의 얼굴은 왠지 붉게 상기된 것처럼 보였고, 인상과 말투에서 흥분해 있고 무언가에 쫓기는 듯한 긴장이나 불안이 엿보였다. 어쩌다 연구자와 마주칠 때면 의식적으로 고개를 숙이거나 눈길을 피하는 느낌이 들었다. '우리를 불편하게 여기나?' 인터뷰를 끝까지 망설였던 이유다.

　어렵게 이루어진 인터뷰는 어수선했다. 그가 쏟아내는 빠르고 강

한 경상도 억양은 알아듣기 어려웠다. 하지만 그와의 대화는… 놀라웠다. 그는 편집국 중앙의 허브에 자리를 잡고 있었다. 그 스스로가 허브였다. 작지만 다른 세계의 두목이었다. 인터뷰 중에도 계속 바쁘게 제보와 취재 지시가 섞인 연락을 주고받았다. 하지만 그의 답변은 의외로 협조적이었고, 솔직했고, 질문에 부합했다. 그는 강한 자존심과 성실함을 겸비한 사람이었다. 강성으로 알려졌지만 연구자의 눈에 예의와 겸손함을 갖춘 사람이었다. 지난 세월 스카이 출신이 대다수인 조선일보 편집국에서 비非스카이 출신으로 겪어야 했던 일들이 콤플렉스, 반감, 그리고 결의가 뒤섞인 모습으로 내비쳤다. 그는 인정받기 위해 최선을 다하고 있었고, 기대 이상의 성과를 올리고 있었으며, 그에 대한 자긍심을 느끼고 있었다. 이 모든 요소들이 그를 조직 안팎에서 경원시되고 심지어 손가락질받는 이른바 어뷰징 기사를 생산하는 자회사의 대표로 만들었을 것이다.

그는 그 일에 최적인 인물이었다. 하지만 그가 꿈꾸는 조선NS는 그 이상이었다. 그는 낡고 경직된 편집국의 관행을 넘어서는 플랜B 내지 새로운 언론을 가슴에 품고 있었다. 사진에서 보았던 청년 시절 그의 모습이 그때 살아났다. 그는 응원하고 싶은 존재였다.

어수선한 인터뷰 시작

(인터뷰 시간이 되었는데도 계속 메신저 주고받음)

지금 어떤 상황인지 여쭤봐도 될까요?

장상진 최근에 정용진 부회장이 인스타로 이상한 걸 했잖아요. 멸공, 공산당. 그런데 갑자기 어제 인스타그램에서 삭제 조치를 한 거예요. 그래서 정용진 부회장이 아침에 또 글을 올렸어요. 아니 이게 삭제 사유냐, 나는 공산당이 싫다는 취지로 말했을 뿐인데, 멸공 이런 말 썼을 뿐인데, 이게 삭제 사유냐고.[2]

인스타 쪽에서 삭제를요?

장상진 네. 그랬고 그게 지금 시끄럽다고 신세계에서 알려주네요. 전화한 사람은 신세계 홍보 쪽인데 인스타가 지금 사과문 띄웠다, 시스템 오류였다고.

삭제할 일은 아니었던 것 같은데요.

장상진 그래서 이걸 기사로 쓰자는 얘기를 한 거예요.

중간중간에 연락 오면 개의치 말고 받으십시오.

장상진 알겠습니다. 연구에 도움이 되실 것 같아서.

그럼 시작하죠. 조선일보 디지털 뉴스 서비스가 어떻게 발전해왔고, 현재 서비스가 제공되는 기본 구조는 어떻게 되는지 궁금합니다.

장상진 첫 번째 질문은 제가 잘 몰라서 내부에서 그에 대해 잘 아는 사람한테 자료를 받아 정리해드리겠습니다.

디지털 뉴스 서비스의 기본 구조

감사합니다.

장상진　네. 두 번째 질문에 대해서는 제가 설명할 수 있는데, 디지털 뉴스 서비스 기본 구조는 첫째 조선일보 편집국이 제공하는 서비스가 있어요. 편집국에는 '출입처'라는 게 있죠. 여당반, 야당반, 그다음에 외교 안보, 법조, 삼성, IT산업, 부동산팀 이런 식으로 출입처가 쭉 나뉘어 있죠. 그런 출입처별 이슈에 포커스를 맞추는 게 전통적인 출입처 시스템이죠. 그래서 거기서 나오는 발표라든지 발생 기사는 여기가 제일 빠릅니다. 예컨대 북한이 미사일을 쏘면 국방부 출입 기자들에게 제일 먼저 국방부의 풀pool 문자 메시지가 갑니다. 그런 식이니까 출입처에서 발생하는 기사는 조선일보 편집국 기자들이 쓰는 게 원칙으로 돼 있습니다. 지면이든 온라인이든.

두 번째로 저희 NS가 별동대로 있는데요. 저희의 제1임무는 출입처라고 할 수 없는 곳에서 혹은 온라인에서 먼저 이슈가 되고 거기에서 와글와글하고 있는 걸 쓰는 거죠. 신문의 경우 보고 체계도 있고, 아침 보고 때 '오늘 이걸 쓰겠다'거나 '이걸 취재하겠다'고 하는 발제를 거쳐서 오전 회의, 오후 회의를 거쳐가며 쓸 거냐 말 거냐, 신문에 몇 매 쓸 거냐, 인터넷에 쓸 거냐 등의 결정이 나기 때문에 신속하게 대응하기가 어려워요. 하지만 온라인 대응팀은 이슈가 있으면 일단 먼저 쓰고, 그다음에 또다시 게시판 같은 걸 통해서 이거 맞나요 확인해서, 알고 보니까 사실이 아니라든지 혹은 실제로 이런 일이 있었던 것으로 추가로 확인됐다든지 이렇게 쓰는 시스템이죠.

이렇게 이원화된 구조예요. 저희가 NS를 만들 때 워싱턴포스트의 어떤 팀을 벤치마킹한 건데 그 팀이… GA팀. General Assignment, 그러니까 출입처 제한이 없는 전방위 영역 팀인데, 저는 이 GA팀 같은 걸 만들고 싶었죠. 제 꿈이기도 했고, 진짜로 해보고 싶은 것들이 있었습니다.

예를 들어서 최근에 제가 했던 특종은 김의겸 부동산 사태[3]였는데요. 이런 기사 같은 경우는 정치부에서 먼저 나오죠. 공직자 재산 공개 일정 등은 정치부가 꿰고 있으니까. 하지만 보통 정치부 기자는 부동산에 대한 지식이 없고, 설령 부동산 관련 지식이 있다 하더라도 취재에 나서기가 쉽지 않아요. 예컨대 청와대 출입 기자가 흑석동 현장에 한번 가보려고 해도 일단 브리핑이라든가 기본적으로 챙겨야 할 일정이 있고 그래서 부서 데스크에게 말 꺼내기도 어려워요.

사실 우리 회사도 너무 규모가 크고 관료화돼 있어서 부서 간의 장벽이 높고. 그래서 자기 부장한테 이거 좀 더 캐보려고 산업부 부동산팀하고 같이 하겠다고 그러면, 여러 부장에 대한 보고 체계를 거쳐서 넘어가는 게 서로 피곤해요. 그러니까 말하기도 싫고. 그런 벽이 있는데. 그런데 저는 커리어가 독특해서 정치부 2년 반, 산업부 5년, 사회부 10년입니다. 기자는 한 10년 차 정도 되면 자기 전문 분야를 찾아가지고 거기 눌러앉는데 저는 떠돌이 인생을 지금 18년째 하고 있어서 이게 굉장히 익숙해요. 그리고 부동산 취재 그러면 국토부가 출입처인 것 같지만 실은 당정에서 원내대표나 정책위 의장 여기서 나오는 경우가 많고 거기를 취재하는 게 훨씬 쉽거든요. 이런 식의 점프를 저는 실제로 많이 해봤기 때문에 GA라는 말을 들었을 때 '이거다'라는 생각이 들었어요. 뭐, 하여튼 그런 식으로 움직입니다.

무슨 말씀인지 얼추 알겠습니다. 그러면 이 조선NS 아이디어를 처음 낸 분이 장 대표님이세요?

장상진   아닙니다. 국장한테서 제안받은 건데 그전에 이미 리포트가 만들어져 있었습니다. 조선NS 이전에 디지털724팀이 있었는데, 그 팀이 해체되고 조선NS가 설립된 겁니다. 그 이유를 먼저 설명해드릴게요. 디지털724팀이 해체된 이유가, 기자들에게는 디지털팀이 기피 부서 중에서도 기피 부서, 한직 중에서도 정말 최한직, 아무도 가고 싶지 않은 부서였거든요. 기자에게 출입처가 있어야 전문성도 생기고 영향력도 있고 그런데 출입처가 없다는 것 자체가, 뭐랄까요, 집이 없는 거라서. 그래서 출입처에 대한 텃세 같은 것도 있고. 가령 문화와 패션 산업이 맞물려 있는 곳에서 문화부 기자하고 산업부 기자가 서로 "네가 왜 여기 와서" 하며 싸우는 일도 있고 그래요. 그런 게 기자 집단인데, 나와바리 없이, 출입처 없이, 그저 인터넷에 나오는 거, 별로 중요하지 않은 시시껄렁한 거 쓴다고 보기 때문에 디지털팀이 전혀 메리트가 없었던 거죠. 메리트도 없고 누가 알아주지도 않는다고 생각하고. 그래서 불만이 너무 높았어요. 결국 노조에서 경영진에게 이 724팀이 기자로서 발전도 없고 불만이 많다는 의견을 전달했고, 그러자 하기 싫다는 사람들을 그렇게까지 끌어서 할 필요가 있느냐, 이걸 좋아하는 사람들을 모아서 하면 되지, 이런 판단을 사장께서 내리신 거예요.

사장께서 한번 연구해보라고 했고 편집국과 경영기획본부가 각각 여기저기 해외 사례를 모으고 해서 보고서를 만들었죠. 그렇게 해서 두 가지 안이 제 책상에 올려져 있었어요. 그중 하나를 보니까 GA팀이라는 사례가 있다고 해서 저는 그쪽으로 해야겠다고 생각하게 된 거죠.

조선NS의 역할

그랬군요. 이제 그림이 잡히네요. 그럼 NS가 설립된 후로는 장 기자님이 대표를 맡았던 건가요?

장상진 네. 저 급한 전화 좀 받겠습니다. … [(통화) 홈플러스? 홈플러스는 H 한테 물어봐. 인스타그램은 저기 K한테 가서 물어봐.] (통화 끝냄)

저희는 나와바리가 없다보니 팀원들이 전화번호를 몰라요. 그래서 방금처럼 제가 다리 역할도 해줘야 되는 거고.

하루 종일 이리 뛰고 저리 뛰고 바쁘실 수밖에 없는 구조네요.

장상진 저한테 요청된 역할은 원래 724가 하던 걸 해달라는 거였어요. 724가 하던 온라인 이슈 커버를 해달라는 거였고 그래서 나와바리라든지 이런 건 아예 개념이 없었습니다. 밖으로 나가지 않고 앉아서 일하는 조직. 워싱턴포스트의 GA라고 하는 것도 이름은 그럴싸하지만 워싱턴포스트 지면으로 가지 못한다는 걸 처음부터 분명하게 깔고 선수들을 모집했어요.

그런데 지금 NS는 온라인에 먼저 실렸던 게 거꾸로 지면으로 가는 경우도 있더군요.

장상진 주용중 편집국장이 받아주는 거죠.

온라인 속보 영역의 최고 고수들을 모았다고 들었습니다.

장상진 뭐, 100퍼센트는 아니지만 어쨌든 저는 두 가지를 봤죠. 트래픽을 엄청나게 가져올 수 있는 선수이거나 아니면 나와바리 소속 기자 이상으로 기사를 잘 쓰는 친구. 이를테면 최훈민 같은 선수. 출입처 기자는 권한도 많지만 제약이 있잖아요. 저희는 나와바리가 없기 때문에 오히려 더 자유롭게 오늘 제일 재밌는 건 이거야 싶으면 하루 종일 그것만 해도 되는 거죠. 가령 최근에 동시다발적인 민노총 폭력 사태[4]가 터졌

2부. 언론의 파괴 혹은 새로운 언론의 창조

을 때 하루 종일 그거에 집중할 수 있는 거죠. 보건복지부 담당 기자는 그걸 할 수가 없어요. 그 기자가 무능해서가 아니고, 그 친구들은 시간 되면 와서 마감해야죠. 그런데 저는 하루 이틀 줄 테니까 재미있는 걸로 계속 가져와봐 하고 선수를 보내는 거예요. 그러면 그 친구는 아침부터 다니면서 계속해서 속보를 생산합니다.

우리가 기자 패턴이라고 하는 게 보셔서 아시겠지만, 아침에 출근해서 9시 반까지 보고 아이템을 올립니다. 오늘 뭘 쓰겠다, 뭘 하겠다. 어젯밤에 이런 일이 있었고 그중에서 이건 좀 더 지켜보고 이건 오늘 쓰고. 이건 다른 신문에 나온 건데 미안하지만 중요하니까 써야 될 것 같고. 또 이건 오늘 출입처에서 내는 보도자료고. 어제 나온 보도자료는 가공해서 이렇게 했고, 혹은 어디서 이렇게 발표했는데 팩트 체크 해보니까 사실과 다르고. 그렇게 보고를 9시 반까지 넘겨주면 편집국 각 부장들이 보고를 받죠. 그러면 이 보고를 놓고 부장들이 기자와 커뮤니케이션을 해서 10시쯤 지면을 어떻게 만들 건지 대충 틀을 정해서 일단 가지고 있다가, 오후 1시에 "이건 오늘 무조건 쓸 테니까 좀 더 알아보고 있어"라는 식으로 또 오더가 가요. 그다음 1시 반에 일선에서 다시 오후 보고를 올립니다. 그걸 가지고 국장, 부국장, 부장들이 모여서 지면 배치를 하죠. 일선 기자가 아무리 손이 빠르더라도 거의 3시까지 묶여 있게 되죠.

그런데 저희는 그런 제약이 없잖아요. 물건 가져오면 한밤중에라도 쓰면 되고 새벽에라도 쓰면 되니까. 재미있는 이슈에서 경쟁이 붙으면 저희가 당연히 이겨야 된다고 생각합니다. 대신 저희는 고정 출입처가 없기 때문에 특별한 인맥도 없죠. 저 같은 경우 과거 국토부 사무관들 몇 명은 그냥 형님 아우 하는 사이였는데 NS는 그런 게 없어요. 그런데 무엇이든지 온라인에서 따끈따끈한 게 주류로 넘어올 때까지 하루가 걸리거든요. 우리는 그 하루를 뛰어넘어 먼저 쓰면 단독이기 때문에 그걸 다 먹겠다는 겁니다.

NS 기자들이 편집국 기자들에게 요청해서 취재원의 연락처를 받거나 더 깊은 취재를 위해서 부탁을 하거나 그렇게 협력하지는 않나요?

장상진   제가 그런 역할을 하는 브릿지인데요. 그러니까 필요한 전화번호는 제가 주는 거죠. 자기들끼리 직접 주고받으면 제일 좋은데 이 친구들이 우리 조직에 낯설어서 아직은 제가 필요한 상태죠. 실은 저도 복지부 출입 기자가 누구인지 다 외우지는 못해요. 보건복지부 쳐서 검색하거나 전화로 물어보거나 해서 확인해보고 나와바리 기자들에게 "야, 미안한데 좀 해주라" 하고 연결해주죠. 저는 고참이니까.

NS팀의 구성

아까 말씀하신 최훈민 기자라는 분은 이번에 편집국에서 상 받으셨죠? 활동도 많이 하시는 것 같은데, 그분은 경력이 어떻게 되나요?

장상진   참 재밌는 친구죠. 대학에서 경영학 전공하고 2010년부터 대우인터내셔널 4년 다니다가 그만두고 드라마 〈미생〉 찍을 때 연이 닿아 연출부 일을 했다가 콘텐츠 만드는 게 재미있다는 생각을 한 것 같아요. 그렇게 저렇게 해서 2015년에 매일신문 기자로 있었어요. 거기서 대구·경북 마피아 비판하는 기사 썼다가 기사가 삭제되는 일을 몇 번 겪고 나서 때려치우고 서울로 와서 일요신문 갔다가 저희 쪽 제안을 받고 온 거죠.

직접 전화를 하셨어요? 눈여겨보고 계셨던 건가요?

장상진 한 명 한 명 다 집 앞으로 찾아갔습니다. 그러니까 저희가 12명인데 10명이 NS고 2명은 조선일보에서 자회사 인터넷 요원으로 뽑은 인원을 받은 거고. NS 10명 중에서 4명은 인턴을 하고 공채를 거쳐 올라온 친구들이고, 6명은 이 선수 무조건 함께해야겠다 싶어서 전화하고 집 앞에 가서 차 한잔하면서 설득했습니다.

함께해야겠다고 생각한 결정적인 이유가 있나요?

장상진 준비하는 동안에 저는 웹 서핑을 많이 했어요. 주로 네이버를 통해서 이것저것 재밌는 기사도 다 읽어보고. 한 일주일쯤 지나자 계속 단골로 눈에 들어오는 기자들이 있었어요. 저로서도 지금의 성과는 생각했던 거 이상인데, 원래 제 생각은 트래픽만 잘하면 된다는 거였죠. 그래서 트래픽을 잘 뽑아줄 선수 위주로 6명 중에서 4명을 채우고, 그다음에 그래도 밖에서 누가 "너네 NS가 뭐하는 데냐"라고 했을 때 "며칠 전에 본 그 특종이 우리 거예요"라고 말할 수 있게, 제가 하고 싶었던 거 하는데 손발이 될 수 있는 선수 한두 명쯤 염두에 두고 팀을 꾸린 거거든요. 그런데 뽑아놓고 보니까 이 선수들이 단순한 트래픽 기계가 아니고 다 능력이 있고 욕심과 야망이 있는 친구들이고. 잘할 거라고 짐작했던 친구가 오히려 트래픽 기계이기도 하고. 뭐, 하여튼 막 섞여 있어요.

다이내믹하군요. 일일이 그런 식의 과정을 통해서 선발한 이 팀, 일종의 별동대가 하루에 생산하는 기사량은 보통 얼마쯤 되나요?

장상진 이건 통계를 보고 말씀드리는 게 정확할 것 같은데, 보통 선수들이 한 7개, 8개 정도. 하루에 7개 정도 1시간에 하나 정도예요. 방금 뭘 썼는지 볼까요. 외신 기사 같은 경우는 그냥 번역이 끝인 거고. 그런 기사는 사실….

따로 있나요, 외신 담당이?

장상진 (휴대폰을 살피며) 아닙니다. 그 부분은 다시 설명드릴게요. 뭐가 있을까요, 방금 NS가 띄운 기사는, 백인 전용 탔다가 유죄 판결받은 미국 흑인 126년 만에 사면. 이런 기사는 하루에 한 14개도 쓰겠네. 또 방금 정용진 게시물 보고 인스타그램하고 몇 군데 전화 돌려서. 대부분 이런 것들이에요. 조선닷컴이라는 언론사 홈페이지에서 NS의 기사란 마치 건빵의 별사탕처럼 일단 사람들이 항상 여기 와서 놀고 싶도록 그렇게 우리가 신경을 쓰는 거죠. 보면 재밌는 거 많아요. 저희의 의지를 실은 기사는 따로 계속 준비를 해서 나가고.

의지를 실은 기사

의지를 실은 기사라는 건 어떤 거죠?

장상진 우리가 생산한 기사가 거꾸로 신문에 나간 기사들 같은 경우는 작정을 하고 낸 거죠. 예를 들어서 오늘의 간판 상품인데, 여기 보면 "코로나 1분 30초 장례". 이건 선수 하나가 실제로 장례식장 현장에 가서 장례 지내는 사람들 얘기 다 들어보고 돌아와 쓴 거고. 또 기사는 안 나갔지만 택배 분류 작업, 내가 직접 해보니 이렇다, 이런 거.

왜 기사로 안 나갔나요?

장상진 재미가 없었어요. 원래는 택배 노조의 횡포를 직접 겪어보니, 이런 내용을 쓰려고 한 거였어요. 택배 노조의 횡포가 너무 이슈가 돼서, 노조가 파업에 돌입하자 최훈민 이 친구를 그쪽에 들여보냈는데, 노조 파업 때 비노조 알바로 투입되어서 노조원들로부터 욕먹고 두들겨 맞고 오라고 보냈던 건데. 그 직전에 저희가 그런 식의 폭력에 대한 고발 기사를 영상, 사진과 함께 몇 번 써버리는 바람에, 막상 들어간 당일은 걔네가 조용했던 거예요.

그럼 택배 분류하면서 개고생한 거라도 쓰면 기사 가치가 있을 텐데, 택배 단순 분류 작업이란 게 배달 박스가 벨트 타고 쭉 오면 보고 있다가 하나씩 걷어내는 거라서. 실제로 해보니 그렇게 힘든 일이 아니고. 그걸 '하나도 안 힘들더라' 그렇게 쓰면 택배 기사 욕보이는 것밖에 안 되기 때문에 접었죠.

대표님과 기자의 의견이 서로 충돌하는 아이템도 있나요?
장상진 있죠. 어제도 있었고 전에도 있었고. 그러니까 아이템으로 인한 충돌이 아니고 대개는 너무 선정적인 걸 가져온다거나 아니면 누구를 너무 세게 조져서 문제가 되는 거죠. 어제는 윤핵관[5] 중 누군가를 너무 세게 조져서. 처음부터 기사를 너무 거칠게 써와서 그걸로 싸웠죠. 윤핵관이 중립적인 표현은 아니지 않느냐고. 또 다른 친구는 윤 후보가 과거 검찰총장 됐을 당시에 김건희 씨와 전화 인터뷰를 한 게 있는데 이제 대통령 후보 부인이 됐으니 그걸 기사로 써야겠다는 거예요. 제 생각에는 그게 요즘도 아니고 2년 전에 했던 통화를 가지고 지금 기사를 쓰겠다는 건 좀 뭐하지 않나, 당사자의 인격에 대한 거고, 공적인 것도 아니고. 그래서 잡아둔 적이 있어요.

결국 안 나갔나요?

장상진 안 나갔죠.

NS 기자들은 자리에 많이 없는데, 재택으로 일하고 있는 거죠? 코로나 때문에.

장상진 코로나 때문이기도 하고 굳이 나와 있지 않아도 되고. 처음에는 코로나 때문에 그렇게 했는데 하다보니까 별 불편함이 없어서 일전에 코로나가 약간 느슨해졌을 때도 원래 하던 대로 하라고 했죠.

지금 NS 자리는 한 줄 쫙 비어 있는데요.

장상진 비어 있는데, 이 친구들은 인센티브든 연봉 계약이든 다 실적으로 하기 때문에 상관없습니다. 자기가 쓴 좋은 기사든, 페이지뷰[6]든 둘 중 하나를 저한테 내밀어야 되기 때문에 집에서 일한다고 흐트러질 리가 없어요.

그분들이 받는 보상은 각자 올리는 페이지뷰나 생산하는 기사와 연동되나요?

장상진 많이 연동시켜 놨습니다. 페이지뷰는 그 자체로 표가 나오고 통일화가 돼 있잖아요. 그러니까 명확하죠. 페이지뷰는 안 나오더라도, 많은 사람들이 관심을 보이고 얘기한 거라는 주장이 그럴듯하면 오케이인 거고.

일인 다역

그 평가까지 직접 하시나요? NS 기자들이 찾은 아이템을 살펴보면서 이건 기사화하고, 이건 킬, 이런 게이트키핑 역할도 하시는 것 같고. 기사들에 대한 데스킹도 보시는 것 같던데, 혼자서 이리 뛰고 저리 뛰고, 말 그대로 일인 다역이군요.

장상진 그래서 데스킹은 사실상 작은 데스크들한테 맡겨놨어요. 작은 데스크들은 그냥 글만 봐주는 데스크들이에요. 그러니까 문장. 아까 말씀드린 대로 저희가 12명인데 그중 4명은 기자 경험이 없는 친구들이에요. 그 친구들의 글을 잡아주는 정도의 데스킹이고. 하지만 민감한 기사는 반드시 저한테 보고하게 돼 있죠. 킬할 것인가, 시쳇말로 어그로[7]를 끌 것인가, 이 판단은 제가 해요. 그런데 실은 뭐든지 일단 많이 써놓으면 물량 앞에는 장사가 없어요. 많이 쓰면 페이지뷰는 따라와요. 효율성이 있느냐의 문제지. 우리가 이런 것까지 써야 하는지 판단할 때 중요한 건 경쟁이죠. 교도소에서 여성 사진 보면서 ○○ 행위, 이런 기사에서 ○○ 행위라는 표현을 쓰느냐 안 쓰느냐 그 하나하나가 다 판단의 영역이라서. 선정적이거나 정치적으로 민감한 이슈거나 젠더라든지 장애인 이슈라든지 사회적으로 민감한 이슈의 경우에는 일단 저한테 구두로 보고하거나 상의하게 돼 있습니다.

작은 데스크라는 분들은 몇 명인가요?

장상진 세 명이 하루에 3개 조로 해서 글을 다듬고 논리적으로 이상한 점프가 있지 않은지 정도를 봅니다.

그러면 대표님 밑에 총 12명, 그중에 세 분이 작은 데스크 역할을 담당한다. 그 세 분은 각각 자기 영역이 있나요?

장상진 아뇨. 그냥 시간대별로 나눕니다. 왜냐하면 아침 6시부터 다음 날 새벽 1시까지 커버하는 식이라서 한 사람이 그사이의 기사는 영역 불문하고 다 데스킹해야 하는데 역할을 영역별로 나누면 커버하기 힘듭니다.

그렇군요. 그럼 작은 데스크들은 3교대로 돌아가는 거고, 대표님 일정은 어떻게 되나요?

장상진 저는 헐렁하게, 그러나 계속 근무는 하고 있는 거죠. 밤에 집에 가서 아이 보는 시간에는 민감한 기사는 내지 말고 내일 아침에 보자는 식으로.

그래도 3교대를 다 커버하는 역할을 하시는 거잖아요?

장상진 그렇긴 하죠. 언제든 급한 일이 생기면 연락을 주고받습니다.

그럼 밤 1시부터 새벽 6시까지 다섯 시간 제외하고는 사실상 전일 근무군요.

장상진 네. 하지만 제 입장에서는 남의 통제를 받는 아침 9시 출근, 6시 퇴근보다는 이게 훨씬 좋습니다. 제가 홀딩을 걸어놓은 기사들은 제 사인 없이 못 달리게 돼 있는 이 시스템만 제대로 돌아가면, 가벼운 소일거리들까지 제가 손질하지는 않기 때문에 긴급한 것들도 별로 많지 않고. 또 정치부하고 사회부도 온라인 기사를 소화하니까.

각부에서 만들어내는 온라인 디지털 기사는?

장상진   각부 부장이 책임을 지는 거죠.

중앙일보와 조선일보의 차이

디지털 편집부장은 어떤 역할을 하시나요?

장상진   그분은 기사 내용을 손보는 경우는 거의 없고 다른 데 뭐 나왔는데 우리는 확인 안 됩니까, 주로 이 정도 역할을 합니다.

그러면 각 부서에서 생산된 기사를 온라인으로 당겨오는 역할을 하는 건가요?

장상진   당겨오는 게 아니고 기사를 두 번 씁니다. 그러니까 이게 중앙일보방 나른 점인데요.

중앙일보는 출발부터 아예 디지털 기사로 만들죠?

장상진   네. 아예 처음에 디지털에 쓰죠. 그러면 데스크가 그중에서 지면용 기사를 추리는 거죠. 이거 좋으니까 원고지 5매, 이렇게 자기가 줄여서 뽑는 식으로. 우리는 신문용 기사를 염두에 두고 쓰다가, 대충 기사가 된 상태에서 온라인용으로 게시 누르면 온라인 편집자 창에 그 기사들이 쭉쭉 뜨거든요. 편집자가 그걸로 배치하는 거고. 그리고 나서 지면에도 쓰겠다 하면 온라인용으로 보낸 기사의 문장도 다듬고 대충 썼던 거 다시 보완하고, 온라인판에서 빨리 쓰느라 챙기지 못한 내용도 넣어주고 해서 마감시간까지 작업해서 내는 거죠.

그 일은 누가 하나요?

장상진　담당 기자가 다 합니다.

디지털 편집부장은 그사이에 어떤 일을 하시는 거죠?

장상진　그러니까 타사 온라인판 기사 나온 거 체크하고, 아침에 편집국
장이 주재하는 온라인 회의에 들어가서 아침에 올라온 보고 내용 중에
이건 온라인용으로 먼저 주시죠, 이런 역할을 하죠. 예를 들면 오늘 같은
경우도 지금 2시에 이준석이 나오는 의총이 시작됐잖아요. 그러면 독촉
하고 쪼는 거죠. 이거 기사 빨리 내놓으라고. 지금 중앙일보 나왔는데 뭐
하고 있냐고.

편집국에서 생산하는 기사들이 온라인에 제때 올라갈 수 있게 체크하
고 독려하는 역할이군요.

장상진　네. 제때 물건이 나오게 하는 역할이죠.

편집국 생산 온라인 기사 vs NS 생산 온라인 기사

편집국에서 생산하는 온라인 기사는 분량이 어느 정도 되나요? NS가
더 많지 않나요?

장상진　분량요? 건수로는 아니죠. NS가 훨씬 적죠. 신문 한 부에 기사가
보통 300건이 들어가는데요. NS가 기사 건수로는 한 10~15퍼센트 정
도? 그런데 트래픽은 55~60퍼센트. 이건 구조적으로 우리의 뉴스 생산
시스템 때문인데, 신문 기사 300건이 새벽 3시에 다 풀리거든요. 마감
하고 나서 풀리는 거니까. 이 숫자는 제가 나중에 팩트 체크해드릴게요.

아침이 밝으면 또 새로운 일이 벌어지고 그러니까 새벽 3시에 풀린 기사들 중에서 독자들 눈에 띌 기회도 없이 묻혀버리는 것들이 많죠. 이게 건물 임대료하고 똑같거든요. 건물 1층 임대료가 100이면 2층 가면 바로 50만 원으로 떨어지는 거하고 똑같죠. 앞에 걸려 있다가 내려가면 그때부터 쭉쭉 트래픽이 떨어져요. 네이버는 더 말할 것도 없고. '픽6'라고 사진 두 컷, 기사 네 건, 여기에 못 들면 네이버에서는 의미 있는 숫자가 안 나오기 때문에…. 구조적으로 우리가 이길 수밖에 없죠.

NS가 1차 목표로 삼는 플랫폼은 네이버인가요?

장상진 아니죠. 조선닷컴입니다. 중앙일보 같은 타 매체들은 네이버를 제일 중요하게 생각해요. 그런데 저희는 조선닷컴이라는 데 들어와서 보는 충성 독자층이 중요하다고 봅니다. 유료화를 했을 때 돈을 낼 사람들은 네이버에서 지나가면서 보는 사람들이 아니고 이 집단이죠. 네이버에서 지나가면서 보면 네이버만 좋죠.

네이버 구독자는 중앙이 550만 명, 그리고 한경, 매경, JTBC, YTN이 각각 500만 명이 넘어요. 조선은 400만 명 정도?

장상진 460만 명 정도일 거예요. 매일 체크는 못 하고 있어서 대략 그 정도인 걸로.

이건 그냥 네이버 자산이라고 보시는군요.

장상진 네. 왜냐하면 550만이라는 중앙일보는 거기에 드라이브를 많이 걸었어요. 구독하고 스타벅스 쿠폰 받아가세요, 이것도 많이 했고, 우리도 신문 판촉할 때 하는 거니까. 그런데 그렇게 쌓아올린 탑이라고 하는 게 모래성 같은 숫자죠. 10년 전에 네이버 뉴스 캐스트라고 네이버 메인 화면 중앙에 창을 하나 뻥 뚫어놓고 여기에 조선, 중앙, 동아 등등 해서 언론사 몇 개 돌리는 시스템. 처음에는 이 시스템에 언론사가 몇 개 있지도 않았죠. 네이버 뉴스 캐스트에 올리는 언론사는 12개밖에 안 됐어요. 그런데 이건 룰 한 번 바꿀 때마다 무너져 내리는 거고, 네이버가 몇 번 바꿨죠. 아예 없앴다가, 그다음에 뉴스 스탠드로 바꿨다가 그다음엔 실시간 검색어만 남기고…. 그럴 때마다 언론사 페이지뷰가 요동치고, 갑자기 네이버에서 뉴스 서비스 안 한다 그러면 사라져버리는 모래성 같은 숫자죠. 실제로 조선일보 내부에서 상을 주거나 할 때 조선닷컴 페이지뷰 1등을 전체 페이지뷰 1등보다 먼저 시상해요. 그러니까 조선닷컴에서 60만 페이지뷰가 나왔으면 포털에서 200만 페이지뷰 나온 기사보다 이 기사 포상을 먼저 합니다. 왜냐하면 유료화는 결국 우리한테 와서 보는 팬들이 만들어주는 거니까. 제가 NS를 맡은 6개월 동안 이 입장을 분명하게 지켜왔습니다.

NS팀의 구성

NS팀을 구성하는 데 얼마나 걸리셨나요?

장상진 제가 이 팀 관련 제안을 수락하고 준비에 들어간 게 5월 10일입니다. 누구를 데려올지 물색하고 팀을 다 구성하는 데 3주 정도. 한 1~2주 살펴보다가 눈에 들어오면 바로 전화해서 좀 보자는 식으로 한 명씩 채워서. 그다음에 실제로 데려와서 띄우는 데까지 걸린 시간이 5주였고요. 그렇게 해서 6월 28일에 런칭했습니다.

준비에서 런칭까지 6주 정도. 진짜 빨리 추진하셨네요.

장상진 번갯불에 볶은 거죠. 당장 급하니까.

여기 계시는 분들은 서로 모르던 사이였던 거죠?

장상진 글로는 알았겠죠. 이름 정도.

그쪽의 선수들이라서 그런가요?

장상진 그렇기도 하겠지만 여기는 일단 재밌는 게 있으면 속된 말로 남의 기사를 베껴쓰는 경우도 있으니까요. 우리 팀에 페이지뷰 올리는 능력이 탁월한 김소정이라는 친구가 있어요. 이 친구는 단순히 베끼지 않고, 그러니까 베낄 경우에 주요 매체에 몇 번 나온 기사는 반드시 밸류를 더해서 내요. 예를 들어서 엊그저께 화제가 됐던 서울 시내 도로에서 차 트렁크 위에 올라타서 달리는 기사 같은 경우는 우리가 늦었거든요. 그게 한문철 TV[8]에 나와서 중앙하고 한경이 먼저 쓰고 우리는 늦었는데, 제가 "우리도 빨리 대충 하나 베껴 내지" 그랬더니 "조금만 기다려보세요" 그러고는 보험사 약관을 넣어서 다치면 보험이 어떻게 되는지 그런 기사를 냈어요. 그게 히트에 크리티컬한 영향을 주진 못했지만, 이 친구는 자존심이 있는 친구예요. 우리 같은 경우 경쟁사는 중앙하고 한경이죠. 중앙, 한경, 매경에서 기사 나오면 재밌는 거 썼는데 이거 누가 썼지, 우리는 왜 이 기사가 없을까 하면서 서로가 서로를 다 아는 거죠. 그걸 모니터링을 통해 알고 있던 친구들이 만난 거죠.

김소정 기자는 성향 면에서 조선일보의 방향성하고 차이가 있는 것 같던데요. 김건희 씨 사과를 패러디한 영상에 관한 기사를 썼는데 조선일

뉴스 생산자

보의 논조와는 차이가 있었던 것으로 기억해요. 그래서 "이거 조선일보 기사 맞아?" 하는 댓글도 달렸었죠.

장상진 네. 아이 빌리브 기사[9]라고 그런 기사가 있었죠. 그런데 신문이랑 온라인이랑은 사실 차이가 있어요. 지난주에 조선일보 신입 기자들을 두고 강의를 했는데, 거기서 신문과 온라인 뉴스는 뭐가 다르냐는 질문이 나왔죠. 제가 교수님 앞에서 주름잡는 얘기지만, 신문은 오마카세[10] 잖아요. 그러니까 방송, 레거시 미디어는 오늘 이게 제일 중요한 톱뉴스고, 그다음에는 이걸 알아야 되고. 이거는 우리 단독이니까 한번 보시고. 그런데 우리는 그냥 노량진 수산물 시장이잖아요. 온라인 뉴스라고 하는 건 최대한 다양한 세트를 갖춰놓고 있어야 되죠. 다른 집에 있는 것도 있어야 되고, 우리 집에만 있는 것도 있어야 되고, 이런 식으로 차려놓는 시스템이라고 저는 생각해요.

이때 제가 제일 중요하게 생각하는 가치는 '재미있는 거'죠. 「꽃」(김춘수)이라는 시가 말하는 것처럼, 아무리 좋은 글을 내도 읽어주지 않으면 의미가 없다고 생각합니다. 좋은 글 썼으면 거기에 사람들이 와서 먹을 수 있도록, 좋은 냄새가 나도록 향신료를 뿌리든지 해야죠. 신문은 좋은 내용이면 1면에 가져다 박고 강제로 먹일 수가 있죠. 하지만 저희는 그렇게 할 수 없지 않습니까. 그래도 이걸 팔고 싶으면, 이게 나의 의지가 담긴 글인데 이걸 많이 보게 하고 싶으면, 양념을 쳐서 사람들을 유인해야죠. 그게 결국 제목이죠. 그거 가지고 고민했던 게 '1분 30초 장례'인데요. 원래는 '얼굴 한 번만 보게 해주세요', 이게 원제목이었어요. 그게 사실 본질이거든요. 그런데 이걸 별로 많이 안 봤어요. 제가 그걸 확 밀어버리고 새로 단 게 '확진 4시간 만에 숨진 딸… 아빠는 다가가지도 소리 내 울지도 못했다', 그거였죠.[11] 확진 4시간 만에 사람이 죽을 수도 있어? 그런 공포심에 소구한 건데 실은 반칙이죠. 왜냐하면 그 사람은 암환자였거든요. 그런데 '나한테 돌을 던지세요. 읽어보고 의미 없는 기사였다면, 속았다고 생각하면 제게 돌을 던지세요. 이 기사는 그래도 되는 기사예요'라고 저는 생각해서 그렇게 제목을 약간 비튼 거예요.

일차적 기준은 재미

NS팀에서 중요한 건 페이지뷰를 끌어오는 능력이지, 이념 성향 같은 건 부차적이라는 말씀으로 들리는군요. 예를 들어, 보수 야당에 비판적인 기사가 나가도 그게 재미있으면 나가는 게 옳다?

장상진 네. 비상식적인 기사를 쓰지 않는다면. 예를 들어서 일부 매체들 같은 경우는 억지를 쓰잖아요. 저는 진영에 물들어서 억지로 공격하는 선수는 곤란하다는 원칙은 있었죠. 할 수 있는 비판을 한 거면 저는 오케이라고 생각했습니다.

향신료를 뿌린다는 거는 팩트와 무관하게….

장상진 아까 제가 향신료라고 표현했던 그걸 우리 기자들 용어로 초를 친다고 하거든요.

그 말은 원래 망친다는 거 아닌가요?

장상진 흔히 시중 언어에서는 초를 친다는 건 망친다라는 표현인데 기자가 초를 친다는 거는 기사가 맛깔나도록 양념을 친다는 뜻이죠. 이를테면 어느 선배가 제 기사를 딱 열어보고는 "아, 식초 냄새!"

알겠습니다. NS팀원들이 기사 작성할 때는 이념 성향에 구애받지 않고 자유롭게 재미 중심으로 쓴다고 보면 되겠군요.

장상진 네, 그렇습니다. 저는 온라인에서 사람들이 뉴스를 클릭하고 소비하는 행위는 절반은 오락이라고 생각하거든요. 오늘 이 시간에 뉴스를 볼 것이냐 아니면 게임을 할 것이냐. 출근할 때 게임 할 거냐 아니면 뉴스 볼 거냐. 뉴스의 경쟁자는, 예를 들어 조선일보 경쟁자는, 저는 중앙일보가 아니라 게임이나 음악이라고 생각해요. 그러니까 우리가 하는 건 오락이고, 그래서 무엇보다 재미있어야 돼요. 사람들이 우리를 클릭해서 기대하는 건 사실 혹은 팩트이기 때문에 굳이 말하자면 재미있는 팩트? 저는 기사 쓸 때도 재미없는 기사는 정말 안 썼다고 생각합니다. 그건 어디 가서 학술적으로나 해라 그러고.

재미없지만 의미 있는 기사도 있잖아요.

장상진 그건 우리 신문 기자님들이 다 쓰실 거고. 기사에 의미까지 있으면 더 좋고, 재미만 있어도 된다는 거죠. 의미는 있지만 재미가 없다면 저는 안 씁니다.

아직 평가하기 이르겠지만 현재까지의 성과에 대해 어느 정도나 만족하세요?

장상진 기대했던 것보다. 그런데 저는 더 먹을 겁니다. 제가 출범 전에 사장한테 보고서를 올렸는데 그때는 위에서 바라는 것도 없었어요. 절대적으로 주어진 명제는 페이지뷰. 또 하나는 우리의 명예를 더럽혀서는 안 된다. 그러니까 우리가 선데이서울이 되지 않는 범위 내에서의 페이지뷰였죠. 저도 이렇게 저렇게 해서 더 적은 비용으로 최소한 20퍼센트 이상 페이지뷰를 올릴 수 있을 것 같습니다, 그렇게 보고를 올렸어요. 그런데 페이지뷰가 30퍼센트 올랐어요. 제 역할은 사실 5월 10일에서 6월 28일 사이에 선수들 집 앞에 가서 설득 노력을 했던 걸로 끝났던 거예요. 이 친구들이 이상한 거 하지 않도록 방향을 잡아주고 그다음에 기사가 사고 나지 않게 컨트롤해주는 정도.

말씀 내용이 인상적입니다. 저도 개인적으로 엄숙주의 같은 게 신문의 미래 같지는 않습니다. 종이 신문은 발행 부수도 계속 줄고 있고 온라인으로 간다고 사람들이 무조건 많이 보는 것도 아니고. 그런데 NS는 이처럼 투명한 상황에서 온라인 영역의 스타급들을 영입해서 성과로 보여주고 계시는 거잖아요.

장상진 화제가 되고 있죠.

일부에선 비난도 하지만. 이게 어느 의미에서는 언론의 대안적 모델이나 활로가 아닐까요?

장상진 그 점에 대해서는 저도 같은 고민이 있는데, 아까 말씀드린 대로 저는 출입처 없는 언론에 희망이 있다고 생각하거든요.

의미 있는 시도라고 생각합니다.

장상진 그리고 좀 더 병력이 된다면 지금까지 해온 것 이상으로 할 수 있는 게 많을 것 같아요. 이런 말은 좀 그렇지만, 저는 10년 차까지는 단 한 번도 소위 인사에서 '물을 먹었던' 적이 없어요. 흔히 '정경사'라고… 중요 부서만 돌았죠. 사회부 법조팀, 산업부. 12년 차 이후에도 뉴욕 특파원, 정치부 정당팀, 기동취재팀장을 거쳤지만… 그러면서 제가 항상 추구했던 게 조선일보 1면에 시커먼 글씨의 5단 기사. 내가 언젠가 특종으로 그런 걸 써야지 하며 살아왔는데. 그런데 한번 크게 물을 먹었죠. 2012년에 누구도 가고 싶어 하지 않는 당시의 '디지털뉴스부'로 좌천됐어요. 삼성전자와 SK텔레콤 출입하다가 한순간에. 제 집에서는 하다 못해 좌천되더라도 신문에 글을 쓰는 사회부도 있고 국제부도 있고 사람들팀도 있는데 왜 하필이면 창피하게 거기냐고. 와이프가 그럴 정도로…. 저도 실은 충격을 받았고.

온라인 뉴스 영역에 대한 개안

당시에 그럴 만한 무슨 사유가 있었나요?

장상진 당시 자리를 둘러싼 사내 형평성 논란이 있어서 그냥 서열대로 잘라서 일정 기수, 그러니까 10년 차 기자들을 전부 비인기 부서로 돌렸어요. 그런 사정은 우리끼리 얘기고 어쨌든 당시 제 입장에선 가오가 상당히 상하는 일이었죠. 처음에는 무척 상심하고 그랬는데 그때 저는 완전히 개안을 했죠. 거기서 보니까 기사에 몇 명이 동시 접속해 있는지 숫자로 다 나오더라고요. 내가 그토록 거룩하게 생각했던 조선일보 1면 기사라는 게 동시 접속자가 100명에 불과한 반면, 별 볼 일 없다고 생각했던 4면의 2단 기사를 5천 명씩 보고 있다는 걸 거기서 안 거죠. 그러면서 내가 기자 생활을 하면서 줄곧 알아왔던 모범 답안 기사들이 실은 우리만 중요하게 생각하지 일반 사람들은 보지도 않는 기사였다는 걸 안 거고. 사람들이 지금 관심을 지닌 사안이 하루 지나서 보고가 올라가고 모레 아침 자 신문에 나오는 거예요. 그때는 이미 사람들은 관심이 없어요.

그러면서 그간 주류 언론들이 다루지 않던 이런저런 것들을 해봤어요. 나꼼수[12]의 정체에 대한 기사도 제가 처음 썼거든요. 당시에는 나꼼수 업로드 되는 날이면 '나꼼수', '나는 꼼수다', '나꼼수 몇 화' 이게 검색창 10개 중 3~4개를 먹고 있는데, 아무런 비판도 받지 않고 멋대로 가짜 뉴스를 퍼뜨리고 있는 거예요. 그래서 한번은 제가 날을 잡아서 들어봤어요. 그러고 나서 관련 단독 기사를 쓰겠다고 했더니 모 부장이 "야, 나꼼수가 뭐라고 조선일보가 붙어서 키워주냐"라고 대뜸 반대하는 거예요. 제가 그랬어요. "부장, 나하고 잠깐만 밖에 갑시다. 나가서 아무나 열 명만 붙잡고 물어봐요. 혹시 양상훈 국장이 누군지 아시냐고." 양상훈 주필이 당시 편집국장이었거든요. "열 명 중에 한 명, 아니 30명 중에 한 명이나 알 거예요. 그런데 그 사람들한테 주진우 기자[13] 아냐고 물어보면 셋 중 한 명은 안다고 할 겁니다. 이런 상황인데 누가 누굴 키워줘요?"라고 했어요. 그러자 부장이 "잠깐만" 하더니 국장실에 들어갔다 나와서는 "종합 1면 사이드 톱으로 써" 했어요. 그게 '나꼼수를 시험 문제에 낸 선생님' 기사였어요. 그래서 나꼼수가 처음으로 주류 언론에 등장했고. 그게 제가 그때까지 썼던 어떤 기사보다도 파괴력이 있었죠. 그래서 제 커리어 자체도 특화가 됐죠. 저는 정치부도 했고 산업부도 했고 법조도 오래 했기 때문에 전화해서 알아볼 수 있는 곳도 많고 그래서 앉아서도 할 수 있는 거예요. 그런데 이걸 주니어 기자들이 와서 할 수는 없어요.

저는 지금까지의 모든 인터뷰 중에서 제일 흥미로운 얘기를 듣고 있는 것 같습니다. 장 대표님이 조선일보 내 핵심 부서를 다 돌면서 쌓았던 게 NS에 와서….

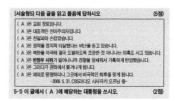

朝鮮日報　　　2011년 12월 16일 금요일 A01면 종합

어떤 중학교 황당한 국사 시험

[서술형5] 다음 글을 읽고 물음에 답하시오　　　　(5점)

(A)은 교회 장로입니다.
(A)은 대표적인 친미주의자입니다.
(A)은 친일파와 손잡았습니다.
(A)은 정치를 정치적 탄압했다는 비난을 듣고 있습니다.
(A)은 북한을 자극해 결국 도발하도록 조장한 것 아니냐는 의혹도 사고 있습니다.
(A)은 반정부 시위가 일어나자 경찰을 앞세워 가혹하게 탄압합니다.
(A)은 그러다가 권좌에서 쫓겨나게 됩니다.
(A)은 해외로 망명하더니 그곳에서 비극적인 최후를 맞게 됩니다.
－2008. 5. 31. CBS라디오 시사자키 오프닝 중－

5-1) 이 글에서 (A)에 해당하는 대통령을 쓰시오.　　　(2점)

선생님 맞습니까

'나꼼수' 발언 예문으로 출제
"현재까지 답은 이승만인데
이명박 쓰는 애들도 ㅋㅋ"
교사 스스로 트위터에 공개

경기도의 한 중학교 교사가, 인터넷 방송 '나는 꼼수다' (이하 나꼼수)에서 이승만 전 대통령과 이명박 대통령을 싸잡아 조롱하는 목적으로 인용된 발언들을 3학년 국사 시험문제에 예문으로 출제하고, 이를 트위터에도 공개했다.

'junomind'라는 아이디의 한 트위터 이용자는 13일 트위터에 자신을 '중학교 역사 교사'라고 소개하면서 "'09년 5월 시사자키 오프닝멘트를 기말고사에 출제했어요. 분명히 답을 알려줬는데도 이명박이라 쓰는 애들이

있네요…ㅋㅋ"라는 글과 함께 자신이 낸 시험 문제지를 찍은 사진을 올렸다.

사진 속 시험지에 나타난 문제는 '(A)은 교회 장로입니다', '(A)은 대표적인 친미주의자입니다' 등과 같이 괄호속 A에 대한 설명 8개를 제시한 뒤, 학생에게 이 인물이 누구인지를 찾아내도록 하는 내용이었다.

열거된 나머지 설명들은 ▲친일파와 손잡았다 ▲정적을 정치적 탄압했다는 비난을 듣고 있다 ▲북한을 자극해 결국 도발하도록 조장한 것 아니냐는 의혹나 사고 있다 ▲반정부 시위가 일어나자 경찰을 앞세워 가혹하게 탄압했다 ▲그러다가 권좌에서 쫓겨났다 ▲해외로 망명한 뒤 그곳에서 비극적 최후를 맞는 등이었다.

장상진 기자 jhin@chosun.com
A8면에 계속

[기사 9] 2011년 12월 16일 1면 사이드 톱
'나꼼수를 시험 문제에 낸 선생님' 기사

장상진　지금 자양분이 되는 거죠.

사장님은 이 팀의 성과에 대해 어떻게 평가를 하시나요?

장상진　사장님은 이걸 만들자고 했기 때문에 당연히 좋게 평가하죠. 사실 사장님이 제일 든든한 백이죠. 제가 맘에 안 드는 사람도 있겠죠. 그런데 누구도 대놓고 NS가 문제라고 말하기 힘든 게, 이건 사장님이….

그럼 이 팀을 이끌도록 장 대표님을 선발한 분도 사장님?

장상진　사장님이 마지막에 추인을 했고, 저를 올린 건 편집국장하고 디

지털 부국장이에요. 이 말씀은 드려야겠는데, 이 닷컴 기자들이 이 바닥의 선수, 잘하는 에이스인 건 맞죠. 그런데 실은 그냥 이력서만 보면 우리가 흔히 말하는 좋은 자원, 그러니까 일반적으로 말하는 좋은 자원은 아니에요. 저도 외대밖에 못 나왔고. 조선일보에는 저 말고 외대가 한 명도 없어요.

정말 그런가요?

장상진 제 뒤로는. 앞으로는 A부국장이 외대고 그 사이에 없어요. 여기는 스카이 점유율이 80퍼센트가 넘어가니까. 그런데, 학벌을 무시하려는 건 아니지만 학벌 좋은 게 기자로서는 다가 아니에요. 그건 분명해요. 여기는 조선일보의 학벌 좋은 친구들이 다 실패하고 갔으니까. 그래서 여기에 특화된 선수들을 제가 뽑은 거고. 다만 그게 전통적인 저널리즘은 아닌 거고. 이 친구들을 돈으로 보상해주는 데는 한계가 있다고 생각해요. 저는 이 친구들한테, 특히 잘하는 친구일수록 계속 취재를 시켜요. 대단한 게 아니더라도.

예를 들면 일전에 누군가가 직장 상사한테 성폭행당했다고 했는데 알고 보니 간통이었다, 이런 정보가 있었어요. 그 경우 경찰서 전화번호 주고 취재해보라고 시키는 거죠. 대한민국의 온라인 뉴스 바닥에서 이 친구들은 처음부터 취재라는 걸 해보지 못하고 대부분 어뷰징 기계 역할을 해왔어요. 저는 이 친구들이 하루에 10개의 기사를 쓰면 그중 8~9개는 페이지뷰 끌어오기 위한 기사지만 최소 하루에 한 개씩은 오늘 내가 이 일 했다고 자부할 수 있는 진짜 기사를 만들어주고 싶어요. 저는 이 친구들을 일단 돈으로 데려왔지만 회사가 성장하면서 같이 성장해야 된다고 생각해요. 그리고 이 친구들이 한 2~3년 저하고 같이 지내면 다른 취재 부서에 들어가도 문제없이 녹아들 수 있게 만들어주고 싶어요.

애초에 저는 이런 생각이 없었어요. 사장한테 보고할 때 저는 반대로 보고서를 썼어요. 기자들이 실력 없는 제너럴리스트인 주제에 자존심만 세가지고 벗기는 기사, 선정적인 기사, 야한 기사, 끔찍한 기사 이런 거 안 쓰고 고상한 것만 쓰다보니까 페이지뷰가 나올 수 없다. NS는 이렇게 만들지 않을 것이다, 라고요. 나는 기자지만 기자이기 이전에 콘텐츠 프로바이더contents provider다. 나는 기자라는 정체성을 최대한 퇴색시키고 재미있는 걸 만드는 콘텐츠 프로바이더라는 개념을 그 친구들한테 주입하겠다. 그걸 위주로 뽑겠다. 그리고 그걸로 자부심을 갖게 하겠다고 보고서에는 올렸는데. 그런데 사람 일은 알 수 없잖아요. 페이지뷰 뽑아내는 게 다라고 생각하면 저는 무슨 재미가 있고 이 친구들도 무슨 재미가 있겠어요. 서로를 위해서 너 그래도 오늘 좀 의미 있었지 않냐, 이런 얘기를 할 수 있어야겠더라고요. 실제로 이건 저도 계획했던 부분이 아니지만 결국 그렇게 가야겠더라고요. 그래서 잘하는 친구, 열심히 하는 친구일수록 진짜 의미 있는 기사를 쓸 수 있는 기회를 주고 싶고, 제가 가진 전화 연락망과 취재원도 공유해서 진짜 기자로 키우고 싶은 마음이 있어요.

말씀 듣다보니 감동이 밀려옵니다.
장상진 아니, 그게 무슨 대단한 일도 아닌데….

지금과 같은 척박한 언론 환경에서 이게 대안이 아닌가라는 생각이 들 정도입니다. 재미, 즉 대중성을 놓치지 않으면서 동시에 의미 있는 저널리즘을 실천하는 일…. 지난 6개월을 돌아보면 그 가능성이 어느 정도는 보이시나요?

장상진 하루에 한두 개 의미 있는 기사를 만드는 게 쉽지 않아요. 월 단위로는 그래도 뭔가 만들어내요. 제가 월간 온라인 포상 때 상 받고 싶은 기사 올려보라고 그러면 나름대로 의미 있는 기사들을 올려요. 아직 많이 부족하지만 이제 시작이죠.

혹시 구체적인 사례가 있을까요?

장상진 주목할 만한 기사라면…. 이○○ 씨 기사가 대표적으로 그런 거죠. 상갓집에서 음식을 시켰더니 조의금이 들어왔다는 미담이 온라인 커뮤니티에 올라와서 화제가 됐어요. 어머니가 돌아가셨는데 고인이 평소 좋아하던 된장찌개하고 닭볶음탕을 주문했더니 한 곳은 조의금을 보내고 다른 한 곳은 음식값을 안 받았다는 내용인데요. 여러 군데서 기사를 썼고 우리도 일단은 그냥 썼어요. 그런데 제가 그 친구한테 이건 자작극일 수 있다고 했어요. 요즘 소위 '돈쭐 내주다'라는 말이 유행이잖아요. '이렇게 착한 가게 돈쭐 내줘야 돼.' 그렇게 착한 가게로 뜨고 싶은 사람들이 벌인 자작극일 수 있잖아요.

그래서 이○○ 기자가 식당하고 장례식장을 직접 취재했어요. 인터넷에 올린 영수증 사진에 동네 주소가 있었거든요. 그 동네 장례식장에 알아보니까 그 기간 중에 어머니라고 볼 만한 상이 없었어요. 그래서 진짜 자작극이라고 생각했는데, 오늘 아침에 발인해서 나간 데가 있다고 해서 찾고 찾아서 확인했더니 당사자가 상중이라 인터뷰하고 싶지 않지만 그래도 사실이라고 장례식장 직원한테 대신 얘기를 해줬고, 그래서 이 취재기를 가지고 두 번째 기사를 썼죠. 온라인에서 화제가 된 미담이 가짜일 수 있다는 의심이 들어 확인해봤더니 사실이었다고. 그러

朝鮮日報   2021년 10월 14일 목요일 A01면 종합

고인이 좋아한 음식 주문했더니…
장례식장에 배달된 식당들의 온정

지난 7일 늦은 밤 유명 온라인 커뮤니티에 '살다 보니 장례식장에 이런 일이…' 라는 제목의 글이 올라왔다. '상주(喪主)의 직장 동료' 라고 스스로를 소개한 사람의 글이었고, 그날 빈소에서 자신이 본 목격담이라고 했다. 이 글에 따르면, 상주가 돌아가신 어머니에게 생전 좋아하던 된장찌개와 닭볶음탕을 올리고 싶어 스마트폰 앱으로 인근 식당 두 곳에 배달을 주문했다. 배달 앱의 '요청사항' 란에 '일회용 수저 불필요' 라는 선택지를 골랐고, 별도 메모로 '돌아가신 어머니가 생전 좋아하신 음식이라 주문합니다. 장례식장 앞에 오면 연락 부탁드려요' 라고 적었다. 그랬더니 식당 한 곳은 음식과 함께 조의금 3만원을 보내왔고, 다른 한 곳은 음식값을 받지 않았다는 이야기였다.

글쓴이는 사진도 두 장 첨부했다. 한 장은 된장찌개집 주인의 1만원짜리 3장이 담긴 조의금 봉투였다. 봉투 겉면에는 조의(弔意)를 담은 볼펜 글씨의 메모가 적혀 있었다. 다른 사진은 닭볶음탕집 주인이 주문 영수증에 붙여 보낸 포스트잇 메모였다. 거기엔 "저도 아버지가 돌아가셔서 힘든 시기가 있었다" "결제 안 받겠다"고 적혔다.

이 사연을 접한 댓글 반응은 크게 두 가지였다. 감동받았다는 이도 많았지만, 자작극을 의심하는 이도 많았다. 착한 일을 한 가게에 네티즌들이 몰려와 매출을 올려주는 이른바 '돈쭐' (돈으로 혼쭐냄)을 처음부터 노리고 올린 게시물일 수 있다는 것이었다. ○○○기자 A2면에 계속

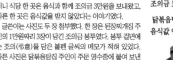

NOW

평소 어머니가 좋아했던 음식
상주가 주문

된장찌개집은 조의금 보내고

닭볶음탕집은 음식값 안받아

[기사 10] 2021년 10월 14일 1면, 조선NS 기자가 작성한 지면 기사

자 편집국장이 재미있다고 지면으로 가져갔죠. 그 친구도 온라인 기사 하면서 그런 경험은 처음이었죠. 저도 마찬가지고.

어떻게 보면 소소하지만 언론의 역할을 보여주는 차원에서 중요한 사례네요. 그나저나 넋 놓고 말씀 듣다보니까 언제 시간이 이렇게. 혹시 10분 정도 더 가능하신가요?

장상진   그러시죠. 저는 올라가서 한 30분 정도 일 보고 다시 오겠습니다. 감사합니다.

(30분간 중단 후 재개)

273

2부. 언론의 파괴 혹은 새로운 언론의 창조

분쟁

다시 와주셔서 감사합니다. 아까 마지막에 말씀하신 사례는 정말 인상적이었습니다. 우리가 현장에 들어온 지도 벌써 넉 달째거든요. NS팀의 역사 절반을 우리도 함께한 셈인데. 제가 현장에서 보고 싶었던 게 언론의 미래를 열어가는 새로운 시도들인데요. 말씀 듣다보니까 규모가 크지는 않지만 의미심장한 프로젝트를 이끌어가신다는 생각이 듭니다. 일반의 눈높이와 동떨어진 채 시대착오적으로 흘러가고 있는 신문을 바꾸려는 시도, 대중과 눈높이를 맞추는 새로운 저널리즘의 가능성을 찾아내려는 시도를 하고 계시다면 너무 꿈보다 해몽인가요?

장상진 그런 것 같습니다. (웃음)

이제 6개월쯤 지났잖아요. 지금까지의 성과를 어떻게 평가하시나요?

장상진 말씀드린 대로 회사에서는 페이지뷰 하나를 보죠. 그 과정에서 조선닷컴이 선정적이라는 지적이 나오지 않으면서 페이지뷰가 안정적으로 올라가면 그게 회사가 생각하던 최대의 기대치였을 거예요. 저도 그 정도라고 생각했고요. 초반에 선수들 교체하고 기사들을 띄웠을 때 페이지뷰가 워낙 잘 나왔어요. 그냥 시작하자마자 전체 페이지뷰가 20퍼센트 오르고… 저희도 모험을 한 건데 처음부터 대성공이었죠. 사내에서도 급등한 페이지뷰만 봤고, 저도 그 칭찬만으로 충분히 뽕이 차올랐고.

그러다보니까 어떤 일이 있었냐면, 우리 팀에 스타 기자 최훈민이 오기로 했거든요. 이 친구가 추미애 장관 아들이 군대 휴가 갔다가 안 들어온 사건을 일요신문 소속으로 처음 썼어요. 추미애가 검언 유착이라고 그랬을 때 이 친구가 자기 페이스북에 쓴 것까지 봤어요. "나는 검찰 출입을 해본 적이 없어서 아는 검사가 한 명도 없는데 무슨 소리냐." 이 친구는 현장을 아주 좋아하고 현장에 가면 반드시 남들과는 다른 기사를 쓸 수 있다고 믿는 친구예요. 저하고 믿음이 똑같죠. 그런데 이 친구가 좀 나중에 합류했어요. 허리 디스크 때문에 6월 28일 출범할 때 합류하지 못하고 7월 중순에 했어요. 처음에는 우리 페이지뷰가 너무 잘 나와서 저는 이런 생각을 했죠. 이 친구가 이대로 그냥 허리 아프다는 핑계로 안 나오면 나는 그냥 페이지뷰 잘 나오는 선수를 확보해서 그걸 더 올릴 수 있지 않을까, 그렇게. 페이지뷰만 가지고 박수갈채를 받았으니까요. 그런데 불행히도 나왔어요. (웃음) 이 친구가 오고 나서부터 진짜 재미있는, 어떻게 보면 시끄러운 기사들이 많이 나오게 됐죠.

트래픽이나 페이지뷰 올리는 것 말고 회사의 명예를 더럽히지 말아야 한다는 조건 차원에서 문제가 된 경우는 없었나요?

장상진 언론중재위원회(언중위)에 크리티컬하게 제소된 적은 없습니다. 소소하게 한 너댓 번 갔던 것 같은데 제일 크리티컬했던 건 택배 노조가 걸었던 거고, 그냥 반론 실어주는 걸로 끝났어요. 자기들이 폭행을 했는데 그게 원래 있던 사람을 사측이 자르고 땜빵을 넣었기 때문에 일어난 일이다, 이 정도 선으로 끝났고. 지금까지는 특별히 위기라고 할 만한 건 없었어요. 제가 계속 말씀드리지만 조선일보 데스크는 보통 기자 10명씩을 담당하고, 이 사람들이 다 크리티컬한 위험성이 있는 기사를 올릴 수가 있는데, 저는 사실 그런 성향이 강한 두세 명 정도만 보면 되기 때문에 크게 문제가 된 경우는 없었습니다.

지난 편집회의 때 보니까 신문윤리위원회하고 언중위에서 기사 심의 결과가 왔던데요.

장상진 그게 뭐냐 하면, 제가 지금까지 여기서 언중위 걸린 게 동물병원 고발한 알바를 다시 고발한 기사에 대한 반론 보도 건이 하나 들어왔는데 이거는 그냥 테이크(수용).[14] 외부에서는 어떻게 생각할지 몰라도 기자들은 반론은 받을 수 있다는 입장이에요. 반론 받는 거는 데미지가 아니라고 생각하기 때문에. 하지만 민노총은 그걸 홍보 목적으로 쓰는 것 같기도 해요. 정작 기사 작성 과정에서 해명을 요청할 땐 답변을 안 주고, 기사 나간 뒤에 뒤늦게 해명하면서 우리가 그걸 받아서 기사 뒤에 붙여주면 마치 기사가 틀렸던 것처럼 언론 플레이를 하곤 하죠. 일반 독자들이 '반론'과 '정정'의 차이[15]를 잘 모른다는 점을 악용해서.

하여튼 그런 것들이었고 최근에 많이 들어온 것은 이재명 캠프가 개발한 신종 수법으로 제가 기자 생활 18년간 한 번도 본 적이 없는 수법인데, 인터넷 선거관리위원회에다가 이 기사는 후보에게 불리한 기사, 그러니까 선거에 영향을 미치는 기사라고 거는 거예요. 언중위는 웬만큼 복잡한 거 아니면 구두 설명으로 대응하면 되는데, 선관위 쪽은 소명서하고 자료를 내야 돼서 귀찮아요. 데스크 입장에서 자꾸 그런 게 걸리면 쓰기 싫어지는 거 맞거든요. 그런데 뒤집어 생각하면 그걸 노리고 했기 때문에 질 수 없다는 생각으로 꾸역꾸역 끝까지 대응하죠. 그거 받았다고 필자에게도 귀찮아하는 티를 내지 않으려 노력하고요. 제가 그런 티를 내면 필자들이 위축될 테고, 그게 그들이 바라는 거였을 테니까요.

소명서는 누가 쓰나요?

장상진 쓰는 거는 필드 기자. 나가서 디펜스 하는 건 제가 합니다. 그런 기사를 쓰게 하고 나가게 한 것이 데스크인 제 책임이기 때문에, 기자가 거짓말을 쓴 게 아니라면 나머지 책임은 당연히 제가 지는 거죠.

인터넷 선거관리위원회가 이런 식으로 악용되는군요. 얼마나 자주 가시나요?

장상진 한 석 달 동안은 정말 많이 넣더니 요즘 갑자기 끊겼어요. 선거가 다가오니까 괜히 시끄러워질까봐 그런 것 같아요. 작년 10월, 11월이 피크였습니다. 진짜 기사 썼다 하면 보내더라고요.

사장 특명으로서의 조선NS

아까 말씀 중 놀랐던 게, 사장께서 NS에 적극적인 미션을 던져준 분이라는 사실인데요. 편집국 조직 내의 비협조적이고 부정적인 분위기 같은 걸 아시니까 그분이 직접 나서서 특명 비슷한 역할을 주셨다고 할까. 제가 이해한 게 정확한가요?

장상진 네. 솔직하게 말씀드리면 이런 거예요. 우리가 전에 명예퇴직을 도입했다가 기자 한 분이 극단적 선택을 한 사례가 있고부터 명퇴가 없어졌어요. 그 바람에 회사 조직이 노령화되었죠.

그런 일이 있었군요.

장상진 제가 사장이면 무척 답답할 거 같아요. 2006년에 우리가 연봉제를 도입할 때 사장께서 "나보다 월급 많이 받는 기자가 나왔으면 좋겠다"고 했어요. 성과급을 언급하신 거죠. 저조차도 사장의 그 말을 두고는 사원 입장에서 맨날 씹었죠. 그러다가 2013년 노조 사무국장을 맡으면서 이 문제를 제기했어요. 왜냐하면 조선일보가 인사 고과를 S, A⁺, A, B 이렇게 했는데 저는 연속 S를 받았는데도 별 인센티브가 없었거든요. S는 상위 20퍼센트예요. 그러자 노조위원장이 그건 할 수가 없다. 왜? 매출 이익이 줄어들고 있는 상황에서 인건비를 올리자고 하면 그게 말이 되냐는 소리가 당장 튀어나올 거고. 경영하는 입장에서 인센티브를 주려면 결국 인건비 총액을 올릴 수는 없고 다른 사람들 것을 빼야 되는 거죠. 그렇기 때문에 다수 조합원의 입장을 먼저 생각해야 하는 노조 입장에서 인센티브는 꺼낼 수 없는 얘기라고 하더라고요.

결과적으로 나이 60까지 자르지도 않고, 열심히 일해봐야 인센티브도 없고 이런 상태다보니 조직 내에 일 안 하고 노는 인력이 많은 게 사실이죠. 낮술 먹고 들어와서 오후 내내 졸고, 저녁에도 한 잔 걸치고 들어와서 야근비 받아가고. 경영진 입장에서도 이런 상황에 대한 불만이 많았던 것 같아요.

그래서 제가 사장께 NS를 프로야구단처럼 철저히 성과 베이스로 처우하겠다는 보고서를 올렸더니, 사장께서 장상진을 대표이사로 한다는 주총 결의서하고 대표 도장하고 건네시면서 저한테 "좋은 회사 만들어! 우리 회사처럼 일찍 들어왔다는 이유만으로 월급 더 받는 그런 회사 말고…", 그렇게 말씀하시더군요.

그 말씀을 들으니까 많은 것이 이해됩니다.
장상진 조직을 경영하는 입장에서 상당히 한이 맺힌 말씀이셨죠.

NS와 관련해서 사장님은 자주 만나시나요?
장상진 초반에는 뻔질나게 올라가서 보고를 드렸죠. 그러다가 사장께서

이걸 깔았어요. (연구자들에게 휴대폰에 설치된 페이지뷰 변화를 실시간으로 확인할 수 있는 앱을 보여줌)

각별한 관심을 갖고 챙기셨군요. 요즘은 어떠세요?

장상진 이제 좀 질리셨죠. 한 달에 한 번씩 사장께서 주재하는 회의가 있거든요. 거기서 매달 NS의 성과를 발표하는데, 최근 들어 그 회의에 들어오는 윗분들이 저보고 발표를 하지 말라고 그러더라고요. 사장님이 밖에서 NS 실적 자랑을 너무 많이 하셔서 사장님 옆에 있는 사람들이 피곤하니까 하지 말고. 우리 기사들이 지면에까지 나오고 할 때가 절정이었는데 그건 이제 노멀이 돼버렸고, 예전처럼 페이지뷰 올라가는 거 보기만 해도 신나던 때는 지나갔고, 저희도 다른 걸 찾아야 할 상황입니다. 게다가 실은 이게 아직 돈으로는 연결이 잘 안 돼요.

슈거 코팅

그걸 다음 질문으로 드리려 했습니다.

장상진 수익 모델을 찾아야 하는데요. 네이버가 네이버 뉴스로 벌어들인 수익, 그러니까 광고 이런 걸로 벌어들인 수익을 각 언론사에다가 페이지뷰 올리는 만큼씩 지급해주는데 여기에 제약 요소들이 있어요. 뭐냐 하면 세 가지. 우선 선정적인 기사, 그다음에 완전히 대놓고 베낀 기사, 세 번째로 스포츠나 연예 뉴스가 못 들어가요. 정치, 경제, 사회, 생활, 세계, IT, 칼럼 외에는 못 들어가요. 그런데 여기에 분류를 틀리게 해서 넣죠. 연예 기사 같은 것을 생활 섹션으로 분류해서. 이런 분류가 참 모호한 게 귀에 걸면 귀걸이 코에 걸면 코걸이거든요.

이를테면 제목만 연예계 기부천사로 유명한 가수 김장훈을 걸고, 기부금에 대해서 세금 부과 어떻게 하느냐, 이런 기사를 쓰면 이게 연예 기사냐, 경제 기사냐에 대해 네이버가 명확하게 답을 안 줘요. 다른 예를 들면 연예인 불륜 사건이 터져서 이혼했는데 이런 경우에 재산 분할 소송 가면 어떻게 되나를 다룬 기사는 예능인지, 법률 정보인지 구분이 안 되죠. 온라인에서는 일부러 이런 식으로 기사를 만들어요.

온라인 뉴스에서 제일 필요한 건 당의정糖衣錠(달달한 옷을 입힌 알약)이죠. 그러니까 슈거 코팅이 필요해요. 신문이나 레거시 미디어와 달리 우리가 봐라 그러면 무조건 보는 게 아니고 슈거 코팅이 잘 돼 있어야 사람들이 보니까요. 아무리 좋은 정보, 아무리 새로운 소식도 슈거 코팅을 해야 하죠.

새미와 품질의 문제가 여기서 다시 나오는군요. 네이버 기준을 고려한 대안을 모색하고 계신가요?

장상진 그걸 하는 중이죠. 우리는 연예 뉴스는 기본적으로 쓰지 않는다, 그건 답이 아니라고 봅니다. 조선닷컴에서도 우리 충성 독자들이 연예 뉴스들을 많이 보거든요. 그러니까 올해부터는 연예 기사를 쓰되 네이버에는 보내지 말자고 일단 해놨어요. 우리 선수들이 중앙에서 오고 한경에서 오고 한겨레에서 오고 했는데 그동안 연예인들 기사 쓰면서 당연한 듯이 생활 섹션으로 분류를 해왔거든요. 그런데 그걸 금지했죠. 연예 기사는 연예로 정상적으로 분류하고, 만약에 그 기사가 재미있고 페이지뷰가 많이 될 것 같으면 그걸 경제든 생활이든 컨버전을 해서 보내자, 그런 시도를 하는 중입니다. 조선닷컴에는 연예 기사 섹션을 그대로 남겨놓고.

NS가 생산한 기사들이 자체 플랫폼인 조선닷컴 가입자 수를 올려서 수익 창출에 기여하는 바도 클 것 같은데요.

장상진 네. 조선닷컴에서 로그인 월login wall을 이번 1월 1일부터 5개로 높였거든요. 전에는 10개 클릭해야지 '로그인하십시오'였던 걸 5개로. 그 다섯 개를 소진하는 데는 NS 기사들이 확실히 효과가 있겠죠.

결과가 어떻게 나올까요?

장상진 당연히 페이지뷰는 떨어지고 로그인은 급증이죠.

NS를 출범시키고 지금까지 끌고 오느라 정말 애를 많이 쓰셨는데, 앞으로의 발전 모델이랄까 비전 같은 것은?

장상진 아까도 말씀드렸는데 사람들은 재미를 느끼려고 온라인 기사들을 보는 거잖아요. 공감을 하든 감동을 느끼든 아니면 화를 내든 일단은 재미있으니까 보는 건데, 기사를 쓰는 사람이 매너리즘에 빠져서 다섯 개 쓰고 빨리 퇴근해서 데이트해야지, 헬스 가야지, 골프 쳐야지, 이런 생각을 가지고서는 기사가 재미있을 수가 없죠. 일하는 사람이 재밌어야 보는 사람한테 재밌는 기사를 쓸 수 있다고 저는 확신합니다. 인상 쓰면서 남들 즐겁게 하는 기사는 쓸 수 없다고 생각해요.

그러려면 저는 일단 일하는 조직 자체가 즐거워야 한다고 봅니다. 아까 말씀드린 대로 NS에 모인 사람들을 월급만 받으면 되는 트래픽 기계로 보면 일하는 즐거움이 없죠. 그 사람들 개개인이 자기 딴에는 나름대로 잘했고 뭔가 약간 더 나아지고 싶어서 온 거고, 양질의 기사를 쓸 수 있는 역량이 있고. 물론 일반화하기는 어렵죠. 이 친구는 양질의 기사 이런 걸 추구할 거라고 생각했는데 그런 걸 별로 안 좋아하고 그냥 지금

하는 일 하면서 페이지뷰 잘 올릴게요 하는 경우도 있고. 하지만 저는 NS 친구들 다수가 저랑 같은 생각을 한다고 보거든요. 특히 인턴 기자들은 정식 취재를 해보고 나면 굉장히 흥분해요. 좋은 기회를 줘서 너무 고맙다고. NS 구성원을 위해서도, 독자들을 위해서도, 회사를 위해서도, 아까 말씀드린 대로 최소한 일주일에 하나 정도, 내가 이번 주에는 이 기사를 썼지, 그런 보람을 느낄 수 있도록 하는 게 중요하다고 봅니다.

감사합니다. 많은 것을 생각하게 만드는 인터뷰였습니다. NS에 대한 인식이 바뀌는 느낌입니다. 저희가 대표님에 이어서 NS 기자들 인터뷰를 했으면 싶은데 누가 좋을까요?

장상진　페이지뷰에서 대표 선수는 김소정이고, 영역을 넘나드는 기사에서 대표 선수는 최훈민이에요.

연결해주시면 감사하겠습니다. NS 기자들의 세계는 어떠한지 정말 궁금합니다.

장상진　알겠습니다.

감사합니다.

장상진　저도 감사합니다.

07. 　　　　조선NS 기자, 김소정 · 최훈민

※ 인터뷰이 중 김소정 기자는 본인 의사에 따라 사진을 게재하지 않았다.

인터뷰이	김소정(여성, 인터뷰 당시 35세) · 최훈민(남성, 인터뷰 당시 39세)[1]
인터뷰 일시/장소	2022년 1월 14일 오후 2:00~4:00, 2월 7일 4:00~5:40 / 조선일보사 3층 회의실

그들은 언론 영역의 신인류다. 이른바 어뷰징 영역의 스타 기자들이다. 온라인상에서 남이 쓴 글들을 가져다 엮고 내용을 더해서 시간차 속보를 올리는 이들이다. 수백 수천의 댓글을 몰고 다니는 이들, 온라인과 언론을 오염시키는 존재들, 비판과 공격과 혐오의 대상, 최소한 미지의 존재들이다. 미디어 연구자로서든, 공동체적 삶의 동반자로서든 선뜻 만나서 얘기 나누기 불편한 존재들이다.

그들을 만나기 전에 연구자들이 갖고 있던 인식이 대략 이러했다. 하지만 막상 만나보니 그들은 매력적인 존재들이었다. 눈이 빛나고 있었고, 언어가 어시장의 비릿한 생동감으로 가득했다. 야비한 온라인의 생리, 그리고 그곳에 실리는 글들을 탐독하는 저열한 욕망을 알고 있었다. 느릿한 질문의 의도를 번개같이 알아듣고 의표를 찌르는 답변을 하는 존재들, 예리한 눈빛을 번득이다 속사포처럼 자신의 생각과 느낌을 쏟아내는 존재들이었다. 이성보다 감각이 앞선 이들이었다. 온몸이 감각체라면 이들일 것이다. 소통의 에너지를 주체 못하는 위험한 존재인 동시에 보고 듣고 말하는 일에 최적화된 이들이었다. 이들은 자신의 얘기를 하면서조차 자기 검열을 넘어 솔직해질 수 있음을 보여주었다. 그들을 바라보는 사회적 시선, 기자 사회의 시선, 조선일보 편집국 내의 시선을 잘 알고 있었고, 괘념치 않고 있다고 했지만 의식하고 있었고, 경계하고 있었고, 상처받고 분노하고 있었다. 이들은 기존 기자 사회의 관행을 비웃으며 자신들은 문법이 다르다고 얘기했지만, 그 안에 경쟁의식이 공존했다. 남의 삶을 슬쩍 들여다보고, 그 옆을 지나치고, 그 흔적들을 살피는 것만으로 겉모습 뒤의 욕망, 행위, 관계의 많은 것을 절로 아는 이들이기에, 어쩌면 이들은 연구진이 자신들을 알아내려는 시간에 연구진에 대해 보다 많은 것을 알아냈을 것이다.

광대들이, 접시들이, 마실꾼들이, 소리꾼들이, 은밀하게 남의 방을 엿보던 염탐꾼들이, 스파이들이, 그리스 신화의 헤르메스가, 최초의 기자와 언론이 그렇지 않았을까. 그렇게 이들은 편집국의 불청객, 어디에도 속하지 않는 변종적 존재에서 편집국의 당당한 일원, 더 나아가 미래가 되었다.

조선NS에 합류하기까지

인터뷰 시작하겠습니다. 일단 쉬운 것부터. 조선NS에 합류하기까지의 경력은 어떻게 되시죠?

김소정 제가 더 어리니까 먼저 하겠습니다. 연예 매체에서 처음 기자 일을 시작했어요. 반복적인 뻗치기 취재로 몸이 너무 힘들고 그래서 그냥 앉아서 기사를 쓰고 싶다는 생각이 들었죠. 실제로 건강이 안 좋아졌고요. 병원에서도 몇 달 쉬라고 할 정도였으니까요. 그러다 온라인으로 턴을 한 거예요. 저는 그때 이쪽이 어떤 곳인지도 잘 몰랐어요. 그런데 하다보니까 재밌는 거예요. 기사 쓰면 반응이 바로바로 나오니까. 타사 온라인 팀을 거치다가 NS까지 오게 됐습니다.

그 연예 매체가 어디고 왜 몸이 힘드셨는지 여쭤도 될까요?

김소정 디스패치[2]입니다. 당시엔 하루 일과와 취재를 마치고 밤에 뻗치기까지 했거든요. 24시간 중에 20시간을 일한 적도 많았어요. 그러다보니 자연스럽게 건강이 나빠지더라고요.

각각 얼마나 계셨지요?

김소정 디스패치는 몇 달 다니지 못했고, 타사에서 4년 이상 경력을 쌓았습니다.

최훈민 기자님은요?

최훈민 저는 2010년부터 대우인터내셔널이라는 무역회사를 4년 남짓 다니다가 그만두고 기자로 전직했습니다. 2015년에 매일신문에 입사해서 1년 조금 안 되게 다니다가 그만두고 일요신문이라는 매체로 가서 2020년 12월까지 근무하고. 그러고서 2020년 12월에 다시 매일신문으로 돌아가서 근무하고 있었는데 작년 5월쯤 장 대표(장상진 조선NS 대표) 연락을 받고 7월에 조선NS에 합류했습니다.

기자직으로 전직을 해야겠다고 생각하신 동기는?

최훈민 복합적이었어요.

원래 기자를 하고 싶었나요?

최훈민 고등학교 때 축구 기자를 하고 싶었죠. 그런데 2002년 월드컵에서 궁극의 축구를 본 뒤로 축구에 대한 관심이 많이 사그라들었어요. 그런 다음 취업 준비할 때 국외 영업직에 관심을 가졌고 대우에 붙어서 간 거였어요. 그런데 무역이라는 게 몇 년 하면 어디 가서 뭐든 할 수 있거든요. 처음엔 어려운데 바짝 배우고 나면 평생 해먹을 수 있는 기술 같은 거라서 당시에 회사가 포스코로 인수되면서 송도로 강제이전 당하는 것도 보고, 저희 팀이 산산조각 나는 걸 눈앞에서 보기도 했고요. 대리 주제에 문제 제기도 했지만 무슨 의미가 있었을까요.

그 시기에 저랑 친했던 동아일보 기자 친구가 계속 꼬신 것도 컸죠. 잘못된 거 보면 국민신문고에 민원도 넣고 그래서 저 같은 성격은 기자가 맞을 것 같다면서요. 아버지께서도 글 쓰는 직업을 가졌으면 하셨어요. 결정적으로는 평소 생각하던 문제점을 적어서 한겨레에 보낸 적이 있는데 아예 답변이 안 오더라고요. 그래서 그때 내가 하고 말지 이러면서 기자를 해야겠다고 생각했죠.

매일신문에서 일요신문으로 갔다가 다시 매일신문으로 옮긴 이유는요?

최훈민 처음에 옮긴 건 매일신문에서 기사가 내려져서였어요. 그러니까 기사가 팩트가 틀렸거나 문제가 돼서 내려지면 상관없는데 그냥 민감하다는 이유로 출고를 한 기사가 내려간 거죠. 제가 세 번까지는 참겠다고 마음먹었는데 세 번째 건이 발생하자 바로 사표 쓰고 그다음 주에 일요신문으로 옮겼어요. 그러다 매일신문에서 제 기사를 내리던 분이 그만뒀다는 얘기를 듣고 다시 매일신문으로 옮겼죠. 제가 처음 기자가 된 게 서른세 살인데 그 나이 신입을 뽑아주는 회사가 어디 있나요. 고마운 마음과 신세 진 마음이 늘 있어서 매일신문으로 다시 돌아간 거죠.

장상진 대표가 어떻게 알고 연락하신 건가요? 전부터 아셨나요?

김소정 아뇨. 저는 전혀 몰랐어요. 장상진 대표가 최훈민 선배, 한경닷컴에 있던 김명일 선배, 중앙일보에 있던 이가영, 머니투데이의 김자아를 이미 뽑아놓은 상태였고요. 저는 그 후에 지원해서 합격했어요.

최훈민 저에 대해서는 이견이 좀 있는데요. 장 대표가 이준석 국민의힘 대표 때문에 저를 알게 돼서 뽑았다고 말하고 다니는데, 그건 뻥이고요. 장상진 대표가 서울시경 캡이던 시절에 저한테 물을 가끔 먹었어요. 모를 리가 없어요. 저에 대한 리스크 보고서까지 쓰신 분이 무슨….

(최훈민 기자에게) 이준석 대표와 개인적인 인연이 있으신가요?

최훈민 매일신문에서 '프레스18'이라는 유튜브 채널을 같이 했어요. 이준석은 프레스18 패널로 방송을 하다가 국민의힘 당대표가 됐고요. 프레스18 하던 중에 이 대표가 한번은 "당신 나한테 신세졌다. 나중에 갚아라" 하는 얘기를 한 적이 있어요. 알고보니 자기가 저를 장 대표한테 추천했다는 거였는데, 저는 그게 뽑힌 이유가 아니라는 거죠. 장 대표가 '이길 수 없으면 사버려라'를 실천한 게 아닐지.

김소정 이준석 대표가 추천해서 뽑은 건 당연히 아니고, 장 대표님이 여러 후보자들을 만나신 걸로 알아요. 그중 뽑힌 친구들이 지금의 동료들이고요.

아까 장상진 대표가 시경 캡을 할 때 최 기자님 때문에 물을 먹었다는 게 무슨 얘기인가요?

최훈민 그게 뭐냐면 추미애 법무부 장관이 한참 뜨거웠을 때 취재하러 현장에 가서 조선 기자들을 마주친 적이 있어요. 그래서 쟤들보다 더 빨리 써야겠다 싶어서 골탕을 먹인 적이 있는데, 그걸 이른바 '물먹인다'고 표현하죠. 조선은 신중해서 기사 나오는 데 오래 걸리거든요. 그거 말고도 몇 건 있어요.

자신보다 속보 면에서 뛰어나다는 걸 보여준 거네요.

최훈민 속보는 아니고 새로운 사실을 발굴한 거죠. 저는 주변에 촉이 좋은 사람이 많아요. 아이디어 뱅크가 있는 거죠. 저는 되레 속보에는 약합니다. 스스로 이해가 안 되면 기사를 못 쓰죠. 기사를 쓸 때 조선하고는 보이지 않는 경쟁심이 있었어요. 조선이 1등 언론이니까 얘네를 물먹이면 제일 열받을 거다. 그래서 현장에서 보이면 이기려고 노력했죠.

조선NS에 합류한 이유

그래서 NS팀을 구성한다고 연락이 왔을 때 큰 거부감 없이 합류하신 건가요?

최훈민 처음에는 거절했죠. 2019년도에도 한 번 거절한 적이 있고.

2019년에도 제의를 받으셨나요?

최훈민 그때 추미애 장관 기사[3] 낼 때 조선일보랑 중앙일보에서 제안이 왔어요. 고민하다 거절했죠. 출입처 없이 떠돌이 생활하다가 출입처 있는 회사로 다시 가는 것이 맞는 건가. 매일신문에선 출입처가 있었는데 저랑은 정말 안 맞았어요. 일요신문 기자는 그야말로 떠돌이거든요. 자유가 폭넓게 보장돼서 정말 즐거웠어요.

회사원이라면 돈 많이 주는 데가 최고인데, 조선이나 중앙에서 아무리 많은 돈을 줘도 대우인터내셔널 시절보다 적더라고요. 저한텐 별 의미가 없었어요. 기자라는 직업만을 생각해도 조중동으로 가는 게 과연 맞는 건가, 고민이 들었죠. 정파적으로 센 곳이고 일요신문보다 덜 자유로울 거 같아서. 게이트키핑이 훨씬 센 회사에서 일하는 것이 과연 기자로서의 나에게 도움이 될지 고민했죠. 결국 이제까지 제가 살아온 길이 부정당할 수 있겠다는 생각이 들어서 거절했습니다.

2022년에 조선NS에서 제의가 왔을 때도 처음엔 거절했어요. NS에서 쓰는 기사는 보통 베껴쓰기가 기초잖아요. 빠르게 베껴쓰기. 거기에도 능력이 필요합니다. 포인트를 뽑아내는 능력이 중요해요. 그런데 제가 그 능력이 안 돼서 못하는 사람이에요. 그런 일에도 능력이 필요하다는 걸 사람들이 몰라요. 기사를 베끼더라도 포인트를 다시 뽑는 게 쉬운 일이 아니고 저는 순발력도 약하거든요.

그래서 안 가는 게 아니라 능력이 부족해서 못 간다고 했죠. 그랬더니 장 대표가 넌 하루에 3개만 쓰면 된다고 했어요. 일주일에 2개도 헉헉거리며 쓰는 저에게 하루에 3개는 말도 안 되는 양이었어요. 그래서 거절했죠. 저는 기사란 무조건 새로운 이야기여야 한다는 강박이 있습니다. 그랬더니 장 대표가 "그럼 할당 안 줄게. 그냥 와서 너하고 싶은 거 해봐"라고 했어요. 그때 이 사람 정상인가 싶었죠. 그게 가장 매력적인 조건이었죠. 출입처 상관없이 조선 딱지 박아서 기사 나가게 해준다니 거절할 이유가 없었어요. 정파적인 거야 2019년과 달리 조국 장관 기자

최훈민 기자와 조국 법무부 장관 후보 간 질의응답 전문

최 긴 시간 고생이 많으십니다. 일요신문의 최훈민 기자입니다. 저도 가끔 밤에 늦게 취재를 하러 다니는데 저를 되게 부끄럽게 만드셨습니다. 사과드리고요. 제가 오늘 질문 서너 가지를 할 텐데요. 후보님, 혹시 제가 하나 질문을 드리면 질문 받고 이렇게 진행을 해도 되겠습니까?

조 한꺼번에 주시는 게 좋겠습니다. 지금까지 계속 그렇게 해왔기 때문에 일문일답보다는 한꺼번에 해주시면 제가 한꺼번에 답하겠습니다.

최 어차피 시간의 총량은 똑같으니까 저는 한 번만 이렇게 해주십시오. 공직자는 거짓말을 하면 안 됩니다. 그렇죠?

조 네.

최 오늘 간담회에서 말씀하신 부분이 만약에 나중에 거짓으로 드러날 경우에 모든 공직을 내려놓으실 의향이 있으신지요?

조 제가 의도적으로 거짓말을 했다면 그에 대해서 일정한 책임을 져야 한다고 생각합니다.

최 일정한 책임이라는 건 사퇴를 의미하시는 건가요?

조 지금 그걸 말씀드릴 수는 없고요. 제 말씀은 제가 지금 아는 범위 내에서 충실히 설명을 드렸는데 제가 의도적으로 허위사실을 말하거나 의도적으로 사실을 숨겼다면 그에 대한 상응하는 책임을 지겠다 정도로 말씀드리겠습니다.

최 알겠습니다. 후보자님께는 언론 탄압이라는 게 어떤 것입니까?

조 언론 탄압이라 하면 정부를 비판하는 논조의 글을 쓰게 될 경우 그 언론사 또는 그 기자에게 여러 가지 불이익을 정부가 주는 것이겠죠.

최 기자 그리고 편집부 포함 언론사 관계자에게 전화를 걸어서 보도 전에 왜 이런 취재를 하냐고 한 번이라도 민정수석 시절 전화를 건 적이 있으십니까?

조 무슨 말씀인지 잘 모르겠습니다.

최 기자에게 전화를 걸어서 이러이러한 취재를 왜 하느냐고 민정수석 시절에 질문한 적이 있으십니까?

조 잠깐만요. 제가 질문을 지금 이렇게 하나하나 일문일답 하는 게 아니라 질문을….

🔵 두세 가지만 하겠습니다. 답변해주십시오.

🟠 나중에 대답하게 해주시죠.

🔵 아닙니다. 제가 질문하고 받겠습니다.

🟠 네?

🟢 지금 언론사에서 제가 언론사 기자 아는 분 청와대에 있을 때 아는 분들하고 통화한 적은 있고 오보가 있는 경우 제가 항의한 적이 있습니다.

🔵 그런 부분에 있어서는 민정수석으로서 평기자에게 전화하는 게 언론 탄압이라고 생각하지는 않으십니까?

🟢 그렇지 않습니다. 명백한 오보의 경우 알리고 그걸 정정하도록 했고 실제 정정되었습니다.

🔵 그러면 보도에 문제가 있을 경우에는 저희에게는 언론중재위원회라고 하는 과정이 있습니다. 이 과정을 거치지 않고 직접 기자나 언론사에게 전화를 해서 그렇게 이야기하신 거는 어떻게 생각하십니까? 과정이….

🟢 언론중재위원회를 거치지 않고 수많은 정치인과 청와대 또는 공무원들이 언론인들과 소통하고 정정 얘기를 하고 있는 것으로 알고 있습니다. 그건 자연스러운 우리 사회활동이라고 봅니다. 언론중재위를 통해서만 기자분들과 소통한다는 것은 유례 없는 일이라고 생각합니다.

🔵 제가 알고 있기로는 한 기자와 통화해서 '너희 윗사람을 내가 알고 있다'고 말씀하신 적이 있는데 이건 언론 탄압이라고 생각하지 않으십니까?

🟢 어떤 맥락에서인지 모르겠습니다만 그런 발언한 적 없습니다.

🔵 없으십니까?

🟢 네.

🔵 감사합니다.

🟠 참고로 말씀드리면 저희들이 정치인들도 여러 가지 형태로 언론인들에게 항의전화를 합니다. 그래서 그 항의전화에서 사실관계가 서로 확인되면 기사를 정정하거나 그렇지 않은 경우에는 언론중재위원회에 신청해서 또는 여러 가지 사법적 절차를 밟게 됩니다.

🔵 최훈민 기자   🟢 조국 법무부 장관 후보   🟠 홍익표 민주당 수석대변인, 사회자

간담회[4] 때 질문한 거랑 추미애 기사 때문에 이미 낙인찍힌 상태여서. 그러면서 장 대표가 저를 자극했던 게 "우리는 조선일보를 괴롭혀야 된다. 조선일보를 견제하는 역할을 해야 하고 그 사람들이 더 열받게 하는 게 우리 역할"이라는 얘길 하더라고요. 너무 신나잖아요. 아무튼 장 대표의 비전이 재밌어 보였어요.

그 대목이 흥미롭군요. 사실은 장 대표가 우리한테도 비슷한 얘기를 했거든요. 이 조직을 바꿔보려 한다는.

최훈민 제도권 언론사, 보통 출입처 기자들끼리는 카르텔이 있어요. 현장에서 브리핑할 때 비출입 기자들은 들어오지도 못하게 하기도 하고. 저는 그에 대한 반감이 굉장히 센 사람이에요. 어느 정도냐면 제가 쓴 기사 때문에 교육부 감사가 이루어져서 감사 결과를 발표하는데 제가 못 들어가는 일노 있었거든요. 그런 일이 있다보니까 제도권 기자들에게 '한번 붙어보자'라는 생각을 늘 하던 사람인데 '우리의 경쟁자 중엔 조선일보도 있다'는 거예요. 이 정도면 괜찮겠네 생각했죠.

NS에 와서 실제로 조선일보와 경쟁하고 있나요?

최훈민 네. 지금 엄청 들어오죠, 압박이.

어떤 압박이 들어오나요?

최훈민 보통 조선 같은 경우에는 플랫폼이 잘돼 있으니까, 그리고 브랜드가 있으니까 기사를 써주십사 하는 사람들이 많아요. '이거를 폭로하고 싶다', '이걸 써달라'라고. 물론 기자 스스로 기획하는 기사도 있죠. 그런데 제가 다른 언론사 다닌 경험에 비춰보면 조선은 압도적으로 공급

자가 많아요. 출입처 기자들은 그 사람들을 관리하고 자료 받고 기사를
내는 게 일과 중 하나예요.

　기자들은 자기 회사를 보통 '공장'이라고 부르는데, 제가 작은 파트
지만 제조업 공장 라인을 일부 돌려봤거든요. 언론사는 공장이라기보다
는 백화점이나 마트 같은 유통업체예요. 공장에서 직접 제조한 PBPrivate
Brand[5]도 있지만 본질은 백화점과 마트를 가지고 있는 언론사로, 스토리
라는 물건을 가진 사람들이 찾아와 "이 스토리 좀 디스플레이 잘해서 잘
팔아주세요"라고 하는 거죠. 기사에 "○○○ 의원실이 ○○○으로부터 제
출받은"이라는 표현이 있으면 기자와 의원실이 공동작업을 한 거예요.
의원실에서 기획자가 기자에게 주거나, 기자가 아이디어를 던진 다음
의원실에서 그에 대한 팩트를 찾아주거나. 조선에는 의원실의 기획자가
조선으로 먼저 물건을 가져다주는 게 정말 많아요. 조선이 가장 큰 백화
점이니까.

　그런데 저는 조선보다 작은 회사를 다녀서 그런 요청이 거의 없었
어요. 그냥 살다가 풍문으로 듣거나 이거 이상하다 싶으면 국회에다 먼
저 자료를 요청해요. 제가 정보 공개 청구해도 되는데 의원실이 끗발이
있잖아요? 정부가 자료를 더 잘 내놓습니다. 국회에는 독사 같은 보좌진
들이 있는데, 그런 사람들은 다들 선수라서 제가 원하는 게 뭔지, 그 이
상도 받아다 가져다줘요. 그 사람들도 늘 아이디어를 필요로 하는데, 그
사람들에겐 제가 아이디어를 같이 공유하는 존재인 거죠. 그런 아이디
어 여러 개를 여러 의원실에 맡겨놓으면 몇 주 동안 아이템 고민을 안
해도 됩니다. 사실이 확인되면 순차적으로 하나씩 풀면 되니까요. 그래
서 이상한 게 보이면 무조건 국회 통해서 자료를 요청하는 게 제 일과
중 하나입니다. 그런 다음 국회의원이 정부에 요구해 받은 자료에서 제

295

2부. 언론의 파괴 혹은 새로운 언론의 창조

가 세운 가설이 사실로 확인되면 기사를 써서 내보내고. 예를 들면 작년에 쓴 기사 중 김정숙 여사 샤넬 재킷 사건이나 BTS 열정 페이 이런 기사들이 소문을 듣고 국회의원실 통해서 받은 자료로 사실 확인을 거쳐 기사를 냈던 건이죠.

그런데 조선일보 정치부에서 저에게 자료를 준 의원실 쪽에 뭐라고 했다는 거예요. 왜 최훈민한테 줬냐고. 우리한테 줘야지 왜 NS한테 줬냐 뭐 이런 거죠. 의원실은 황당하죠. 의원실이 기획해서 저한테 준 게 아니라 애초 기획한 게 저니까요. 의원실에서 기획한 건 당연히 가져가도 되지만 제가 기획한 건 제가 가져가는 게 맞잖아요? 그럴 때면 저는 의원실에 늘 얘기를 해요. 정치부에 줘도 된다. 상관없다. 난 기사에 내 이름 박히는 거 중요하다고 생각하지 않는다. 기사만 나가면 되지. 난 내가 쓸 수 있는 기사만 쓰면 된다. 그런데 실은 가져가도 못 써요. 맥락을 모르니까. 실제로 만났을 때는 전혀 티 안 내고 정말 친절해요, 다들. 그런데 뒤로는 견제. 이게 진짜 웃기는 거예요.

실제로 만났을 때는 친절하게 대화하고?

최훈민 앞에선 예의 있게 행동하는데 뒤에서 그런 일을 벌이는 사람들이 있죠. 회사 내부에서 그런 견제가 생기는 걸 보면서 저는 '잘 먹히고 있다. 장 대표의 회사 설립 의도대로 잘되고 있다'고 느끼죠. 출입처에 있으면 오히려 출입처가 어떻게 돌아가는지 잘 모를 때가 있거든요. 거기는 안에서만 보는 거니까, 오히려 밖에서 봤을 때 더 명확하게 보이는 경우가 있으니까. 그런 역할을 하다보니 회사 사람들 중 저한테 짜증이 난 사람들이 있는 거죠. 어디든 저랑 가까운 사람들은 좀 있다보니까.

우리도 비슷한 경험을 했습니다. 여기 와서 연구한다고 앉아 있으니까 아무도 곁눈도 안 주는 것 같지만 우리가 누군지 다 검색했다고.

김소정 저도 속았죠, 거기에.

최훈민 이런 케이스도 있습니다. 출입처의 경우 기자랑 관계가 좋으면 '이런 기사 내지 마라', 이른바 쇼부가 가능한데 저는 그런 거 없이 바로 써요. 그런데 취재에 들어갔을 때 출입처 기자가 오히려 저한테 전화해서 톤 다운시켜달라 이렇게 연락 온 적이 있어요. 이 얘기를 듣고 저는 장 대표한테 보고하고 기사를 냈죠. 저희는 그런 거 별로 신경 안 써요.

NS 기사의 출고와 삭제

그러면 기사 쓸 때 장 대표하고만 상의하고 그대로 내보내나요?

김소정 최훈민 기자는 직무가 저희와 좀 달라요. 조선일보는 메신저 '슬랙'을 이용해요. 저희는 조선일보 기자 포함해서 약 220명이 있는 단체방에 발제를 하고 기사를 쓰거든요. 다른 조선일보 기자들도 온라인 기사 쓸 때는 마찬가지예요. 왜냐하면 겹칠 수 있으니까. 그런데 오빠 같은 경우는 그냥 장 대표님과 상의하고, 대표님이 원형(편집국 중앙의 통합 데스크) 안에서 부장님들이랑 얘기를 하고, 왜냐하면 항상 문제의 소지가 될 수 있는 기사를 다루니까, 그렇게 해서 일단은 써보고 가져오면 보자 해서 그다음 데스킹, 이렇게 되는 스타일이죠. 저희는 가벼운 기사는 자가 출고, 품이 많이 들어가는 기사는 다 같이 상의, 대표님 데스킹, 부국장님들한테도 보여드리고 내보내요.

최훈민 저도 처음에 자가 출고, 그러니까 "네가 스스로 기사 출고할래?" 했는데 거부했어요. 미처 생각하지 못한 사고가 날 수도 있으니까.

김소정 여기서는 사고가 나더라고요. 제가 보면 별문제가 없는데, 여기서는 이걸 왜 써 그러고.

사고라고 하는 건 어떤 건가요? 최근에 어떤 사례가 있었나요?

김소정 너무 많아서 어디서부터 말해야 될지 모르겠는데. 저는 위험한 걸 잘 안 건드리려고 하는 편인데, 장 대표님이 어디서 싫은 소리를 듣고 삭제한 것도 많아요. 이건 그냥 재미 삼아 얘기하는 건데요. 제가 한번은 일요일에 회사에서 당직을 했어요. 김건희 씨가 당시 기자회견(논문 의혹을 둘러싼 사과)을 했죠. 저는 김건희 씨가 거기 나오기 전에 머리 스타일을 바꿀 거라고 짐작하고 있었어요. 너무 재미있잖아요. 늘 고수하던 애교머리 스타일이 있는데 이 기자회견에서 어떻게 세팅하고 나올까. '머리를 잘랐대. 심지어 파마까지 했대.' 그럼 파마를 어떻게 했을까 궁금하잖아요. 저는 미리 기사를 써놨어요. 그다음에 머리를 어떻게 하고 나오는지만 넣으면 되게. '머리 스타일을 바꿨다. 단정하게 바꿨다.' 이렇게 딱 써놨어요.(《김건희, 애교머리 없애고 이마 보이는 단발로… "용서해주십시오"》) 그런데 사람들이 진짜 그걸 많이 봤어요. 모든 매체 중에 헤어스타일로만 기사 낸 건 그때 저희가 처음이거든요. 검찰총장 임명 때 청와대에서 찍은 사진, 연합뉴스에 최근 떴던 머리 긴 사진, 그리고 오늘 사진. 이 3개를 비교해서 썼어요.[6] 심지어 지면 기사에도 같은 형식의 사진이 들어갔고요(기사 11).

그러고 나서 그날 밤에 김건희 기자회견을 다시 계속 봤어요. 유튜브로 반복해서 계속 들었어요. 그런데 들을수록 누군가가 써준 느낌이 아닌 거예요. 특히 초반에 제가 남편한테 미안하고 어쩌고. 그 부분이 커뮤니티에서 엄청 화제가 됐죠. 그래서 한 네티즌이 김건희 기자회견 초

"남편에 얼룩될까 늘 조마조마… 남은 선거기간 조용히 반성"

[기사 11] 2021년 12월 27일 5면, 김건희 당시 대통령 후보 부인의 기자회견 기사

반 대목에 가수 신승훈의 '아이 빌리브I Believe' 음악을 띄운 거예요. '에 펨 코리아'라는 남초 대형 커뮤니티의 회원이 만든 아이 빌리브 짤[7]인데, '제 남편은요' 이러면 그 노래가 나와요. 그런데 해당 게시물 조회 수가 제가 새로고침 할 때마다 2만, 3만씩 늘어나는 거예요. 알고 보니까 다른 커뮤니티에 해당 링크가 퍼졌는데, 거기서도 난리가 난 거예요. 퍼간 커뮤니티를 다 찾아서 들어가봤어요. 구글에 제목 그대로 검색하면 나오니까. 진보 성향, 보수 성향 모든 커뮤니티의 반응이 다들 비슷했죠. 그에 대한 기사도 그렇게 쓰게 됐어요. 화제가 됐으니까.[8] 그런데 그 기사를 사람들이 또 많이 보는 거예요.

네, 기억합니다. 많이 화제가 됐죠.

김소정 그 기사랑 머리 스타일 기사 조회 수가 정말 잘 나왔거든요. 다른 매체들도 다 따라 쓰더라고요. 의도한 건 아니었지만. 그런데 다른 부서

299

2부. 언론의 파괴 혹은 새로운 언론의 창조

부장이 막 뛰어온 거예요. "엽기적인 그녀 빨리 (제목) 바꾸라"고. 그런데 이미 그 기사가 나온 지 3~4시간? 그 모습을 보면서 '아니 왜? 이미 너무 늦었는데'라는 생각이 들었죠. 일단 네이버나 닷컴 메인에 기사가 걸리는 건 저희 권한이 아니에요. 조선일보 편집부의 일이지. 저는 절대 걸어달라 하지 않아요. 어쨌든 편집부 선배들이 계속 메인에 걸어둔 거였거든요. 그런데 뒤늦게 기사를 내리느니 제목을 바꾸느니 이런 말이 제 귀에 들리는데, 웃겼죠. 작성자를 앞에 두고. 그리고 이미 온라인에 제 기사는 퍼졌는데, 제목을 바꾼다? 갑자기? 우스워지죠. 제목을 바꾼다 해서 이미 퍼진 기사의 제목이 바뀌진 않거든요.

회사는 어떻게 생각하는지 모르겠지만 저는 나름대로 엄청 조심해서 쓰려고 해요. 삭제당하기 싫거든요. 심지어 그 노래를 만든 김형석 작곡가가 페이스북에 글 쓰고 그랬거든요. 그러고 나서 장 대표님한테 전화가 왔어요. 자기가 기사를 수정하겠대요. 저는 그것도 짜증 나는 거예요. 그래서 톤 다운을 시켰죠. 의도를 갖고 쓴 건 아닌데, 저는 재미있게 쓰겠다고 쓴 건데 기사도 톤 다운되고 심지어 제목도 수정되고. 제 생각과 기사가 조선일보랑 안 맞았던 거죠. 어쨌든 원하는 대로 됐어요. 그런데 이런 일은 뭐 너무 잦았으니까.

기계적 균형의 한계

지금 두 분 인터뷰가 너무도 흥미롭습니다. 조선일보 측에서는 왜 그랬을까요?

김소정 자기들이 만든 균형이 깨진대요.

최훈민 조선은 기계적 균형을 맞추려는 성향이 강합니다. 신문병 때문이라고 봐요. 신문은 펼쳐서 양면에 적절한 균형을 갖추면서 기사를 배치할 수 있으니까요. 그런데 인터넷은 아니잖아요? 미디어 이용 현황을 보면 뉴스를 신문으로 접하는 사람이 10퍼센트, 인터넷으로 보는 사람이 90퍼센트예요. 신문 만들던 균형의 논리라는 건 더 이상 의미가 없다는 겁니다. 기계적으로 맞춘다고 여당 비판 기사 10개, 야당 비판 기사 10개를 만들어도 어차피 터지는 건 1~2개예요. 특히 조선에서 쓰면 민주당 비판 기사만 주목받죠. 사람들은 그것만 봐요. 그런 상황에서 균형 때문에 1~2개 터진 기사에 물을 탄다? 어불성설이죠.

지금의 언론 지형에서 균형이라는 건 새로운 팩트를 기반으로 만들어져요. 기사 수량이나 배치로 만들어지지 않습니다. 예를 들어 균형을 위해 언론이 해야 할 일은 센 기사에 물타기 하는 게 아니라 반대쪽에도 비슷한 타격을 가하는 거예요. 김건희 씨 기자회견이 기계적 균형을 무너트린다면 김혜경 씨도 퍽 소리 나는 새로운 팩트를 찾는 방식인 거죠. 새로운 팩트를 발굴하는 거예요.

균형은 그런 식으로 조정해야 한다고 보는데 조선은 기계적으로 물을 타는 방식으로 키 맞추기를 해요. 그거 아무도 안 알아줍니다. 차라리 같은 진영에 대한 비판을 더 날카롭게 다듬는 게 낫죠. 그게 조선 브랜드를 더욱 강하게 해줄 겁니다.

김소정 조선일보 지면의 균형감이 중요하다는 건 저도 알아요. 그런데 온라인 기사는 그걸 맞추기가 사실상 어렵죠. 이슈가 언제 터질지도 모르고, 정치인이 출연하는 방송이 몇 개고, 라디오가 몇 개고, 그들이 쓰는 페이스북 글이 몇 개인데. 저희가 지금 그 개수를 세고, 오늘 여당 라디오 2개 썼으니, 야당도 2개 채워야지 이러고 앉아 있겠냐고요.

그래도 일정한 균형을 유지하는 게 중요하지 않나요?

김소정 인정합니다. 우리도 한쪽으로 치우친 기사를 쓰진 않아요. 최대한 빨리 있는 그대로를 담으려고 하지. 모 기자분이 저한테 그랬어요. 지면 기사는 사실 새로운 게 없잖아요, 단독 빼고. 그래서 이미 아는 내용의 지면 기사는 온라인에 안 걸어주는 게 맞다고 생각하신대요. 온라인은 새롭고 빠른 거. 지면 기자분들도 속보나 새로운 내용의 온라인 기사를 내면 당연히 걸어주죠. 그런데 일부는 자기들 지면 기사 걸어달라고 어필을 한대요. 이미 전날 있었던 일이고 오늘 지면으로 나가서 모두가 다 아는 내용인데도요. 사람들은 오전에 지면에서 다 봤는데 이걸 인터넷으로 또 보고 싶을까요? 저도 독자일 때 그게 늘 궁금했어요.

최훈민 물론 정제된 페이퍼를 보는 맛은 있어요. 저도 그게 안 사라진다고 봐요. 하지만 균형에만 몰두하다보면 헤게모니 싸움에서 이미 지고 들어간다는 걸 인정해야죠.

김소정 그러니까 저는 이렇게 하는 게 맞다고 생각해요. '너는 어차피 지면을 위해서 뽑힌 사람이고 지면을 위해서 지면 스타일로 일을 하고 있고 글자 수도 맞춰야 되잖아. 너네 그렇게 해. 온라인 기사가 필요하면 온라인도 쓰고. 우리는 우리 일을 할게.' 그런데 위에서 태클을 자주 걸죠. 이 정치인은 안 된다, 이 내용은 안 된다. 저희가 다 망치고 있다면서.

최훈민 그러니까 돼지가죽으로 핸드백 만드는 조그만 자회사 매출이 본제품을 뛰어넘었다고 샤넬이나 에르메스가 열받은 거예요.

기사 바이라인이 조선일보 소속으로 나가죠?

김소정 그것도 참… 처음에 그렇게 안 하려고 했는데 대표님이 그게 소속감이 들지 않겠냐고 하시더라고요. 저는 그렇게 안 나와도 솔직히 상관없거든요. 그걸 중앙일보에서 오려고 했던 기자가 제안한 거예요. "저희 바이라인은 어떻게 나가나요?" 이 회사 만들어지기 전에 먼저 물어본 거였어요. 대표가 뭘 원하냐 그러니까 중앙은 온라인도 중앙일보 기자로 나간다. 그럼 우리도 그렇게 해야지, 이렇게 된 거예요. 저희는 여기 와서 알았어요.

최훈민 조선NS로 나가도 전혀 상관없는데.

미디어 비평지와의 관계

미디어오늘 같은 미디어 비평지들의 공적이 돼 있으시죠?

최훈민 돼 있죠. 그런데 웃기는 건 미디어 비평지라는 사람들이 반론도 안 듣고 그냥 기사를 내보낸 다음에 팩트가 틀려 사과하는 경우도 있어요. 그럼 저는 "괜찮다. 어차피 너네 거 보지도 않는다"고 얘기하고 그냥 넘어가죠. 언론 비평지라면 좀 더 깐깐하게 취재해야 하는 거 아닌가요? 기사 힘들이지 않고 쓰는 사람들 참 많아요.

김소정 엄청 심해요. 제가 미디어오늘이나 오마이뉴스 기사를 그동안 별 생각 없이 봤는데 여기 와서 보니까 두 곳은 매일 조선일보 기사만 보고 있는 느낌이에요. 깔 걸 찾으려고. 거기 기사 잘 보면요, 제목에 조선일보를 달아요. 두 매체가 제목에 '조선일보', '동아일보' 이렇게 제목 뽑은 기사를 보면 저도 '어우, 제목 장사하네'라는 생각이 들죠. 이런 매체들 기사 하단에는 '후원하기' 칸이 있죠.

최훈민 조선일보가 망하면 미디어오늘이랑 오마이뉴스도 망해요. 적대적 공생관계.

김소정 진짜로. 그리고 NS 생긴다고 했을 때도 제일 관심 보인 데가 미디어오늘이에요.

미디어 비평지들이 조선일보 본지 기자들보다 NS에 더 주목하고 있는 것 같습니다.

김소정 네. NS가 실수한 거 잡으려고. 너네 한 번만 걸려봐라.

그런 공격이 얼마나 타당한가요?

최훈민 다 틀린 말은 아닙니다. 저희를 비판하는 기사들 중 설득력이 있는 기사도 있어요. 저는 기본적으로 서로 싸우면서 발전해가는 거라고 생각해요. 물론 헛소리 기사가 대부분이죠. 현○○이라고 이재명 후보 대변인이 저를 공격하길래 저도 반격한 적이 있죠. 굿모닝충청이 그의 페이스북 글을 옮겨서 "조선일보 최훈민 기자, 최소한 지킬 건 지키자" 이렇게 헤드라인 붙였더라고요. 그래서 제가 "일단 제목부터 팩트가 틀렸다. 언론 맞냐? 조선일보가 아니고 조선NS야. 조선 농심인지 낭심인지 확인하고 기사 좀 써", 뭐 이랬죠. 저는 제 전화번호를 기사에다 항상 박아놓거든요. 거기로 전화 한 통만 해보면 조선일보인지 조선NS인지 확인할 수 있는데 왜 그것도 안 하는 건지. 나중에 보니까 그 글을 지웠더라고요.

김소정 조선일보 홈페이지에 제 이름 검색하면 조선NS 기자로 나와요.

최훈민 그렇게 티격태격하면서 싸우고 서로 놀리는 거 저는 엄청 좋아하죠. 그 사람들이 화난 이유가 아파서 화난 거거든요. 제 기사가 아팠다는 걸 스스로 드러내는 거라서 재밌죠. 저는 기본적으로 비꼬기를 아주 좋아하고 또 늘 당하면서도 별로 안 싫어해요. 헬마우스[9]라고 민주당 사람들이 하는 그 채널에서 저를 세게 비판하고 조선NS 욕도 많이 하고 그래요. 제가 아까 말씀드린 매일신문 유튜브 채널 '프레스18'을 아직도 운영하거든요. 대선 때까지는 하기로 했어요. 제가 기획한 거라 어쩔수 없어서. 장상진 대표한테도 양해를 구했고. 프레스18 채널이 1주년이 돼서 저를 제일 싫어하는 헬마우스에게 1주년 기념 영상을 보내달라고 했더니 막 욕이랑 섞어서 보내주더라고요. 서로 조롱하고 이념적으로 싸우면서도 인간적으로 이런 게 콘텐츠가 되는구나 싶었죠. 서로 싸우지 않으면 콘텐츠가 안 나와요. 이것도 조선일보랑 제 성향이 완전 다른 거죠.

정말 사고방식이 다르군요. 너무도 다이내믹하고 어떤 의미에서는 이시대 미디어 이용자들의 눈높이와 감각에 맞는 것 같기도 하고.

정치부와의 관계

아까 정치부 쪽과의 불편한 일들, 주로 그쪽이 당황해하는 일들 말씀하셨는데. 그런 일들이 지금도 계속되고 있나요?

최훈민 영원할 거라고 봐요.

정치 기사를 NS에서 최기자님 말고 또 누가 쓰죠?

최훈민 다 써요. 민심의 흐름에 따라가는 거예요. 저희는 살아서 움직이는 거고요. 정치부가 저희를 계속 견제하는 건 저희 기사가 잘 먹히는 걸 인정하기 싫은 거라고 봐요.

정치 관련 기사 쓸 때 정치부 기자들과 정보를 공유하거나 서로 협력하는 건 없나요?

김소정　정치부하고는 안 해요.

두 분 말씀에 지금 압도되고 있습니다. 너무 흥미롭군요. 혹시 개인적으로 방 사장님을 뵌 적이 있나요?

최훈민　한 번 뵀죠. 엘리베이터에서 인사야 자주 하는데, 각 잡고 밥 먹은 건 한 번이죠. 저희가 이것저것 얘기하면 장 대표가 방 사장이 좋아할 것만 편집해서 장사를 하고 오세요. (웃음) NS 내부 보고 자료를 제가 만드는데, 출범 후에 우리가 어떻게 변했는지, 혹은 갑자기 트래픽이 없어졌다고 하면 원인이 뭔지, 그런 걸 가끔씩 궁금해하세요. 그러면 제가 PPT 그려서 올리면 장 대표가 보고하고 그렇게 소통하고 있죠. 굉장히 소통이 잘되는 분이세요. 방 사장이 자기한테 하고 싶은 말 있으면 슬랙 보내라고 그래서 슬랙 보낸 적도 있어요. 물론 장 대표는 깜짝 놀라는 표정이었고.

지난 연말에 편집국 송년행사 때 최 기자님께서 무슨 상을 받으신 것 같던데 그게 뭐였나요?

최훈민　각 팀의 MVP….

MVP? 뭔가 이유가 있지 않았을까요? 남달리 잘하신 게.

최훈민　나갈 것 같은 놈들만 준 거 아닐까요.

나갈 계획이 있으신가요?

최훈민　저는 입사할 때 사표 같이 냈다니까요.

김소정 얼마 전에도 그만두고 싶다고 했잖아.

최훈민 조선에서 저를 뽑을 때 반대가 많았다고 들었어요. "문제아라고?" 그러면서. 면접 때도 그런 걸 검증하려는 질문이 많았죠. 저는 저에 대한 개런티를 저 스스로 합니다. 그래서 채용될 때 사표를 낸 거예요. 그럼 뽑는 사람 입장에선 얘 뽑아도 되나라고 의심할 필요가 없죠. 자르고 싶을 때 수리하면 땡이니까요.

그런데 거기엔 이런 의도도 있어요. '내가 이 회사를 잘못 봤다는 생각이 들면 나도 그냥 나가겠다.' 왜냐하면 사표는 2주 전에 내야 하거든요. 전 그런 회사 규율을 최대한 존중하는 편이에요. 회사를 그만두는 건 쉬운 일이 아니죠. 저는 큰 조직을 경험해봤으니까 좀 아는 편이에요. 시스템으로 굴러가는 회사는 윗분들에게 내가 왜 그만두는지 납득시키기도 해야 되고, 그걸 2주 동안 하는 것도 귀찮으니까요. 사표를 입사할 때 미리 내놓는 건 어떻게 보면 일종의 협박이기도 해요. 저는 그래야 견제가 된다고 보거든요. 기사 삭제하면 이유가 뭔지 물어보고 그거 제대로 처리 안 하면 바로 그만둘 수도 있으니까.

조선이 제일 무서워하는 게 나간 사람이 조직에 칼을 꽂는 거예요. 그걸 아주 무서워해요. 저는 소셜 미디어에서 발화력이 있는 편입니다. 진상을 부리면 그게 퍼질 확률이 높으니 조선으로서는 시한폭탄 같은 느낌이겠죠? 그러니까 장 대표가 도와달라고 할 때는 최대한 서포트하되 손 놓으면 우리도 요구할 걸 하는 거죠. 제가 맨날 저 스스로를 NS 노조위원장이라고 하거든요. 조선일보 사람들에게 주어지는 복지를 우리한테도 내놓으라고 저는 요구하죠. 갖고 오라고. 우리한테 조선일보의 퀄리티를 원할 거면 보상을 조선일보만큼 맞춰달라고. 공식적으로 다 있는 회식 자리에서 바로 얘기했어요. 주니어들은 눈치 보여서 그런 요구를 잘 못해요. 저는 그냥 하거든요. 복지 내놔. 안 그럼 우리도 개판으로 할 거야. 받을 건 받고 줄 건 주고. 너희가 조선일보에 우리 기사를 사용한 것처럼 우리를 조선일보처럼 대해줘야 된다는 게 제 논리거든요. 그렇게 안 하면 열심히 안 하겠다고.

최근 국민의힘 청년간담회[10] 기사 삭제가 논란이 됐는데⋯.

최훈민 저녁 6시 10분쯤에 그게 너무 뜨거운 이슈인 거예요. 이게 저를 자극했어요. 청년간담회 때 윤석열 후보가 실제 가지 않고 스피커폰으로만 참석한 거, 이 사건이 너무 재밌는 거였는데 6시면 사람들 다 밥 먹으러 가거든요. NS도 밥 먹고 있을 시간이고. 저는 집에 있다가 이건 내가 써야겠다 해서 썼죠. 왜냐하면 식사시간에 나오는 이슈 못 막으면 또 욕을 먹거든요. 그래서 써서 올린 거예요. 이걸 회사에서는 '최훈민이 의 노가 있어서 윤석열을 비판하려고 썼다'고 받아들이더군요.

김소정 그거 내가 볼 때 문제가 있어. 오빠가 슬랙에 말 안하고 썼잖아.

최훈민 아무튼 그거 쓰자마자 무슨 숨은 의도가 있는 거 아니냐는 거예요. 왜냐하면 저는 탐사보도나 새로운 팩트 찾는 걸 주로 하고 그런 이슈 기사는 잘 안 쓰니까요. 그런데 이게 뻘받을 때가 있거든요. 그거 딱 보고서 저는 아무 생각 없이 이거 재밌는데 해서 쓴 건데 회사에서 지우니까 지웠나보네 그러고 그냥 지나갔어요. 원래는 기사 삭제되면 저는 엄청 난리를 쳐요.

어떻게 누구한테요? 장상진 대표한테요?

최훈민 누구한테든요. 예전에 다른 회사 있을 때 3개월 동안 업무를 거부한 적이 있어요. 위에서 기사를 마음대로 삭제했거든요. 그게 뭐였냐면 '국민은 4인 금지, 대통령은 5인 술판'이라는 제목의 기사였는데, 청와대에서 전화 오고 막 그래가지고 삭제했다는 거예요. 삭제하기 전에 일단 통보는 해달라는 게 계약 조건에 있었는데 통보 없이 삭제한 거죠. 더 어릴 땐 삭제도 안 된다고 했는데 차츰 나이를 먹으면서 저도 회사 입장 이해하는 부분도 있어요. 그런데 반드시 삭제 전 통보는 해달라는 게 조건이었고, 그게 안 지켜지니까 3개월 동안 기사를 안 썼던 거죠.

그런데 그 청년간담회 기사에 대해서는 별로 화도 안 내고 뒷말도 없었다는 얘기인가요?

최훈민 네. 그건 그냥 이슈성 기사였으니까요.

뉴스거리 찾기

뉴스거리는 어떻게 찾으시나요?

최훈민 세상에 널려 있는 것들이 다 뉴스거리예요. 예를 들어 오늘 이렇게 인터뷰하고 있는 걸 제가 알게 됐다. 그럼 '서울대랑 공주대랑 조선일보랑 뭐 한다!'고 쓰는 거예요. 그냥 쓰는 거예요.

우리 기사 나가나요, 오늘? 한 시간 후에?

최훈민 뭐, 이런 식으로 쓰는 거죠. '중년 남성(서울대 교수)과 중년 여성(공주대 교수)이 한 방에서 젊은 여기자를 인터뷰했다'고요. 서사를 넣는 거죠. 저는 일요신문을 무척 좋아했던 게, 제가 생각하는 모든 서사를 완벽하게 기사에 녹일 수가 있었어요. 거기는 데스크 편집권보다 기자 편집권을 훨씬 중요시해서, 제가 짠 스토리 라인이 없어진 적이 없어요. 예를 들어 반달곰 기사 쓰면서 후보 시절 문재인 대통령 비판 기사를 쓴 적도 있죠. 나태주 시인[11]까지 함께 넣어서.

또 공주군요.

최훈민 네. 충남 공주에 사는 나태주 시인한테 전화해서 "오래 봐야 예쁘다 너도 그렇다" 그 시구를 허락받고 반달곰 기사에 넣었어요. 사육 곰들이 죽어가고 있는데 문재인은 곰 사진 가지고 선거운동이나 하고 있다는 비판 기사였죠.

그렇게 하면 진실이 아닌 스토리가 되어버릴 수도 있잖아요.

최훈민 진실은 아무도 알 수가 없어요. 기자는 단순 정보 전달자가 아니에요. 안개 자욱한 혼란한 상황에서 정제된 언어로 독자에게 실을 보여주는 직업이에요. 저는 스트레이트 기사하고 내러티브 기사가 있으면 내러티브 쪽을 훨씬 좋아해요. 전달력이 더 좋으니까요. 제가 썼던 기사가 그런 거거든요. 정부에서 반달곰을 키워서 방생하는 프로젝트를 했어요. 농가 사육장에서 웅담 채취로 죽어가는 반달곰이 한국에 700마리나 되는데 한쪽에서는 멸종위기종을 관리한다고 반달가슴곰 육성 사업에 거액을 쓴 거죠. 이미 700마리나 있는데 그걸 풀어주면 되는 걸 엉뚱한 짓을 한 거잖아요. 그런 상황에서 문재인 캠프는 곰이랑 문이랑 이렇게 글자 뒤집어놓고 선거 캠프 이름을 더문캠으로 쓰겠다고 발표했어요. 곰이 좋은 동물이라면서.

　　저는 이런 생각을 한 거죠. '무엇이 제일 중요할까? 곰이 예쁘다고 선거 캠페인으로 활용할 게 아니라 죽어가는 곰을 살리는 게 더 가치 있지 않나. 나태주 시를 활용하면서 이 곰도 예쁜 곰이다. 다 똑같은 생명이다. 이것부터 해결하라'는 메시지를 준 거죠. 저는 순종이든 똥개든 그냥 입양해서 키우자는 주의자라서. 그런 순종 좋아하는 사람들을 비판하고 지리산 반달곰을 형상화한 문재인의 선거 전략도 비판하고 그렇게 한 거였죠. 저는 스토리를 좋아하지 스트레이트는 별로 안 좋아해요. 그런데 조선일보 와서 놀랐던 건, 문체를 되게 많이 보존해준다는 거예요. 현학적인 표현도 많이 살려주고 절대 삭제하지 않아요. 그래서 조선에는 두 부류의 기자가 있죠.

어떤 두 부류를 말씀하시는 건가요?

최훈민 글쟁이 기자가 있고 취재력 좋은 기자가 있어요. 예를 들어 김윤덕 선배[12] 글을 보면 일반 기사 문체랑 전혀 달라요. 그런데 그런 거 살려주는 걸 보면서 여기 생각보다 열려 있는 곳이구나 싶었죠. "조선팔도 글쟁이에게 가장 좋은 회사가 조선일보다"라는 말이 있는데 그걸 여기 와보고는 진짜라고 느꼈어요. 매일신문에선 풀어서 쓰면 되게 혼났어요. 기존 용어를 반드시 준수하라고 했죠. 틀에 박힌 "경찰에 따르면" 식의 스트레이트 기사 형식을 달달 외우게 했거든요. 그런데 조선에서는 그런 거 조금도 중요하지 않다고 보고, 잘 읽히느냐 여부에 굉장히 집착하더라고요.

기사는 얼마나 많이 쓰세요, 하루에?

최훈민 1일 1기사를 실천하려고 노력은 많이 하는데, 이틀에 하나 꼴로 쓰는 것 같아요. 평균적으로.

김소정 저는 많이 쓸 때, 당직할 때는 저밖에 없으니까, 10개씩 쓸 때도 있어요.

10개씩이나요?

최훈민 저는 그렇게 할 수가 없어요. 완전 다른 스타일.

김소정 오늘하고 어제는 한 3개 썼나? 4개? 그럼 별로 안 쓴 거예요.

NS 안에서도 다양한 스타일의 기자들이 시너지를 내는 것 같네요.

김소정 대표님도 이렇게 될지 몰랐을 거예요. 이런 친구도 있고 저런 친구도 있고.

정치, 사회, 사회정책, 국제 이렇게 영역별로 갈라져 있는 건 아니고요?

김소정 아니, 아니 전혀요.

최훈민 굳이 가르자면 이게 먹히겠냐, 대한민국을 뒤집을 수 있겠냐….

김소정 그게 너무 좋아요. 예를 들면 제가 어느 날 당직을 했어요. SNS를 보다가 개가 얼음판에 이렇게 서 있는 사진이 있는 거예요. 제가 제일 먼저 기사 썼어요.[13]

버려진 강아지였나요?

김소정 네. 제보자가 동물단체에서 여러 번 개를 임시 보호했던 사람이에요. 제보자가 놀러 갔다가 그걸 보고 너무 놀라 보호단체에 연락한 거죠. 생후 두 달밖에 안 됐대요. 그래서 제가 보호단체 측에 제보자를 알려달라고 해서 통화를 했어요. 그런데 제보자가 경찰에 신고를 안 하겠다는 거예요. 이유인즉 경찰한테 너무 당했대요. 신고를 해도 경찰들이 동물단체에서 신고했다고 하면 안 간대요. 쟤는 너무 유별나다고. CCTV 없다고, 목격자도 없다고 미적거리는 게 더 짜증 난대요. 차라리 그에 대한 기사를 써서 임시 보호해줄 분이 나타나면 자기는 그게 낫겠

대요. 저도 공감이 가서 기사를 썼어요. 그런데 다음 날 방송국에서 찾아
왔어요. 지금 '떡국이' 얘기하는 거예요. 1월 1일 찾은 개라서 떡국인데.

흥미롭군요. 주로 커뮤니티 같은 데를 보면서 기삿감을 찾으시나요?
김소정　SNS도 보고 커뮤니티도 봅니다. 인스타는 팔로우 안 해도 자동
으로 떠요. 그리고 저는 주요 커뮤니티들 다 들어가요.
최훈민　저는 전혀 안 들어가는데.

커뮤니티에 안 들어가면 정치 관련 기삿거리를 어떻게…
최훈민　커뮤니디에서 1차로 걸러주는 역할을 하는 친구들이 있어요. 커

뮤니티에 올라온 것 중에 골라서 올리는. 그런 걸 보죠. 문자로도 제보가 많이 오고요.

편향성 논란에 대해

항의도 많이 들어오죠?

최훈민 많이 오죠. 저는 다 받아줘요. 웬만한 건 다 받아주고, 욕하면 저도 같이 욕하고.

혹시 언론중재위원회에도 가보셨나요?

최훈민 많이 갔죠. 거의 한 달에 한 번꼴로 갔죠. 대부분 반론 보도 요청 건입니다.

조선일보에 대해 편향적이라는 시선이 많은데요.

최훈민 합리적인 지적이라고 생각합니다. 반일운동 하다가 코로나 풀리자마자 일본 여행 폭증하는 나라에 잘 어울리는 지적입니다.

네…. 혹시 두 분이 쓰는 기사가 그런 시선에 어떤 영향을 미친다고 생각하세요? 혹시 그런 걸 더 강화한다거나. 역으로 두 분이 그런 시선을 의식하시는 경우는 없나요?

김소정 제가 여기서 느낀 게 뭐냐면 예를 들어서 제가 이재명 관련 기사를 쓰면 댓글에 "너 미쳤구나" 이렇게 달려요. 그런데 윤석열 관련 쉴드 치는[14] 기사를 쓰면 저를 욕하는 게 아니고 "그냥 당연한 거지", "애국 보수" 이렇게 달려요. 예전에 어떤 이슈가 제기되었을 때 제가 어느 진보 성향 시사평론가 글을 인용해서 쓴 적이 있어요. 그런데 어느 진보 커뮤니티에서 "조선일보가 이런 사람들 멘트도 쓰네, 의외다" 이렇게. 그거를 대표님이 캡처해서 저한테 보내준 적이 있어요. 저희는 한쪽 사람들을 위해서 기사를 쓰는 게 아니잖아요.

최훈민 전 어느 쪽이든 전혀 영향 안 받습니다. 게다가 지금 상황은 조선으로서는 정말 좋지 않나요? 여당이 민주당이고 야당이 국민의힘이잖아요. 그러니까 지금은 잘 맞는데 만약에 보수 쪽이 집권여당이 되면 여당을 비판할 때 많은 난관이 있지 않을까….

두 분의 활동이 견제를 받을까요?

최훈민 위에서 뭔가 오겠죠. 저는 한두 번 참다가 그때는 옮겨가지 않을까 싶어요.

입장은 보수지만 보수, 진보 상관없이 내가 할 얘기는 한다는 거군요.

최훈민 네. 언론은 그래야 하니까요. 보수, 진보라는 건 프레임일 뿐입니다. 저를 다들 보수적이라고 인식하는데 보수 쪽에서도 종종 빨갱이라는 소리를 들어요. 아닌 건 그냥 아닌 겁니다. 진영 논리로 모든 걸 정당화할 순 없는 거죠.

NS 기사의 지면 게재

NS 기사가 지면으로 가는 경우도 있죠?

최훈민 꽤 있어요. 제가 첫 스타트를 끊었는데 진통이 있었어요. 그러니까 입사하자마자 줄리 벽화[15] 기사를 처음 썼죠. 그날 밤에 전화가 왔어요. 이거 지면에 나갈 것 같다고. 저 역시 타사에서 계속 지면을 써온 사람이에요. 1면도 많이 써봤고요. 그래서 "그러세요" 그랬더니 지면용 기사를 따로 쓰래요. 알아서 편집하면 되지 왜 나한테 또 쓰라고 하지? 그런 생각이 들었죠. 중앙일보는 기자가 기사를 쓰면 그걸 지면에 넣는 건 다른 사람이 해요. 그런데 조선은 일을 두 번 하죠. 그러면서 저한테 "이거 팩트 틀린 거 하나도 없지?" 하고 물어보는 거예요. 팩트가 틀린 것 같으면 인터넷에도 내지 말았어야죠. 그런데 기사가 안 나오는 거예요. '왜 안 나왔지' 하고 봤더니 제 기사 내용이 어떤 기자의 칼럼에 녹아서 나왔더라고요. 그러니까 간밤에 편집국에서 무슨 일이 벌어졌는지 훤히 보이는 거예요. 어라? 밀어내기인가?

　　다음 날 제가 줄리 의혹을 소재로 노래를 만든 백자[16]라는 가수가 문재인 대통령한테 백자를 선물로 받았던 사람이라는 기사를 또 썼어요. 이건 회사에서 진짜 지면에 걸겠다고 하더라고요. 그래서 기사가 나오긴 나왔는데 어떻게 나왔냐면 바이라인에 다른 기자 이름이 앞에 나오고 그다음에 제 이름이 나온 거예요. 그래서 기사를 봤더니 한 문단이 추가됐어요. 누군가가 라디오에 나와서 한마디 한 걸 집어넣고 자기 이름을 제 이름 앞에다 올려놨더라고요.

김소정　여기는 바이라인에 왜 그리 집착하는지.

최훈민　저는 제 바이라인 안 나가도 상관없어요. 누군가가 제 기사 그냥 베껴서 자기 이름으로 내도 상관없고. 기사가 중요하지 기자가 중요한 게 아니잖아요. 그런데 이상한 데서 자꾸 사람을 건드리는 거예요. 그 사람 이름만 있었으면 '이렇게 나갔나보네' 할 텐데 제 이름 넣어놓고 자기 거 슬쩍 걸어놓는 건 사람을 건드리는 거잖아요. 그때 들었던 생각이, '내가 이제부터는 못 베끼는 기사를 쓸게. 당신들 더 열받게…'. 그래서

朝鮮日報 2021년 9월 9일 목요일 A10면 사회

택배 기사를 발로 찬 택배노조 간부
집회때 '대타' 비용 대리점주들한테 받아

민노총 택배노조원들의 괴롭힘에 시달리던 경기 김포 택배 대리점주가 극단적 선택으로 숨진 가운데, 경기 광주에서는 택배노조 간부 A씨가 집회 참석에 필요한 경비를 대리점주들에게 내도록 해온 것으로 드러났다. A씨는 최근 비노조원 폭행 등으로 논란을 빚은 인물이다.

8일 본지는 광주 지역 택배 대리점주 8명의 올해 1월 카카오톡 대화록을 입수했다. 대화록에 따르면, 점주들은 매월 A씨가 광주서 원정 집회를 나오는 날마다 총 40만~50만원을 갹출해 마련해 그에게 전달하고 있었다. 그가 집회 참가를 위해 담당 구역을 비우면 대신 일해줄 대리 택배 기사(이른바 '용차')를 써야 하는데, 그 비용을 대신 내준 것이다.

'정확히 몇 명이 얼마 동안 얼마를 A씨에게 지원했느냐'에 대한 본지 질의에 점주들은 답하지 않았다. 모금을 주도한 B씨는 "A씨가 집회 참석으로 담당 구역을 비우니 도와달라고 먼저 말해, 용차비를 지원해준 것"이라고 했고, 대화방의 C씨는 "그럴 수밖에 없었다"고 했다.

A씨는 최근 온라인 화제가 된 폭행

상의 가해자이기도 하다. 2019년 4월 경기 성남시 택배터미널에서 촬영됐고 최근 공개된 이 CCTV 영상에서 그는 컨베이어 벨트 위로 올라가, 아래에 있던 비(非)노조원의 가슴을 강하게 걷어찼다. 이 비노조원은 "A씨가 '기분이 나빠서 그랬다' 더라"고 본지에 말했다. A씨와 택배노조는 본지 해명 요청에 응하지 않았다.

최훈민 기자

경기 성남의 한 택배 분류장에서 민노총 택배노조 간부가 비노조원 택배 기사의 가슴을 발로 걷어차는 모습이 담긴 CCTV 화면. 독자 제공

[기사 12] 2021년 9월 9일 10면, 최훈민 조선NS 기자의 첫 번째 단독 바이라인 지면 기사

민노총 사람들이 택배 기사 가슴을 발로 찬 영상을 구해다가 기사를 냈고, 그게 지면에 제 이름 하나만 띄워서 나간 첫 기사가 됐죠.

지면 견제가 그런 식으로 굉장히 심해요. 왜 그러냐면 방상훈 사장이 지면은 1면부터 맨 끝의 광고까지 다 보신대요. 그러니까 지면은 어떻게 보면 사장한테 "저희가 이런 일 했어요" 하며 보여주는 그런 거예요. 그 영역을 NS한테 뺏기면 큰 상처인 거죠. 이번에 무슨 상을 준다고 하더라고요. 민노총 보도 이렇게 연속으로 많이 했다면서. 상을 줄 때 상금도 주거든요. 그런데 조선일보 애들도 같이 썼으니까 돈을 나눠서 준다는 거예요. 제가 그래서 전 상장만 받을 테니 돈은 조선일보 애들 다 주라고 그랬어요. 저는 이런 식으로 쪽을 줘요. 그랬더니 항의가 왔어요.

317

2부. 언론의 파괴 혹은 새로운 언론의 장소

자기들이 다 받을 수 없다고.

김소정 공평함을 지킨답시고 그렇게 상금을 반씩 가져가는 게 더 웃기지 않아요?

아까 지면용으로 다시 쓰라고 요청받았다고 하셨는데, 지면 기사와 디지털 기사에 근본적인 차이가 있나요?

김소정 별 차이 없어요.

최훈민 차이 없어요. 편집할 때 매수 제한 때문에 기사를 줄이는 것 말고 기사 형식은 전혀.

지면에 NS 기사가 나가는 게 내부적으로 보통 일이 아닌 것 같네요.

김소정 NS는 정말 필요하다 싶을 때만 넣는 거예요.

최훈민 서자가 장원급제했는데 축하해줄 수도 없고 안 해줄 수도 없고 그런 느낌 아닐까요.

편집국과 NS 간에 벽이 있군요.

김소정 네. 양자는 전혀 다르죠. 그런데 저는 여기서 물건이 나오면 조선 일보에 넣는 게 맞다고 생각하거든요.

최훈민 이 사람들은 진짜 순혈주의.

김소정 그걸 진짜 따지긴 해요.

최훈민 저는 이해가 잘 안 돼요. 아까 곰 얘기에서도 그렇듯이 길거리 고양이나 품종묘나 다 같은 고양이라고 생각해서… 쥐만 잘 잡으면 돼요.

편집국 기자들하고 어울리는 일은 없나요?

뉴스 생산자

최훈민 저는 원래 그전부터 알고 지내던 기자들이 꽤 있어서 지금도 어울려 밥 먹고 잘 놀아요.

김소정 저도 여기 선배들이랑 잘 어울려 밥 먹고 그러지만 기사 얘기는 안 하죠. 일 이야기하려고 술 마시는 건 아니니까.

종이 신문이 더 이상 유지되기 어려운 시대로 가는 게 현실이잖아요. 그래서 NS팀도 만들지 않았나 싶은데.

김소정 저도 그렇게 생각해요.

최훈민 말하자면 조선일보도 어뷰징에 참여한 거예요.

어뷰징

어뷰징이라는 게 대단히 부정적인 단어고 저널리즘의 기본을 무너뜨린다는 비판도 있는데, 그에 대해서는 어떻게 생각하시나요?

김소정 전 싫어요, 그런 비판.

최훈민 프랑스 혁명도 찌라시에서 시작됐다고 생각하기 때문에 그런 비판은 의미가 없다고 봅니다. 어뷰징은 인류가 생기면서부터 줄곧 있었던 거라….

기자들이 새벽에 제일 먼저 하는 일이 다른 신문 훑으면서 혹시 자기들이 빠뜨린 게 없는지 확인하는 거잖아요.

김소정 엄청 보죠, 저희도.

만약에 중요한 게 빠졌으면 그건 낙종이고 그러면 속칭 반까이라도 하려고 다른 신문 기사에 플러스 하나 해서 기사를 쓰는 식으로 한다고⋯.

최훈민 저희가 그 마지막 세대죠.

이런 현실 속에서 종이 신문이 '우리는 온라인하고는 다르다'고 주장하는 게 의미가 있을까요?

최훈민 저는 양쪽 다 경험을 해봤는데 지면은 보통 30장이잖아요. 그 안에 자기가 담고 싶은 것만 담아요. 그런 정보 유통 독점권을 1990년대 후반, 2000년대 초반까지도 신문이 가지고 있었는데 초고속 인터넷이 깔리고 인터넷 매체가 늘어나면서 그걸 뺏긴 거예요. 사람들은 인터넷으로 신문에 나오는 것보다 더 많은 걸 볼 수 있게 된 거죠. '이슈는 우리 프레임에 넣은 것만 봐. 우리가 틀 짜줄게'라는 공고했던 언론의 기득권 공식이 깨진 거예요. 최근 문제되는 성희롱 사건, 이거 1980~1990년대에는 절대 기사가 될 사안이 아니에요. 그런데 이런 성희롱 문제로 장관 목까지 날아가는 경우도 생긴 건 더 많은 기자가 생기고 더 많은 매체가 생기고 더 많은 어뷰징이 일어나면서 그런 거죠. 더 많은 걸 우리가 볼 수 있게 돼서 기존 신문 카르텔은 짜증이 나겠죠. 저는 어뷰징 매체든 인터넷 매체든 많아지는 것에 찬성이에요. 늘 찬성했어요. 자유라는 건 그런 거 아닌가요.

김소정 그런데 선생님들이 어뷰징을 다른 뜻으로 말씀하신 건 아닐까?

아닙니다.

최훈민 본질은 다 똑같아요. 어뷰징을 하든 뭘 하든 클릭 수 올리려고 애쓰는 거죠. 그게 새로운 걸 조금이라도 더, 그러니까 종이 신문이 이제껏 가져오지 못한 가치를 가져온다고 하면 저는 이게 사회적으로 효용이 크다고 봐요. 화천대유도 성남의 어느 지방지[17]에서 칼럼으로 처음 나왔던 건데 대통령 선거에서 이재명 후보의 목줄을 쥐게 되었거든요. 이게 만약 기존 언론만 있었으면 나왔을까요? 나오기 힘들었다고 봐요. 어뷰징에 대해서 막 얘기하는 사람들, 다 예전 언론 통폐합 시절로 돌아가자는 소리인가요? 저는 절대 반대합니다. 저는 무조건 더 많은 매체가 생기고 더 많은 기자가 있어야 한다고 봅니다. 독자는 바보가 아니에요.

김소정 왜 사람들이 온라인 커뮤니티에 제보 글을 올리냐면….

최훈민 기자가 안 받아줘서 그래요.

김소정 안 받아주고, 그 과정이 너무 복잡하니까. 그런데 온라인의 잘나가는 커뮤니티에 '우리 엄마가 식당에서…' 이런 걸 쓰면 사람들이 심지어 그 식당까지 찾아가요. 물론 무작정 내뱉는 거짓말일 수도 있잖아요. 그래서 피해자가 나올 수 있고. 그런 문제가 생기는 거는 저도 반대해요. 그런데 확인해봤더니 맞아. 그럼 저는 충분히 그에 대한 보도 가치가 있다고 생각하거든요. 그리고 심지어 그 상황에 사법기관이 개입하면 지면에 나가는 거고요.

724팀과 NS팀

깊이 공감합니다. 주제를 조금 바꿔서 본인들이 쓴 기사의 페이지뷰를 확인하시나요?

김소정 맨날 봐요. 저는 매일 회사에 있잖아요. 그렇다고 제 기사가 오늘 몇십 만이 나왔어, 그걸 보는 게 아니고 전체적으로 독자들이 어떤 기사를 많이 보는지 봐요. 그래야 그런 이슈를 위주로 아이템을 찾고 기사를 쓸 테니까요.

2부. 언론의 파괴 혹은 새로운 언론의 장소

NS의 페이지뷰가 전체 조선일보 페이지뷰에서 상당히 많은 부분을 차지하죠?

최훈민 NS 10여 명이 조선 전체 페이지뷰의 절반 넘게 한다고 알고 있습니다.

김소정 전에 저희 같은 팀이 있었거든요, 724팀이라고. 솔직히 조선일보에 들어오기 전까진 그런 팀이 있는지도 몰랐어요. 어쨌든 선배들 말로는 그 팀과 NS를 비교하면 훨씬 트래픽 성과가 좋다고….

최훈민 724, 그게 없어지고 우리가 생긴 거지.

지금의 NS와는 무슨 차이가 있었나요?

김소정 너무 많죠.

최훈민 제가 말씀드릴게요. 일단 724가 잘 안 돌아갔던 건, 724팀에 배치되면 좌천이라고 느낀 사람들이 많아서 그랬어요. 동기부여가 안 되었던 거죠.

김소정 그러니까 그때는 정치부랑 싸울 일이 없었겠지. 그런 기사를 안 썼을 테니까.

트래픽이 높은 기사에는 그 나름의 특징들이 있나요?

김소정 있어요. 조선일보 독자들은 정치 관련 기사를 주로 보고 댓글도 많이 달아요.

최훈민 너, 댓글 1만 개 넘은 적 있냐?

김소정 내가 가장 먼저 쓴 거는 많이 달리지. 어떤 이슈를 내가 먼저 쓰면 그건 트래픽이 많이 나오고 작가들한테도 연락이 엄청 와요. 아, 그리고 조선닷컴은 재테크, 은퇴, 고령층 이슈 쓰면 (트래픽) 잘 나오고요. 연예도 잘 나와요.

기사의 분야 말고 혹시 어떤 제목을 쓴다든가, 특정 내용에 초점을 맞춘
다든가 그런 건 어떤가요?

김소정 제목은 어그로를 무조건 끌어야죠. 정신 줄을 놓게. 약간 궁금하
게 해야죠, 사람들이 클릭하게 하고 싶으면. 그런데 읽어보면 별것 아닌.
편집부에서 NS 제목은 잘 안 바꾸는 편이에요. NS는 어그로를 이미 잘
끌어서 가져오니까. 그래서 편하대요.

정치 기사 같은 경우도 그렇게 하나요?

김소정 정치 기사는 그렇게 안 써요.

최훈민 저는 정치 기사도 그렇게 씁니다. 예를 들어 청년간담회, 내가 뭐
라고 그랬더라, '권성동과 폰석열이 함께한 청년….'

김소정 그건 약간 조롱성. 여기는 정치 기사에 장난이 가미 되는 걸 되게
싫어하세요.

최훈민 나는 기사에 윤핵관 권성동 이렇게 썼는데….

김소정 윤핵관도 안 되지.

두 분이 쓴 정치 관련 기사에서 제목이 바뀌는 비율은 어느 정도나 되
나요?

최훈민 거의 대부분이에요.

김소정 편집부 기자들이 제목을 바꾸는 이유는 더 많이 보게 하려고. 제
기사 더 잘 팔아주려고.

논조가 바뀌는 경우는 없나요?

최훈민　없어요. 옛 직장에선 제목이 더 안 좋게 바뀌어서 싸운 적도 있었죠. 그런데 조선에선 바꿔도 더 좋게 바꿔요.

김소정　재미있으라고 바꾸는 거예요.

최훈민　조선에서는 그것 때문에 갈등이 생긴 적은 전혀 없어요. 저는 만족했어요.

김소정　솔직히 말하면 다른 매체보다 조선일보 편집부가 제목을 잘 뽑는 편이긴 해요.

최훈민　훨씬 잘.

김소정　그런데 문제는 있어요. 예를 들면 젠더 갈등을 다룰 때 저희 팀에서는 제목에서 '여'랑 '남'을 빼거든요. 그런데 편집부에서는 피해녀, 피해남 이런 식으로 써요. 그렇게 바꾸면 저는 바로 시워달라고 하죠.

최훈민　'여' 자가 들어가야 될 때도 있어요. 사건 특성상.

김소정　저는 여고생 이렇게 쓰지 말고 그냥 학생으로 가자고 해요. 저는 그게 맞다고 생각하고 그런 식으로 노력하는 편이죠.

편집국이 남성 중심적이죠?

최훈민　조선은 젠더 기사를 안 쓰려고 해요. 되도록이면.

김소정　조선일보 부장 회의 보셨겠지만, 여자 부장이 한 명도 없어요. 이번에 안산 선수 건[18]으로 되게 시끄러웠잖아요. 조선일보에서 그 이슈를 해석하고 분석할 수 있는 직급 높은 분들이 있을까요? 만약 조선일보가 나아갈 방향을 묻는다고 하면 저는 남녀 부장 비율을 맞춰야 된다고 답할 거예요. 물론 억지로 비율 맞추는 건 역차별이고, 능력 있는 분들이 올라가야 된다고 생각하지만.

조선NS에 대한 스스로의 평가

지금의 NS에 대해서는 스스로 어떻게 평가하세요?

최훈민 저는 전통 언론 스타일의 고리타분한 분야 이야기를 좋아해요. 정치, 사회 뭐 그런 분야요. 지금 NS의 기조를 그닥 좋아하는 사람이 아니라서….

김소정 저는 맨날 대표님한테 물어봐요. 저희 팀이 잘하고 있는 게 맞아요? 그러면 대표님은 "응, 잘하고 있어" 이런 식으로 말씀하세요. 대표님은 솔직하고 이런 부분에 대해 거짓말 안 하고 또 만약에 우리 팀에서 문제가 생기면 바로 말씀하세요.

최훈민 지속성 측면에서 장상진 대표가 나중에 다른 팀으로 가고 다른 사람이 오면 저는 지속성이 사라질 거라고 봐요. 저도 장 대표 아니었으면 안 왔고요.

김소정 대표님 보고 온 사람들이 많아요.

최훈민 제 개인적인 목표는 NS가 이슈는 잡되 어뷰징은 적은 기사를 쓰는 곳, 그리고 조선일보가 절대 쓸 수 없는 기사를 쓰는 팀이 되는 거예요. 장 대표 다음에 어떤 사람이 오더라도 NS 고유의 문화를 못 건드리도록 우리끼리 그런 조직 구조를 만드는 거죠. 우리는 새로운 가치도 주고 숫자도 준다. 이렇게 아무도 못 건드리게 해놓으면 대표로 다른 사람이 와서 이상한 지시를 해도 거기에 대고 "아닙니다. 이 방식이 맞아요"라고 할 수 있겠죠.

김소정 조선일보에서 지금 이 트래픽을 만들 수는 없어요. 지금까지 못해서 NS가 생긴 건데, 어떻게 하겠어요. 대표님이 목표했던 게 지금의 NS는 아니라고 봅니다. 그냥 트래픽도 만들고 재미있는 기사도 만들고.

대표님도 이렇게 될지 몰랐다고 해요.

최훈민 처음에는 남들 다 하니까 우리도 한다 정도였을 텐데.

지금 상황이 기대 이상이라는 거죠? 6개월 동안에 눈부신 성과를 거뒀네요?

김소정 그러니까 724가 트래픽 차원에서 100을 했으면 나는 150을 해서 사장한테 보여줘야지, 이게 대표님 생각이었대요. 본인 말처럼, 들개들 뽑아놓은 게 맞아요. 저는 뽑혀온 뒤에야 들개라는 걸 알았어요.

최훈민 저를 뽑으면서 장 대표가 얘기했던 게 그거였어요. 나중에 미디어오늘 같은 매체가 NS를 가리켜 "어뷰징 조직이냐?"고 물으면 대응할 말이 있어야 되는데 네 덕에 대응 논리가 생길 거라고요. "너, 어뷰징 하려고 만들었지?"라고 물으면 "아닌데? 최훈민은 어뷰싱 안 하고 탐사보도해서 쓰는데?" 이런 대응 논리를 펼칠 수 있다는 거였죠. 대표가 그래요. 사냥개를 손에 쥔 맛이 정말 짜릿하다고.

김소정 온라인도 왕이 되고 싶고 오프라인도 왕이 되고 싶고.

최훈민 이거 되네? 하니까 더 욕심이 생기는 거겠죠.

김소정 그래서 대표님 입장에서는 자기가 기대했던 그림보다 더 나왔다고 생각하실 수 있어요. 대표님이 그렇게 말씀하셨어요.

(2차 인터뷰)

조선일보에 대한 평가

우리가 1차로 인터뷰한 게 한 달쯤 전이었죠?

김소정   벌써 한 달이 됐어요? 시간 진짜 빠르네요.

두 분도 조선일보라는 조직에 오신 지 꽤 기간이 지났죠?

최훈민   반년 넘었죠.

우선 이 조직에 대한 솔직한 평가부터 듣고 싶군요.

최훈민   장단점이 있죠. 장점은 기본적으로 언론사든 뭐든 1등 조직에는 그 나름의 레거시라는 게 있어요. 조선의 레거시는 정말 배울 게 많습니다. 그리고 저번에도 말씀드렸지만 취재할 때 상대방이 전화 잘 받고, 콜백도 잘 오고.

김소정   민주당은 잘 안 오던데?

최훈민   조선이랑 아예 선을 긋는 조직들 빼놓고는 대부분 취재에 잘 응해줍니다. 그리고 트집 잡히지 않기 위해 정말 잔인할 정도로 다시 사실을 확인하는 문화, 그런 것들이 장점이죠. 많이 배웠습니다. 단점은 부족한 용기. 대한민국 최고의 언론사고 최고의 지식인 집단이라고 자부하지만 용기는 아주 부족한 편이에요. 신중함이라고 하는데 신중함을 넘어 용기가 부족할 때가 있어요. 선제적으로 내딛는 거에 대단히 소극적입니다.

　또 욕먹는 걸 아주 두려워합니다. 기사 때문에 누군가가 회사 앞으로 시위하러 오면 시끄럽다고 기사를 못 쓰게 하는 경향이 있어요. 그런데 그거 아세요? 시위하는 사람들 기사를 시위 다음 날부터 안 쓰면 그들은 시간이 좀 지난 뒤 다시 비판 기사가 나오면 또 와서 시위를 해요. '시위를 한다=조선이 비판을 멈춘다', 이 공식이 먹힌다고 생각하니까 그러는 거겠죠. 시위를 해도 무시하고 계속 쓰잖아요? 그럼 안 와요. 이

건 제가 전장연(전국장애인차별철폐연대) 건으로 경험해봐서 드리는 말씀
이에요. 계속 쓰니까 결국 무정차 통과로 전장연의 불법 시위가 정리됐
잖아요. 그런 일로 움츠러드는 건 조선답지 못한 거예요. 조선일보 사시
중에서 불편부당이라는 말을 저는 좋아합니다. 이익집단의 집단행동에
움츠러들면 안 돼요. 시민단체들도 웃기는 게, 한 번 쓰면 득달같이 오는
데 두 번, 세 번 연달아 세게 비판하면 그다음부터는 절대 안 와요. 지식
인 사회를 상대하던 방식이 안 먹히니까 자기들도 당황하는 거죠.

그리고 조선일보에는 이런 게 있어요. 어떤 문제를 제기하면 "법적
으로 문제 있어?"라는 반응을 자주 보여요. 그런데 우리는 검찰, 경찰이
아니잖아요. 검찰, 경찰은 사법권을 행사하는 곳이고 저희는 윤리와 상
식을 다루는 곳이잖아요. 가령 한 정치인의 아내가 그림을 그려 전시회
를 열었는데 그 정치인 지역구 토호들이 그림을 엄청 사갔다고 해보죠.
그게 조선에선 기사로 못 나가요. 불법이 아니라는 거죠. 그 지역 토호
들이 정치인 아내 그림을 좋아서 샀을까요? 보험이죠. 뇌물이고. 그런데
그런 걸 조선에선 안 써요.

조선NS의 기여 가능성

NS팀이 지금까지 보여준 성과가 기대 이상이고 또 화제성이나 새로운
글쓰기 스타일이라고 할까 이런 거에 대해서 이 조직 자체도 주목하는
것 같은데요. 두 분은 어떻게 느끼세요?
최훈민 저희 때문에 짜증 났다, 그런 게 더 많이 느껴져요. 이 조직이 관
료화된 느낌도 들고요. NS가 갑자기 특이한 기사 같은 걸 하나 들고 오
잖아요? 그럼 위에서 관련 출입처 부서에 "야, 너네는 이거 왜 몰라. 왜

NS가 쓰게 만들어?" 이런 얘기 나오고, 그러면 기분이 안 좋겠죠. 내부에서 물먹는 게 더 아프니까. 방 사장이랑 장 대표가 원래 의도했던 바가 이거 아니었을까.

디지털 부서장 말에 따르면 조선일보가 올 연말까지 닷컴 가입자 100만 명을 확보하고 그중 7~8퍼센트인 7만~8만 명을 유료 가입자로 확보하려고 한다는데요. NS가 사람들을 끌어모으는 역할을 할 수 있을까요?

김소정 사람들을 끌어당기는 건 글만으로는 안 돼요. 사진 플러스 글, 때로는 영상. 이 세 가지가 결합이 되면 최고죠. 이제는 글만 가지고는 유료 가입자 확보 절대 못해요. 제가 전에 다녔던 매체가 그거 하려다가 잘 안됐어요. 기자한테 지면도 하고 온라인도 하고 유료 기사도 챙기라고 하니까 망하는 거예요. 몸은 하나인데 세 명이 할 일을 시키니까. 저희는 그냥 불쏘시개 역할인 거고, 돈을 내고 봐야 할 기사는 하루 만에 절대 못 쓰죠.

유료 가입자 확보는 다음 문제고, 일단 가입자들을 끌어모아야 다음 단계 사업으로 넘어갈 수 있을 텐데요. 장터 자체를 못 만들면 아무 소용이 없잖아요. 그래서 조선일보는 이벤트를 통해 가입자를 확보하려는 것 같습니다. 하지만 이벤트의 효과는 일시적이고 결국은 기사가 중요할 텐데, 그 역할을 NS가 해줄 수 있지 않을까요? NS가 뉴스 이용자를 모으는 건 대단한 능력이거든요.

김소정 저희가 뭘 할 수 있을까요? 생각해본 적 없는데요. 댓글 쓰게끔 만드는 기사를 써야 되나? 저는 연말까지 100만 가기가 어려울 거 같은데요.

최훈민 사용자 입장에서 웹사이트 가입이라는 그 귀찮은 거 한 다음에 또 돈을 내겠다고 한다?

김소정 우리나라 사람들은 돈 내고 기사 본다는 걸 절대 이해 못해요.

최훈민 다른 가치를 줘야 되거든요, 기사가 아니라. 기사는 딴 데 가면 대체재가 그냥 바로 있잖아요. 동아일보 가서 보면 되고. 저도 웹사이트 가입 정말 안 해요. 거기 가입하는 거는 나에게 무조건 이로워야죠. 내가 들이는 품보다 훨씬 많은 걸 얻을 수 있다, 이런 게 있어야죠.

유료 가입자는 제쳐두고라도 일단 사람들을 모으는 게 가능할까요? 조선닷컴이 그런 장터, 사람들이 모여드는 하나의 플랫폼으로 갈 수 있을지에 대해서는 어떻게 생각하세요?

김소정 그게 조선일보에서 가능할까요? 마음은 실리콘밸리, 몸은 종이신분에 머물러 있는 게 조선일보인데.

최훈민 결국 인터넷이라는 건 관계에서 돈이 나오는 건데. 카카오톡에서 처음부터 돈이 나온 게 아니거든요. 자기들끼리 서로 관계를 맺고 하다가 선물 보내야겠다고 해서 돈이 생기는 거거든요. 사람들이 와서 관계를 만들 수 있는 포맷이 카카오톡 채팅인 거고, 디시인사이드[19]는 게시글인 거고, 뭐 그런 것들 있잖아요. 그런데 여기는 없어요. 사람들이 모여서 뭘 할 수 있는 게 없잖아요. 그럼 커뮤니티 게시판을 열어주든가, 아니면 뭔가를 할 수 있는, 그러니까 사람들 놀 수 있는 공간을 만들어주든가 해야 되는데. 광고 말고 다른 방식으로 사업화하기는 굉장히 힘들 거예요.

김소정 지나친 욕심이죠. 변화는 생각 안 하고 다짜고짜 우리 조선닷컴 조회 수 많으니까 구독자 더 끌어서 돈 벌자. 그렇게 할 거면 기자들한테, 젊은 기자들한테 투자도 하고 새로운 걸 하고 그래야지. 조선일보 유튜브만 봐도….

최훈민 조선일보 유튜브 가입자 100만 중 85퍼센트 이상이….

김소정 50세 이상일 거 같아요.

최훈민 55세 이상.

김소정 네. 그런데 그 구독자들이 구독료를 내줄까요? 대체 유튜버가 많은데. MZ세대들은 정말로 콘텐츠에 돈 안 아끼거든요. 저만 해도 OTT는 매일 안 보더라도 다 결제해요. 언제든지 편하게 볼 수 있게. 제 주변에, 저희 팀원들 중에서는 5개까지 가입한 친구들도 있어요. 한 달에 OTT 서비스만 10만 원을 내는 거죠. 저도 지금 3~4개를 계속 내고 있으니까. 그중 안 보는 것도 있어요. 전자책 같은 것도 여러 개 보는 친구들도 많고. 그런데 조선일보 유튜브는 안 보죠. 저한테 그거 본다고 먼저 말해주는 2030은 본 적이 없어요.

최훈민 대체재가 있어서 그런 거죠.

김소정 그것도 그렇고, 재미없고 너무 올드하고. 콘텐츠가 새롭다는 생각이 전혀 안 들어요.

최훈민 그러니까 이런 겁니다. 선거 때 공천관리위원회가 돌아가면 누가 공천됐다는 정보를 조금 일찍 받으려고 몇백만 원씩 내는 사람들이 있어요. 경제지 중에서도 고급 정보를 좀 더 일찍 제공하는 유료 서비스 업체가 있는데, 저는 거기에 시장이 있다고 봐요. 주식 하는 사람들에게는 몇 분이라도 빨리 보고 빨리 빠져나오고 할 수 있는 그런 정보면 그 가치가 어마어마한 거죠. 그런 걸 만약 산업부에서 한다고 하면 그건 어느 정도 사업 가능성이 있을 거예요.

언론의 새로운 수익 모델

지금 두 분과 나누는 얘기가 정말 중요한 것 같습니다. 자꾸 비슷한 질문을 하는데, 돈 버는 거는 일단 제쳐두고 장터를 만드는 데 집중한다면? NS팀이 갖고 있는 화제성 파워, 이 능력을 우선 조선닷컴의 유료화까지는 생각 말고 조선닷컴의 플랫폼 경쟁력을 키우는 데 활용할 수는 없을까요?

김소정 저도 궁금해요. 조선일보 직원들은 모두 차트비트chartbeat[20]로 조회 수를 볼 수 있고, 많이 보는 기사 같은 경우에 NS랑 경제부 이경은[21] 선배가 있거든요. 이분은 재테크 관련 기사를 많이 쓰시는데 조선일보 독자들이 많이 보는 편이에요. 진짜 잘 나오면 기사 하나가 하루에 60만 조회 수를 찍기도 해요. 저는 이 기사를 보고 유입된 구독자가 몇 명인지 궁금해요. 그 차트비트를 보면 원래 조선일보 구독자가 본 건지 외부에서 들어와 본 건지 알 수 있어요. 지금 구글 들어가면 홈에 뉴스 뜨는 거 아시죠? 일주일 전의 기사가 상위에 올라오는 날도 있어요. 한번은 일주일 전의 제 기사가 조회 수가 높아서 보니까 구글 때문인 거예요. 제 생각에 구독자를 늘리려면 구글이나 다른 플랫폼을 100퍼센트 이용해야 돼요. 네이버는 네이버에서 보고 댓글 달고 끝, 조선일보는 닷컴 구독자들끼리 댓글 쓰고 끝, 이게 아니라 다른 곳에 기사가 퍼져야 해요.

최훈민 지속적인 모델로 가려면 저는 언론이 DB 사업을 해야 한다고 봅니다. 무조건. 이를테면 인물사전 같은 거예요. 정부에서 일시적으로 공개하는 자료는 있어요. 예를 들어 선거 때 후보자들 재산 목록이 다 공개되죠. 그런데 선거 끝나면 다 없어져요. 그거 다 다운받아서 DB화하는 거죠. 기업인들 DB도 마찬가지예요. 그 사람들 돈이 어떻게 변했는지, 또 그 사람들이 어떤 발언을 했는지, 이런 걸 궁금해하는 분들이 많아요. 그래서 이 사람이 어떻게 바뀌었고 아니면 그 재산이 어떻게 변했는지를 DB로 만들어놓으면 그 사람들도 눈치를 볼 수밖에 없거든요. 아니면 제가 맨날 생각하는 건데, 국민신문고에 시민들의 민원이 정말 많아요. 그런데 그런 민원이 해결되는 과정을 추적하기가 대단히 어려워요. 그래서 공무원들을 다 표적 처리해놓고 민원 담당자가 원래 어디에 있다가 어디로 옮겨갔고 하는 식으로 민원 해결 과정을 계속 추적하는 거죠. 이런 기능을 대한민국에서 수행하는 곳이 아무 데도 없어요. 언론이 이걸 해도 나쁠 건 없죠.

공인의 사생활 보호 문제를 따져봐야 되겠지만 사회적으로 바람직한 일로 보이네요. 국민에 대한 봉사고 공인에 대한 감시 활동이니까.

최훈민 그런 걸 언론이 당연히 해야 되고 그런 정보가 있다면 사람들이 기꺼이 돈을 내고 들어와서 보겠죠.

저항이 크겠지만 조선일보 정도면 버틸 수 있을 거고. 좋은 아이디어인데요.

최훈민 그래서 공공기관들이 했던 일들, 공공기관에서 언제 어떤 일이 발생했을 때 어떻게 처리했다 같은 케이스들이라든가, 중대한 잘못을 저질렀을 때 어떻게 사과했다 같은 케이스들을 다 모아놓는 거죠. 그런 걸 DB화해놔야 된다고 저는 봐요. 각 부처 다 들어가서. 그런 게 몇 년 뒤면 다 사라지고 마니까요.

그리고 저는 언론이 서둘러서 NFT[22] 준비를 해야 한다고 생각해요. 저작권을 NFT로 박아놓는 거죠. 그걸로 몇 번 소송을 걸어서 우리

것을 얘네가 복제했다는 기본적인 판단을 몇 번 받으면 그다음부터는 아예 기사를 복제 못하게 되는 거죠. 새로운 사실이 없으면 복제라고. 그게 언론 정화 차원에서도 좋을 거라고 봅니다.

새로운 뉴스 서비스

지금도 일각에서는 종이 신문의 수명이 꽤 남았다고 낙관하기도 하는데요.

김소정 낙관하고 있어요?

최훈민 그쪽에서 수입이 계속 유지되고 있으니까.

김소정 제가 얼마 전에 나이가 제법 되신 어느 정치인을 만났어요. 그분이랑 무슨 얘기를 나누는데 "나 10년 전부터 신문을 안 봐" 이러시는 거예요. "왜 안 보세요?" 했더니 "뭐 하러 봐. (스마트폰 가리키며) 이거 치면 다 나오는데"라고. 저는 정치인이라면 다 지면을 볼 줄 알았어요.

최훈민 저는 사람들이 신문을 종이라서 안 보는 거라고는 생각하지 않아요. 종이 신문의 방향이 달라져야 해요. 요즘은 정보가 너무 많으니까 사람들이 뭐가 뭔지 모르겠다고 해요. 오히려 정리 기능이 필요한 거죠. 신문 구성은 전통적으로 종합, 정치, 사회, 경제 이런 순서고, 언론사가 보여주고 싶은 사건만 보여줘요. 중요도를 언론이 판단하는 거죠. 이슈가 식으면 더 이상 신문에 싣지 않아요. 인터넷으로는 조금 나오긴 하는데 사람들은 이게 어떻게 돌아가서 어떤 결론이 났는지 알기가 어렵죠.

그런데 저는 개인적으로 심플하게 오늘 제일 이슈 됐던 거나 흐름을 5개 정도만 정리해서 보여주는 사업을 제대로 된 언론사에서 해줬으면 좋겠어요. 다음 날 어제 주요 이슈만 업데이트. 사람들이 흐름을 계속 볼 수 있게 해주는 거죠. 그걸 푸시해주는 서비스를 하면 잘될 거 같아요. 카카오톡 같은 걸로.

김소정 그런 거 이미 있어요.

최훈민 지금 있는 것보다 정말 제대로 된 요약 서비스. 그걸 원하는 사람들이 많아요. 뉴스가 너무 많으니까 도대체 뭔 소리 하는지도 모르겠는데 그거를 깔끔하게 정리해주는 게 없어요.

아까 DB 사업과 마찬가지로 귀가 번쩍 뜨이는군요.

최훈민 정보 과잉의 시대를 살고 있기 때문에 정보 정제가 필요해요. 그 정제된 정보 포맷을 언론사들은 종이 신문이라고 생각하지만 저는 그런 포맷이 끝났다고 봅니다. 정리한 내용은 A4에 넣으면 되거든요. 그걸 폰으로 보면 되죠. 그게 제일 편해요. 폰으로 읽고 넘기면 되니까.

지금 세븐 뉴스하고 비슷한데 그건 이메일 방식이죠?

최훈민 저는 이메일 갖다 버리라고 늘 말해요. 카카오톡으로 보내주면 좋잖아요. 그러면서 친구한테 추천하면 바로 가입해서 들어올 수 있도록 쉽게. 그런 다음 거기에 광고를 넣을 수 있는 그런 방식. 저녁 6시에 퇴근하고 집에 갈 때 보라는 거거든요.

최대한 단순하게.

최훈민 또 제가 중요하게 생각하는 시간대가 토요일 오전 10~11시쯤이에요. 그때가 저는 뉴스 소비량이 굉장히 많을 수밖에 없다고 보거든요. 그러니까 금요일까지 일하고 놀고 늦잠 자고 일어나 화장실에서 볼 수 있는 일주일의 정리. 저는 사람들 뉴스 니즈가 아주 크다고 봐요. 그런데 볼 게 없어요. 시사주간지는 아무도 안 보잖아요. 왜냐하면 정리한 내용은 별로 없고 자사의 정파성을 드러내는 기사를 맨 앞에 두니까요. 쓸데없는 얘기만 길게 늘어놓고. 그것보다는 오히려 이슈를 뽑아서 일주일 동안 이거 하나만 읽으면 된다, 그렇게 만들면 좋을 거란 얘기죠.

유튜브는 어떤가요?

김소정 조선일보 유튜브요? 제 주변 3040 중에 정치 유튜브로 조선일보 보는 사람 아무도 없어요. 모 기자는 저한테 일부러 구독 안 했대요. 구독하면 알고리즘이 망가진다고. 그 말 듣고 저도 '아, 맞다' 싶었죠.

최훈민 저는 거기 출연까지 했었는데도 구독은 안 했어요. 다들 뉴스 시장이 유튜브로 넘어갈 거라고 착각하는데 유튜브는 절대 텍스트를 이길 수 없어요. 유튜브는 엔터테인먼트, 정보를 가장 정제된 방식으로 전달할 수 있는 건 텍스트라고 봅니다.

텍스트로 트래픽을 확보할 수 있을까요?

최훈민 가장 중요한 건 트래픽이 아니고 브랜드 파워입니다. 조선이 투자해야 할 건 트래픽이 아니고 조선이라는 브랜드에서 뿌리는 정보에 심취하는 사람들을 많이 만드는 거예요. 젊은 사람들, 특히. 산업 현장에서 가장 일을 많이 하는 제 또래 세대들을 중심으로 조선일보 프레임을 믿는 사람들을 확보하는 거죠.

이 젊은 사람들을 우리의 흐름, 우리의 프레임으로 묶어놓을 수 있다면 그걸로 충분해요. 이 사람들이 사회 중심축이잖아요. 나이나 세대를 봤을 때 이 사람들만 끌고 가면 저는 지금 55세 이상으로 몰빵돼 있는 조선 브랜드를 바꿀 수 있다고 봅니다. 결국에는 브랜드거든요. 브랜드를 추종하는 사람들을 계속 만드는 거예요. 젊은 층에서 계속 끌고 오는 거죠. JTBC의 실수는 손석희 브랜드를 팔았다는 거예요. JTBC의 브랜드를 판 게 아니라.

귀가 번쩍 뜨이는 제안이군요. 정보 과잉 시대 정제된 뉴스 포맷으로 뉴스의 가독성과 실효성을 올리고, 이를 통해 브랜드 충성도가 높은 젊은 독자들을 만들어가자는 건데, 그런 변화를 이끌 수 있는 뉴스들은 주로 어떤 가치가 담겨 있는, 아니면 어떤 분야의 뉴스일까요?

최훈민   정치, 사회죠. 세상 돌아가는 거는 사회잖아요. 사회 문제 끝에 정치가 있어요. 그래서 그 두 개가 같이 가죠.

경제 문제는요?

최훈민   저는 큰 의미 없다고 봐요. 그건 관심 있는 사람들이 보면 되고요. 무조건 알아야 되는 거. 경제 문제 모른다고 아무도 뭐라고 안 해요. 금리가 어떻고 어느 회사에서 뭔 일이 생기고 그거 큰 의미 없다고 봅니다. 그런데 세상 돌아가는 걸 모른다? 우리 사회에서는 무지함을 굉장히 무서워하거든요. 내가 갖고 있는 지식이나 정보가 다른 사람보다 적다는 거에 대한 두려움이 엄청나게 크죠. 그런 사람들에게 주는 거죠. '너, 이거 하나만 읽고 가면 회식 자리에서 쪽당하지 않는다.'

잘 알겠습니다. 그나저나 시간이 다 돼서 여기서 멈춰야 할 것 같습니다. 두 분과의 두 차례에 걸친 대화 정말 흥미로웠습니다. 감사합니다.

김·최   감사합니다.

08. 전문기자, 박종인

인터뷰이   박종인(남성, 인터뷰 당시 55세, 입사 30년 차)[1]

인터뷰 일시/장소   2022년 1월 20일 오후 2:00~6:00, 2023년 12월 6일 오후 3:00 통화 / 조선

일보사 구관 지하 2층 서고에 있는 개인 작업 공간

그는 자유로운 영혼이다. 동에 번쩍 서에 번쩍하며 혼자서 모든 일을 해 치우는 리베로다. 편집국에서 뚝 떨어진 구관 지하 2층 서고에 누구에 게도 간섭받지 않는 공간을 갖고 있다. 구불구불한 복도와 계단을 거쳐 도달한 그곳에는 먼지 냄새며 책 곰팡이 냄새가 자욱했다. 이제는 기능 을 멈추고 존재 자체가 잊힌 지난날의 정보 저장소였다. 그는 그곳에 켜 켜이 흉물스레 서 있는 서가 몇 개를 치우고 자신의 터전을 만들었다. 빛과 바람이 들지 않고 시간도 멈춘 그 황량한 밀폐 공간을 그는 이제 껏 누구도 수행한 바 없는 역사 저널리즘의 작업장으로 되살렸다. 인터 뷰는 예정했던 두 시간을 넘어 네 시간 가까이 이어졌다. 과거를 다루는 저널리즘으로 시작한 대화는 현재의 저널리즘을 거쳐 미래의 저널리즘 에 대한 성찰로 마무리되었다. 4개월 후 그에게서 전화가 왔다. 회사에

서 〈땅의 역사〉에 대한 리포트를 내라고 해서 연락했다고 했다. 이번에
는 그가 묻고 연구자가 답했다.

박종인 당시 왜 저를 인터뷰했습니까?
미래의 저널리즘이 추구해야 할 기사 유형이 〈땅의 역사〉 같은 고품질
연재 기사라고 보았기 때문입니다. 현재와 같은 미디어 폭발 시대, 넘치
고 밟히는 게 뉴스인 시대에 팩트를 빨리 전달하는 종래의 저널리즘은
의미를 잃고 있습니다. 특히 산업화와 민주화를 거쳐 세계 10위권 선진
국가로 발돋움한 한국 사회에서 저널리즘 수준이 사회 주류 집단의 식
견과 교양을 쫓아가지 못하는 지체 현상이 나타나고 있습니다. 언론이
존립하기 위해서는 이 집단의 눈높이에 맞는 고품질 저널리즘으로 나
아가야 합니다. 그게 무엇인지 가장 잘 보여주는 사례기 〈땅의 역사〉입
니다. 과거를 다루는 연재 기사에서 저널리즘의 미래를 보게 됩니다.

박종인 〈땅의 역사〉 시리즈에 대해서는 어떤 평가를 내리시는지요?
지금까지 어떤 연재 기사도 이 수준에 미치지 못했고 앞으로도 이런 연
재 기사는 접하기 어려울 겁니다. 시바 료타로나 김훈처럼 저널리스트
가 언론 현장을 떠나 역사 소설가로서 이룬 성과와도 구분됩니다. 독보
적인 '역사 저널리즘'을 창출한 것입니다. 일주일 단위로 지면 한 면을
온전히 채우는 연재 기사 하나하나가 지금까지 알려지지 않았던 역사
의 팩트와 성찰을 담고 있습니다. 그것들이 쌓여 장대한 역사 서술을 이
룹니다. 기사들은 시간을 뛰어넘어 현재의 우리를 돌아보게 합니다. 믿
기 어려운 것은 이를 위한 기획, 취재, 기사 작성 및 편집을 한 명의 저널
리스트가 오롯이 수행했다는 것입니다.

작업 공간

이렇게 고적하고 멋진 개인 공간을. 이건 모든 언론인의 로망 아닌가요?

박종인 요즘 젊은 사람들은 안 그렇습니다. 제가 왜 사무실로 오시라고 그랬냐면 여기에 소위 레거시 미디어에서 볼 수 없는 것들이 몇 가지 있거든요. 그래서 이런 걸 좀 설명드리면 어떨까 해서 모신 겁니다.

이런 공간이 있을 줄 몰랐습니다.

박종인 여기가 전에는 신문사 조사부 서고였습니다. 회사에서 구입한 건 별로 없고 거의 다 기증받은 책들이죠. 문화부 서평 쪽에서. 아무래도 계획을 가지고 수집한 책은 아니고요. 그리고 저 안에 예전 조선일보 수장고도 있긴 한데, 진짜 중요한 것들은 따로 있습니다.

'오페라의 유령'이 떠오릅니다.

박종인 저는 구렁이요. 그런데 결과적으로 희한하게 지금 편집국에 이런 공간을 가진 사람이 저밖에 없어요. 편집국을 최첨단 노마드 체제로 만든다, 문화 공간으로 만든다면서 그 안의 개인 공간을 모두 없애버렸거든요. 그래서 자기 자리도 없어요. 물론 젊은 노마드들은 좋아하죠. 회사 들어올 필요 없고, 어차피 뭐 핸드폰만 갖고 다니고 그러니까요.

편집국을 푸코가 언급한 파놉티콘(원형 감옥)처럼 만들어놨더라고요.

박종인 그런데 저희처럼, 특히 저처럼 특이하게 자료로 취재를 하는 사람들은 거기서는 정말 갈 데가 없거든요. 그래서 정말 어렵게 이 자리를, 제가 처음 왔을 때는 책상 하나 놓을 자리만 확보했어요. 원래는 여기도

서가가 있었어요. 그런데 너무 답답해서 눈치 보다가 빼버렸죠.

잘 치우셨습니다. 하나 더 치우세요.

박종인 내년 설쯤에요. (웃음)

초기 법조기자 시절

개인이 브랜드가 되는 전문기자 저널리즘. 그게 언론 위기의 한 대안이 아닐까 생각합니다. 기자님이 그 대표자이신 것 같습니다.

박종인 과찬입니다. 어쨌든 전문기자의 길을 제가 처음부터 의도한 건 아니지만 이래야 살겠구나라는 느낌이 들더라구요.

기사 생활은 언제 시작하셨나요?

박종인 1992년 말에 입사했습니다.

30년 되셨군요.

박종인 그렇죠. 올해 12월이면 30년이 됩니다. 만 30년.

처음에 어느 부서에 계셨죠?

박종인 수습 떼고 한 1년 반 정도 사회부에 있었어요. 주로 검찰 출입을 했습니다.

법조기자셨군요.

박종인 네. 법조에. 그런데 법조는 뭐 잘 아시겠지만 그야말로 휘발성이거든요. 법조에서 생산하는 기사들은 다음 날이면 아무 쓸모가 없어지고 몇 년 뒤에는 아예 잊히는 그런 콘텐츠밖에 없고. 하지만 폭발력은 굉장하구요. 그래서 그때 짧게 법조기자 하면서도 기분은 아주 좋았습니다. 제가 특종이라도 하게 되면 나라가 절반쯤 뒤집히는 게 느껴지고 그랬으니까요.

당시 어떤 걸 쓰셨나요?

박종인 그때 장영자[2]가 세 번째인가 구속되었고요. 그리고 성수대교가 무너졌고. 김영삼 정부 초기였는데, 정신없었습니다. 1995년 삼풍아파트 무너지기 전에 법조에서 나왔어요. 그때 장안의 모든 신문들이 가로쓰기를 하고 섹션을 만들면서 제 소속이 여행팀으로 바뀌었어요. 스포츠 레저부의 여행팀으로요.

일종의 좌천 아니었나요?

박종인 좌천이 아니고 그때 김영삼 정부에서 '우리 부자다' 그랬거든요. OECD[3] 가입했다 어쨌다 그러면서. 자연히 소비 니즈를 맞춰야 하니까 그런 섹션을 다 만든 거예요.

아, 기억납니다. 레저 섹션.

박종인 네네. 레저 섹션은 그때까지는 노땅들이 가는 데였는데, 젊은 놈들이 와서 새로 만들어라 그래서 당시에 좀 논다 싶은 애들을 불러놓고 만든 거예요. 극에서 극으로 간 거죠. 법조기자 하면서 정말 힘들게 살았는데. 그 재미로 여행팀을 쭉 하다가 결국 IMF가 터졌죠.[4] 그러다 2003년에 사진 유학을 갔습니다.

사진 유학

2003년이면 노무현 정부 때네요?

박종인 네. 노무현 대통령 때. 2002년 말에 노무현 씨가 당선되던 그즈음에 사진을 공부해야겠다는 생각을 했습니다. 사진이 신문의 절반 아닙니까. 텍스트가 필요 없을 정도로 임팩트가 있는 사진들도 있고. 저는 또 사진이 중요한 여행 쪽을 담당하고 있었고. 그래서 휴직을 하고 유학 가서 사진을 배우고 왔습니다.

어디로 가셨나요?

박종인 뉴질랜드입니다. 이유는 단순합니다. 할 줄 아는 말이 영어밖에 없었고, 비용도 거기가 제일 쌌어요. (웃음) 호주는 약간 치별이 있너라고요. 6개월 평균 잔고가 6천 불 이상이어야 가능했어요. 그거는 월급쟁이한테는 말이 안 되는 얘기죠. 그래서 호주를 포기하고 옆에 뉴질랜드를 봤더니 굉장히 싸더군요.

얼마 동안이나 가셨습니까?

박종인 2년간 무급 휴직으로 갔습니다. 제 인생이 그 전후로 상당히 다릅니다.

비용은 어떻게 충당하셨나요?

박종인 집을 팔았어요. 사흘 만에 팔려서 이상하다 했더니 그다음부터 집값이 막 뛰더라고요. 그것 때문에 지금도 고생하고 있어요. 뭐, 상관없어요. 그때 얻은 게 훨씬 더 많으니까요. 경제적으로야 고생을 많이 했지

만. 당시에 저희 회사에서 유행했던 말이 멀티플레이어 같은 거였거든요. 그러니까 저놈은 편집도 하지, 사진도 찍지, 글도 쓰지, 글도 희한하게 쓰지, 뭐 그러면서 우쭈쭈 우쭈쭈 해주는 거예요. 그러면서 계속 여행을 하다가 2010년에 TV조선이 출범하면서 그때 또 회사에서 새로 발령을 냈어요.

TV조선에도 잠시 계셨군요.

박종인 그때 편집국에서 제일 어린 부장이었는데, 편집국 신문쟁이들이 "이 자식이 사진 전공했으니 영상도 알겠지" 그러면서 제 호적을 파서 TV조선으로 옮겨버렸습니다. 그러니까 회사의 명에 의해서 아예 퇴직을 하고. 저는 그때 애사심이 한 절반은 넘었으니까 그렇게 갔다가 2년 정도 하면서 제 프로그램도 만들어보고 쭉 세팅을 해놓고 다시 복귀를 했죠. 돌아와보니 2년 사이에 조직이 다 바뀌었더라구요. 제가 무슨 정치, 경제, 사회부장 할 수 있는 역량도 안 되고 의지도 없고. 그래서 그냥 여행 전문기자를 하겠다 해서 여행 전문기자가 됐어요.

여행 전문기자를 자원한다고 해서 다 되는 건 아니잖아요?

박종인 그런데 회사가 시켜줬습니다. 다른 조직에 끼워 넣을 수도 없고 그러니까 제가 원하는 대로 된 것 같아요. 그때가 2013년이에요.

전문기자 제도

2013년 낭시에 여행 분야 말고도 전문기자 제도가 정착되어 있었나요?

박종인 예. 몇 명 있었습니다. 유용원 군사 전문기자하고, 의학 전문기자, 보건 전문기자, 환경 전문기자 등 정확히 기억은 안 나는데 한 대여섯 명이 있었습니다. 전문기자 제도가 그때 창안된 게 아니고 이미 있었으니까 제가 갔던 거죠. 제가 1992년 입사할 때는 전문기자를 따로 투 트랙two track으로 뽑았어요.

의사, 변호사 등을 뽑았던 것 기억납니다.

박종인 그쪽은 실패했어요. 왜냐하면 전문기자에 대한 대우가 더 높은 것도 아니다보니 그 사람들은 인턴 마치고 들어와서 한 2년 하다가 그냥 퇴사해 레지던트로 다시 들어가서 의사가 됐죠. 그때는 전문기자라는 게 무의미했던 게, 전문성이 지면에서 빛나던 때가 아니었거든요. 그러다 한참 뒤에 내부에서 전문기자들이 생겨났죠. 첫째는 전문성을 발휘할 수 있도록 해주겠다는 목적이 있었고, 두 번째는 인사 적체를 해소해보겠다는 것도 있었고요.

여행 전문기자는 처음이었죠?

박종인 그건 처음이었죠. 그런데 그때도 무리가 있었던 게 여행 전문이 뭐냐, 너 놀겠다는 거냐, 내부에서 이런 인식이 있었거든요. 그래서 제 정식 명칭이 여행문화 전문기자였어요. 초반에 레저 하라고 해서 그건 내가 싫다고 했고, 여행 전문기자는 못 시켜주겠다고 하고. 그럼 여행문화로 해달라고 하게 된 거죠.

여행문화 전문기자로 활동하는 동안에 또 몇 차례 변화가 있었죠?

박종인 네. 여행은 선생님도 잘 아시겠지만 대단히 소프트한 콘텐츠잖아요. 그래서 여행면이 주말 매거진 쪽에 있었습니다. 거기 1면을 제가 쭉 쓰고 싶었는데 저는 주말 매거진을 담당하는 엔터테인먼트부 소속이 아니다보니 지면 확보가 쉽지 않았어요. 처음 한 달 동안은 매주 쓰다가 나중에는 격주로 바뀌어버렸죠. 그때는 약간 좌절했죠. 아 이거 내가 괜히 전문기자 한다고 그랬나. 그렇게 어영부영 2015년이 됐어요. 그때 신문사 내부에서 전문기자들 너무 논다….

신문사 내부라 하면?

박종인 편집국하고 경영진에서 전문기자들 기사가 너무 안 나온다는 지적이 있었죠. 그런데 그건 구조적으로 어쩔 수 없었습니다. 지면이 없었거든요. 전문기자는 소속이 없고, 그러니까 어디 빌붙어서 기사를 내는 건데 부서 이기주의 혹은 블록이 있어서 그게 쉽지가 않았거든요. 저는 그나마 격주에 한 번이라도 쓸 수가 있었지, 다른 이들은 그것도 여의치 않았어요. 그랬는데 싸잡아서 비판을 한 거죠.

지금 말씀하시는 건 본지면에 기사를 쓰던 분들 말씀이죠?

박종인 네. 저는 섹션이었고, 그러니까 저는 약간 논외였어요. 그런데 보건 전문기자나 의학 전문기자처럼 A섹션(본지면)에 기사를 내야 될 사람들한테서 기사가 안 나오는 거예요. 그러다보니 위에서 독촉이 있었어요. 그게 2015년, 광복 70주년이 되던 해였습니다. 그래서 당시 강효상 편집국장한테 제가 얘기를 했죠. 특집을 기획하자.

〈대한국인〉 기획특집

네. 그래서 나온 게 〈대한국인〉 기획특집이었죠?

박종인 네. 광복 70주년이니까 그와 관련한 특집을 하겠다. 그래서 영화 〈국제시장〉에 나오는 것 같은 광복 대한민국의 주역들 열세 명을 골라 인터뷰했어요. 대단한 지위에 있는 사람들이 아니라 마이너한 자리에서 자기 역할을 다한 사람들 있지 않습니까. 경부고속도로 건설현장 반장, 버스 차장, 평화시장 시다(보조원), 청계천에서 아이스케키 팔다가 지금 삼구 그룹을 세운 양반 등등 해서 열세 명을 인터뷰했는데, 그게 호응이 있었습니다.

A섹션에 매주 연재를 했거든요. TV조선으로 가기 전까지 합치면 정말 몇 년 만에 A섹션을 확보한 거였어요. 그런데 열세 명이 딱 되고 나니까 쥐어짜면 더 할 수 있겠지만 더 이상 하기가 싫더라고요. 각 분야

에서 아이콘이 될 만한 사람들을 다 인터뷰했다고 제가 판단했고 그걸로 그쳤어요.

13주에 걸쳐서요?

박종인　정확히는 14주입니다. 청계천에서 아이스케키 팔던 사람은 두 번 했거든요. 워낙 인생의 곡절이 많아서. 그리고 그게 끝나고 나니까 개인적으로 욕심이 생기더라고요. A섹션을 내가 몇 년 만에 확보했는데, 그거를 다시 놓치기 싫었죠. 그래서 뭘 해야 될까. A섹션에 여행을 쓸 수는 없다. 어느 미친 CEO나 오피니언 리더들이 A섹션에서 그런 기사를 보겠나 그런 생각을 했어요. 내가 배워서 할 줄 아는 게 여행인데. 여행 콘텐츠 쓰는 건 누구보다 자신 있게 양질로 쓸 자신이 있는데. 그런데 사내에 여행팀이 따로 있고, 바깥에서는 포털이 여행 정보를 다 장악하고 있고.

그럼 어떡할까 하다가 여행에 사람 이야기를 넣자는 생각을 했어요. 그래서 여러 군데 현장도 가보고 취재도 한 끝에 양구의 펀치볼 마을에서 약방(약사 면허가 없어서 약 조제는 못하고 약을 팔기만 하는 곳)을 하는 할머니를 인터뷰했어요. 어디 딴 데서 시집와 거기서 쭉 산 할머니의 인생 역정하고, 그곳 지형지물하고, 펀치볼 마을[5]이 생긴 내력을 섞어서 기사를 썼습니다. 그게 1호였습니다. 그 완제품을 만들어서 국장한테 보여줬죠. 보시라. 광복절 특집에 이어 이런 걸 하고 싶다 했더니 "거기 놔둬" 하더라고요. 그게 세 시쯤이었는데, 저녁 일곱 시쯤 저한테 전화가 왔어요. "이거 당장 해."

'약방 할머니' 인생 보듬으며… 최전방 평화 지켜온 펀치볼 마을

(화환 그릇을 닮아서 종군기자들이 붙인 지명)

박종인의 땅의 歷史

양구 펀치볼 마을과 '영신약방 김영숙'

펀치볼 마을 주인 김영숙. 그녀는 스쳐 지나간 오랜 세월의 흔적이다.

"길섶에 천막 치고 살았어 머리에 헌데 난 애들 발 흔 애들, 지뢰 밟고 피투성이 된 여자들… 그런 사람들을 치료했어"

양구 최북단 고산 분지 전쟁을 겪고 가난을 딛고 분단 현실을 품어 안은 장엄하고 아름다운 풍경

그곳에서 만나보는 박수근과 이해인의 '흔적'

[기사 14] 2015년 8월 26일 18면, '박종인의 땅의 역사' 첫 번째 기사

땅의 역사

말씀만 들어도 가슴이 뛰네요. 이거 물건이다 싶었나보군요.

박종인 네. 강 국장이 장사 되는 거를 잘 봤습니다. 그때는 제목도 안 짓고 있었어요. 당장 내일 만들어야 되는데. 그래서 어떡할까 하다가 딱 생각이 났어요. 그냥 땅의 역사, '박종인의 땅의 역사'라고 하자. 다니는 데가 땅이고, 땅이라는 건 보편적인 상징성을 지니고 있고, 그러니까 땅의 역사라 그러면 못 쓸 게 없겠더라고요. 아무거나 갖다 붙이면 다 땅의 역사가 되니까. 처음 십몇 회까지는 내용이 사람 반 여행 반이었어요. 예를 들면 이런 겁니다. 어디에 이런 곳이 있다. 나무 몇 미터짜리가 있고 그 밑에 개집이 하나 있는데 그 개집 주인 이름이 ○○○이다. 그러면서 ○○○ 얘기를 쭉 하다가 여행지 소개도 하고 사람 내력도 소개하고 맛집이며 지도며 이런 것들도 넣었어요. 굉장히 하이브리드하고 이상한 포맷이었죠.

이상한 포맷이 아니라 놀라운 포맷인 것 같은데요.

박종인 제가 구체적인 숫자나 구체적인 인물명 같은 걸 넣게 된 게 그즈음이었어요. 그전까지 여행 기사에는 부사들이 아주 많았죠. '참 좋다' 식의. 그러다가 점점 더 촘촘한 사실적 글쓰기를 하게 됐는데, 그 결정적인 계기가 된 게 두 가지 사례예요. 첫째 사례는 태백시에 '구문소'라는 지형지물이 있어요. 구문소. 그게 뭐냐 하면 낙동강 지류인 골지천이 절벽을 때려서 구멍이 난 거예요. 물이 산을 뚫은 유일한 케이스라서 이게 천연기념물로 지정돼 있는데 웅장하고 멋있습니다. 거기를 전에 여행 담당할 때도 갔었고, 그때도 갔었죠. 그런데 거기에 누가 글씨를 새겨놓은 겁니다. 여행 기사를 찾아보면 그게 아득한 옛날에 정감록 신봉하는 누군가가 이 문을 넘어가면 새로운 세상이 펼쳐진다는 의미로 새긴 거라고 돼 있어요. 저도 그렇게 썼어요. 그런데 알고 봤더니 1985년에 그곳 향토사학자가 새긴 거예요.

자연 훼손이고 역사 날조군요.

박종인 그때는 그런 인식도 전혀 없었어요. 그 사람은 태백을 무척 사랑하는 향토사학자였습니다. 그러니까 쇠락해가는 태백 탄광촌을 위해 모종의 아이콘을 만들고 싶어서 그걸 새긴 거예요. 또 '검용소'라고 한강 발원지가 태백에 있거든요. 검용소에 전설이 있어요. 까만 용이 거기서 구렁이하고 싸우다가 어쨌다 하는 이야기인데 신문 기사에 다 그렇게 돼 있어요. 알고 봤더니 그 이름도 그 양반이 만든 거예요. 그때 제가 엄청난 좌절과 함께 반성했어요. 완전히 취재 부실이구나. 이때까지 우라까이('베껴쓰기'라는 뜻의 속어)만 해왔구나. 누군가 한 놈이 쓰니까 검증도 안 하고 계속 그걸 팩트로 알고 써왔구나. 그게 스트레이트라면 시비가 들어왔겠지만, 여행 기사는 외부인들이 그 전설을 믿고 와서 돈 쓰고 가니까 사람들이 입 다물고 있었던 거예요. 이거 안 되겠다. 그래서 그 양반을 찾아서 인터뷰를 하고 그 사람이 갖고 있던 자료를 다 모아서 기사를 썼어요.

북촌한옥마을 기사

두 번째 사례는 뭔가요?

박종인 두 번째는 북촌한옥마을 사례입니다. 북촌한옥마을이 조선왕조

오백 년의 향기가 가득한 곳, 이렇게 세간에 알려져 있어요.

저도 몇 번 가봤지만 그런 느낌은 못 받았는데요.

박종인 네. 그런데 서울시 홍보물이나 종로구청에서 설치한 설명판에 다 그렇게 되어 있어요. 그런데 가보시면 알겠지만 그런 향기가 없거든요. 거기 집들이 다 근대 한옥이고요. 좀 이상하다 싶었죠. 그즈음에 약간 삐딱하게 보는 버릇이 생겨서 이게 뭐지 하고 여기저기 인터뷰도 하고 자료도 찾아보고 했더니, 이게 1920년대에 건양사라는 건설업체를 운영하던 정세권鄭世權이라는 조선 사람이 북촌 땅을 매입해서 조성한 주택단지인 거예요. 그리고 그 주택 단지 설계 공모는 조선일보하고 같이 했고. 조선일보 지면에 당시 광고가 나와 있습니다. 1890년대 사진을 보면 그 땅이 원래 아무도 살지 않던 돌산이에요. 그 아래로 지금 복개되어 있는 헌법재판소 앞 도랑을 중심으로 사대부들이 살았습니다. 그 위로는 과수원이 있었고. 하여튼 종로구청에서 지적도도 열어보고 별짓 다 했어요. 그때 등기부를 떼보니 거기 살았던 사람들이 경술국치[6] 이후 총독부한테 귀족 작위며 은사금을 받은 사람들이었어요. 그 1호가 박영효고, 2호가 민영휘고, 3호가 또 누구고. 그런 사람들 네 명이 그 산을 소유하고 있었어요. 그러니까 시쳇말로 매국노 땅인데, 이 사람들이 돈이 떨어지니까 필지를 분할해서 조선인 건축업자한테 판 거예요. 그거를 도시형 주택 표준 설계도를 만들어서 선先건설 후後분양을 한 겁니다.

집장사였군요.

박종인 그렇죠. 그 정세권이라는 사람이 조선어학회 후원도 하고 물산장려운동 후원도 하고, 신간회 서울사무소 재무부장이고 그랬어요. 그 돈의 상당 부분이 독립자금으로 흘러갔고요. 그래서 1962년 박정희 쿠데타 직후 그분이 서훈을 받았어요. 조선어학회 사건을 계기로요. 그러니까 서울시하고 종로구에서 홍보하고 문화해설사들이 설명하던 거하고 완전히 다른 거예요. 그래서 그걸 가지고 2회를 했습니다.

폭발적이었겠군요.

박종인 난리가 났죠. 그런데 박원순 당시 서울시장은 홍보 내용을 끝까지 안 바꿨습니다. 나중에는 그 유족하고 후손까지 찾아서 TV조선에서 또 한 번 시리즈를 했죠. 〈땅의 역사〉라는 프로그램으로. 박원순 시장은 한옥마을 앞에 있는 버스정류장을 정세권 정류장으로 바꾸겠다고 했는데 그렇게 하기 전에 세상을 떠버렸죠. 아무튼 그 사례를 계기로 내 갈 길이 정해졌다 싶더군요. 여기 좋으니 가보세요, 저기 좋으니 가보세요, 그런 게 아니고, 그리고 휴머니티 넘치는 것들조차도 휘발성이다, 팩트를 갖고 가는 게 감동이 됐든 충격이 됐든 핵심이다. 그런데 그거를 원고지 다섯 장으로 쓰는 거는 불가능하다. 그래서 광고 없는 15단으로 계속 가고 그게 모자라면 상·중·하도 가고, 다섯 편도 가고.

모든 일을 혼자서

대단하군요. 〈땅의 역사〉가 어떻게 자리를 잡았는지 알겠습니다. 매주 한 면을 그렇게 하시는데, 혹시 회사에서 제공하는 지원이 있나요?

박종인 없습니다. 그냥 혼자 다 하고 있습니다.

자료 찾는 걸 도와주는 보조 인력도 없고요?

박종인 대학원생 몇 명만 있으면 좋겠어요. (웃음)

대단한 능력자시네요. 편집도 직접 하시나요?

박종인 편집도 제가 하고요. 우리 회사가 1990년대에 기자 조판제라는 걸 시범적으로 도입한 적이 있어요. 인력을 감축하려는 게 아니라 '쓰는 사람이 편집하면 메시지 전달이 쉽지 않겠나'라는 발상으로 그걸 했거 든요. 제가 초년일 때죠. 지금은 없어졌고요. 그게 말이 안 된다는 걸 다 알거든요. 그런데 제 지면 같은 경우 무슨 특별한 기술이 필요한 게 아니라서 제가 직접 합니다.

누가 읽어보고 의견을 준다거나 수정을 요청하는 일은 없나요?

박종인 밤에 편집회의 때 가끔 지적이 들어와요. 제목이 무슨 말인지 모 르겠다 등등. 그런데 데스킹이 어려운 게 저는 밤 아홉 시에 마감하거든 요. 화요일에 마감을 하는데 화요일 점심시간 지나서까지도 욕심이 나 서 계속 자료를 찾아요. 그러다보니 시간이 자꾸 뒤로 밀리잖아요. 그래 서 내부에서 미리 읽지 못하죠.

미리 살펴볼 시간을 안 주시는 거네요?

박종인 교묘하죠. 제가 20년 차만 돼도 주위에서 용납을 안 할 텐데 지금 은 30년이 지났으니까, 뭐랄까 보편적인 신뢰라고 할까요.

지난번 〈땅의 역사〉를 보면 사진이 이렇게 살짝 기울어 있잖아요. 이 편 집도 직접 하신 건가요?

박종인 격침됐으니까요. 대신에 제 원칙상 디자인 요소를 전혀 안 넣었

고승호 격침을 묘사한 프랑스 잡지 삽화

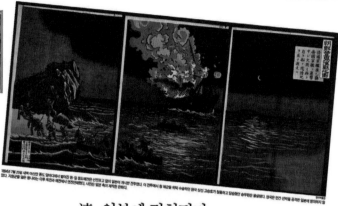

1894년 7월 25일 새벽 아산만 풍도 앞바다에서 벌어진 첫 양 충돌에서 일본 연합함대의 선전포고 없이 개시한 전쟁이다. 이 전쟁에서 청 북양 수군이 패했다. 지휘군을 잃은 청나라는 이후 육전과 해전에서 연전연패한다. 시작은 일본 측의 기습이었다.

淸, 일본에 격침되다

[288] 갑오년 삼국지, 운명의 청일전쟁
②풍도(豊島)의 포성

1885년 4월 18일 톈진 北洋通商大臣 이홍장과 일본 전권대사 이토 히로부미가 천진(天津)에서 조약을 체결했다. 일본은 "향배 전 12월 당시 갑신정변에 출병하는 과정에서 조선 주재 일본인에게 입은 피해 보상과 재발 방지"를 요구했다. 협상 결과는 "양국 군대가 조선에서 철수하고 장차 조선에 군사를 파견할 경우 상호 통고한다"는 것이었다.

1894년 동학전쟁 터지며
조선 정부, 청나라에 군사 요청
조선 땅에서 청·일 맞붙은 전쟁

1885년 출범한 淸 북양함대는
당시 아시아 최강의 무적 해군
조선 진출 기회 노리던 일본은
청 통보 전부터 전쟁 준비

1894년 7월 풍도에서 日해군에
한 척씩 반파되고 도주
한 척은 침몰… 한 척은 항복
병사 1116명 중 871명 전사
아무도 예상 못 한 일본 승리

일본 종군기자
"중국은 일본 못 이긴다"
미국 종군기자
"첨단 무기 뒤에 훈련된
두뇌와 규율 없으면 무용지물"

해군력 강화를 예산은
봉건 권력자 부패로 방전

상해 풍경을 묘사한 일본 판화. 오른쪽 아래 중국기자들이 그려져 있다. 일본은 이 전쟁을 '문명과 야만의 대결' 이라고 선전했다.

(본문 세부 내용은 판독 생략)

(다음 회에 계속)

선임기자

습니다. 전혀. 텍스트와 사진 말고는.

놀랍습니다. 요즘 말하는 NFT로 판매하면 충분히 팔리겠네요.

박종인 진짜요? 감사합니다. 2002년인가 IMF 끝나고 다시 복귀했을 때한 2년 가까이 저 혼자 조판을 하면서 A부터 Z까지 제가 다 했어요. 제일하는 스타일은 그때 만들어진 거예요. 그때는 조판기를 제가 직접 만졌는데 지금은 레이아웃을 짜서 조판팀에 주면 거기서 이걸 기술적으로 해줍니다. 그리고 강판 직전에 제가 세부적인 건 고치죠.

그렇게 쌓인 콘텐츠가 벌써 288회입니다. 책도 여러 권 출간하셨죠?

박종인 『땅의 역사』라는 제목으로 현재 다섯 권이 나왔구요. 그전에 『여행의 품격』이라고, 처음에는 여행 쪽을 주로 했으니까. 그중에서 단행본된다 싶은 거를 뽑아서 묶은 『대한민국 진기록』이라는 책도 있고. 그리고 『매국노 고종』이라는 책도 있어요.

고종을 둘러싼 논쟁

고종에 관한 편들을 흥미롭게 읽었는데 그게 벌써 책으로 나왔나요?

박종인 지난달로 5쇄를 찍었습니다.

정말 몹쓸 왕이었네 하며 기사를 읽었던 기억이 납니다. 학계의 반응은 어땠나요?

박종인 조선 말기사의 최고 권위자인 L선생님이 아직 아무 말씀도 안 하고 있습니다.

얼마 전엔 회사 뒤편의 아관파천 길도 다루셨죠?[7] 저희도 그 길을 걸어 봤는데요.

박종인 네. 아관파천 길, 소위 고종의 길이라고 했던 거죠. 그게 말도 안 되는 겁니다. 시작은 박근혜 정부 때 했고 완성은 문재인 정부 때 했어요. 투입된 예산이 30억 원인가 그래요. 그런데 아관파천을 그쪽으로 했다는 기록도 없고, 또 당시 지도를 보면 진입로가 없어요. 벽으로 막혀 있거든요. 용산 기지 반환 얘기, 평택 기지 반환 얘기가 처음 나왔을 때도 제가 기사를 썼어요.[8] 제가 잘나서가 아니라 편집국 안에서 그에 대해 리서치가 제일 잘되어 있는 사람이 저였으니까요. 그래서 다른 신문들은 그 사안에 대해 행정적으로 접근했는데, 우리 신문은 역사적으로 접근을 하니까 콘텐츠가 더 단단해졌죠. 또 작년에 광화문 광장 공사할 때 월대月臺를 복원한다고 하길래 사료들을 찾아봤더니 근거가 없는 거예요. 단 하나도. 그래서 그걸 시리즈로 썼어요.[9]

기억납니다. 그 하나하나가 엄청났어요.

박종인 그러니까 사람들이 보면서 통쾌하다고 그래요.

월대 복원 공사는 어떻게 됐습니까?

박종인 계속하고 있어요. 비슷한 맥락에서 용산공원 안에 조선 국왕이 하늘에 제사 지내던 남단南壇이라는 제단이 있어요. 미 대사관 부지도 그 터만큼 축소됐거든요. 그런데 알고 봤더니 그게 남단 터가 아니라 거기 주둔했던 일본군 군마 위령탑인 거예요.[10] 팩트로 막 두드려 팬 거죠. 제가 역량이 뛰어나서가 아니라. 이런 사례들을 통해 그동안 내가 취재를 엉터리로 했구나 반성했습니다. 취재의 본령은 팩트 챙기는 건데.

고문서 해석

큰 예산을 들여 원형을 복원 중인 공사들의 근거 자료나 대중에게 잘못 알려진 역사 기록들도 실은 연구의 결과물들일 텐데요. 그런데 그것들을 하나하나 재검증하고 심지어 뒤집는 작업을 혼자서 하고 계신 거잖아요.

박종인 네.

시간과 예산 면에서 말도 안 되는 일이네요. 옛날 고문서나 비문 같은 것을 근거로 제시하니까 상대 쪽에서 할 말이 없는 것 같고. 어쩌면 그렇게 한학 지식이 깊으세요.

박종인 겉보기만큼 능하진 않습니다. 대한민국 정부한테 고마운 게 정권을 막론하고 자유당 때부터 지금까지 계속 고문서 국역 작업을 해오고 있거든요. 왕조실록이나 조선 사대부들의 문집 같은 것의 80퍼센트가 국역이 돼 있어요. 검색도 할 수 있고. 그러니까 고전번역원하고 국사편찬위원회 들어가면 다 검색이 됩니다.

비문들의 경우는 어떤가요?

박종인 이슈가 될 만한 논쟁적인 비문들은 대부분 소위 방귀 좀 뀐 사람들이 쓴 것들이거든요. 그 사람들 문집에 다 들어 있어요. 그중 한 절반은 국역이 돼 있고요. 처음에는 굉장히 고생했는데 하다보니 문법상 이런 뜻이겠거니 하고 대충 머릿속에서 해석이 되고, 또 멘토가 한 분 계십니다. 고려대 한문학과 김언종[11] 교수님이 틀린 걸 짚어주세요. 안 되겠다 싶으면 저도 SOS를 치는 거죠.

지금도 도와주시나요?

박종인 네. 또 다른 멘토도 나타나고. 그 선생님들한테 제가 대충 초역을 해서 보내드리면 어떤 분은 30분, 어떤 분은 1시간 후에 답을 주세요.

대단한 네트워크네요.

박종인 그럼요. 정말 대단한 분들이세요. 그분들한테 제가 큰 덕을 입고 있죠. 그리고 이 나라 꼬라지가 엉망진창이더라도 고문서는 줄기차게 번역을 해왔습니다. 아카이빙 한국사 DB[12]하고 고전번역원 DB[13]는 누구한테나 오픈이 돼 있어요. 이거는 정말 세금 안 아깝다는 생각이 듭니다. 그래서 역으로 건방진 말씀인데, 논문을 보다가 오역이 있으면 이 사람 공부 안 했구나, DB 들어가면 있는데, 그런 생각까지 듭니다.

역사적 팩트의 해석

원자료들을 참고해도 역사적 팩트라는 것이 진실이 아닐 수 있는데요, 그 해석과 논쟁 영역에 이르면 역사학계의 거두들과 만나게 될 텐데요.

박종인 네. 거기가 저널리즘하고 아카데미즘이 갈라지는 지점인데요. 학계에서는 대단히 신중하게 교차 검증을 하잖아요?

그렇죠.

박종인 그런데 저는 학계만큼 신중을 기하지는 않습니다. 그러니까 한 50~60퍼센트 정도 교차 검증을 한 다음에 반론 불가 수준으로 완성도를 높이면 좋겠지만, 우선 마감이라는 제약이 있고, 또 30년 동안 기자로 살다보니 합리적인 수준의 추론이라는 게 있는 거고. 이거는 빼도 박도 못한다는 결론을 덧붙이기 위해서 사료를 더 찾아볼 순 있겠죠. 그런데 신문에서는 여기까지만 해도 반박은 못할 것 같다 싶으면 그냥 쓰죠.

이해관계자나 학자들, 특히 한국사 하시는 분들이 시끄럽게 문제를 제기할 것 같은데요.

박종인 단 한 건도 반론이 없었어요.

어떻게 그럴 수 있죠? 지금까지 주류로 간주된 역사 해석을 반박하는 내용이 꽤 많았던 걸로 기억하는데요.

박종인 이번 거는 반론이 들어오겠지. 그러면 노이즈 마케팅을 해서 내 책 한 만 권 팔아야겠다. (웃음) 그런데 단 한 건도 반론이 없었어요. 그래서 저는 어떤 생각을 했냐 하면, 저희 쪽에 격언이 있거든요. 팩트는 신성하다. 지금 말씀드린 것처럼 제가 인용하는 사료들은 99퍼센트 오픈이 돼 있는 거거든요. 제가 새로 발굴한 것이 아닌 공개된 자료인데 반론이 없다, 이거는 그분들이 이 자료를 알고 있단 얘기예요. 그럼에도 지금까지 인용을 안 한 거고요. 그 사실을 저한테 들킨 겁니다.

예를 들면 어떤 사례들이었나요?

박종인 고종의 경우죠. 고종이 뇌물을 몇백 억 받은 건.

왕이 뇌물을 받았다니. 저도 어처구니없다는 생각을 하면서 기사를 읽었습니다.

박종인 1904년에 한일의정서라는 협정이 있었습니다. 그게 뭐냐면 러일전쟁이 터지고 나서 용산을 포함해 한반도 어디든지 일본이 자기네 병영기지로 사용할 수 있는 허가를 받은 협정이 한일의정서인데, 그거를 체결하고 나서 한 20일쯤 있다가 이토 히로부미가 전권대사로 와서 고종한테 30만 엔을 건넸어요. 지금 돈으로 250억쯤 됩니다. 그게 승정원 일기나 실록에는 안 적혀 있고, 영국 외무성 자료에 남아 있어요. 민영환이 영국 공사에게 설명을 해줬거든요. 그리고 을사조약 일주일 전에 고종이 또 2만 엔을 받았습니다. 지금으로 치면 20억 정도 됩니다. 명분은 이토가 또 왔으니까 접대비 명목으로. 그런데 학계에서 이걸 인용을 안 했더라고요. 그래서 그런 걸 알면서 왜 그랬냐고 물어봤더니 고종이 돈 밝힌 거는 워낙 잘 알려진 사실이고, 2만 엔은 그리 큰돈도 아니고, 그래서 인용을 안 했다 그러더라고요. 간악한 일제에 의해 망한 가련한 나라 대한제국의 황제. S선생이라고 대한제국 전문 연구자가 계시고 L선생님은 그 수장급이시고. 그분들한테 제일 중요한 게 그거였어요. 참, L선생님은 서울신문에 제 단행본에 대해 시론으로 반론을 쓰셨어요. 그래서 저는 출판사에 책 좀 나갈 거라면서 좋아했는데, 아무 내용이 없어서 좋다 말았습니다. 그 내용이 뭐냐 하면 이런 주장을 하는 사람은 토착왜구다.

역사 저널리즘

스토리를 미리 짜놓고 그에 부합하지 않은 사실들을 은폐해온 기존의 역사 서술을 허물고 계시군요.

박종인 근대사에 관해서는 그 말씀이 맞는 것 같습니다. 그렇다고 제가 하는 일이 본격적인 역사 연구는 아니고, 대중들을 상대로 역사의 팩트를 바로 알리는 역사 저널리즘이라고 할까요.

역사 저널리즘….

박종인 네. 그러니까 역사와 저널리즘을 결합한 작업이죠. 제 기사의 내용은 학술적인데 글을 쓰는 작법은 대중적이거든요. 사실 제 기사 내용들 중 세상에 알려지지 않은 건 거의 없습니다. 학술논문에 다 언급이 돼 있는 것들이에요. 그런데 그 정보가 학계에만 유통되고 있기 때문에 일반 독자들이 너무 모르는 거예요. 제 역할은 그런 학술적 성과를 풀어서 독자들에게 연결해주는 거라고 생각합니다. 그게 역사 저널리즘이죠.

지금 하시는 작업이 정확히 그것 같네요.

박종인 그게 제 역할이고 거기에서 큰 자부심을 느낍니다. 고종이 뇌물 받았네, 이런 거는 제가 발굴한 거나 마찬가지예요. 가끔 그런 게 있어요. 그래도 대부분의 내용은 논문으로 발표되고 반론도 나오고 그랬던 것들이죠. 하지만 학계를 넘어 대중적으로 유통이 안 됐기 때문에 그걸 가지고 일반 대중들에게 어필하는 작법으로 풀고 있는 거죠.

역사를 다루지만 현재에 던지는 울림이 큰 것 같습니다.

박종인 저는 옛날 얘기를 하는데 받아들이는 분들은 현재의 관점에서 받아들이는 것 같아요. 고종을 예로 들면 왕이 뇌물을 받아? 일단 그렇게 위선을 느끼고. 어떻게든 그걸 감추고 억지스러운 감성적 스토리로 만들려고 했던 건 또 뭐지? 이런 데서 또 분노하고. 결국 팩트의 힘인 것 같아요.

우리 한국 언론에 역사 저널리즘을 하고 있는 분이 또 있나요?

박종인 두 사람 있습니다. 한 사람은 중앙일보 문화부의 유성운[14] 기자로 젊은 친구입니다. 사학과 출신이고, 소빙기가 조선의 역사에 미치는 영향을 연구하기 위해서 기상학과 대학원을 갔다가 거기서 배울 게 없으니까 그냥 중퇴를 해버리고, 일본 아이돌에 대해서 책을 쓰고, 진짜 희한한 친구예요. 문화 코드를 가지고 정치 해석을 하고 역사 코드를 가지고 아이돌 얘기를 하고. 융합되어 있는 친구입니다. 미래에 디지털과 아날로그를 통합할 수 있는 친구가 아닌가, 그런 생각이 듭니다.

또 다른 한 분은?

박종인 경향신문에 이기환[15] 기자라고 저보다 조금 위인데요. 이 양반을 뵌 적은 없어요. 그런데 이 사람은 보직이 뭐냐 하면 역사 스토리텔러예요. 매우 대중적입니다. 그리고 시사적이고요. 대중에게 쉽게 설명해주는 스타일. 성운이나 저하고 결이 좀 다릅니다. 그야말로 재미난 얘기 보따리 같은 사람. 유성운 기자나 저는 메시지 전달하는 데 치중하는 스타일이고요.

작업 일정 ❶

아무리 생각해도 매주 한 면을 혼자 제작한다는 게 좀처럼 상상이 안 됩니다. 주 단위로 작업 일정이 어떻게 돌아가는지 좀 더 구체적으로 듣고 싶습니다. 분기나 연 단위로도 사전에 계획을 짜놓으셨을 것 같은데요.

박종인 사실 분기나 연 단위 계획은 없어요. 저희는 하루살이니까요. 일주일 단위로 말씀드리면, 화요일에 마감을 합니다. 시내판 강판 시간인 아홉 시에 일차적으로 작업을 끝냅니다. 그런데 오류가 있거나 보충할

게 있으면 마지막 판이 열한 시 강판이라서 그 전에 여론면 담당 부장이 전화를 주죠. 뭐 고치라고. 그때까지 저는 계속 일을 하고 있으니까 그 전화를 받고 소소한 수정 작업을 하기도 하죠. 수요일은 오전에 좀 쉽니다. 오전은 그냥 앉아서 인터넷 서핑도 하다가 오후 서너 시쯤에 다음 주에 뭘 쓸지 생각하는데, 사실 다음 주 건 대개 준비가 돼 있어요. 대충 와꾸를 짜고 시작을 뭘로 할까 고민하다가 목요일부터 본격적으로 작업을 준비하기 시작합니다. 두 가지를 준비하는데, 하나는 사진을 뭐로 쓸 건가이고 또 하나는 사료를 어떻게 모을 건가입니다. 사진은 제가 현장에 가서 찍을 건지 아니면 기존 사진을 쓸 건지 결정하고, 현장에 가서 찍는데 만약에 허가를 받아야 하는 곳이라면 사전 연락을 취하고요.

그런데 이런 건 다음 주에 뭘 쓸지 정해져 있을 때 벌어지는 일이고, 가장 중요한 건 뭘 쓸 것인지를 고르는 거죠. 단순히 이런 재미난 게 있네, 라고 생각해서 고르는 것보다는 '난 그래도 공부하는 사람인데, 이건 진짜 몰랐네. 내가 모르면 다른 사람들도 잘못 알고 있을 거 아냐. 엉망진창으로' 하는 것들을 주로 찾습니다. 제 별명이 고종 담당 일진이에요. 근대사에 집중합니다. 왜냐하면 제가 잘못 배운 게 너무 억울해서. 주로 조선에 집착하는데, 조선에서도 큰 역사적 분기점들인 임진왜란이나 병자호란, 조선 개국 당시, 숙종대의 당쟁들, 그리고 구한말, 이게 제가 주목하는 시기예요. 그에 대해 책이든, 인터넷이든, 전문 블로그가 됐든 특이한 얘기를 하는 게 있어요. 아주 희한한 주장이거나 너무 상투적인 주장이거나.

너무 상투적이라 함은 뭐죠?

박종인 불쌍한 고종, 뭐 그런 거요. 이 사람 주장이 뭐지? 하는 궁금증이

2부. 언론의 파괴 혹은 새로운 언론이 창조

생기면 1차 사료조사에 들어가는 거죠.

1차 사료라 하면 주로 어떤 건가요?

박종인 주로 실록입니다. 거기서 특이한 게 있으면 그때 본격적으로 들어가는 거죠. 관련 논문들, 그 논문에 나오는 또 다른 사료들. 이렇게 파고 들어가다보면 화요일에 집필을 해야 하는데 그게 늦어지기 일쑤입니다. 조금만 더 들어가면 더 나올 텐데 하다가.

집중하는 시기

대학에서 저희가 늘 하는 일이군요. 그거 한다고 방학을 다 보내기도 하고. 그런데 그 작업을 어쩌면 그렇게 빨리 집약적으로 해내시는지….

박종인 아까 말씀드린 것처럼 제가 집중하는 시기가 있지 않습니까. 조선 초 그리고 임진왜란, 병자호란, 숙종대, 영·정조, 구한말. 거기를 하도 오래 하다보니까 주요 사료들을 대충 알고 있거든요. 즐겨찾기에 한 무더기의 문헌과 자료들이 있죠. 사료들을 장악하고 나니까 그 일이 어렵지 않더라고요. 물론 어렵지만, 밖에서 보시는 것만큼 어렵지는 않습니다. 이골이 난 거죠.

왜 그 시기들에 주목하시나요?

박종인 일단 삼국시대와 고려시대는 현장 사진이 없어요. 고려를 다루려면 북한에 가야 되는데 갈 수 없잖아요. 북한만 열리면 저는 고려 시리즈를 할 거예요. 논문을 쓰려면 자료만 갖고 있으면 되지만 기사는 현장을 볼 수 없는 상태에서는 쓸 수 없으니까요. 그래서 고려를 쓰지 못하고 또 삼국은 너무 멀어요. 그 시대가 지금 우리한테 무슨 의미가 있나 하는 생각이 드는 겁니다. 학술적인 논쟁일 뿐 우리 시대하고는 무관한 삶이거든요. 그래서 그건 버렸습니다. 그렇게 좁히다보니 조선시대가 되어버렸는데 여말선초의 변혁기에 해당하는 한 100년, 아니면 세조까지 넓힌다면 한 150년, 이때 과연 무슨 일이 벌어졌기에 조선이 성리학 국가가 됐는지 그게 궁금했고요. 임진왜란 같은 경우 그때 왜 나라가 망할 만큼 엉망진창이 됐지? 그런 게 궁금했습니다. 병자호란도 같은 이유로 그렇고요. 그리고 숙종 무렵 당쟁기에는 잠깐잠깐 다른 당파가 정권을 잡았다가 결국 고종 때까지 쭉 노론이 득세했거든요. 무슨 일이 벌어진 거지? 저는 조선 망국의 씨앗이 바로 노론이 권력을 잡고부터라고 생각하거든요. 이런 의미 부여를 통해서 그 시기들에 계속 집착하고 있어요. 모아둔 책들도 다 그런 책들입니다. 그러니까 밖에서 매주 한 번씩 보는 분들한테는 엄청난 작업이다, 어떻게 하냐 하는데, 물론 쉬운 일은 아니지만 보기만큼 어렵진 않습니다. 그리고 제가 모아둔 아이템 보물 창고가 또 있거든요. 그때그때 떠오르는 것들을 폴더로 만들어놓고 필요하면 꺼내서 씁니다.

아이템 보물 창고요?

박종인 제가 하나 읽어드릴게요. 예를 들면 『개벽』[16]이라는 잡지에 금속활자와 훈민정음 이야기가 있다. 이 얘기는 일제 때 이미 금속활자의 존재를 알고 있었다는 얘기다. 뭐 이런 게 있고. 또 김옥균[17]을 죽인 사람이 홍종우[18]라는 사람인데, 이 사람이 『심청전』을 처음 불어로 옮긴 사람, 즉 프랑스 유학파다. 그런데 이런 사람이 왜 김옥균을 암살했을까? 또 『윤치호 일기』[19]에 순정효황후[20] 죽음에 대해서 냉소하는 문구가 있다. 이 냉소는 무슨 의미일까? 이런 거죠.

대단하군요? 그런 게 지금 얼마나 쌓여 있나요?

박종인 그러니까 책으로 보든 인터넷으로 보든 이런 일이 있었네 싶은 게 있으면 일단 여기다가 제목을 적어놓습니다. 개수는 모르겠고 이게 A4로 125페이지네요.

세상에. 정말 보물단지네요. 앞으로 한 50년은 걱정 없으시겠는데요. (웃음)

박종인 하하. 제목하고 요약만 돼 있는 거니까요. 전 기자다보니까 이런 아이템들을 수집해놓고는 언젠가 다뤄야지 하는 본능이 있어요. 까야지 하는 본능.

기자로서의 비판 본능

깐다고요? 누구를 깐다는 거죠?

박종인 그러니까 지금까지 역사적 사실들을 잘못 알려준 권력자를 까거나, 이들에 빌붙은 권위자들을 까거나, 역사 속 인물의 행각을 까거나 하는 거죠. 역사 속 인물들을 선양하는 거는 다른 사람들이 다 잘하고 있으니까요. 미담 기사는 잘 안 팔리기도 하고. 전에 굿 뉴스라는 미국 신문이 있었다고 해요. 1980년대인가. 그게 몇 달 만에 폐간했다고 하더라고요. 제 입장에서도 안 볼 것 같아요. 저는 까기 위해서 까는 게 아니라 역사 속 인물들을 선양함으로써 정신 승리를 하면서 살면 '역사가 진보하지 못하고 앞으로도 계속 그냥 그 자리일 거다' 하는 그런 문제의식을 갖고 있습니다.

역사 비판을 통해서 현재를 비판적으로 반추하려는 목적이군요.

박종인 맞습니다. 그러니까 예를 들어서 고종 얘기를 하면 어떤 사람은 문재인을 떠올리고 어떤 사람은 박근혜를 떠올리고. 사람들 독법이 저마다 달라요. 제가 던져놓으면 사람들은 역사를 읽는 게 아니라 현재의 정치를 읽어요. 상투적인 말이지만 역사가 현재를 해석하는 거울이기 때문이죠. 사람들은 역사를 보면서 늘 현재를 읽지, 옛날 자체에 대한 호기심만을 충족하지는 않는 것 같습니다.

자료 수집 후에는 보통 현장에 가시죠?

박종인 대개 가죠. 청일전쟁 같은 경우는 지금 갈 데가 좀 드물기는 한데 되도록 현장에 가보려고 합니다. 제 기사 제목도 '땅의 역사'고.

현장에도 혼자 가시나요?

박종인 그렇죠.

비용은 어떻게 하나요?

박종인 비용이 들 게 있나요? 회사 차 제가 몰고 가. 사진 제가 찍고. 숙박을 하게 되면 회사 공식 출장비로 잡으면 되니까요.

사진

현장에 가서 이 장소 저 장소 찾아다니고 사진 찍고 관계자 인터뷰하고 이 모든 일을 혼자서 하시는 거죠?

박종인 그렇습니다. 신문 기자들은 특별취재팀이 생기면 모를까 기본이 독고다이거든요. 혼자 다 합니다. 1990년대에는 여행 기사를 쓸 때도 사진 기자하고 같이 나가고 그랬거든요. 그런데 보니까 사진 기자가 사진은 잘 찍는데 보도사진을 찍더라고요. 여행은 풍경사진인데. 그래서 제가 카메라를 사서 직접 찍기 시작했어요. 그랬더니 국장이 다른 기자들한테 박종인이는 혼자 찍는데 너는 뭐 하냐 그러더라고요.

민폐를 끼치셨군요. (웃음) 사진 기자들이 항의하지 않았나요?

박종인 처음에는 심각했습니다. 그런데 지금은 제가 국회 가서 사진 찍는 게 아니니까 인정하죠.

카메라만 해노 얼추 10킬로는 나가겠던데.

박종인 그 정도는 아니지만 꽤 무겁습니다.

사진 찍는 데 시간은 어느 정도 들이세요?

박종인 빛이 좋을 때 그리고 또 사람이 있으면 좋겠다 싶은데 딱 있을 때. 그리고 사람이 없으면 좋겠다 싶은데 딱 없을 때. 그런 조건이 맞아떨어지면 5분 만에 끝나기도 하고요. 그런데 보통 그런 조건을 맞추려면 몇 시간이 걸릴 수 있죠.

사진 찍을 때 가장 중시하는 건 뭔가요?

박종인 앵글입니다. 웬만한 지형지물은 모든 신문에서 다 써먹었기 때문에 이제는 사진 찍을 때 앵글이 가장 중요하더라고요.

혹시 사진전을 여신 적도 있나요?

박종인 세 번인가 네 번인가 열었습니다.

대단하세요, 정말. 찍은 사진들의 소유권은 누구에게 있습니까?

박종인 기본적으로 신문에 쓴 거는 회사가 가지고 있죠.

혹시 판매도 하시나요?

박종인 출장 가서 찍은 사진은 전부 회사 소유예요. 법적으로 그렇습니다. 필름 시대 때는 필름을 회사에 제출해야 하는 거니까. 그런데 요즘 같은 디지털 시대에는 정확히 어디까지 내놓아야 하는지 구분이 모호해졌어요. 사측에서 모든 걸 다 내놓으라 하면 야박하죠. 그거는 법적으로 판단을 받아야 될 것 같아요. 분명 언젠가는 법적 분쟁이 날 겁니다.

회사랑 계약을 하는 것도 방법 아닐까요? 사진을 100만 원 받고 팔았다. 그러면 회사는 10만 원을 갖고 90만 원은 기자가 갖는 식으로.

박종인 그게 원칙이 있어요. 그러니까 제가 신문에 쓴 기사로 단행본을 내게 되면 신문사 출판물 관리 기구에서 인세 비율을 정해요. 신문에 쓴 콘텐츠를 얼마만큼 가공했느냐에 따라 조금 다른데, 대개 회사가 10퍼센트고 저자가 90퍼센트예요. 조선일보 같은 경우 이게 정말 잘 돼 있는 거예요. 다른 회사들은 회사가 100, 기자가 0퍼센트예요.

그건 책 내지 말라는 얘기인데.

박종인 장려금으로 몇십만 원 주고 끝내죠. 저희들도 처음 이 내규를 만들 때 화가 났거든요. 회사가 어떻게 코 묻은 돈까지 뜯어먹냐? 나중에 알고 봤더니 관대한 거더라고요.

지입제 모형

방금 말씀 나눈 인세 배분 문제 등과 관련해, 기자 개개인이 브랜드로 성장하면서 회사도 같이 성장하는 전략으로 가는 게 회사도 좋고 기자 입장에서도 좋고, 독자들이나 저널리즘의 발전을 위해서도 좋은 윈-윈 win-win 모델 아닌가 싶은데요.

박종인 맞습니다. 그 시스템을 스타 기자 시스템이라고 표현할 수 있지 않을까요. 좀 야박하게 말하면 개인 사업자 지입제持入制, 그렇게 가면 좋지 않겠나 하는 생각을 합니다.

개인 사업자 지입제?

박종인 적절한 예인지 모르겠지만, 택시회사가 법적인 책임을 면하려고 택시 기사들을 개인 사업자로 해놓고 이 사람 수익을 자기네가 빼가는 거예요. 그걸 지입제라고 하거든요. 그건 나쁜 케이스죠. 제가 드리려는 말씀은 기자 개개인이 자율적인 사업자처럼 수익 창출을 주도하고 회사가 그 인프라를 제공하면서 수익을 공유하는 시스템이죠. 제가 개인으로서 모든 걸 운영하려고 하면 엄두가 안 나죠. 이 공간에, 그것도 광화문에, 그리고 무엇보다 지면. 이 모든 걸 회사에서 확보해준 이유는 제가 만들어낸 상품에 대해 회사가 만족하고 있으니까 그런 거 아니겠습니까? 회사에서 '내일 그거 써' 이러면 나올 수 없는 콘텐츠고요. 회사는 어느 시점엔가 아주 큰 자율성을 저한테 준 겁니다. 그리고 자율성을 줄 수 있었던 건 그동안 생산한 콘텐츠를 보니까 신뢰할 수 있어서죠.

키워드는 신뢰에 기반한 자율성이 아닌가 싶네요.

박종인 네. 핵심은 능력이 검증된 기자한테 믿고 맡기는 거죠. 저도 이 조직이 100만큼 저를 신뢰해줬다면 저는 110만큼 주고 10만큼은 가져가는 거죠. 그게 기자도 발전하고 신문사도 발전하는 시스템인 것 같아요. 저의 경우 정말 누가 시킨 것도 아닌데 팩트를 한 줄이라도 더 넣으려고 몇 날 며칠을 매달리거든요. 하버드대 도서관 사이트 들어가서 PDF 파일로 팩트 확인하느라고 생고생하는데, 진짜 팩트 한 줄, 정말 한 줄 때문에 하루 종일 고생하는 거거든요. 그 성취감은 아무도 모르죠.

이 얘기를 회사 경영진하고 편집국 분들이 들을 수 있으면 좋겠습니다. 모든 뉴스에 이런 시스템을 도입하는 데는 한계가 있겠지만요.

박종인 한국 언론에서는 정치 상품이 너무 잘 팔리기 때문에 그 니즈에 맞춰서 상품을 만드는 거죠. 정치에 대한 관심이 줄거나 아니면 문화나 역사 이런 상품이 더 많이 팔리면 당연히 이쪽으로 집중하겠죠. 그런데 한국은 언론 시장이 너무 정치 상품 중심이라서 거기에 집중하지 않을 수 없습니다. 그렇게 역량을 집중하는 회사에서 매주 한 면을 저한테 주고 있는 것만 해도 큰 변화가 아니겠습니까. 과거 같으면 도저히 있을 수 없는 지면이거든요.

그간 편집국을 관찰하면서 가슴이 답답했는데 오늘 숨이 트이는 것 같습니다. 숨 가쁘게 쫓고 쫓기는 특종 중심의 저널리즘을 넘어, 역사 저널리즘 같은 고품격 저널리즘이 미래 저널리즘의 중요한, 그리고 실천 가능한 지향점이라는 생각이 듭니다.

박종인 그렇죠. 스트레이트 부서 쪽에서는 맨날 일이 벌어지고 하루에도 몇 번씩 뒤집히고 하니까 저처럼 하는 건 불가능하죠. 하지만 스트레이트 부서에서도 깊이 있게 공부하면 기사가 한 줄이라도 달라질 텐데 하는 생각이 들긴 해요. 사실 스트레이트 뉴스는 더 이상 언론의 독점 상품이 될 수 없잖아요. 그렇다면 언론이 대체 불가능한 가치를 인정받을 수 있는 새로운 역할은 뭐지? 이 생각을 해야 되는데, 편집국에 있는 분들은 그런 생각을 할 여유가 없어요.

작업 일정 ❷

일주일 얘기가 아직 안 끝났죠.

박종인 맞아요. 그러니까 목요일까지 얘기했습니다. 아이템을 수요일 오후부터 고민하다가 없을 때는 아까 말씀드린 보물단지 뒤져서 찾아내고 아니면 새로 구글링해서 찾아내고 나서 목요일부터 본격적으로 조사에 들어가죠. 1차 사료를 먼저 살피거나 논문으로 들어가거나 단행본으로 들어가거나 순서는 그때그때 다릅니다. 그때 막히는 게 있으면 큰일나는 거예요. 논문하고 다른 게 우리는 마감이 있기 때문에 반드시 끝을 내야 되거든요. 그래서 사실 저는 주 7일 일합니다. 놀거리가 이거밖에 없어요. 재미있기도 하고. 토요일하고 일요일에도 나와요. 놀이터가 돼버린 거예요. 집도 가깝거든요. 워낙에 기사 분량이 크니까 자료도 많이 확보해야 되고, 그러다보니 토요일도 반나절이 됐든 한나절이 됐든 나올 수밖에 없어요.

　주로 목·금에 출장을 가서 사진을 찍고요. 그리고 출장을 1박으로 간다고 하면 그날 저녁은 좀 쉬죠. 여관방에 앉아서 TV도 보고. 그렇게 하고 토·일까지 자료 정리를 하고 월요일에는 사진 작업을 주로 합니다. 사진 로raw(원본)로는 신문에 쓸 수가 없거든요. 보도사진이면 찍은 그대로 내보내야겠지만 이거는 어떤 메시지를 전달하기 위한 이미지니까 조금 가공을 해요. 그러니까 색깔도 내가 현장에서 봤던 그대로 보정을 하거나 아니면 거친 분위기가 필요하다 그러면 거기다 디지털적인 가공을 합니다. 사진을 어떻게 배치할지도 월요일에 다 결정합니다. 2003~2004년에 사진 공부하고 온 게 지금 큰 도움이 됩니다. 그래서 한두 보따리 정도였던 자료가 월요일쯤 되면 이만큼 줄어들어 있어요. 엑기스만 남죠. 거기서 욕심을 안 부리면 화요일 아침부터 기사를 쓸 수가 있어요.

마감 당일 아침이 되어서야 기사를 쓰기 시작하시는군요?

박종인 네. 그런데 자꾸 자료를 들추다보면 계속 뭐가 보이는 거예요. 그걸 외면해야 하는데 또 찾아보죠. 화요일 점심때까지 죽어라고 찾는 거예요. 그러다가 점심 못 먹고. 빨리 보내라 빨리 보내라 이런 독촉 들으면서 기사 쓰느라 끙끙대고. 그렇게 일주일이 지나갑니다.

숨이 막히는 것 같습니다. 도대체 언제 쉬시나요?

박종인 제가 보통 퇴근이 열 시나 열한 시거든요. 제가 재밌으니까. 이게 너무 재밌으니까. 그러니까 여기서 쉬어요. 여기 라꾸라꾸 놓고.

초인적인 작업 스케줄

방송사에 연락해서 인간 다큐를 찍어야 될 것 같습니다. 극한 직업 케이스로. (웃음)

박종인   뭐, 그 정도인지는 모르겠지만 아무튼 굉장히 힘든 작업입니다.

말씀을 들으면서 개인의 희생 또는 열정에 의존하고 있다, 이런 느낌이 드는데요.

박종인   그에 대한 충분한 보상이 있습니다. 너무 재미있고, 엄청난 정보와 데이터를 가지게 됐고. 그리고 책으로도 많이 나왔거든요. 그게 제 자산이에요. 그 덕에 강연도 자주 나갑니다. 코로나 기간에는 잘 못 나갔는데 그전만 해도 한 달에 두 번씩 나갔어요.

초인적인 스케줄을 생각하면 강연을 하신다는 것 자체가 대단하네요. 시간을 아끼기 위해 온라인 줌 강의 같은 거는 안 하셨어요?

박종인   해봤는데 제가 싫었습니다. 거부했습니다. 이건 피드백이 있어야 하는데 제가 그걸 못 느끼겠더라고요. 언젠가 제가 디지털에 적응이 되면 하겠죠. 그래도 조금씩 수요가 있어요. 제가 시간을 무척 많이 투자하고 정신적인 것도 많이 투자합니다만, 저는 그에 대해 충분히 보상을 받고 있다고 생각해요.

저한테 어떤 식으로든 지원을 받는지 물어보시는 분들이 꽤 계세요. 누가 자료 찾아주냐, 누가 섭외해주냐. 그런데 그게 방송에는 존재하지만 신문에는 없는 직제거든요. 볼펜은 볼펜 하나로 끝을 내는 거고, 자기들끼리 팀을 만드는 경우는 있어도 누구의 도움을 받아가면서 뭘 하는 거는 제가 30년 기자 생활 하면서 본 적이 없어요. 다른 신문사도 마찬가지일 겁니다.

그런 걸 본 적이 없다는 게 앞으로도 계속 그렇게 가야 한다는 건 아니잖아요.

박종인 그렇죠. 그러니까 저도 만약에 도와주는 인력이 있다면 짐을 상당히 덜 수 있을 거고, 기사 품질도 훨씬 높일 수 있겠죠. 만약에 앞서 얘기했던 스타 기자 시스템으로 간다면 꼭 필요한 게 바로 그런 거겠죠. 그런데 현실은 다른 게 제가 〈땅의 역사〉로 방송을 1년 했는데, 방송 작가들 있지 않습니까. 역사 다큐 작가들이 저보다 모르더라고요. 그러니까 저도 남한테 도움을 받는 것보다 제가 하는 게 편해요.

무슨 말씀인지 이해됩니다. 저도 학생들한테 일을 시키면 결국엔 다 고쳐야 하거든요.

박종인 네. 제가 모든 일을 하다보니 〈땅의 역사〉를 제대로 써야겠다고 작심한 이후로 몇 달은 거의 집에 못 가다시피 했습니다. 그러다가 안정이 되고 소스가 어디 있는지 알게 되면서 투자하는 시간이 줄더니 지금은 제 욕심에 열한 시, 열두 시까지 있는 거지 쉽게 넘기려면 저녁 먹고 퇴근할 수도 있어요. 그리고 당일에도 욕심 때문에 점심 때 쓰기 시작하는 거지 그 욕심만 닫아버리면 충분히 남들 눈에 만족스러운 콘텐츠를 좀 더 여유 있게 만들 수 있죠. 그러니까 다 제 욕심이에요. 제가 2015년 가을부터 써왔는데 280여 회니까 6년이네요. 한 5년 정도 지나니까 편하다는 느낌이 들었어요.

전문기자 진입장벽

5년. 작업의 진입장벽이 얼마나 높은가를 보여주는 숫자네요.

박종인 네. 지금 당장 스타 기자 시스템을 통해 뭘 하겠다, 그건 불가능한 일이죠. 저도 나름대로 끔찍하게 노력했는데, 5년이 지나서야 스스로 할 만하네 이런 느낌이 들고, 남들도 칭찬해주고 그랬거든요. 그런데 역사 분야는 워낙에 살펴보고 검증해야 할 사료들이 많다보니 오래 걸렸는데, 예를 들어 자동차 같은 경우 전문성을 지닌 기자한테 다른 업무 부담 안 주고 자동차만 해, 그러면 1~2년이면 되지 않을까요? 일종의 덕후를 키우는 개념이죠. 그 기간을 회사가 용인해주고 비용을 부담하고. 이런 것들이 돼야 투자인 거죠.

전문기자로 발돋움하는 것에 대해 조직문화 차원의 거부감은 없나요?

박종인 그런 건 없어요. 전혀 없습니다. 전문기자 하겠다는데 누가 뭐라 하겠습니까. 지금으로서는 기자들 스스로 전문기자 되는 걸 오히려 꺼리는 분위기예요. 왜냐하면 지면 확보가 안 되거든요.

지면이 더 큰 문제군요.

박종인 네. 과거에 전문기자 몇몇은 소속이 아예 없었습니다. 그냥 편집국 소속인 거죠. 그런데 P국장 시절에 전문기자들을 모두 부서로 배속시켰어요. 지면 문제 때문에 그런 거였죠. 문화부 소속 전문기자는 다른 부원들과 협업해서 콘텐츠를 만들고 문화부 지면에 실으라는 거였죠. 그런데 그게 잘 안 됐어요. 연차 차이도 나고 협업할 분위기도 안 되고. 그러니까 전문기자를 위한 지면이 반드시 따로 있어야 그 제도가 성공할 수 있습니다.

지면 제한이 없는 온라인 시대로 가면 문제가 해결될까요?

박종인 지면 제한이 사라지면 한 가지 걸림돌은 해결될 걸로 봅니다.

차별화의 원천, 팩트

결국 전문기자가 성공하려면 대체 불가능한 가치, 고유한 가치를 지녀야 한다는 거군요. 그게 뭘까요?

박종인　그게 팩트죠, 팩트. 예를 들어 청일전쟁에 대해서 일반 독자들은 아무 관심이 없었거든요. 국내에서 동학 때문에 벌어진 외국 세력들 간의 전쟁, 그 정도? 그런데 제가 짚은 건 청은 왜 졌지? 일본은 왜 이겼지? 이런 질문을 파고든 겁니다. 그때 사진들을 보면 청은 자기네가 전쟁에서 이길 거라고 파란불을 켜놓고 있었어요. 그런데 일본은 봤더니 종군기자들이 있어요. 이들이 상황을 객관적으로 전달한 거죠. 이 두 세계가 부딪쳤던 거예요. 청나라가 진 것은 결국 부패 때문이었어요. 동학이 발생했던 이유도 결국 부패고. 제가 쓰는 게 그런 거죠. 지금까지 알려진 뻔한 상식이나 오류를 팩트로 까발리는 거죠.

또 다른 케이스로 민비, 명성황후가 아니고, 민비를 들 수 있습니다. 민비가 나라를 지키기 위해 어쩌고가 아니고 진짜 한 일이 뭐냐. 국립고궁박물관에 가면 민비가 쓴 편지들이 있거든요. 그걸 민비 집안에서 기증했어요. 편지가 아주 예쁩니다. 그리고 도록도 있습니다. 편지 내용을 봤더니 민비가 국정 농단한 얘기가 다 나오는 거예요. 조병갑[21]은 어디로 보내고, 또 누구는 참정 벼슬 주고, 동학 그놈들을 토벌하라고 군대 보내고. 이런 내용들이 거기 다 있는 겁니다. 그 편지에 담긴 팩트를 기반으로 기사를 썼습니다. 전에는 민비가 쓴 편지에 대해 문화사적으로 접근해서 편지 형식을 얘기하면서 편지의 내용 자체는 그냥 넘어갔죠. 그런데 편지 내용을 제 눈으로 봤더니, 말이 거칠어서 송구하지만, 천하의 ○○가 증거를 남겨놓은 거예요. 진술 조서를 꾸며놓은 거더라고요. 그

팩트로 독자들의 분노를 끌어낼 수 있는 거죠. 그런 식입니다. 결국 팩트입니다.

대단하시군요. 독자들의 피드백이나 반응이 뜨거울 것 같은데, 어떻게 살피시나요?

박종인 우선은 댓글입니다. 댓글은 몹시 적나라해요. 심지어 댓글끼리 싸웁니다. 처음에는 댓글 안에서 저보고 토착왜구라는 소리가 나왔거든요. 지금은 만에 하나 토착왜구 소리가 나오면 그자는 십자포화를 맞고 사라져요. 그걸 보면서 제가 설득력 있는 기사를 써왔구나 하는 생각이 들더라고요.

스카우트 제안

다른 언론사에서 급여나 지원 인력, 지면 차원에서 더 좋은 조건을 제시하며 스카우트를 하려 든다면 어떻게 하실 거 같으세요?

박종인 제 애사심하고 재봐야겠죠. 저도 은퇴가 한 5년밖에 안 남았습니다. 조선일보에서 지금 제 연차쯤 되면 애사심이 굉장히 큽니다. 제가 예를 들어서 100까지는 아니라도 한 95까지는 대우를 받고 있다 그러면 여기서 끝내는 게 더 낫다고 생각하겠죠.

종신 고용을 보장해 주고 본인이 못하겠다고 할 때까지 해라. 이 조건까지 붙여준다면?

박종인 그러면 사뭇 흔들리겠는데요. (웃음)

언론사 간에 그런 스타 전문기자들 이동이 가능할까요?

박종인 서로 사람 안 빼가기, 그게 조선일보하고 동아일보의 불문율이었거든요. 2000년대 초반까지. 한번은 그걸 어기고 저희 신문에서 동아 쪽 사람을 스카우트한 적이 있어요. 바로 항의가 들어와서 그다음 날 돌아갔어요.

타사에서 좋은 조건을 제시하며 접근했을 때, 조선일보에서 그런 식의 스카우트에 맞서기 위해서 더 나은 조건을 제시하는 그런 일은 없나요?

박종인 아직은 안 됩니다. 최소한 레거시들한테는 용납이 안 되는, 존재하지 않는 그런 방식입니다. 학계는 오히려 자유롭지 않습니까?

학계도 거의 불가능합니다. 그런데 학계는 최소한 지금 하시는 정도의 성과를 낸다면, 그에 상응하는 예산 지원이나 인력 지원 시스템은 돼 있거든요. 언론사는 평등 원칙이 강하게 작용하는 것 같습니다. 출중한 성과를 내는 기자라고 해서 특별한 지원은 없는.

박종인 그게 좀 미묘한데요. 경영진하고 얘기를 나눠보면 주어진 여건에서 지원을 해주려고 합니다. 그 결과로 저한테 준 게 이 공간이거든요. 이게 최선입니다. 예를 들어서 만약에 공간이 더 있는데 그거는 안 돼 넌 여기 처박혀 있어, 그랬다면 제가 분노하고, 딴 곳에서 손 내밀면 거기로 갔겠죠. 그런데 이건 우리 상황에서 최선이었어요. 우리 사장도 이 공간을 허락하면서 조심스러워했죠. 왜냐하면 편집국에 개인 공간 다 없애라고 그랬는데 저한테만 이걸 준다 그러면 원칙을 깨는 거였거든요. 그래서 저도 초기에 무척 조심스러웠고요.

후배 양성

〈땅의 역사〉를 향후에도 계속 지금 같은 포맷으로 가져가실 계획인가요?

박종인 네. 일각에서는 분량이 많으니까 좀 줄였으면 좋겠다는 얘기도 있어요. 몇몇 사람은 본문을 나눠서 박스 기사를 넣으면 어떻겠냐는 얘기도 했죠. 그런데 저는 속으로 '웃기고 있네' 합니다. 왜냐하면 지금 포맷이 검증을 받았기 때문이죠. 온라인 댓글 중에는 제목만 본 댓글도 있고 내용을 다 소화한 댓글도 있는데, 〈땅의 역사〉 경우는 다수가 내용을 다 보고 올린 댓글들입니다. 그래서 콘텐츠가 팔릴 만한 상품이면 길이는 상관없다는 생각을 하죠. 그건 종이든 온라인이든 마찬가지인 것 같습니다.

여기까지 오는데 저는 시행착오를 겪으며 5년이 걸렸지만 더 단축될 수도 있다고 봅니다. 2~3년 정도 풀어주면 됩니다. "너 연봉 다 줄 테니까 죽이 되든 밥이 되든 그것만 만들어. 처음에는 그냥 봐줄게. 게이트키핑 안 할게. 조선일보의 논조나 보편적인 상식에서 벗어나는 것만 아니면 돼." 이렇게요. 기존에 훈련이 돼 있는 기자들 중에서 특정 분야의 전문성을 갖고 싶다는 사람들, 또는 가질 만한 사람들을 스트레이트에서 빼내 2년쯤 시간을 주고 풀어놓으면 온라인이 됐든 페이퍼가 됐든 먹고 살 수 있는 쌀을 만들 수 있으리라 봅니다. 열 명이 필요하겠습니까, 백 명이 필요하겠습니까. 한 대여섯 명 정도 해서. 연봉 똑같아도 할 것 같고, 조금 더 낮게 대우해주면 지원자들 아주 많을 겁니다.

저는 10년은 족히 걸릴 것 같은데요.

박종인 아니, 현업은 다릅니다. 현업에는 '쪼인트'라는 강력한 무기가 있거든요. (웃음) 농담이고요. 갓 입사한 친구라면 10년 걸릴 겁니다. 초짜들을 전문기자 시킬 수는 없는 거고요. 10년 차 넘고 이미 기본적인 트레이닝이 된 기자들한테, 그리고 자기가 쇼부 보고(승패 가리고) 싶은 분야가 마음속에 어느 정도 정해져 있는 사람들한테 '2년간 너 마음대로 해봐' 그러면 됩니다. 그러니까 전문기자라는 게 기자들 중에서 뽑는 거지 처음부터 전문기자를 따로 선발해서 되는 건 아니라고 봅니다.

알겠습니다. 향후 조선일보가 그런 방향으로 가리라고 보시나요?

박종인 그렇게 봅니다. 핵심은 두 가지라고 보죠. 첫째 넓은 지면, 둘째 시간과 비용. 지금도 유용원 선배나 고참 전문기자들의 코너가 각각 일주일에 한 번씩 있거든요. 매출이 아깝지만 그 지면에서 광고를 빼는 거예요. 5단 광고를 빼버리고 지면을 온전하게 주는 거죠. 처음에 15단 온전하게 받으면 무지 겁이 납니다. 이거 어떻게 메우지? 하지만 죽어도 할 수밖에 없어요. 텍스트만으로는 절대 안 먹히니까, 여기에 자신이 찍은 사진이든 확보한 동영상이든 뭐든 간에 비주얼이 들어가야 합니다. 온라인에서는 온라인 기사를 팔리게 하는 여러 디자인 기법이 있는데 그에 대해서는 디자인팀에서 지원해줘야죠. 그다음에는 기다려주는 게 답입니다.

제 경우는 여행 전문기자로 왔더니 아무도 거들떠보지 않는 거예요. 저절로 시간 확보가 됐습니다. 그러다보니 오히려 걱정이 돼서 '뭐라도 해야 되는데' 이러면서 이것저것 하다가 나중에 강효상 국장이 "너네들 논다며? 아이디어 갖고 와!" 그래서 광복절 특집을 하게 된 거고 그게 연결이 돼서 〈땅의 역사〉까지 가게 된 거죠. 그러니까 얻어걸린 겁니다. 회사도 얽어걸린 거고, 저도 얽어걸린 거고.

시작이 어떠했든 〈땅의 역사〉는 소중하게 지켜가야 할 전통이 되었다고 봅니다.

박종인 네. 이게 지금 288회잖아요. 중간에 휴가 빼고 진짜 6년입니다. 6년이면 아마 '이규태 칼럼' 제외하고 최장이지 않나 싶은데요. 이규태 칼럼은 정말 독보적이었죠. 천몇 회더라. 사실은 제가 입사할 때 이규태 돼야지 하고 들어왔어요. 당신은 한국학을 하지만 나는 세계학을 할 거다. 그래서 여행팀에 갔을 때 한 발짝 다가갔다는 생각을 했고. 그러다가 우연히 이걸 하게 되면서 옛날 기억이 떠오르더라고요. 나이브한 꿈이 이루어지고 있구나 하는 생각이 들었어요. 〈땅의 역사〉가 어떤 한 사람의 독단으로 진행된 일이었다면 벌써 끝났을 겁니다. 국장이 바뀌면 대개 지면을 일신하는 개편이 이루어지거든요. 그런데 이건 국장이 네 번 바꾸는 동안에도 계속돼왔어요. 그러니까 박종인 저거는 꼴 보기 싫지만 요건 놔둔다. 회사 차원에서 그런 합의가 되어왔다고 생각합니다.

밤 아홉 시 반 편집회의 때도 〈땅의 역사〉는 그냥 휙휙 넘어가더라고요?

박종인 못 읽은 거죠. 읽을 시간이 없어서. (웃음)

오늘 말씀 여러 가지로 유익하고 즐거웠습니다. 아쉽지만 여기서 끝내야 할 것 같네요. 그러지 않으면 다음 주 〈땅의 역사〉에 지장을 줄 것 같아서. (웃음)

박종인 감사합니다.

2부. 언론의 파괴 혹은 새로운 언론의 창조

3부. 언론은 이렇게 세계의 그림을 완성한다

09. 편집부장, 이택진

인터뷰이　　　　이택진(남성, 인터뷰 당시 55세, 입사 24년 차)

인터뷰 일시/장소　2021년 12월 13일 오전 10:30~오후 12:00 / 조선일보사 3층 회의실

편집기자는 취재기자들이 출고한 기사를 읽고 다듬는 역할을 수행한다. 판갈이 때마다 편집기자들은 새롭게 출고되는 기사의 가치를 판단해 크기와 위치를 정한다. 기사의 얼굴에 해당하는 제목을 뽑는 것도 편집기자들 몫이다. 그래서 편집기자는 기사의 핵심을 꿰뚫고 그것을 몇 마디 표현으로 압축할 수 있는 능력을 갖추어야 한다. 직접 취재를 하지 않아도 일선 기자 못지않게 정치적·사회적 흐름을 파악하고 있어야 한다. 이런 이유로 편집부는 편집국의 심장이며 편집기자는 출입처 없는 만능 기자라고 불린다. 연구자가 편집기자에 대해 아는 것은 이 정도였다. 이런 내용도 실은 나중에 어디선가 찾아본 것이다. 연구를 시작하기 전까지 그들의 존재를 잘 몰랐기에, 연구자가 애초 계획한 관찰 범위 안에 그들의 존재는 없었다. 어떤 의미에서 그림자 같은 존재라고 할까. 그

래서 현장에서 그 그림자들을 직접 마주쳤을 때 느낌이 낯설었다. 그들을 이끄는 부장의 존재는 말할 것도 없다.

편집부장은 신중한 사람이었다. 어떤 질문에도 선뜻 답을 하지 않았다. 말을 아꼈고 자신의 역할에 대해 겸손했으며 행동거지가 조심스러웠다. 그런 모습이 되레 그의 말과 행동에 힘을 실었다. 편집부 회의를 참관해도 되겠냐는 연구자들의 요청을 "볼 것 하나도 없다"는 말로 완곡하지만 단호하게 거절했다. 인터뷰 요청 역시 "짧게 한다"는 조건을 달아 어렵게 받아들였다. 그는 "겁난다"는 말로 인터뷰 말문을 열었다. 미리 전달한 질문지에 대해서 저널리즘의 가치와 규범, 조직의 운영, 언론의 미래, 편집기자로서의 삶 등과 관련한 답은 하지 않고 구체적인 지면 편집과 관련해서만 간단히 의견을 밝혔다.

하지만 편집국에서 지켜본 그는 누구보다 자신의 일에 몰입하는 사람이었다. 잠시도 쉬는 시간 없이 굳은 얼굴로 모니터를 뚫어지게 바라보거나 부원들 혹은 국장단과 회의를 가졌다. 편집국장이 주재하는 크고 작은 회의에서 국장의 옆자리에 항상 그가 있었다. 회의에서 그는 주로 들었다. 가끔씩 하는 말은 간결했다. 하지만 그가 어떤 일을 하고 있는지는 곧 자명하게 드러났다. 그는 자신의 존재를 드러내지 않았지만 그의 존재는 모든 곳에 미쳤다. 그는 뉴스 생산의 전 과정을 매만지는 섬세한 손이었다. 그는 지면과 기사들을 최종적으로 연마하는 편집국 그림자들의 지휘자였다. 밝은 곳에서 편집국장과 각 취재 부서의 부장들이 배가 나아갈 항로를 이끌었다면, 그는 수면 아래서 뉴스 생산의 요소들이 조화롭게 맞물려 최선의 결과로 이어지게끔 살피는 세심한 눈이었다. 그는 편집국의 보이지 않는 지배자였다.

편집부장의 역할

시작할까요?

이택진 겁나네요, 이거.

(일동 웃음) 편하게 말씀해주시면 됩니다. 편집국 분들이 다 바쁘지만 그 중에서도 부장님이 제일 바쁘신 것 같아요. 아침 몇 시부터 업무를 시작해서 몇 시에 종료되나요?

이택진 출근을 9시 40분에서 45분? 그리고 밤 12시쯤 퇴근합니다.

일주일 내내 토요일 하루 빼고 그런 거죠?

이택진 네. 다른 부서 사람들은 뭐 좀 나가기도 하고 그래도 되는데 저희는 무조건 딱 지키고 앉아 있어야 되니까 그게 좀 힘들죠.

그렇군요. 매일 오전 10시 조금 넘어서 국장, 부국장들과 함께 미팅을 하시죠?

이택진 아침에 각 부서별로 보고가 다 올라오면 편집국장하고 부국장 둘 하고 저하고 넷이서 오늘 기사를 뭘 쓸지 등을 논의하죠. 사실상 오늘 신문을 어떻게 만들겠다, 그걸 결정하는 거죠. 그런데 오늘따라 기사가 별로 없어서 난산이었습니다.

월요일이라서 그런가요?

이택진 뭐, 꼭 그렇지도 않아요. 아무래도 코로나도 있고, 지치니까요. 기사도 지치고, 매일 본 기사 같기도 하고.

英 "오미크론 연내 우세종 될 것"… 국내선 열흘만에 호남까지

코로나 확산 상황 17일 0시 기준		
중증 환자	**894**명	
수도권 1일 이상 병상 대기	**1739**명	
재택 치료자	**2만3376**명	
오미크론 변이 누적 확진자	**90**명	

주말에도 끝이 안보이는 줄 12일 서울 마포구 월드컵공원 평화광장에 마련된 임시선별검사소는 검사를 기다리는 시민들로 복새통을 이뤘다. 이날 0시 기준 코로나 중증 환자는 894명을 기록하며 기존 최다인 9일 867명보다 37명 늘었다.

오미크론 새 집단감염
누적 확진자 90명

수도권에 이어 전북과 전남에서도 지역 내 전파를 통해든 코로나 오미크론 변이 집단감염 사례가 확인됐다. 이날 0시 기준 국내 유입이 확인된 오미크론 변이 감염자 열흘 만에 전국으로 번지고 있는 모양새다. 더구나 지금까지 나온 오미크론 감염자는 '빙산의 일각' 이고, 사실상 지역사회 곳곳에서 시작됐을 것이란 분석이 나오는 실정이다. 오미크론 빛 변

전지역 아프리카뿐 아니라 영국과 러시아에서 들어온 입국자에게서도 오미크론 확진자가 나왔다.

12일 방역 당국에 따르면, 지난달 25일 이래에서 입국한 뒤 지난 10일 오미크론 변이 확진 판정을 받은 아프가니스탄 국적 30대 유학생을 기점으로 전북·전남 지역 내 새로운 집단감염이 확인됐다. 앞서 나이지리아에 다녀온 인천의 한 교회 목사 부부를 매개로 서울·인천·충북 등에서 오미크론 감염자 수십 명이 나온 데 이어 이번에 호남권에도 'n차 감염'을 통한 집단 발생이 나타난 것이다.

이날 0시 기준 국내 오미크론 변이 감

염자 전남은 15명(해외 유입 4명, 국내 감염 11명) 늘어 누적 90명이 됐다. 국내 감염자 중 인천 교회 관련 감염자가 4명(교인 1·가족 2·지인 1명) 추가됐고, 나머지 7명(전남 3명, 전북 4명)이 이란에서 입국한 전북 지역 유학생과 관련된 확진자였다. 아직 확진 판정은 나지 않았으나 역학적 관련성이 있어 오미크론 감염이 의심되는 사례는 전북 유학생 관련 31명, 인천 교회 관련 1명이 추가됐다.

방역 당국과 지자체에 따르면 첫 오미크론 확진자인 유학생 A씨는 25일 입국 후 자가 격리를 했는데 동거 가족 3명이

전북으로 입국한 외국인 유학생
자가격리 하다 가족에게 옮겨
전남·전북 7명 감염·31명 의심

영국·러시아서 온 입국자도 확진
"지역사회 전파 이미 진행된 듯"

모두 오미크론 변이에 감염된 것으로 확인됐다. 이후 감염된 가족 중 한 사람을 통해 전북의 한 어린이집으로 전파가 일어났다. 이곳에서 감염된 원생이 서울에서 가족 모임을 가졌는데, 여기에 참여한 6명의 가족 중 1명이 전남 함평의 어린

족 등으로 전파가 가능했다. 전문가들은 오미크론 발원지인 아프리카 지역 외 국가에서도 오미크론 감염자들이 들어오고 있는 점에서 이미 감염원이 상당수 유입이 됐을 가능성을 우려하고 있다. 현재 정부는 남아프리카공화국, 나미비아, 모잠비크, 레소토, 말라위, 보츠와나, 에스와티니, 짐바브웨, 나이지리아, 가나, 잠비아 등 아프리카 11국을 '입국 제한 국가'로 지정하고, 이곳에서 입국한 장기 체류자는 10일간 시설에서 격리하고 있다. 단기 체류 외국인은 입국을 아예 금지한 상태. 하지만 A씨 외에도 12일 새로 추가된 해외 유입 확진자 4명은 각각 영국 1명, 몽골만주공화국

7월내트는 우세종이 될 것이라는 우세종이 이 역시 델타 변이처럼 이후 4차 대유행을 확하게 될 것이라는 우려는 본 버이 전염력이 워낙 강해 변 축속 나오고 있고 중앙방역대책본부에 현재 남아프리카공화국 오미크론의 전파 속도 다"며 "유행변합감 오미크론이 델타를 대체 성이 매우 높다고 본다 밝힌 바 있다. 김우주

제가 오늘 아침 신문을 펼쳤을 때 2~3면이 이어진 코로나 관련 기사 편집이 무척 인상적이었습니다.

이택진   아, 그래요? 고맙습니다. (웃음)

파격적인 편집

기사를 읽지 않고도 현재 상황을 한눈에 파악할 수 있는 편집이었습니다. 그런데 요즘 보니까 일종의 편집 파격이라고 그럴까, 그동안 제가 조선일보에서 봐왔던 편집의 어떤 정형화된 틀이 많이 깨지고 있다는 느낌이 들던데요.

이택진   그래요? (웃음) 그렇게 봐주셔서 감사합니다. 그런데 실은 그게 궁

[기사 16] 2021년 12월 13일 2면과 3면의 파격적인 편집

여지책이었거든요. 코로나가 이제 거의 한 2년 넘었죠? 그러니까 어떤 사진을 갖다놔도 이미 본 것 같고 다 비슷비슷해요. 작년만 해도 사진 나오면 우리가 이렇게까지 됐어? 이런 반응들이 많았는데, 지금은 좀처럼 못 본 사진이 없습니다. 정말 없어요.

편집으로 비슷한 뉴스를 다르게 만드는 거군요.

이택진 네. 어제도 1면, 2면, 3면을 만드는데 1면은 토네이도가 심각한 것 같아서 거기에 쓰고, 2~3면이 코로나인데 쓸 게 없었어요, 사실. 줄 서는 거 아니면 선별 검사소, 또 아니면 중환자실 실려 가는 거. 익히 다 보셨을 거예요. 그러니까 궁리궁리하다가 마침 사진도 있고 그래서. 사람들이 엄청나게 많고. 지금 한번 보여주자 싶어서 궁여지책으로.

393

3부. 언론은 이렇게 세계의 그림을 완성한다

아침 편집회의

무척 인상적이었습니다. 코로나 기사도 그렇고, 요즘 정치면 4~5면을 쫙 펼쳐서 보여주는 편집이 가끔 나올 때 굉장히 시원하고 그래서 제가 얼마 전에 국장께도 좋다고 말씀드렸습니다. 그런 결정을 하는 아침 회의를 말씀하셨는데, 그 회의에서 보통 어디까지 결정하시나요?

이택진　그러니까 큰 성격 같은 거죠. 오늘 1면은 이렇게 가보자 해서 네명이 각자 아이디어를 내고, 부국장들이 일단 주도적으로 아이디어 내고 저도 이거는 어떻다 한마디 하고, 그럼 국장이 그러자 합니다. 예를 들면 1면은 짬뽕이라고 치면 2면은 우동으로, 맑은 걸로 한번 해보자, 3면은 약간 매운 걸로 해보자. 그러니까 맵다는 건 코로나 관련인데, 정부의 문제점을 좀 지적해야 되지 않겠냐, 이런 큰 흐름을 결정하는 거죠. 보고 올라온 걸 살피면서.

9시 반쯤 구글독스에 기삿거리가 올라온 후 보통 10시쯤 그 내용을 보고 검토하시는 거잖아요. 그 자리에서 방금 말씀하신 큰 흐름을 결정하는 게 쉽지 않을 것 같은데요.

이택진　제가 하는 일이 그걸 궁리하는 거죠. 큰 레이아웃을 정하면 면 단위 편집은 면 담당 편집부원들이 기본적으로 하고. 제가 큰 그림을 그려주는 거죠.

편집의 균형

큰 그림이라 하면 저희가 신문을 봤을 때 어떤 건가요?

이택진　신문을 펼쳤을 때 양쪽 균형을 맞추는 방식을 요즘 많이 쓰죠. 웬만하면 사진 크기라든지 제목 크기라든지, 그러니까 이재명 후보가 다섯 칼럼이면 윤석열 후보도 다섯 칼럼 해주고, 왜냐하면 여고 야기 때문에, 또 여론조사도 별 차이가 안 나기 때문에 이 비율도 어느 정도 균형 있게 맞춰야 돼요.

균형 있게 편집을 맞추는 것과 관련해 어떤 가이드라인이 있는 건가요?
이택진　저희들끼리 암묵적으로 그렇게 하죠. 애초에 기사를 쓸 때부터 그런 걸 감안해서 쓰고요.

그런 기준을 좀 더 구체적으로, 정치면을 예로 들어 말씀해주세요.
이택진　정치가 요즘 제일 민감하죠. 표현도 그렇고 사진의 표정 같은 것도 그렇고. 어제 편집부 회의를 했는데, 재미있었던 사진이 뭐냐 하면 이재명 후보가 안동에 가서 낙지를 들고 사진을 찍었어요. 윤석열 후보는 강원도에 가서 킹크랩을 들고 사진을 찍었고요. 문제가 뭐냐면 이재명 후보는 활짝 웃고 있어요. 그런데 윤석열 후보는 표정이 어정쩡해요. 그러니까 항상 이재명 후보 쪽은 사진이 아주 좋게 나와요. 정치부장한테 물어보니까 그쪽은 코디해주는 사람이 있대요. 사진 찍는 것까지. 운동권 출신들이 그런 걸 아주 잘하거든요. 그래서 두 사진을 붙여놓으면 재밌겠다 싶었는데 윤석열 후보 표정이 영 어정쩡한 거예요. 저희들은 그런 것까지 신경을 씁니다. 균형을 맞춰야 되니까. 그래서 결국 두 사진을 모두 포기했죠.

3부. 언론은 이렇게 세계의 그림을 완성한다

편집부 회의

질문이 계속 떠오르는데, 부장님이 주재하시는 편집부 회의가 자주 있 잖아요. 회의를 하루에 보통 몇 번쯤 하시죠?

이택진 저희들끼리 세 번 정도 하죠.

그게 주로 어떤 목적의 회의들인가요? 시간이 정해져 있나요?

이택진 기본적으로 오후 3시 30분에 편집부 회의를 합니다. 오늘 신문을 어떻게 만들지 스타팅을 하는 거죠. 각 면의 사진은 뭘 쓰고 이런 기본 적인 콘셉트를 정한 걸 제가 편집부 회의에서 얘기하죠. 그러면 면 담당 자가 같이 구현하는 거니까 그 사람하고 또 논의를 하면서 길지는 않지 만 몇 마디씩 하죠. 3시 반에 그렇게 한 번 하고 5시 반 가판 회의 끝나고 나면 저희들끼리 회의를 또 한 번 하죠. '이런 얘기가 나왔는데 우리가 이런 식으로 반영하자'는.

한 저녁 6시쯤이 되겠군요.

이택진 그렇죠. 각 부서하고 담당자들이 각자 한 번씩 얘기도 하고 오고.

부서하고 얘기한다는 것은?

이택진 그러니까 각 면 담당자가 취재 부서하고 상의를 합니다. 오늘 그 쪽에서 뭘 쓰겠다 그러면 우리는 어떻게 할지 이것저것 물어보고, 그걸 왜 쓰느냐 이런 것부터 해서 다시 시작하는 거죠.

그게 두 번째 회의고, 세 번째 회의는 밤 9시 편집국 회의 이후에.

이택진 52판, 그게 우리가 제일 많이 찍는 신문이죠.

그렇죠. 저도 집에서 그걸 받아보는 거고요.

이택진 그렇습니다. 52판이 나온 거 보고 저하고 팀장하고 야근자하고 체크를 하고, 그러고 나서 제가 퇴근하죠.

그러면 12시겠네요. 저희가 언제 그 회의를 한번 참관할 수 있을까요? 별다른 폐는 안 끼칠 텐데.

이택진 그건 비밀인데요. (웃음) 죄송합니다. 정말 실무적인 회의라서 별로 보실 게 없을 겁니다.

그 분위기를 한번 보고 싶어서요.

이택진 상의를 한번 해보겠습니다. 부원들하고.

편집부의 자리 배치

편집부가 현재 부장님 앉아 계신 위치에 있고, 사회정책부와 사회부 사이에도 있는 것 같아요. 자리 배치가 정확히 어떻게 되나요?

이택진 몇 차례 변화가 있었어요. 조선일보 편집부의 역사와 맞물려서.

편집부의 역사요?

이택진 네. 간단히 말해 현재 지면 편집은 편집부에서 편집을 하는 경우와 취재 부서에서 편집을 하는 경우가 섞여 있습니다. 자리 배치도 그에 맞물려 조금 복잡하게 되어 있습니다.

취재 부서에서 편집한다는 게 무슨 말씀이죠?

이택진 지금 문화면 편집은 문화부에서 하고 있어요. 문화부 기자들이 직접 하는 건 아니고, 계약직 친구들로 계열사 비슷하게 만들어서 아웃소싱 개념으로 하죠. 그 친구들이 초판을 해주고 제목도 달아놓으면 문화부에서 그걸 손봐서 지면을 만듭니다.

그러면 문화면 쪽은 편집부에서는 관여를 안 하시나요?

이택진 웬만하면 관여 안 하는 쪽으로 하고 있죠. 그러니까 흔히 간지라고 말하는 지면 편집은 편집부가 관여하지 않습니다.

간지요?

이택진 본지 말고 안에 끼여 있는 거. 사이 간間 자를 써서 그걸 간지라고 하거든요.

지금 같으면 '조선경제' 말씀이신가요?

이택진 그렇죠. 원래는 문화 쪽도 간지로 되어 있었습니다. 초창기에는 문화면을 미리 만들었거든요. 하루 전쯤 미리 만들어놨어요. 여유가 있으니까 너네가 지면을 만들어도 되는 거 아니냐 그래서 문화하고 스포츠의 경우 실험적으로 자체 편집을 했죠. 그렇게 한 5~6년 했나요. 그러다 스포츠는 돌아왔죠. 스포츠는 밤에 계속 경기가 열리기 때문에 단판에 편집을 뒤집는 경우도 있으니까 자체 편집이 조금 힘들죠. 그래서 문화면만 부서에서 편집을 하게 된 겁니다. 이런 변화를 거치면서 편집부를 한데 모아놓는 게 아니고 취재부 쪽에 사람을 배치하자, 편집 담당을 원 줄고 부서 옆에 배치하자 해서 지금처럼 자리가 따로 있게 된 거죠.

그래서 편집부 말고 사회부, 경제부 등 취재 부서 근처에 편집기자가 있는 거군요.

이택진 네, 그리고 또 코로나 때문에 비상팀을 만들었거든요. 그게 저 건너편 건물에 가 있어요. 경제팀을 그쪽으로 빼냈죠. 코로나 걸리면 초창기에는 건물을 봉쇄해버렸잖아요. 그래서.

6·25 때도 만들어진 게 신문이니까 우리는 어떤 상황에서든 무조건 신문을 만들어야 된다 해서 비상 계획으로 빼놓은 거죠. 만약에 여기가 봉쇄되더라도 저쪽 팀은 가동되겠죠.

편집국이 봉쇄되는 비상사태를 대비한 플랜B인 셈이네요.

이택진 그렇죠. 취재 부서는 밖에서 얼마든지 기사를 보내도 되는데 편집부가 문제가 되거든요.

지금 편집부가 나뉘어 있는 게 여기 4층에 부장님이랑 함께 있는 게 종합팀, 그다음에 사회정책부와 사회부 사이에 있는 게 무슨 팀이죠?

이택진 사회팀이라고 해요.

경제팀은 건너편 건물에 따로 가 있고.

이택진 네 비상시에 신문을 만들어야죠. 거기에 우리 아웃소싱 팀도 같이 가 있죠.

아웃소싱 팀도 있군요.

이택진 C섹션이라든지 그런 걸 주로 담당하죠.

3부. 언론은 이렇게 세계의 그림을 완성한다

그리고 문화 담당 편집자는 아웃소싱 계약 방식으로 3층에 있고. 생각보다 복잡하군요.

이택진　네. 복잡합니다. (웃음)

편집부의 규모

편집부에 모두 몇 분이 계시나요?

이택진　지금은 저희가 많이 줄어서 15명입니다.

원래는 더 많았나요?

이택진　전에는 엄청났죠. 한 40~50명? 그때는 3교대를 했으니까, 아침에 출근해서 가판 만들고 퇴근했어요.

전에는 가판 신문을 찍었으니까요.

이택진　네. 그러면 야근조가 출근해서 그걸 받아가지고 야근을 하고. 그렇게 야근을 한 조는 다음 날 쉬는 거죠. 그때는 야근을 새벽 3시까지 했거든요. 2교대인데 야근조는 하루씩 돌아가며 쉬니까 사실상 3교대로 돌아갔죠. 그때는 면수도 엄청났고 부수도 200만 부 이상 찍었으니까. 그러다가 점점 줄었죠.

그런데 발행 부수는 줄었어도 편집기자들이 담당하는 지면 양이 준 건 아니잖아요.

이택진　편집하는 지면도 절대적으로 상대적으로 모두 줄었습니다.

편집하는 지면이 감소했나요?

이택진 네. 특히 최근 코로나가 번지면서 많이 줄었습니다. 신문의 전체 면수는 줄지 않았지만 우리가 편집하는 뉴스 지면 수는 줄었습니다. 사회면 같은 경우 코로나 이전에 보통 매일 4개 면을 제작했거든요. 그런데 지금은 2개 면 하는 날도 있고 3개 면 하는 날도 있고. 통상 2개 면이라고 보시면 됩니다.[1]

전체 지면은 안 줄었는데 실제로 뉴스가 차지하는 지면은 줄었군요.

이택진 네. 뉴스 면이 줄었죠. 광고는 어쨌든 한 해 매출 같은 걸 맞춰야 되니까. 코로나 오면서 초기에는 광고 면도 32페이지까지 줄었죠. 그런데 이게 너무 줄어버리면 결국은 매출이 줄어드니까, 한 번씩 40페이지도 하고 36페이지도 하고. 어쨌든 코로나로 뉴스 면은 줄었습니다. 아까 말씀드린 대로 사회 면 같은 경우도 줄었고 스포츠 면도 원래 매일 2개 면을 했는데 알게 모르게 줄었어요. 그래서 아마도 독자들이 보시기에 광고가 많다고 느끼실 겁니다.

그런 이유로 한때 50명쯤이던 편집부서가 15명?

이택진 게다가 아웃소싱으로 편집 인력을 많이 떼냈거든요. 거기가 한 10명 됩니다.

편집부에서 그렇게 줄어든 인원은 다 어떻게 됐나요?

이택진 우리 신문사에 인쇄 공장도 많고 그래서 그쪽으로도 가고. 편집 업무를 맡은 아웃소싱 계열사 대표로도 가고. 그런 식으로 나갔습니다.

3부. 언론은 이렇게 세계의 그림을 완성한다

디자인 편집 파트도 편집부 소관인가요.

이택진 네. 편집부 안에 뉴스 파트하고 디자인 파트가 있습니다. 디자인 편집 파트는 우리 신문에 들어가는 표라든지 일러스트레이션 같은 걸 담당합니다.

그 파트도 부장님 통제를 받고요?

이택진 그렇죠.

디자인 파트 인원은 얼마나 되나요.

이택진 25명쯤 됩니다. 사진 이외의 모든 그래픽이나 디자인 요소들을 여기서 전담한다고 보시면 됩니다.

국장단 회의

다른 편집기자분들은 오후부터 본격적으로 일이 시작되는데, 편집부장님 같은 경우 아침부터 분주하게 움직이시는 것 같습니다. 오전에 편집국장, 부국장 두 분, 그리고 부장님, 이렇게 네 분이서 회의를 하시잖아요. 각각 담당하시는 역할이 나뉘어 있나요?

이택진 역할 구분 같은 건 없습니다. 일단 뉴스 총괄 부국장이 발제를 하고 저도 하고. 발제는 누구든 다 같이 하죠. 자유롭게 그냥 자기가 봤을 때 오늘 이게 톱인 것 같다, 그런 식으로 얘기하는 거죠.

그러면 아무래도 국장께서 최종 결정은 하시겠지만 지면의 큰 구조를 결정하는 건 네 분이라고 봐도 무방할까요?

이택진 지면의 메인이라고 할 수 있는 종합면의 경우 1차로 그렇게 4인이 회의를 해서 큰 흐름을 잡고, 세부적인 것은 다시 취재 부서하고 상의합니다. 우리 생각에는 오늘 이런 것들이 들어갔으면 좋겠다 그러면 취재 부서가 생각하는 게 있으니까 자신들 얘기를 하죠.

종합면 편집

알겠습니다. 종합면 구성은 그날그날 상황에 따라 상당히 자유롭게 이루어지는 것 같던데요. 일단 1면이 있고 2면, 3면, 경우에 따라서는 4면, 5면까지도 가나요?

이택진 그렇습니다.

그러다보니 어떤 날은 종합면이 무척 커지기도 하는 거군요. 그리고 그 지면 맨 위 가운데를 보면 타이틀이랄까 지면 이름이 달려 있는데, 그걸 자세히 보면 정치, 사회, 경제 이런 식으로 고정돼 있는 게 아니라 매일 달라지던데요. 오늘 같은 경우는 그 제목을 '델타·오미크론 복합쇼크' 이렇게 다셨잖아요. 종합면 제목이라 할까요, 이건 누가 결정하죠?

이택진 지면 제목 워딩은 제가 결정합니다. 이 면의 성격이 이렇다 하는 걸 보여주는 거죠.

저는 일단 제목부터 보고 나머지를 쭉 보거든요. 물론 사람마다 다르겠지만, 제목을 보는 것만으로도 그 면의 성격이 와닿아서 도움이 됩니다. 지면 제목을 달 때 부장께서는 어떤 점을 중요하게 고려하시나요?

이택진 그러니까 쉽게 말해서 각 면의 성격을 규정하는 거죠. 이 면은 이런 거라고 문패를 다는 겁니다. 집집마다 문패가 달려 있으면 찾기가 쉽잖아요. 그런 차원에서 이 면은 이런 내용이니까 이렇게 보세요, 그런 거죠.

그럼 부장님이 그렇게 결정하시면 주위에서 이견이 있거나 하는 경우는 없나요?

이택진 크게 그런 적은 없습니다. 왜냐하면 저하고 종합팀장이랑 면 담당, 세 명이 같이 결정하니까요.

기사나 칼럼 제목도 부장님이 결국 정하시는 거죠? 저도 가끔 칼럼을 쓰는데, 제목 다는 게 참 어렵잖아요.

이택진 그렇죠. 기본적으로는 면 담당자가 하고, 제가 그걸 오케이 하고 그렇게 하죠.

기준이나 원칙 같은 게 있을까요?

이택진 편집이라는 게 기본적으로 독자들에게 "우리가 갖고 있는 게 이런 겁니다" 하고 종합적으로 보여주면서, 동시에 "오늘 좋은 고기가 들어왔는데 이것도 한번 드셔보실래요" 하는 차원에서 주요 메뉴를 추천하는 메뉴판 같은 거죠. 사실 요즘은 신문을 잘 안 보는 사람들이 많기 때문에, 독자들을 유인하기 위해 레시피 같은 걸 살짝 보여드리는 겁니다.

사진과 캡션 편집

사진을 쓸 때 어떤 걸 쓸지도 역시 편집부에서 판단하시는 거죠?

이택진　그렇습니다. 사진부장하고 상의해서. 사진부에서 추천이 올라오거든요.

주로 연합이나 뉴스1에서 받아서 사진을 싣던데요, 물론 자체적으로 하는 경우도 있고. 그런데 언제부턴가 자체 사진이 많이 줄어든 것 같아요.
이택진　아, 딜레마인데요, 기사는 가져오면 고치기라도 하지만 사진은 찍어오면 그걸 달리 어떻게 할 수가 없어요. 예를 들어 사진에 윤석열 후보가 찡그리고 있어요. 활짝 웃으면 좋은데 이게 어정쩡하게. 그렇다고 다시 불러서 찍을 수는 없잖아요. 달리 방법이 없는 거죠. 그런데 연합에서 찍은 사진이 좋다 그러면 이게 딜레마인 거예요. 독자 입장에서 봤을 때는 연합을 쓰는 게 맞거든요. 신문은 무조건 베스트로 가야 되니까. 그런데 우리도 현장에 가서 찍긴 찍었단 말이에요.

그럼 사진 기자가 나가긴 나가나요?
이택진　모든 현장에 다 가는 건 아니지만 주요 현장에는 갑니다. 그런데 도저히 이거는 아닌 것 같다 그러면 과감하게 연합 걸로 하죠. 웬만하면 우리가 찍은 걸로 하는데, 도저히 안 되겠다 싶은 경우도 왕왕 있습니다. 특히 종합 1면은 제가 원칙을 양보 안 하죠. 종합 1면만큼은 연합이든 우리 것이든 가장 좋은 걸로 합니다.

저희가 느끼기에는 외부 사진이 더 많은 듯합니다.
이택진　그렇죠. 실은 사진 기자들도 많이 줄였어요. 그 영향이 크죠.

사진 아래 캡션이 있잖아요. 사진이 잘 이해되지 않는 경우도 캡션을 읽어보면서 *끄덕끄덕*하게 되는데요. 그것도 편집에서 작성하나요?

이택진 그렇습니다. 기사 본문 제외하고는 다 편집부에서 작업합니다.

또 사진하고 캡션만으로 구성된 기사도 볼 수 있는데요.

이택진 그걸 저희는 독립 사진이라고 합니다. 기사하고 사진이 맞물려가면 좋은데, 사진이 같이 갈 수가 없는 기사도 있죠. 거꾸로 토네이도 같은 사진은 뉴스 가치가 있기 때문에 독립 사진으로 나가고. 그런 경우가 자주 있습니다.

일각에서는 불평도 하는 것 같아요. 기사와 관련된 사진이겠거니 하고 보면 무관한 경우가 종종 있어서.

이택진 늘 약간의 딜레마가 있습니다. 기사하고 사진하고 잘 맞물리는 게 가장 보기가 좋은데, 그런 경우가 생각보다 드물어요.

편집에서 가장 중요하게 고려하는 원칙

편집할 때 제일 중요하게 고려하는 원칙 같은 게 있나요?

이택진 하루 벌어 하루 먹고사는 사람들이라서. (웃음) 사실 원칙을 앞세운다기보다는 편집일이 몸에 뱄다 그럴까요. 그냥 그렇게 저희들 일을 하는 거거든요. 그래도 굳이 원칙을 말씀드리자면 제일 중요한 것은 팩트죠. 요즘 다양한 소셜미디어가 있고 그렇지만, 언론이 살아남으려면 결국 팩트니까. 편집부는 팩트에 임팩트를 주려고 하죠.

팩트 다음으로 중요한 원칙은 뭔가요?

이택진 다음으로 중요한 원칙은 공정하게 편집하는 것, 거기에 가장 신경 쓰죠.

공정하게 편집한다는 게 말처럼 쉽지 않을 텐데요. 이를테면 아까 말씀하신 대로 균형을 의식하면서 한쪽은 문어, 한쪽은 킹크랩, 그때 표정, 그런 걸 모두 살피자면 한이 없을 것 같습니다.

이택진 그렇죠. 오늘 아침에 보셨는지 모르겠는데, 이재명 후보가 대구·경북 쪽을 돌면서 자기 원래 노선하고 다른 발언들을 많이 했거든요. 전두환 얘기 갑자기 하고. 그래서 사진을 찾다보니까 어울리는 사진이 있긴 있었어요. 뒤쪽에 박정희라고 박힌 현판도 보이고. 그런데 그 사진을 쓰면 이재명 후보 얼굴이 크게 나오겠더라고요. 그에 비해서 윤석열 후보는 조그맣게 나오게 되고. 이걸 놓고 어제 한참 토론을 했습니다. 얼굴 크기에서 상당히 큰 차이가 났거든요, 평소보다. 한번 비교해보세요.

네. 찾아서 비교해보겠습니다.

이택진 차이가 많이 나서 51판에서는 그 사진을 못 썼어요. 그래서 52판에서는 얼굴이 최대한 크게 나온 윤석열 후보 사진을 찾은 다음에 방금 말씀드린 이재명 후보 사진을 넣어서 다시 편집했습니다.

독자 입장에서 의식하지 못했던 정말 세심한 부분까지 신경을 쓰시는군요.

이택진 네. 특히 선거 때는 더욱 세심하게 공정성에 신경을 씁니다.

사진도 일종의 프레임이라서 똑같은 사진도 이렇게 자를 때와 저렇게

새시대준비위원회 현판식 13일 오후 서울 여의도 한 빌딩에서 열린 국민의힘 윤석열 대통령 후보 직속 새시대준비위원회 현판식에서 윤(오른쪽) 후보와 김한길 새시대준비위원장이 기념 촬영을 하고 있다.

칠곡 다부동전투 기념관 찾은 이재명 더불어민주당 이재명(오른쪽 둘째) 대통령 후보가 지난 11일 6·25전쟁 최대 격전지 였던 경북 칠곡군 다부동 전투 전기기념관을 찾았다. 이 후보 오른쪽은 아내 김혜경씨.

[기사 17] 2021년 12월 13일 월요일 51판 4·5면

윤석열·김한길 새시대준비위 현판식 악수 12일 오후 서울 여의도 한 빌딩에서 열린 국민의힘 윤석열 대통령 후보 직속 새시대준비위원회 현판식에서 윤 후보(오른쪽)와 김한길 새시대준비위원장이 악수하고 있다.

경부고속도로 기념탑 '박정희 친필' 앞에서— 이재명 더불어민주당 대통령 후보가 12일 경북 김천시 추풍령휴게소 경부고속도로 기념탑을 둘러보고 있고, 이 후보 오른쪽은 박정희 전 대통령의 친필로 '서울 부산 간 고속도로는 조국 근대화의 길이며 국토 통일의 길이다'라는 문구가 보인다.

[기사 18] 2021년 12월 13일 월요일 52판 4·5면

자를 때, 그리고 클로즈업할 때 느낌이 완전히 달라지는데요. 조선일보 사진들이 특정한 관점을 고정시킨다는 지적도 있습니다.

이택진　그럴 경우가 있죠. 너무 심하지 않게 제가 신경을 더 쓰겠습니다.

사진 선정에 정해놓은 원칙 같은 건 없나요?

이택진　원칙이 있다기보다는, 제가 부장이 되고서 지키는 한 가지는 지저분하지 않은 사진을 쓰자. 뒷배경이라든지 이런 게 깔끔한 사진을 주

로 쓰자고 이야기를 합니다. 그 외에는 제가 특별히 주문하는 건 없고, 살아 있는 표정 정도입니다.

편집 가이드라인

편집과 관련한 가이드라인 같은 건 없나요?
이택진 명문화된 건 없죠. 사실 조선일보 스타일이라는 게 있어서 그냥 습관적으로 이건 되고 이건 안 되고 그렇게 해오는 겁니다.

부장님이 처음 들어오신 게 언제죠?
이택진 1993년도에 들어왔습니다.

1993년부터면 벌써 한 30년이 다 돼 가는데 부장님도 그렇게 어깨너머 식으로 배우신 건가요?
이택진 네. 그냥.

뭐랄까 상당히 도제식이네요?
이택진 어느 신문사든 다 그럴 겁니다. 다른 신문사의 친구들도 편집 매뉴얼 좀 달라고 그러는데 정말로 줄 게 없어요.

책을 쓰셔야겠는데요. 정말 재미있을 것 같은데요.
이택진 에구 제 주제에 무슨.

신문이라는 게 이런저런 과정으로 제작된다는 건 이론으로 알고 있었지만 정말 이렇게 바쁘면서도 꼼꼼하게 돌아가는구나 하는 걸 제가 현장에 와서 느끼고 있습니다. 그 중심에 부장님처럼 꼼꼼하게 사실과 균형을 챙기시는 분이.

이택진 그 반대가 아닌가, 저는 그게 겁나는데요. "야, 얘들 진짜 주먹구구식으로 만드는구나." (웃음)

취재 부서와의 협업

편집부의 역할이 생각할수록 중요한 것 같습니다. 온갖 복잡한 내용을 일목요연하게 정리하고 사진, 제목 같은 걸 붙여 기사와 지면을 완성하시는 게.

이택진 제가 볼 때는 취재부 역량이 상당히 뛰어나요. 조선일보는 직접 일을 해보면 맨파워가 상당하다는 걸 느끼죠.

지금도 그런가요?

이택진 그렇습니다. 취재 부서 쪽이. 특히 정치부 쪽이 아주 잘하죠. 같이 일을 해보면 정치부에 에이스들이 많죠.

부장님은 기사들을 다 읽어보시나요?

이택진 다는 못 읽어봅니다. 기사가 5시 넘어 나오는 게 태반이라서 제가 다 보지는 못하죠.

그래도 내용을 파악하셔야 그에 걸맞은 편집을 하실 텐데요.

이택진 톱이라든지 그 정도 읽어보죠. 기본적으로 면 담당이 있으니까요.

1면 담당, 2면 담당 이렇게 딱딱 정해져 있거든요. 이전에 편집기자들이 50명 있을 때는 각각 한 면씩 맡았는데 요즘은 사람이 줄어서 한 사람이 두 면을 짜야 하거든요. 아무튼 면 담당들로부터 돌아가는 걸 파악하고 오늘 집중적으로 봐야 될 면이 있다 그러면 가판에서는 그걸 집중적으로 봅니다.

취재 부서와의 협력은 매끄럽게 진행되나요. 가령 정치부의 어떤 기자가 기사를 잘 썼어요. 그리고 정치부 내에서도 데스킹을 하잖아요. 그런데 편집 쪽에서도 제목이라든가 어깨라든가 사진 같은 걸 만드셨는데, 그 과정에서 상호 간에 별다른 이견 없이 일이 조화롭게 잘 진행되나요? 아니면 이견 같은 게 생기나요?

이택진 이견도 자주 나오고, 당연히 서로 얘기를 계속하죠. 특히 요즘같이 민감한 시기에 정치면 같은 경우는 더더욱 얘기를 많이 나누는 편입니다.

편집에서 뽑은 제목에 대해 취재기자가 이견을 제시하는 경우도 종종 있나요?

이택진 많습니다. 그래서 정치 같은 경우는 계속 얘기를 나누면서 조율을 합니다. 후보들 간 밸런스도 맞추고 해야 하기 때문에 상당히 많이 조율합니다.

그러면 조율은 누구와 누구 사이에서?

이택진 일차적으로 면 담당하고 정치부장하고 하죠. 그다음에 제가 개입해서 또 조정도 하고요.

지면 편집할 때 취재 부서와는 별다른 갈등이 없나요?

이택진 　그렇게 많지는 않습니다. 어차피 숙명처럼 서로 의존해야 하는 관계라서.

끝까지 이견이 안 좁혀지는 경우에는 어떻게 하나요?

이택진 　그런 일은 없습니다.

지금도 기억이 생생한데요. 한 달쯤 전인 지난 11월 16일에 1면 톱의 미중정상회담 제목을 놓고 국제부장이랑 뉴스 총괄 부국장이 밤늦게까지 입장을 굽히지 않고 치열한 논쟁을 벌이는 걸 보며 깊은 인상을 받았습니다.[2] 시간이 너무 늦어 결론을 못 보고 귀가했는데, 다음 날 아침 집으로 배달된 신문을 보니까 제목이 너무도 적절하게 수정돼 있어서 감동했거든요. 그런 경우에는 어떻게 하나요?

이택진 　결국 제가 조정했습니다. (웃음)

그건 정말 아 다르고 어 다르다고 너무나 큰 차이가 나는 제목이잖아요. 그런 일이 자주 발생하나요?

이택진 　그렇게 자주 발생하는 상황은 아닙니다.

지면 편집은 면 담당 편집기자와 취재 부서가 긴밀하게 상의해가면서 진행한다고 하셨는데, 그 과정을 조금 더 상세히 설명해주시겠어요?

이택진 　일단 아침 회의 끝나면 종합면 지면 계획이 공지되고 그것을 기반으로 각 부서에서 부 단위 지면의 기사 계획을 올립니다. 그럼 편집부에서 면을 구성하기 위해서 담당 기자들하고 연락하기 시작하죠. 오늘 기사 이거 나가면 그래프 같은 거 뭐가 있냐. 면 담당자가 출고 부서 데스크하고 상의하면서 면 구성을 하죠. 그런 다음 일차적으로 저한테 안을 갖고 옵니다. 그럼 제가 아침 회의 한 게 있으니까 같이 고려해서 또 얘기를 하고. 그런 논의를 거쳐서 "그럼 이 면을 오늘 이렇게 만들어보자" 하면서 지면 담당자가 저에게 먼저 프레젠테이션을 하죠. 그럼 제가 추가할 건 추가하고 뺄 건 빼고, "사진은 이렇게 쓰자" 이런 상의를 하면서 면 구성을 진행하죠. 그런 다음 제목을 올려놓으면 제가 또 데스킹을 봅니다.

바로 이어 5시 반 가판 회의. 편집부가 가장 바쁘겠군요.

이택진 그렇습니다.

부장님은 각 면 담당자가 올린 걸 다 보셔야 하잖아요. 한꺼번에 지면안들이 막 들어오면 정신이 없으실 것 같은데.

이택진 네. 그래도 종합팀장도 있고 사회팀장도 있어서 기본적으로 한번 거쳐서 보는 거니까요. 하지만 가판 마감을 앞두고는 정신이 없습니다. 그러니까 중간에 계속 소통을 안 할 수 없죠.

편집의 공정성

편집에서 공정성을 무엇보다 중시한다고 하셨는데요. 사실 이 점은 사회적으로도 많은 논란이 있고, 현장을 연구하는 저희 입장에서 가장 관심이 가는 사항이기도 한데요. 구체적으로 공정성을 강화하기 위해 지면 편집 차원에서 어떤 노력을 하시는지 세부적인 내용을 알 수 있을까요?

이택진　정해놓은 게 진짜 없습니다. 있는 그대로 가는 거죠. 하지만 이런 게 있어요. 기사 톤을 보면 우리가 소위 '조진다'고 해서 특정 정치인이나 공직자의 문제점을 강하게 비판하는 기사를 쓰는 경우가 있습니다. 그런데 출고된 걸 보면 한 면에 실린 기사 3건이 다 그런 기사인 때가 있단 말이에요. 이거 너무 한쪽으로 간다, 그럴 때는 편집 차원에서 조정을 하죠. 제목으로 조정할 때도 있고요.

각부 단위로 데스크들이나 또는 각부 부장들도 그런 조정을 하는 것 같던데요.

이택진　그렇습니다.

편집 차원에서도.

이택진　네. 편집 차원에서도 그걸 합니다.

전체 편집국 회의할 때 보면, 편집국장 같은 경우 '너무 이쪽 아니냐'는 식으로 주로 톤 다운을 주문하는 경우가 많은 것 같던데요. '이쪽을 더 강하게 가져가야 되는 거 아냐'라기보다는. 제 이해가 맞는 건가요?

이택진　그렇습니다. 현장에서 글을 쓰다보면 기자도 사람인지라 자신의 정치적 태도가 묻어나는 경우가 왕왕 있습니다. 그럴 때는 부 단위 데스킹, 편집부, 그리고 편집국장 차원에서 조정이 들어가죠. 특히 선거 관련 기사는 더욱 그렇습니다. 대선 레이스라는 게 워낙 중요한 사안이고, 하루 이틀이 아니고 계속 가야 하는 거라서.

그래서 데스킹과 편집을 통해 일선 취재기자들이 쓴 기사를 다듬는 과정은 주로 강한 주장들을 톤 다운하는 방향으로 간다고 일반화해도 무방할까요?

이택진 그렇다고 할 수 있습니다. 예컨대 앞서 말씀드린 대로 한 면에 실린 기사 3건이 다 특정 정치 진영의 문제점을 지적하는 기사들인 경우, 그걸 그대로 내보내면 정말 사태가 심각해지거든요.

그렇다고 기자가 쓴 비판 기사를 교체하는 건 권력을 감시하고 비판하는 언론 입장에서 바람직하지 않아 보입니다.

이택진 그렇습니다. 기사 자체를 안 쓸 수는 없는 경우들이 왕왕 있습니다. 언론 입장에서 분명하게 지적을 안 하면 오히려 문제가 되는 경우가 있어요. 그럴 때는 기사는 그대로 가고, 대신 편집에서 제목만 살짝 팩트 전달 식으로 톤 다운할 수 있는 거죠. 그런 식으로 편집을 합니다.

말씀을 들을수록 편집이 어렵고 중요한 일이라는 생각이 듭니다.

이택진 네, 그냥 어찌어찌 하고 있습니다.

기사의 제목, 사진, 사진 캡션, 그래픽 등 기사 내용 외의 모든 항목들을 편집부에서 담당하는 건데요. 그런 것들을 꼼꼼하게 살펴보니까 기사 내용하고 잘 안 맞는 경우도 있는 것 같습니다.

이택진 (정색을 하며) 그래요?

자주 있지는 않습니다만.

이택진 저는 잘 모르겠는데, 그런 경우는 없어야겠죠.

이를테면 제목이 전체 기사 내용을 반영하기보다는 기사에 담긴 특정한 사실이나 관점을 강조하는 경우도 있다는 지적에 대해서는 어떻게 생각하시나요?

이택진 기사 제목 같은 경우 주목을 끌기 위해 전체 내용 중 일부만을 부각하거나, 튀는 쪽으로 가는 예가 종종 있다는 건 부인할 수 없습니다. 좀 더 신경을 쓰겠습니다.

너무 심각하게 받아들이시니까 오히려 미안하네요. 오늘 부장님 말씀을 듣다보니 기사가 과도하게 한쪽으로 흘러가는 걸 편집이나 제목으로 잡아주는 경우도 있겠다는 생각이 듭니다.

이택진 네. 어쨌든 좀 더 신경 쓰겠습니다.

국장과의 관계

편집과 관련해서는 국장이랑 말씀을 많이 나누시죠?

이택진 그렇죠. 수시로 방에서 만나 얘기하고 수시로 통화하고.

국장단 네 분이 모여서 얘기하다가 어떤 때는 부장님이랑 국장님 두 분이 따로 얘기하기도 하던데, 국장님하고 따로 얘기하는 건 어떤 경우인가요?

이택진 따로 만나는 경우가 요즘은 드문데…. 가끔가다 1면 톱 제목을 조금만 다운시켜주면 좋겠다, 이런 거 급할 때 한 번씩. 지금 국장이 원체 무난한 분이라서, 스타일이.

오전 회의, 2시 회의 등을 거쳐서 5시에 가판을 만드는 거잖아요. 물론 긴급한 사정이 생기면 바꾸기도 하겠지만. 그런데 5시 반 회의 또는 9시 회의에서 무슨 특별한 뉴스가 들어오는 것도 아닌데 "이 제목 바꾸자" 하는 얘기를 국장이 하시잖아요. 그건 어떤 경우인가요? 앞서 짜놓은 걸 바꾸는 게.

이택진 그게 우리가 머릿속으로 생각했던 게 있는데 실제로 신문 지면에 앉혀보면 뭔가 이상하다, 그런 경우가 왕왕 있습니다.

그런 판단이군요.

이택진 예를 들어 사진을 처음 봤을 때는 괜찮았던 것 같은데 이게 지면에 앉혀놓고 보니 옆에 있는 기사들하고 삐걱대는, 그런 느낌 들 때가 있거든요. 그냥 글로만 봤을 때하고 신문 모양이 되어서 봤을 때하고 달리 보이는 경우도 있고요. 그런 차원이죠.

지면 편집과 디지털 편집

다음으로 민감한 질문인지 모르겠는데, 디지털 쪽에서는 같은 기사인데 제목도 달리하고 사진 밑에 달리는 캡션을 바꾸기도 하고. 특히 제목은 자주 바꾸는 것 같던데요. 기사 순서도 많이 바꾸는 것 같고. 디지털 쪽도 부장님이랑 상의를 하시나요?

이택진 그쪽은 저하고는 상관없습니다. 디지털 쪽은 저는 잘 모르지만 일단 올리는 순간부터 클릭 수가 나오는 식이라서 거기에 많이 좌우되죠. 한 10분 정도 올려놓고 보면 답이 나온다고 그러더군요. 계속 올려둘지 말지.

3부. 언론은 이렇게 세계의 그림을 완성한다

지금 믿을건 부스터샷뿐

오늘부터 예약… 청소년 접종 등 정부의 설득이 관건

12일 기준 18세 이상 우리 국민 코로나 백신 접종 완료율은 92.1%에 달한다. 그런데도 코로나 확진자가 연일 7000명대 안팎을 기록하면서 그 여파로 의료체계는 사실상 붕괴 양상으로 치닫고 있다. 재택 치료자는 2만명을 넘고 중증 환자는 894명으로 900명 돌파를 눈앞에 뒀다. 11일 오후 5시 기준 전국 중환자 병상 가동률은 80.9%. 80%대로 접어들었다. 서울과 인천은 90.6%, 92.4%로 90%를 넘어선 상태다. 수도권에서 병상을 기다리는 코로나 감염자만 해도 1739명. 11일 코로나 사망자 수는 80명으로 코로나 사태 이후 가장 많았다.

설상가상으로 '단계적 일상 회복(위드 코로나)' 이후 델타 변이 전파가 잡을 수 없이 악화한 상황에서 상륙한 오미크론 변이는 지금까지 보지 못한 '5차 대유행'마저 예고하고 있다. 지난 1일 첫 확진자가 나온 오미크론감염자는 이날 15명 늘어 지금까지 모두 90명을 기록하고 있다.

지난 1주간(12월 6~12일) 발생한 신규 확진자는 일평균 6320명이었다. 수도권에서 74.9%가 나왔다. 이런 난국은 결국 정부가 자초한 측면이 크다. 백신 접종률만 믿고 '위드 코로나'를 선언했지만 백신 예방 효과가 기본 접종 이후 3개월 지나면 크게 떨어진다는 사실을 간과했다. 이런 사실을 알리지 않았다는 부분도 문제다. 이후 정부는 부스터샷 접종 간격을 '접종 후 6개월'에서 '5개월 또는 4개월'로, 다시 '3개월'로 단축했지만 '뒷북 행정' 아닌가라며 지적했다.

13일부터는 2차 접종일로부터 3개월(90일)이 지난 18세 이상 성인은 부스터샷 예약을 할 수 있고 의료기관에 잔여 백신이 있다면 당일 맞을 수도 있다.

'부스터샷' 접종률을 올려끼고 나타난 미숙한 방역 행정은 부스터샷 기피 현상을 부채질했다. 현재 1·2차 접종 때와 달리 3차 접종률은 전수 계층인 60세 이상에서 33%로 2차 접종 완료율(93%)의 3분의 1 수준이다. ○○○기자

A3면에 계속, 기사 A2·3면

朝鮮日報

하루 사망·중증환자 역대 최악… 지금 믿을 건 부스터샷뿐

입력 2021.12.13. 오전 3:09　수정 2021.12.13 오전 8:23

오늘부터 예약… 청소년 접종 등 정부의 설득이 관건
하루 80명 사망 역대최다… 중증환자 894명 최악

12일 기준 18세 이상 우리 국민 코로나 백신 접종 완료율은 92.1%에 달한다. 그런데도 코로나 확진자가 연일 7000명대 안팎을 기록하면서 그 여파로 의료 체계는 사실상 붕괴 양상으로 치닫고 있다. 재택 치료자는 2만명을 넘고 중증 환자는 894명으로 900명 돌파를 눈앞에 뒀다. 11일 오후 5시 기준 전국 중환자 병상 가동률은 80.9%. 80%대로 접어들었다. 서울과 인천은 90.6%, 92.4%로 90%를 넘어선 상태다. 수도권에서 병상을 기다리는 코로나 감염자만 해도 1739명. 11일 코로나 사망자 수는 80명으로 코로나 사태 이후 가장 많았다.

설상가상으로 '단계적 일상 회복(위드 코로나)' 이후 델타 변이가 전파가 걷잡을 수 없이 악화하는 상황에서 상륙한 오미크론 변이는 지금까지 보지 못한 '5차 대유행'마저 예고하고 있다. 지난 1일 첫 확진자가 나온 오미크론 감염자는 이날 15명 늘어 지금까지 모두 90명(국내 감염 67명, 해외 유입 23명)을 기록하고 있다.

12일 오후 서울 송파구보건소 선별진료소에서 시민들이 코로나19 검사를 받기 위해 줄을 서고 있다./연합뉴스

[기사 19] 2021년 12월 13일 1면 지면 기사(왼쪽)와 인터넷용 기사(오른쪽)

디지털 편집부장과 얘기를 나눠보니까 지면에서 고심해 뽑은 제목 같은 게 디지털 쪽에서는 잘 안 통한다, 그렇게 말씀을 하시던데요.

이택진　그쪽은 다른 세계죠.

그래도 애써서 만든 편집을 망가뜨리는 것일 수도 있는데요.

이택진　예를 들면 오늘 1면 톱 제목이 '지금 믿을 건 부스터샷뿐', 이게 10글자이지 않습니까. 그런데 디지털은 제목에 한 20~30글자가 들어가야

되거든요. 그런 기술적인 차이가 있으니까.

디지털 쪽은 전혀 상의를 안 하시는 건가요?
이택진 네. 같이 상의하기에는 서로 너무 바쁘니까요. 그쪽 일은 그쪽 동네에서 알아서 하는 거죠.

지면 쪽에서는 내용을 정확하게 반영하고 팩트 위주로 제목 뽑는 걸 중시하는데요. 디지털 쪽에서 그렇게 뽑은 지면 기사 제목을 바꾸면 혹시 뉴스가 변질되거나 뉴스의 본질적인 부분이 전달이 안 되고 심지어 왜곡될 수 있다는 생각은 안 하시나요?
이택진 글쎄요. 그런 문제는 크게 없다고 봅니다.

지면에 나왔던 기사가 인터넷에 어떻게 나왔는지 확인은 하시나요?
이택진 큰 기사들 위주로만 체크하고, 많이 보지는 않습니다.

음. 그러니까 디지털 쪽은 그냥 그쪽대로 돌아가는 거군요?
이택진 그렇죠. 그러려고 저쪽 부서를 따로 만든 거죠. 빨리빨리 대처하려고. 그나저나 이제 회의 시간이 다 돼서 들어가야겠네요.

오늘 평소 궁금했던 편집부의 역할에 대해 많은 것을 배웠습니다. 바쁜 시간 내주셔서 감사합니다.
이택진 네, 감사합니다.

10. 편집국장, 주용중

인터뷰이	주용중(남성, 인터뷰 당시 59세, 입사 31년 차)[1]
인터뷰 일시/장소	2021년 10월 4일 오후 6:30~8:30 / 조선일보사 인근 중식당

신문사 편집국은 흔히 소우주에 비유된다. 다양한 구성원들이 아슬아슬하게 서로를 비켜가며 자신들의 궤도를 빠르고 어지럽게 회전하는 카오스의 중심에 편집국장이 있다. 그는 성취욕과 개성 강한 단원들을 다독이고 얼러서 조화로운 화음을 끌어내는 교향악단의 지휘자다. 거칠고 억센 선원들을 이끌고 사나운 바다를 항행하는 함선의 선장이다. 언론사업의 운영을 책임지는 사주나 경영진과 지속적으로 소통하고 협력하지만, 그 힘에 종속되지 않고 때로 맞서가며 오케스트라의 선율과 선박의 항로를 지켜내는 든든한 맏형 같은 존재다. 신문은 함께 만드는 것이기에 모두의 의견을 존중해야 하지만 최종적인 판단은 그의 몫이다. 그가 보고 살피는 만큼 그의 신문은 크고 깊어질 것이다. 점차 과거의 유물이 되어가는 종이 신문을 넘어, 촌각을 다투며 업데이트되는 디지털

신문의 제작을 이끌어야 한다. 그러기에 그는 계승된 가치들을 지키면서 미래를 열어가야 한다. 시시각각 많은 결정을 해야 하며, 그 성과는 즉각적이다. 그래서 편집국장은 누구나 선망하지만 누구나 쉽게 맡을 수 없는 자리다. 그 권한과 보람만큼이나 책임과 자책이 앞서는 천형 같은 노역이다.

주용중 국장은 실제로 눈코 뜰 새 없이 바빴다. 편집국의 누구보다 빨리 그리고 많이 읽고, 누구보다 많은 미팅과 회의를 소화하며, 누구보다 분주하게 위아래, 안팎을 오갔다. 하지만 그는 그 역할을 그저 무덤덤하게 수행했다. 연구자가 가까이서 지켜본 수개월 동안 그는 한결같았다. 어지간한 일로는 표정의 변화가 없고 진솔하며 군더더기 없는 사람이었다. 그는 화려하고 역동적인 제스처 없이 오케스트라를 지휘하고, 성정의 폭발 없이 배를 이끄는 선장이었다. 그는 말을 하기보다는 주로 들었지만, 그가 간명하고 심지어 어눌하게 말을 던졌을 때 그것은 논쟁을 끝내는 최종 판단이 되었다. 그는 운동권 진보 권력이 정치를 지배하던 시기, 팬데믹이 온 사회를 휩쓸던 시기, 그리고 종이 신문이 힘겹게 하루하루를 버티던 시기에 한국 사회를 대표하는 보수 언론의 편집국을 이끄는 책임을 맡았다. 그 엄중한 상황에 그가 호출된 것은 자연스러운 일이었다. 그의 리더십은 튀지 않고 모나지 않으며, 감정의 기복 없이 차분했다. 그의 하루하루는 긴장 그 자체였지만, 그의 말과 행동은 그것을 내비치지 않았고, 때때로 짓는 그의 웃음은 하회탈처럼 푸근해서 보기 좋았다. 그의 리더십 아래 조선일보 지면은 맹렬하게 타오르지도, 터질 듯한 에너지로 충만하지도, 치명적 매력이 넘쳐나지도 않았지만, 두루두루 편안했다.

그것이 그의 삶이고 그의 언론이었다. 그와의 인터뷰도 그러했다.

뉴스 생산자

사전에 보낸 설문 문항들에 대해서, 그리고 인터뷰 질문들에 대해서 그는 평소처럼 일체의 미사여구나 허식 없이 팩트를 중심으로 답했다.

편집국장의 역할과 위상

오늘 바쁜 시간 내주셔서 감사합니다.

주용중 무슨요. 연구 잘돼가시죠?

네. 국장님 덕분에 잘 진행하고 있습니다. 다시 한번 감사드립니다. 시간 없으실 테니 바로 시작하도록 하겠습니다.

주용중 네.

우선 편집국장의 역할에 대해 몇 가지 질문을 드리겠습니다. 편집국장의 역할을 한마디로 정리한다면?

주용중 편집국장은 신문에서 사설을 제외한 모든 지면 제작을 지휘하고 책임지는 사람입니다. 갈수록 비중이 커지는 디지털 신문(조선닷컴)과 유튜브 콘텐츠 제작도 책임지고 있어요.

현재 신문사 조직 안에서 편집국장의 위상은 어떤가요?

주용중 조직 내 위상은 과거와 별반 다르지 않습니다. 매체가 다양해지고 발행 부수가 줄면서 편집국장의 외부 영향력이 다소 약해졌다고 볼 수 있지만 디지털 콘텐츠의 영향력은 갈수록 커지고 있죠. 현재의 시스템에서는 편집국장이 종이 신문과 디지털 제작 업무의 세세한 것까지 챙겨야 할 정도로 과부하 상태입니다. 효율적인 역할 분담이 필요하다고 봅니다.

하루하루 신문을 제작하는 과정에서 국장님께서 가장 신경 쓰시는 점은 뭔가요?

주용중 오보나 편파적인 기사, 즉 불량품을 내지 않는 겁니다. 물론 목표는 베스트 상품을 만드는 거고, 가장 큰 과제는 독자들을 신문에 어떻게 붙잡아둘 것이냐입니다. 플랫폼의 추세 변화로 부수 감소가 불가피한 측면도 있지만 지면의 특성에 맞는 콘텐츠 개발에 더욱 신경 써야 한다고 봅니다.

각 부서의 취재, 아이템 선정, 편집 과정에도 직접 관여하시나요?

주용중 각 부서는 기본적으로 부장 책임하에 취재하고 담당 지면을 만들죠. 물론 편집국장의 의견을 반영하기도 합니다. 부장과 국장의 의견이 다를 때도 있지만 그것이 갈등으로 표출된 적은 아직 없습니다.

신문 콘텐츠 제작을 총괄적으로 책임지는 입장에서 조선일보의 장점과 개선점은 무엇이라고 보세요?

주용중 장점은 팩트가 풍부하고 글쟁이들이 많다는 겁니다. 그리고 건전한 보수, 중도 보수의 입장을 일관되게 유지하고 있죠. 개선이 필요한 점은 지면에 젊은 독자들을 끌어들이고 장기적으로는 디지털 유료화를 달성하는 것입니다.

조선일보가 지향하는 편집 방침은 무엇입니까?

주용중 할 말은 하는 신문을 만드는 겁니다. 권력에 대한 견제가 언론의 핵심 역할이라고 생각합니다.

국장님께서 가장 중시하는 언론의 가치는 무엇입니까? 이를테면 공정성, 균형성, 객관성 중 어떤 가치를 더 중시해야 한다고 보세요?

주용중 공정성, 균형성, 객관성이라는 세 가지 가치는 신문 제작에서 똑같이 금과옥조로 삼아야겠죠. 어느 하나라도 소홀히 한다면 좋은 기사, 좋은 지면이 되기 어렵다고 봅니다.

이러한 가치들이 논조와 상치되지는 않나요?

주용중 이런 가치들을 지킨다는 것이 분명한 논조와 반드시 상치되는 것은 아니라고 생각합니다. 때로는 누구를 비판하는 것이 공정하고 객관적이고 균형을 갖추는 것일 수 있죠. 공정이나 균형, 객관이 중간자적 입장을 취하는 것만을 뜻하는 건 아닐 테니까요.

톱뉴스를 선정하고, 기사 배치를 결정하고, 기획 기사를 추진하는 과정에서 신문사의 논조 내지 사시는 어느 정도나 영향을 미친다고 보세요?

주용중 신문은 신문사의 의견대로 만들어집니다. 다만 신문사의 의견은 어느 한 사람이나 지휘부만의 의견이 아니라 기자, 데스크, 부장, 부국장, 국장, 발행인, 사장 등 조선일보 공동체 집단지성의 총합이죠. 물론 지면 제작에 끼치는 영향력은 개인마다 다를 수 있을 텐데, 아무래도 부장이나 국장의 몫이 크겠지요.

다른 신문사 편집국장 등과 어울리는 네트워킹 같은 게 있으신가요?

주용중 전혀 없습니다. 전에는 편집국장들끼리 만나기도 했던 모양인데

요새는 워낙 매체도 다양해지고 또 제가 좀 늦게 입사해서 나이가 많은 편이라. 동아나 중앙 편집국장들은 한 5~6년 후배들이고 또 워낙 언론사도 뿔뿔이 갈라져 있고, 특히 코로나 때문에 더 만날 수도 없고요. 이런저런 이유로 편집국장들끼리 사석에서 본 적은 한 번도 없습니다.

공식적으로는요?

주용중 무슨 편집협회 같은 모임에 공식적으로 몇 번 간 적은 있어도 사석에서 다른 편집국장들이랑 어울린 적은 없어요. 물론 타사에 가까운 지인들이 있어서 가끔 보는 경우는 있습니다.

사주와의 관계

언론사에서 사주와 뉴스 생산자가 맺는 관계는 가장 중요하고 민감한 이슈인데요. 조선일보의 경우 사주와 편집국장의 관계는 어떠한가요?

주용중 수시로 의견 교환은 하지만 지면 제작과 관련한 권한은 편집국장에게 있고 그것을 어느 언론사보다도 존중하는 것이 우리 신문사의 전통입니다. 좋은 신문을 만들기 위해서는 권력, 자본, 경영으로부터의 독립이 필요하다는 게 사주의 지론이기도 하고요. 이런 전통은 계속 지켜져야 한다고 봅니다.

방 사장님과 얼마나 자주 만나시죠?

주용중 매일 만납니다.

어디서 만나시나요?

주용중 발행인실 옆에 있는 작은 회의실에서요. 월, 화, 목, 금은 4시 반에 만나고, 수요일은 3시에 신문, 방송, 경제지(조선비즈) 등 계열사들이 함께하는 다른 회의체가 있습니다.

회의는 어느 정도나 지속되나요?

주용중 보통 30~40분쯤.

회의 이름이 있습니까?

주용중 없습니다. 그냥 티타임입니다.

두 분이 만나시는 건가요?

주용중 아닙니다. 발행인, 주필 등도 함께하죠.

그런 분들이 함께하는 자리라면 형식이 무엇이건 가장 중요한 회의라고 할 수 있을 것 같은데요?

주용중 그렇습니다. 가장 중요한 회의죠.

그 자리에서 주로 어떤 얘기를 나누시나요?

주용중 뭘 보고하거나 무슨 안건을 내고 어떤 의사결정을 하고 그러는게 아니라 그냥 가볍게 담소 나누는 자리예요. 그냥 신문사를 책임지는 넷이서 만나 편하게 그날 하루 있었던 일이나 직원 얘기, 전반적인 관심사를 두루 얘기하는 자리라고 할까요. 한 30년 같이 지낸 분들이라 눈빛만 봐도 서로 무슨 생각을 하는지 알죠. 그런데 가만히 보면 거기서 회사 일 전반이 논의되기도 합니다.

지면에 관한 얘기도 하세요?

주용중 그 회의가 끝나면 바로 5시 반에 지면 회의(가판 회의)가 있어요. 그래서 국장이 되기 전에 저는 거기서 중요한 지면 관련 결정이 이루어지나보다 하고 생각했죠. 그런데 제가 국장이 되고 나서 한 10개월 정도 지났는데 그 회의에서 1면을 이걸로 해라 뭘 해라 이런 얘기는 한 번도 나온 적이 없습니다. 지면에 관해서 사장이나 발행인, 주필이 꼭 알아야 할 정보나 뉴스가 있으면 제가 간략하게 보고를 하죠. 다음 날 아침에 참고할 만한 게 뭐가 있고 우리가 이런 걸 단독 취재했다는 등의 얘기를 두세 가지 하는 정도입니다. 하지만 그것들을 어떻게 다루는 게 좋겠다 같은 얘기는 일절 없습니다.

공식적인 회의 자료 같은 게 있나요?

주용중 없습니다. 아주 인포멀한 회의죠.

사장께서 누구보다도 넓은 네트워크를 갖고 있고 그만큼 뉴스거리도 많을 것 같은데 그런 얘기를 전달하는 경우는 없나요?

주용중 몇 번 있었죠.

가장 최근에 기억나는 사례가 있으세요?

주용중 기업들이 해외로 많이 빠져나가려고 한다는 얘기를 해주셨는데, 그게 취재하기가 쉽지 않아서 아직 기사화는 못하고 있습니다.

그 자리에서 아침에 나온 신문에 대한 피드백이 이루어지기도 하나요?

주용중 특별히 없습니다. 사장께서 피드백하실 게 있으면 회의 때는 언

美 서부는 불에 타고… 美 동부는 물에 잠기고… 16일(현지 시각) 허리케인 '샐리'의 영향으로 폭우가 쏟아진 플로리다주 펜서콜라의 거리에 주차돼 있던 자동차와 오토바이가 물에 잠겨 있다. 이날 하루 펜서콜라에는 100㎜의 비가 쏟아졌다. 시속 165㎞의 강풍을 동반한 샐리는 이날 오전 4시 45분쯤 앨라배마주 걸프 쇼어스 인근에 상륙한 뒤 플로리다주, 미시시피 연안 지역에 폭우, 홍수 피해를 입혔다. 50만여 곳의 주택과 건물이 정전 피해를 봤고, 수백명이 구조됐다고 미 언론들은 보도했다.

[기사 20] 2020년 9월 18일 14면 미국 허리케인 기사의 흑백 사진

급 안 하고 저를 따로 불러 얘기하시죠. 이건 좀 어색하지 않느냐 하는 정도로. 제가 국장이 된 후 몇 번 있었습니다.

구체적으로 어떤 사안이었나요?

주용중 글쎄요, 아주 사소한 것들인데. 예를 들면 우리 칼럼니스트 중에 어떤 분의 글이 너무 어렵다 하는 얘기도 해주셨고. 또 하나는 미국 플로리다주에 허리케인이 심하게 왔는데 그에 대한 국제면 사진이 컬러가 아니고 흑백인 데다, 지역을 드러내는 맥락이 분명치 않아서 그것만 보고는 내용을 잘 모르겠다는 취지의 말씀이었습니다.

독자위원회에서 하는 일과 다르지 않은 것 같은데요.

주용중 맞습니다. 꼼꼼하게 신문을 읽는 독자 입장에서 피드백을 주시는 거죠. 지면에 대해 그런 말씀을 하신 경우가 제가 국장이 된 후로 지금까지 대여섯 번쯤 있었던 것 같아요. 1면에 뭘 다루고 윤석열을 어떻게 다루고 이재명을 어떻게 다루고 그런 얘기는 일절 없었습니다.

국장직을 수행하면서 독립성이 보장되고 있다고 느끼시나요?

주용중 그렇습니다. 사장은 물론이고 발행인도 주필도 지면에 대해서는 거의 말씀을 안 하세요. 사장이 경영이라는 것을 고려하지 않을 수 없으니까 완전한 진공상태는 아니지만, 지면은 편집국장이 전권을 갖고 책임지고 만든다는 전통이 지켜지고 있어요. 그 때문에 부담감이 오히려 굉장히 크죠.

그 외에 사장님과 일대일로 만나거나 통화를 하시는 경우는 없나요?

주용중 글쎄요, 여러 사람이 참여하는 공식 회의 자리에서는 좀 더 자주 뵙지만, 따로 뵙는 건 일주일에 한두 번? 편집국 인사 문제 등으로 제가 따로 보고드릴 게 있을 수 있으니까요. 그런 일 빼고 사내에서 사장님과 따로 만나거나 통화하는 일은 거의 없습니다.

한밤중에 사장으로부터 전화를 받거나 회의 중에 급한 연락을 받거나 그런 일도 없었나요?

주용중 한 번도 없었습니다.

사장님께서 데스크들이나 평기자들을 만나기도 하시나요?

주용중 무척 자주 만나시죠. 저보다 더 많이 만나실 겁니다.

어떤 식으로 만나시죠? 편집국에 왔다 갔다 하시나요?
주용중 그런 경우는 거의 없고 식사를 자주 함께하십니다.

디지털 기사 콘텐츠 제작

국장님께서 디지털 콘텐츠 제작까지도 직접 관장하시나요?
주용중 제 밑에 지면 담당 에디터와 디지털 담당 에디터가 있는데 책임이 완전히 위임이 돼 있는 상태가 아닙니다. 제가 최종 책임을 지고 상당히 디테일한 것까지 챙깁니다. 이렇게 신경을 쓰는 게 관례처럼 돼 있죠. 일본 신문의 경우 국장은 조직 관리라든지 부서들 간의 소통이라든지 회사 안팎의 협력관계 같은 데 신경을 쓰고 지면 제작에는 거의 관여를 안 한다고 합니다. 지면 제작은 각 부서에서 담당하는 게 전통이라고 합니다. 그런데 우리는 국장이 일일이 다 신경을 써야 되는 그런 체제인 거죠.

일이 너무 많으실 것 같은데요.
주용중 디지털 때문에 신문만 만들 때하고는 많이 다르죠. 그리고 디지털이라는 게 제가 체크를 다 하지는 못해도 수시로 살펴봐야 합니다.

지면에는 없고 디지털에만 나가는 기사들도 꽤 많은 편이죠?
주용중 그렇습니다. 기자들은 아무래도 지면 위주로 쓰고. 물론 디지털용으로도 쓰긴 쓰지만. 최근에 조선NS라고 디지털 기사를 생산하는 자회사를 만들고 주로 거기에 기사를 쓰는 기자들을 10명 남짓 따로 뽑았습니다. 그 친구들이 화제성이 높은 디지털 기사를 많이 생산합니다.

그쪽에서는 주로 어떤 기사들을 생산하나요?

주용중　분야 제한은 없습니다. 그 인원수가 예를 들어 12명이라고 하면 오전 근무, 오후 근무 이렇게 담당 시간대별로 당번을 정하고, 디지털 쪽을 누비면서 화제가 될 만한 기사들을 만들죠.

자체 취재를 하나요?

주용중　물론 취재를 합니다. 그런데 현장에 나가거나 그런 기자는 많지 않고 주로 디지털상에서 취재를 해서 기사를 쓰죠. 디지털에서 금방금방 먹힐 속보 기사들 위주로. 그 친구들이 생산하는 기사의 클릭 수가 우리 조선닷컴 기사 클릭 수의 한 25퍼센트를 차지합니다.

대단하군요. 인원수로는 10분의 1 수준에 불과한데. 네이버에 톱으로 올라가는 건 그래도 주로 지면에서 중요하게 다룬 기사들 아닌가요?

주용중　꼭 그렇지는 않습니다. 지면에서 중요하게 다룬 기사들은 온라인으로 나갈 쯤에는 이미 속보성에서 뒤지는 경우가 많아서.

그 부서는 언제 만들어진 건가요?

주용중　(2021년) 6월에 만들어졌습니다.

어디에 있죠?

주용중　편집국에 같이 있고 차장급 기자가 대표를 맡고 있습니다.

기존의 편집국 내 디지털 부서와 기능이 오버랩돼서 반발이 있지 않았을까 싶은데요.

주용중 그렇지는 않습니다. 그동안 디지털 속보팀이 따로 있었죠. 기자들에게 1년 내지 2년 의무 기한을 주고 거기 일을 마치면 원대 복귀시킨다는 조건으로 운영했습니다. 그런데 기자들은 현업 부서에 있으면서 출입처도 있고 현장에 나가고 이런 걸 선호하지, 편집국 안에서 디지털용 기사만 쓰라고 하면 싫어해요. 기자들을 디지털팀에 보내면 기자들이 물먹었다고 생각하고 성과도 낮고 하는 문제점이 있어서 모두 원대 복귀시키고 아예 자회사를 만든 겁니다.

NS 기자들은 주로 어떤 사람들인가요?

주용중 다른 언론사 디지털팀에서 잘하는 사람들을 뽑아왔어요. 감각이 진짜 좋더라고요. 뭘 디지털화해서 빨리 내면 이게 인기를 끌 수 있을지에 대한 감각이.

편집국 구성원들의 신분이 좀 복잡해지고 있는 것 같군요. 대학에 정식 교수가 있고 겸임 교수, 강의 전담 교수가 있듯이요.

주용중 그렇습니다. 지면과 온라인은 감각 차원에서 별개죠. 진짜 처음부터 온라인에서 했던 분들하고는 차이가 납니다.

그러면 온라인 기사는 종이 신문에 나간 기사를 올리는 것 말고, NS팀이 생산하는 게 따로 있는 건가요?

주용중 맞습니다. NS에서 생산한 기사들이 있고, 조선일보 기자들이 디지털용으로 쓰는 기사들도 있고, 거기에 또 지면 기사, 이 세 가지죠. 크게 보면.

그렇게 세 가지군요. 잘 알겠습니다. 아까 NS 기자들의 감각이 남다르다고 하셨는데요. 구체적으로 어떤 면이 다른가요?

주용중 일단 기사를 생산하는 양이 많습니다. 기사를 가장 많이 쓰는 사람이 하루에 10개에서 12개까지도 씁니다. 클릭 수가 어마어마하죠.

NS 기자들은 사실상 출입처가 없이 모든 영역을 커버하는 거잖아요. 그 경우 그 기자들이 쓴 기사와 조선일보 기자들이 쓰는 기사가 겹치는 문제가 생길 것 같은데요. 특히 화제성이 높은 정치기사들의 경우.

주용중 그런 측면이 있어서 데스크들끼리 얘기해서 조정합니다. 그래도 실은 먼저 쓰는 쪽이 임자죠. (웃음)

NS팀에서 온라인에 쓴 게 지면에 거꾸로 올라오기도 하나요?

주용중 드물지만 있습니다. NS팀의 최훈민 기자가 이번에 택배 노조 폭행 동영상을 입수해 기사를 썼고 그게 온라인에서 뜨거운 이슈가 됐거든요. 그걸 신문 지면에서도 다루었습니다.[2]

부장들과의 갈등

부장들이랑 국장님이랑 의견이 다를 때도 있을 텐데요.

주용중 가끔 있습니다.

그게 갈등으로 표출된 적은 없나요?

주용중 없습니다. 제가 뭐 이건 이렇게 하고 저건 저렇게 하고 시시콜콜 지시하고 그러는 스타일도 아니고, 부장들 의견을 많이 존중하는 편이라서요. 그리고 또 부장들이 제목이나 기사 가치 판단 같은 거는 제 의견을 많이 따라주기도 하고요. 물론 저에 대한 불만이 있을 수 있겠지만, 제 기억에는 부장들에게 특별히 언성을 높이거나 한 적은 없습니다. 부장들 간에는 충돌이 있을 수 있겠지만, 국장에 대해서 "이거는 그렇지 않습니다"라고 갈등까지 빚은 경우는 제 기억에는 없었던 것 같습니다.

조선일보가 편집국장에게 지면 제작의 전권을 주고 책임지게 하는 시스템이라서 그런 건가요, 아니면 조선일보의 조직문화 자체가 그런 건가요?

주용중 국장이 인사권을 행사한다는 게 크게 작용하는 거 같아요. 조직을 관리하려면 인사권이 중요할 텐데, 기자 인사는 물론이고 부장단 인사 권한을 편집국장이 거의 전적으로 쥐고 있죠. 그래서 부장들이 국장에게 이견을 제시할 수는 있어도 국장이랑 갈등하는 상황까지 가는 경우는 없지 않나 싶어요.

부장들 선에서 국장 눈치를 좀 살필 수밖에 없는 구조인 것 같군요.

주용중 네. 사실상 그런 구조입니다.

지금까지 쭉 그래 왔나요?

주용중 저 역시 막연히 그렇다고만 알고 있었어요. 왜냐하면 발행인도 있고 사장도 계시고 해서. 그런데 제가 국장을 해보니까 그분들은 거의 그냥 보고만 받으시고 인사 같은 경우 국장이 올린 안대로 결정되고 그런 식이었습니다.

조금 다른 얘기일 수 있지만, 혹시 부장이나 데스크들하고 평기자들 사이에도 갈등이 있나요?

주용중 당연히 있죠. 사람마다 개성도 있고 생각도 다르잖아요.

조직 운영 차원에서 국장이 나서서 풀어야 할 만큼 갈등이 심각한 경우는 없었나요?

주용중 없었습니다.

누가 국장이 되는가

국장은 주로 어떤 분들이 되는 거죠?

주용중 글쎄요, 국장 인사는 전적으로 사장이 결정하시니까. 그런데 그분 생각에는 조선일보가 이제 가장 오래됐고 또 최고 신문이고 그 전통을 계속 이어나가야겠다는 그런 책임감과 의무감이 있을 것 같습니다. 지면 제작을 총괄할 사람은 어떤 사람이어야 될까, 그 생각을 많이 하실 것 같아요. 제 생각에는 우선 전반적인 조직 관리 능력이 어느 정도 있어야 할 거고, 그다음으로 뭐랄까 정무 감각이나 균형 감각도 필요할 거 같고 기자 정신도 있어야겠고, 아 어렵네요. (웃음) 어떤 사람을 편집국장 시키는지 기회가 되면 사장님한테 한 번 여쭤보세요.

국장님 같은 경우, 사장의 인사 결정을 언제 아셨나요?

주용중 편집국장 인사요? 우리 사장 스타일이 결정을 늦게 하시는 편이에요. 신중히 숙고하시는 편인데, 선배 편집국장들 얘기를 들어보면 그 전날이라든지 당일에 얘기 들었다는 분이 많더라고요. 제 경우에도 실은 당일 아침에 불러서 말씀하셨죠.

당일 아침에 인사 통보를요?

주용중 그렇습니다. 아침에 부르셔서 오후에 발표하겠다고 하셨어요. 그런데 돌이켜보면 미리 언질을 주시긴 했던 것 같아요. 뭐 좀 준비를 하라는. 그런데 그 말씀이 좀 알쏭달쏭해가지고.

정확하게 말씀하신 건 아니고요?

주용중 그러니까 제가 편집국장이 되기 1년 전쯤 TV조선에 있을 때 우리 신문사가 아크Arc 시스템(조선일보 콘텐츠 관리 시스템)이라는 걸 도입하려고 준비하고 있었어요. 그런데 그때 사장께서 당신도 아크를 좀 공부해야 된다는 취지의 말씀을 몇 차례 하시더라고요. 그래서 이제 신문으로 복귀할 가능성이 있구나 하는 느낌이 들었죠. 하지만 최종 결정은 당일 아침에 들었습니다.

입사 동기들이 몇 분이나 되시나요?

주용중 좀 많습니다. 신문 기자만 13명입니다.

그중에서 유일하게 편집국장을 하신 거죠?

주용중 그렇습니다.

국장은 평균 한 기에 한 명 정도 나온다고 봐야 하는 건가요?

주용중 두 기에 한 명 정도죠.

그게 편집국 기자로서 올라갈 수 있는 제일 마지막 자리죠?
주용중 네, 그렇습니다.

그러면 편집국장이 되지 못한 나머지 분들은 어떻게 되는 거죠?
주용중 전문기자로 남아 있거나, 은퇴하거나. 몇몇은 이직을 했어요.

이 사람은 편집국장 감이다, 이런 게 사전에 정해진다는 얘기들이 있잖아요? 소위 성골 코스라고 기동팀장, 청와대 출입, 정치부장 등.
주용중 그런 얘기가 있죠.

그런 게 진짜 존재하나요? 편집국장으로 가기까지의 어떤 정해진 경로 같은 게.
주용중 글쎄요, 꼭 그런 거보다도 하여튼 정치부장 출신들이 많이 됐지요. 그래서 경제부나 산업부에서 좀 불만이 있다는 얘기를 들었어요.

일단 발표가 되면 별다른 수군거림 없이 그냥 일사불란하게 결정이 수용되는 건가요? 왜 이 사람이 아니고 다른 사람이 됐냐는 등의 불만이 제기되지는 않나요?
주용중 그런 건 많지 않은 것 같습니다. 어느 조직이든 유유상종이 있게 마련인데 우리 회사는 오너 시스템이 확고해서 그런지 파벌이 없어요. 어느 정도 파벌 경쟁이 심하고 그래야 그런 현상도 나타날 텐데 우리는 특별히 그런 문제가 없습니다.

뉴스 생산자

사장의 결정이 조직 내에서 권위를 인정받는 거로군요.

주용중 그렇습니다. 구성원들이 사장의 결정을 존중하죠. 인사에 대해서 이러쿵저러쿵 얘기가 나돈 적은 없었던 것 같아요.

노조는 어떤가요?

주용중 노조에서도 없었고요.

전혀 없었나요?

주용중 그럼요. 사장께서 돌출 인사는 잘 안 하시고 인사를 늘 예상 가능한 선에서 하시니까요.

주필은 어떤 분이 되시나요?

주용중 주필은 다른 무엇보다 글을 잘 써야 합니다.

대개 국장을 거치신 분이 하시는 것 같은데요.

주용중 그건 그렇습니다.

조선일보에 글 잘 쓰는 분들 많은데요.

주용중 아니, 국장을 거쳤어도 글을 잘 써야 합니다. 국장 중에서도 글을 잘 못 쓰는 사람이 있습니다. 글을 잘 쓰는 국장 출신이 주필이 된다고 보시면 되죠.

글을 잘 쓴다는 평가는 어떤 식으로 이루어지죠?

주용중 칼럼을 쓰면서 다 드러납니다.

특별대우 집단

퇴직 후 고문 등으로 계속 계시는 분들, 일종의 특별대우를 받는 그룹이 있는 것 같은데요.

주용중 사장의 경영적 판단이라고 봅니다. 신문도 하나의 상품인데, 그분들 글에 독자층이 있다고 보는 거죠. 딴 게 뭐가 있겠어요.

내부에서는 그런 결정을 거부감 없이 받아들이고 있나요? 대학을 예로 들면 아무리 훌륭한 교수라도 때 되면 나가고. 물론 맴도는 분들도 있지만 그러면 대개 눈총을 삽니다. 깔끔하지 못한 처신이라고. 신문사라고 그다지 다를 것 같지는 않은데요.

주용중 우리 같은 경우도 신문이 너무 고령화되고 또 젊은 독자층을 고려해야 한다는 차원에서 반대하는 사람들이 있는 것 같습니다.

공식적으로 반대하는 움직임 같은 것은 없나요?

주용중 그런 적은 없습니다. 노조 같은 데서도 그런 적이 없습니다.

사장께서 상식선에서 모두가 인정할 수밖에 없는 의사결정을 하시니까 잘 따른다고도 할 수 있지만, 조선일보 조직이 순치되어 있다는 느낌도 듭니다. 특별대우 케이스에 해당하는 분들이 드러내는 정치 성향이 대체로 매우 강하고, 그게 조선일보에 대한 세간의 부정적 인식에 영향을 미치지 않나 싶은데요.

주용중 우선 우리 경우는 고령 독자층이 많고 그분들 수요가 있다고 경영 차원에서 판단하시는 것 같아요. 미국 신문이나 방송은 정년 개념이 없잖아요. 그런데 예측하건대, 이런 얘기를 해본 적은 없지만, 우리 젊은 구성원들 중에는 왜 그런 분들이 우리 신문 메인 페이지를 장식하느냐는 의견을 갖고 있는 후배들도 있을 것 같습니다. 어느 선택이 옳은지는 저 역시 확신은 없지만 그렇다고 제가 나서서 몇 세 이상은 지면에 등장시키면 안 된다, 이렇게 주장할 근거도 현재로서는 약하고요.

그런 얘기들을 혹시 들으신 바는 없나요?

주용중 몇 번 있습니다.

기명 칼럼

논설위원들 중에서 어떤 분은 자기 기명 칼럼을 갖고 있고 어떤 분은 그냥 '태평로' 코너를 같이 쓰고 있고. 그건 어떻게 보면 명백한 구분인데, 왜 그렇게 되는 거죠?

주용중 국장이 내리는 판단입니다.

국장이 그런 결정을 내리는 기준은 무엇입니까?

주용중 글 잘 쓰는 사람이 누구냐에 대해 여론독자부장의 의견을 물어서 제가 판단합니다. 제가 국장이 된 후로 사내 기명 필진을 많이 바꿨어요. 위에서 그 사람 좀 그렇지 않으냐 하는 경우도 한둘 있었지만 대부분 그렇게 결정이 됩니다.

사내에서 불만의 소리는 안 나오나요?

주용중 물론 그럴 수도 있죠. 다 글을 업으로 하는 사람들인데요. 자기한

3부. 언론은 이렇게 세계의 그림을 완성한다

테는 왜 기회를 안 주냐고, 술 먹고 얘기하는 친구도 있었고요.

그럼 어떻게 말씀하시나요?

주용중 열심히 해라, 그렇게 얘기하죠. 그런데 아무래도 구분을 할 수밖에 없어서. 지면이라는 게 제한되어 있는데 모든 사람을 똑같이 대할 수도 없는 노릇이고요.

마피아 성격의 조직

이런 비유가 적절할지 모르겠는데, 조선일보는 한 몸처럼 움직이는 마피아 조직 같다는 지적이 있습니다. 모두가 호형호제하며 무척 가깝고 격식이 없으면서도 그 안에 엄정한 평가와 능력에 따른 구분이 존재하고. 대학 조직과는 정반대로. 이런 조직이 어떻게 잡음 없이 유지될까 궁금합니다.

주용중 단순히 일로 만나서 업무를 함께하는 조직이 아니라 내부적으로 끈끈하게 결속되어 있는 언론사이기 때문에 그렇지 않은가 싶습니다. 그 일을 20~30년씩 함께하는 사람들이라서. 물론 공감대 있는 결정을 해야겠죠.

언론사라고 다 그런 건 아닐 텐데요. 불만이 있어도 크게 표출하지 않고 내부적으로 결속하는 조선일보 특유의 문화가 있는 것 같아요. 모든 의사결정에 대해서 조직 구성원들이 전반적으로 쉽게 수용하고. 이게 어떻게 가능할까요? 오늘 말씀 나누기 전까지는 편집국장의 막강한 권한 때문에 그렇지 않을까 생각했는데, 얘기를 나누다보니 조직 구성원들이 서로 비슷한 생각을 공유하고 있기 때문이 아닌가 싶기도 하네요. 어느 쪽인가요?

주용중 글쎄요, 두 가지 다인 것 같습니다. 조선일보가 비판을 많이 받고 있지 않습니까. 그렇게 같이 싸우는 과정에서 생기는 전우애 같은 측면도 있지 싶습니다. 일등 미디어 기업에서 일한다는 자부심도 있고, 그런 요인들이 겹쳐져서 응집력이 있는 것 같아요.

이직률

조선일보도 이직률이 전보다 많이 높아졌다고 들었습니다.

주용중 네. 신문이 사양 산업이고 또 여러모로 재편되고 있기 때문이라고 봅니다. 젊은이들로서는 당연히 기회 있는 땅을 개척해보고 싶겠죠. 이직률이 높다면 언론에 열정이 있는 사람들을 잘 뽑으면 되는 거지 큰 일 났다고 할 일은 아니라고 봅니다. 물론 경계는 해야 하지만. 이직에도 여러 이유가 있을 텐데, 우리 조직의 비전이 부족하다는 게 주된 이유라면 우리가 자성을 해야겠지요. 하지만 지금의 신문 미디어 산업이 겪는 어려움은 큰 틀의 변화 차원에서 어쩔 수 없는 부분이 있다고 봅니다.

주로 어디로 많이 옮겨가죠?

주용중 기업들로 가더라고요. 대기업으로도 가고, IT기업으로도 가고.

우수한 기자들이 빠져나가면 조직 입장에서 타격이 있을 것 같은데요.

주용중 젊은 친구들이 한 2~3년 있다가 떠나가는 거는 별문제가 아닌데, 중견 기자들이 빠져나갈 때는 당연히 상당한 타격이 있죠.

3부. 언론은 이렇게 세계의 그림을 완성한다

조선일보의 논조는 집단지성의 총합

조선일보가 지향하는 논조가 사장부터 평기자까지 집단지성의 총합이라고 말씀하셨는데요.

주용중 사장의 경우 디테일하게 일상의 신문 제작에 별다른 영향을 미치진 않지만, 큰 방향의 설정에서는 확실히 오너의 역할이 중요하다고 생각합니다. 발행인, 주필, 국장, 부장, 차장, 일반 기자의 역할이 모두 지면에 반영됩니다.

신문은 한 사람의 것이 아니라 그 구성원들의 총합이라는 얘기로 들리네요.

주용중 그렇습니다. 편집회의를 통해서 이루어지기도 하지만 조선일보 특유의 집단지성, 규율, 규범이 암묵적인 조직문화나 상식처럼 작동을 한다고 봅니다. 외부에서 그걸 어떻게 평가하는지는 모르겠지만.

편집국장의 역할은 어느 정도라고 보세요?

주용중 우리 기자가 250명쯤 되는데 사설은 논설위원실에서 전적으로 담당하는 거고. 지면으로 보면 글쎄요, 이를테면 우리는 자유 보수로 간다, 이런 큰 방향이 있지 않습니까. 그런 사시나 큰 논조 아래서 편집국장의 역할은 기사 가치를 판단해서 종합면 1면에 뭐 하고 2면에 뭐 하고 3면에 뭐 하고 4면에 뭐 하고 식으로 지면을 어떻게 편집할지 결정하는 거죠. 얼개를 짠다고 할까요. 나머지 내용은 부장들이나 기자들이 채우게 됩니다. 국장의 역할은 전체를 100으로 하면 10에서 12 정도 되는 것 같아요.

그건 너무 박하네요. (웃음)

주용중 기자가 250명인데, 10퍼센트 넘는 걸로 치면 꽤 높은 거죠.

저희가 관찰한바에 따르면 부국장 두 분과 편집부장, 그리고 국장님 이렇게 네 분이 수시로 상의해서 지면 편집 방향을 결정하시는 것 같은데요.

주용중 그렇습니다. 국장단 회의입니다. 물론 최종 결정은 제가 하지만, 예컨대 오늘 1면은 뭐가 좋을지에 대해 우선 부국장들이 얘기를 하면 그게 좋겠다 하는 경우가 한 80~90퍼센트쯤 되죠.

공간 재배치

지난번에 내부 공간을 재배치하면서 의사소통이 좀 더 편해지셨나요? 부장끼리도 수시로 소통할 수 있게 바뀌었던데요.

주용중 네. 공간 배치가 의사소통이나 업무에 많은 영향을 미치고 있습니다.

몇몇 부장들은 업무강도가 속된 말로 더 빡세졌다고도 합니다.

주용중 그렇죠. 왜냐하면 부장들 나름대로 좀 독립적인 공간이 있고 그래야 하는데 지금 구조 같은 경우 뒤에서 국장단이 떡 하니 지켜보고 있으니까요. 부국장들도 힘들고. 부국장들이야말로 전에는 국장이랑 부장 사이의 구석에 앉아서 좀 쉬기도 하고 그랬는데 이제는 조그마한 원 안에서 바깥을 늘 보고 있는 구조다보니.

원형 감옥(파놉티콘) 같은 느낌….

주용중 부장들이나 기자들 같은 경우 그런 식으로 얘기할 수도 있을 것 같아요. (웃음)

해외의 언론사를 벤치마킹한 건가요?

주용중 그렇다고 할 수 있죠. 미국의 워싱턴포스트를 많이 참조했습니다. 편집국 중앙에 원형 공간을 두고 그 안에 디지털 파트가 있는 모양새죠. 디지털 파트는 신속하게 의사소통을 하고 결정도 해야 되니까요. 그런데 우리는 신문도 중요하기 때문에 반은 디지털로 하고 반은 신문으로 해놓은 겁니다. 그 원형 공간 둘레로 신문 각 부서를 빙 둘러 배치한 것은 우리가 유일한 걸로 압니다.

의견기사

조선일보의 보도를 크게 사실기사straight news와 의견기사column로 구분했을 때 각각에 대해 어떻게 평가하시나요?

주용중 엄밀하게 말하면 사실기사와 의견기사를 구분하기가 어렵습니다. 기사를 어느 지면에 어떤 크기로 배치하느냐에 의견이 반영되기 때문이죠. 다만 뉴스 다매체 시대를 맞아 단순한 사실기사를 넘어 뉴스에 대한 해설과 분석이 갈수록 중요해지고 있어요. 특종성 팩트가 제일 중요하고 그다음이 깊이 있는 분석과 해석이라고 생각합니다.

필자의 개인적인 주장을 담은 칼럼을 의견기사라고 할 경우, 그 비중은 적정하다고 보시나요?

주용중 사설을 포함한 여론 지면도 과거보다 늘었고 주제도 다양하게 짜고 있습니다. 뉴스 지면에서의 의견기사는 지금이 적정하다고 생각합니다. 실력 있는 각 분야 전문기자들을 더 길러내고 영입하는 것도 과제입니다.

의견기사의 생산, 가공, 제공 과정에서 편집국장이 행사하는 영향력은 뭘까요?

주용중 편집국장은 사설에는 일절 관여하지 않습니다. 그리고 칼럼 같은 경우 각 필자들이 주제와 내용을 자유롭게 정해 쓰는 거고요. 단 편집국장은 필자 선정의 권한을 지닙니다. 여론독자부장에게 필자 선정의 일차적인 권한과 책임이 있지만, 편집국장이 최종 책임을 집니다. 또한 사설을 제외한 모든 칼럼(동서남북, 데스크에서, 기자의 시각, 태평로 등)을 최종적으로 넣고 빼고 하는 권한이 편집국장에게 있어요.

칼럼을 넣고 빼고 하는 권한이라 하면?

주용중 이거는 아니다 싶으면 얘기를 하죠.

지면에 나가기 전에 말씀을 하시는 건가요?

주용중 보통 가판을 보고 얘기하죠. 제목에 대해서도 얘기하고. 칼럼 제목 다는 게 쉽지 않습니다.

칼럼 제목은 어떻게 결정하나요?

주용중 여론독자부장이 필자들이랑 상의해서 정하는데, 사설을 제외하고는 제 책임이기 때문에 제가 제목 바꾸라는 얘기도 자주 하죠.

그때 판단을 하는 기준은 뭐죠?

주용중 무엇보다 제목은 글을 읽고 싶게 만들어야 하는데 진부하거나 판에 박은, 특히 논문 제목 같은 거는 제가 아주 질색을 합니다.

사장께서 의견을 제시하는 경우도 있나요?

주용중 칼럼 제목에 대해서요? 한 번도 없었어요. 단 한 번도.

주필은?

주용중 지면에는 아예 관여하지 않지요.

울림이 있는 글

글을 잘 쓴다는 건 정말 상대적일 수 있다고 보는데, 국장님 기준은 무엇인가요?

주용중 제일 중요한 게 울림이 있어야죠, 울림이. 그러려면 새로운 정보도 중요하지만 필자의 가슴으로 전달되는 게 제일 중요하겠죠.

그 울림은 주로 언제 오는 걸까요? 국장님께서 갖고 있는 정치적 성향과 일치할 때 오는 건가요?

주용중 그거랑은 상관없습니다. 왜냐하면 정반대 의견이라도 글에서 그 사람의 진정성이나 마음이 느껴지는 글이 울림 있는 글이죠. 그런 게 좋은 글이고요. 현학적이라고 해서 좋은 글은 아닙니다.

국장님한테는 울림이 오지만, 다른 사람들한테는 독설이고 궤변일 수도 있을 텐데요.

주용중 그럴 수 있겠죠. 하지만 어느 정도 보편성이 있다고 봅니다. 글이라는 게 독하게만 쓴다고 울림이 있는 건 아니니까요.

조선일보의 경향성

조선일보가 공격받는 것 중 하나가 과도한 경향성입니다.

주용중 권위주의 정권 시절을 거치면서 그때는 불가피하게 신문 생존을 위해서 정권 유지에 기여한 사람도 있었죠. 또 1990년대에는 대선 당시 영향을 미치려는 의도도 있었고요. 그런데 그 뒤로 YS 정권 때는 말년에 가서 싸우고 DJ 정권 때는 또 사주가 구속이 되고. 노무현 정권 때는 아예 반反조선일보 분위기가 조성되고 선거운동이 전략적으로 벌어지고 하는 과정을 거치면서 내부적으로 정치권력과 거리를 두는 게 바람직하다는 공감대가 형성됐다고 봅니다. DJ나 노무현 때 신문 입장에서 오히려 좋았어요. 부수도 많이 늘고. 그런 과정을 거치면서 언론이라는 건 정치권력에 대해서는 거리를 두고 비판할 건 비판해야 한다는 인식이 강화된 거죠. 다만 우리나라가 이제 어느 방향으로 가야 되느냐, 그와 관련해서 정권 교체가 필요하냐 정권 유지가 필요하냐, 이에 대한 생각을 묻는다면 우리 구성원들 중에는 아무래도 정권 교체를 하는 쪽이 낫겠다고 생각하는 사람들이 더 많으리라 봅니다.

조선일보가 현 문재인 정권에 대해 과도하게 비판적이라는 시각이 있습니다.

주용중 그런 시각도 있을 수 있다고 봅니다. 현재 우리나라는 너무 정파적으로 갈라지고 언론도 그렇고. 특히 좌파 진영은 기득권 세력을 와해하기 위해서 조선일보 발목이라도 분질러야 된다, 이런 생각이 확고하기 때문에 우리가 공격을 많이 받고 있는 상황입니다. 하지만 언론은 의견으로부터 자유로울 수 없습니다. 공존, 중용, 객관이 중간자적 입장을 갖는 것을 뜻하는 게 아니라고 봅니다. 그 의견으로 인해서 다른 생각을 갖고 있는 사람들 입장에서 조선일보를 비판하게 되는 거고. 그런 비판은 감수해야 한다고 봅니다.

지금 조선일보가 표방하는 가치들이 조직 내부에서 잘 공유되고 있다고 생각하세요?
주용중 어느 정도는요. 특히 데스크 차원에서는 공유가 되는 것 같아요. 기자들까지 모두 100퍼센트 그런다면 그건 전체주의겠지요.

그게 무슨 교육으로 이루어지는 건 아닐 것 같은데요.
주용중 전혀 아니죠.

조선일보에서 표방하는 가치 같은 것을 초년 기자들이 염두에 두고 들어오는 건 아니지 않겠어요. 그게 자기의 신념이나 가치로 내면화되는 과정을 국장님도 개인적으로 겪었을 것 같은데요. 아니면 처음부터 그러셨나요?
주용중 제 경우에도 뭐 조선일보 논조가 마음에 든다, 그렇게 생각하고 들어오진 않았습니다. 언론사 시험 몇 군데 보고 여기 들어온 이후 팔이 안으로 굽듯 익어간 측면이 있어요.

[기사 21] 주용중 국장 재임 기간 중 기획한 〈탄소 제로 30년 전쟁〉 시리즈
(2021년 6월 22일부터 7월 12일까지 11회 연재)

독자 의견의 수용

신문 내용에 대한 피드백, 이를테면 독자의 반응에 편집국장 입장에서
얼마나 주목하시나요?

주용중 독자들의 의견이나 지적, 제보를 취합해서 매일 받아보고 있어요.
당연히 지면 제작에 임하면서 참고하죠.

조선일보가 독자들의 피드백에 대한 체계적인 대응 및 관리 시스템을
갖추고 있다고 보세요? 이를테면 이용자 정보 관리 시스템이 충분하다
고 보시나요?

주용중 독자 서비스센터가 관리하고 있지만 불충분하죠. 독자 정보를 배

타적으로 가지고 있는 지국이 많아서 신문 독자들에 대한 데이터도 부족하고 온라인 독자들에 대한 정보도 턱없이 부족합니다. 현재 디지털 회원을 늘리고 관리하기 위한 계획을 추진 중입니다.

신문의 영향력

현재 한국 사회에서 조선일보가 사회적 의제나 여론 형성에 어느 정도 영향을 미친다고 보십니까?

주용중 그것은 저희가 판단하는 것보다 외부에서 평가하는 게 더 정확하겠죠. 다만 무거운 책임감을 갖고 신문과 디지털 제작에 임하고 있습니다.

특히 의견기사의 역할은 어느 정도나 된다고 보시나요? 사회적 반향을 일으키거나 정치 과정, 정책 수립 등에 영향을 미친 의견기사 사례로 기억나는 게 있으신지요?

주용중 개개 칼럼이 큰 반향을 일으키기도 하지만 신문사의 대형 기획은 우리 사회를 바꾸는 데 기여한 바가 적지 않습니다. '이승만과 나라 세우기', '샛강을 살립시다', '산업화는 늦었지만 정보화는 앞서가자', '지방경영시대' 등등 일일이 헤아리기 어렵죠. 그나저나 지금 52판 편집회의 시간이 돼서 여기서 인터뷰 마치고 들어가야겠네요.

시간이 언제 이렇게. 오늘 바쁜 시간 내주셔서 감사합니다.

주용중 감사합니다.

11.   논설위원,   선우정

인터뷰이	선우정(남성, 인터뷰 당시 54세, 입사 30년 차)[1]
인터뷰 일시/장소	2021년 10월 7일 오전 9:30~11:00, 10월 15일 오후 2:30~4:00 / 조선일
	보사 6층 소회의실

그는 논설위원이다. 글 쓰는 일만큼은 누구에게도 밀리지 않는다는 이들이 모인 신문사 내에서 이름 석 자가 브랜드가 된 대표 글쟁이다. 언론계의 거봉이던 선우휘 전 주필을 부친으로 둔 언론인 2세지만, 어느덧 그 자신이 현시대를 대표하는 언론인의 반열에 올랐다. 하지만 그는 누구일까? 상당 기간 그의 글을 읽어왔고 공식적·비공식적 자리에서 그를 접해왔지만, 그는 속을 알 수 없는 사람이다.

그는 자유로운 영혼인가? 감정을 드러내지 않는 표정, 절제된 언어, 명료한 관점, 분명한 자기만의 경계가 존재하는 이른바 독고다이 스타일이지만 그는 자유인이라기보다는 조직 안에 둥지를 튼 사람이다. 대를 이은 언론인으로서 언론계의 속성, 조선일보 조직의 생리, 그것이 지향하는 논조, 넘지 말아야 할 선이 무엇인지 알고 명민하게 처신하는 사람이다. 하지만 그는 조직에 충실한 사람인가? 언론이 지향하는 규범적 가치, 조선일보의 사명, 언론인으로서의 소명의식이나 헌신 같은 얘기는 그와 어울리지 않는다. 조직, 더 나아가 언론은 그가 하는 일의 기반 혹은 필요조건일 뿐이다. 이를 위해 그의 실존은 조직의 일원이 되었지만 그의 지향은 그 안에 갇히지 않는다. 그는 자신의 입으로 그것을 말하지 않겠지만 그의 글이 그의 지향에 관한 단초를 제공한다. 그것은 사실fact이다. 섬뜩할 만큼 차갑고 비정한 사실.

글과 그것을 쓰는 이는 그에게서 분리되지 않는다. 그의 모습과 그의 글을 가장 잘 표현하는 어휘는 뱀과 검객일 것이다. 연구자는 그를 보면서 뱀의 아름다움을 묘사한 서정주의 시 「화사花蛇」를 떠올렸다. 넷플릭스 애니메이션 시리즈인 〈푸른 눈의 사무라이〉를 몰아보면서 그칼의 내러티브에서 그를 떠올렸다. 그의 글에 형용사는 없다. 파랗게 날을 벼린 사실들만 있을 뿐이다. 소리 없이 다가와, 목표 앞에 미동도 없이 멈추었다 한 치의 오차도 주저함도 없이 온몸을 던져 사냥감을 제압하고는 언제 그런 일이 있었냐는 듯 왔던 곳으로 조용히 사라지는 차가운 생물. 원고지 11매의 칼럼 위에서, 그는 한 자루 칼을 들고 숨 막히는 결전의 순간으로 나아간다. 그를 추앙하는 이들 앞에서 찰나의 거침없는 칼놀림으로 상대의 급소를 베곤, 핏빛 아드레날린을 분출하고는, 마치 아무 일 없었던 듯 무심히 돌아서서 술, 다음 번 원고 걱정….

그는 누구인가? 그를 알기 위해 시작한 인터뷰는 답을 주지 않았다. 추가 인터뷰며 저녁 자리도 마찬가지였다. 그의 속내를 아는 것은 애초에 무망한 일이었고 앞으로도 그럴 것이다. 선우정은 그런 사람이다. 아니, 어쩌면 그는 사람이 아닌, 사람의 탈을 쓴 글인지 모르겠다.

사실과 의견의 구분

반갑습니다. 제가 위원님 글을 좋아해서 줄을 치며 읽는 사람들 중 하나입니다.

선우정 에구, 감사합니다.

바로 시작하죠. 흔히 편집국은 사실, 논설위원실은 의견을 다루고, 두 가지가 섞여서는 안 된다는 것이 언론의 기본 원칙 중 하나인데요. 하지만 실제로 사설이나 칼럼은 의견, 일반 기사는 사실을 담당하는 식으로 두 가지를 구분하는 게 가능한가요?

선우정 공식적으로는 우리도 그 구분을 지향합니다. 저도 편집국에 오래 있었고 지금은 논설실에 있는데, 논설실은 기본적으로 의견을 내는 곳이기 때문에 사실과 의견의 구분에 대해 고민을 안 합니다. 하지만 편집국에 있으면 가끔씩 그 구분에 대해서 고민하게 됩니다. 기사를 쓸 때는 어느 정도 의견과 사실의 선을 지키려고 노력해요. 그런데 그 선이 무엇인지는 사실 감으로 아는 거거든요. 저는 편집 과정, 특히 제목을 뽑는 과정에서 상당 부분 그 구분이 모호해진다고 생각합니다. 사실과 의견을 구분하는 게 원칙이지만 편집 과정에서 그게 무너지는 경우가 많은 게 현실입니다.

이번 인터뷰를 준비하면서 위원님 칼럼을 찾아서 읽어보았는데요, 인상적이었던 것이 사실은 쭉 나열하셨는데 의견을 하나도 쓰지 않으셨더군요.

선우정 네. 그런 경우가 있죠.

그런데 글이 분명한 의견을 가지고 있다는 걸 느낄 수 있었거든요. 어떤 사실을 선택해서 어떻게 나열하느냐에 따라서 아주 강력한 의견이 될 수 있는 거구나.

선우정 그렇습니다. 우리 조선일보 기사나 한겨레 기사나 좋게 말하면 논조고 나쁘게 말하면 편향성이 있는데, 팩트를 가지고 그걸 만드는 거거든요. 모든 기사가 그렇지 않을까요. 경제 기사 아니면. 실은 경제 기사도 강한 의견을 담고 있는 경우가 많죠.

결국 어떤 팩트를 선택하는가의 문제라는 말씀인데요. 조선일보의 논조와 어긋난, 불편한 팩트가 들어왔을 때는 편집국 차원에서 고민하지 않나요?

선우정 제가 부장일 때 논조에 안 맞는다고 중요한 팩트를 누락한 적은 없습니다. 우리 신문 전체가 다 그렇지 않다고는 보장 못하겠습니다. 하지만 논조에 안 맞아도 들어온 팩트는 게재를 하는 게 원칙이고, 저는 대다수의 부장들이 그럴 거라고 생각합니다.

애초에 어떤 팩트가 생산되는가의 문제도 있지 않을까요.

선우정 네. 중요한 지적입니다. 저는 조선일보에만 있어봐서 다른 신문은 어떤지 잘 모르지만 조선일보는 굉장히 일사불란한 조직이에요. 기본적으로 성실하고, 나쁘게 말하면 말 잘 듣는 사람들이 많이 들어와요. 그래서 우리의 논조와 맞지 않는 팩트의 생성 자체가 애초에 다른 언론사보다 적을 겁니다.

묵시적인 선

어떻게 보면 일사불란이고, 어떻게 보면 획일성인데요. 저희가 편집국 안에서 얼핏 느낀 분위기는 무척 자유롭고 어떤 얘기든 다 할 수 있는 것 같았습니다.

선우정 그건 아마도 교수님께서 교수와 학생의 상하관계에 줄곧 계셨기 때문에 그게 상대적으로 자유로워 보였을 것 같은데요. 조선일보는 다른 언론사들에 비해 상대적으로 강한 합의가 존재하는 조직이라고 생각합니다.

말씀하신 합의가 어떻게 보면 기자 개개인의 자유를 제한하는 거잖아요. 위원님의 경우 이건 불편한데 이런 느낌을 혹시 가져보신 적 없나요?

선우정 저는 기본적으로 이 조직의 논조하고 제 성향이 맞기 때문에 불편할 것이 없는데, 안 맞는 사람은 불편한 경우가 꽤 있을 겁니다.

안 맞는 분들은 보통 어떻게 하나요?

선우정 의견 제시를 안 합니다. 생각이 다를 때는 대개 침묵하죠. 논설실을 예로 들면 대놓고 "주필 이거 아닌데요, 내 생각은 이거 전혀 아닌데요" 하는 문화가 아닙니다.

대놓고는 못하더라도 블라인드 같은 앱이나 익명 게시판 같은 걸 통해서 하겠죠.

선우정 우리도 블라인드에 조선일보 방이 있고 회사에서도 그걸 체크합니다. 그런데 젊은 기자들 인터뷰해보면 아실 텐데, 다른 회사에 비해서 블라인드 자체도 매우 소극적이에요. 회사를 비판한다거나 상급자에 관해 투서를 한다거나 하는 것도 거의 없고.

블라인드는 그런 거 하라고 있는 곳인데요.

선우정 네, 그렇죠. 비판을 쏟아내는 곳인데 우리는 그것도 굉장히 한정적이에요. 제가 듣기에 다른 언론사들의 경우 비판 같은 게 끝없이 올라오는데 우리는 아주 핵심적인 문제 제기가 있을 때만 약간 시끄러웠다가, 예를 들어서 아크Arc 같은 시스템을 새로 도입해서 불만이 있을 때 와글와글했다가 싹 없어지고.

순응적인 거랑 거리가 먼 리베로 스타일도 있지 않습니까?

선우정 네, 물론 있습니다.

위원님도 그 과가 아닌가 하는 느낌이 듭니다. 자유로운 영혼에 가까운. 얼마 전 퇴사한 최보식 선임기자도 그런 케이스였고. 그분 스타일은 방금 말씀하신 성실함 혹은 순응에서 많이 벗어났던 것 같은데요.

선우정 저는 최보식 선배에 비하면 훨씬 조직 순응적인 사람이죠. 최보식 선배 같은 경우는 몹시 틱틱거리는 스타일이었어요. 윗사람 말도 안 듣고 회의에도 안 들어오고 자기 마음대로 하는 스타일인데. 최 선배가 그럼에도 불구하고 정년까지 채우면서 활발하게 쓰고 나갈 수 있었던 게, 조선일보를 벗어난 적이 없어요. 조직의 틀을 벗어났을 뿐이지 논조의 틀을 벗어난 적이 없습니다.

　우리 회사가 다른 언론사들과 달리 사주의 우산이 굉장히 크거든요. 반면에 입김은 세지가 않습니다. 능력이 검증된 이들을 자율적으로 놔두고 포용하는 리더십이거든요. 하지만 우리가 지향하는 논조 자체를 벗어난 경우 저는 최 선배 케이스로 가는 걸 본 적이 없습니다. 그 대표적인 사람이 리영희 교수[2] 같은 분입니다. 그런 분들은 다 중간에 회사를 떠났어요. 전 아버님[3]이 여기 오래 계셨기 때문에 조선일보 역사를 꽤 아는 편이거든요. 1970년대 중반 갈등 사태를 거쳐 1980년대부터는 리영희 교수처럼 이질적인 사람들이 선발 단계부터 거의 들어오지 않았어요.

1970년대 중반에 어떤 일이 있었나요?

선우정　우리 회사에서는 3·6사태[4]라고 하는데, 유신 때 파업 사태가 있었습니다. 그때 이질적인 기자들이 상당수 나갔거든요. 그분들이 그때 동아투위와 함께 지금 한겨레신문이 됐죠. 그 사태를 겪으면서 선발 과정이라든가 조직문화가 아주 많이 변했어요. 그 사태 이전과 이후가 조선일보의 역사에서 큰 차이가 있어요.

지금 하신 말씀이 정말 흥미롭네요. 아까 사주의 리더십을 큰 우산, 정확히는 "우산은 크되 입김은 세지 않다"고 표현하셨는데요. 입김이 세지 않다는 건 신문 제작 과정에 강하게 개입하지 않는다, 우산이 크다는 건 아웃라이어outlier에 대한 포용력이 크다는 뜻으로 이해되는데요.

선우정　네. 그런데 그 포용도 보수라고 하는 틀 안에서의 포용이지, 우리의 논조와 다를 때 포용되는 경우를 제 경험상 본 적이 없습니다.

4부. 글이 칼보다 강한 이유

주필의 역할

좋은 의견기사란 무엇인가요? 이 역시 추상적인 질문입니다만.

선우정 사설하고 칼럼을 말씀하시는 거죠? 사람마다 스타일들이 다 다른데, 예를 들어 저는 개인적으로 주필이 쓰는 칼럼과 논설위원이 쓰는 칼럼은 다르다고 생각합니다. 주필이 쓰는 칼럼은 논조가 분명하고 깔끔해야 한다고 생각합니다. 그런데 아랫사람 입장에서 같은 신문에 똑같은 스타일의 글을 쓸 필요는 없잖아요. 저 같은 경우는 사실을 많이 집어넣어서 논리적으로 사람들을 설득하는 방식으로 글을 쓰거든요. 그게 좋아서라기보다는 차별성을 두기 위해서. 제가 어떻게 될지 모르겠지만 더 높이 올라가 주필을 한다면 신문사를 대표하는 입장이기 때문에 굉장히 분명하게 쓸 것 같아요. 우리 회사에 그 맥을 이은 분들이 있어요. 저희 선친이 아주 분명하게 글을 썼고, 그다음에 김대중 고문, 지금의 양상훈 주필이 그런 스타일입니다. 일필휘지 스타일이에요. 논지가 분명하고, 불필요한 팩트를 넣지 않고 글을 깔끔하게 이어가는 스타일이거든요. 그런데 제가 지금 지향하는 글이 그렇진 않습니다. 나중에는 모를까.

방금 말씀하신 분명한 글 스타일을 저도 좋아합니다만, 호불호가 분명할 수 있잖아요. 분명한 논조, 명확한 주장, 그게 외부에서 볼 때 편향성일 수 있거든요. 그게 조선일보를 싫어하는 이유이기도 할 텐데요?

선우정 그렇죠. 사주하고 어느 정도 타협은 할 거예요. 저희 선친도 타협을 하셨을 거고. 하지만 어느 순간 주필이 독자적으로 끌어가야 할 때가 분명히 있거든요. 그 결정적 타이밍에 분명한 의견을 내놓는 게 저는 주필의 역할이자 힘이라고 봅니다. 교수님 말씀대로 그걸 싫어하는 사람이 있고 안티도 생기지만, 그렇게 하는 게 좋은 측면으로 더 많이 작용했다고 생각합니다. 저는 신문의 경쟁력 차원에서 그게 맞다고 봅니다.

경쟁력이 신문의 사회적 영향력 측면도 있고, 경영 차원도 있을 텐데요.

선우정 둘 다입니다. 저는 사회적 차원에서도 그게 옳은 방향이고 또 독자들을 끌어들이는 데도 도움이 된다고 봅니다. 두 가지를 다 흡수하는 거죠. 물론 반대 측에서 볼 때는 다르게 생각할 수가 있겠죠. 사회를 나쁜 방향으로 끌고 가면서 잇속만 차린다고. 저는 동의하지 않습니다.

방금 전 선친 말씀이 나왔는데요. 그게 위원님이 조선일보에 들어오시는 데 당연히 영향을 미쳤겠죠?

선우정 그렇습니다. 제가 들어올 때는 이미 돌아가신 상태였지만 선친 덕을 보고 들어온 건 맞아요. 그걸 부인할 생각은 없습니다. 하지만 제가 기자가 된 건 선친하고 전혀 상관이 없어요. 아버지가 언론계에 계시니까 내가 기자가 돼야지 하고 생각해본 적이 없어요. 오히려 아버님은 제가 기자 하는 걸 싫어하셨습니다. 제가 조선일보에 들어온 이유는 간단합니다. 교수님께서도 아시겠지만 1990년대 초반이 공전의 언론사 전성기였어요. 그때 언론사의 페이가 삼성보다 좋았습니다. 그때 인문계에서 갈 수 있는 최고의 직장이 언론사였고, 언론사 중에서 최고의 직장이 조선일보였어요. 그래서 응시를 한 거지 제가 무슨 아버님의 영향을 받아서 기자를 하게 된 건 전혀 아닙니다.

평소 기자라는 직업에 대한 꿈을 갖고 계셨던 건 아니고요?

선우정　아닙니다. 그때 언론이 워낙 인기가 좋아서. 저는 그때도 지금도 역사학을 좋아해서 역사학을 계속 공부하러 유학을 가려 했는데, 언론이 너무 인기가 좋으니까 그 찬스를 놓치는 게 그렇더라고요. 그래서 대학 3학년 때 공부를 시작해서 들어왔는데, 얼마 안 지나서 그만두려고 했어요. 수습을 하는데 힘들어서 못하겠더라고요. 그런데 어머니가 "너, 아버지 망신시키지 마라"고 하셔서 붙어 앉아 지금까지 있는 거죠. 그게 아버님 영향이에요. 농담이 아니라 진심입니다. (웃음) 논조 차원에서 제가 글을 쓰면서 아버님을 생각한 적은 전혀 없고요. 제 생각 자체가 아버님하고 비슷한 것 같아요.

아버님께서 쓰신 글을 고등학교나 대학 때 읽어보셨나요?
선우정　네. 거의 대부분.

착한 아들이셨네요.
선우정　착하다기보다 의무적으로 읽어야 된다고 생각했어요. 안 읽으면 아버지가 섭섭해하실 것 같다, 그런 느낌이었죠.

논설위원실에서 하는 일

논설위원실에 대한 질문으로 다시 돌아가서, 논설위원실이 생산하는 게 무기명 사설하고 만물상이죠? 그건 전체 지면의 크기로 보면 작잖아요. 그 외에 각 위원님들이 개인 칼럼을 쓰시고. 논설위원실이 담당하는 역할이 또 뭐가 있을까요?
선우정　글쎄요. 그 역할 외에는 무슨 교육 역할도 없고, 저희가. 생각할 수 있는 게 뭐가 있을까요. 논설위원이 쓰는 기사 비슷한 게 있고, 인터뷰 같은 거 할 때도 있고, 중앙일보가 시작해서 저희도 합니다. 경영진 입장에서 저 인간들 너무 논다고 할 것 같아서. (웃음)

유튜브는 어떤가요?
선우정 유튜브는 하는 사람만 합니다.

자발적으로 하는 건가요?
선우정 네. K선배가 거의 전문적으로 지금 그쪽으로 진출해서 하고 계시죠. B위원도 하고. 시대가 그쪽으로 가니까 하는 거지 의무는 아닙니다.

전에 보니까 위원님도 TV조선에 나오시던데.
선우정 낮에 했죠. 그때는 의무였어요. 그런데 저는 한 달쯤 하다가 안 맞아서 때려치워버렸어요. 내가 모르는 얘기를 해야 된다는 게 고역이더라고요. 제가 아는 얘기는 얼마든지 할 수가 있는데. 나중에는 무슨 동물의 왕국 같은 것까지 설명을 하라고 그래서 안 하겠다고 때려치워버렸죠.

논설위원들이 인맥이 넓은 경우가 많으니 편집국에서 취재를 하다가 벽에 부딪힌다거나 아니면 누군가와의 네트워크가 필요할 때 논설실에 도움을 요청하진 않나요?
선우정 오히려 반대 케이스가 많습니다. 왜냐하면 우리나라, 한국 사회는 출입처 기자의 정보력하고 네트워크 힘이 굉장히 크거든요. 그러니까 저희가 몰라서 물어보는 경우는 있어도 저쪽에서 몰라서 우리한테 연락하는 경우는 거의 없어요.

그럼 혹시 신문사 내에 뭔가 중요한 이슈가 발생했을 때 논설위원들이 나서서 해결하거나 하는 일은 없나요?

선우정 논설위원들은 그런 일을 하지 않습니다. 조선일보가 예전부터 그 랬는데, 논설실은 주필의 조직이라고 보시면 돼요. 그러니까 지금 말씀 하신 그런 일과 관련해 주필은 영향력이 있어요. 주필이 편집인을 겸임 하고 있기도 하고. 하지만 논설실은 주필을 지원하는 조직으로 보시면 됩니다. 그러니까 대외적인 차원에서 논설위원 개개인의 직접적 역할은 거의 없다고 보시면 될 거예요.

알겠습니다. 방금 주필이 편집인 역할을 겸한다고 하셨는데 그게 어떤 역할인가요?

선우정 공식적인 보직인데, 지금은 주필이 겸임을 하고 있을 거예요. 그 게 회사마다 다른데, 예를 들어서 중앙일보하고 동아일보는 편집인 자 리가 굉장히 커요. 입김도 세고.

그러면 편집국장하고는 어떻게 다른 건가요?

선우정 정확히 모르지만 동아나 중앙은 국장이 실무적인 역할을 하고 편 집인이 리드하는 게 꽤 있는 걸로 압니다. 그런데 조선일보는 전통적으 로 편집국장의 위상이 강하기 때문에 편집인의 위치가 대체로 약했어 요. 편집인은 대개 주필이 겸하는데 주필이 편집국장에 대해 편집인으 로서 이래라저래라 그러는 문화가 아니에요.

얘기가 나와서인데, 조선일보를 보면 사장님을 필두로 발행인, 그리고 편집인 겸 주필, 편집국장, 이렇게 네 분의 역할이 중요하잖아요. 신입 기자 뽑을 때도 네 분이 상의하시고. 주필하고 편집국장이 하는 일은 분명한데 헷갈리는 자리가 발행인입니다. 조선일보는 사장과 발행인이 분리되어 있는데 그렇지 않은 경우도 많잖아요.

선우정 그런 경우도 많죠.

그게 일종의 부사장 자리라고 할 수 있나요?

선우정 그렇죠. 부사장으로 보시면 됩니다. 사장님 역할이 많으니까 그걸 분담하는 거로 보시면 됩니다. 지금 사장님이 나이가 많으시잖아요. 그러니까 사장이 발행인을 겸임하면 정말 한참 어린 사람들하고 같이 모임을 해야 하기 때문에 발행인을 따로 떼어놓은 측면도 있습니다. 우리가 큰 조직이 아니라서 역할 분담은 그때그때 사정에 따라서 달라요. 그러니까 지금 사장님이 회장이 되시고 아드님이 사장이 되면 사장이 발행인을 겸할 가능성이 꽤 있죠. 지금 사장님도 예전에는 발행인을 겸하셨습니다.[5]

알겠습니다. 논설위원실에도 보면 주필 외에 주간, 실장, 선임 논설위원이 있는데요.

선우정 그건 위인설관爲人設官으로 보시면 됩니다. 부반장하고 똑같은 거죠. 연조가 되면 뭐라도 타이틀을 하나씩 붙여줘야 해서. 어린 사람들하고 똑같이 위원을 할 수는 없잖아요. 그런데 역할 차이는 그렇게 크지 않습니다.

논설위원실 시스템의 한계

조금 불편한 질문을 드려야 할 것 같네요. 논설위원실의 역할이나 운영 방식에 문제는 없는지요.

선우정 이 질문이 나올 걸로 봤습니다. 기본적으로 사설의 위상이 예전에 비해서 약하거든요. 그건 부정할 수 없는 현상입니다. 요즘 사람들이 사설을 많이 읽지 않잖아요. 다매체 시대에 볼 것도 워낙 많기 때문에. 예전에 비해서 역할 자체가 줄어든 게 사실이고, 당연히 위상도 거기에 따라서 약해지고. 몇십 년 전 논설위원들하고 지금 논설위원들은 사실 비교를 할 수가 없습니다. 지금 논설위원실은 실무적인 조직입니다. 아까도 말씀드렸지만 주필의 지원 조직 같은 거죠.

1980년대나 1990년대까지는, 부장을 거치고 국장 전 단계라든가 국장을 거치고 온 분들, 이런 분들이 논설위원을 했거든요. 그전인 1960~1970년대는 당대의 지식인들이 겸임 논설위원을 했고요. 제 어렸을 때 기억으로는, 아버님이 주필할 때 이어령 선생[6] 같은 당대의 작가들이며 사형 선고를 받았던 송지영 선생[7] 같은 분들이 논설위원을 하고 계셨으니까. 그러다가 1980년대부터 완전히 달라졌죠. 1980~1990년대에는 부장급 이상들이 논설위원을 했고, 2000년대 이후부터는 완전히 실무형 조직으로 성격이 바뀌었습니다. 예를 들어 법조 담당 논설위원은 법조에 출입했던 차장급들이 오기 시작했어요. 조심스런 얘기이긴 한데, 예전 1960~1970년대 논설위원의 역량하고 저 자신을 비교해보면 부끄러울 정도입니다. 아까 말씀드린 이어령 선생하고 현 논설위원들의 위상을 비교해보시면 돼요. 글의 질 자체를 말씀드리는 게 아니라 똑같은 글이라도 위상과 파워가 다른 거죠.

2000년대 이후 왜 그런 식으로 바뀌었을까요?

선우정 신문의 위상하고도 관계가 있습니다. 예전에는 사회적으로 영향력 있는 분들을 영입해서 운영할 수 있는 역량이 있었거든요. 그런데 2000년대 이후부터는 신문사의 위상이 약화되고 기조도 실용적으로 바뀌었기 때문에 그렇게 흘러간 것 같아요.

조선일보만 그런 게 아니라 대부분의 신문사들이 전반적으로 다 그랬나요?

선우정 네, 대부분. 중앙일보나 동아일보가 우리보다 먼저 바뀌었습니다. 조선일보는 늘 다른 데가 바뀐 다음 바뀌는 경우가 많고 논설위원실도 마찬가지입니다.

신문사의 위상이나 조직의 특성은 바뀌었어도 무기명 사설은 이전 형태를 계속 유지하고 있는데요. 지금 방식이 적절하다고 보시나요?

선우정 그건 적절성을 떠나서 그 외에 다른 방식이 있겠는가의 문제입니다. 조선일보의 의견을 내는 방식은 상당히 다양해졌어요. 유튜브도 있고 팟캐스트도 있고. 하지만 그것들은 다분히 개인의 의견입니다. 그런데 사설은 무기명이기 때문에 회사의 입장이고 주필의 입장이거든요. 대안을 찾고 있지만 그렇다고 사설을 없앨 수는 없을 거예요. 신문이 있는 이상. 일본도 우리보다 신문의 역사가 길지만 사설은 계속 유지하고 가거든요. 신문이 있는 이상, 사설의 형태는 끝까지 가리라 봅니다.

비록 많은 사람들이 보지 않더라도 주요 오피니언 리더들이 사설을 보고, 정책이나 정치 과정에 영향력을 행사하기 때문인가요?

선우정   그렇습니다. 예전에 비해서는 크지 않지만.

그건 시대적 상황과도 관련된 것 아닐까요? 이를테면 1970~ 1980년대만 하더라도 지금과 비교하면 사회가 다원화되지 않았고 그만큼 제너럴리스트가 통하던 시대였고, 지금은 사회가 다원화되고 전문화된 영역 중심으로 돌아가는 시대고.

선우정   그렇습니다.

문제는 이러한 시대 변화에 논설위원실이 부합하는지 여부라고 보는데요. 지금 논설위원실에 한 열다섯 분 정도 계신가요?

선우정   네. 그 정도 있습니다.

그분들이 사회, 정치, 경제, 문화, 환경, 이런 식의 주 담당 영역은 있는 것 같기는 한데, 그래도 제너럴리스트에 가깝지 않은가요?

선우정   그렇게 볼 수 있죠.

그래서인데 지금의 논설실 시스템에서 온갖 복잡한 사회 현안에 대한 의견을 자체적으로 만들어내는 것이 타당한지 의문이 듭니다.

선우정   현시대 상황에서 논설실이 필요하다 안 필요하다 이런 말씀을 드리는 건 주제넘은 일이 될 것 같습니다. 그런데 지금 단계에서 제가 더 걱정하는 건, (잠시 생각을 정리하느라 침묵) 우리가 의견기사를 쓸 때 진중권이나 서민 같은 분들을 자주 인용하거든요. 그분들의 의견이 온라인에서 중요하기 때문이죠. 그만큼 우리 논설실 위상이 약해지고, 영향력이 약해진 겁니다. 답변이 제대로 됐는지 모르겠는데, 지금 논설실 시스템이 타당한가라는 질문에 대해서 제 생각은 그렇습니다.

더 중요한 문제는 영향력 감소라는 말씀으로 이해했습니다. 혹시 이런 비판이 사내에서 제기되는 경우도 있나요?

선우정 그런 경우는 거의 없고, 제 개인적인 생각입니다. 그리고 아까 말씀하신 제너럴리스트 문제와 관련해서, 저희 신문에 메인 칼럼이 있어요. 거기에 아직까지도 김대중 칼럼이 나오고 있거든요. 그 외에 양상훈 칼럼, 김창균 칼럼, 박정훈 칼럼 같은 기명 칼럼이 있죠. 저도 거기에 기명 칼럼을 쓰고. 그런데 기명 칼럼이 제 밑으로 가면 더 이상 없습니다. 회사 입장에서는 내부 사람을 키우는 것보다 외부에 있는 사람을 활용하는 게 여러모로 이득이거든요. 일종의 아웃소싱이죠.

아까 제가 드렸던 질문이 그 맥락이었습니다.

선우정 네. 그러니까 현재의 시스템이 경제 논리로 볼 때 점점 비싸지고 있는 거예요. 그게 논설실뿐 아니라 기자라는 직종의 위기일 수 있죠.

학계에서는 오래전부터 지금 같은 신문사의 고비용 구조가 언제까지 지탱되겠는가 하는 얘기를 해왔습니다. 결국 아웃소싱으로 갈 수밖에 없지 않나.

선우정 네. 외부 필자의 경우가 사실 그거죠. 대학에서 시간 강사 쓰듯이.

그런데 아웃소싱으로 가는 것 역시 한계가 있지 않을까요. 왜냐하면 신문사의 브랜드를 키울 수 있는 게 아니니까.

선우정 그렇죠.

4부. 글이 칼보다 강한 이유

해외 유수 언론들의 경우, 기자들이 SNS나 블로그 활동을 해서 기자 개인의 브랜드를 키우고 그걸 매체의 영향력으로 연결하려 하는데요. 이를테면 뉴욕타임스 같은 경우 기자 또는 칼럼니스트 개개인이 셀럽이 되고 브랜드가 돼서 신문을 이끌어가잖아요. 일종의 스타 시스템인데, 조선일보도 그 방향으로 가야 하는 건 아닐까요?

선우정 필요성은 다들 느낄 겁니다. 그런데 조선일보 문화 자체가 좀 어려운 측면이 있어요. 조선일보는 그렇게 나서고자 하는 사람도 있지만 안 나선다고 불이익을 받는 조직이 아니거든요. 그러니까 이지고잉easy going이 가능해요. 그리고 조선일보는 나섰을 때 리스크가 매우 큰 조직이에요. 왜냐하면 우리 사회 공통의 적이 조선일보거든요. 그렇기 때문에 개인이 튀다가 몇 번 사고가 난 적이 있어요. 그러니까 조선일보는, 이 말은 매우 조심스러운데, 개인의 행위로 인해서 위기에 봉착했을 때 조직을 보호하는 기제가 굉장히 큰 회사거든요. 어떻게 보면 그런 일을 용납 안 한다고 할까. 튀는 데 따르는 리스크는 크고, 나서지 않고도 이지고잉 할 수 있고, 이 이중의 장벽으로 인해 조선일보는 "나 스타될래요" 하고 나서는 사람이 별로 많지 않은 조직입니다. 성실함의 이면이죠.

그런 이중 구조의 한계에 대해 시스템 차원에서 해결책을 찾아야 하지 않을까요?

선우정 그게 굉장히 힘듭니다. 그런데 요즘 점점 해결책을 찾는 방향으로 가고 있습니다.

구체적으로 어떤 사례가 있나요?

선우정 예를 들어서 유튜브 조직을 따로 떼어내서 키우고 있어요. 그리고 닷컴을 담당하는 조직(조선NS)도 장상진 씨가 따로 나가서 하고 있고. 그 조직은 외부에서 리베로 같은 사람들을 뽑았어요. 그 과정에서 사고도 꽤 많이 일어나고 있는데 그래도 가야 한다는 게 지금 상황입니다.

그런데 저는 중요한 건 시스템보다 기자 개개인의 노력이라고 봅니다. 기자는 회사가 키우려 한다고 해서 커지지 않아요. 소질 있는 사람들이 정글에서 동물이 살아남듯이 비집고 나오는 거지. 우리 회사가 최보식을 키우려고 해서 최보식이 나온 게 아니거든요. 그리고 뉴욕타임스 예를 드셨는데, 일본 신문은 스타가 없고 우리하고 비슷한 측면이 많은데도 잘하고 있어요. 다만 그쪽은 우리보다 기자 수가 훨씬 많은데, 우리는 기자 200여 명이 하루에 40면을 채워야 합니다. 그래서 현실적으로 버겁죠. 교수님들처럼 한 분야를 파서 뛰어난 생산물을 만들어내는 이들과 경쟁하기 힘들고. 저는 그 경향이 앞으로 더 심해질 거라고 생각합니다.

꼭 안에서 사람을 키울 필요가 있는가 하는 의문에도 일정 부분 공감합니다. 논조만 맞으면 우리의 틀을 지켜가며 외부에서 아웃소싱하는 거죠. 우리 신문도 1970~1980년대를 거쳐 경영 상황이 좋아지면서 1980년대 이후에 내부 사람을 키운 거지 그전에는 다 외부 아웃소싱이었어요. 그러니까 아웃소싱이 낯선 경험은 아닙니다.

논설위원실의 작동 방식

잘 알겠습니다. 그나저나 오늘 저희 때문에 논설실 회의에 못 들어가셨는데, 사설로 쓸 꼭지를 정하고 집필 담당자를 정하는 과정이 보통 어떻게 이루어지나요?

선우정 위원들이 한자리에 둥글게 모여 앉아 쭉 돌아가면서 오늘 쓸거리를 얘기해요. 보시면 알겠지만. 그 얘기들을 듣고 주필이 이거 씁시다 하면 끝납니다. 아주 기계적으로 이루어집니다.

말 꺼내면 그걸 얘기한 분이 뒤집어쓰는 분위기 아닌가요? 나서면 일을 맡는 구조라서 조용히 있는 경우도 있을 것 같은데요.
선우정 그렇습니다. 지금도 누군가는 버티고 있을 거예요. 그런데 여기는 소위 나와바리라는 게 있으니까 아주 특이한 거 아니면 뭐, 쓰면 쓰는 거죠.

회의는 어느 정도는 포멀한가요?
선우정 거의 가족회의 같은 분위기예요. 선후배 관계가 워낙 끈끈하기 때문에. 그러니까 군대하고 친구 집단하고 중간 정도 수준이라고 보시면 돼요. 욕도 엄청 많이 해요. 교수님 오시면 아마 서로 존대할 거예요. 그거 위선이라고 보시면 됩니다. (웃음)

그걸 깨고 들어가서 평소 모습을 관찰해야 되는데 어떻게 해야 할까요?
선우정 그건 안 될 겁니다. 외부에서 볼 때는 진짜 상상을 초월하는 발언들이 나오고 그래요.

상상을 초월하는 발언이라 하면?
선우정 그러니까 남의 욕을 하는 거예요. 예를 들어서 이명박 ××, 박근혜 ××, 이런 식으로 얘기하는 거죠. 그거 누가 녹음하면 큰 사달이 날 거예요. 조선일보 논설실에서 그런다고. 그런데 우리는 워낙 그런 분위기라서.

안 보는 데서는 나라님 욕도 하는 거잖아요.

선우정 그런데 요즘은 사석에서 한 얘기 가지고 녹음해서 난리 치는 등 하도 민감해서 진짜 모습을 못 보실 거예요.

그런 회의에서는 일종의 암묵적 압력, 이를테면 내가 이런 얘기해봐야 통하겠어? 이런 생각 때문에 입을 다무는 경우는 없을까요?

선우정 네. 그런 이유로 말 안 하는 사람들도 상당수 있을 겁니다. 10명이 회의를 하면 5~6명 정도 얘기하죠.

회의는 얼마나 걸리나요?

선우정 30분 정도입니다. 아침 10시 반에 30분, 오후에는 2시에 하는데 10분 안쪽으로 끝납니다. 대개 아침에 결정을 하고 오후에 상황 봐서 변화를 줍니다.

그날 맡은 사설 꼭지가 없고 특별히 다른 역할이 없다면 뭐하시나요?

선우정 놀죠. 그래서 우리 경영진이 논설실을 싫어하는 것 같아요. (웃음)

뭐하고 노세요?

선우정 대개 책 봅니다.

온라인 기사 같은 것들도 보시나요?

선우정 기사는 혹시나 돌발 상황이 생기면 써야 되기 때문에 계속 워치하고 있고. 꽤 자유롭게 돌아갑니다. 딴 사람들 방해만 안 하면.

편집국에 있을 때보다 논설위원실에 오면 훨씬 편해지겠군요.

선우정 훨씬 편하죠. 왜냐하면 만물상까지 해서 하루에 4꼭지잖아요. 그리고 칼럼 안 쓰는 사람들도 있고. 그런데 논설위원이 10명이 넘잖아요. 산술적으로 볼 때 절반이 매일 놀아요, 노는 사람이 바뀔 뿐이지.

논다고 표현하셨지만 그래도 그 시간에 책을 본다든지.

선우정 그렇죠. 내공 쌓는 거죠.

위원님은 일본통이시잖아요. 주일 특파원도 하셨고, 조심스런 얘기입니다만 대일 외교 문제로는 언론계에 위원님 따라갈 분이 있을까 싶네요.

선우정 딴 사람들이 안 쓰는 걸 쓰기 때문에 그렇습니다. 거기에 늘 자료 수집도 하고 공부를 합니다. 이를테면 언론에서 대일 청구권 문제[8]를 제대로 쓸 사람은 저밖에 없다고 생각합니다. 건방지게 제가 최고다 이런 뜻이 아니라, 우리나라 언론이 일본에 대해서 의외로 관심도 적고 공부도 안 해요. 그러니까 그런 걸 하면 블루오션입니다. 솔직히 얘기해서 저 혼자 쓰는 거예요. 조금만 찾아봐도 좋은 자료들이 무척 많이 있거든요. 저는 주로 일본 자료들을 찾아보는데 의외로 바이어스가 적어요. 그런데 그게 많은 내공이 필요한 게, 그 주제는 자칫 친일파라는 욕을 먹게 돼 있어요. 우리 회사는 거기에 굉장히 민감하거든요. 그러니까 아주 공들여 쓰죠. 공부도 많이 하고 팩트에 빈틈을 안 주려고 노력하고.

펑펑 노시는 줄 알았더니 전혀 아니시군요.

선우정　그것도 안 하면 어떻게 월급을 타먹고 살겠습니까.

세상 돌아가는 걸 알려면 네트워킹이 중요할 것 같은데 그런 건 어떻게 관리하시나요?

선우정　계속 사람들 만나고 얘기 듣고 그런 작업은 일상적으로 하죠. 점심때하고 저녁 시간을 이용해서.

주로 어떤 분들을 만나세요?

선우정　한국 사회 엘리트 그룹인데요. 교수, 정치인, 기업인 등 다양한 분들하고 만납니다. 그러다보니 점심, 저녁 약속이 끊임없이 있어요. 일주일에 하루 이틀 빼고는. 이 약속 왜 잡았지 하는 의문 없이 기계적으로 합니다. 30년 동안 그렇게 흘러왔죠.

지난 일주일을 예로 들어 만난 분들이 누군지 알 수 있을까요?

선우정　잠시만요. (휴대폰 확인) 8월하고 9월하고 코로나가 심해져서 못 만났잖아요. 지난 일주일간은 약속이 밀려서 쓸데없는 약속들이 더 많았던 것 같네요. 어제는 기업인하고, 그제도 기업인이었고. 지난주에 금요일 저녁은 우리끼리 했고요. 그중 한 사람이 스타트업에 가 있는 친구라서 스타트업 얘기 들었고. 그전에는 동아일보 논설위원 만났고, 또 그전에는 기업인이었고. 기업인이 제일 많네요.

정치 쪽으로는 안 보셨네요?

선우정　정치 쪽은 최근에는 만난 사람이 없는 것 같아요. 이번 달에 일본 대사관 공사하고 서울대 교수님 한 분 만났고, 아 A의원하고 만났고. 저 같은 경우는 경제부 출신이라서 대개 기업인들이 많아요. 그나저나 제가 지금 나가봐야 되는데요. 부족한 거 있으면 한 번 더 말씀 나눌까요.

네, 그렇게 하겠습니다. 감사합니다.

(2차 인터뷰)

사장의 리더십

다시 시간 내주셔서 감사합니다.
선우정 네. 연구 잘돼가시죠?

덕분에요. 사장님도 뵙기로 해서 어떤 질문을 해야 할지 고심 중입니다.
선우정 사장님이 전에 신문협회나 기자협회 같은 곳하고 인터뷰 하신 게 몇 건 있을 겁니다. 거기 보면 참고할 만한 내용이 있을 거예요.

네, 찾아보겠습니다. 그나저나 인터뷰를 진행하면서 사장님의 영향력이 생각했던 것 이상이란 걸 느끼고 있습니다. 지난번에 우산이라고 표현하셨는데요. 조선일보를 위해서 사장님의 리더십이 필요하다고 말씀하시는 분들이 의외로 많아 조금 놀라고 있습니다. 일종의 헤게모니 상태라고 할까.
선우정 네. 조선일보는 그게 지켜지고 있는 회사입니다.

그게 어떻게 가능할까요?

선우정 바로 떠오르는 거 두 가지만 말씀드리면, 하나는 방 사장님은 글 쓰는 사람인 언론인이라고 하긴 그렇고 신문인이신데, 그 정체성이 흔들린 적이 없어요. 또 하나는 방 사장님은 신문을 중심에 놓는 분이죠. 신문의 시대가 저물고 있다는 건 누구나 아는 사실인데, 우리 사장님은 한 번도 신문의 시대가 끝났다고 얘기하신 적이 없어요. 부수가 떨어지건 영향력이 감소하건 신문이 중심이고 신문이 잘돼야 TV도 잘되고 인터넷도 잘된다는 메시지를 구성원들한테 끊임없이 주세요. 그래서 구성원들이 사장님을 신뢰하고 영향력을 인정하는 거죠. 영향력이 크다고 하면 사장님이 좋아하시지 않겠지만.

신문 편집에 미치는 영향력이 아니라 신문 경영자로서의 영향력이겠지요.

선우정 네, 그렇습니다. 신문 경영자로서 사장님이 취하시는 포지션이 좋은 거죠.

사장님께서 신문인으로서의 외길을 걸어오신 비결은 뭘까요? 교육을 그렇게 받으셔서 그런 건가요?

선우정 그게 가문의 전통인 것 같습니다. 선대 때부터 계속 그러셨어요. 실질적인 창업자라고 할 수 있는 방응모 회장은 지식인이셨죠. 그런 분이 광산을 해서 단번에 돈을 번 거죠. 그리고 이북에서 온 분이셨기 때문에 자기의 본분이라고 할 언론 경영에서 벗어나려고 하지 않으셨죠. 예전에는 그게 안 좋다고 한 적도 있어요. 하도 다른 걸 안 하고 언론만 하셨기 때문에. 예를 들어서 중앙일보 같은 경우 TBC를 가지고 있었고, 동아일보도 동아방송 가지고 있었고. 그러다 둘 다 전두환 때 뺏겼죠. 그런데 우리는 뺏긴 게 없어요. 전두환한테 잘 보여서가 아니라 뺏길 게 없어서. 종편 할 때도 제일 의지를 안 보이신 게 사장님인데 억지로 끌려간 측면이 있어요.

그렇군요. 그나저나 지금 방 사장님이 은퇴하실 경우 저널리즘을 앞세우는 리더십이 흔들릴 수 있지 않을까요?

선우정 저는 그렇게 보지 않습니다. 이 100년의 신문사 조직이라는 건 한 개인의 조직이 아니라고 생각하거든요. 100년의 역사였고, 1980년대부터로 치면 최소 40여 년간 여론 형성을 주도해온 회사가 사장 한 분이 바뀐다고 그렇게 쉽게 변할까요? 안 변할 겁니다. 그리고 저는 조선일보의 논조를 형성하는 데 사장님이 개입한 적이 별로 없었다고 봅니다. 오너의 그립이 강하지 않아서 회사가 불필요한 상처를 입거나 위기를 겪은 경우가 오히려 많았죠. 이를테면 저는 최장집 보도 사건[9] 같은 경우는 절대 사장님의 의도가 아니었다고 확신합니다.

DJ 정부 당시 월간조선이 최장집 교수의 이념 성향을 비판한 사건 말씀이죠?

선우정 네. 저는 개인적으로 그게 '안티조선'을 거의 범지식인 운동으로 만들어버린 악수였다고 봅니다. 그걸 잘했다고 얘기하는 정신없는 사람도 있지만. 그게 우리가 지식인 사회에서 비판을 받고 어떻게 보면 따돌림당하게 된 계기였고 그 여파가 지금까지 이어지고 있거든요. 지금도 강성 좌파들은 말할 것도 없고 중도 성향의 지식인분들 중 조선일보를 꺼리는 사람들이 꽤 있는데, 그 결정타를 먹인 사건이었습니다. 그런데 그 건은 제가 볼 때 사장님 의도가 전혀 아니었습니다. 사장님의 영향력이 크다는 걸 논조 형성의 영향력으로 보시면 안 될 것 같아요. 논조는 누가 결정하는 게 아니고 묘하게 흘러가는 게 있어요. 예를 들어 며칠 전 칼럼은 제가 썼는데, 지금까지 제가 칼럼 쓰는 데 누가 뭐라고 한 적이 한 번도 없었어요. 쓴 걸 빼라고 한 적은 있지만. 두 번인가.

쓰신 글이 게재되지 않고 뭉개됐다는 말씀인가요?
선우정 네. 그런데 그거는 논조하고는 전혀 상관이 없었습니다. 논조는 누가 좌우하는 게 아니라 자연스럽게 흘러가는 거고. 저는 사장님으로부터 뭐에 대해 어떻게 글을 쓰라는 얘기를 들어본 적이 없어요. 그나저나 무슨 말씀드리다가 옆길로?

사장님이 물러나셨을 때 리더십이 이어지겠는가.
선우정 아, 그러니까 사장님이 안 계신다고 달라질 건 없다는 말씀을 드리는 겁니다. 왜냐하면 이 조직은 사주로부터 독립해서 굴러가는 조직이기 때문에. 이런 얘기를 사장님이 들으면 섭섭해하시려나.

사장님께서 사전에 개입하시지는 않는데 신문이 나온 다음에 "글 잘 읽었다", "좋더라", 어떤 경우는 "그건 좀 그렇더라" 이런 피드백을 하신다고 들었습니다.
선우정 네. 그건 하세요.

그런 피드백을 얼마나 의식하는지 물어봤더니, 다들 그걸 무척 의식하던데요.
선우정 그러겠죠.

4부. 글이 칼보다 강한 이유

위원님은 의식 안 하세요?

선우정 안 할 수 없죠. 월급 주시는 분인데. 그렇다고 제가 쓰기 싫은 글을 그분 뜻을 따라서 쓸 수는 없잖아요. 그러니까 이런 식이에요. 작년 총선 때 보수 야당을 세게 비판한 칼럼을 썼어요. 그러면 짐작하시겠지만 조선닷컴에 달리는 게 악플 천지죠. "너 미쳤냐", "조선일보가 지금 이럴 때냐", 이런 게 달려요. 그때 사장님한테 한말씀 들었죠. "이걸 지금 꼭 썼어야 되냐." 그 정도 얘기인 거죠.

그것도 사후였죠?

선우정 물론 사후죠. 신문 초판이 나오는 5시 반에 이미 칼럼은 다 찍혀요. 사장님이 그 시간에 글을 보세요. 그때 '꼭 지금 이런 글을 써야 되나'라고 생각하셔도 말씀을 전혀 안 하세요. 그러고는 다음 날 조선일보 독자들이 비판을 퍼부으면 한말씀 하실 때가 있는 거죠. 그것도 사실 꽤 압박이 돼요. 하지만 그렇다고 써야 할 글을 못 쓰면 그건 언론인 자격이 없는 거죠.

그런 일이 누적되어서 나중에 인사상의 불이익으로 작용하지 않을까 하는 염려는 안 하세요?

선우정 전혀 안 합니다. 극단적으로 제가 이재명 후보 지지하면서 보수 야당을 그날 하루가 아니라 매일같이 내리 비판해대면 모를까. 그럴 경우 사장님이 저보고 계속 글 쓰라고 하겠습니까? 사장님 말씀이 영향이 없다고는 할 수 없죠. 하지만 더 중요한 건 사장님 말씀에 앞서 우리 신문의 논조죠. 우리는 그 안에서 움직이는 거고.

그 논조는 누가 일방적으로 좌우하는 게 아니라 오랜 세월 켜켜이 쌓인 결과물인 거고, 현재도 만들어지고 있고, 앞으로도 계속 그렇게 흘러갈 거고.

선우정 그렇습니다.

그 과정에 사장님이 관여하는 방식은 밖에서 보는 것하고 달리 극히 약한 그립 수준?

선우정 네. 저는 그렇게 느끼지만 사람에 따라서는 그 그립을 강하게 느낄 수도 있겠죠.

생각해보면 그런 방식이 아니고는 위원님 같은 분을 포함해 고집 센 언론인들로 구성된 조직을 어떻게 꾸려갈까 하는 생각이 드네요.

선우정 그렇죠.

그런데 아까 여쭤보려 한 게, 말씀하신 방 사장님의 리더십이 가문의 전통이나 시스템을 넘어 방 사장님 개인의 자질이나 성품하고도 관련된 것 같은데요.

선우정 네. 그런 측면이 있습니다.

그래서 방 사장님이 은퇴하셨을 때 그 같은 리더십이 유지될까 하는 질문을 드린 거거든요.

선우정 네. 그런데 아까 말씀드린 대로 그게 지켜질 거라고 생각합니다. 방우영 회장님하고 방상훈 사장님 전환기 때도 그랬고.

그때도 이런 얘기들이 있었나요?

선우정 그때도 있었죠. 제가 들어오고 2년 후에 방우영 사장님이 회장으로 물러나시고 지금 방상훈 사장님이 40대 젊은 나이로 사장직을 맡으셨는데, 우리 전통은 흔들리지 않았습니다. 그때가 1990년대인데 우리가 워낙 잘나가던 때였고 맨파워도 좋았고. 그때 사람들이 자신감 과잉으로 문제를 일으킨 게 최장집 사건입니다. 사장님 체제가 완전히 공고해지기 전에.

그렇게 된 거군요.

선우정 사장님은 세세한 것까지 얘기하시지 않습니다. 예를 들어서 우리가 이런 거는 비판해야 한다고 그러면 늘 "한번 해보세요"라고 말씀하세요. 그런데 '해보세요'라는 말은 지지한다는 뜻이 아니라 믿고 맡기겠다는 뜻인 거죠. 정말 중요한 사건들을 사장님 모르게 보도한 적도 많아요. 채동욱 사건도 그렇고, 우병우 사건도 사장님한테 보고 안 하고 보도했죠. 우리 회사만큼 편집국장과 주필의 권한이 큰 회사가 없을 거예요. 그래서 사장님이 요즘은 신경을 많이 쓰시는 것 같더라고요. 예전에 하도 덴 적이 많아서.

말씀을 들을수록 조선일보 사장이라는 자리가 그다지 좋은 자리는 아닌 것 같네요. (일동 웃음)

선우정 아무튼 외부에서 하는 비판은 대부분 엉터리들입니다.

말씀 듣다보니 약한 그립보다는 부드러운 그립이 맞는 표현 같습니다.

선우정 네. 그 표현이 더 적절할 수도 있겠네요. 경영자로서 분명히 강한

뉴스 생산자

부분이 있으시거든요. 조선일보의 틀을 흔드는 방종이라고 해야 하나 그건 용납 안 하시지만, 그 안에서 기자들에게 허용하는 룸은 제일 클 거예요. 우리나라 언론 중에서.

한 몸처럼 움직이는 조직문화

주제를 바꿔서 기자들에 대해 묻겠습니다. 지난번 인터뷰에서도 나온 얘기인데, 조선일보 기자들이 거의 한 몸처럼 일사불란하게 조직에 순응하는 성향이 있는데요.

선우정 비교적 그게 강하죠.

그건 다른 말로 모두가 같은 생각을 하면서 한 방향으로 쭉 가는 거잖아요. 그런 점이 외부에서 볼 때 조선일보가 편향되어 있다는 비판으로 이어지는 것 아닐까요.

선우정 그렇습니다. 말씀하신 문제가 분명히 있습니다. 다른 목소리를 내는 글들이 점점 없어지는 게 사실이에요. 다양성이 사라진다고 할까.

그게 과거에 비해서 어떤가요?

선우정 저는 더 심해지는 것 같아요. 그래서 외부 필자들을 많이 아웃소싱하려는 움직임도 결국은 내부의 획일성을 보완하기 위해서 그러는 게 아닌가 생각합니다.

조선일보의 논조에 부합하는 분들이 편집국장도 되고 주필도 되는 반면에 생각이 다른 이들은 입을 닫거나 조직을 떠나는 과정이 이어지면서 획일성이 강화되는 게 아닌가 싶기도 한데요.

선우정 질문의 요지를 알겠습니다. 보수적인 논조를 따르는 사람이 우리 조직에서 더 잘되기 때문에 보수적인 논조가 더 강해지지 않냐, 이 말씀을 하시는 거죠. 그런데 꼭 그렇지는 않다고 봅니다. 어떤 사람은 보수적인 논조고, 또 어떤 사람은 진보적인 논조다. 둘 다 글을 잘 쓴다. 그런데 나중에 보니까 보수적인 논조인 사람이 올라갔다고 하면 말씀하신 게 맞아요. 그런데 우리는 초년병부터 대부분 보수적인 논조예요.

초년병부터 보수…. 실제로 신입 기자들을 뽑는 과정에서 이 사람이 과연 조선일보에 적합한지, 이념 성향 같은 것을 고려해서 걸러낸다는 뜻입니까?

선우정 그건 아니고요. 요즘 친구들은 좀처럼 이념 성향을 드러내지 않아요. 그래서 실은 이념이나 정치 성향은 알 수도 없고 선발 과정에서 고려하지도 않는다고 봅니다. 그리고 저희 신문이 출신 지역 같은 걸 사실상 안 봅니다. 호남 출신은 확률적으로 야당 지지자가 많잖아요. 그런데 우리 신문은 호남 출신을 많이 뽑습니다. 간부 중에도 호남 출신이 꽤 있고, 그게 아마 사주 분들이 이북 출신이라서 그런 것 같아요.

그러면 젊은 기자들이 보수 색채를 띠는 건 왜 그럴까요?

선우정 이렇게 얘기하면 젊은 기자들이 싫어할지 모르겠지만, 저는 그 친구들이 관성적으로 보수적인 논조를 취하는 경우가 많다고 생각합니다. 왜냐하면 그게 편하기 때문에, 그리고 싸울 필요가 없기 때문에. 만약에 진보적인 논조가 아주 훌륭한 게 있다고 하면, 우리는 그걸 안 받아주는 조직이 아니거든요. 예를 들어 제가 삼성을 몇 번 비판한 적이

삼성 오너십 문제, 20년으로 족하다

선우정 칼럼

국제부장

"
삼성이 지분 싸움서 이겼다
후계 작업이 시작된 지
꼭 20년 만이다
앞으로의 돌파구는
후계자의 실력과 성과,
그리고 인간적 냄새뿐이다
"

삼성과 엘리엇의 싸움에서 삼성 편에 선 것은 소액주주가 아니었다. 언론과 국민연금도 그랬다. 간접 들은 부자의 말이다. 삼성에 대한 비판 여론을 밀 부자쟁꾼의 이런 전방위 응원을 두고 "역시 삼성의 힘"이라고 생각한다면 그 조직엔 미래가 없다. 산업자본은 국민의 일자리를 만든다. 그런 존재가 해외 투기자본에 흔들리는 것을 외면하면 언론이 아니다. 그렇게 싸움은 삼성의 승리로 일단락됐다. 그러니 그동안 안 한 이야기를 마저 했으면 한다.

이번에 삼성이 낸 광고는 '주주님들께 간곡히 부탁드립니다'란 제목으로 시작됐다. "단 한 주라도 큰 힘이 되니 주식을 위임해 달라" "연락을 주시면 일일이 찾아뵙겠다"는 문장이 이어졌다. 어떤 광고엔 삼성맨이 수박까지 들고 있는 모양이다. 이 광고를 보면 10년 전 삼성 주주총회에서 본 일이 떠올랐다. 회사 대표가 발언권을 요구하는 소액주주 운동가에게 "당신은 주식을 얼마나 가지고 있냐"라고 호통치던 장면이다. 소액주주가 '단 한 주의 큰 힘'을 호소할 때 삼성의 답변이 그랬다. 그런 삼성이 이번에 '단 한 주의 큰 힘'을 호소하며 소액주주의 손을 잡는다.

삼성의 후계 문제는 1995년에 시작됐다. 그러니 벌써 20년이다. 이재용 현 부회장이 그해 물려받은 61억원으로 이듬해 에버랜드 전환사채를 매입하면서 삼성 후계자(廚)는 '편법' 논란으로 막이 올랐다. 2007년엔 '삼성 특검'이란 이름으로 낱낱이 뒤집혔다. 많은 비판을 받았지만 금융 당국과 사법부, 주류 언론은 큰 틀에서 관용으로 삼성을

대했다. 왜 그랬을까. 이른바 '삼성 장학생'이나 나를 장악한 까닭일까. 그렇게 믿지 않는다. 우리 사회의 저변에 한국 경제를 지탱하는 기업을 조심스럽게 다뤄야 한다는 공감대가 깔려 있기 때문이라고 생각한다.

이것은 이 사회가 삼성에 특별히 부여한 '호의(好意)'다. 그런데 삼성은 이 호의를 '힘의 결과'라고 여기는 듯하다. 그러나 20년째라는 게 아닐까. 이번 합병으로 이부회장은 삼성물산 주식의 16%를 가진다고 한다. 삼성물산이 삼성전자의 4% 지분을 가지고 있으니 그의 그룹 지배력이 커진다는 것이다. 꼬리를 붙여 몸통을 지배한다는 논리가 세상 어느 시장의 일반 논리인가. 꼬리를 무는 편법이 20년이 걸렸다면 꼬리를 장악하는 데는 또 얼마나 걸릴까. 후계 상처를 삼성 사람들은 평생에 얼마나 많이 흘려야 할까. 우리 사회는 또 얼마나 넓은 관용으로 삼성을 끌어안아야 할까.

한국 경제에서 '오너십'의 중요성은 줄지 않는다. 전문경영인 체제를 현대자동차의 폿쉬힘이 아니면 포스코, 대우조선, 그리고 금융회사의 난맥상 앞에서 할 말을 잃는다. 오너십이 없었다면 삼성은 지금의 삼성이 아닐 것이다. 그렇다고 세대가 지나면서 자동 축소되는 오너십을 강화하기 위해 우리 사회를 총동원해 마냥 무리할 수도 없는 일이다.

무엇보다 그들을 위한 사회적 비용을 감당하기 어렵다. 삼성과 엘리엇 싸움 이후 미국 월가의 한국 때리기가 '패배자의 푸념' 수준을 넘어선 것은 위험 신호다. '삼성의 승리는 한국의 패배'란 블룸버그 칼럼은 "코리아 디스카운트(한국 증시의 상대적 저평가)는 추상적 위험이 아닌 실체"라고 비판했다. 엘리엇 회장에 대한 한국 일각의 인종주의적 비판은 우리 외교공관이 직접 해명해야 하는 수준의 반발을 불렀다. 한국이 왜 이런 공격을 받아야 하나. 월가의 반격은 말의 성찬으로 끝날 것인가. 삼성 관계자들은 사회에 대한 책임감에 방잠을 설쳐야 한다.

엊그제 도서관에서 책을 찾다가 이런 제목에 눈에 들어왔다. '사람 냄새-삼성에 없는 단 한 가지.' 삼성전자 백혈병 근로자 문제를 다룬 내용이었다. 처지와 정도가 크게 다르지만 삼성에 비슷한 냄새를 느낀 사람이 적지 않을 것이다. 물론 삼성은 규모에 걸맞은 사회 공헌을 하고 있다. 수많은 가난한 어린이가 삼성을 통해 목숨을 구했고, 수많은 가난한 학생이 삼성을 통해 학업을 구제한다. 그런데도 삼성의 체온이 차갑게 전달되는 것은 왜일까. 삼성이 이 사회에 일으킨 싸늘한 파문을 기억해 보라. 대부분 오너십 확립을 위한 삼성의 부러수에 기인한다는 건 알 수 있다.

오너십 문제를 '범(凡)의 연금술'로 해결하는 시도는 지난 20년으로 족하다. 더 이상의 승부는 승산이 없는 게임이다. 후계 문제가 한국 사회에 천문학적인 비용을 청구하기 전에 삼성은 다른 길을 찾을 때가 지났다. 국민은 더 이상 삼성의 비용을 지불할 의무가 있다. 앞으로 삼성이 돌파할 수 있는 길은 후계자의 실력과 냄새, 그리고 사회 공헌을 통한 사람 냄새로 오너십의 필요성에 대한 공감대를 이 사회에 확고히 뿌리내리는 것뿐이다.

[기사 22] 2015년 7월 23일 34면(오피니언 면) 선우정 칼럼

있었는데, 회사에서 한 번도 뭐라고 한 적이 없어요. 삼성물산이랑 제일 모직 합병 당시 삼성물산 직원들이 수박, 케이크 등을 들고 소액주주들을 찾아다닌 일이 있었잖아요. 그때 메인 칼럼에다가 그러면 안 된다, 정신 차리라고 썼어요. 그런데 그 글이 나가고 나서 누구도 그에 대해 뭐라고 얘기한 적이 없습니다. 우리 회사는 그런 룸이 커요. 그런데 젊은 친구들이 오히려 노력을 안 해요. 회사가 다양성을 억누르는 게 아니라 스스로 편안한 것에 안주하는 거죠. 회사의 논조가 싫다면 더 열심히 해서 자신의 목소리를 내야 되는데, 젊은 기자 친구들이 너무 바쁘기도 하지만 그런 노력을 하는 기자들이 많지 않아요. 하고자 한다면 충분히 할 수 있는데. 메인 칼럼은 아니겠지만 사이드나 서브칼럼에서는 다른 색깔의 목소리를 원하거든요. 그런데 제가 편집을 할 때 보면 그런 수요를

만족시켜주는 사람이 별로 없어요.

조선일보의 메인 논조를 벗어나거나 거스르는 글을 열심히 쓰고 있어서 위원님이 눈여겨보시는 후배 기자가 혹시 있나요?

선우정 제가 볼 땐 없는 것 같아요. 저는 그게 큰 문제라고 생각합니다. 젊은 사람들이 윗사람들 눈치 봐서 그렇게 쓴다고 할지 모르겠지만, 저는 그건 아니라고 생각합니다. 아까도 얘기했지만 중도 쪽에서 쓸 수 있는 룸이 굉장히 크거든요. 그런데 젊은 친구들이 자기 스스로 순화돼서 완고하게 쓰는 게 많다고 봅니다.

혹시 중간 단계 데스킹이 영향을 미치는 건 아닌지요.

선우정 중간 데스크에 정말 한심한 친구들이 있을 수 있어요. 그 친구들이 "야, 너 이렇게 쓰면 못 내보내니까 다시 써", 이런 경우도 있을 겁니다. 하지만 적어도 저는 중간 데스크 할 때 그래 본 적은 없어요. 가급적이면 다른 목소리를 내라고 얘기를 했지.

글을 둘러싼 소통

신문의 메인 칼럼이든 태평로든 사이드 칼럼이든 사내 구성원이 썼을 때 그에 대해 글이 좋다는 식의 사후 소통 같은 게 있습니까?

선우정 없습니다.

전혀 없나요?

선우정 네. 전혀 없다고 보시면 됩니다. 예를 들어 우리끼리 사장님하고 밥 먹는 자리에서는 그거 좋았다, 이런 얘기 많이 해요. 그런데 논설실에서 오늘 누가 쓴 글 좋았다는 식의 얘기, 그런 건 지금까지 한 번도 들어본 적이 없어요. 일단 남의 글을 평가하지 않아요. 전혀. 나중에 회의 때 한번 보세요.

그게 일종의 불문율인가요?

선우정 불문율이라기보다 우리는 항상 다음 날 걸 만드는 게 일이기 때문에. 일단 지나간 것은 그걸로 끝난 거죠. 그게 일간지의 속성이니까. 하지만 사석에서 오늘 누구 칼럼 보니까 아주 좋더라는 그런 얘기는 꽤 하죠. 그런데 공적인 자리에선 안 합니다. 그게 무슨 금기라기보다 내일 할 게 산더미 같으니까.

후배 기자들한테는 어떠세요. 최근에 후배 기자한테 "너 잘 썼더라" 이런 얘기해본 적 없으세요?

선우정 그건 많죠. 저는 이걸(휴대폰)로 합니다. 젊은 사람들이 현장에서 쓰는 거 보면 아주 비수처럼 꼼짝 못하게 하는 글들이 있거든요. 그런 글 보면 굉장히 감탄하면서 후배들한테 잘 읽었다고 합니다. 그런데 우리하고 다른 논조의 글을 써서 칭찬해본 기억은 없다는 거죠.

후배 기자 말고 논설실에서 "글 잘 읽었습니다" 하는 일은 없나요?

선우정 안 해요. 선배들한테는 절대 안 해요. 선배들한테 건방지게 어떻게. 후배들한테만 하죠. 논설위원들은 후배라고 해봤자 저하고 비슷비슷하니까.

재밌네요. 혹시 다른 신문사 분들한테 그런 피드백을 주고 그런 적이 있으세요?

선우정 저는 있습니다.

주로 어떤 분들하고.

선우정 개인적으로 전혀 모르는 사람이었는데 피드백 줘서 지금 친하게 지내는 분이 동아일보 S위원이에요. 제가 먼저 메시지를 보냈죠. 처음 뵙는데 이런 말씀 드려서 송구한데 오늘 글 잘 읽었다고 그랬더니, 타사 기자가 자기한테 이런 메시지 보낸 게 평생 처음이라는 거예요. 그런데 늘 피드백을 보내진 못하는데 타사 기자들 중에도 잘 쓰는 분들 많아요. 중앙일보 A씨 글 좋고 도쿄 특파원 하는 L씨도 잘 쓰는 것 같아요. 한겨레 S선배 글 좋아하고. 한국일보도 잘 쓴 글들 많습니다. 경향신문도 좋은 글 많고요.

좋은 글이라고 판단하시는 글들은 어떤 글인가요?

선우정 주장이 아니라 팩트가 있는 글을 좋아합니다. 배울 점도 많고.

폭넓게 신문들을 챙겨 읽으시는 것 같군요.

선우정 네. 아주 많이 읽지는 못해도 꽤 읽습니다. 저도 공부도 할 겸. 읽으면서 이런 시각도 있구나 하는 생각도 많이 해요. 저는 약간 그런 게 있어요. 모두 다 이재명을 욕하면 저는 그러고 싶지 않아요. 그렇게 휩쓸려가고 싶지 않은 게 있거든요.

이번에 쓰신 글(2021년 10월 13일자 〈이재명 지사, 국민의 수준을 묻는다〉) 잘

이재명 지사, 국민의 수준을 묻는다

선우정 칼럼

논설위원

보통 정치인이 아니라
시대의 표상으로서
나라에 던진 과제는
대장동 파문보다
훨씬 무겁고
근본적인 것 아닐까

그제 국민의힘 대선 토론회에서 한 후보가 이재명 경기도 지사를 "대암 살상 무기"라고 했다. 방송 토론이었는데도 직함과 경칭을 달지 않고 흥악범 부르듯 이름만 부른다. "조폭을 척결하듯 그를 척결하겠다"는 후보도 있었다. 뇌물죄, 배임죄, 국고손실죄 등 죄목도 야당 후보들끼리 경쟁한다. 이재명 이름만 나오면 신들이 나는 듯했다. 이게 요즘 국민의힘 분위기인 모양이다.

안희정 지사와 박원순 시장이 몰락하고 이 지사의 선거법 재판이 대법원에 뒤집힌 뒤 "이재명이 정말 대통령 되는 거냐"고 묻는 사람이 많았다. 답을 위해서 묻는 건 아니었겠지만 "흥수에게 유욕설을 들어먹은 것이 아니었겠지만 "흥수에게 유욕설을 푸는 그런 사람을 누가 지지하겠냐"고 했다. 그런데 미디어를 통해 그를 지켜보면서 생각이 달라졌다. 침전물처럼 어딜게 고인 인생 밑바닥을 넘어서 국민 일부는 다른 무언가를 그에게서 발견하는 게 아닐까, 이재명 지사가 시대의 표상으로서 이 나라에 던진 과제는 그런 것이다. 훨씬 무겁고 근본적인 것 아닐까 하는 생각이었다.

얼마 전 민주당 윤건영 의원이 이번 대선을 "이익 투표"라고 했다. 대선 승자와 패자가 남는 게임이기 때문에 지지자들이 모두 사안을 정치적 유불리로 해석하는 경향이 있다. 대장동도 그런 단계에 접근됐다는 것이다. 대장동 파문은 그의 희망과 달리 오래 가겠지만 결국 정치 게임으로 수렴하고 선거는 각자의 득실에 따르는 이익 투표로 귀결될 것이란 의견에 동의한다. 김오수 검찰이 여당 후보를 겨낭할 리 없고, 여당이 특검법을 만들 리 없고, 야당 유력 후보들

이 이익 투표를 가치 투표로 바꿀 수 있는 정치 역량을 아직 보여주지 못하고 있기 때문이다.

대장동 개발은 성남시민, 개발지 주민 등 다수의 이익을 빼앗아 소수에게 퍼주는 구조로 설계됐다. 이 지사가 대장동과 반대로 설계한 것이 '이재명식 기본소득'이다. 소수의 이익을 빼앗아 다수에게 나눠주도록 했다. 그냥 다수가 아니라 모든 국민, 모든 유권자를 수혜 대상으로도 했다. 그동안 유력 대선 후보는 증세와 금권 살포를 이렇게 대놓고 말하지 못했다. 매표(買票) 비난 때문이다. 대장동에 한계가 없듯이 대선에서도 그에겐 한계가 없다. 그는 기본소득을 통해 나라를 합세우는 곳으로 끌고 가려고 하고 있다.

그는 국민에게 1인당 매년 100만원을 주겠다고 한다. 기본소득은 생계비라 보통 월 단위로 말한다. 8만3000원이다. 그런데 크게 보이려고 년 단위로 말한다. 사실 기본소득이 아니라 용돈 수준이다. 문제는 이용 돈을 주려고 매년 세금 59조원을 쏜다는 것이다. 국방예산(53조원)보다 많다. 재원이 없으니 국토보유세를 건졌다고 했다. 이 세금으로 기본소득 절반을 댄다고 해도 부동산 보유세를 두 배 올려야 한다. 한국은 부동산 세율이 낮지만 땅값 폭등과 높은 거래세, 상속·증여세로 재산 관련 세수 규모는 세계 최고 수준이다. 이 지사 주장과 달리 부동산 자산을 가진 국민이 이미 많은 세금을 내고 있다. 백번 양보해도 이렇게 걷은 세금은 '봉남 홀쭉이는 빛꿀일처런권 권의 원 표현'인 셈 '이재명 용돈'을 위해 하무런게 날카워 하는가. 하지만 좌파는 그럴수록 다수의 지지를 얻는다고 생각한다. 후진국일수록 사실이 그렇다.

어느 편이든 대장동 의혹에 분노하지 않는 국민은 거의 없다. 다수의 공적 이익을 소수가 과하게 가져갔기 때문이다. 성숙한 국민이라면 같은 논리로 '이재명식 기본소득'에도 분노해야 한다. 아무리 부자라도 개인이 모든 재산을 과하게 가져가선 안 된다. 그리고 재정을 무너뜨린다. 무엇보다 그렇게 거둔 공공 자금을 선거라는 사적 목적에 이용하는 것. 6년 전 스위스 국민은 국민투표를 통해 기본소득을 거부했다. 그가 정상적인 정치인이라면 적어도 핀란드처럼 2년 동안 사회 실험이라도 해보고 결과에 따라 결정하겠다고 했어야 한다. 그런데 집권 다음 해 실행을 약속하고 "세계 최초"라고 자랑한다. 당장 선거에서 써먹어야 하기 때문이다. 이재명의 기본소득이 대장동보다 이 나라를 훨씬 위험하게 만들 것이란 주장에 동의한다.

이 지사는 여론 주도 능력이 탁월하다. 상대가 백 가지 문제점을 얘기해도 자신이 원하는 핵심만 반복해 말한다. 그는 "40년 전 애먹 7000원만 있었으면 제가 공장을 다녔고 팔에 장애를 입는 불행이 없었을 것이고, 숙파 세 모녀에게 월 30만원만 있었으면 극단적 선택도 없었을 것"이라고 한다. 북잡한 논리에 휩쓸리지 않고 비약을 통해 대중을 설득한다. 국민의 증세 고통을 가진 자의 죄책감으로 돌려붙이고, 여기에 소년공과 세 모녀의 고통을 대입한다.

이 지사는 보통 정치인이 아니다. 대한민국 국민의 정치 수준과 경제 역량이 어느 정도인지 실험하면서 나라를 바꾸려고 한다. 야당 후보가 그를 알보고 모욕하면 당장은 후련하겠지만 어느 순간부터 아무도 귀를 기울이지 않는 허망한 얘기가 될 것이다.

[기사 23] 2021년 10월 13일 30면(오피니언 면) 선우정 칼럼

읽었습니다. 보수언론이 한목소리로 이재명 후보를 비판할 때 그가 만만한 이가 아니라는 주장을 펴신 게 인상적이었습니다.

선우정   네. 제가 기본소득에 관심이 있어서 논문도 읽고 유튜브로 이재명 후보가 어떻게 얘기하는지 들어보고는 만만치 않다는 걸 알게 됐습니다. 그래서 글을 썼더니 "어디다 대고 네가 이재명 대단하다고 하냐"는 독자 항의까지 받았습니다. 경각심이 필요하다는 비판 메시지를 전한 거였는데 그걸 액면 그대로 읽으신 거죠. 그런데 저는 한쪽 사이드의 얘기만 전하는 게 그렇게 싫어요. 그런 논조가 세상의 생각을 다 보여주지 않는다고 보거든요. 저는 네이버 뉴스 콘텐츠 구독 맨 위에 한겨레를 놔둬요. 저 스스로 편향되는 게 많을 것 같아서 맨 처음 뉴스는 가급적 한겨레를 통해서 보려고 노력합니다.

기명 메인 칼럼

위원님께서 칼럼을 쓰신 게 근 20년 가까이 되셨죠?

선우정 더 됐습니다. 기자 3년 차쯤에 기자 수첩이라는 칼럼을 쓰기 시작했죠. 기명 칼럼을 본격적으로 쓰기 시작한 건 2015년인가 그럴 거예요. 칼럼 세대교체가 십몇 년 단위로 있거든요. 그런 세대교체 때 진입한 사람들 중에서 저만 살아남았어요. 그렇게 진입을 시켜놓고 계속 지켜보면서 정기적으로 교체하는 거죠. 제가 어떻게 살아남았는지는 제 자랑 같아서 말씀 못 드리겠네요. 아무튼 많이 탈락합니다.

기명 칼럼을 쓴다는 게 회사 안에서는 어떤 의미고, 개인적으로는 또 어떤 의미가 있나요?

선우정 그러니까 여기 대표 필진이 되는 거죠. 신문 마지막 장을 펴면 양면에 걸쳐 사설 및 의견 면이 있고 거기서 가장 큰 칼럼이 메인 칼럼이거든요. 메인 칼럼은 고문, 주필 같은 우리 대표 필진들과 외부 필진들이 쓰는 자리예요. 그런데 그 자리에 가끔씩 젊은 필진을 올려요.

최근에 문화부장도 썼고.

선우정 맞습니다. 제가 듣기로는 이번에 선거 때가 되니까. 우리 필진들 몇몇이 캠프에 들어가는 바람에 그 자리를 채울 겸 시험 단계로 젊은 친구들한테 써보라고 한 건데, 거기서 뛰어난 사람이 있으면 기명 칼럼을 주겠죠. 메인 칼럼으로.

외부인 눈에 조선일보에서 기명 칼럼을 쓴다는 건 조선일보 조직의 메인스트림으로 들어가는 것이라는 느낌도 드는데요.

선우정　조직의 메인스트림이라기보다는 논설의 메인스트림이죠.

기명 칼럼을 쓰고 싶다고 해서 누구나 되는 건 아니잖아요.

선우정　네. 회사에서 선택을 하는 거죠.

회사라는 게 실체가 뭔가요?

선우정　편집국장하고 주필, 그리고 발행인하고 사장님도 개입하시겠죠. 마지막 선택은 사장님이 하시지 않겠습니까? 모르긴 몰라도.

사장님께서 열일 하시는군요. (웃음)

선우정　네. 확실하지는 않지만 제 생각에 사장님의 최종 승인 없이 메인 칼럼을 누구에게 쓰게 하지는 않을 것 같아요. 그런데 사장님이 먼저 누구를 시켜라 하고 지명하시는 건 아니에요. 선우정한테 메인 칼럼을 쓰라고 해라, 그렇게는 절대 말씀 안 하시죠.

제안이 올라오면 최종 오케이를 하시는 거군요.

선우정　네. 그런데 제안이 올라오면 "이 친구는 아닌 것 같아요"라고 말씀하시지는 않을 것 같아요. 일단 쓰게 하고 지켜보시겠죠.

기명으로 메인 칼럼을 쓰면 그게 급여 차원에서도 특별한 뭐가 있나요?

선우정　아뇨. 전혀 없고 '영광으로 알고 써라', 그렇다고 보시면 됩니다.

그러면 능력에 따라 어떤 역할이 주어지건 연차에 따른 동일 호봉으로 가는 건가요?

선우정 그렇습니다. 그런데 다른 사람들은 칼럼 안 쓰는 대신 다른 일을 더 한다고 생각합니다. 저는 칼럼을 쓰기 때문에 다른 일에 게으름 피우고 그러는 것도 있거든요.

조선일보는 다들 똘똘 뭉쳐 한 몸처럼 움직이는 조직이면서 동시에 물 밑에서 치열한 경쟁이 벌어지는 조직인데 그 경쟁이 조직의 화합을 깨뜨리지는 않고, 역할이 다르다고 특별대우를 해주는 것도 없고, 이렇게 정리해볼 수 있을 것 같네요.

선우정 네. 경쟁이 있긴 하지만 서로 이기려고 치열하게 경쟁하기보다는 조직 차원에서 인정을 받기 위해 자기 스스로 열심히 하는 거죠.

그래도 말을 안 하지만 속으로는 구성원들 간의 질시 같은 게 있지 않을까요. 예를 들어 위원님을 질투한다거나 미워한다거나.

선우정 그런 사람들이 있겠죠. 그리고 저는 아버님 특혜를 본다고 생각하는 사람들이 있습니다. 그런데 제가 순탄한 길을 걸어오긴 했지만, 자격이 없는데 사회부장을 시켰다 이런 얘기는 없었을 거라고 생각합니다. 조선일보가 누구에게 페이버favor를 주는 그런 회사였으면 오래전에 망했을 거예요. 사장님이 그런 면에서 엄격하신 분이고요. 저 역시 지켜보는 사람들 눈을 의식하면서 항상 긴장을 해요. 어떤 일이 주어지건, 칼럼을 쓰건 부담감을 많이 느낍니다.

어떤 의미에서는 이상적인 능력주의meritocracy인 것 같습니다. 공정성을 전제로, 철저하게 실력 중심으로 역할이 부여된다고 할까요. 하지만 역할에 따른 차별은 없는.

선우정 네. 조선일보가 그런 원칙이 분명한 편입니다.

개인 칼럼을 쓰실 때 지키는 원칙이랄까, 이거는 절대 안 돼 하는 금기
사항 같은 게 있으신지요.

선우정 주장만 하면 안 된다는 것, 그리고 남들 다 아는 것을 열거하지 않
는 것. 그건 기본적인 거고, 저는 시간을 많이 들여서 씁니다. 일필휘지
하는 사람들도 있는데 저는 가급적이면 그날은 아무것도 안 하고 아침
부터 써요. 자료 같은 것은 이미 그전에 수집을 해놓고. 이를테면 수요일
자 게재 원고면 화요일 오전 10시 반 회의 끝나고 11시부터 오후 6시까
지 일곱 시간을 11매짜리를 가지고 계속해서 쓰고 다시 고쳐 쓰고 합니
다. 그게 제일 큰 원칙이에요. 그렇게 하면 할수록 저는 글이 담백해진다
고 생각합니다. 더 복잡해지고 현란해지는 게 아니고 현란한 걸 빼게 됩
니다. 그게 저는 좋더라고요. 그렇게 담백해지는 게. 그게 제일 큰 원칙
이고, 또 가급적이면 정교하게 쓰려고 합니다. 일필휘지로 강한 주장을
하시는 분들은 꽤 있기 때문에. 그리고 그건 저보다 선배들이 하면 된다
고 생각하기 때문에 저는 가급적 다른 시각이라든가 다른 자료 같은 걸
로 공을 많이 들이려고 노력합니다.

주제는 어떻게 잡으세요?

선우정 그게 메인 칼럼의 답답한 부분인데요. 메인 칼럼이 아니면 제가
갖고 있는 다른 시각, 예를 들어 좌파에 가깝다든가 아니면 지금껏 다루
지 않은 주제라든가, 쓸 것들이 꽤 있거든요. 그런데 제가 쓰는 게 메인
칼럼이라서, 대장동이면 대장동, 일본과의 외교 문제면 외교 문제, 이렇

게 현재 중요한 주제를 가져가야지 메인 칼럼에서 생뚱맞은 소리를 하면 가독성도 없어지고 의무를 다하지 않은 것 같은 느낌이 있어요. 회사에서 그에 대해 이러쿵저러쿵 얘기하는 건 아니지만.

주제를 잡고 준비했는데 다른 분도 그 주제로 글을 쓰는 경우는 없나요?

선우정 그런 경우 있죠. 그러면 플랜B를 해야 하는 거고요.

사장님이나 주필 같은 분이 사전에 조정하고 그런 일은 없나요?

선우정 그런 거 없습니다.

그럼 속된 말로 쫑이 날 수도 있겠네요.

선우정 완전히 쫑나는 경우도 있습니다. 자유롭게 쓰다보니 똑같은 글들이 들어올 때도 있어요. 어떤 경우에는 사설하고 같을 때도 있어요. 그러면 나중에 허겁지겁 조정해요. 진짜 엉터리 시스템이에요. (웃음) 그런데도 저는 그걸 사전에 조정하는 걸 한 번도 못 봤어요.

쫑이 난 경우 어떻게 조정하세요?

선우정 일단 연장자 순입니다. 메인 칼럼이 맨 위고, 옆의 글 바꿔야 되고, 그리고 메인 칼럼이라도 사설이 더 위고. 그게 나름대로 서열이 있어요. 쫑났을 때 희생하는 서열이.

개인 칼럼은 3주에 한 번씩 쓰시죠?

선우정 네. 보통 열흘 전쯤부터 생각을 하죠. 한 주 반, 그러니까 한 열흘은 편하게 지내고 나머지 열흘은 끙끙거리고. 그 차례가 의외로 빨리 돌아오거든요.

칼럼을 쓰는 과정에서 의견을 주고받기도 하시나요?

선우정 주제는 상의 안 하고, 쓰고 나서 제가 보여주는 사람들이 있어요. 회사 사람들은 아니고 일단 와이프에게 보여줍니다. 보여주면 독자 시각에서 평가를 해주거든요. 가끔씩 "야, 이런 거 왜 썼냐?" 할 땐 정말 미치죠. 그래서 고치는 경우가 꽤 있어요.

사모님께서 굉장한 영향력을 행사하시는군요.

선우정 지금은 아이 키우고 있는데, 우리 신문 기자 출신이라서 글을 보는 눈이 있거든요. 그래서 꽤 많은 도움을 받아요.

사내 커플이셨군요.

선우정 그렇습니다. 여기 문화부 기자를 오래 했는데 제가 일본 가면서 그만뒀죠.

솔직한 피드백을 주시는군요.

선우정 매번 아주 잔인하게. 진짜 급할 때 있잖아요. 그럴 때는 안 보여주기도 하는데, 그러면 뭐라고 해요. 지금도 "나를 안 거치니까 오늘 개판 아니냐"는 식으로.

거의 데스크시네요.

선우정 네, 데스크죠. 칼럼은 데스크 봐줄 사람들이 따로 없으니까. 그런데 그런 사람들 꽤 있을 겁니다. 개인적으로 누구 하나를 딱 찍어서.

사모님 말고 또 다른 분들은 없나요?

선우정 가끔씩 친구한테 보낼 때도 있어요. 예를 들어서 법률적인 문제 같은 경우 제가 쓰고 자신 없으면 변호사 친구라든가 아는 판사한테.

조금 유치한 질문인데, 칼럼 집필자로서 가장 보람을 느끼는 순간은 언제인가요?

선우정 칼럼에 대해 많은 사람들이 얘기를 할 때죠. 역시 공들여서 썼을 때 피드백이 많아요. 특히 전문가 그룹에서 피드백을 해줄 때가 있거든요. 그때 정말 보람을 느낍니다. 날림으로 쓰면 몇 사람 시원하다 그런 소리 정도만 듣고.

댓글은 확인하시나요?

선우정 예전에는 했는데 요즘에는 안 합니다. 그걸 계속 볼 수도 없고. 그래서 아예 안 보고 미디어 비평지에 실리는 반응 정도만 살핍니다.

한계를 느끼는 때는 어떤 경우인가요?

선우정 반향이 기대에 못 미칠 때입니다. 이제는 점점 더 '원 오브 뎀one of them'이 돼가니까. 그게 모든 언론의 가장 근본적인 고민일 거예요. 이제는 언론 독점이라는 게 사라지고 모든 강호의 실력자들이 자기 목소리를 내는 시대니까 특권이 없어진 거죠. 어찌 보면 당연한 것 아니겠습니까. 공부를 더 많이 했어야 되는데 이미 시간이 많이 지나버린 것 같다는 생각도 들고.

주변에 적극적인 독자층이라고 할까, 독자 팬 그룹도 있을 것 같은데요.

선우정 네. 있습니다.

주로 어떤 분들인가요?

선우정 일단은 한일관계 쪽 분들이 제일 많고. 그리고 중년 여성층, 속칭 아줌마층이 있어요. 제가 피부로 그걸 느낍니다. 젊었을 때는 사진을 속여서 쓴 적이 있어요. 십몇 년을 같은 사진으로. 그래서 인기가 꽤 있었는데, 요즘 사진으로 바꾸고 나서 다 떨어져나갔어요. (웃음)

한일관계 쪽 칼럼을 쓰셨을 때 청와대나 외교부 같은 데서 반응을 보이거나 뭔가 달라진다거나 하는 반향이 있나요?

선우정 영향을 받겠죠. 그런데 정책이라는 게 한 언론인이 뭐라고 한다고 해서 꺾인다거나 바뀔 수는 없는 거고요. 잔 펀치를 날리는 거죠. 그 잔 펀치들이 쌓여서 합리적인 변화로 가는 거겠죠.

위원님과 말씀 나누다보면 시간 가는 줄 모르겠군요. 우리가 답을 찾는 문제에 위원님과 나눈 얘기가 크게 도움이 될 것 같습니다. 두 차례의 인터뷰 진심으로 감사드립니다.

선우정 감사합니다.

12. 주필, 양상훈

인터뷰이   양상훈(남성, 인터뷰 당시 63세, 입사 37년 차)

인터뷰 일시/장소   2021년 10월 21일 오후 2:30~4:00 / 조선일보사 6층 주필실

편집국장이 편집국에 소속된 현장 기자 및 데스크들을 이끄는 선장 혹은 지휘자라면 주필은 논설위원이라 불리는 이데올로그 집단을 통솔하는 으뜸 논객 혹은 우두머리 같은 존재다. 그는 개인이 아닌 언론사 조직의 목소리인 무기명 사설을 책임진다. 동시에 주필이라는 타이틀은 그가 쓰는 기명 칼럼에 그 조직 최상위의 권위를 부여한다. 그는 그렇게 익명과 실명을 아우르며 언론의 의견 영역을 이끄는 존재다.

    주필에 대한 일반적인 인식은 이렇게 정리될 수 있을 것이다. 연구자들의 생각도 그러했다. 하지만 현장은 이 인식이 반드시 정확하지는 않다는 것을 알려주었다. 편집국이 사실의 생산, 논설위원실이 의견의 생산을 담당한다는 이분법적 사고는 오류였다. 언론 현장에서 사실과 의견은 구분되지 않았다. 동전의 양면처럼, 선택된 사실에는 의견이 배

4무. 글이 칼보다 강한 이유

태되고, 의견은 사실의 토대 위에서 생명력을 지닌다. '사실과 의견 중 무엇이 우선시되어야 하는가'라는 질문 역시 아이에게 던지는 '아빠가 좋아, 엄마가 좋아?'라는 질문처럼 부질없는 것이다.

연구자들이 '주필은 언론사의 얼굴이다'라는 말의 의미를 깨달은 것은 그 순간이다. 주필은 사실을 통한 의견의 추구, 그 저널리즘의 궁극을 표상한다. 편집국으로부터 분리된 치외 권역 혹은 소도蘇塗로서의 논설위원실에 똬리를 틀고 있지만, 그러기에 그는 자그마한 의견 파트의 수장을 넘어 언론사 조직 전체가 추구하는 목표를 대표하는 존재가 된다. 그래서 주필은 기자들의 최고봉, 1호 기자다.

양상훈 주필은 주변에 주필이 뭐하는 사람인지 아는 사람이 없다는 너스레로 말문을 열었다. 자신에게 떨어진 역할이 너무 무거워서 처음 며칠간 제대로 소화가 되지 않았다고도 했다. 권위를 털어내는 그 말들이 연구자들을 편하게 해주었다. 그는 조선일보의 보수 편향, 사장의 구속, 직전 주필 및 휘하에 있던 전前 논설위원의 향응·뇌물 수수 추문, 언론의 위상 추락처럼 불편한 문제에 대해 말을 돌리지 않고 자신의 생각을 시원시원하게 털어놓았다.

그의 출발점은 엄밀하게 검증된 사실이었다. 사실을 토대로 그는 분명한 의견을 형성했다. 그렇게 형성된 의견을 그는 명확한 언어로 표현했다. 그는 의견과 표현 사이에 복잡한 밀당 내지 간극이 없는 사람이었다. 그의 입에 앞서 눈과 손이 먼저 그가 하려는 얘기를 전했다. 그는 장난스런 얘기를 할 때 장난스런 표정이 되었고, 신중한 얘기를 할 때 신중한 표정이 되었다. 웃을 때 눈과 코와 입이 함께 구겨지며 파안으로 웃었다. 그래서 그가 무거운 표정으로 말할 때 그것은 진정 무거운 일이었고, 그가 분노하고 개탄할 때 그것은 진정 분노하고 개탄할 만한 일이었다. 사실은 그를 통해 의견이 되고 의견은 표현되어 언론이 되었다. 그래서 그는 주필이었다. 그는 조선일보의 얼굴이었다.

주필의 역할과 위상

주필이 되기까지 어떤 경로를 거쳐 오셨나요?

양상훈 1984년 1월 모 대기업에 입사했다가 석 달 만에 조선일보 기자 모집 공고가 나서 이거 한번 해볼까 그러고는 무턱대고 시험을 봤습니다. 시험 장소가 이 근처였던 것 같은데 그게 합격이 됐어요.

딴 데 시험 보고 온 게 아니라 조선일보만?

양상훈 그렇습니다. 그런데 나중에 지금 제 나이가 되고 보니까 그 대기업에 있었으면 상당히 괜찮았을 것 같더군요. (웃음)

그 이후 경력은 어떻게 되시나요?

양상훈 다른 기자들 겪는 과정을 똑같이 겪었어요. 사회부 기자 3년, 다 경찰 기자만 했는데, 제 기억에는 최루탄밖에 없어요. 3년 내내 하루도 안 거르고 그랬던 것 같아요. 그리고 제가 1986년에 서울대 출입을 했는데 그해에 학생 5명이 자살을 했죠. 분신, 투신…. 끔찍한 나날들이었어요. 그런 나날들을 지나서 경제부에 잠깐 갔다가 주간조선에도 1년 있었고 그리고 정치부로 왔고. 사실상 계속 정치부만 있었던 셈입니다. 그사이에 잠깐씩 딴 데로 가기도 했지만 주로 정치부에만 있었죠.

편집국장이 되고 그다음에 주필이 되는 것은 언론인이라면 누구나 선망하는 목표일 텐데요.

양상훈 그럴 수 있겠죠. 기자라면.

바란다고 다 되는 건 아니지 않습니까? 스스로 돌아보실 때 주필님께서는 어떻게 이 자리에 오셨다고 생각하시나요?

양상훈 편집국장과 주필을 정하는 사람은 최대 주주인 방상훈 사장인데 그분 눈에 아마 제가 뭐랄까 글을 좀 쓴다, 이런 게 있었던 것 같아요. 지금이 아니고 예전 졸병 기자 때부터. 그걸 쭉 눈여겨보신 게 아닌가. 그런데 아시겠지만, 왜 기자들 중에는 취재를 잘하는 사람들이 있잖아요, 진짜로. 그리고 잘 쓰는 사람들이 있죠. 저도 그게 보이는데, 그게 상당히 다르죠. 아무래도 사장께서는 저를 쓰는 측으로 보신 것 같고 제가 그렇게 쭉 성장을 하다보니까 그럼 한번 시켜보자 해서 이렇게 된 게 아닌가 싶습니다. 한 30년쯤 되면, 이때쯤 되면 많이들 나가죠. 여기저기로. 그래서 사실 몇 명 남아 있지도 않습니다.

주로 어떤 이유로 나가고, 또 나가면 어디로 가나요?

양상훈 다양합니다. 대개 신문사에서 부장을 한 뒤 부국장, 편집국장, 논설위원, 이렇게 되는 사람은 진짜 소수죠. 그래서 대다수의 기자들이 부장을 하고 나면 장차 뭘 하고 어떻게 해야 할지 생각을 할 수밖에 없습니다. 제 입사 동기들도 거의 다 그렇게 해서 나갔던 것 같습니다.

주필이 된 뒤 달라진 점

주필이 되고 나서 가장 크게 달라진 점은 무엇입니까?

양상훈 저는 논설실장, 논설주간 다 했어요. 그러다가 갑작스럽게 논설위원실 책임자가 됐죠. 박근혜 정부 말기니까 2016년이군요. 그런데 그때 조선일보 사설이 계속 박근혜 정부를 비판하니까 정부 쪽에서 조선일보에 대해 큰 분노를 가지고 있었던 거 같아요. 그래서 그들이 조선일보를 공격할 빌미를 찾고 찾았어요. 결국 당시 주필이 그런 일[1]에 휘말리는 바람에 더 이상 주필을 할 수 없게 됐고요. 제가 그때 논설주간이었는데, 어느 날 갑자기 주필이 공석이 되면서 논설위원실 책임을 맡게 된 거죠. 여름이었는데, 황망했죠. 그게 벌써 한 5년이 지난 것 같군요. 그러다가 그다음 해인 2017년 3월 1일자로 주필이 되었습니다. 지금도 그냥 논설위원실 책임자입니다. 달라진 건 없습니다.

회사 내에서 그리고 사회적으로 주필의 역할은 무엇이라고 생각하세요?

양상훈 이 자리는 상당히 의미가 있다고 생각합니다. 그냥 신문사 주필이 아니라 조선일보 주필은 뭐라고 할까, 부담이 굉장히 큰 자리예요. 예전 주필들, 저 복도에 사진들이 붙어 있는데 그분들 보면 다 하나같이 보통 사람들이 아니죠. 특히 안재홍 주필[2] 같은 분은 거의 초인 같은 사람이었는데, 제가 과연 그 자격이 있는가 해서 심각하게 느껴졌어요. 심각했죠. 저는 여기 기자로 들어와서 그냥 생활인으로서 사는 건데, 갑자기 주필이 되니 이게 참, 내가 이걸… 그런 생각이 많이 들었습니다. 역사가 있고, 일제 강점기 때는 말할 것도 없고 그 후에도 최석채 선생[3]이나 홍종인 선생[4]이나 선우휘 이런 분들하고 내가… 이거 참 보통 일이 아니더군요. 한 며칠은 뭘 먹어도 소화가 안 되는 것 같았어요. 그러다가 차츰 시간이 지나니까 이제 적응이 돼서 하긴 하는데, 하여튼 그날은 정말 감당이 안 됐습니다. 그런데 정작 사회에서는 주필이 뭘 하는 사람인지 아무도 몰라요. 제 집사람도 몰랐고요. (웃음)

다른 에피소드 하나 말씀드릴게요. 사회부 기자들하고 같이 밥을 먹는데, 그중 졸병 친구가 와인을 좀 알더라고요. 그래서 "야, 니가 어떻게 그 와인을 아냐"고 하니까 동아리를 만들어 공부도 하고 해서 와인을 잘 안다고… 그런 얘기를 하다가 그 친구가 저한테 마셔본 와인 중에 뭐가 제일 좋더냐고 묻길래 케이머스라는 와인 괜찮더라, 그랬더니 이 친구가 도매상 잘 아는 형이 어쩌고 하면서 그거 싸게 살 수 있대요. 그래서 그거 얼마인지 물어봐라 하니까 10만 원에 된대요. 그러면 나 그거 한 병만 사다주라 그러고 그 자리에서 돈을 줬어요. 한 일주일 있다가 그 친구가 한 병 갖고 왔어요. 그래서 너 뭐라 그러면서 샀냐니까, 자기가 이거 한 병 사는 데 30분 걸렸는데 그 형한테 29분간 신문사 주필이라는 게 뭔지 설명했다고…. (일동 웃음)

정말 주필이 어떤 자리인지 제대로 아는 사람들이 없나 보네요.

양상훈 주필에 대해서는 정말 아무도 아는 사람이 없어요. 논설실장이 뭔지는 알겠죠. 하지만 논설주간이 뭔지는 아무도 몰라요. 신문사의 직책들이 이상하다보니 재미있는 일들이 많죠. 조선일보에서 부장 끝나고 부국장이 못 된 분들은 직책이 없잖아요. 그런 분들이 어떤 때는 여러 명 생기기도 하고. 그럼 이분들 어떻게 할 거냐 그래서 편집위원이라는 이름을 만들었어요. 아무개 편집위원 이렇게 한 거죠. 그런데 밖에서 보니까 편집위원, 이게 이름이 그럴듯해 보인 거예요. 굉장히 높은 자리로 착각하다보니까, 제가 어떤 편집위원 되신 분한테 들었는데, 한 석 달간은 밥 먹자, 골프 치자는 연락이 정말 감당을 못할 정도로 많았다고

나라는 반드시 스스로 기운 뒤에야 외적이 와 무너뜨린다

양상훈 칼럼

主筆

병자호란 겪은 인조
'적이 오기도 전에
나라는 병들었다' 통탄
그때나 지금이나 우리는
외적과 싸움엔 등신
우리끼리 싸움엔 귀신

김종인 전 민주당 대표가 민주당을 탈당하며 던진 한마디가 긴 여운을 남긴다. '나라는 스스로 기운 뒤에야 외적이 와서 무너뜨린다.'

1636년 겨울 인조 임금은 흔히 그랬듯이 또 부적격자를 군(軍) 책임자로 임명했다. 이 사람은 청군(淸軍)이 국경을 넘을 때 이를 알리는 봉화가 서울에 도달하지 못하게 했다. 정부 내에 소동이 일어날까봐 그랬다. 병자호란은 그렇게 시작됐다. 난(亂)이라고 할 것도 없었다. 정부는 청군 침입 소식을 들은 이틀 만에 남한산성으로 도망갔고 나라는 47일 만에 항복했다. 나라를 정신적·물질적·육체적으로 짓밟은 청군이 돌아간 뒤 인조는 국민에게 유시를 내렸다. 그 한 구절이다. '나라는 반드시 자신이 해친 뒤에야 남이 해치는 법이다.' 인조는 '(애로부터 전해오는) 이 말을 어찌 안 믿을 수 있겠는가'라고 했다.('병자호란 47일의 굴욕' 윤용현 지음)

나라는 이미 스스로 기울어 있었다. 9년 전 1차 침입한 청(당시 후금)은 순식간에 두 지역의 수장을 사로잡았다. 황제의 왕자 한 명이 이 두 사람의 아내와 첩을들 말사 안에 두고 온갖 회롱을 했다. 이동함 때는 남편들로 하여금 아내와 첩이 탄 말 고삐를 잡게 했다. 이 나라의 축소판 같은 일들이 연속으로 이어진다. 말 고삐를 잡은 남편들이 아내의 부정(不貞)을 비난하자 딸 아내들은 '너는 한 게 뭐냐'는 식으로 맞서버렸다.

외적과는 변변한 싸움 한번 하지 못하고 붙잡혀 남편과 아내가 그 처절한 상황에서조차 서로 싸우며 든다. 한 변방서 벌어진 그 작은 장면 하나에 '외

적과 싸움엔 등신, 우리끼리 싸움엔 귀신' 인 모습이 고스란히 담겨 있는 것처럼 같다. 나라로 확대해도 다르지 않았다. 군비를 확충하려 했으나 여기저기 반대로 실패했다. 쓸데없는 명분 싸움, 탁상공론만이 이어졌다. 인조는 '적이 물러오기 전에 이미 나라는 병들었다'고 했다.

인조는 무능한 사람이었지만 당시 사회 전체가 세상이 어떻게 돌아가는지 제대로 모르고 있었다. 북방에서 강력한 위험이 등장했는데도 평가절하하며 무시하는 분위기가 팽배했다. '설마' 하는 안보 불감증이었다. 막상 화(禍)가 닥치자 그렇게 싸워야 하는 사람 많은 나라에 싸울 사람이 없었다. 먼저 청 적군은 일종의 선발대였다. 숫자도 적고 장거리 행군에 지쳐 있었다. 결전으로 얼마든지 승부를 볼 수 있었다면 미리 겁을 먹은 장군들은 '못 싸운다'는 핑계만 대고 병사들은 기회만 있으면 도망쳤다. 대신들은 포위된 남한산성 안에서도 언쟁만 일삼았다. 전략 도출을 위한 토론이 아니었다. 상대에 대한 적의가 청군에 대한 적의보다 더 컸다. 외적에 대해선 공포만 가득했다.

300여 년 뒤에 같은 일이 그대로 벌어졌다. 1951년 중공군 100~200명이 국군 후방 고지까지두 하나둘 단했다고 수만명 병력이 순식간에 흩어져 도망쳤다. 한 곳에서는 중공군이 기관총으로 빗자루질 쓸듯이 국군 살상하는데 만명 가까운 국군 병력 중에 총을 들어 응사하는 사람이 단 한 명 없었다는 증언이 있다. 한국인에서 이런 일이 일어나고 있을 때 우리끼리 무섭게 붙고 든다는 정치 싸움이 벌어지고 있었다.

우리는 우리끼리 싸울 때 큰 대단한 능력을 발휘한다. 경탄스러울 때도 있다. 그 창의력, 끈질김, 분투 정신, 헌신은 실로 경이롭다. 지금 촛불을 시위나 태극기 시위에 나가려고 외국에서 비행기 타고 오는 교민들이 있다고 한다. 정말 대단하는 말밖에 나오지 않는다. 각자는 나라 걱정이겠지만 우리 서로를 향한 혐대감과 증오가 이만큼 크다. 이 열의를 외적에게 돌렸다면 대한민국은 누구도 만만히 보지 못하는 강한 중견국이 돼 있을 것이다.

촛불을 시위대가 '사드 배치를 강행하면 1500만 촛불의 분노가 한·미 동맹을 향할 것'이라고 했다. 당장 미군이 없어지면 북·중·러·일 사이에 낀 나라에 어떤 일이 닥칠지 모르는 사람은 거의 없을 것이다. 한·미 동맹이란 빨판 위에 살면서 그 땅이 꺼지던 바울 구하는 사람들도 바보는 아니다. 정말 대단하는 한·미 동맹과의 공격지노 우리까리 물고 뜯는 연장선상에 있다. 내적(賊)과 친하니까 너도 적이라는 것이다. 우리 서로를 향한 적의에 놀이 깊었다. 우리가 정말 잘하는 우리끼리 물고 뜯기에 먹이가 됐으니 아무리 굳건한 한·미 동맹도 언젠가 치명타를 입을 수 있다.

사람발발에서 전에 보지 못하 파도가 치고 있다. 탄핵보다 더 높은 파도다. 쓰나미로 바뀔 수 있다. 그런데도 세계 돌아가는 것은 단 한 번 제대로 본 적 없는 인물들, 평생 우물 안에서 우리끼리 물고 뜯는 것만 해온 사람들이 대통령이 되겠다고 나서 있다. 입만 열면 외적이 아니라 우리끼리 물고 뜯는다. 모두가 거기에 정신이 팔려 있다. 나라는 반드시 자신이 해친 뒤에야 남이 해치는 법이다.

[기사 24] 2017년 3월 9일 30면(오피니언 면) 양상훈 칼럼 (2017년 3월 1일 주필 취임 후 첫 기명 칼럼)

해요. 그런데 석 달 딱 지나니까 사람들이 안 거죠. 저거 아무것도 아니다. 사회에서 관공서하고 정치인들하고 기업인들은 주필이 뭐하는 건지 조금 알지 않을까 싶은데, 일반 사람들 중에서 주필이 뭔지 아는 사람은 만나본 적이 없습니다.

사회적 교류

주필이 되신 뒤 교류하시는 분들의 면면에 변화가 있었을 것 같은데요?

양상훈 일단 편집국장이 되면 만나게 되는 사람들이 상당히 달라지죠. 소위 고위층이 됩니다. 장관들, 청와대 실장들, 그렇게 되지 않겠습니까, 당연히. 그건 이쪽에서 만나자는 게 아니라 그 사람들이 만나자고 해요.

설명을 해야 되니까. 그리고 기업은 사장들. 그런데 한번 그렇게 되면 신문사를 그만두지 않는 이상 논설실장이 되고 주간이 되고 그러기 때문에 계속 그 사람들하고 보게 됩니다. 그런데 그 사람들하고 얘기하는 게 정말 큰 도움이 됩니다. 그 아래 사람들하고는 차원이 다른 이야기를 듣게 되죠.

그런 분들과 얼마나 자주 보시나요?

양상훈 사실상 거의 매일 본다고 해도 과언이 아니죠.

주로 점심이나 저녁시간을 이용하시겠군요.

양상훈 주로 저녁이죠. 왜냐하면 점심시간은 짧고, 저녁때 술 한잔하면서 어울리다보면 도움되는 얘기를 많이 듣습니다. 실제로 돌아가는 얘기. 그게 중요하죠.

그런 얘기를 듣고 오셔서 기자들이나 편집국에 전달하시나요?

양상훈 중요하다고 생각되는 건 다 전달합니다.

국장한테도요?

양상훈 국장한테도 하고 부장들한테도 하고 직접 담당하는 논설위원들한테도 하고. 제일 중요한 게 뭐냐면, 어떤 구체적인 팩트가 담긴 대화는 아니더라도, 뭐랄까 큰 길 있잖아요. 이 길은 아닌 것 같다는 거. 그런 거 발 한번 잘못 들이면 상당히 곤란하거든요. 그런데 그런 사람들을 만나보면 뭔가 느낌이 오는 경우가 있어요.

그건 일종의 취재라고 할 수 있겠군요.

양상훈 그렇죠. 완벽한 취재.

거꾸로 그분들 입장에서는 주필님께 영향력을 행사하려는 목적이.

양상훈 당연히 그러겠죠. 그 사람들은 조선일보에 좀 좋게, 잘 나가고 싶어서 그러는 거겠죠. 피차간에 서로 그러는 거 아닐까요. 그런데 뭐 그 사람들은 어떻게 생각하든 간에 저한테 필요한 건 이 문제가 지금 어떻게 흘러가고 있구나, 어느 방향이구나, 그리고 실제로 결국 플레이어들이 어떤 생각을 하고 있구나 그런 거죠. 그런데 그런 걸 한번 얘기 들어본 거하고 안 만나본 거하고는 하늘과 땅 차이입니다.

저녁 모임이 끝날 쯤에는 신문 제작이 이미 끝난 시간일 텐데요.

양상훈 그러니까 뭐 급하게 전달할 만한 얘기라기보다는 크게 어떤 방향과 관련된 얘기 같은 걸 주로 전달하죠. 예를 들면 남북정상회담 한다고 떠들썩하다 그러면 내가 그 방면 고위 관계자를 만나봤더니 그 사람 얘기가 "우리는 하고 싶은데 김정은이가 코로나 때문에 밖으로 나오지를 못한다. 지금 코로나 들여왔다고 사람 총살시키는 판인데", 그런 얘기를 들었다는 식으로. 그러면 그게 거짓말일 수도 있고 상황을 오도하려고 하는 말일 수도 있지만 그 자체가 일리가 있다, 이런 얘기라면 우리 논설위원들이나 정치부장한테 누가 이런 얘기를 하던데 이건 참고해야 할 것 같다고 전하는 거죠.

사장이나 발행인도 그런 역할을 하시는 것 같던데요.

양상훈 당연히 하시겠죠.

4인 티타임

참여관찰을 진행하면서 주필, 발행인, 편집국장, 그리고 사장, 이렇게 네 분이 매일 오후에 티타임 모임을 갖는다는 걸 알게 됐습니다.

양상훈 한 30~40분 정도? 처음에는 주필, 편집국장, 발행인 세 사람이 모여서 오늘 있었던 일을 간단히 얘기하는 식이었어요. 그런데 실은 사장님이 아셔야 될 것들이 많아요. 대주주이고 또 밖으로는 조선일보를 대표하는 사람이니까. 결국 그분까지 같이 모여서 얘기하는 걸로 되더 군요. 사실 거기서 결정되는 건 아무것도 없어요. 골프 얘기하다가 끝나 는 경우가 태반이긴 한데 어쨌든 그렇게 하루에 한 번 얼굴을 보는 거 죠. 오늘도 이 인터뷰 끝나면 거기 갈 겁니다.

3인이었다가 사장께서 합류하시게 된 게 언제쯤인가요?

양상훈 벌써 10년도 훨씬 지난, 꽤 오래전 일이죠. 처음에 시작은 셋이서 하게 됐는데 불과 한두 달 만에 그냥 사장님도 같이 얘기하시는 걸로 그 렇게….

조선일보에서 가장 중요한 분들이 매일 모이는 자리라면 의미가 각별 할 것 같은데요.

양상훈 조선일보의 웬만한 기자라면 그게 아무것도 아니라는 거 다 압니 다. 정말 중요한 건 매주 화요일 회의죠. 한 주는 편집국의 부장들하고 사장님하고 저하고 발행인하고 이렇게 1시간 동안 회의하는 게 있어요. 또 한 주는 인터넷 책임자들하고 사장님하고 저하고 발행인하고 이렇 게 회의하는 게 있고요. 그때는 주로 우리가 잘못한 거, 오보 낸 거, 그런

게 왜 그렇게 됐는지 그런 논의를 하고, 그다음에 각자 맡은 분야 돌아
가는 얘기를 하죠. 요새 누가 어떻더라. 그리고 사장님이 메모를 해두셨
다가 지적을 하시는데 주로 팩트 틀린 걸 많이 말씀하세요. 사장님이 신
문을 엄청나게 읽으시기 때문에. 예를 들어 몇 월 며칠자 문화면에 실린
맛집 전화번호, 내가 걸어보니까 없더라, 이런 거죠.

그런 것까지…. 의견기사나 사설에 대한 얘기는 없나요?

양상훈 사설에 대한 얘기는 없어요. 조선일보에서는, 다른 데는 모르겠는
데, 사설은 완전히 성역입니다. 사장한테서 사설에 대한 얘기를 5년 동
안 단 한마디도 들어본 적 없습니다.

그 이전에는 어땠나요.

양상훈 마찬가지였을 거라고 생각합니다.

사설 아이템의 결정

자연스럽게 사설 얘기로 넘어갔는데, 사설은 주필님께서 오롯이 책임지
는 그런 시스템인가요?

양상훈 사설을 뭘로 쓸 거냐, 순서를 어떻게 할 거냐, 제목을 어떻게 달
거냐, 전부 다 제가 책임을 집니다.

사설 꼭지에 대한 논의는 10시 반 회의에서 일단 한 번….

양상훈 뭘 쓰자는 걸 대강 정하죠.

그다음에 2시 회의에서는요?

양상훈 2시에 확정. 그랬다가 또 뭐가 안 된다 그러면 또 만나서 바꿔야 합니다.

사설 꼭지를 결정할 때 가장 중요한 기준은 무엇인가요?

양상훈 그건 누구나 마찬가지일 것 같은데 지금 우리 사회에서 제일 큰일, 이게 제일 우선순위죠. 두 번째는 그렇게 큰일 중에서 새로 나온 뉴스를 따라가는 거고. 그다음에 또 무시할 수 없는 게 과연 우리가 이걸 쓸 수 있느냐.

쓸 수 있느냐는 건 무슨 말씀이신지요?

양상훈 기술적으로 쓸 수 있느냐는 겁니다. 신문을 보고 아이템을 잡은 건데, 그 신문의 팩트가 사실상 틀린 거라면 쓸 수 없죠.

아이템을 정하는 방식은?

양상훈 논설위원들이 돌아가면서 한마디씩 합니다. 정치, 경제, 사회 이렇게.

회의 분위기는 어떻습니까?

양상훈 자유롭습니다. 우리끼리 있을 때는 진짜 별 얘기 다 해요.

그걸 봐야 할 텐데요.

양상훈 그건 보기 힘들 겁니다. 두 분이 회의에 들어오신다면 다들 조심하겠지요. 다른 사람들이 있는데 어떻게 평소처럼 자유롭게 하겠어요.

어떻게 해야 평소처럼 회의하는 모습을 볼 수 있을까요?

양상훈 대충 이렇게 하는구나 정도는 아실 수 있을 겁니다. 말을 안 하는 건 아니고 다 얘기를 하는데 좀 점잖게 하겠죠.

욕도 하고 그런다던데요.

양상훈 누구한테 욕을 한다는 게 아니라 자유롭게 얘기한다는 거죠. 주로 이렇게 진행됩니다. 예를 들어 두 분이 논설위원이라면 오늘 뭐 대장동 이런 게 나왔는데 이거 사설 써야 되는 거 아닌가 그러면, 그걸 아는 다른 사람이 그거 지난번에 누가 그렇게 했는데 오늘 그 기사는 아닌 것 같은데, 이렇게 되고. 그럼 또 누가 뭐라 그러고, 그걸 내가 듣고서 이거 안 되겠다, 그럼 다른 거. 그러니까 사실을 놓고서 얘기하는 게 90퍼센트죠.

개인적으로 선호하거나 중요하다고 생각하는 사설 주제나 꼭지가 있으신지요.

양상훈 제가 정치부 출신이라서 그런 건지 모르겠는데 조선일보의 지난 1년치 사설을 다 놓고 보면 정치 사설이 제일 많을 것 같아요. 그런데 이게 어쩔 수 없습니다. 우리나라가 격동하는 사회고 사회 갈등이 심하기 때문에. 하여튼 아침에 회의를 하면 사설 주제가 정치적인 걸로 정해지는 경우가 많아요. 안 그러고 싶을 때도 있는데 사실 그게 잘 안 되죠. 큰 정치 이슈가 생겼다가 사라지면 곧 또 생기고. 다람쥐 쳇바퀴처럼. 경제라든지 산업 이슈도 많이 다루려고 하는데 밀리는 경우가 많아요. 그날그날의 큰 이슈, 이를테면 대장동 사건 같은 게 터지면 사실 그걸로 안 굴러갈 수가 없습니다.

토론을 거쳐 의사결정을 하는 과정이 민주적인 것 같습니다.

양상훈 민주적인 것까지는 모르겠습니다. 아무래도 아랫사람들로서는 제가 어떤 반응을 보일지 신경이 쓰이겠죠.

사설을 쓸 때 가장 중시하는 점

꼭지를 정한 후 사설을 쓸 때 가장 중시하는 게 무엇인가요?

양상훈 사실fact이 제일 중요합니다. 우리가 사실을 숭배해서가 아니고 사실이 아닌 걸 사설에 쓰면 당장 소송에 걸리고 큰 문제가 되니까요. 우리가 하는 일은 사설을 쓰기 위해서 사실을 찾는 것밖에 없습니다. 사실을 찾는다는 게 예를 들면 이런 게 있어요. 우리는 이미 나온 보도를 토대로 해서 사설을 쓰잖아요. 그게 사실인지 알아보는 방법은 그 기사에 대해서 상대편 쪽에서 반론한 게 있는지, 그걸 그날 아침 되면 알 수 있어요. 이를테면 이재명 지사 쪽에서 그거 고소한다, 제소한다 이렇게 나오면 이건 좀 논란거리구나, 그럼 그건 빼고. 아침에 우리가 회의를 해서 이렇게는 쓸 수 있겠다 했더라도 오후에 또 그중에서 뭐는 아니라고 하고. 계속 이렇게 진행되는 거죠. 심지어 한밤중에도 전화로 "주필님, 두 번째 쓴 거 그거 사실 아니라는데요" 그러면 황당하죠. "그걸 빼면 전체가 무너지는데 어떡하냐", 이런 일도 있습니다.

그런 일이 자주 발생하면 안 될 텐데요.

양상훈 그래도 한 달에 한두 번은 있는 것 같아요.

한 달에 한두 번이면 그렇게 많진 않네요?

朝鮮日報 2021년 6월 26일 토요일 A31면 오피니언

부모 모두 독립운동 진위 논란, 김 광복회장은 왜 말을 않나

김원웅 광복회장의 모친에 이어 부친도 독립운동 공훈에 대한 진위 논란이 불거졌다. 보훈처 기록에는 부친 김근수씨가 1963년 대통령 표창을 받고 1992년 작고한 것으로 돼 있다. 그런데 정부가 1963년 '광복군 출신 김근수' 씨에게 대통령 표창을 할 당시 공적 조서에는 김씨가 이미 사망한 것으로 기록돼 있다. 행적 착오로 보기 어려운 정황이 한두 가지가 아니다. 1963년 사망한 김씨와 1992년 사망한 김씨에 대한 기록은 활동 시기는 물론 지역도 다르게 나타나 있다. 출신지 또한 1963년 사망한 김씨는 평북으로 돼 있는 반면, 1992년 사망한 김씨는 경남 진양(진주)이다. 두 사람을 동일 인물로 볼 수 없는 것 아니냐는 상식적인 의문이 나온다.

독립운동가 후손 모임 관계자는 "1963년 신문에는 대통령 표창 대상자 김근수라는 인물 앞에 고(故)자가 붙어 있다"면서 "김 회장이 1990년까지 각종 인터뷰에서 그때까지 생존해 있던 선친 김근수씨가 포상받았다고 주장해온 사실과 배치된다"고 지적했다. 보훈처는 이런 논란에 대해 "1977년 이후 포상 업무를 이관받았기 때문에 이전 자료에 대한 상황을 면밀히 파악 중"이라고만 밝혔다. 김 회장은 이런 의혹에 대해 해명을 내놓지 않았다.

앞서 김 회장의 모친 전월선씨의 독립운동 공적에 대해서도 진위 논란이 벌어져 보훈처가 조사에 착수한 상태다. 전씨가 1990년 '전월순'이라는 가명으로 광복군 활동을 했다며 유공자 신청을 해서 건국훈장 애족장을 받았지만, 전씨보다 두 살 많은 언니 이름이 '전월순'이라는 사실이 최근 밝혀졌기 때문이다. 김 회장에게 비판적인 광복회 관계자들은 "전씨 모친이 언니의 공적을 가로챈 것 아니냐"는 의혹을 제기하는 반면, 김 회장은 "모친은 언니 이름은 물론 여러 개의 가명을 사용했으며, 언니는 독립운동과 무관한 인물"이라고 해명했다. 일부 언론에서는 일제강점기 당시 "전씨 모친과 언니가 창씨개명을 했다"는 보도를 하기도 했다.

김 회장은 자신과 정치 성향이 다른 사람들에게 친일 또는 매국이라는 딱지를 붙이며 비난해서 광복회를 정치적 난장판으로 만들었다는 지적을 받고 있다. 부모의 독립운동 공훈은 김 회장이 광복회장을 맡게 된 배경이다. 김 회장이 이 심각한 문제에 대해 설명을 않고 있는 것은 납득할 수 없다. 신속히 사실을 밝히길 바란다.

[기사 25] 2021년 6월 26일 31면 사설: 김원웅 광복회장 모친인 전씨를 '전씨 모친'으로 잘못 표기

朝鮮日報 2021년 7월 1일 목요일 A02면 종합

바 로 잡 습 니 다

▲6월 26일 자 A23면 '롯데 스트레일리, 마침내 두산에 첫 승' 기사 중 "롯데가 두산을 8대1로 이겼다"에서 '8대1'은 '9대1'로 바로잡습니다.

▲6월 26일 자 A31면 사설 '부모 모두 독립운동 진위 논란, 김 광복회장은 왜 말을 않나'에서 '전씨 모친'은 '김 회장 모친' 또는 '전씨'가 맞게 바로잡습니다.

▲6월 26일 자 B2면 '박병선 '외규장각 의궤 반환' 때 통번역… "악필도 읽어내 칭찬하셨어요" 기사 중 "상중씨는 와인 유통회사를 차려…"에서 '상중'은 '성중'의 잘못이므로 바로잡습니다.

[기사 26] 2021년 7월 1일 2면 '바로잡습니다'를 통한 사설 오류 정정 보도

양상훈 문제는 뭐냐 하면 그게 지엽적인 거면 그냥 그 아이템만 뺀다든지 표현을 바꾸면 되는데 그게 아니라 골격을 형성하는 거다 그러면 그때는 아주 비상이죠. 갑자기 그 생각하니까 소름이 쫙. (일동 웃음)

주필이 되신 이후에 사설에서 팩트가 잘못돼서 문제가 된 적이 있으셨

나요?

양상훈 있습니다. 어떻게 없겠어요. 매일 세 개씩 나가는데. 그래서 '바로 잡습니다'도 한두 번 썼던 것 같고. 숫자나 이런 게 틀려서요. 완전히 골격 자체가 바뀌는 치명적인 오류는 없었던 걸로 기억합니다. 하지만 예컨대 이재명 씨는 아마도 우리 사설을 한 대여섯 건 이상 이미 제소해놨을 겁니다. 팩트보다는 관점이 편향적이다, 불공정하다, 그런 이유로.

사설의 편향성

기왕에 말씀이 나와서, 외부에서 조선일보를 공격하는 이유 중 하나가 사설이 지닌 경향성인데요. 논조가 아니라 지나친 편향성 또는 정파성이라는 비판이 있습니다.

양상훈 거기에 대해 뭐라고 말씀을 드려야 할지 모르겠는데…. (제법 긴 침묵) 만약에 조선일보가 가장 영향력 있는 언론이 아니고 부수도 제일 많이 나가는 언론이 아니라면 애초에 그런 공격 자체가 없었을 거라고 생각합니다. 조선일보의 보도와 논평으로 인해서 피해가 크니까 그 정치 세력은 언론을 무력화할 수 있는 가장 좋은 방법이 저 언론은 편향적이다, 이렇게 공격하는 거겠죠. 제가 정치를 해도 그렇게 했을 겁니다. 조선일보는 고유의 시각이 있어요. 그건 있을 수밖에 없죠. 예를 들면 우리는 북한이 제일 심각한 문제라고 보고 북한의 현 김정은 체제를 인정할 수가 없어요. 저는 개인적으로 그렇게 생각합니다. 저 체제는 없어져야 한다고. 그것이 정의이고 그게 역사라고 생각하고 그것만이 한반도 문제를 해결할 유일한 방법이라고 생각합니다. 하지만 정반대로 생각하는 사람들도 있을 수 있겠죠. 우리가 남북 이슈를 다룰 때는, 지금 우리 논설위원들 생각을 제가 100퍼센트 알 수는 없지만, 저하고 생각이 비슷한 사람들이 많을 겁니다. 여기서 30년 넘게 기자 생활하고 있고 또 뭔가가 맞으니까 여기까지 온 거 아니겠어요. 회의를 해보면 실제로 생각이 대부분 비슷해요. 약간의 온도차는 있지만. 제 생각에 우리나라 국민의 적게는 3분의 1, 많게는 절반 정도가 이런 생각하고 다르다고 봅니다. 그 사람들 입장에서는 편향적인 조선일보는 맨날 김정은 비판하는 기사만 쓴다, 그리고 김정은하고 뭘 좀 해보려는 민주당 공격만 한다, 이렇게 되는 거죠. 이게 수십 년간 계속해서 쌓이고 쌓이다보니 그만 굳어져버렸다고 할까요. 저는 그런 느낌이 들어요.

좌파 정당이랄까 진보 쪽에서는 온갖 시민단체들이 다 생겨서 조선일보를 타깃 삼아 얼마나 많은 궁리와 공격을 했나요. 지금도 회사 앞에 몇 사람 와 있을지 모르겠는데 구속하라, 폐간하라, 시위를 하고 있어요. 그분들도 참 대단하다고 생각합니다. 그래서 상당히 성과를 거둬서 우리 사회에서 최소 3분의 1, 절반 정도 되는 사람들은 조선일보를 한 번도 읽어보지 않았으면서 조선일보라고 하면 보수적이다, 편향적이다, 그런 인식을 갖고 있지 않은가요. 그런데 우리가 보수적인가, 제가 보수적인 사람인지 누군가가 물어본다면 저는 그렇다고 말할 수 없습니다. 북한 문제에서는 제가 보수적일지 몰라도 경제 문제에서도 보수적이냐, 저는 그렇지 않다고 생각합니다. 제가 편집국장할 때 '자본주의 4.0'[5]이라는 기획을 근 한 달 넘게 했는데 그것은 무엇보다 진보적인 기획이었습니다. 저는 스스로 보수적이지 않다고 생각해요. 회의 때면 처음부터 끝까지 이것이 사실인지 아닌지, 이 사람이 이 말을 한 게 사실인지 아닌지, 이 사람이 거기 간 게 사실인지 아닌지, 그것만 가지고 얘기합니다. 예를 들면 소득주도성장이 큰 문제가 있다, 결국 자영업자들하고 중

이젠 '자본주의 4.0'이다

한계 부딪힌 50년 한강의 기적… 다같이 행복한 성장으로 가야

| 1.0 자유방임 고전자본주의 | 2.0 정부주도 수정자본주의 | 3.0 시장주도 新자유주의 | 4.0 따뜻한 자본주의 |

"대기업들 좋은 실적은
中企·서민몫 뺀 것" 62%

"대기업은 잘나가는데
내 살림살이는 팍팍" 82%

저소득층도 고소득층도
"성장보다 분배가 중요"

**'경제성장'과 '소득분배' 중 무엇이
더 중요하다고 생각하나** 단위: %

	경제성장	소득분배
101만~ 200만원	40.5	55.8
201만~ 300만원	32.7	62.2%
701만원 이상	31.9	61.1

월 소득   경제성장   소득분배

자료: 미디어리서치   모름·무응답

한국은 현대사의 우등생이다. 세계 최빈국으로 현대사(現代史)의 문을 열고, 21세기의 문턱을 넘은 지금 세계 10위권 경제대국으로 올라섰다. 하지만 한국 자본주의는 새로운 도전에 직면하고 있다. 전(全) 지구적으로 확대된 무한경쟁에서 탈락한 패자(敗者)가 우리 사회 불안 요인으로 떠오르고 있다. 비정규직·중소기업·빈민 등 각 분야에서 불만의 목소리가 터져 나오고 있다. 소수의 승자(勝者)에게 과실(果實)이 독점돼온, 수출 대기업 중심의 성장 방식도 큰 마찰음을 내기 시작했다.

A자동차 조립라인의 김영석(38·가명)씨는 커튼 뒤에서 일한다. A자동차에서 작업 일부를 도급받는 사내 하청 업체 소속, 이른바 '사내 하도급' 근로자이기 때문이다. 커튼 앞에는 정규직들이 있다. 김씨는 "저 커튼이 내겐 넘을 수 없는 장벽 같다"고 말했다.

한국 자동차 업계는 사상 최대의 호황을 구가하고 있지만 김씨는 늘 불안하다. A자동차가 김씨가 소속된 하도급 회사와 용역계약을 해지해 버리면 그는 실업자가 된다. 김씨는 "완성차 업체들이 사상 최대의 이익을 냈다는 기사를 보면 내만 손해를 보고 있는 것 같아 화가 난다"고 말했다.

대한민국의 초고속·압축성장은 수출 위주의 경제가 엔진 역할을 하면서 대기업이 이끌었다. 이른바 '한강의 기적'을 이룬 한국식 자본주의였다. 하지만 이제 '국가대표 브랜드'로 성장해 세계 시장을 누비는 한국 대표 기업들을 내 일처럼 응원하던 시대가 저물고 있다.

김씨의 사례는 고속 질주해온 한국

어떻게 이 문제를 해결해나갈 것인가. 자본주의는 내부적인 모순을 스스로 치유하면서 성장해왔다. 새로운 도전 역시 수정과 변용을 거쳐 뚫고 나가야 한다. 주체는 자본주의의 키(key) 플레이어, 시장과 기업이 돼야 할 것이다. 기업이 승자독식의 먹이사슬을 끊고, 키 높은 침엽수에서부터 바다의 이끼까지 모두 제 역할을 하는 공생(共生)의 숲처럼 새로운 자본주의를 열어가야 할 것이다. 우리에게 닥친 도전을 뚫고 나갈 '자본주의 4.0'을 모색해본다.

시리즈 A4·5면

자본주의의 위기를 단적으로 보여준다. 일자리가 있어도 불안하고 초호황을 누리는 회사에서 일해도 행복하지 않다.

'한강 자본주의'의 시효가 끝났음은 국민의식에서도 그대로 드러난다. 본지가 최근 전국 성인 남녀 700명을 대상으로 경제의식을 조사한 결과, 응답자의 62.7%가 '대기업들이 중소기업과 서민층이 몫을 빼앗아 좋은 실적을 올리고 있다'는 주장에 공감한다고 답했다.

A5면에 계속

○○○ 기자 ducky@chosun.com

[기사 27] 2011년 8월 2일 1면 '자본주의 4.0을 열자' 기획특집 첫 번째 기사

소상공인들한테 피해가 간다고 우리는 수도 없이 쓰고 지적을 합니다. 그럼 그걸 가지고 편향됐다고 얘기를 해요. 이게 참 해결하기 힘든 숙제입니다.

조선일보의 문제는 없었나요?

양상훈   저희 쪽도 문제가 있었다고 봅니다. 제가 볼 때 최초 시발점은 그거였어요. 소위 조평 사태.[6] 조선일보하고 평민당하고 큰 싸움이 벌어진 적이 있어요. 김대중 전 대통령이 평민당 총재할 때 당원들과 함께 해외 방문을 하고 왔는데 따라갔던 조선일보 기자가 주간조선에 취재기를

뉴스 생산자

썼어요. 거기 몇몇 구절이 김대중 총재의 눈에 무척 거슬리는 대목이 있었나봐요. 이제는 다 기억이 안 나는데, 평민당 국회의원이 비행기 안에서 맨발로 다녔다, 교황한테 "헤이Hey"라고 불렀다, 그런 것들이었죠. 김대중 총재는 조선일보가 김영삼하고 더 가까운 것 같다는 인식을 가지고 있었던 모양이에요. 불만이 쌓여오다가 그걸 계기로 해서 폭발한 게 아닌지. 그때 호남 분들 사이에 조선일보에 대한 적대 감정이 뿌리 깊게 생겨버린 거고. 돌이켜보면 그게 시발점이 아니었나 싶어요. 제가 그때 정치부 기자였는데 회사에 앉아 있으면 전화가 쉴 새 없이 걸려왔습니다. 다 호남 분들이 욕하는 전화였습니다. 엄청난 감정의 응어리가 그때 생긴 거고 그것이 쌓이고 쌓여서 뭐랄까, 조선일보의 업이라고 해야 할까요, 하여튼 그런 짐이 돼버렸습니다.

조평 사태도 그렇지만, 그전에 1980년 광주민주화운동 보도라든지.

양상훈 그때는 제가 신문사에 없었을 때인데 그건 그렇게 생각하기 어려운 게, 그때는 언론이라는 게 아예 없었어요. 거기까지 간다면 그건 좀 지나친 것 같습니다.

계속 거슬러 올라가서 일제시대까지….

양상훈 저도 안 살아봐서 모르겠지만, 안재홍 주필 같은 경우는 책을 보니까 다섯 번인가 투옥되셨어요. 조선일보 기자 전원이 왜 그렇게 못했냐 그러면 할 말이 없습니다. 하지만 이민족한테 지배를 받는데… 만약에 그때 진짜로 일제에 맞서 투쟁을 했으면, 글쎄요, 신문을 일주일이나 발간할 수 있었을지. 바로 폐간되고 끝나버렸을 겁니다. 그랬으면 지금 이게 있겠나, 그런 생각이 듭니다.

조선일보가 안고 있는 업

아까 업이라고 말씀하셨는데요.

양상훈 일제 강점기, 권위주의 시대에 최소한의 생존을 유지하기 위해서 어쩔 수 없이 타협한 적이 있었죠. 하지만 현재의 노력과 무관하게 그런 부분들을 계속 물고 늘어지면서 조선일보를 공격하고 매도하는 건 지나치지 않나, 그런 생각이 듭니다. 제가 조선일보에 몸담고 있는 사람으로서 그래도 인생을 헛살지 않고 괜찮게 살았다고 생각될 때가 언제냐 하면 다들 못 쓰는 글을 쓸 때입니다. 예를 들어 정권이 새로 등장하면 서슬이 퍼렇죠. 그게 제가 보기에는 한 1~2년 가고요. 그러고 나서 또 엉망이 되고. 그런 상황에서 권력을 비판할 수 있는 언론이 진짜 언론인데 우리나라에는 없어요. 진짜 없어요. 그런데 조선일보는 그걸 해왔다고 생각합니다. 제가 이렇게 자랑하는 게 뭐하지만, 그래도 최선을 다해서 할 말은 하려고 노력한다고 생각합니다. 비판을 당하는 입장에서 제가 봐도 정말 미울 것 같아요. 조선일보를 제일 먼저 세무조사 했던 때가 언젠지 아세요? 김영삼 정부입니다.

DJ 때는 그 건으로 사장이 구속된 걸로 아는데요.

양상훈 YS 때는 세무조사를 한 다음에 공개를 하지 않고 대신에 그걸 갖고 협박을 했습니다. 협박이 뭐냐 하면 어떤 어떤 기자 자르라는 거였죠.

언론의 약점을 손에 쥐고 통제하려 했다는 말씀이군요?

양상훈 그렇습니다. 정권의 속성이 그런 거죠. 그때 자르라고 한 게 김대중, 조갑제, 류근일 세 사람입니다. 그런데 안 자르니까 사주를 감옥에 집어넣었어요. 그래도 그런 방법들이 통하지 않으니까 결국 이렇게는 안 되겠구나, 이 신문사의 평판 자체를 공격해야겠다, 그래서 조선일보는 편향적이다, 불공정하다면서 시민단체를 조직하고 동원해서 집중 공격을 하기 시작한 겁니다. 저는 그게 본질이라고 생각합니다.

과도한 정부 비판?

일각에서는 조선일보가 이번 진보 정부의 탈원전정책이나 코로나 방역정책 등에 대해 잘한 부분은 얘기하지 않고 일방적으로 비판만 하고, 심지어는 사실과 다른 얘기까지도 보도했다는 비판이 있는데요.

양상훈 사실과 다른 걸… 그런 건 구체적으로 적시가 돼야 제가 뭐라고 말할 수 있을 것 같군요.

이를테면 최근의 조국, 조민 일러스트 건?

양상훈 그건 오보도 아니고 완전히 말도 안 되는 일이 벌어진 거죠.

송 전 주필 건도 그렇고, 윤리 문제들이 전혀 없는 건 아니잖습니까?

양상훈 그런 문제가 분명히 있습니다. 그래서 빌미를 주지 않으려고 노력합니다. 우리는 늘 공격 대상이 된다는 걸 알기 때문에 참 힘들어요. 권력을 가진 쪽으로부터 상시적으로 감시를 받고 있다는 느낌. 이걸 너무 오래 당하고 있어요. 외부자는 이런 기분을 알기 어려울 겁니다. 이를테면 이런 겁니다. 제가 어디 가서 약간 불미스러운 일이 있었다면? 제가 어떤 존재인가요. 무슨 세금으로 월급받는 사람도 아니고. 조그만 글을 써서 영향력은 좀 있을지 몰라도. 그런데 조선일보이기 때문에 옳다,

잘 걸렸다, 이렇게 되는 거죠. 윤리적 청렴도라는 걸 점수로 매기면 조선일보가 상대적으로 높을 거라고 봅니다. 그럴 수밖에 없습니다. 그만큼 감시를 받고 있으니까. 지금 김만배 밑의 2진 기자가 건물을 샀다고 하지 않나요? 만약에 조선일보 기자였다면 어떻게 됐을 거라고 보시나요?

최근 전직 조선일보 논설위원 한 분이 재직 중에 골프채를 받은 걸로 또다시 문제가 됐는데요.

양상훈 우리 논설위원 중 한 사람이 윤석열 캠프로 간다며 그만두고 나갔어요. 나간 뒤에 보니까 골프채 받았다고 나온 겁니다. 폭우 예보를 보고 그냥 밥 먹으러 골프채를 안 가지고 골프장에 갔는데 비가 안 오더라는 거죠. 그런데 그 무슨 수산업자라는 자가 그 얘기를 듣고 "나 골프 안 치니까 내 채 가지고 가서 쳐", 이렇게 된 거라고 합니다. 나중에 밥을 먹는데 그 수산업자 친구가 와서는 "골프를 쳐보니까 나는 도저히 안 된다. 나 골프 안 치려 하니까 내 골프채 이거 당신들이 가져", 이렇게 된 거라고 그래요. 그래서 드라이버는 이 사람이, 우드는 저 사람이, 이렇게 분배가 된 거고. 그중에 아이언 세트가 이 친구한테 떨어졌는데 그게 캘러웨이라고 하대요. 제가 인터넷 들어가서 그 캘러웨이 중고 채 쳐보니까 30만 원이면 사더군요. 그걸 경찰이 수백만 원짜리 골프 세트라고 발표했어요. 그 사람이 조선일보 논설위원 출신이 아니라 친정부 신문 논설위원 출신이었다면 경찰이 수사를 했겠습니까?

우리는 그런 상황 속에 있기 때문에 사장이 어디 가서 아무것도 못하시지 않나 싶습니다. 단체로 회식 같은 거 한다고 할 때 코로나 때문에 6명까지로 제한되잖아요. 그런데 인원이 7명이다 그러면 일반 회사라면 그냥 가서 할 건데 우리는 못하죠. 만에 하나 누가 사진이라도 찍어서 올릴까봐.

그 골프채 사건 같은 경우 왜 이런 사정을 밖에 알리지 않으셨죠?

양상훈 우리가 논의를 안 했겠어요? 결국 어떤 의견이 나왔냐면 그런 얘기 다 구차하다, 아무리 중고 골프채라도 받은 건 받은 거 아니냐. 그래서 윤리위 넘기자는 얘기도 나왔지만, 이미 그만둔 사람이라서 달리 논의할 방법이 없었습니다. 그렇게 지나간 거죠. 우리는 그렇습니다. 이런 일이 숙명이라고 해야 할지 뭐라고 할지 모르겠어요. 조선일보가 정치권력을 감시하는 것만큼이나 사장도 주필도 논설위원도 모두 다 감시를 당하는 겁니다.

비판의 위축

그런 일로 위축되는 일은 없나요? 특히 젊은 기자들의 경우.

양상훈 왜 없겠습니까, 사람인데. 위축이 많이 되죠. 저한테 오는 압력 같은 경우는 간접적인 거죠. 그런데 젊은 기자들은 위협이 직접적이고 폭력적이에요. 민주노총이라든지, 이런 쪽 취재하게 되면. 그래서 굉장히 위축이 된다고 합니다. 이런저런 호소를 많이 합니다. 현장에서 견디기 힘들다고. 그렇다고 해서 조선일보가 그걸 안 쓴다? 그날로 조선일보의 존재 이유가 없어지는 거죠. 그러면 우리는 많은 언론사 중 하나가 되고 마는 겁니다. 조선일보가 어디 가서 우리는 그래도 언론으로서 노력한다, 이 말을 어떻게 하겠습니까? 정권 비판은 뭐랄까, 생명선이라 할까요? 사실 위축될 때도 많이 있습니다. 특히 정권 초기에는 서슬이 시퍼렇잖아요. 그렇다고 해서 만약에 소득주도성장 같은 걸 비판 안 하면, 사람들이 조선일보 이거 완전히 망했네, 그럴 겁니다. 일주일 안에.

편집국이나 논설위원실 분들은 언론의 자유로운 비판을 중시하지만, 경영을 책임진 사장 같은 경우는 어떨까요?

양상훈 사장과 이런 대화를 나눠본 적은 없지만 사장께서 받는 압박은 저의 몇 배는 될 거라고 봅니다. 사업 전체를 책임져야 하니까요.

그러면 스트레스도 심하실 테고, 또 현실적인 위협도 많이 느끼실 텐데. 사장을 통해서 꼭 이렇게 가야겠냐는 얘기가 나온 적은 없나요?

양상훈 아까 말씀드린 대로 사설에 대해서 사장이 단 한 번도 말씀하신 적이 없습니다. 오히려 저는 이렇게 생각해요. 사장하고 이런 대화를 나눈 적은 없지만. 예컨대 "조선일보가 할 말을 해야 될 것 같은데 요새 못하네", 이 말이 나오는 순간 조선일보는 끝난다는 걸 조선일보 내에서 제일 확실하게 체감하고 있는 분이 사장이실 겁니다. 사장이 늘 강조하는 건 무엇보다도 사실입니다. 사실이 아닌 것을 썼을 때, 그때는 정말 할 말이 없는 거잖아요. 우리가 하는 일은 한마디로 요약하면 사실 확인. 다른 것 다 떠나 생존하기 위해서. 아침부터 저녁까지 늘 그 얘기죠. 이게 맞냐, 틀리냐.

사실이더라도 정치권력으로부터 압박 혹은 반작용이 강하게 들어온다면?

양상훈 그 경우 우리는 씁니다. 사실로 확인된 권력의 비리나 부패는 이미 많은 사람들이 알고 있다고 봐야 합니다. 언론, 특히 조선일보의 메커니즘으로는 쓸 수밖에 없습니다.

개인 칼럼

그 말씀을 들으니 가슴이 뜨거워집니다. 주제를 바꿔서, 개인 칼럼은 언제부터 쓰기 시작하셨나요?

양상훈 기억이 흐릿하기는 한데 실명을 제시한 칼럼은 아마도 정치부장 때부터였던 것 같습니다.

정치부장 때부터?

양상훈 그전에도 칼럼을 쓰긴 썼는데 그렇게 고정적으로 연재된 건 아니었어요. 기명 칼럼을 쓴 건 정치부장 때부터입니다.

얼추 3주에 한 번 쓰시나요?

양상훈 전에는 3주에 한 번, 지금은 2주에 한 번씩 씁니다.

그 일로도 바쁘실 것 같은데요.

양상훈 없는 집에 제사 돌아온다고, 쓰고 돌아서면 또.

주제는 어떻게 선택하시나요?

양상훈 개인 칼럼 주제 고르는 방식은 아까 말씀드린 우리 사설 주제 정하는 거와 비슷합니다. 요즘 사람들한테 뭐가 제일 화제인가, 뭐가 제일 관심을 끄는가, 그걸 제일 우선시하죠. 그다음에 제 개인적으로 관심 있는 주제가 어떤 계기와 맞으면 또 쓰고. 제일 중요한 건 그 계기입니다. 예를 들면 어떤 사건이나 화제성 있는 말이나 인물이 하나의 계기가 됐을 때 그에 따라 연상되는 것을 고르는 경우가 제일 많은 것 같습니다.

자료를 수집하고 스터디를 하고 의견을 모으는 과정이 만만치 않을 것 같은데요.

양상훈 저는 휴대폰 도움을 많이 받아요. 사람들을 만나서 대화하다보면 이거 언제 나중에 써야겠네 싶은 게 있습니다. 그러면 밥 먹고 오면서 휴대폰에 바로 메모해두죠. 대충이라도. 그러면 나중에 생각이 나요. 그 리스트가 아주 길게 이렇게 있습니다. (전화기를 보여줌). 이걸 쭉 보면 그때 생각이 납니다. 그리고 논설위원들 도움도 많이 받습니다. 이 사람들 한 명 한 명이 다 전문가잖아요. 그래서 "내가 이런 거 이런 거 쓰려고 하는데, 그거 어떻게 돼?" 그러면 금방 자료를 찾아주거나 말로 다 이해시켜줍니다. 그다음에 담당 기자들과의 대화에서도 많은 도움을 받습니다. 그 사람들이 현장 돌아가는 건 굉장히 잘 알죠. 그래서 저는 칼럼을 쓰기에 아주 좋은 조건에 있다고 생각합니다. 주변 사람들이 다 뉴스와 관련된 일을 하기 때문에 그 사람들하고 대화하면서 많은 도움을 받죠.

현장 기자들과 자주 만나시나요?

양상훈 한 달에 한두 번은 그 친구들하고 밥 먹고, 또 일이 있을 때마다 통화하고. 그리고 오가다 부딪히면 물어보기도 하고. 자연스럽게 그런 일이 이루어집니다. 제가 무슨 칼럼 상을 받은 적이 있어요, 외부에서. 그런데 한 후배가 저한테 어떻게 쓰시냐고 물어요. 그래서 제 스스로 '어떻게 쓰지?' 생각을 해봤더니 떠오른 게 이런 거였어요. 내 생각을 쓰는 게 이만큼 있겠지만 나머지는 결국 다 들은 얘기다, 아까 말씀드린 장관이니 실장이니 기업체 회장, 사장 이런 사람들하고 만나면서 들은 얘기다, 그게 머릿속에 들어와 있다가 어떤 계기로 나오는 거다. 가만히 돌이켜보면 거의 다 그런 것 같아요. 제가 대단한 뭘 아는 게 아니고, 제 글을 읽고 좋다고 평가하는 건 그런 것 같습니다. 다들 각 분야의 최고 전문 가나 리더들인데 그 사람들이 한 말이 거기 녹아들어 있으니까요. 사실 기자는 그게 맞다고 생각합니다. 우리가 무슨 박사도 아니고 전문적으로 연구하는 사람도 아니잖아요. 중요한 건 사람을 많이 만나고 그 사람들의 얘기를 잘 전달하는 거라고 생각합니다.

우리 사장이 맨날 하시는 말씀인데, 진짜 공감하는데, "기자는 정년이 없다, 기자의 정년은 사람을 안 만날 때부터다", 그거 정말 맞는 말이죠. 제가 만약에 한 2주쯤 사람들 안 만나고 혼자서 그냥 집에 간다고 해봐요. 그때부터 사람들은 제가 쓴 글을 보고 "이거 뭐야, 이 사람 왜 이래", 이렇게 될 겁니다. 조선일보 사설도 지금 같지 않을 거라고 생각합니다. 제가 뭘 쓸지 결정하는 사람인데, 한국 사회에서 2주간 외부인 안 만나고 목사나 신부처럼 혼자 수도하며 지냈다고 해봐요. 가만 생각해 보니까 그러면 진짜 집에 가야겠더라고요.

점심, 저녁으로 계속 모임을 가져야 하는데, 체력적으로 힘드시진 않나요?

양상훈 힘들죠. 문제는 저녁 약속인데, 이게 이따금 월화수목금이 되면 정말 이러다 내가 죽는 게 아닌가 싶을 때도 있습니다. 그래서 이번 달은 반드시 화목 이틀만 저녁 약속을 하자고 결심했더라도 정작 사람을 안 만날 수는 없잖아요. 이건 숙명이구나 그러죠. 하여튼 건강은 망가지는 것 같아요.

일단 겉으로는 건강해 보이십니다.

양상훈 그래서 이걸 샀습니다. 만보계. 제가 이 고민을 얘기했더니 어떤 의사가 "당신 그러다 죽는다. 당신 사는 방법은 하루에 만 보를 걸어라. 1년 365일 중에 하루라도 안 걸으면 죽는다고 알아라" 그러더군요. 그 때 이걸 사가지고 지금까지 하루도 안 빼놓고 만 보를 걷고 있습니다. 오늘 두 분과 만나는 지금 이 시간이 원래는 걷는 시간이에요. 오늘은 아예 출근할 때부터 걷고 그래서 지금… 9,164보. 이제 두 분 가시면 여기 왔다 갔다 하면서 만보를 채워야죠.

피드백

피드백들은 어떻게 챙겨보시나요?

양상훈 저는 이메일을 안 해요. 도무지 감당이 안 되더군요. 그래서 아예 상당 기간 답을 안 해버리니까 자연스럽게 사람들이 저 사람은 안 하나 보다, 그렇게 돼버렸습니다. 휴대전화로 오는 연락은 가급적 답을 하려고 합니다. 주로 번호로 기록된 제가 아는 사람들이니까.

공격적인 피드백도 많을 것 같은데요.

양상훈 노무현 정권 때는 아주 직접적인 위협을 당하기도 했습니다. 죽여버리겠다는.

말만 들어도 끔찍합니다.

양상훈 또 기억나는 건 "너, 광화문에서 밤에 등에 칼 맞으면 난 줄 알아", 그건 잊을 수가 없어요. 그랬는데 언제부턴가 그런 개인적인 위협은 사라지고 조선일보 전체에 대한 공격으로 전환되더군요. 요즘은 핸드폰으로 당신 글 그 따위로 쓰고 어쩌고 하는 건 거의 없고 주로 잘 읽었다, 이런 게 옵니다. 거친 피드백은 다 인터넷 댓글이죠. "쓰레기 같은 놈아", "친일 앞잡이야", 뭐 그런 것들.

댓글도 읽으시나봅니다.

양상훈 댓글은 읽고 싶어서 읽는 게 아니라 아는 사람들이 그걸 캡처해서 보내와요. 중간중간 아주 심한 욕설 같은 것도 있고 그래도 저는 단련이 됐습니다. 그 문제에 관해서는. 그러니까 내가 쓴 글에 대한 비판은 너무 많이 받아서 아무렇지도 않아요. 이제 무감각해졌다고 할까요? 그런데 만약에 '당신이 쓴 거에 뭔가 틀렸어', 그런 거라면 보통 문제가 아니죠. 팩트 틀렸다는 건. 그러면 아마 한 달간은 잠을 못 잘 거 같아요. 물론 당연히 사과도 해야 되겠지만.

제가 편집국장 때 제일 많이 꾼 악몽이 신문이 백지로 나온 거였어요. 왜 그랬는지 모르겠는데, 조선일보가 백지로 나오고, 그런데 종쇄(인쇄를 끝냄)가 다 됐으니 어떻게 할 수도 없고. 아, 내가 조선일보를 망치는구나. 그런 꿈을 몇 번이나 꿨어요. 요즘 꾸는 악몽은 제가 쓴 칼럼에서 팩트 틀리는 거죠. 숫자, 오자, 탈자 수준이 아니고 어떤 결정적 사실을. 그런 악몽 한 번 꾸면 정말이지….

실질적이고 구체적인 위협. 예를 들어 사적인 삶의 영역이 사찰당한다거나 그런 건 없었나요?

양상훈 알 수는 없지만 한 번 훑었다고 저는 짐작합니다. 안 했겠어요? 상식적으로 훑었다고 보는데, 사실 저는 부자도 아니고, 애인도 없고. 아무리 생각해도 꼬투리 잡힐 건 없는 것 같아요. 그런데 그런 건 제가 무슨 흔적을 알 수 있는 것도 아니고. 종종 이런 얘기는 듣죠. "저 위에서 제일 싫어하는 게 당신이야." 그런 얘기는 정말 기분 나쁘죠.

주필님 개인도 그렇지만 주변 분들이 피해를 본다거나 하는 일은 없나요?

양상훈 그런 일은 잘 모르겠습니다.

저녁 또는 점심에 이런저런 분들 만나실 때 균형을 고려하시나요? 어느 한쪽으로 편향되지 않게끔?

양상훈 그러려고 하지만 쉽지 않습니다. 제가 어제는 이 정부의 고위직 사람들을 만났는데, 그런 분들을 만나면 자리가 몹시 긴장됩니다. 서로 생각이 달라서. 그분들은 저를 만나고 싶어서 만나겠어요? 뭘 설명해야 될 게 있고 하니까. 야당 쪽 사람들을 만나면 분위기가 완전히 달라요. 그런데 만나는 횟수로는 이 정부 쪽 사람들이 더 많은 것 같습니다. 이 사람들이 실권을 다 가지고 있으니까. 그리고 저는 의외로 기업인들을 많이 만나는 편입니다. 예전의 경우라면 김대중 주필, 그전에 선우휘 주필 이런 분들은 아마 기업인들을 거의 만나지 않았을 겁니다. 왜냐하면 그때는 정치가 모든 걸 좌우했으니까요. 지금은 그렇지 않습니다. 예를 들면 LG하고 SK 배터리 분쟁[7] 같은 거 있을 때는 그쪽 사람들을 만나서 얘기를 듣게 되죠. 이게 워낙 큰일이니까. TSMC[8]라는 대만 회사가 삼성전자 잡아먹는다는데 그런 게 궁금하지 않겠어요? 만나서 얘기 들어보면 얻는 게 엄청나요. 요즘 기업은 예전하고 달라서 삼성전자쯤 되면 경제뿐 아니라 국제 정세 돌아가는 것까지 빠삭하거든요.

주필님이 먼저 청해서 만나시는 경우도 있나요?

양상훈 있습니다. 별로 흔하지는 않지만.

방금 말씀하신 그런 케이스인가요?

양상훈 현안이 큰 게 있는데 우리가 잘 모르는 거면 우리 담당 논설위원하고 편집국 부장들하고 해서 같이 만나죠. 기업 쪽 사람들 얘기 들으면 정말 도움이 됩니다.

사설의 위치와 형식

조선일보 맨 뒤의 오피니언 면 우측 상단에 사설 세 꼭지가 나가는데요. 일각에서는 그런 형식이 구태의연하다, 가독성이 떨어진다고 지적하기도 합니다. 혹시 그런 견해를 접하신 적이 있으신지요?

양상훈 있습니다. 제가 듣는 얘기는 주로 사설을 왜 이렇게 맨 뒤에 두냐는 거예요. 자기들은 신문이 오면 1면 보고 바로 뒤에 가서 사설하고 칼럼 본다는 거죠. 그런 사람들이 제법 많이 있어요. 그래서 사설을 앞에다 써라, 그런 의견을 들어서 제가 사장께 전달한 적도 있습니다. 그런데 사장은 이런 원칙을 갖고 있습니다. "뉴스를 다 보고 난 뒤에 의견을 읽는 게 맞다."

저도 1면부터 앞의 몇 면 살펴보고는 중간 건너뛰고 마지막 면으로 가서 사설과 칼럼을 읽곤 합니다.

양상훈 결국 볼 사람들은 보는 거 같아요. 어느 면에 있든 간에. 어차피 많은 사람이 보는 건 아니잖아요. 사설을 읽는 사람들은 그게 어디 있든 읽는 것 같습니다. 그리고 지금 자리에 있은 지가 상당히 오래됐고. 이제는 점점 인터넷으로 뉴스 주도권이 옮겨가고 있고 조선일보도 그렇게 옮겨가고 있습니다. 이런 시대에 신문사의 스트레이트 뉴스라고 하는 게 얼마나 큰 의미가 있겠습니까. 그럴 바에야 사설과 칼럼을 앞으로 갖고 오는 게 오히려 나은 게 아닌가 그런 생각을 하게 됩니다. 그런데 그건 큰 결정이니까 저 혼자 할 수 있는 건 아니고 논의를 해봐야겠죠.

최근에 읽어주는 칼럼 서비스[9]도 시작하셨지요?

양상훈 진짜 하기 싫은데 합니다.

어떻게 도입이 됐나요?

양상훈 디지털팀에서 한번 해보자고. 이거 주필이 하셔야 다른 사람들이 한다. 얘기를 듣고 보니 그게 그럴 것 같더라고요. 나는 안 하면서 다른 사람더러 하라고 할 수는 없지 않습니까. 그래서 별수 없이 시작했습니다.

논설위원들의 외부 활동

현재 논설위원실에 주필 포함해서 총 열다섯 분이 계신데, 거기서 생산하는 게 사설하고 만물상이죠. 물론 각자 개인 칼럼도 쓰시지만.

양상훈 최근에는 논설위원들이 돌아가며 담당하는 기획도 생겼습니다.

그래도 고비용 저효율 시스템 아닌가요?

양상훈 편집국 기준으로 보면 그런 것 같긴 합니다. 그런데 틀이 이렇게 돼 있어서 어쩔 수 없어요. 제가 저 사람들한테 요구하는 게, 지면은 없지만 인터넷에서는 얼마든지 쓸 수 있으니 인터넷 칼럼을 써라, 길게 쓸 필요 없고 한 대여섯 장씩. 이렇게 얘기하는데 그게 새로운 일이라서 그런지 잘 안 되네요. 보편적인 건 아니지만 우리 논설위원 중 한 사람은 개인 인터넷 방송을 하고 있고, 유튜브 방송을 하는 사람도 있고, 팟캐스트에 자주 출연하는 논설위원도 있고. 그렇게 활동 영역이 점차 넓어지고 있는 것 같습니다.

다른 신문, 특히 문화일보 같은 경우는 소속 논설위원이 종편채널 시사 프로그램 패널로 고정 출연하기도 하는데요. 조선일보 논설위원들도 그런 활동을 한다면 지명도도 높이고 영향력도 키울 수 있지 않을까요?
양상훈 우리 회사에서도 자기 분야 세미나나 포럼 같은 데 참석하고 발표도 하라고 그러는데, 다들 별로 적극적이지는 않아요. 사정이 더 절박해지면 결국 논설위원들도 지금처럼 있지는 못할 거라고 생각합니다.

조심스러운 질문인데요. 주필님께서 그런 활동을 선호하지 않는다는 걸 알고 위원 분들이 주저하는 건 아닌지….
양상훈 그렇지 않습니다. B논설위원 같은 경우는 정치 담당이라서 중요한데, 회의 때 없는 경우가 많습니다. 유튜브 찍으러 내려가서. 저는 뭐라 안 하죠. 회사에서 그런 활동을 적극 장려하니까. 그런 활동에 소양이 있는 사람들이 있는데 좀처럼 시도하지 않네요. 절실하지 않으니까. 제 생각에 그게 절실할 때는 주도권이 종이 신문에서 인터넷으로 완전히 넘어갔을 때라고 봅니다. 그 시대가 온다면 아마 모든 논설위원들이 뭔가를 해야 할 것 같아요. 유튜브든 뭐든.

언론의 위기

언론이 심각한 위기 상황이라는 진단에 동의하시나요?

양상훈 정말 미증유의 위기라고 생각합니다. 언론이라기보다는 언론 산업이 위기죠. 언론이 더욱 중요한 역할을 해야 되는데 산업으로서의 언론은 더 힘든 상황으로 가고 있습니다. 조선일보의 사정은 그중 제일 낫긴 하지만 그래도 힘든 건 마찬가지죠. 인터넷으로 뉴스가 공짜가 되면서 생긴 일입니다. 언론은 인터넷 세상이 되면서 점점 더 중요해지고 더 절실해질 수밖에 없다고 보는데, 이 위기를 어떻게 타개해야 할지 참 쉽지 않습니다.

언론의 위상도 점차 낮아지고 있습니다.

양상훈 제가 얼마 전에 정부 고위직 사람하고 저녁을 먹는데 거기 TV조선 사람도 있었어요. 그 자리에 제가 한 5분 늦게 도착했는데, 그 사람이 저를 보더니 아니 본사는 와 계신데 자회사에서 늦게 오면 어떡하냐고. (웃음) 웃자고 한 얘기지만 웃지 못할 현실이죠.

언론 산업의 위기 속에서 저널리즘을 지켜갈 수 있는 방도는 무엇일까요?

양상훈 저도 고민을 많이 해봤는데, 결국 인터넷 뉴스의 유료화 외에는 방법이 없다고 봅니다. 그런데 인터넷 뉴스의 유료화는 네이버에 의해서 완전히 막혀 있는 상태죠. 네이버 뉴스를 자세히 보면 그 근원은 전부 신문에 난 뉴스들이에요. 네이버 포털을 통해 하나의 언론, 신문사 뉴스만 보는 게 아니라 이제 모든 신문사의 뉴스들을 한꺼번에 보면서 숱한 뉴스들 중에서 당연히 자극적인 것으로 사람들의 눈길이 가고, 그러면서 이제는 언론사들이 거기에 맞춰서 점점 자극적인 제목을 뽑고. 그게 장기간 진행되다보니까 독자의 수준 자체가 자극적인 뉴스에만 반응하는 식으로 낮아졌습니다. 그래서 제대로 된 정론이라든가 팩트에 기반한 저널리즘 시장이 있기나 한 건지 모르겠어요. 언론사들 전체가 단합해서 이 문제를 타결해야 하는데 이해관계가 너무 다르죠. 네이버에 대한 전 언론계 차원의 대응은 불가능한 것 같습니다. 각자 자기 브랜드 가치와 상품성을 갖고 독자들을 설득해서 유료화로 가야겠죠. 그 일도 조선일보가 결국 제일 먼저 하게 되지 않을까 생각하는데 좀 불안합니다. 뉴스는 공짜라는 인식이 굳어져버린 건 아닌지.

사설의 경우는 어떤가요?

양상훈 지금 네이버에 들어가서 신문사별로 보면 각 신문에 6개씩 대표 뉴스가 나와 있지 않습니까. 그런데 거기에 사설하고 칼럼이 들어간 적은 없어요. 전부 다 연예라든지 자극적인 사건·사고라든지. 조선일보도 인터넷을 담당하는 조직(조선NS)이 있어요. 4층 편집국에. 그 사람들은 그게 지상 과제입니다. 그 사람들한테 그렇게 하지 마라, 이렇게 말할 수도 없죠. 누구 여자 친구 낙태시켰다는 기사가 한두 번이 아니라 일주일 내내 계속 나옵니다. 꾸준하게 맨 앞에.

그에 대해 주필 입장에서 뭐라 말씀하신 적은 없나요?

양상훈 그래서 제가 여기 엘리베이터 같은 데서 담당 부장들 만나면 "야, 도대체 그게 뭐라고 일주일씩 나오냐"라고 얘기하죠. 그런데 그게 다른 기사에 비해 클릭이 10배씩 나온다는 겁니다. 이 딜레마를 어떻게 풀어야 할지. 결국 우리가 유료 독자를 최소한 40만~50만 명 확보해서 거기서 독자적인 기반을 마련하고, 조선일보는 네이버에서 나오고, 우리가 독자적으로 생존할 수 있을 때만이 이 문제를 해결할 수 있을 겁니다. 그게 아니고 네이버에 얹혀 있으면서 클릭 수 경쟁을 하게 되면 여기서 헤어날 수가 없어요. 누가 조선일보 사설을 볼까요. 이게 헤어나기 힘든 수렁인 것 같습니다. 이 문제를 풀어야 저널리즘을 계속 유지, 발전시켜갈 수 있을 텐데. 온라인 유료 독자를 최소한 40만~50만 명 확보해서 독자적으로 생존할 수 있을 때 해결할 수 있을 것 같은데, 쉽지 않습니다.

젊은 기자들의 위기의식은 더 클 것 같습니다.

양상훈 젊은 기자들의 경우 취재 현장에서의 압박 같은 건 그런대로 괜찮습니다. 있긴 있지만 부차적인 거죠. 대신 실존적으로 언론 산업이 자꾸 어려워지니까 이런 생각이 들 거 같아요. 내가 과연 지금 잘하고 있는 건가? 기자 일이라는 게 내가 열심히 하면 거기에 따른 보상이 있는 건가? 지금이라도 기업 쪽으로 가야 하는 거 아닌가? 왜냐하면 그런 곳으로 옮겨갈 스펙은 다 되는 친구들이니까요. 제가 지금 그 입장이라도 같은 고민을 할 수밖에 없을 것 같습니다. 제가 예를 들어 나이가 30대 초반이고 조선일보 기자인데 삼성전자에 있는 친구들하고 비교하면 그런 고민을 할 수밖에 없을 것 같아요. 이렇게 되면 지금도 이미 심각하지만, 언론의 인재들이 빠져나가는 문제가 더 커지지 않을까요. 너무도 심각한 언론의 위기입니다.

조만간 허리급 기자들이나 갓 들어온 기자들을 상대로 이런 얘기를 나눠보려 합니다.

양상훈 좋은 생각이군요. 얼만큼 속마음을 털어놓을지는 모르겠지만.

뉴스 생산자

연구자 입장에서도 언론의 현실이 너무도 척박해서 안타깝습니다.

양상훈 언론은 정말 중요합니다. 언론은 일반 사람들이 생각하는 것보다 훨씬 중요합니다. 그런데 그 언론이 경영적으로 어려워져서 엉뚱한 데 신경을 쓰게 되고, 김만배 같은 자들이 나오고, 그런 사주가 나오고. 그리고 상대적으로 열악해지면서 똑똑한 친구들이 안 오고. 이렇게 가다 보면 진짜 우리 사회에 심각한 문제가 되지 않을까 그런 생각이 듭니다. 만약에 정말 언론이 무슨 중남미의 그런 상황으로 다 돼버리면, 그건 정말 끔찍합니다. 그런데 점점 그쪽으로 가는 거 아닌가 하는 생각도 듭니다. 지금 신문사들의 경영 상태는 심각합니다. 조선일보는 그나마 나은 거죠. 이 상태에서 어떻게 제대로 된 언론을 할 수 있겠어요. 지금 구조적으로 종이 신문이 내리막길을 걸으면서 타개할 수 있는 무슨 미래가 보이는 것도 아니고. 인터넷 뉴스는 공짜고. 이게 참. 그나저나 지금 일어서야겠네요. 언제 소주 한잔하면서 나머지 얘기 나누시죠.

네. 그런 자리 기대하겠습니다. 오늘 시간 내주셔서 감사합니다.

양상훈 감사합니다.

13. 사장, 방상훈

인터뷰이   방상훈(남성, 인터뷰 당시 73세, 조선일보 사장 취임 28년 차)[1]

인터뷰 일시/장소   2021년 11월 5일 오후 3:00~4:00 / 조선일보사 6층 사장 집무실 옆 접견실

※ 경영본부장·비서실장 배석

인터뷰를 할 수 있을지, 그리고 그 내용을 출간할 수 있을지 불확실한 상대였다. 설령 그가 수락한다고 해도 인터뷰 내용을 책으로 공개하는 게 바람직한지 연구진은 끝까지 망설였다. 그런 시도가 자칫 연구의 진실성 논란을 초래할 수 있기 때문이다. 그는 오랜 기간 비판과 공격, 심지어 저주의 대상이 되어온 한국 사회에서 가장 영향력 있는 언론사의 사주다. 조선일보 사장 방상훈이다.

    연구자(윤석민)는 상당 기간 그를 접해왔다. 2013년부터 2015년까지 참여한 조선일보 독자위원회, 그리고 2016년 송희영 주필 독직 사건 이후 발족한 윤리위원회 위원 임명장을 그에게서 받았다. 2008년부터 2023년 말까지(2018년부터는 정기적으로) 조선일보에 칼럼을 썼는데, 그는 그 글들을 다 읽었을 것이다. 그는 현장 연구의 문을 열어준 이이기

도 하다. 그래서 세간에서는 연구자를 친조선일보 인사로 치부한다. 하지만 그렇게 따지면 연구자는 친한겨레, 친미디어오늘, 친뉴스타파, 그리고 친네이버 인사다. 최근에는 서울대에 저널리즘 스쿨을 설립하고자 중앙일보 및 동아일보 출신 학계 인사들과 함께 아등바등하고 있다.

연구자에게 조선일보는 애증의 대상이다. 이 일 저 일 조선일보에 관여한 것은, 전공이 미디어고 조선일보가 영향력 있는 미디어였기 때문이다. 연구자는 독자위원 및 윤리위원으로서 규범을 벗어난 조선일보 보도들을 나름 강하게 질책했다. 세계 주요 언론단체 및 언론사 규범을 벤치마킹해 조선일보의 취재 보도 및 직업윤리 규범을 재정립하는 작업에도 참여했다. 조국 부녀 일러스트 오보 사건 당시, 한 면에 걸친 정정 보도를 이끌어내는 데 앞장서기도 했다. 굳이 이런 얘기들을 꺼내야 하는 상황이 답답하게 느껴진다.

언론은 여론을 형성하는 주체이자 이를 기반으로 운영되는 사업체다. 동전의 양면처럼 언론에 배태胚胎된 이 이중성으로 인해 편집국으로 대표되는 언론인들과 사장으로 대표되는 언론사 경영진은 얄궂은 상호 의존관계를 형성한다. 분리될 수 없지만 유착되어서는 안 되고, 긴밀히 협의하되 독립적이어야 하는 관계가 그것이다. 이 딜레마는 최초의 언론이 등장한 이래 지금까지도 풀리지 않는 난제로 남아 있다.

연구진은 현장에 체류하는 기간 동안 경영진이 뉴스 생산자들과 어떤 관계를 형성하는지에 각별히 관심을 기울였다. 예상했던 대로 경영진과 뉴스 생산자들은 공식적·비공식적으로 긴밀한 관계를 맺고 있었다. 하지만 그 관계의 본질은 수직적 위계 내지 유착보다는 상호 신뢰와 존중에 기반한 공생적 의존관계로 평가할 만한 것이었다. 경영진과 뉴스 생산자들은 수시로 자리를 함께하며 서로의 의견에 귀를 기울였지만 독립적인 관계를 유지했다. 그 섬세한 균형은 놀라운 것이었다.

기자들과 격의 없이 어울리는 방상훈 사장의 탈권위주의 경영은 잘 알려져 있다. 실제로 현장 연구 기간에 연구자들은 신문사 안팎에서 수시로 그와 마주쳤다. 그는 일반 직원들과 함께 엘리베이터를 타면서 마주치는 기자들에게 "○○ 기자, 지난번 기사 잘 읽었어" 식의 인사를 건넸다. 매주 화요일 오전에 신문사 간부회의를 마치고는 점심으로 구내식당을 이용했다(그 덕에 매주 화요일 구내식당 점심 메뉴로 짜장면을 포함한 특식이 나왔다).

언론사 사주로서 그는 뉴스를 꼼꼼히 살피는 데 많은 시간을 보냈다. 전 지면에 걸쳐 작은 기사까지 빠짐없이 정독한 후, 뉴스 생산자들에게 공식적·비공식적 피드백을 주었는데, 주된 내용은 기사의 논조가 아닌 품질에 관한 것이었다. 그중 하나는 마음에 드는 기사를 쓴 이들에게 매일 아침 간단한 격려 문자를 보내는 일이었다. 연구자도 그로부터 "글 잘 읽었습니다"라는 문자를 두 차례 받은 적이 있다.

방상훈 사장과의 인터뷰는 사전 질문지 없이 자연스럽게 얘기가 흐르는 대로 진행되었다. 오후 3시경 6층 사장실 부속 회의실에서 이루어진 한 시간 남짓한 대화는 연구가 잘 진척되고 있냐는 인사말로 시작해서 언론사 사장의 역할, 조선일보 사옥 건축 당시의 일화, 언론인 및 정치권력과 언론사 사주의 관계, 디지털 전환과 언론이 겪고 있는 위기 등과 같은 주제로 이어졌다. 그는 웃음 속에서도 한마디 한마디를 정확히 듣고 답하는 사람이었다. 그는 1980년대 초 사옥 건축 당시의 시공 관련 세부 사항을 어제 일처럼 상세히 기억했다. 현재 언론이 처한 위기 상황을 걱정하면서도, 미래에도 언론의 가치가 지속돼야 한다고 강조했다. 그 대목에서 그의 말이 길어졌다. 언론 위기 상황에 대해 "답이 잘 보이지 않는다"며 깊은 한숨을 내쉬면서도, 언론이 나아갈 방향은 디지털 퍼스트digital first가 아니라 저널리즘 퍼스트journalism first라고 못박았다. 조선일보 내부 사람들이 그를 가리켜 1호 기자라고 한다는 연구자의 말을 1호 독자라는 말로 바로잡았다. 돌이켜보면 그것만큼 그의 정체성을 잘 요약하는 표현은 없을 것이다.

방상훈 사장과의 대화는 무거웠지만 유쾌했고, 구체적이었지만 함축적이었다. 그는 디테일을 꼼꼼하게 챙기는 실무형 경영자인 동시에 저널리즘 이상주의자였다. 무엇보다 그는 명랑하고 유머가 넘치는 사람이었다. 그 천성은 그가 언론사 사주로서 신문사 안팎에서 겪었던 수난의 순간들을 자조하듯 언급하는 대목에서도 감춰지지 않았다. 그 성정이, 어디로 튈지 모르는 언론인들, 야비한 정치권력, 그리고 집요한 시민단체의 공격에 맞서 그가 자신의 언론 가업을 지켜온 내력內力이었을 것이다. 그는 자신이 지닌 영향력을 알고 있었고, 그것을 왜 절제해야 하는지도 잘 알고 있었다. 이를 통해 그는 권력이 아닌 권위를 구현했고, 그의 리더십에 대한 구성원들의 자발적 존중을 창출했다.

앞서 인터뷰를 했던 누군가가 그를 큰 우산에 비유했다. 방상훈 사장과 대화를 마친 후, 그가 지탱해온 그 우산이 아틀라스가 짊어진 하늘만큼이나 무겁지 않았을까라는 생각을 했다.

사장이 묻고 연구자들이 답하다

방상훈 안녕하십니까?
현장 연구 요청을 받아주셔서 감사합니다.

방상훈　지금 하시는 연구가 정확히 어떤 것입니까?

우리 연구는 간단히 말해 언론의 논조가 어떤 과정을 거쳐 만들어지는 지 관찰하려는 것입니다. 언론의 논조라는 것이 무엇이고, 어떻게 생산 되고 재생산되는지를 현장에서 연구해보려 합니다.

방상훈　언론은 당연히 논조를 지니는 건데요?

네, 그렇습니다. 하지만 한국 사회에서 언론이 건강한 논조가 아니라 편 향성을 생산하고 있다는 비난을 받고 있습니다. 이에 대해서는 이미 많 은 논문이며 책들이 나와 있습니다. 그런데 그 연구들은 대부분 원인이 아닌 결과물을, 그것도 몇 개의 기사 사례들을 중심으로 분석한 것입니 다. 문제가 있다면 생산 현장을 중심으로 원인을 찾아내는 게 필요할 텐 데, 그래야 제대로 된 대안도 찾을 수 있을 텐데, 문제의 양상만 거듭해 서 연구해온 꼴입니다. 그래서 현장 연구를 해야겠다고 생각했습니다. 보수와 진보 언론을 각각 대표하는 조선일보와 H신문을 접촉했는데 후 자는 끝내 문을 열어주지 않아서 일단 조선일보를 대상으로 연구를 시 작했습니다. 조선일보만 연구했다고 또 공격을 받지 않을까 걱정되지만 개의치 않고 연구를 진행하려 합니다.

경영본부장　이 논문은 엄청 화제가 될 겁니다. 조선일보가 나름 인기가 좋 거든요. 욕하는 거 좋아하는 사람들이 우리가 안 한 것도 다 조선일보가 했다고 생각하니까요. 언론에서 뭐 잘못했다 그러면 다 조선일보가 그 랬거니 생각합니다. 그래서 인기는 있을 것 같습니다.

논문이 아니고 책으로 내려 합니다. 솔직히 제가(윤석민) 3년 전에 했다 가 정치적 공격을 받았던 방송 시사 프로그램 편향성 연구처럼 또다시 공격의 대상이 되지 않을까 걱정입니다.

경영본부장　그때 연구도 다 맞는 얘기였습니다.

방상훈　책 제목이 어떻게 되나요?

잠정적으로 '논조의 생산'이라고 잡아놓았습니다.

방상훈　그래서 많이 둘러보셨나요?

네, 계속 살피고 있습니다. 처음에는 사설을 만드는 논설위원실 중심으로, 특히 주필을 중심으로 논조가 생산된다고 생각하고 논설위원실에 자리를 잡으려 생각했는데 현장에 와보니 그게 아닌 걸 알았습니다. 신문사의 논조는 대부분 편집국에서 생산되고 있었고 그래서 계획을 바꿔서 편집국으로 자리를 옮겼습니다. 거기서 다양한 부서 구성원들이 일하는 모습도 관찰하고 전체 편집국 차원의 회의도 참관하며 국장, 부장들, 데스크들, 일선 기자들과 기회가 닿는 대로 얘기를 나누고 있습니다. 지금은 주 3일 정도 나오고 있는데 12월 중순부터는 방학이라서 좀 더 자주 와 있으려 합니다.

방상훈　편집국 어디에 자리 잡고 있나요?

4층하고 3층을 자유롭게 오가고 있습니다.

방상훈　아무 자리나 쓰시면 됩니다. 빈자리가 많으니까. 한 두어 번쯤 앉아 계시면 다음부터 그게 자기 자리입니다.

그러고 있습니다. 아침에 오면 빈 라커 찾아 짐도 넣고, 빈자리 찾아 노트북도 펼치고, 그런 일은 이미 꽤 익숙해졌습니다. 조금만 더 있으면 누구도 신경 안 쓰는 존재가 되지 않을까 싶습니다. 그때 본격적으로 제대로 된 관찰이며 현장 연구를 할 수 있지 않을까 생각합니다.

방상훈 지금까지 보니까 어떤가요?

애초에 생각했던 것보다 현장 상황이 한층 복잡해 보입니다. 솔직히 말씀드리면 마음 아픈 것도 있고요. 매일 지면을 만드느라 편집국이 바쁘게 돌아가리라는 점은 짐작했지만, 실제로 일하는 모습은 예상했던 것 이상의 격무인 것 같습니다.

방상훈 격무? 그거 책으로 나오면 안 되겠는데. (웃음)

제일 인상적이었던 것이 스탠딩 회의를 하는 장면이었습니다. 국장이 "회의합시다" 하니까 국장, 부국장, 부장들이 4층 편집국 중앙의 허브에 모여 서서 회의를 하는 장면(1권『뉴스의 생산』4장, 사진 4-6 참조).

방상훈 그걸 직접 보시는구나.

그 장면이 우리 책의 표지가 되지 않을까 싶기도 합니다.

방상훈 재미있겠네요. 언론에 대한 관심과 애정이 있기 때문에 의미 있는 결과가 나오리라 봅니다. 저희도 많은 고민을 하고 있습니다. 편집국 격무 상황에 대해서는 제 생각도 똑같습니다. 그런데 그걸 개선해보려 해도 마음처럼 잘 안 됩니다.

언론 신뢰도 조사를 해보면 점점 상황이 나빠져서 안타깝습니다. 신뢰받고 건강한 언론을 만들어내는 것이야말로 한국 사회에서 가장 중요한 일이라는 생각을 갖고 있습니다. 하지만 신문이 처한 현실이 어렵고 설상가상 미디어 환경이 급변하면서 생기는 어려움이 더해지고 있습니다. 디지털 시대에 건강한 언론, 양질의 언론을 지켜낼 수 있는 가능성을 찾고 싶습니다.

방상훈 알겠습니다. 시간 나면 언제든 와서 차 한잔하기 바랍니다. 6층에서 무슨 일을 꾸미나 할 텐데 내가 별로 하는 일이 없어요. 점심 약속이 없어서 누구하고 같이 점심 먹나 궁리하고 그럽니다. (웃음)

1호 독자

인터뷰 진행한 분들이 사장님을 1호 기자라고 얘기하더군요.
방상훈 그렇게 얘기하고 있나요?

신문사에서 누구보다 오랜 기간 신문을 봐오셨고, 누구보다도 꼼꼼하게 신문을 읽으신다고….
방상훈 그건 맞습니다. 1호 기자라기보다는 1호 독자입니다. 그건 자신 있게 말씀드릴 수 있습니다. 나이 들면서 시간이 많아지고 잠을 덜 자니까 더 열심히 읽습니다. 그러다보니까 장단점이 있습니다. 예전에 열심히 안 읽을 땐 큰 게 보였는데, 열심히 세세하게 읽다보니까 큰 게 안 보이고 세세한 것만 보입니다. 그건 아주 큰 단점이에요. 그래서 요즘 내가 신문을 잘못 보는 거 아닌가, 큰 걸 훑어보고 나서 중요한 것만 읽어야 되는데, 요즘은 처음부터 끝까지, 위에서 바닥까지 다 읽는데, 이게 꼭 좋은 건 아니라는 생각이 듭니다.

신문의 분량이 상당한데 그걸 어떻게 다 읽으시는지 궁금합니다.

방상훈   아까 얘기했지만 그것 말고는 할 일이 별로 없어요. (웃음) 일단 닷컴으로 나오는 건 하루 내내 봅니다. 그리고 5시 조금 넘으면, 뉴스 모니터(내부 시스템)에 기사들이 나오기 시작해요. 그러면 그걸 살펴봅니다. 칼럼하고 사설은 늦게 나올 때가 종종 있어요. 칼럼니스트들 중 원고를 늦게 내는 사람들이 있으니까요. 한 시간 전에만 원고를 줘도 참 편할 텐데. 아크Arc에 들어가면 사설하고 칼럼이 있어서 그건 아크를 통해서 봅니다.

7시 가까이까지 그걸 읽고 나서 집에 들어갑니다. 그걸 못 봤으면 집에 가서 다시 뉴스 모니터로 보고. 그리고 10시 반에 신문이 집에 배달되면 신문을 놓고 이미 본 기사들 다시 보기도 하고, 혹시 그중에 몇 개 놓친 것도 읽습니다. 다 보지는 않아요. 그러면 아침에 할 게 없어서. 다음 날 대개 5시 반에서 6시 사이에 일어나는데, 그때 더운 물을 마시고 운동하면서 신문을 봅니다. 제일 먼저 우리 신문 어저께 본 것 중에서 다시 1면하고 주요 면들 살펴보고, 그다음에 동아일보하고 중앙일보하고 1면부터 뭐 있나 쭉 살펴봅니다. 그런 다음 우리 신문을 꼼꼼하게 다시 읽습니다. 처음부터 끝까지 쭉. 광고까지 빠짐없이. 그게 보통 한 시간 반쯤 걸립니다. 신문을 읽으면서 좋은 기사가 있으면 필자들에게 메시지를 보냅니다.

사장 입장에서 개개 필자들과 직접 피드백을 주고받는 게 보통 일이 아닐 것 같은데요.

방상훈   그게 내가 가장 좋아하는 일이에요. 제일 기분 좋은 게 젊은 기자들이 쓴 좋은 기사 읽을 때고요. 양상훈, 김창균, 박정훈, 선우정 등이 있

549

5부. 언론의 우산

지만 젊은 기자들이 잘해야 된다고 보거든요. 슬랙을 보면 (연구자들에게 휴대전화 화면을 보여주면서) 이렇게 기자들이 쭉 나옵니다. 이들이 쓴 기사를 읽고 피드백을 보냅니다. 오늘 아침에도 모 기자한테 "칼럼 재밌게 읽었어" 그러면 "감사합니다. 더 열심히 하겠습니다" 이런 식으로 얘기 나누고 또 다른 기자한테 "기사 잘 읽었어" 그러면 "사장님 감기 조심하시기 바랍니다" 하고 답신이 옵니다. 피드백 쓰면서 쓸까 말까 고민하기도 합니다. 어저께 썼는데 또 쓰면 그 친구한테 너무 많이 쓰는 거 아닌가. 그래서 정치적 센스가 좀 필요해요. 머릿속으로 판단만 하고 안 쓰는 경우도 종종 있습니다. 그 대신 티타임 때 차 마시면서 "그 친구 글 잘 쓰더라" 이런 식으로 얘기 나눕니다.

고용 경직성의 문제

어떤 글을 좋아하시나요?

방상훈　다른 사람들하고 특별히 다르지 않습니다. 쉽게, 팩트 중심으로 쓴 글을 좋아해요. 글재주로 쓰는 글은 오래 못 갑니다. 제대로 글을 쓰려면 훈련이 필요합니다. 우리나라 기자 채용 방식의 가장 큰 문제는 수습기자 뽑아 훈련시켜서 일정 수준까지 이르게 하는 데 너무 오래 걸린다는 겁니다. 예를 들어 미국의 뉴욕타임스 같으면 지역신문 같은 데서 능력이 검증된 완성된 기자들이 와서 기사를 쓰는데 우리는 그게 안 돼요. 기본적으로 그게 제일 답답한 문제입니다. 그러니까 신문들이 다 고만고만하게 비슷한 수준으로 갈 수밖에 없어요. 그 신문이 그 신문이라는 소리 듣는 거죠. 시험으로 수습기자를 뽑는 건 언젠가는 없어져야 된다는 게 제 생각입니다.

수습기자 시험을 없애는 게 왜 안 되나요?

방상훈 작은 신문에서 잘하면 더 큰 신문으로 옮겨서 능력을 발휘할 기회가 주어져야 하는데, 그게 잘 안 되기 때문이죠. 뱀대가리는 절대 용꼬리로 안 온다. 그러다보니 각자 사람을 뽑아서 키우는 시스템이 된 거예요. 하지만 그렇게 인력을 키우는 데는 한계가 있습니다. 지나친 경쟁도 나쁘지만 한번 들어오면 경쟁 없이 그 자리에 계속 붙어 있는 건 더 나쁘죠. 그런데 이게 사회 전반의 문제이지 언론만의 문제는 아닌 것 같고. 대학 사회에도 비슷한 문제가 있는 걸로 압니다.

그렇습니다. 우리나라 대학들은 이직의 자유가 사실상 없는 실정입니다.

방상훈 가령 최근에 모 경제지에서 한 서너 명이 한꺼번에 저희 쪽으로 지원해왔는데 그쪽에서 내용증명으로 항의 서한 보내고, 서로 잘 아는 사주에게서 연락 오고. 그러다보니 이직하는 게 잘 안 됩니다. 워싱턴포스트나 뉴욕타임스의 경우 대부분 5년에서 7년 경력의 능력이 입증된 기자들을 스카우트하는데, 우리는 이게 사실상 불가능합니다. 기자 시험 보게 하고 10분 면접해서는 좋은 사람 뽑을 수 없거든요. 시험은 여러 번 본 사람이 잘 봅니다. 언론사 준비하는 친구들 보면 여기 시험 보고 저기 시험 보고 하는 식으로 돌아가면서 시험을 봅니다. 조선일보 시험만 보겠다는 친구는 없어요. 그래서 아무 데나 되면 덜컥 갑니다. 훌륭한 인재가 다른 곳으로 갈 때도 있고, 데려오기도 하고, 이렇게 고용 유연성이 있어야 하는데 그게 안 돼요. 기자 사회의 문제를 넘어 사회 전반의 문제입니다.

사회 전반의 문제라고 하시면….

방상훈 사람들 중에는 가늘고 길게 일하는 걸 원하는 사람도 있고 굵고 짧게 일하는 걸 원하는 사람도 있잖아요. 그에 맞게 사람을 유연하게 뽑을 수 있어야 되는데 현재 한국 사회의 고용 시스템에서는 그게 가능하지 않아요. 거기에 컴퓨터, 소셜미디어, AI 등으로 기술이 빠르게 바뀌고 주변에서 한 방에 거액을 버는 경우가 생기면서 젊은이들이, 기자를 포함해서, 갈 길을 잃어버렸어요. 그게 제일 걱정입니다. 기자들한테는 사명감이 필수적인데, 긍지를 갖고 일을 해야 되는데 그런 말을 해줄 수가 없어요.

건설 본부장 역할

새로 리모델링한 편집국이 인상적입니다. 지금 사옥을 지을 때도 건설 본부장 역할을 맡으셨고, 이번 편집국 리모델링도 진두지휘하셨다고 들었습니다.

방상훈 그건 아니고요. 사옥 얘기를 드리면 이 건물이 1985년에 땅 사는 것부터 시작해서 완공된 건 88올림픽 때였어요. 그때 신문 면수가 그전까지 4페이지에서 8페이지였는데, 88올림픽 때 8페이지에서 16페이지로 간다고 해서 16페이지 400만 부를 찍을 수 있는 공장을 여기다 짓겠다고 플랜을 짜고 이 건물을 짓기 시작했습니다. 내가 상무하고 전무할 때인데, 건물 짓는 예산부터 땅 사는 것까지 내가 다 했습니다. 방계성[2] 씨라고 서울법대 나온 양반이 건설본부장을 했고요.

지금 사옥 자리를 확보하는 데도 우여곡절이 많았다는 얘기를 들었습니다.

뉴스 생산자

방상훈 이 건물 뒤편 주차장 자리가 12·12 당시 전두환 씨가 보안사령관 할 때 보안사 안가였습니다. 김재규 중앙정보부장을 잡아다 거기에 감금했습니다. 그런데 우리 건물 옆의 사랑의 열매 건물, 그건 중앙정보부 서울(정동) 분실이었거든요. 그게 제일 큰 분실이었습니다. 그러다보니 중앙정보부에서 언제 총 갖고 내려와서 보안사를 덮칠지 모르는 상황이었던 거죠. 그랬는데 12·12 나고 나서 며칠 후인 12월 20일쯤엔가 갑자기 보안사가 그 자리를 팔겠다고 했어요. 그런데 정확히 말하면 그 땅의 소유주는 보안사가 아니라 국방부였어요, 국방부가 사서 보안사에게 쓰라고 했던 거죠. 어쨌든 전두환 보안사령관이 우리 선친(방일영 회장)을 보자고 해서는 국방부가 그걸 팔아서 연희동에 새로운 땅을 사려고 하니 국가를 위해서 그걸 사라, 세금으로 들어가는 돈 2천만 원까지 더해서.

군인들 계산법이 독특하군요.

방상훈 한겨레에서 당시 전두환이 그 땅을 조선일보에 싸게 팔았다고 그랬는데 그건 사실이 아닙니다. 그 일을 내가 했으니까 잘 알죠. 그다음에 덕수교회가 있었어요. 손인웅 목사의 덕수교회. 그 교회를 사는 데 1년 반이 걸렸습니다. 윤치영[3] 씨를 포함해 장로가 한 스무 분 됐는데 그 한 분 한 분을 1년 반에 걸쳐 모두 설득했습니다. 그다음에 코끼리밥솥이 소유하고 있던 일제 적산가옥 여섯 채도 인수했습니다.

이런 디테일을 모두 기억하시다니 대단합니다. 건설본부장 얘기가 나온 게, 이번에 4층과 3층 편집국 리모델링 당시 실무자와 얘기를 나눴는데 당시 사장님께서 벤틸레이션ventilation이 어떻게 되고 전선이 어떻게 연결되고 덕트duct가 어디 있고 하는 디테일을 누구보다도 정확하게 알고 계셨다고.

방상훈 그래서 내가 본부장인 걸로 생각하셨구나.

네. 실무자가 사장님이 본부장 하셨다는 얘기를 한 건 아니지만 그렇게 짐작했습니다.

방상훈 당시 건축 책임자가 방계성 씨였습니다. 그분이 '서울법대 건축학과' 나왔다고 그랬습니다. 실무적으로 정말 꼼꼼한 사람이었거든요. 그런데 이 건물 짓는 데 계획했던 것보다 8개월이 더 걸렸습니다. 이유는 딱 하나인데, 이 건물을 벽돌로 지었기 때문입니다. 나는 콘크리트하고 유리가 아니라 벽돌로 지어야 신문의 본연을 보여준다고 생각했거든요. 그래서 벽돌로 짓고 위에다가 동으로 지붕을 얹었습니다. 그 동값만 해도 지금 한 몇십 억 될 겁니다. 그런데 벽돌 건축에 대해 반대가 심했습니다. 벽돌은 스페인이나 이태리에서 쓰는 거지 한국 기후에는 못 쓴다는 거였죠. 기온이 영하 18도에서 섭씨 35도를 오가는 나라에서 벽돌은 파벽破甓(벽돌이 깨지는 현상)이 되기 때문입니다. 그 문제를 막으려면 회를 많이 넣어서 시공해야 되는데, 그러면 백화 현상, 즉 벽돌에서 허연 물이 나오게 됩니다. 이 문제를 두고 오랫동안 싸웠는데 내가 끝까지 관철했습니다.

흥미롭고 또 놀랍네요. 오래전 일을 어제 일처럼 기억하시는 것도 그렇고, 벽돌 건축이며 지붕 시공 관련 내용을 이처럼 상세히 알고 직접 결정하셨다는 게.

방상훈 치매라는 게 옛날 것 잘 기억하는 겁니다. (웃음) 거기까진 잘했는데 머리를 잘못 쓴 게 있어요. 그때 16페이지 400만 부 기준으로 기계 (윤전기)를 들여왔는데, 조금 있으니까 신문이 32페이지가 되고 48페이지가 됐습니다. 결국 지면이 64페이지까지 갔고, 한참 경기가 좋을 때 부수가 230만 부에서 240만 부까지 나갔습니다. 이 건물을 지은 지 10년 만에. 그때 '내가 세상 보는 눈이 좁았구나, 대한민국이 이렇게 빨리 커질 줄 모르고' 그런 생각을 했습니다. 당시 신문 산업 자체가 굴뚝산업인 데다가 인쇄 공장을 얼마나 갖고 있는가가 중요했고, 지방을 어떻게 할 것인가가 큰 문제였습니다. 그때 내가 원칙을 세웠습니다. 지역은 독자 공장을 짓지 않고 지역지들한테 인쇄 물량을 주자. 그래서 부산, 광주, 대구에 공장을 짓지 않고 부산일보, 국제신문, 영남일보, 대구매일, 매일경제, 광주일보 여기다 인쇄를 줬습니다.

(사장, 걸려온 전화를 받느라 잠시 자리 비움)

사장님께서 디테일에 밝으시네요?

경영본부장 사장님께서 이 사옥을 지을 당시 직접 관여하셨던 데다가 워낙 실무에 밝은 분입니다. 편집국 리노베이션의 경우 작년(2020년) 6월 제가 편집국장할 때 사장님께 건의해서 그때부터 준비한 겁니다. 디지털 세계로 넘어가는데 예전 종이 신문 제작 위주의 편집국은 도저히 안 될 것 같아서요. 그래서 공간 변화를 통해서 디지털로 가는 마인드의 변화를 촉발해보자고 제안했더니 사장님께서 흔쾌히 좋다고 하셨고, 설계자 선정이 끝나서 작업을 시작한 게 작년 9월입니다.

본부장님께서 편집국장 하실 때 시작된 일이군요.

경영본부장 저는 아이디어만 제시하고 실제 일 추진이나 마무리는 현 집행부에서 했습니다. 그런데 놀라운 게 사장님이 건물 전력 배선이 어떻게 연결되어 있는지를 다 기억하셨어요. 아무도 모르고 사장님만 기억하고 계셨죠.

비서실장 예를 들어 지금은 개방되어 있는 4층 회의실 전면이 원래는 벽으로 막혀 있었습니다. 그런데 "그 벽은 전력 배선이 이렇게 되어 있으니 이렇게 뜯으면 되는 거다", 그 말씀을 사장님이 해주셨습니다.

경영본부장 그리고 그 바로 아래 3층에 편집국장실이 있었거든요. 설계자 얘기가 "편집국장실이 제일 명당자리다. 성공회 건물도 보이고. 이런 데를 국장실이라고 쓰면서 전부 책장으로 막아놔서 있는 공간도 제대로 못 쓴다" 해서 국장실을 4층으로 옮기고 위치도 바꿨습니다. 그래서 지금은 제일 좋은 자리가 회의실입니다.

우리도 3층 회의실에서 인터뷰 대부분을 진행했습니다. 정말 활용도가 높더군요. 4층도 전체 구조가 완전히 바뀌었고.

경영본부장 허브를 만든 거죠. 중심부에 뉴스 허브를. 그 안에 각 부서와 디지털부가 같이 들어 있습니다. 신문을 만들 때는 지면이 다 정해져 있지 않습니까? 종합면, 정치면, 사회면, 경제면 이런 식으로 칸막이들이 돼 있는데, 디지털 시대에는 그런 칸막이가 점점 무의미해지고. 그런 전환기에 맞춘 겁니다.

(사장, 통화 마치고 돌아옴)

잠시 자리 비우신 사이에 편집국 리모델링 얘기 나누고 있었습니다. 편집국 중심의 허브에서 간부들이 스탠딩 회의 하는 걸 보고 조선일보가 디지털 시대에 맞춰 변하고 있다는 인상을 받았습니다.

방상훈 오픈하는 겁니다. 닫힌 상태로 소수가 회의하는 게 아니라 모두가 들을 수 있게.

신문의 변화와 언론인 교육의 중요성

그런 변화를 도입하면서 디지털 시대에 저널리즘이 어떻게 달라져야 하는지 구상하셨을 것 같은데요. 사장님께서 갖고 계신 생각이 무엇인지 궁금합니다.

방상훈 그냥 심플하게 얘기하겠습니다. 신문은 아까도 얘기했지만, 이제 사양 산업입니다. 플랫폼이 어떻게 달라지든 어떻게 신문의 역할을 유지할 것인가? 저는 그에 대해서 고민을 많이 합니다. 저널리즘 퍼스트. 최근 들어 디지털 퍼스트를 강조하는데, 저는 디지털 시대에도 중요한 것은 저널리즘이고, 그래서 저널리즘 퍼스트로 가야 한다고 생각합니다. 그렇게 가려면 신문 산업의 기본에서 크게 벗어나서는 안 된다고 봅니다. 신문 산업이 갖고 있는 장점을 살리는 방향으로 변화해야 합니다. 소셜미디어가 지닌 강점에 맞서 신문 산업이 어떤 경쟁력을 갖추어갈 것인가?

내 생각을 간단히 얘기하면, 신문은 소셜미디어하고는 속보 싸움에서 영원히 이기지 못할 겁니다. 그러나 정확성과 신뢰성에서는 확실히 앞설 수 있다고 봅니다. 이를 위해서 신문 산업도 새로운 플랫폼의 본질을 정확히 파악하고 그에 부합하도록 매일 같이 고민해야 합니다. 플랫폼이 뭐가 될 것인가? 변화를 따라가려면 우리도 그에 맞춰 변화해야 합니다. 우리 몸속에 있는 소프트웨어부터 바꿔야 합니다. 사람들한테 군복을 입히면 군인이 되고, 경찰복을 입히면 경찰이 됩니다. 그런 관점에서 편집국 공간을 바꿔보자는 생각을 했습니다. 신문의 변화를 꾀하기 위해서는 공간의 변화가 먼저 이루어져야 한다. 그럼 기자들도 지금까지 갖고 있던 사고에서 변하게 될 것이다. 그런데 내가 실제로 한 일은 예산 사인해준 거밖에 없습니다. 그랬더니 언론사들 몇 군데 왔다 가고 기업들도 보고 가고 그러더군요.

공간은 그런 식으로 바꾸셨는데, 신문의 내용은 어떤 식으로 달라져야 한다고 보시나요? 독자가 계속 줄고 있고, 특히 좋은 기사를 알아보는 양질의 독자들이 줄어드는 반면에 진영 논리에 휩싸인 독자들이 점점 많아지고 있습니다. 그래서 신문을 질로 평가하기보다는 네 편 내 편으로 갈라서 편식하고. 열심히 신문을 만들어도 보지 않는 시대로 가고 있는데요.

방상훈 그건 내가 질문해야 할 문제입니다. 우리도 우려하고 있습니다. 조선일보를 열심히 보던 사람들도 요즘은 유튜브를 통해서 자기가 원하는 기사를 보려고 하니까. 그런 기사들은 사실과 거리가 멀죠. 그래서 내가 가까운 이들한테 유튜브가 사실이 아니라고 하면 듣는 이들이 화를 낼 때도 있어요. 그 정도로 새로운 소셜미디어가 세상을 바꿔놓고 있습니다. 이 상황에서 언론 입장에서는 두 가지가 중요하다고 봅니다. 하나는 내가 기자들에게 늘 강조하는 겁니다. 제일 중요한 게 사실이라고. 팩트. 이제 속도에서는 소셜미디어한테 진다. 그걸 이기려고 애쓰지 마라. 그리고 우리도 온라인 기사 나가는데, 거기서 클릭 수 늘리기 위해서 포퓰리즘적인 기사를 쓰면 그게 기사 퀄리티를 떨어뜨립니다. 하지만 그렇다고 해서 신문이 질만 추구할 수는 없습니다. 양과 질의 문제가 다 있는데. 크리스천 사이언스 모니터가 지금 어떻습니까. 아무도 보지 않는 신문을 잘 만들면 뭐하겠습니까. 그렇다고 양만 추구하면 예를 들어서 뉴욕포스트 이런 게 돼버릴 겁니다.

그럼 우리는 어디로 갈 것인가, 그게 고민입니다. 크리스천 사이언스 모니터 같은 퀄리티를 유지하면서 온라인 시스템에 어떻게 적응할 것인가? 두 가지 모두 병행하려니까 어려운 거죠. 그러기 위해 내가 강조하고 또 강조하는 게 팩트에서 절대 틀리지 말라는 겁니다. 그리고 만일 팩트가 틀렸을 때 기자들이 제일 싫어하는 것을 해야 된다. 정정 보도 하는 겁니다. 정정 보도 하기 싫어하는 게 기자들의 아주 나쁜 습성이에요. 다른 신문에 난 사실을 놓쳤을 때 제가 물어보면 자기가 쓴 게 맞다고 해요. 그리고 틀린 것도 맞다고 합니다. 내가 보기에 틀렸다 그러면, 한 2~3일 있으면 나와요, 그럽니다. 2~3일이 지나면 한 달 지나면 나온다고 하고. 심지어 한 달 지나면 내년쯤 나온다고 합니다. 기자들은 자기 기사가 틀렸다고 절대 안 합니다. 끝까지 맞다고 합니다. 아무리 봐도 틀린 걸 가지고.

나는 기자들이 첫째는 팩트, 둘째는 팩트가 틀렸을 때 정부나 외부의 압력에 의해서가 아니라 자기 스스로 틀린 걸 인정하고 바로잡는 게 중요하다고 봅니다. 그렇게 할 때 장기적으로 신문에 대한 신뢰가 생깁니다. 결국 신뢰가 미래의 신문이 가야 할 길입니다. 신문에 난 기사를 사람들이 믿고 따라올 수 있도록 해야 합니다.

말씀하신 내용에 정말 공감합니다.

방상훈 문재인 정부 들어서서, 그 사람들의 가장 큰 폐해는 사회를 양분한 겁니다. 사람들이 자기가 보고 싶은 것만 보려고 해요. 방송도 갈라져 있어요. 나는 언론이 해야 할 역할이 믿음과 신뢰를 통해서 이 문제를 해결하는 거라고 봅니다. 갈라진 사회를 빨리 회복시키는 게 중요한데 그 길은 퀄리티 신문을 만드는 겁니다. 그러려면 기자들의 퀄리티가 높아져야 하고, 그러려면 제대로 된 언론인 교육이 필요합니다. 그건 내가 얘기할 수 있는 영역이 아닌 것 같습니다. 교수님 같은 분들하고 우리 편집국 간부들하고 많은 고민을 해서 기자들을 어떻게 교육시킬지, 좀 더 훌륭한 기사를 쓸 수 있도록 할지 모색해주셨으면 합니다. 그 분야까지 디테일하게 들어갈 능력이 나에게는 없습니다.

내가 건물을 짓는데 이 안에다가 나무를 깔지 대리석을 깔지까지는 결정 못합니다. 하지만 건물을 벽돌로 지어라, 지붕으로 저걸 씌워라, 이 건물은 이런 개념으로 짓자, 여기까지는 내가 할 수 있습니다. 하긴 그런 저의 판단도 종종 빗나가곤 합니다. 이 건물이 사실은 크게 지은 건데, 우리나라가 10년 사이에 경제 규모가 이렇게 커지다보니까 코딱지만 하게 되어버렸어요.

언론의 독립과 사장의 역할

조선일보가 지향하는 논조에 대해 과거에도 그렇고 지금도 여전히 말이 많은데요.
방상훈 사실 논조 걱정은 안 합니다. 미안하지만 정말 안 합니다. 조선일보 논조는 진짜 누가 만드는지 아세요? 사장이 아닙니다. 논조를 만드는 건 주필하고 국장입니다. 사실 주필하고 국장만도 아니에요. 조선일보는 일사불란한 관료 조직이 아닙니다. 아랫사람들은 윗사람들, 윗사람들은 아랫사람들 눈치를 살핍니다. 조선일보 논조는 그렇게 위아래가 섞여서 나오는 거예요. 조선일보는 방상훈한테 한마디 하면 다 해결된다는 얘기들은 전혀 사실이 아닙니다.

사장님이 대통령을 만나는 날이면 지면에 대통령 비판 기사가 나가곤 했다는 얘기를 들었습니다.

방상훈 김대중 고문이 주필 할 때 얘기예요. 대통령과 밥 먹는 연락이 보통 며칠 전에 옵니다. 그럼 딴 사람들한테는 그렇지만 주필하고 국장한테는 그 얘기를 해요. "대통령 만찬 행사가 있다. 알고 계시면 좋겠다"는 식으로. 자기들이 누구 만난 건 나한테 얘기 안 해주지만. 그러면 그날 아침에 꼭 때려요. YS하고 DJ 만나는 날 아침 자 사설에다가 그랬어요. 그러고 나서 대통령 만나면 표정이 너무 안 좋아요. 나 역시 소화가 안 되고. (웃음) 사람들은 내가 그러라고 시킨 줄 알아요. 자기들보다 나를 더 대우하면 그게 화나는 거죠. 제가 그래도 그 사람들을 쓰는 건, 그 사람들이 신문만 잘 만들면 됐지, 그 사람들 성질 보고 내가 쓰는 건 아니기 때문이죠. 글 잘 쓰는 사람들 특징이 뭔지 아세요? 대단한 얌체 아니면 얼굴이 아주 두꺼운 자들이라는 거예요. 그렇지 않고는 글을 못 씁니다. 밥 얻어먹고 들어와서 바로 밥 사준 사람을 비판하는 글을 쓰는 이들입니다.

방금 소개해주신 일화는 정치권력과 언론의 관계, 그리고 그 중간에서 사주가 감당해야 하는 역할과 관련해 많은 걸 함축하는 것 같습니다. 하지만 사장님께는 일상적으로 정말 많은 부탁이 들어오지 않을까 싶은데요. 그런 부탁들에 대해서는 어떻게 대응하시나요?

방상훈 부탁은 들어오는데 대응책은 간단합니다. 괴롭지만 한 백 번 끊으면 다음부터 부탁 안 합니다. 이를테면 자신의 책이며 딸 피아노 연주회 소개 부탁이 친구나 지인들을 통해서 많이 들어옵니다. 그런 게 제일 많이 들어오죠. 그때는 아주 괴롭습니다. 책 같은 경우 신문에 실릴 가치가 충분히 있으면 괜찮은데 그렇지 못한 경우가 대부분이거든요. 그런 부탁은 광고하고 똑같아요.

우리가 광고를 병행하다보니까 광고 부탁이 많아요. 예를 들어 대한민국을 대표하는 원로 한 분이 안부 전하면서 이번에 무슨 노인회에서 혹은 무슨 지역단체에서 무슨 행사하느라 광고를 내려 하는데 우리가 돈이 있나 뭐가 있나, 이렇게 부탁합니다. 그러면 제가 광고국장한테 얘기해 보겠습니다, 그러고는 광고국장한테 물어봅니다. 특별한 거 왔을 때 디스카운트 해주는 게 얼마예요? 20프로입니다. 그거 한 번만 당신이 책임지고 해드려라. 그랬더니 고등학교 동창회에서 연락이 왔어요. 300만 원짜리 광고를 하는데 50프로만 디스카운트 해달라고. 그래서 제가 경복고에 제 돈 150만 원을 기부하면서 광고비에 보태라고 했어요. 그렇게 한두 번 하고 나면 더 이상 부탁이 안 들어옵니다. 아예 안 옵니다. 그러다보니까 밖에서 저건 헛것이라고 합니다. (일동 웃음)

쉽지 않은 일 같습니다. 상대방 체면도 살려주면서 부탁을 거절한다는 게.

방상훈 그래서 일단 보내주시면 보고 판단을 하겠다고 말합니다. 그리고 실제로 보내온 내용이 언론이 다룰 만한 건지 살펴봅니다. 그러나 수준이 도저히 안 되는 것들이 많아요. 대개 그런 일은 안 되는 거 가지고 부탁하지 되는 거 가지고 부탁 안 하거든요. 다룰 만한 게 한 10퍼센트 정

뉴스 생산자

도 될까 말까? 기삿거리가 될 만하면 검토해서 판단하라고 실무 부서에 전달하고요. 정부 상대하는 것도 마찬가지입니다. 그런 식으로 하지 않으면 하루이틀 만에 소문이 다 납니다. 방상훈한테 전화 걸면 다 해결된다. 굳이 편집국장이나 주필한테 전화할 필요 없다. 그러면 신문은 끝입니다. 대통령 만나는 날 아침에 대통령 비판 기사 내는 게 그런 점을 염두에 두는 거예요. 만일 사장이 대통령 얘기 듣고 와서 주필이나 국장한테 대통령이 어쩌고저쩌고 이런 얘기를 전하면 이게 말이 안 돌 것 같지만 2~3일 안으로 편집국 내 전체 직원들이 분위기를 파악합니다. 사장이 그런 역할을 하면 안 됩니다. 그러면 그 신문은 바로 삼류 신문으로 전락해버립니다.

원칙 지키는 건 간단합니다. 내가 늘 얘기하는 게 그겁니다. 신문사 사장이 할 역할은 하루 종일 노는 거밖에 없다. 가장 중요한 건 모든 권력으로부터 기자들을 자유롭게 해방시켜주는 거다. 그게 나의 역할이고, 내 언론 정신이다. 그게 언론의 자유를 지키는 길이라 생각합니다. 제일 큰 권력이 뭐냐. 그건 대통령이에요. 그다음이 종교고, 그다음이 시민단체들입니다. 한 네다섯 단계 가다보면 마지막에 내부 권력이 있어요. 예를 들어서, 같은 방씨라든지 내부 권력이 있습니다. 내부 권력이 개입하면 안에서 움직이지 못합니다. 이러한 권력들을 막아주는 게 조선일보 사장의 역할입니다. 저는 사장보다도 좋아하는 단어가 퍼블리셔 publisher(발행인)입니다. 저널리즘의 가치를 최우선으로 앞세우는 언론사 사장. 이전에 박권상[4] 씨라고 있었어요, KBS 사장했던. 저하고 아주 친했어요. 서로 의견은 달랐지만 그분의 지론이 그거였어요.

저도 몇 번 뵌 적이 있습니다.

방상훈 그분 얘기가 언론사 사장은 그레이트 퍼블리셔great publisher(위대한 발행인)가 돼야만 대한민국의 언론을 지킬 수 있다는 거였어요. KBS하고 조선일보하고 별로 사이가 좋지는 않았지만 그분이 개인적으로는 저한테 아주 잘해주셨어요. 그때부터 그 말을 머릿속에 넣고 있었습니다. 내 역할이 이거다. 그런데 불행히도 김대중 대통령이 저를 감방에 집어넣더군요. 형을 받고 퍼블리셔 역할부터 내놔야 했어요. 퍼블리셔에 대한 꿈이 그때 깨졌어요. 그러고는 몇 년 있다가 사면이 돼서 그 역할을 다시 할 수 있었는데, 자존심이 허락하지 않았습니다. 한번 그만둔 퍼블리셔를 다시 한다는 게. 김대중 대통령이 나를 감옥에 보낸 것 중에서 가장 기분 나쁜 게 퍼블리셔로서의 저의 꿈을 깨뜨린 겁니다.[5] 하지만 꿈은 깨졌어도 정신은 살아야지요.

언론 위기의 본질은 언론 정신의 위기다

연구를 하면서 편집국이 생각보다 조용하다는 느낌을 받았습니다. 가라앉아 있다고 할까요. 물론 일선 기자들은 밖에서 취재하고 편집국에는 데스크들만 상주하니까 그럴 수 있겠지만, 언론인들의 열정이 예전 같지 않은 현실을 반영하는 게 아닌가 우려되기도 합니다. 언론사 이직 러시 같은 현상도 있고. 언론사를 경영하는 입장에서 이런 현상에 대한 대처 방안이 있으신지 궁금합니다.

방상훈 걱정만 하고 있습니다. 문제를 해결하려면 일단 근무조건을 개선하는 수밖에 없습니다. 특히 젊은 MZ세대는 기존 세대하고 다릅니다. 언론의 가치, 언론 자유의 정신 이런 거 얘기하면서 "나 때는 말이야", "좀 어렵더라도 프라이드 갖고 일해" 이러면 라떼 소리로밖에 안 듣습니다. 그리고 기자들은 투쟁할 때 신이 나는데, 특히 정치권력에 맞서서 투쟁할 때. 그런데 요새는 권력이 노회해서, 투쟁을 안 하고 편을 갈라 싸우게 만들어서 기자들을 기레기로 만들어버립니다. 시민단체들이 양 편으로 갈라져 자기 편이 아닌 신문을 죽이려고 합니다. 이게 제일 위험 합니다. 차라리 전두환 때 같은 독재 시기에는 젊은 기자들이 싸우면서 사명감을 갖고 일할 수 있었는데, 이제는 권력 비판하면 쓰레기로 만들 어버리니까 가치 혼돈이 옵니다. 그러면 물질적으로라도 보상을 해줘야 되는데 지금 신문 산업의 크기는 다른 산업의 크기에 비하면 트럭은커 녕 자전거도 안 되는 형편이고. 가치 혼돈의 시기입니다.

공감합니다.

방상훈 열정적으로 일하려는 친구들에게 언론이 그런 열정을 쏟을 가치 가 있나 없나, 지금 혼돈에 빠져 있어요. 그게 정말 걱정입니다.

우리 언론을 이끌 리더십을 보여주셔야 할 사장님 같은 분이 걱정만 하 고 계신다는 게 어떤 의미에서 걱정이 되는데요.

방상훈 걱정이라는 표현 대신 문제의식이라는 표현을 쓰고 싶습니다. 문 제의식이 있으면 답이 나옵니다. 그런데 문제 자체를 모르고 태평세월 보내고 있다보면 진짜 망가지는 거죠. 그러나 그 답을 찾기가 굉장히 어 렵습니다.

지금 하는 연구가 그런 문제의식을 지니고 있습니다. 문제의식이 있으 면 답이 나온다는 말씀이 정말 위안이 됩니다.

방상훈 그게 중요한 거죠.

네이버나 카카오 같은 플랫폼이 언론의 품질을 떨어뜨렸다는 얘기가 있습니다.

방상훈 플랫폼이 있기 전에는 신문의 양과 질이 비슷하게 갔는데, 플랫폼이 생기고 나서 양이 질을 너무나 압도하게 됐습니다. 포털들이 볼 때 신문 산업은 정말 작은 존재입니다. 나는 그 사람들이 언론 정신이 없다고 봅니다. 100퍼센트 없다고 봅니다. 단지 언론을 이용하려 들 뿐입니다. 자기 사업을 위해서.

설상가상 AI 혁명이 신문 산업 입장에서 큰 도전인 것 같습니다.

방상훈 교수님 말씀이 맞습니다. 신문이 처음 나온 게 한 400 몇 년 되어갑니다. 내가 1968년 미국에서 교육받을 때,[6] 그쪽 교수들이 신문은 앞으로 30년 이상 존립할 수 없다고 했습니다. 그런데 1997년에도 신문이 살아 있더라고요. 방송 특히 TV가 나오면서 신문의 역량이 서서히 떨어졌지만, 지금 우리가 겪는 변화야말로 내가 보기엔 구텐베르크 이후 가장 큰 변혁입니다. 내가 가장 중요하게 생각하는 문제가 우리 언론을 미래 세대에게 어떻게 넘겨줄 수 있는가입니다. 언론이 필요하다고 생각하기 때문이죠. 절대적으로 필요합니다. 언론이 산업적으로 쪼그라질지 몰라도 그것이 지닌 정신적 가치가 유지되어야 하고, 그걸 위해서 우리가 무엇을 해야 할지 고민해야 합니다.

사면초가 같은 위기 상황에서 언론의 정신적 가치를 유지하는 게 가능할까요?

방상훈 신문 위기의 본질은 근본적으로 신문이 갖고 있는 언론 정신의 위기입니다. 언론의 가치를 어떻게 유지할 것인가가 핵심입니다. 기술

발전에 따라 플랫폼은 또 어떻게 바뀔지 모릅니다. 하지만 언론 정신이 유지되어야 합니다. 그게 내 시대의 역할이 아닌가 합니다. 예전처럼 초엘리트들이 신문사에 온다는 건 이젠 기대하면 안 됩니다. 그러나 초엘리트보다 더 좋은 언론 정신을 가진 사람들이 올 수는 있습니다. 저는 정신이 중요하다고 봅니다. 머리 좋은 사람이 대통령 된다면 이회창 씨가 대통령이 돼야지 김대중 씨며 김영삼 씨가 어떻게 대통령이 되겠습니까. 중요한 것은 정신을 지키는 일입니다.

말씀하신 대로 언론 정신 혹은 언론의 가치를 지키는 게 중요하다고 봅니다. 그런데 안타깝게도 이러한 정신이나 가치를 지키는 게 갈수록 어려워지는 것 같습니다. 지금까지 편집국을 지켜본 바로는 아침부터 밤 늦게까지 루틴 이외의 다른 혁신이나 변화를 시도할 여유가 없어 보였습니다. 지친 상태로 어제처럼 오늘도 그리고 내일도 신문을 계속 만들어야 하는.

방상훈 다람쥐 쳇바퀴 돈다 이거죠.

그렇다보니 편집국에서 관행을 벗어나 새로운 변화나 혁신을 시도할 여지가 없고, 결국 경영 차원에서 변화를 선도하는 게 유일한 대안이 아닌가 하는 생각도 듭니다.

방상훈 정확하게 보셨습니다. 저희도 그 고민을 하고 있습니다. 지금까지 신문을 만들어온 관행, 거기서 벗어나야 합니다. 그런데 그 관행을 못 벗어나는 겁니다. 기존 관행이 옳다고 생각하기 때문에. 사실 지금은 마감시간을 압축해서 일할 수 있는 부분이 있습니다. 그런데 그게 안 되는 거죠. 어떻게 보면 그걸 즐기는 측면도 있어요. 그 방식이 익숙하니까.

이제는 신문이 시간 싸움이 아닙니다. 특종 경쟁보다는 품질 좋은 기사를 만들어내야 합니다.

얼마 전에 중앙일보가 〈오징어 게임〉에 대해 4페이지짜리 기사를 냈어요. 그 기사 내용이 충실했어요. 그래서 내가 우리 기자들한테 얘기하니까 우리도 같은 기사를 냈다고 하더라고요. 그래서 내가 그랬어요. 우리는 조각 기사들만 내지 않았나. 대장동도 매일 조각조각 기사들을 내는데 지나가는 사람들 붙잡고 물어봐라, 대장동이 뭔지 아냐고. 대장동에 대해 처음부터 끝까지 일목요연하게 얘기해주는 기사를 써야 합니다. 그래서 원희룡 지사가 뜬 거예요. 쉽게 설명해주니까. 원희룡 같은 기자가 있어야 합니다. 〈오징어 게임〉을 가지고 4페이지 기사를 내는 것, 그런 게 필요한 거죠.

경영본부장 지난주 토요일자 중앙선데이에서 특집을 했거든요. 스페셜 리포트라고 해서 '세계는 왜 오징어 게임에 열광하는가'.

방상훈 사람들 사이에서 〈오징어 게임〉이 화제가 되고 있을 때 언론이 그걸 정리해주는 게 필요해요. 사람들이 스포츠 중계를 방송으로 보고 아침에 신문을 왜 또 봅니까. 밤에 다 본 걸 또 보지 않습니까. 이미 알고 있는 거라도 다시 확인하고 싶어 하는 인간 심리가 있거든요. 미디어가 그 역할을 해줘야 합니다. 언론이 조각 하나하나에 집중해서 우리도 어저께 썼다, 안 썼다, 이래서는 안 돼요. 그러니까 데스크도 공연히 바쁜 겁니다. 이거 하라 저거 하라 하니까. 그 조각들을 모두 모아서 종합적인 기사를 쓰지 않고.

지금의 사회적 이슈, 문화적 이슈를 전부 다 한번 보자. 그런 이슈를 전체적으로 보면 내가 보기엔 엄청나게 재미난 게 많습니다. 그걸 첫째, 둘째, 셋째, 넷째 해서 뉴욕타임스처럼 한 번에 전체를 읽을 수 있으

뉴스 생산자

[기사 28] 2021년 10월 30일, 중앙선데이 〈오징어 게임〉 특집 기사

면 날마다 신문을 안 봐도 되고 그거 하나를 봄으로써 완전히 지식이 쌓입니다. 이런 신문을 만들면 볼 사람들이 있다는 거죠. 이런 걸 우리가 해야 된다고 생각합니다.

오후 티타임

시간이 거의 다 돼서 마무리해야 할 것 같습니다. 능력이 되는 한 많이 보고 얘기 나누고 사실들을 가감 없이 기록하고 전달하도록 노력하겠습니다. 사장님도 시간을 내주시면 다시 찾아뵙겠습니다.

방상훈 가감 없이 본 대로 적으세요. 절대적으로 좋고 나쁜 건 없으니까. 그런데 여기 너무 자주 올라오시면 교수님한테 문제가 생길 수 있어요. 기자들이 센스 하나는 무지하게 빠르거든요. 그러니까 사장실에 자주 간다, 그러면 저 연구진이 우리 얘기를 하는구나 그렇게 생각할 거예요. 여기 6층에서 우리가 4시 반에 회의를 하거든요. 거기서 내가 매일 지시하는 줄 알아요. 여기 앉아서 잡담하는 건데.

경영본부장 제가 편집국장 3년 하는 동안 데스크들한테 같은 얘기를 한 적이 있습니다. 당시에 조국 사태니 뭐니 큰일이 많았거든요. "지침이 있으면 편집국장 10년도 할 수 있다. 정말 편하지 않겠나. 고민을 안 해도 되니까."

기왕에 얘기가 나왔으니 4시 반 회의에 대해 질문을 드리고 싶은데요. 매일 오후 4시 반에 사장, 발행인, 주필, 국장 이렇게 네 분이 모여 티타임을 갖는데 직급과 연배상 그중에서 편집국장이 제일 아래고, 그 자리에서 편집국장이 윗분들한테 깨지고 오는 거 아닌가….

방상훈 깨지긴요. 편집국장이 스트레스가 많아서 만일 진짜로 한두 번 깨지고 나면 덤빌 겁니다. 사장하고 국장하고는 그런 관계가 아닙니다. 사장이 약자예요. 얼마나 고난이 많은가 하면, 내가 아까 김대중 주필 얘기했는데, 그것 말고도 몇 건 더 있습니다. 당장 떠오르는 두 가지 큰 사

朝鮮日報

2013년 9월 6일 금요일 A01면 종합

채동욱 검찰총장
婚外아들 숨겼다

11세 아들 8月말 美로 출국
인사청문회땐 전혀 거론 안돼
검찰 "채 총장은 否認"

채동욱(蔡東旭·54) 검찰총장이
10여년간 한 여성과 혼외(婚外) 관
계를 유지하면서, 이 여성과의 사이
에서 아들(11)을 얻은 사실을 숨겨
온 것으로 밝혀졌다.

이는 청와대의 채 총장 인선·검증
과정이나 지난 4월 초 국회의 인사
청문회 때는 전혀 거론되지 않았다.
채 총장의 아들은 지난 8월 31일 미
국 뉴욕행 비행기를 타고 출국한 것
으로 확인됐다.

채 총장은 청와대의 인사검증과
국회 인사청문회를 앞두고 부인
(55)과의 사이에 1녀(16)를 두고 있
다고 밝혔다. 그러나 본지 취재 결과
채 총장은 대검찰청 마약과장으로
근무하던 2002년 7월, Y(54)씨와의
사이에서 아들을 낳았다.

채 총장과 Y씨 주변에는 채 총장
이 부산지검 동부지청 부장검사로

근무하던 1999년 무렵 Y씨와 처음
만났다고 알려져 있다.

채 총장의 아들은 미국으로 출국
하기 전까지 서울의 사립초등학교
에 다녔으며, 채 총장에 대한 국회
인사청문회를 즈음하던 시기부터 본
격적으로 미국 유학을 준비했던 것
으로 알려졌다.

본지가 만난 Y씨의 한 지인은 "학
교에는 채군의 아버지 직업을 '과학
자'로 알려서, 학교에서는 최근까지
도 그 사실(아버지가 채 총장이라는
것)을 몰랐던 것으로 알고 있다"고
말했다. 학교 측 관계자는 "아이 엄
마는 미술 하는 분이고, 아이에게 다
른 형제는 없다고 들었다"고 말했다.

검찰 관계자는 이날밤 본지에 전
화를 걸어와 "채 총장은 그런 사실
이 전혀 없다고 한다"고 전했다.

Y씨와 채 총장 아들은 가족관계등
록부(구 호적등본)에는 모자(母子)
가정으로 등재돼 있는 것으로 확인됐
다. 채 총장 본인의 가족관계등록부
에는 채군이 등재돼 있지 않다.

　○○○·○○○ 기자 **A2면에 계속**

[기사 29] 2012년 9월 6일 1면 톱기사

건이 채동욱 건하고 우병우 건입니다.

기사가 나오는 걸 사장님이 모르셨다고 들었습니다.

방상훈　채동욱 보도 때는 내가 가판까지 다 보고 나왔거든요. 그러고 나
서 아침에 신문을 보니까, 1면 톱에 채동욱 검찰총장 혼외자가 나와?
야, 이게 뭐야? 검찰총장을 이렇게 썼으니. 그래서 회사 나왔더니, 그
때 주필이 강천석 고문인데, "사장님, 이거 사장님이 지시하셨습니까?"
그래요. 그래서 내가 "이게 뭔 줄 알고 지시해요. 당신도 몰랐어요?" 그
랬죠. 그날 무슨 시상식이 있었어요. 그때 내가 거기 모인 사람들한테 그

朝鮮日報

우병우 민정수석의 妻家 부동산
넥슨, 5년전 1326억원에 사줬다

부동산 침체로 2년 넘게 안팔려
500억 상속세 못내 애먹던 상황
진경준, 禹·넥슨 거래 알선 의혹

우병우 민정수석   진경준 검사장   김정주 대표

우병우(49) 청와대 민정수석의 장인인 이상달 전 정강중기·건설 회장이 자신의 네 딸에게 상속한 서울 강남역 부근 1300억원대 부동산을 넥슨코리아가 매입해줬던 것으로 17일 확인됐다.

넥슨코리아는 진경준(49·구속) 검사장에게 주식을 공짜로 줘 126억원의 주식 대박을 터뜨리게 해준 혐의로 검찰의 수사를 받고 있는 김정주 NXC(넥슨 지주 회사) 대표가 세운 회사다. 우 수석의 아내(48) 등은 2008년 7월 부친이 사망하자 상속세 납부 등을 위해 이 부동산을 팔려고 내놓았지만 2년 넘게 팔리지 않으면서 거액의 상속세 문제로 고민했다고 한다. 이 부동산을 2011년 넥슨코리아가 사들였다는 것이다. 넥슨은 1년 4개월 뒤에 이 부동산을 매각했다.

이를 두고 법조계 안팎에서 넥슨 김 대표와 대학 시절부터 절친한 사이였던 진경준 검사장의 주선으로 부동산 거래가 이뤄진 것 아니냐는 의혹이 제기되고 있다. 진 검사장은 우 수석의 서울대 법대·사법연수원 2년 후배로 평소 가까운 사이였다고 한다.

우 수석은 2015년 2월 진 검사장이 차

강남역센트럴
푸르지오시티

관급인 검사장으로 승진할 때 인사(人事) 검증을 담당하는 청와대 민정수석실의 책임자였다. 넥슨이 우 수석 처가의 '강남역 상속 부동산'을 매입해준 일 때문에 우 수석이 진 검사장의 넥슨 주식 보유를 문제삼지 않은 것 아니냐는 의혹이 나오고 있다.

본사가 입수한 등기부 등본을 보면 넥슨코리아는 2011년 3월 18일 서울 강남구 역삼동 825-20과 21, 31, 34 등 일대 4필지의 토지와 건물을 1325억9600여만원에 우 수석의 아내 등 4자매로부터 매입한 것으로 돼 있다. 토지는 4필지 합쳐 면적이 3371.8㎡ (약 1020평)이다. **A2면에 계속**

○○○·○○○ 기자

[기사 30] 2016년 7월 18일 1면 톱기사

랬어요. "이게 지금 도대체 뭐냐고. 내가 당신들 쓰는 거 갖고 뭐라고 안하지만 귀띔이라도 해줘야지. 1면 톱에 이런 게 나가는데, 이렇게 나라가 시끌벅적 경천동지할 일을 쓰는데 사장이 아무리 바지저고리라고 해도 이게 뭐냐?" 그랬더니 국장이 "그게 그렇게 됐습니다" 그러는 거예요. 이게 사장 입장에서 얼마나 웃기는 상황인지 이해되시죠?

우병우 건도 아침에 신문 보니까 우병우 민정수석 무슨 부동산 어쩌고저쩌고 하는데, 야 이거 뭐야, 도대체? 회사에 와서 물어보니까, 아무도 몰라요. 편집국장하고 여기 사회부장만 알더군요. 사장이 그 정도로 바지저고리예요.

그런데 나는 그걸 좋아합니다. 우리 사시를 크게 벗어나지 않는 한 저 사람들의 그 정신이 신문을 살려준다고 생각합니다. 아까 편집국이 너무 조용하다고 그랬는데 시끄러우면 큰일 나요. 그렇잖아도 이런 일 벌어지는데, 시끄러워지면 아마 매일 이런 짓 할 겁니다. (웃음)

TV조선

TV조선이 순항하고 있다고 들었습니다.

방상훈 감사합니다. 그런데 오늘 또 욕만 실컷 먹었지. 밥 먹는데.

'국민 가수' 때문인가요?

방상훈 그렇습니다. 지적이 날카롭더라고요. 마스터들의 프로페셔널리즘이 부족하다, 그리고 약간 쇼비니즘chauvinism(국수주의)같이 간다. 출연자들 숫자는 많은데 다 거기서 거기다. 그리고 프로그램 포맷이 미스터트롯 때하고 똑같은데 뭔가 변화를 안 주는 것 같다. 나머지는 잘 기억이 안 나는데 아무튼 한 열 가지를 지적했어요.

경영본부장 예리하신 분 같네요.

방상훈 고등학교 후배인데 둔한 줄 알았더니 예리하더라고요.

뉴스 프로그램이나 교양 프로그램도 초기에 비해 많이 좋아졌습니다.

방상훈 고맙습니다. 그런데 중요한 건, 나도 마지막으로 얘기하면, TV는 언론이 아니라는 겁니다. 방송하는 분들한테는 미안한 얘기지만 내가 방송사 운영을 하면서 느낀 게, 이 정도로 정부 권력이 통제를 하면 이건 언론이라고 할 수 없다는 거예요. 법과 원칙에 따라 규제한다면서 법을 자기들 멋대로 만들고 축구 골대를 맘대로 옮겨요. 시민단체가 신고를 하면 그걸로 벌점을 먹여서 방송을 문 닫게 할 수도 있고요. 세상에 이게 무슨 언론 자유가 있는 건가요? 누가 대통령이 되건 방송에 관해서는 좀 풀어야 합니다.

TV조선이 막 출범했을 때 각종 민원을 걸어 어떻게든 문 닫게 하려는 시도들이 있었습니다. "절대 위축되지 마라." 제가 시청자위원장 하면서 2년 내내 그 얘기했던 기억이 납니다.

방상훈 그 얘기 전해 듣고 맨날 정권이랑 붙고 있어요. (웃음) 그런데 신문사 있다가 그쪽에 간 사람들은 처음에 어리둥절해합니다. 신문사는 진짜 언론 자유가 차고 넘치는 데고 방송은 규제 비즈니스라서. 어쨌든 연말이면 만 10년이 됩니다.

10년 만에 자리를 잡아가는 것 같습니다.

방상훈 내가 봐도 기적에 가깝습니다. 지금 S제작본부장이 보통이 아닙니다. 김민배 대표가 쩔쩔맵니다. 내가 얘기했어요. 내가 김대중 주필한테 당한 거 아냐? 사장이 대통령 만나러 가는 날 아침에 대통령 비판 칼럼 쓴다. 기자는 글 잘 쓰면 된다. 방송도 사람 성질 보고 뽑는 거 아니잖은가. 방송에서 해야 할 역할 잘하는 것만 보고 나머지는 잊어버려라 그럽니다.

오늘 시간 내주셔서 감사합니다.

방상훈   오늘 얘기 나누어서 반가웠습니다. 도움 필요하시면 언제든 연락 주세요.

지금까지 도움 주신 것으로도 충분합니다. 감사합니다.

이제 사회가 언론을 지켜야 한다

I.

현장에서 언론인들과 함께 지낸 기간은 짧다면 짧고 길다면 길었다. 현장 연구를 막 시작했을 당시 시간은 빠르게 흘렀다. 아침부터 밤늦게까지 전체 편집국 단위로, 부서 단위로, 그리고 개인 단위로 뉴스 제작은 바쁘게 돌아갔다. 크고 작은 규모의 회의며 의견 교환 및 의사 결정이 쉼 없이 이어졌다. 오프라인뿐 아니라 온라인으로 이루어지는 정보 공유와 토론, 지시와 통제는 또 얼마나 많은가.

　현장 연구를 수행한 2021년 후반기와 2022년 초는 코로나가 여전히 맹위를 떨치던 기간이었다. 세계는 잠시도 쉬지 않고 긴박한 뉴스거리를 토해냈고, 그것을 감시하고 기록하는 이들에게 잠시의 여유나 빈틈을 허락하지 않았다. 연구자들이 현장 연구를 준비하며 세웠던 계획들 역시 현장 상황의 변화에 따라 지속적으로 재조정되었다. 조선일보사 건너편의 노란색 페인트칠 문이 산뜻한 카페 인잇Ineat이 연구자들의 아지트였다. 아침 일찍 그곳에서 만나 그날의 계획을 협의하는 것으로 하루를 시작하고, 늦은 저녁시간에 다시 그곳에서 당일 있었던 일들을 정리하고 후속 계획을 점검하는 것으로 하루를 마감했다. 어떤 날은 하루에 다섯 번 이상 인잇에 들른 적도 있다. 보너스 스탬프 카드가 그 횟수를 기록했다.

현장 관찰이 중반부에 접어들면서 뉴스 제작 상황들이 익숙해지고 각종 인터뷰며 데이터 수집이 본궤도에 오르면서 현장에서의 시간은 점차 안정을 찾았다. 뉴스 생산의 중심 공간인 편집국의 구석구석에서 개인, 부서, 그리고 편집국 단위로 시시각각 이루어지고 있는 일들이 무엇인지도 얼추 알게 되었다. 국장이 자리를 비울 때면 그가 어디에 있는지 알았고, 정치부 야당 데스크가 언제 전화에다 대고 고함치고 언제 신문사 건물 뒤편으로 담배를 피우러 갈지도 알았으며, 기동팀장이 컴퓨터 화면에 몰두한 채 나직한 목소리로 사회부장과 의견을 나눌 때 그가 어떤 작업을 하고 있는지도 알았다. 요일별 구내식당 메뉴가 어떻고 그곳에서 누구를 마주칠지도 대강 짐작할 수 있었다. 본사 건물 6층에 따로 위치한 논설위원실, 윤전기가 인쇄된 신문을 토해내고 신문 뭉치가 배송 차량에 던져지는 지하 공간, 조선일보 구관에 있는 경제 섹션 편집실(메인 편집국이 셧다운될 경우를 대비한 비상 편집국 공간)이며 노조 사무실, 자료 보관실 등도 이때 들렀다.

주변 공간의 변천사도 얼추 파악되었는데, 이를테면 현재 본관 건물이 위치한 곳이 옛 덕수교회 자리였고, 그 옆에 있는 지금의 사랑의 열매 자리에 전 중앙정보부(안기부) 분실이 있었으며, 그 옆 건물이 옛 원자력병원 건물이었다는 것 등이다. 가성비가 높은 맛집 정보도 파악

되었는데, 1등은 단연코 광화문 5호선 지하철역 입구 방향에서 조선일보 사옥 쪽으로 올라가는 언덕길 초입에 위치한 광화문국밥이었다. 연구자들의 주 아지트는 여전히 인잇이었지만, 점심 및 저녁식사 이후 잠시 여유를 갖고 덕수궁과 정동 일대를 걸으며 그날 관찰한 사항들에 대해 의견을 나눌 수 있었다.

II.

뉴스 생산의 중심 공간은 조선일보 본관 건물 3, 4층에 위치한 편집국이었다. 다양한 역할, 책임, 성정을 지닌 언론인들이 어우러진 소우주였다. 그 공간은 긴밀한 소통과 협업 속에 진행되는 뉴스 생산 작업의 속성상 불가피한 측면이 있지만 분명 과밀했다. 일반 조직이라면 공간적으로 한층 나은 대우를 받았을 이름 값하는 언론인들이 연배와 직급에 따른 예우가 철저히 배제된 한 공간에 우글거리며 서로의 영역과 동선을 아슬아슬하게 비껴갔다. 도심 한복판의 업무 공간이라는 지리적 특성도 작용했겠지만, 그보다는 뉴스 생산을 위한 협업의 효율성이 최우선적으로 고려된 결과였다. 코로나 영향도 있었지만 일선 기자들에게 자리를 배정하지 않고 자유석을 운영하는 건 신의 한 수였다.

프라이버시가 전혀 없는 그 열린 공간은 현장 연구를 시작할 당시, 무질서하긴 해도 공고하게 통합된 하나의 우주처럼 보였다. 하지만 점차 그 안에 존재하는 크고 작은 균열들이 눈에 들어왔다. 편집국은 뉴스 생산의 주류에 해당하는 이들, 주변적 위치의 사람들, 관점이 확고한 사람들, 그들과는 생각이 다른 사람들, 종이 신문에 중심을 둔 사람들, 디지털로 방향을 튼 사람들, 공채 출신, 특채 출신, 스카이 출신, 비非스카이 출신, 마초맨, 페미니스트들이 각기 다른 기억을 갖고 다른 꿈을 꾸는 평행 우주였다. 그곳을 채운 언뜻 무심해 보이는 사람들의 표정 이면에는 언론인으로서 인정받고자 하는 열망, 경쟁의식, 불확실한 미래에 대한 불안감이 내재했다. 연구자들이 장기간 머물며 라포르와 신뢰를 쌓았을 때 그들은 그것을 조금씩 내비쳤다. 뉴스 생산자들은 현장에 있다고 완전히 있지 않았고, 떠났다고 완전히 떠나지 않았다. 떠나는 게 영원히 보류된 것 같은 이들도 존재했다.

그 어느 날, 초판 마감을 앞두고 편집국 구성원들이 화장실도 못 가고 데스킹 작업에 전념하는 (반면에 연구자들에게는 가장 여유로운) 늦은 오후 시간, 이들의 모습이 조감도처럼 한눈에 들어왔다. 얼마나 다양한 사람들인가. 당시 '편집국 사람들'이라는 제목으로 끄적거린 메모의 일부다. '하회탈 ○○○ 국장/ 고루한 지사 ○○○ 부국장/ 선한 ○○○ 부장/ 선한 척하는 ○○○ 부장/ 어리바리 ○○○ 부장/ 기름장어 ○○○ 부장/ 묵묵이 ○○○ 차장/ 똑똑 박사 ○○○ 차장/ 촉새 ○○○ 차장…'

이처럼 다양한 부류의 사람들을 긴박한 리듬과 높은 노동강도 속에 진행되는 뉴스 생산 작업이 하나의 집단으로 묶었다. 뉴스 생산 과정에 비밀은 없었다. 뉴스 생산자들은 서로가 서로를 끌어올리며 대체재가 존재하지 않는 각자의 역할을 수행했다. 그 성과는 노력의 투입 정도에 정비례했고 즉각적으로 평가되고 공유되었다. 책임감은 유지되고 있었지만, 특권의식은 사실상 사라지고 없었다. 그들 중 다수는 여전히 언론의 중요성과 그에 대한 헌신의 가치를 믿고 있었지만, 열정은 사그라지고 있었다. 젊은 세대로 갈수록 자신들의 선배들만큼 자신이 하는 일에 대한 확신이 강하지 않았고, 워라밸의 가치 앞에 흔들리고 있었다. 뉴스 생산자들 대다수가 미디어 환경 변화에 불안해하며 언론이 변해야 할 필요를 느끼고 있었지만, 그 방향이 정확히 무엇인지 알지 못한 채 지금까지 일하던 방식을 유지하고 있었다. 뉴스는 그렇게 생산되고 있었다.

III.

한국 사회에서 미디어 연구자들 중심의 언론에 대한 논의가 어떠했는 지는 1권 『뉴스의 생산』 2장 「언론의 위기」에서 정리한 바 있다. 그것은 아무리 완곡한 표현을 동원해도 언론에 대해 호의적이지 않았다. 더 나아가 언론은 스스로의 힘으로 문제를 해결할 수 없는 외생적 개혁의 대상으로 간주되었다. 최근 그 논의들은 한목소리로 언론에 대한 시민적 참여를 주문한다. 간단히 말해, 언론인들이 중심이 된 뉴스 생산 과정을 버리고 뉴스 생산 과정에 외부 집단의 참여를 증대해야 한다는 것이다. 이 맥락에서 시민들을 뉴스 생산 과정의 동료로 받아들이는 열린 뉴스 편집실이 제안되기도 한다.

현장은 이러한 주장이 타당하지 않다는 것을 보여주었다. 일반 대중을 지향하는 것은 언론이 지켜야 할 가장 중요한 가치이지만, 그것은 뉴스 생산의 주체를 정체가 불분명한 시민으로 대체하고, 언론이 추구하는 규범적 가치를 '민주주의', '정의 구현', '약자 보호' 같은 정치적 해석에 휘둘리는 이념으로 대체하는 것을 의미하지 않는다.

현장의 언론인들은 연구자들에게 '전업으로 언론을 한다'는 것의 의미와 가치를 일깨워주었다. 현장에 들어간 처음 며칠간 아침부터 늦은 밤까지 그들이 일하는 모습을 지켜보며 연구자들은 일종의 문화 충격을 경험했다. 그것은 대략 다음과 같이 요약되는 심정이었다. '어떻게 이렇게까지 열심히 일을 하지?' 1주일, 2주일, 한 달, 두 달이 지났다. 그들은 한결같이 그렇게 일했다. 놀라고, 감동하면서, 대학의 구성원으로서 연구자들이 지금껏 지내온 모습을 반성하게 만드는 경험이었다. 누가 강제해서 그런 것이 아니었다. 관행이, 전통이, 시스템이, 문화가 그 일을 하고 있었다. 집단이 일사불란하게 하나의 결사체로 뭉쳐 대단한 정치적 목표, 사회적 이상, 역사적 사명을 추구하는 것도 아니었다. 그들은 일반 대중을 상대로, 그들에게 쉽게 이해되는 코드로, 상식에 기반해 그날그날의 뉴스를 최선을 다해 생산했다. "이거 사실 맞아?" 그게 사실상 연구자들이 현장에서 확인한, 언론이 추구하는 가치의 모든 것이었다. 그게 저널리즘이었다.

현장은 그 모든 한계에도 언론의 역할이 대체될 수 없음을 보여주었다. 동시에 언론을 발전시키는 길이 지금까지 전업 언론인들이 수행해온 역할을 발전적으로 지켜가는 데 있음을 확인시켜주었다. 현장의 언론인들이 겪고 있는 어려움은 잘 알려져 있다. 가치 있는 언론이 그에 투입된 노력에 상응하는 주목과 시장 성과를 거두지 못하는 데서 오는 자긍심 및 직업적 보상의 약화, 상업주의의 심화와 뉴스 품질의 저하, 디지털 전환에 따른 노동강도의 심화, 신입 기자들을 대상으로 한 숙련 체계의 붕괴, 대학에서 이루어지는 언론 인력 양성 교육의 부실함 등은 언론의 현실에 대해 관심을 지닌 사람이면 누구나 공감하고 동의하는 문제들이다. 대학에서 이루어지는 교육의 부실함에 대해선 연구자들 역시 책임을 공유한다.

언론 위기 극복의 온당한 길은, 언론에 대한 비판에 앞서, 그리고 정치권력이나 시민권력 주도의 '언론 개혁'에 앞서, 이 같은 문제들을 구체적으로 하나씩 해결해나가는 데 있다고 믿는다. 가치 있는 언론이 그

에필로그: 이제 사회가 언론을 지켜야 한다

에 상응하는 주목과 시장 성과를 거두는 뉴스 유통 시스템을 어떻게 구축할 것인가, 악화일로의 언론 현장 노동강도를 어떻게 적정 수준으로 완화할 것인가, 붕괴하는 언론 현장의 숙련 체계를 어떻게 회복할 것인가, 유명무실한 대학의 언론 인력 양성 교육을 어떻게 정상화할 것인가, 디지털 전환 및 인공지능 혁명의 충격파를 뉴스 생산 및 유통 측면에서 어떻게 발전적으로 수용할 것인가 등이 그것이다.

연구자(윤석민)는 1980년대 후반에 언론 커리어 진입을 진지하게 고려한 적이 있다. 한국의 언론이 짧은 정치적 및 산업적 전성기(1980년대 후반~2000년대 초반)를 누리기 시작한 시점이었다. 학부를 마친 후 일단 대학원에 입학하며 판단을 보류했다. 하지만 대학원을 마치는 시점에 또다시 학업을 계속할지 현업에 나갈지 고민이 밀려왔다. 당시 신문사와 방송사에서 일하고 있던 선배들의 일터를 찾아가 지금 하는 일이 어떤지를 물었다. 그들과 나눈 대화 내용이 구체적으로 무엇이었는지는 기억나지 않는다. 떠오르는 것은 신문사 편집국에서 목도했던 장면이다. 가판 마감시간을 앞두고 연신 담배를 피워대며 타이프라이터 자판을 두드리는 이들, 혼자 웅얼거리며 원고를 읽고 고치는 이들, 전화로 소리치는 이들, 얼굴을 붉힌 채 서로 으르렁대는 이들이 연출한 난장 상황이 그것이다. 분초를 다투는 초조함, 집중, 최종적인 사실 재확인, 어휘 선택의 고통, 짜증과 분노, 아드레날린이 뒤섞인 현장을 지켜보며 이 일이 연구자에게 맞지 않다는 것을 직감했다.

언론은 종종 권력의 일원, 심지어 권력 위의 권력으로 간주되곤 한다. 하지만 언론의 역사에서 그 같은 시기는 길지 않았다. 권력에 마주서서 그 요동과 충격을 정면으로 바라보고 때로 맨몸으로 막아서야 하는 곳, 그 험지가 오랜 세월 동안 언론이 지켜온 자신의 자리였다. 우리

모두는 누군가 짊어졌어야 할 이 힘겨운 시시포스의 책무를 그들에게
떠넘기고 살아왔다. 그들은 몸을 갈아 넣으며 그 역할을 수행해왔고, 이
를 통해 사회를 지켜왔다.

이제 우리가 그들을 지켜야 한다.

프롤로그: 언론인은 어떤 존재인가

1. 프레카리아트(precariat)는 저임금·저숙련 노동에 시달리는 불안정 노동 무산계급을 가리키는 신조어다. 이탈리아어로 '불안정한'이라는 의미의 프레카리오(precario)와 독일어로 무산계급을 뜻하는 프롤레타리아트(proletariat)를 합성한 단어다.

2. 사례로 리포트래시(reportrash.com), 마이기레기(mygiregi.com) 등을 들 수 있다. 리포트래시(report와 trash를 합친 이름)의 경우 가짜 뉴스, 악의적 헤드라인, 사실 왜곡, 통계 왜곡, 잘못된 인용, 오보, 헛소리, 선동 등의 항목을 두고 질 낮은 기사 및 그것을 쓴 기자에 대한 제보를 받는다. 마이기레기의 경우 기자에 대한 신상 정보 제보에 현상금을 걸어 위법 논란을 불러일으키기도 했다. 리포트래시는 2023년 8월, 마이기레기는 2024년 5월 이후 홈페이지 접속이 불가능하다.

3. 국제 커뮤니케이션학회(ICA)에서 2009년에 발간한 저널리즘 영역을 총괄하는 간행물이다. 전 세계 11개국 30명의 저널리즘 및 미디어 연구자들이 참여했다. 2015년에 번역본이 발간되었다.

4. 원래는 저널리즘 개념을 구분한 것이지만, 저널리즘 학술연구 영역 구분에도 적용 가능하다.

5. 연구가 집중된 언론인들로 Benjamin Franklin, William Randolph Hearst, James Gordon Bennett, Walter Lippman, Ida Tabel, William Paley, Edward R. Murrow, I. F. Stone, Walter Cronkite 등을 들 수 있다. 언론사(뉴욕타임스) 발행인 가문의 역사를 추적한 Susan E. Tifft와 Alex S. Jones(1999)의 역작 *The Trust: The Private and Powerful Family Behind The New York Times*도 주목할 만한 연구 사례다. 조선일보 기자 출신인 송의달은 『아웃퍼포머

의 힘』(2023)에서 20세기 중·후반 이후 눈부신 성과를 보인 9명의 언론인
으로 Bob Woodward, Thomas Friedman, Barbara Walters, Walter Cronkite,
David Broder, Arthur Ochs Sulzberger, James Reston, Marguerite Higgins,
그리고 박권상을 다루었다. 이 밖에도 언론인 자신, 가족, 관계자들이 출간한
자서전류의 책은 국내외적으로 일일이 예를 들 수 없을 정도로 많다.

6. 그 대표 사례로 화이트(David M. White, 1950)의 게이트키핑 연구, 브리
드(Warren Breed)의 뉴스룸에서 이루어지는 사회적 통제 연구(1955), 맥
콤과 쇼(Maxwell McCombs & Donald Shaw)의 의제 설정 연구(1972), 터
크먼(Gaye Tuchman)의 뉴스 생산을 통한 현실 재구성 연구(1978), 갠스
(Herbert Gans, 1979)에 의한 언론인 직업 정체성 및 규범적 가치 연구 등을
들 수 있다. 자세한 내용은 1권 『뉴스의 생산』 3장 참조.

7. 대표 사례로 권력을 감시하고 비판하며 때로 스스로가 권력이 되기도 한 언
론인들의 삶은 지속적으로 흥미로운 영화의 소재가 되었다. '반드시 볼 것
(Must See)' 수준의 영화 사례로 윌리엄 랜돌프 허스트(William Randolph
Hearst)의 생애를 소재로 오슨 웰스(Orson Welles)가 제작·감독·주연한 〈시
민 케인(Citizen Kane)〉(1941), 워싱턴포스트 칼 번스타인(Carl Bernstein)
과 밥 우드워드(Bob Woodward) 기자의 워터게이트 사건 취재를 다룬 〈모
두가 대통령의 사람들(All the President's Men)〉(1976), 펜타곤 페이퍼(미국
국방부의 베트남전 기밀문서) 보도를 이끈 워싱턴포스트 발행인 캐서린 M.
그레이엄(Katharine M. Graham)과 편집국장 벤저민 C. 브래들리(Benjamin
C. Bradlee)에 초점을 둔 〈더 포스트(The Post)〉를 들 수 있다.

8. 미국의 저널리즘 교육 공인 기구인 ACJMC(Accrediting Council on
Education in Journalism and Mass Communication)에 따르면 2002년부
터 2013년까지 10여 년 동안 미국 내의 공인된 저널리즘 석사학위는 72
개에서 41개, 스쿨은 52개에서 27개로 급감했다(Folkerts, T. et al., 2013,
pp.42~43).

9. 이소은(2024, p.235)에 따르면 이러한 현상은 한국 언론사들의 독특한 매출
구조에 기인한다. 종이 신문사가 거둬들이는 수입 중 광고 수입은 60%에 달
하는 한편, 구독 수입은 그 3분의 1 수준인 17%에 불과하다. 정부와 기업의

신문 광고 집행은 구독자 수보다 신문사와의 관계 유지 등 비경제학적 기준으로 이루어지고, 유료 구독 또한 기이한 판매시장 구조 속에서 왜곡되기 때문에 신문의 수익 구조는 이용자 의존도가 매우 낮다. 그 결과 독자들이 많이 보든 적게 보든, 실제로 구독료를 지불하든 안 하든, 광고비와 각종 보조금을 통해 신문은 살아남게 된다.

10. 크라이스에 따르면, 이들 우익 미디어는 CNN, 뉴욕타임스, 워싱턴포스트 같은 언론사 소속 언론인들이 비도덕적이고, 접촉하기 어렵고, 다문화적이고, 속물적인 도시 엘리트로서 부유하고, 문화적으로 리버럴한 민주당 성향의 상위 계층과 한 몸처럼 결합되어 있는 것으로 간주한다.

11. 언론에 진출하기 위해서는 언론비평학에 불과한 언론학 대신 정치학이나 사회학을 전공하는 것이 유리하다는 언론 전공 학생들의 자조가 그것이다. 최근 들어 AI가 붐을 이루면서 유행하는 미디어 전공자들의 AI 기술비평 혹은 문명비판 연구들은 같은 한계를 드러낸다.

12. 세명대학교, 카이스트, 한림대학교 등이 운영하는 언론인 재교육과정, 시빅뉴스라는 자체 온라인 언론사를 기반으로 실무교육을 운영해온 경성대학교의 학부 저널리즘 교육과정, 서울대학교 언론정보연구소의 팩트체크 저널리즘 지원사업(SNU팩트체크) 등을 사례로 들 수 있다.

13. 이는 한국언론진흥재단이 2013년에 전국의 신문, 방송, 통신, 언론사닷컴, 인터넷 신문 164개에 소속된 기자 1,527명을 조사한 결과에 기반한다. 2023년, 같은 조사에서 남성 68.4%, 여성 31.6%, 평균 연령 41.3세, 평균 연봉 5,657만 원, 평균 근무시간 8시간 49분, 일주일 평균 기사 작성 건수는 신문사의 경우 20.0건, 인터넷 언론사의 경우 25.8건으로 나타났다. 10년 전에 비해 평균 연령이 높아지고, 급여 및 작업 강도 차원에서 근무 여건이 개선되었음을 알 수 있다.

14. SBS 문화재단의 지원으로 2007년부터 시작된 예비 언론인 비학위 단기 교육과정으로 2023년까지 500여 명의 언론사 합격자를 배출했다. 2020년에 교육과정이 2년제로 강화되고 프런티어 저널리즘 스쿨에서 윤세영 저널리즘 스쿨로 이름도 바뀌었다.

15. 2013년(12회)에는 2009년(11회) 조사 이후 2011년 조사를 건너뛰고 4년

뉴스 생산자

만에 조사가 이루어지기도 했다.

16. 특히 16회 조사에 해당하는 2023년 조사에서는 취재·보도 과정에서의 트라우마와 괴롭힘, 성평등, AI와 저널리즘 같은 내용이 추가되었다.

17. 데스크는 편집국에 내근하며 일선 기자들을 지휘·통솔하는 부장·차장급 중견 기자들을 통칭한다. 자세한 내용은 1권『뉴스의 생산』4장 참조.

18. 이러한 인식은 연구자를 포함하여 언론의 위기를 분석한 저널리즘 연구자들에게 폭넓게 공유되는 인식이었고, 지금도 그러하다. 대표적으로 한국 저널리즘 영역의 대표 연구자 중 한 사람인 이재경(2005)은 내면화한 가치 체계가 기자의 행동을 지배하는 것인 만큼 한국 언론인들이 시급하게 해야 할 일은 내면화한 저널리즘에 대한 가치 체계를 철저히 성찰하는 작업이라고 보았다.

19. 통상의 심층 인터뷰 연구의 인터뷰이가 10~20명 정도라는 점을 고려할 때 이 연구의 심층 인터뷰 횟수는 일반적인 기준을 훨씬 뛰어넘는다.

20. 크라이스는 언론인들의 사회적 정체성이 일반 대중과 차이를 보이고, 그 차이가 대중과의 인식 격차로 이어지는 문제가 현시대 언론이 당면한 가장 심각한 문제임을 지적하면서, 이러한 문제를 최소화하기 위해 언론인들이 이 같은 인식 격차의 가능성을 자각하고 일반 대중의 관점을 포용하기 위해 노력할 것을 제안한다.

21. 심층 인터뷰 자료는 1권『뉴스의 생산』의 챕터들을 서술함에 있어서 여느 심층 인터뷰 연구처럼 필요한 부분들을 직간접적으로 인용하는 방식으로 사용되었다.

22. 연구자들은 원래 15명의 언론인들을 선택한 후, 그들에게 변경된 계획을 설명하면서 인터뷰 수록 의사를 확인하는 과정을 거쳤다. 그 과정에서 2명이 인터뷰 전문 게재에 대해 불편한 심정을 토로했다. 인터뷰 내용 정리 및 소개문 작성 등 이미 상당한 작업이 진행된 다음이었지만, 이들의 의사를 최대한 존중해 책에서 제외했다.

01. 사회부 기동취재팀장, 박순찬

1. 박순찬 기동팀장은 영국 런던 골드스미스 대학에서 연수를 마치고 돌아와 현재 산업부 테크부 테크팀장으로 일하고 있다.
2. 부서를 넘어 전체 편집국 단위에서 구성되는 지면을 통칭하는 용어다. 자세한 내용은 1권『뉴스의 생산』8장 주 6 참조.
3. 기자들이 특종이나 단독 기삿거리를 얻기 위해 특정 장소에서 취재 대상이 나타나기를 무작정 기다리는 일을 일컫는다.
4. 경찰 조직 위계상 경찰청이 서울시경의 상급기관이다. 그럼에도 불구하고 언론사들이 서울시경을 보다 중시하며 그곳에 시니어 기자를 배치하는 이유는 독자들이 관심을 보이는 주요 사건·사고들을 서울시경이 집중적으로 담당하고 있기 때문이다. 참고로 서울시경을 제외한 지방경찰청은 전국팀과 지방 주재 기자들이 담당한다.
5. 인물 중심의 뉴스를 다루는 지면으로, 보통 국제면이나 문화면 다음에 이어진다. 'People & Story'(조선일보), '사람과 사람'(경향신문), '투데이'(중앙일보), '사람&이슈'(서울경제) 등 다양한 지면 명칭하에 화제 인물에 대한 인터뷰, 주요 인물 동정 기사, 인사 및 부고 등을 싣는다.
6. 스트레이트 기사가 아닌 해설 기사, 인물 동향, 인터뷰, 사건·사고 주변 스케치 기사 등을 통칭한다.
7. 동타(動打)는 미리 기획되거나 예정되지 않은 새롭게 발생한 일을 취재하여 작성하는 기사를 말한다(1권『뉴스의 생산』7장 주 3 참조).
8. 1권『뉴스의 생산』3장 [그림 3-1] 참조.
9. 51판은 흔히 지방판이라고 한다.
10. 52판은 흔히 서울판 내지 수도권판이라고 하며 밤 11시에 인쇄를 시작한다.
11. 53판, 54판은 특수상황에 찍기 때문에 시간이 정해져 있지 않으며 흔히 돌판 (돌발 상황에 찍는 판)이라고 한다.
12. 1권『뉴스의 생산』4장 3. 종합적인 뉴스 생산 과정 참조.

13. 이에 대해서는 조선일보 인쇄계열사인 (주)선광 권태우 대표로부터 답을 얻었다. 숫자를 51, 52식으로 한 것은 특별한 이유는 없고 제작 편의상 임의로 정한 것이다. 1970년까지는 1·2·3·4판 체제였고 이후 5·6·7·8·9·10판, 10·20·30·40판 체제로 바뀌었다가 2003년에는 숫자 대신 가·나·다·라판 방식의 한글 판수를 사용하기도 했다. 현재 사용하는 51·52·53·54판 방식은 2008년 7월부터 도입되었다.

14. 연애 경험이 전무하거나 매우 적은 남성이, 문란한 성생활을 즐겼던 여성과 결혼하는 행위를 설거지에 빗대어 비합리적 선택임을 주장하는 인터넷상의 담론이다.

15. '마와리'는 일선 기자들이 경찰서들을 돌며 정보를 수집하는 행위를 일컫는다. 정확한 명칭은 '사쓰마와리'이고, 줄여서 '사쓰'라고 하기도 한다.

16. 수습기자들이 경찰서와 지구대, 파출소, 각종 집회·시위·기자회견 및 사건·사고 현장을 돌아다니며 경찰서 2진 기자실에서 숙식하는 것을 일컫는다.

17. 2015년 3월 27일에 제정되고 2016년 9월 28일부터 시행된 '부정청탁 및 금품 등 수수의 금지에 관한 법률'이다. 적용 대상에 공직자 외에 언론인 및 교원이 포함되었다.

18. 2020년 7월 조선일보 기자가 박원순 전 서울시장의 성추행 사건을 취재하기 위해 서울시청 여성가족정책실장 사무실에 무단 침입해 서울시에 의해 고발당하고, 2021년 10월 항소심에서 벌금형(400만 원)을 선고받은 건을 지적한 것으로 보인다.

19. 어뷰징(abusing)은 오남용의 뜻을 가진 'abuse'에서 나온 말로, 검색을 통한 클릭 수를 늘리기 위해 동일한 기사나 문서를 제목이나 문장 순서만 변경하여 지속적으로 올리는 행위를 의미한다.

20. 조선일보가 2021년 6월 21일 온라인으로 내보낸 3인조 성매매 절도 범죄단 관련 보도에 조국 조국혁신당 대표와 딸 조민 씨를 연상케 하는 일러스트를 오용한 사건이다. 조국 대표는 조선일보와 기자를 상대로 10억 원의 손해배상을 청구했다. 조선일보는 2021년 6월 30일 한 면(28면)에 걸쳐 이 기사의 경위 및 재발 방지 대책과 사과문을 내보냈다. 2024년 8월 14일, 1심 재판부는 원고 일부 승소 판결을 내리면서 1,700만 원의 손해배상액을 인정했다.

21. 조선NS는 자회사 형태의 온라인 속보뉴스 전담 조직이다. 1권 『뉴스의 생산』 4장 및 2권 『뉴스 생산자』 2부 6·7장 참조.

22. 디지털 카메라(특히 DSLR)에 관한 정보를 공유하는 인터넷 커뮤니티로, 정치적으로 진보 성향이며 보배드림과 함께 가부장적이고 이중잣대 성향이 강한 남초 사이트로 알려져 있다. 스르륵(SLR)으로 불리기도 한다.

23. 중고차 쇼핑몰 겸 자동차 관련 인터넷 커뮤니티로, 보배드림이란 이름은 대표이사 김보배와 회사가 처음 입주한 건물인 드림타워에서 따왔다. 중장년 남성들이 주 이용자로, 자동차 이외에도 남녀 문제나 배우자 불륜 문제 등에 대한 대화도 활발히 이루어진다. 방송 PD나 기자들이 여럿 상주하고 있으며, 이슈가 될 만한 글이 올라오면 바로 후속 취재가 이어지곤 한다.

24. 일베는 극우 성향 남성 중심 인터넷 커뮤니티다. 디시인사이드 갤러리의 일간 베스트 게시물을 모아 저장할 목적으로 개설되었다가, 2011년 디시인사이드에서 독립하여 설립되었다.

25. 퐁퐁남은 설거지론에서 파생된 용어로, 설거지 당한 남성을 일컫는다.

26. 취집은 '취직 대신 시집'을 줄인 말로, 취업을 포기하고 결혼을 선택하는 여성의 상황을 지칭한다.

02. 사회부장, 최원규

1. 최원규 사회부장은 2022년 6월 19일자로 논설위원실로 자리를 옮겼다.

2. 전투나 선거에서의 운으로 해석되는 '무운(武運)'을 '운이 없음(無運)'으로 혼동해 빚어진 소동을 기사화한 것이다. 한자 의무교육 중단에 따른 문해력 감소에, 이준석 국민의힘 대표와 안철수 의원 간의 불화가 더해져 생긴 해프닝이라 할 것이다.

3. 이재명 당시 민주당 대통령 후보 부인인 김혜경 씨가 선거 유세가 한참이던 2021년 11월 17일 낙상 사고를 당한 일이다. 일부 유튜브 채널 및 소셜 미디어를 중심으로 낙상이 아니라 이재명 후보로부터 구타당한 것이라는 의혹이 유포되었다.

4. 일본군 위안부 피해자 지원과 진상규명을 목적으로 하는 대한민국의 여성

인권단체다. 1990년 발족한 '한국정신대문제대책협의회'(약칭 '정대협')와 2016년 설립된 '일본군성노예제 문제해결을 위한 정의기억재단'이 2018년 7월 11일 통합하여 출범하였다. 언론에서는 '정의연'으로 약칭한다.

5. 대한민국의 시민운동가이자 제21대 국회의원이다. 위안부 관련 단체인 정의기억연대 이사장 활동 등을 바탕으로 더불어시민당 비례대표 국회의원이 되었다. 정의기억연대 회계 부정 및 개인 모금 건으로 언론의 비판을 받고 검찰에 의해 횡령 및 사기 혐의로 기소되었다.

03. 정치부 데스크, 최경운

1. 최경운 차장은 윤석열 정부가 들어선 후 용산의 대통령실로 파견되었다가 2024년 5월 17일자로 정치부 여당 데스크로 복귀했다.

2. 인터뷰 당시 제1야당이던 국민의힘 4선 중진 의원으로, 제20대 대통령 선거 당시 국민의힘 선거대책본부장으로 활동했다.

3. 이재명 현 민주당 대표가 경기지사였던 시절, 그의 정치적 경쟁자들을 원색적으로 비난했던 트위터 사용자를 지칭하는 "혜경궁 김씨"를 가리키는 것으로 보인다. 문제의 트위터 계정은 2018년 4월 민주당 경기지사 후보 경선 과정에서 당시 이재명 지사와 경쟁했던 전해철 민주당 의원을 두고 '자유한국당과 손잡았다'고 주장했으며, 그에 앞서 2016년 12월에는 문재인 대통령의 아들이 취업 과정에서 특혜를 받았다고 주장했다. 트위터 계정(@08__hkkim)의 공식 이름은 "정의를 위하여"였지만 트위터 계정명이 이재명 대표의 부인 김혜경 씨의 영문 이니셜과 일치하면서 동 계정의 소유자가 김혜경 씨라는 의혹이 일었고, 네티즌들은 역사의 실존 인물인 '혜경궁 홍씨'에 빗대어 이런 별명을 붙였다.

4. 김대중 고문(인터뷰 당시 83세, 1939년생)은 1965년 조선일보에서 기자 생활을 시작해 사회부장, 정치부장, 편집국장, 주필, 고문을 역임하고 지금도 조선일보에 칼럼니스트라는 타이틀로 정기 칼럼을 쓰고 있다. 강경한 보수 우익 반공주의 성향의 언론인으로, 조선일보의 주필과 편집인 등을 맡아 활동하던 1990~2000년대 초·중반까지 '가장 영향력 있는 언론인' 조사(시사저

널)에서 1위를 차지하는 등 독보적인 영향력을 행사했다.

5. 강천석 고문(인터뷰 당시 74세, 1948년생)은 1979년 조선일보에서 기자 생활을 시작해 정치부장, 편집국장, 주필을 거치고 현재 고문으로 재직하며 정기 칼럼을 쓰고 있다. 집무실에 발 디딜 틈 없을 정도로 많은 장서를 소장하고 있는 것으로 유명하다.

6. 홍준호 발행인(인터뷰 당시 65세, 1957년생)은 1983년 조선일보에서 기자 생활을 시작해 정치부장, 논설위원, 워싱턴 지국장, 편집국장, 경영기획실장을 거쳐 현재 발행인으로 재직 중이다.

7. 1998년 최장집 교수 사건을 계기로 잉태되어 2000년대 이후 진보적 학자 및 시민단체들을 중심으로 10여 년 정도 지속된 조선일보 및 그 기고자들에 대한 비판, 조선일보 구독 거부 및 사절, 조선일보 신문 및 잡지 불매운동 등을 통칭한다. 2001년 조선일보가 언론사 세무조사 대상에 올랐을 때 조선일보 사측이 세무조사를 거부하고 다른 보수 언론들이 조선일보의 입장에 동조하면서, 안티조선 운동은 조선일보를 넘어서 동아일보, 중앙일보 등을 포함한 언론 개혁 운동으로 확대되었다. 안티조선 운동의 성과와 한계에 대해서는 여전히 평가가 진행 중이다.

8. https://www.chosun.com/site/data/html_dir/2003/10/22/2003102270388.html

9. 김동삼 장군은 일제 강점기 서간도에서 활동한 경상북도 안동 출신의 독립 운동가(1878~1937)이다. 1931년 만주사변 때 일본군에 체포되어 강제송환된 후, 평양형무소를 거쳐 서대문형무소(현 서대문형무소역사관)에 이감되었고 그곳에서 1937년 옥사했다. "일송정(一松亭) 푸른 솔은"으로 시작하는 가곡 '선구자'의 주인공으로 알려져 있다.

04. 정치부장, 정우상

1. 이 인터뷰를 정리하던 2024년 5월 2일자로 정우상 정치부장은 논설위원실로 자리를 옮겼다.

2. 유용원 기자는 1993년 3월부터 줄곧 국방부만 출입해온 국내 1호 최장수 군

사 전문기자다. 지난 22대 국회의원 선거에서 국민의힘 소속 비례대표 공천
을 받아 정치권에 진출했다.

05. 전 기자, 김수혜

1. 김수혜 전 기자는 2022년 7월 4일, 국무총리 비서실 공보실장에 임명되었다.
2. 윤석민 (2021. 9. 6), 「언론중재법 강행 처리를 주장하는 L교수님께」, 『조
   선일보』, https://www.chosun.com/opinion/chosun_column/2021/09/06/
   B6HUAYPNPFF4PMRNS4Z3QZ4DIA/
3. 그녀는 기자직 지원 동기에 대해 사전 설문지에 다음과 같이 적었다. "대학
   시절 소설을 쓰고 싶었는데 경험이 부족하다는 생각에 기자직을 지원하게
   됐습니다. 부모님 영향도 컸습니다. 아버지는 한국 신문사(新聞史)를 전공
   한 언론학자셨고(고려대 언론학부 교수로 재직하다 2010년 은퇴), 어머니는
   KBS 라디오 PD로 10년 이상 일하셨습니다. 제가 자라날 때, 집에서 신문을
   최대 12가지(중앙지/지방지/경제지) 구독한 적이 있을 정도로 신문과 가까
   웠습니다."
4. 최보식은 1988년 조선일보 사회부 기자로 출발해 2021년 1월에 퇴임할 때
   까지 33년간 조선일보에 재직했던 언론인이다. '최보식 칼럼'과 '최보식이 만
   난 사람'을 13년간 담당했다. 그는 국내에서 가장 오랜 세월 동안 많은 뉴스
   인물을 인터뷰한 언론인이라는 기록을 남겼다.
5. 경찰의 '찰'을 뜻하는 일본어 '사쓰'와 '돌다, 순회하다'라는 뜻의 일본어 '마와
   리'가 합쳐진 언론계 은어다. 갓 입사한 수습기자가 서울에 있는 경찰서들을
   순회하며 사건을 취재해 보고하고 기사를 쓰게 하는 혹독한 훈련 과정을 가
   리킨다. '마와리 돈다'라고도 한다(1장 주 15 참조).
6. 영국 언론인으로, 조선일보에 칼럼을 게재하던 마이클 브린(Michael Breen,
   1952.7.31~)을 가리키는 것으로 보인다.
7. 영국의 작가 로런스(D. H. Lawrence, 1885.9.11~1930.3.2)의 시 「자기 연
   민(Self Pity)」을 인용한 것이다.
8. 아사히 신문, 요미우리 신문과 함께 일본의 3대 신문 중 하나다.

9. 개인이 사회적 관계를 안정적으로 유지할 수 있는 사람의 수를 말한다.

10. 2012년 7월 19일자 1면에 실린 태풍 카눈 사진이 2009년 8월 9일 태풍 모라
꼿 당시 촬영한 사진을 재활용한 것으로 밝혀져 조선일보가 공개 사과했던
일이다.

2부. 언론의 파괴 혹은 새로운 언론의 창조

06. 조선NS 대표, 장상진

1. 원고를 마무리하던 2024년 6월 하순쯤에 장상진 조선NS 대표로부터 '부재
중 전화'가 와 있었다. 의아해서 전화를 해보니 별일 없이 전화했다며 책은
잘되어가냐고 물었다. 그렇다고 답한 뒤, 혹시 무슨 일이 있느냐고 되물었더
니 머뭇거리다 내부 사정으로 조선NS 대표직 사직서를 냈다고 했다. "그런
일이 있었군요." "네…. 그럼 안녕히 계십시오." 그렇게 그와의 통화를 마쳤다.

2. 이 인터뷰 하루 전인 2022년 1월 5일 정용진 신세계그룹 부회장은 숙취 해소
제 사진과 함께 "끝까지 살아남을 테다. 멸공!!!"이라는 글을 올렸는데 이 글
이 인스타그램 커뮤니티 가이드라인을 위반했다는 이유로 삭제 조치되었다.
이에 정 부회장은 인스타그램에 "[보도자료] 갑자기 삭제됨 이게 왜 폭력 선
동이냐 끝까지 살아남을 테다 #멸공!!", "난 공산주의가 싫다"는 글을 게시했
다. 논란이 일자 인스타그램 측에서 시스템 오류라고 해명하면서 해당 게시
물은 하루 만에 복구되었다.

3. 2018년 7월 문재인 정부 당시, 김의겸 청와대 대변인(전직 한겨레신문 기자)
이 동작구 흑석동의 재개발 대상 건물을 25억 7천만 원에 매입한 것이 확인
되면서 빚어진 사태다. 본인 신고 재산의 두 배에 달하는 16억 원의 대출을
끌어 해당 건물을 구매한 점이 투기 논란을 불러일으켰다. 실제로 시세 차익
이 5억~15억 원에 달하는 것으로 보도되었다. 논란이 커지자 김 대변인은
결혼 이후 30년 가까이 집 없이 전세를 살았고 당시도 집이 없어 청와대 관사
에서 살고 있다고 말했다. 그러나 전세 보증금까지 건물 구입에 모두 투입한

것이 밝혀지면서 이 같은 해명은 역효과를 냈고, 그는 논란이 제기된 하루 만에 대변인직을 사퇴했다.

4. 2021년 12월 말, 민주노총 산하 화물연대가 전국에서 동시다발적 집회를 이어가면서 부산신항에서 비노조원 트레일러 화물 차량에 새총으로 쇠구슬을 발사해 상해를 입힌 사건, 전남 광양에서 화물연대 조합원 3명이 비조합원을 폭행한 사건, 경기도 의왕 컨테이너 기지에서 화물연대 조합원이 화물을 적치하던 비조합원에게 물병을 던진 사건 등, 비노조원을 대상으로 한 일련의 폭행 사건들이 벌어진 일을 가리킨다.

5. 윤석열 핵심 관계자를 줄인 말이다. 이준석 당시 국민의힘 당대표가 윤석열 대통령 후보의 핵심 측근 인사들을 비판적으로 지칭한 데서 유래했다.

6. 인터넷 사이트에 들어온 접속자가 둘러본 페이지 수를 말한다. 예를 들어 A라는 사람이 어떤 사이트에 들어와서 그 사이트의 페이지 7장을 봤다면 페이지뷰는 7이 된다. 방문자 수가 사이트의 영향력을 평가하는 일반적인 기준이라면 페이지뷰는 인터넷 광고 시장에서 가장 널리 통용되는 평가 기준이다.

7. 'aggression'에서 유래한 표현으로, 도발적이고 공격적인 표현으로 관심을 끄는 행위를 말한다.

8. 교통사고 전문 한문철 변호사가 운영하는 유튜브 채널이다.

9. 2021년 12월 26일 오후, 윤석열 후보의 부인인 김건희 씨가 자신의 허위 경력 의혹을 인정하고 사과하는 기자회견 당시, 이를 조롱한 패러디 영상을 소개한 기사. 1권 『뉴스의 생산』 6장의 주 8 참조

10. 주문을 따로 하지 않고 제공되는 요리를 요리사의 재량에 맡기는 메뉴를 말한다. '맡기다'를 의미하는 '任せる(마카세루)'의 명사형 '任せ(마카세)'의 앞에 존경의 의미를 나타내는 'お(오)'를 붙여 오마카세로 불린다.

11. https://n.news.naver.com/mnews/article/023/0003659765?sid=102

12. 오디오 팟캐스트 '나는 꼼수다'를 줄여서 통칭하는 말이다. 김어준, 정봉주, 주진우, 김용민 네 사람이 함께 진행한 '나는 꼼수다'는 2011년 4월 18일부터 2012년 12월 18일까지 33회 지속되었고, 평균 동시 접속자 50만 명, 편당 다운로드 수 200만 명, 나꼼수를 들어본 누적 유권자 수 1,100만 명 등 공전의 인기를 끌었다.

13. 주진우 기자는 시사저널 기자 출신으로 나꼼수 진행자 중 한 명이다.

14. https://www.chosun.com/national/national_general/2021/08/22/
EG2HCKIS3ZDYRNM366HKQMRI4Q/

15. 반론 보도는 사실 여부와 상관없이 언론 보도에 나간 주장과 다른 입장·주장을 보도하는 것이고, 정정 보도는 언론 보도가 사실이 아닌 경우 기사 내용이 잘못되었음을 정정하여 보도하는 것이다.

07. 조선NS 기자, 김소정·최훈민

1. 책을 출판하는 단계에서 최훈민 기자가 2024년 12월 31일자로 조선NS를 그만두고 매일신문으로 다시 돌아갔다. 김소정 기자도 2023년 4월 처음 기자 일을 시작했던 디스패치 사회연예부로 이직했음을 확인했다. 김소정 기자는 온 나라를 떠들썩하게 한 전청조-남현희 사기 결혼 사건 특종으로 제398회 기자협회 이달의 기자상(2023.11.30)을 수상했다.

2. 디스패치는 한국의 인터넷 전문 매체. 2010년 12월 29일 설립되었으며, 연예계에서 발생하는 사건, 사고, 스캔들을 탐사보도하는 매체로 유명하다.

3. 2019년 12월 27일, 최훈민 기자가 일요신문 재직 시 쓴 기사로, 추미애 법무부 장관 후보자가 2017년 카투사(대한민국 육군 미8군 지원단)에 복무 중이던 아들의 휴가 미복귀를 전화로 직접 무마했다는 의혹을 최초로 보도했다.

4. 조국 법무부 장관 후보 인사를 둘러싼 갈등(이른바 조국 사태)이 한참이던 2019년 9월 2일, 조국 법무부 장관 후보자에 대한 국회 인사청문회가 무산되자, 언론을 상대로 '국민청문회' 형식의 대국민 소명 기회를 갖겠다며 조국 후보자와 민주당 주관으로 열린 기자간담회를 말한다. 당일 오후 3시 30분 국회 본청 246호(300여 명 규모의 회의장)에서 200여 명의 더불어민주당 출입 기자들이 참석한 가운데 홍익표 민주당 수석대변인의 사회로 11시간 가까이 진행되었다.

5. 타 업체에서 매입하지 않고, 대형 마트 또는 편의점 등에서 자체 출시해 판매하는 상품을 지칭한다. PL상품(Private-Label products)이라고도 한다.

6. https://www.chosun.com/politics/politics_general/2021/12/26/

HAUBEMIN25AMNNRQZQZJH4OU6I/

7. 재미있거나 흥미를 끄는 간단한 사진(또는 움직이는 사진, 움짤)을 말하는 신조어이며, 주로 인터넷 커뮤니티와 같은 인터넷 공간에서 공유된다.

8. https://www.chosun.com/politics/politics_general/2021/12/26/5PPFBYIBZ VE3BOM6XSPQEJWXCY/

9. '헬마우스'는 2019년 9월 9일 출범한 유튜브 채널로, 유튜브상의 정치·시사 가짜 뉴스 비판 및 팩트 체크를 주요 컨텐츠로 표방한다.

10. 2022년 1월 5일 국민의힘 중앙선대위가 주최한 온라인 전국 청년간담회 행사에 참석이 사전 공지된 윤석열 대선 후보가 불참하고 스피커폰으로 잠깐 인사만 하고 끊어 항의와 반발을 부른 사건이다.

11. 나태주(1945.3.16~)는 공주에 거주하는 시인이다. 2009년부터 2017년까지 공주문화원 원장을 역임하고, 공주풀꽃문학관 소속 시인으로 활동하고 있다.

12. 김윤덕(1970~)은 경향신문을 거쳐 2002년부터 조선일보에 재직하면서 문화부장, 주말뉴스부장을 역임했다. '줌마병법', '신줌마병법'을 연재했고 현재 '김윤덕이 만난 사람'과 '김윤덕 칼럼'을 연재하고 있다.

13. https://www.chosun.com/national/national_general/2022/01/02/6LIVZMY U2NFSHDOM3IU6ZQFUWI/

14. 좋아하는 사람의 잘못을 무조건 옹호하거나 감싸주는 행위로, 단순히 편을 든다는 의미보다 충분한 논리를 갖추지 않은 채 대상을 맹목적으로 보호하려고 한다는 부정적 의미를 내포한다.

15. 2021년 7월 29일 서울 종로구 관철동의 '홍길동 중고서점'이 서점 외벽에 윤석열 대선 후보의 부인 김건희 씨를 비방하는 벽화를 그려 공개한 사건이다. 문제의 벽화는 가로 약 15m, 세로 2.5m 길이로, 왼쪽에 금발 벽안의 여성 그림과 "쥴리의 꿈! 영부인의 꿈!"이라는 문구가 적혀 있고, 오른쪽에는 "쥴리의 남자들"이라는 문구 옆에 "2000 아무개 의사, 2005 조 회장, 2006 아무개 평검사, 2006 양 검사, 2007 BM 대표, 2008 김 아나운서, 2009 윤서방 검사"라고 적혀 있었다.

16. '백자'란 예명으로 가수 활동을 하는 진보 성향 가수 백재길 씨를 가리킨다. 백씨는 자신의 유튜브 채널 '백자TV'에 여권에서 제기하는 김건희 씨 관련

각종 미검증·미확인 의혹이 담긴 '나이스 쥴리'라는 제목의 뮤직비디오를 올린 바 있다.

17. 대장동 사건에 대한 최초 보도는 성남에 소재한 '경기경제신문'의 박종명 기자에 의해 이루어졌다. 박 기자는 2021년 8월 31일 기자수첩 형식으로 「이재명 후보님, "(주)화천대유자산관리는 누구 것입니까?"」라는 글을 게재했다. 해당 글에서 박 기자는 김모 씨가 2015년 2월 설립한 화천대유가 대장동 개발 사업을 통해 막대한 수익을 얻은 과정 중 특혜가 있었던 것이 아니냐는 의혹을 제기했다. 또한 "이재명 후보의 비호가 있었기에 (이들이 특혜를 받는 것이) 가능했다는 입소문이 있다"는 익명 제보자의 주장도 소개했다.

18. 2020 도쿄올림픽에서 올림픽 양궁 3관왕을 달성한 안산 선수의 세월호 추모 배지 착용, 짧은 단발머리 및 손동작 등을 둘러싸고 시작된 페미니스트 논란을 가리킨다.

19. 국내 최대 규모 커뮤니티 사이트다. 1999년 10월 6일, 현재 디시인사이드 대표인 김유식에 의해 'Digital Camera Inside'라는 이름으로 개설되었다.

20. 조선닷컴의 뉴스 이용 행태를 수치화해서 보여주는 프로그램이다.

21. 조선일보 경제부 기자로, 2020년 조선닷컴에서 생활경제 뉴스를 제공하는 '왕개미연구소'를 설립했다.

22. 'Non-Fungible Token', 위조나 대체 불가능한 디지털 데이터를 뜻한다.

08. 전문기자, 박종인

1. 2015년 8월 26일 시작한 〈박종인의 땅의 역사〉는 2023년 8월 9일 350회로 종료되었다. 현재 그는 조선일보 주말판에 〈박종인의 '흔적'〉을 연재 중이다.

2. 장영자(1944~)는 1980년대에 초대형 어음 사기 범죄를 저지른 경제사범이다. 국회의원 남편을 통해 기업자금을 지원하는 대가로 지원금의 몇 배에 달하는 어음을 받아 사채 시장에 유통하는 수법으로 7천억 원대의 사기 행각을 벌였다.

3. OECD(경제협력개발기구, Organization for Economic Cooperation and Development)는 개발 협력, 무역 확대 촉진 등을 주목적으로 하는 경제 선진

국 중심의 국제기구이다. 한국은 1996년 10월에 29번째 OECD 회원국이 되었다.

4. 외환 보유고 위기에 몰린 한국이 1997년 12월부터 2001년 8월까지 IMF에 구제금융을 요청하면서 겪었던 경제위기 사태다. IMF로부터 195억 달러의 구제금융을 받는 대신 한국 경제는 IMF가 요구하는 국가 경제 구조조정을 이행해야 했고, 그 과정에서 대규모 기업 도산 및 실직 사태를 겪었다.

5. 펀치볼 마을은 강원도 양구군 해안면에 위치한 해발 400~500m 고지대의 분지 마을이다. 마을을 둘러싼 주변이 화채(punch) 그릇(bowl)의 모양을 하고 있어 펀치볼 마을로 불린다.

6. 1910년(경술년) 한일합병조약에 따라 우리나라가 국권을 상실하고 일제의 식민지로 전락한 일을 말하며, 흔히 '한일합병'이라고 한다.

7. 〈박종인의 땅의 역사〉 188번째 기사(2019.11.12)인 「11년 동안 고종은 일곱 차례 파천을 시도했다」를 말한다.

8. 2016년 7월 4일 1면과 2016년 7월 5일 1면에 용산 기지 반환에 관한 기사를 2회에 걸쳐 게재했다; 「'110년 외국땅' 용산기지(上) - 110년 아픈 歷史, 용산기지에 살아있다」, 「'110년 외국땅' 용산기지(下) - 용산공원 새 시설 '部處끼리 나눠먹기'」.

9. 2021년 4월 21일에서 5월 12일까지 〈박종인의 땅의 역사〉는 「광화문 광장 100년 이야기」 ① 광무제 고종의 한성 개조사업(256회), ② 국가 상징축과 광화문 광장(257회), ③ 돈덕전 앞 회화나무의 비애(258회)를 3회에 걸쳐 연재했다.

10. 2021년 6월 2일 〈박종인의 땅의 역사〉 260번째 기사. 「용산공원 역사 왜곡 대행진: 일본군 軍馬 위령비가 '조선 왕실 제단'이라는 용산공원」이라는 제목으로 용산공원의 역사 왜곡에 대해 다루었다.

11. 한문학자인 김언종(1952~)은 고려대학교 명예교수이며 현재 한국고전번역원 원장이다.

12. 국사편찬위원회의 한국사데이터베이스(http://history.go.kr)를 지칭한다.

13. 한국고전번역원이 운영하는 한국문집총간 번역 웹 서비스(db.itkc.or.kt)를 지칭한다.

14. 유성운 기자는 동아일보와 중앙일보의 문화부, 정치부, 사회부를 거쳐 현재
    는 중앙일보 정치부 기자로 재직 중이다.
15. 이기환 기자는 경향신문 문화부의 선임기자로 정년 퇴임했으며, 현재는 '역
    사 스토리텔러' 직함으로 〈이기환의 흔적의 역사〉(경향신문)와 〈이기환의
    Hi-story〉(주간경향)에 기고하고 있다.
16. 『개벽』은 1920년대 천도교 청년회의 기관잡지이다. 일제 강점기에 발매 금
    지, 정간, 벌금 등의 압박 속에서도 꾸준히 발간되어 통권 72호를 기록했다.
17. 김옥균(1851~1894)은 조선 말기의 정치인으로, 임오군란 후 일본식 급
    진 개혁을 주장하면서 갑신정변을 일으킨 후 실패하고 일본으로 망명했다.
    1894년 홍종우에게 암살당했다.
18. 홍종우(1850~1913)는 조선 최초의 프랑스 유학생이며, 조선의 관료이다.
    1894년 중국 상하이에서 김옥균을 저격하여 암살했다.
19. 『윤치호 일기』는 조선과 일제 강점기의 정치인이자 교육자인 윤치호(1865~
    1945)가 쓴 일기이다. 당시의 각종 사건과 행적을 상세하게 담고 있는, 한국
    근현대사 연구에 중요한 사료이다.
20. 순정효황후(1894~1966)는 대한제국의 처음이자 마지막 황후로, 1966년 창
    덕궁에서 심장마비로 사망했다. 대한민국 역사상 최초의 국장으로 장례식을
    거행했다.
21. 조병갑(1844~1911)은 백성을 탄압하고 착취하여 동학농민운동을 유발한
    조선 후기의 탐관이다.

3부.   언론은 이렇게 세계의 그림을 완성한다

09.   편집부장, 이택진

1. 통상적으로 사건·사고를 다루는 사회부가 1개 면, 정부 주요 정책을 다루는
    사회정책부가 1개 면을 담당한다.
2. 1권 『뉴스의 생산』 4장 주 27 및 [기사 4-1] 참조.

10. 편집국장, 주용중

1. 주용중 편집국장은 2023년 3월, 편집국장 3년 임기를 마치고 TV조선 대표로 자리를 옮겼다.

2. 2권 『뉴스 생산자』 2부 7장 [기사 12] 참조.

4부. 글이 칼보다 강한 이유

11. 논설위원, 선우정

1. 선우정 논설위원은 2023년 3월 17일자로 편집국장에 임명되었다.

2. 리영희(1929~2010)는 1957년에서 1964년까지 합동통신 기자, 1964년에서 1971년까지 조선일보와 합동통신 외신부장을 역임하고, 1972년 이후 한양대학교 교수로 재직했다. 교수로 재직하며 군사정권에 의해 4번 해직, 5차례 구속을 당했다. 중국 혁명 및 베트남 전쟁 등을 탐구한 그의 저서 『8억인과의 대화』, 『전환시대의 논리』 등은 1970~1980년대 운동권의 필독 도서가 되었다.

3. 조선일보 편집국장과 주필을 역임한 언론인 선우휘(1922.1.3~1986.6.12)를 가리킨다.

4. 1975년 3월 조선일보에서 있었던 대규모 기자 해직 사태다. 당시 조선일보는 유신체제 옹호 기사를 비판한 백기범, 신홍범 기자를 해직했다. 이에 3월 6일 기자 100여 명이 편집국에서 무기한 항의 농성에 돌입하자 사측은 주도자 9명을 해고하고 37명을 무기정직에 처했다.

5. 방상훈 사장이 발행인을 그만둔 이유와 관련해서는 5부 13장 참조.

6. 이어령(1933.12.29~2022.2.26)은 국문학자, 소설가, 문학평론가, 언론인, 교육자이다. 노태우 정부에서 초대 문화부 장관을 역임했다.

7. 송지영(1916.12.13~1989.4.24)은 독립유공자, 언론인, 소설가, 정치인이다. 조선일보 논설위원과 편집국장을 역임했다. 5·16 직후 민족일보 사건에 연

루돼 사형을 선고받고 8년간 옥고를 치렀다.

8. 일본의 식민 지배에 대한 배상 문제다. 2018년 한국 대법원이 강제동원 피해자의 위자료 청구권 행사를 인정하여 2018년 10월 30일 강제징용 피해자인 원고에게 피고 일본제철(옛 이름: 신일철주금 주식회사)이 1억 원씩을 배상하도록 한 판결을 확정하고 2019년 1월 9일 대구지방법원 포항지원이 일본제철의 대한민국 내 자산을 압류함으로써 이 문제가 다시 불거졌다. 이에 일본 정부는 항의 표시로 한국에 대한 반도체 소재 수출 규제를 단행했고, 한국 정부는 지소미아(GSOMIA·한일군사정보보호협정) 종료 통보 등으로 대응했다.

9. 김대중 정부 시절, 대통령 자문 정책기획위원장을 맡고 있던 최장집 교수와 월간조선 간에 벌어진 사상 검증 논란이다. 1998년 월간조선 11월호가 「'대통령 자문 정책기획위원장' 최장집 교수의 충격적 6·25 전쟁관 연구」라는 기사를 통해 최 교수에 대해 사상 공세를 펼치며 불거졌다.

12. 주필, 양상훈

1. 송희영 직전 주필이 대우조선해양에 유리한 기사를 써준 혐의로 2016년 8월 29일 주필직을 사퇴한 사건을 말한다. 송 전 주필은 2007~2015년 대우조선해양에 유리한 기사나 칼럼을 게재해달라는 등의 청탁을 받고 홍보대행사 뉴스컴의 대표인 로비스트 박수환 씨로부터 4천947만 원 상당, 대우조선해양 남상태 전 사장 등으로부터 5천701만 원 상당의 금품과 향응을 수수한 혐의로 기소됐다. 2024년 3월 12일, 송 전 주필은 대법원으로부터 일부 혐의에 대한 최종 유죄 판결을 받았다.

2. 안재홍(1891.12.30~1965.3.1)은 일제 강점기에 국내에서 활동한 독립유공자, 정치가, 언론인, 역사가로서 조선일보 주필, 부사장, 사장을 역임했다.

3. 최석채(1917.11.21~1991.4.11)는 자유당 정권 시절 및 5·16군사정변 시절 권력에 맞섰던 반골 언론인으로, 조선일보 논설위원, 주필을 역임하였다. 2000년 국제신문편집인협회(IPI)가 선정한 세계언론자유영웅 50인에 선정되었다.

4. 홍종인(1904.1.14~1998.6.10)은 일제 강점기인 1925년 시대일보 기자로 시작해 평생 언론인의 길을 걸었던 인물로, 중졸 학력임에도 다방면에 걸쳐 해박한 지식을 가져 "홍박"으로 불렸다. 조선일보 편집국장, 주필, 부사장, 회장을 역임했다.

5. 정확히는 '자본주의 4.0을 열자'라는 기획특집 기사이다. 공정한 기회와 사회적 책임을 강조하는 자본주의 4.0 시대의 주요 의제로 임금 격차, 청년 실업, 교육 평등, 지역 격차, 양극화 등과 같은 이슈를 다루었다. 2011년 8월 2일부터 9월 16일까지 17회에 걸쳐 기획 기사를 연재했다.

6. 1989년 초 조선일보와 평민당 간에 빚어진 갈등 사태다. 주간조선은 1989년 3월 3일 발행한 1039호에 "좌파에도 우파에도 손짓 / 수행의원들 '추태' 만발"이라는 제목의 기사를 실었다. 당시 평민당 총재였던 김대중 전 대통령이 평민당 의원 및 관계자 40여 명을 이끌고 유럽을 순방했을 때, 순방 의원들이 비행기에서 맨발로 돌아다니거나, 교황을 "헤이(Hey)"라고 부르는 등 불미스러운 추태를 보였다는 것이 주 내용이었다. 평민당은 이를 허위 왜곡 보도라고 주장하며 조선일보에 전면전을 선포하고 전국적인 불매운동과 거액의 소송전을 벌였다.

7. 2019년에 SK(에스케이)와 LG(엘지) 간에 발생한 배터리 기술 분쟁이다. 배터리 후발 주자인 SK이노베이션이 과거 LG화학(LG에너지솔루션이 분사하기 전 업체)의 기술진을 영입하자 LG화학은 2019년 4월 영업비밀 침해를 이유로 미국 국제무역위원회(ITC)에 SK이노베이션을 제소했다. SK이노베이션이 LG에너지솔루션에 2조 원 상당의 배상금을 지불하는 조건으로 극적 타결되었다.

8. TSMC(Taiwan Semiconductor Manufacturing Co., Ltd.)는 대만 소재의 파운드리(foundry, 반도체 위탁생산) 세계 선도 기업이다.

9. 조선일보가 2021년 조선일보 창간 101주년을 기념해 내놓은 오디오 조선일보 서비스의 일환이다. 신문의 QR코드로 연결하면 오디오 조선일보로 넘어가 칼럼을 오디오로 들을 수 있다.

13. 사장, 방상훈

1. 방상훈 사장은 2024년 3월 5일 조선일보 사장직을 그의 장자(방준오 조선일보 부사장, 50세)에게 승계했다.

2. 방계성은 사주 일가는 아니지만 그 최측근(속칭 콘실리에리) 역할을 했던 인물이다. 서울대 학장을 지낸 선친 방종현 씨가 계초 방응모 씨의 총애를 받아 조선일보에서 일했던 인연으로 1966년 6월 조선일보에 기자로 입사한 후 비서실장, 총무국장, 재경국장, 전무이사, 부사장 등 조선일보 재무 분야의 요직을 역임한 후 2006년 65세에 정년퇴직했다.

3. 이승만을 도와 대한민국의 건국을 주도했던 정치인(1898.2.10~1996.2.9)이다. 대한민국의 초대 내무부 장관, 주프랑스 공사를 역임했다.

4. 박권상은 동아일보 편집국장, 논설주간, KBS 사장을 역임한 한국의 언론인 (1929~2014)이다. 전두환 신군부에 맞서다 강제해직되는 등 한국의 언론 자유를 신장한 인물 중 하나로 평가된다.

5. 방상훈 사장은 2001년 조세 포탈 및 횡령 혐의로 기소되었으며, 2006년 대법원에 의해 유죄 판결이 확정되었다. 원심 형량은 징역 3년에 집행유예 4년 및 벌금 25억 원이며, 신문 등의 진흥에 관한 법률 제13조 1항에 따라 편집인 자격을 잃게 되었다. 동법 제13조 1항에 따르면 금고 이상의 집행유예를 선고받고 그 유예 기간 중에 있는 사람은 신문의 발행인·편집인이 될 수 없다. 그 후 2008년 8·15 사면 대상에 방 사장이 포함되면서 발행인 복귀가 가능해졌지만, 본인이 언급한 대로 "자존심이 허락하지 않아서" 사장으로만 남았다.

6. 방상훈 사장의 미국 오하이오 주립대 유학 시절(1968~1972)을 가리키는 것으로 보인다.

참고문헌

박재영 외 (2012), 『한국언론의 품격』, 나남.

박재영 외 (2016), 『저널리즘의 지형: 한국의 기자와 뉴스』, 도서출판 이채.

송의달 (2023), 『아웃퍼포머의 힘』, W미디어.

여론집중도조사위원회 (2022.1.21), 제4기 여론집중도조사보고서 보도자료.

윤석민 (2020), 『미디어 거버넌스: 미디어 규범성의 정립과 실천』, 나남.

윤석민 (2021.9.6), 「언론중재법 강행 처리를 주장하는 L교수님께」, 『조선일보』 https://www.chosun.com/opinion/chosun_column/2021/09/06/B6HUAYPNPFF4PMRNS4Z3QZ4DIA/

이소은 (2024), 「이용자가 본 종이 신문」, 『한국언론학보』 68 (1), pp.231~268.

이완수 (2022), 「저널리스트의 이성과 감정: 이성적 존재로서 기자, 감정적 존재로서 기자」, 한국언론학회 저널리즘연구회 편, 『저널리즘 다시보기』, 나남, 제3장, pp.103~124.

이재경 등(좋은 저널리즘 연구회) (2024), 『한국의 기자』, 이화여대 출판문화원.

정은령 (2025), 『허위정보시대의 팩트체크(가제)』, 출간 예정 원고.

조항제 (2020), 『한국의 민주주의와 언론』, 컬처룩.

한국언론진흥재단 (2022), 『2022 언론수용자 조사』, 한국언론진흥재단.

한국언론진흥재단 (2023), 『2023 한국의 언론인: 제16회 언론인조사』, 한국언론진흥재단.

Cramer, K. J. (2016). *The Politics of Resentment: Rural Consciousness in Wisconsin and the Rise of Scott Walker*. Chicago, IL: The University of Chicago Press.

Florida, R. (2017). *The New Urban Crisis: How Our Cities Are Increasing Inequality, Deepening Segregation, and Failing the Middle Class – And What We Can Do about It*. New York: Basic Books.

Folkerts, J., Hamilton, J. M., Jemann, N. (2013). *Educating Journalists: A New Plea for the University Tradition*. New York: Columbia Journalism School.

Gans, H. J. (1979). "The messages behind the news". *Columbia Journalism Review*, 17(5), 1979, p.40.

Gest, J. (2016). *The New Minority: White Working Class Politics in an Age of Immigration and Inequality*. New York: Oxford University Press.

Gronke, P., & Cook, T. E. (2007). "Disdaining the media: The American public's changing attitudes toward the news". *Political Communication*, 24, no. 3, p.259.

Hardt, H. (2001). *Social theories of the press: Constituents of communication research, 1840s to 1920s*. Rowman & Littlefield.

Jensen, K. B. (eds.) (2002). *A Handbook of Media and Communication Research: Qualitative and Quantitative Methodologies*. Routledge: NY.

Kreiss, D. (2019). "The Social Identity of Journalists". *Journalism*, 20(1), pp.27~31.

Lin, B., & Lewis, S. C. (2022). "The one thing journalistic AI just might do for democracy". *Digital Journalism*, 10(10), pp.1627~1649.

Marshall, J. (2011). *Watergate's Legacy and the Press: The Investigative Impulse*. Evanston, Illinois: Northwestern University Press.

McCombs, M., & Shaw, D. L. (2005). *The agenda-setting function of the press*. Oxford, England: Oxford University Press Inc, pp.156~168.

Schudson, M. (1992). *Watergate in American Memory: How We Remember, Forget, and Reconstruct the Past*. New York: Basic Books.

Schudson, M. (2011). *The Sociology of News* (2nd Edition). W. W. Norton & Company, Inc.: New York.

Schudson, M. (2020). *Journalism: Why it matters*. John Wiley & Sons.

Shoemaker, P. J., & Reese, S. D. (1996). *Mediating the message*. White Plains, NY: Longman.

Tifft, S. E. & Jones, A. S. (1999). *The Trust: The Private and Powerful Family behind The New York Times*. Back Bay Books: Boston.

Tuchman, G. (1978). *Making news: A study in the construction of reality*. Free Press: New York.

Usher, N. (2015). "Newsroom moves and the newspaper crisis evaluated: Space, place, and cultural meaning". *Media, Culture & Society*, 37(7), pp.1005~1021.

Wahl-Jorgensen, K. (2014). "The production of political coverage: The push and pull of power, routines and constraints". In Reinemann, C. (ed.), *Political Communication*. New York: DeGruyter Mouton, pp.305~324.

Wahl-Jorgensen, K., & Hanitzsch, T. (Eds.) (2009). *The handbook of journalism studies*. New York: Routledge, 2009. [저널리즘학연구소 옮김 (2015). 『저널리즘 핸드북』, 새물결.]

Wai, J. and Perina, K. (2018). "Expertise in journalism: Factors shaping a cognitive and culturally elite profession". *Journal of Expertise* 1, 2018, pp.57~78.

Waisbord, S. (2013). *Reinventing Professionalism: Journalism and News in Global Perspective*. Hoboken, NJ: John Wiley & Sons.

White, D. M. (1950). "The 'gate keeper': A case study in the selection of news", *Journalism quarterly*, 27(4). 1950, pp.383~390.

Zelizer, B. (2004). *Taking Journalism Seriously: News and the Academy*. Sage: Thousand Oaks.

순번	성별	연령대	소속(직함)	인터뷰 일시	인터뷰 장소
1	남	50대	논설위원실(논설위원A)	2021.10.1. 09:30~11:30	조선일보 본관 인근 카페
2	남	50대	여론독자부(부장)	2021.10.1. 14:00~16:00	조선일보 1층 휴게실
3	남	50대	편집국(편집국장)	2021.10.4. 18:30~20:30	조선일보 인근 식당
4	남	50대	논설위원실(논설위원B)	2021.10.7. 09:30~11:00 2021.10.15. 14:30~16:00	조선일보 6층 회의실
5	남	60대	논설위원실(주간)	2021.10.7. 14:15~16:15	조선일보 6층 회의실
6	남	60대	논설위원실(논설위원)	2021.10.14. 09:30~11:30	조선일보 6층 회의실
7	남	50대	논설위원실(논설실장)	2021.10.15. 12:00~14:00	조선일보 1층 휴게실
8	남	60대	발행인	2021.10.21. 10:00~11:30	발행인 집무실
9	남	60대	주필	2021.10.21. 14:30~16:30	주필 집무실
10	남	50대	편집국 편집부(차장)	2021.10.25. 12:00~14:00	조선일보 1층 휴게실
11	여	50대	편집국(부국장A)	2021.10.25. 15:00~17:00	조선일보 3층 회의실
12	남	50대	편집국 기획부(부장)	2021.10.28. 09:30~11:30	조선일보 3층 회의실
13	남	40대	편집국 사회부(캡)	2021.11.4. 11:00~13:00 2021.11.22. 11:00~12:30	조선일보 3층 회의실
14	남	50대	고려대(교수)	2021.11.5. 09:30~11:30	강남 신사역 인근 스터디카페
15	남	70대	사장	2021.11.5. 15:00~17:00	조선일보 6층 접견실
16	남	50대	편집국 정치부(부장)	2021.11.8. 11:00~13:00	조선일보 3층 회의실
17	남	40대	전직 조선일보 기자	2021.11.9. 22:00~00:30	zoom
18	여	50대	SNU 팩트체크센터(센터장)	2021.11.12. 12:30~14:30	조선일보 1층 휴게실
19	남	50대	편집국 사회부(부장)	2021.11.12. 15:00~16:30	조선일보 3층 회의실
20	여	40대	전직 조선일보 기자	2021.11.15. 14:00~16:00	분당 서현역 인근 스터디카페
21	남	50대	경제부(부장)	2021.11.22. 14:00~16:00	조선일보 3층 회의실
22	남	50대	편집국(디지털뉴스데스크)	2021.11.29. 16:00~17:30	조선일보 3층 회의실

23	남	50대	디지털편집팀(부장)	2021.12.9. 10:30~12:00	조선일보 3층 회의실
24	남	50대	편집부(부장)	2021.12.13. 11:00~12:20	조선일보 3층 회의실
25	여	50대	주말뉴스부(부장)	2021.12.13. 14:30~16:20	조선일보 3층 회의실
26	남	40대	미디어오늘(대표)	2021.12.14. 15:00~17:00	광화문 인근 스터디카페
27	여	50대	편집국(부국장B)	2021.12.20. 14:00~16:00	조선일보 3층 회의실
28	남	40대	사회부(법조팀장)	2021.12.21. 15:00~17:00	조선일보 3층 회의실
29	남	50대	편집국(부국장C)	2021.12.23. 14:30~16:00	조선일보 1층 휴게실
30	남	50대	편집국(부국장D)	2022.1.5. 14:30~16:00	조선일보 3층 회의실
31	남	40대	조선NS(대표)	2022.1.6. 14:30~16:00	조선일보 3층 회의실
32	여	40대	중앙일보 앤츠랩팀(팀장)	2022.1.11. 13:30~15:30	중앙일보사 회의실
33	남	50대	경영기획실(본부장)	2022.1.12. 16:00~18:00	경영기획본부장 집무실
34	남	40대	조선NS(기자)	2022.1.14. 14:00~16:00	조선일보 3층 회의실
35	여	30대		2022.2.7. 16:00~18:00	조선일보 1층 회의실
36	남	50대	문화부(차장)	2022.1.19. 10:00~11:45 2022.2.3. 17:00~18:00	조선일보 3층 회의실 조선일보 3층 회의실
37	여	50대	논설위원실(논설위원)	2022.1.20. 11:00~11:45 2022.2.15. 11:00~12:00	조선일보 6층 회의실 조선일보 6층 회의실
38	남	50대	문화부(전문기자)	2022.1.20. 14:00~17:30	조선일보 별관 지하서고
39	남	50대	정치부(전문기자)	2022.1.21. 14:00~16:00	용산 국방부 인근 오피스텔
40	남	40대	한국언론재단(선임연구위원)	2022.1.16. 15:00~17:00	조선일보 1층 회의실
41	남	80대	조선일보(고문)	2022.1.17. 14:30~16:00	조선일보 별관 개인 집무실
42	남	50대	정치부(여론조사 전문기자)	2022.1.28. 12:00~13:50	조선일보 인근 식당
43	남	40대	디지털전략팀(기자)	2022.1.28. 14:00~16:00	조선일보 6층 전략팀
44	여	30대			
45	남	40대	정치부(차장)	2022.2.10. 10:30~14:00	조선일보 3층 회의실 조선일보 인근 식당
46	여	50대	미디어인권연구소 뭉클(소장)	2022.2.26. 11:00~12:14	zoom

※ 심층 인터뷰 참여자에 따라 질문이 다르게 구성되었음.

바쁜 일정에도 인터뷰에 응해주신 데 감사드립니다. 인터뷰는 2021년 11월 4일(목) 오전 11시부터 오후 1시까지 2시간 정도에 걸쳐 진행될 예정입니다. 인터뷰에서 여쭙고자 하는 주요 질문들은 아래와 같습니다. 인터뷰에 앞서 이하의 질문들에 대한 답변을 정리해서 메일로 보내주시면 당일 인터뷰를 효율적으로 진행하는 데 큰 도움이 될 것입니다. 다시 한번 바쁜 일정을 쪼개어 인터뷰에 응해주신 데 감사드립니다. (이하 경칭 생략)

① 저널리즘의 가치와 규범

- 취재 및 기사 작성 과정에서 다음에 열거된 가치·규범을 얼마나 중요하게 고려하는가? (해당란에 V로 표기)

저널리즘의 가치·규범	전혀 고려하지 않는다	고려하지 않는 편이다	보통이다	중요하게 고려하는 편이다	매우 중요하게 고려한다
국민의 알권리					
정치·경제 권력으로부터의 자유와 독립					
사회적 책임					
차별과 편견의 금지 및 사회적 약자 보호					
사생활 침해 금지					
개인과 단체의 명예·신용 훼손 금지					
사실 및 취재 자료에 대한 확인(팩트 체크)					
취재원 명시와 익명 보도 금지					
취재원과의 약속(오프더레코드, 엠바고) 준수					
취재원 보호					
반론 및 정정 보도					
사실 누락·왜곡·과장·허위 보도 금지					
사실과 의견의 구분					
기사와 광고의 구분					
품위와 절제(품격 있는 어휘 선택 등)					
업무상 알게 된 정보의 사적 이용 금지					
신분 사칭·위장 및 문서 반출 금지					
금품 수수 및 향응 금지					
외부 강연 등 개인 활동 제한					
부당한 영향력 행사					

- 위의 저널리즘 가치 중 가장 중요하게 고려하는 것을 2가지를 선택한다면 무엇이며, 그 이유는?
- 기자들을 대상으로 한 규범/윤리 교육이 실효성이 있다고 보는가?
- 사회 여론이 극단적으로 갈라진 갈등 사안의 경우 어떻게 취재하고 보도하는 것이 바람직하다고 보는가?
- 시시각각 상황이 달라지는 긴박한 취재 과정에서 신속한 보도와 정확한 보도 중 무엇이 중요하다고 보는가?
- 알권리, 국익, 사회적 이익, 개인의 기본권(명예, 사생활) 등이 상충하는 상황에서 언론이 취해야 할 온당한 입장은 무엇이라고 보는가?

② 좋은 저널리즘(기사의 품질)

- 좋은 기사란 어떤 기사라고 생각하는가?
- 품질이 높은 기사와 대중성이 높은 기사는 서로 양립할 수 있는가?
- 기사의 품질을 높이기 위해 어떤 노력을 하는가?
- 한 편의 기사 안에 몇 명의 취재원·이해당사자가 포함되는 것이 이상적이라고 생각하는가? 또한, 실제로 기사를 작성할 때 평균적으로 몇 명의 취재원·이해당사자를 포함하는가?

③ 기자로서의 삶

- 기자로서 가장 큰 보람을 느낄 때는 언제인가? 거꾸로 기자라는 직업에 회의를 느낄 때는?
- 기사에 대한 평가는 사내에서 어떤 방식으로 이루어지는가? 비판 혹은 보상의 형태는?
- 기사에 대한 독자의 피드백은 어떤 방식으로 받는가? 독자 등의 피드백이 취재 및 기사 작성에 영향을 미치는가?
- 공식적 혹은 비공식적으로 동료 기자들과 기사에 대한 상호평가를 하는가?
- 다른 언론사와의 경쟁은 기자 작성에 어떤 영향을 미치는가?
- 사회부 기동취재팀장의 주요 업무는 무엇인가?
- 사회부 내에서 신입 기자/초년 기자에 대한 교육이 이루어지는 과정은?
- 후배 기자의 교육(훈련) 과정에서 가장 중요하게 고려하는 점은?

④ 개인의 가치관과 조선일보의 방향성

- 자신의 정치적 성향은 다음 중 어디에 위치한다고 생각하는가? (해당란에 ∨로 표기)

0 매우 진보	1	2	3	4	5 중도	6	7	8	9	10 매우 보수

- 조선일보의 정치적 성향은 다음 중 어디에 가깝다고 생각하는가? (해당란에 ∨로 표기)

0 매우 진보	1	2	3	4	5 중도	6	7	8	9	10 매우 보수

- 조선일보가 지향하는 경향성(논조)이 무엇이라고 생각하는가?
- 본인의 가치관은 조선일보의 전반적인 방향성(논조)과 얼마나 일치한다고 생각하는가? 가치관의 불일치로 심적 고통을 느낀 적은 없는가?
- 부 단위 그리고 편집국 단위로 이루어지는 일상적 의사결정들이 합리적이라고 보는가? 개선의 여지가 있다면 무엇인가?
- 다른 언론사와 구분되는 조선일보만의 독특한 문화가 있다면?

⑤ **조직의 운영**

- 조선일보의 사주·경영진에 대한 다음의 설명에 얼마나 동의하는가? (해당란에 ∨로 표기)

사주·경영진은	전혀 동의하지 않는다	동의하지 않는 편이다	보통이다	동의하는 편이다	매우 동의한다
1. 언론이 지향해야 할 규범성 내지 사명감을 갖추고 있다					
2. 독자들에 대한 책임의식을 갖추고 있다					
3. 미디어 환경 변화에 대해 잘 이해하고 적절히 대응하고 있다					
4. 장기적인 비전과 전략을 갖추고 있다					
5. 언론사 내부 구성원들과 잘 소통하고 있다					
6. 기술, 인프라에 적절히 투자하고 있다					
7. 인사, 상벌 등 의사결정이 합리적이다					
8. 사내 성원들의 신망을 얻고 있다					

- 조선일보에 대한 다음의 설명에 얼마나 동의하는가? (해당란에 ∨로 표기)

조선일보는	전혀 동의하지 않는다	동의하지 않는 편이다	보통이다	동의하는 편이다	매우 동의한다
1. 명확한 미션과 비전을 가지고 있다					
2. 구성원들의 합의가 이루어져 있다					
3. 조직성원 간 의사소통이 원활하다					
4. 부서 간 장벽이 높지 않아 소통과 협업이 잘 이루어지고 있다					

구분					
5. 조직 차원에서 자원의 배분, 분업, 협업이 효율적으로 이루어지고 있다					
6. 업무와 관련한 조직 차원의 보호와 전문적 도움을 쉽게 받을 수 있다					
7. 노력 및 성과에 따른 보상이 잘 이루어지고 있다					

- 편집국과 경영진의 관계는 적절하다고 보는가? 개선될 점이 있다면 무엇인가?
- 현재 소속되어 있는 부서 내 구성원들 간의 관계는 바람직하다고 보는가? 개선될 점이 있다면 무엇인가?
- 사측에 가장 바라는 점은 무엇인가? 사측에서는 이러한 요구들을 얼마나 수용하고 지원하고 있는가?

⑥ **조선일보 지면에 대한 의견**

- 조선일보의 지면·영상·온라인 콘텐츠에 대해 어떻게 생각하는가? (해당란에 ∨로 표기)

구분		매우 심각한 문제가 있다	문제가 있다	보통이다	훌륭하다	매우 훌륭하다
지면	1. 스트레이트 기사/단신					
	2. 기획, 해설기사/리포트					
	3. 사설, 칼럼, 논평					
영상	4. 동영상 (유튜브 등)					
온라인	5. 온라인용 기사 (홈페이지, 블로그, SNS 등)					
	6. 속보					

- 현재 조선일보의 지면을 평가한다면? (장점 및 단점)
- 조선일보가 지나친 경향성(편향성)을 지닌다는 지적에 대해 어떻게 생각하는가?
- 이러한 지적은 지면 차원에서 볼 때 주로 어디에 기인한다고 보는가?
- 조선일보의 지면이 어떻게 달라져야 한다고 생각하는가?

⑦ **언론과 언론인의 미래**

- 언론/언론인의 미래에 대한 다음의 예측에 얼마나 동의하는가? (해당란에 ∨로 표기)

언론/언론인의 미래	전혀 동의하지 않는다	동의하지 않는 편이다	보통이다	동의하는 편이다	매우 동의한다
1. 한 언론사에 평생 몸담는 경우가 드물어질 것이다					

2. 언론인들이 직업적으로 성공하기 위해 소셜 미디어, 블로그, 대중 매체 출연 등 개인 브랜딩이 필요하게 될 것이다					
3. 더 많은 기사를 써야 한다는 압력을 받게 될 것이다					
4. 언론인들은 퇴근 개념 없이 일해야 할 것이다					
5. 대부분 언론인들의 월급과 복지 혜택은 줄어들 것이다					
6. 언론인의 독립성과 자율성은 과거보다 줄어들 것이다					
7. 저널리즘은 더 만족스럽고 보람 있는 직업이 될 것이다					
8. 탐사보도, 심층 분석을 위한 자원이 부족해질 것이다					
9. 언론인의 고용이 불안정해질 것이다 (인원 감축·비정규직화·채용 감소 포함)					
10. 사회에서 언론인의 위상이 하락할 것이다					

- 현재 한국 언론이 당면한 가장 심각한 문제 내지 위기는 무엇이라고 보는가?
- 이러한 문제 내지 위기를 극복하는 것이 가능하다고 보는가? 그렇다면 그 방안은 무엇이라고 보는가?
- 그 안에서 조선일보가 담당해야 할 역할과 나아갈 방향성은 무엇이라고 보는가?

뉴스 생산자